진순신의
삼국지
이야기

KB161531

진순신의
삼국지
이야기
1

진순신 지음 | **신동기** 옮김

페이퍼로드
paperroad

나의 삼국지 이야기

이나하타 고이치로 진 선생님은 오랜 작가생활을 하는 동안 중국의 역사와 인물을 소재로 한 작품을 많이 발표하셨습니다. 『아편전쟁』이라는 대작을 쓰신 이후 한동안 중국 근현대를 무대로 한 작품들을 집필하셨습니다. 그 작품들은 중국 문헌을 깊이 연구한 진 선생님 특유의 시점으로 전개되어 매우 흥미로웠습니다. 진 선생님은 여기에 이어서 고대 역사물에까지 손을 뻗었습니다. 삼국시대에 관해서는 『삼국지 이야기』에 이어 『제갈공명』과 『위魏의 조씨曹氏 일족』을 쓰셨습니다. 한 시대에 관해 세 작품이나 집필하신 것은 그 시대에 대한 진 선생님의 관심이 지대하기 때문이라는 생각이 듭니다. 삼국시대는 진 선생님께 어떤 의미가 있습니까?

진순신 이야깃거리가 되는 시대는 역시 난세입니다. 당대를 산 사람들에게는 고통스러웠겠지만 재미있는 이야기가 나오는 시기는 역시 난세입니다. 전쟁이 있고 모략이 있고 봉기가 있고 흥망이 있습니다. 중국의 장구한 역사 속에서도 삼국시대가 되어서야 비로소 살아 있는 인간의 목소리가 들리는 기분이 듭니다. 이는 조조를 비롯한 당대의 문사들이 남긴 문장이 있기 때문입니다. 저는 단순한 전쟁이야기가 아니라 인간의 목소리가 들리는 삼국지를 쓰고 싶다는 생각을 했습니다.

이나하타 『삼국지 이야기』 집필 중에 중국을 몇 번인가 다녀오셨지요?

진순신 집필에 들어가기 전에 두 번, 집필 중에 두 번 다녀왔습니다.

이나하타 중국을 다녀오기 이전과 이후를 비교하면 이야기의 전개나 장면 묘사가 특별히 달라진 부분이 있습니까?

진순신 크게 달라진 부분은 없습니다. 하지만 삼국지의 무대를 두 눈으로 직접 확인하고 두 발로 걸은 일은 평생 잊지 못할 것입니다.

이나하타 삼국지의 무대는 중국대륙 전체라고 할 수 있습니다. 적벽이나 오장원처럼 중요한 장소도 가보셨나요?

진순신 적벽은 나중에 삼협에서 배를 타고 하류로 내려가며 보았습니다. 강폭 정도는 알게 되었지요. 오장원은 직접 가보지는 못했고 아들을 보냈습니다. 아들이 "오장원에는 공명을 추도하는 사당이 있다"고 하더군요. 한편 삼국시대에 실제로 존재했던 진짜 유적들도 중국 각지에서 발굴되고 있어요. 그중에서도 한위漢魏 낙양성洛陽城의 발견은 많은 사람의 관심을 끌고 있지요. 대단한 사건입니다. 지금도 발굴이 진행 중인데『삼국지 이야기』집필에 많은 도움이 되었습니다. 지금은 백마사白馬寺가 낙양의 동쪽 교외에 있지만 당시에는 낙양의 서쪽에 있었습니다. 그런 사실도 이 유적을 통해 알게 되었습니다.

불교와 도교를 통해 생생한 시대상 묘사

이나하타 진 선생님은『삼국지 이야기』를 두고 '이것은 어디까지나 나만의 삼국지 이야기다'라고 쓰신 적이 있습니다. '작품의 수준과 별도로 진순신만이 쓸 수 있는 삼국지 이야기'라고도 하셨습니다. 구체적으로 무엇을 염두에 두고 말씀하신 겁니까?

진순신 다른 삼국지도 마찬가지겠지만 『삼국연의』의 중심은 촉蜀입니다. 이는 삼국시대의 실제상황과 다릅니다. 삼국시대는 조조의 위魏가 중심입니다. 진수가 쓴 정사 『삼국지』에서도 조조의 후손을 황제라 칭하고 있습니다. 촉의 유비와 그 아들 유선을 선주先主와 후주後主라고 불렀으며, 오의 손권은 오주吳主라고 했습니다. 즉, 위를 세운 조조의 후손만이 황제인 것입니다. 삼국이 대립했지만 실질적인 중국의 지배자는 위였습니다. 왜倭처럼 바다를 사이에 두고 멀리 떨어진 곳에서 위에 사신을 보낸 것을 봐도 중국은 실질적으로 위왕조였다는 것입니다. 사천에 자리잡은 촉은 비옥한 지역이지만 중원에서 너무 멀리 떨어져 있어 중원 진출이 쉽지 않았고, 장강 하류에 자리 잡은 오吳도 중원과 비교하면 낙후된 미개발지였습니다. 당시의 중국역사가 중원을 장악한 위를 중심으로 전개된 것은 당연합니다.

이나하타 그것이 당시 중국의 실제상황인 것은 틀림없지만 종래의 『삼국연의』 시점에서 정사 『삼국지』의 시점으로 선회한 것만으로 '진순신만이 쓸 수 있는 삼국지 이야기'라고 말하기에는 조금 무리가 있다고 생각합니다. 저는 『삼국지 이야기』가 불교·도교의 교단을 이용하여 그 시대상을 잘 그렸다는 점이 인상적이던데요.

진순신 중국의 장구한 역사를 쓴 대부분의 사가史家들은 유생儒生이었습니다. 불교는 삼국시대에 이미 들어와 있었지만 널리 보급되지는 못했어요. 이런 이유로 사가들이 유교에 대해서는 기록을 많이 남겼지만 불교에 대한 기록은 별로 남기지 않았습니다. 그것을 조금 보여줘야겠다는 생각이 들었습니다.

이나하타 진 선생님은 도교 교단 속에 소용少容이라는 가공의 인물을 만들었습니다. 소용이 주인공은 아니지만 줄거리 진행에 중요한 역할을 합니다.

진순신 그 종교는 오두미도五斗迷道입니다. 오두미도에 관한 자료가 거의 남아 있지 않아 자세히는 모르겠지만 불교의 영향을 많이 받았다는 느낌입니다. 오두미도는 사람들에게 잘 알려져 있지 않아서 창의력을 발휘할 여지가 있는 부분입니다. 소용이라는 이름도 『삼국지』 「촉서」에 '소용이 있었다'는 대목이 있고 '오두미도 장형의 처는 용모가 젊었다少容'고도 했습니다. 거기서 따온 이름입니다.

이나하타 일종의 가공인물을 만들어 이야기를 전개하는 방식은 진 선생님의 책에 자주 등장합니다. 『삼국지』 이야기의 대부분은 영웅들의 활극입니다. 그런데 진 선생님 작품에 등장하는 가공의 인물들은 대단한 영웅이 아니고 보통사람입니다. 그것이 매우 흥미롭습니다. 『삼국지 이야기』는 영웅만이 아니라 보통사람에게도 인격을 부여했습니다. 그 사람들이 이야기의 중심에서 활약하는 것으로 인해 당시의 모습이 잘 보이는 느낌이었습니다.

진순신 정사 『삼국지』에는 종교 교단의 움직임이 충분히 실려 있지 않습니다. 사실 그 부분을 이용하면 가공의 인물들이 끼어들어 활약하기 쉽습니다. 그 인물들은 의외로 상류계층과 연결고리가 있습니다. 저는 후궁의 시녀들이 불교를 믿었다고 생각합니다. 후한 말에는 후궁의 힘이 비교적 강했고, 시녀는 후궁과 밀접한 관계가 있습니다. 그러한 상황을 이용하면 있을 수 없는 이야기가 있을 수 있는 새로운 이야기로 만들어져 또 다른 세계가 펼쳐지지 않을까 생각했습니다.

이나하타 역사서라는 것도 저자의 시점에서 본 사실史實의 묘사에 불과하지요. 역사서에 실려 있는 사실 이외에도 다양한 관점의 사실이 있었습니다. 역사가가 빠뜨린 역사적 사실은 수없이 많습니다. 현재의 시점에 상상을 섞어 시대를 재현하는 작업은 큰 의미가 있다고 생각합니다.

진순신 적절한 표현이 될지 모르겠지만 '지금 우리에게 남겨진 역사는 실제 역사와 조금 다르지 않겠나'라고 저는 생각합니다. 중국의 역사서는 유가 특유의 편협하고 융통성 없는 기록이라고 생각합니다. 반대되는 부분은 아예 쓰지 않거나 매우 간단하게 적었습니다. 그것을 제대로 써서 부족한 부분을 메우겠다는 것입니다.

이민족과 여성, 민중의 역사

이나하타 『삼국지 이야기』를 읽어보니 진 선생님이 많은 자료를 수집하고 깊이 연구했다는 것을 느낄 수 있었습니다. 집필하실 때 주로 보셨던 자료는 어떤 것입니까?

진순신 이 책의 기본 자료는 『후한서』『삼국지』『자치통감』입니다. 가장 먼저 『자치통감』을 읽었습니다. 중화서국中華書局에서 나온 판본인데 너무 많이 읽어 너덜너덜해졌습니다. 결국 새 책 한 질을 다시 샀습니다. 『삼국지』역시 중화서국판으로 몇 번이나 반복해서 읽었습니다. 『삼국연의』는 대학을 갓 졸업하고 제대로 읽었습니다.

이나하타 사람들이 삼국지를 운운하지만 거의 대부분은 『삼국연의』입니다. 그것조차도 정독한 사람이 많지 않습니다. 요즈음은 『삼국연의』를 바탕으로 각색한 책이나 만화, 그림책을 많이 읽고 인형극이나 애니메이션을 보고 삼국지를 접하여 아는 사람들이 태반입니다. 말하자면 한 다리를 건너 '삼국지 세계'와 친해졌다고 할 수 있겠습니다. 일반적으로 『삼국연의』는 '칠실삼허七實三虛' 즉 사실 70퍼센트, 허구 30퍼센트 정도라고 하는데요.

진순신 중국에서는 오랜 세월 동안 이야기꾼들이 강담講談이라는 형식으로 삼국지 이야기를 전달했습니다. 그중 가장 재미있는 것을 모아 나관중이『삼국연의』로 정리한 것입니다.『삼국연의』는 수백 년 동안 여러 사람에 의해 만들어진 이야기여서 매우 잘 다듬어져 있습니다.『삼국지』와 달리『삼국연의』에는 크고 작은 속임수가 있습니다. 게다가 긴 시간에 걸쳐 잘 만들어졌기 때문에 지금 사람들뿐만 아니라 과거의 사람들도 많이 속았습니다.『삼국지』이 야기라고 생각하지만『삼국연의』이야기인 경우도 많습니다.

이나하타 삼국지는 실제와 허구의 구분이 어려운 경우가 많습니다. 왜냐하면 정 사『삼국지』와 소설『삼국연의』, 그리고『삼국연의』를 바탕으로 각색한 여러 가 지 '삼국지 이야기'가 혼동을 일으키기 때문입니다.

진순신 그만큼『삼국연의』의 영향력이 강하다는 이야기입니다. 재 미있고 구성이 탄탄하기 때문입니다. 하지만 저는 가능하면『삼 국연의』와 다른 삼국지 이야기를 쓰려고 했습니다.

이나하타 『삼국지 이야기』의 각 장 마지막에 '삼국지 칼럼'이라는 부분이 있습니 다. 이것은 정사『삼국지』의 각 전傳 말미에 있는 '평설評說'을 의식한 것입니까?

진순신 『사기』에도 '태사공 해설'이 있고,『한서漢書』에도 '찬贊'이 있습니다. 거기에는 책에 수록된 인물의 포폄褒貶, 칭찬과 나무람을 적 었습니다. 그런 형식을 참고했습니다. '삼국지 칼럼'은 독자가 흥 미를 가질 만한 이야기를 소개하거나, 본문에서 제대로 다루지 못 했던 부분을 보충 설명하는 코너입니다. 여담이라고도 할 수 있습 니다. '삼국지 칼럼'은 작가의 생각을 독자에게 보다 잘 전달하려 는 노력의 일환입니다.

이나하타 『삼국지 이야기』에는 서역의 호인胡人이나 흉노족 그리고 서남이 西南夷 와 같은 이민족들이 자주 등장하고 있습니다. 흉노족의 여인이 된 채문희라는 인물에 대해서도 단순히 비극적인 인물로만 묘사한 것은 아니라는 느낌을 받았습니다.

진순신 한나라는 다민족으로 구성된 국가였습니다. 황실에는 선비족의 피도 함께 섞여 있었습니다. 그러나 외부의 문화가 중화문화나 중화문명으로 바뀌게 되면 한족이나 이민족들에게 금과옥조나 되는 것처럼 대단한 것으로 인식되게 됩니다. 그러한 것들이 어떤 과정을 거쳐서 중화문화나 문명이 되었는지를 알아보게 되면 그것이 본래는 그들의 것이 아니었다는 것을 금방 알 수가 있습니다.

이나하타 소용이나 채문희와 같이 총명하면서도 굳건한 기상을 가진 여성들이 여럿 등장합니다.

진순신 여성이 역사의 전면에 등장하는 일은 많지 않습니다. 그러나 역사의 무대 뒤에서의 그들의 역할은 무시할 수 없을 정도로 큽니다. 조비가 조식을 죽일 수 없었던 것도 결국 모친인 변후卞后의 존재 때문이라는 이야기가 나옵니다. 앞장서서 물의 흐름을 바꾸지는 않지만 역사의 중요한 순간마다 상황 전개를 좀더 늦춘다든지 아니면 촉진시킨다든지 하는 역할을 여성들이 하는 경우가 많습니다. 이런 것들이 모아져서 역사는 큰 흐름을 형성합니다. 『삼국연의』에서는 여성들의 활약이 별로 두드러지게 묘사되고 있지는 않습니다.

이나하타 초선을 묘사하는 데 있어서도 『삼국지 이야기』는 상당히 독특하게 접근하고 있습니다. 초선을 동탁에게 보내는 역할을 한 인물이 왕윤이 아닌 채문희고 채문희의 배후에는 오두미도의 소용이 등장합니다. 초선이라는 인물 자체가 허구이지만 독자의 재미를 더하기 위해 상당히 깊게 접근한 이야기 전개라는 생각이 듭니다.

진순신 채문희의 경우에도 흉노족 거주지에서 풀려날 때 자기가 낳은 아이 둘을 그곳에 남겨놓은 채 홀몸으로 조조가 있는 곳으로

옵니다. 울며 매달리는 아이들을 냉정하게 뿌리친 채 다시 한족으로 돌아오는 것입니다. 여인들의 강인함을 나타내는 부분들이지요. 유비와 관련해서는 유비에게 시집온 손권의 누이동생에 관한 내용이 나옵니다. 그녀의 시종으로 따라 온 여종은 백여 명 정도로 모두가 칼을 차고 있는 것으로 묘사되고 있는데 이 광경을 본 유비가 밤이 되어서도 마음을 놓지 못하는 장면이 나옵니다. 또 이 손권의 누이가 오나라로 돌아갈 때는 죽은 유비의 전처가 낳은 유비의 아들을 데려가려다가 이를 눈치 챈 조자룡이 죽기살기로 뒤를 쫓아 다시 아이를 찾아오는 장면이 나옵니다.

이나하타 역사에 이름을 남긴 인물이나 영웅들만이 아니고 이름을 남기지 못한 인물들에 의해서도 역사는 크게 움직인다는 것을 『삼국지 이야기』에서 느낄 수 있었습니다. 그것은 진 선생님의 독자적인 '진사관陳史觀' 이라고 생각합니다. 진 선생님 특유의 역사관이 진 선생님의 모든 작품에 투영되어있다는 것을 항상 느낍니다. 『삼국지 이야기』는 그중에서도 특히 빼어난 작품이라고 생각합니다.

진순신 제 개인적으로 특별히 남다른 역사관이 있다고 생각하지는 않습니다. 그저 중국의 장구한 역사를 작품으로 옮겨보겠다는 사명감은 있습니다. 지금의 관점으로 보면 그 시대는 이런 모습이었을 것이라고 생각하며 집필했습니다.

이나하타 고이치로稻畑耕一郎

1948년 미에三重현 출생. 1976년 와세다 대학 박사과정 졸업. 전공은 중국고대학. 베이징 대학 고고학과 교환연구원. 텐진天津 난카이南開 대학 동방예술과 객원교수 역임. 현재 와세다 대학 교수. 저서로는 「한 국자의 물」, 공편저로는 「중국고대문명의 원상」, 역서로는 「굴원연구」 등 다수가 있다.

3장 모든 것은 이제부터다

1장
중원에 이는 바람

1
황천이 일어서다

─

　창천蒼天은 이미 기울었으니
　이제 황천黃天이 일어서리라

　주문呪文 같은 말이 대륙의 동쪽에서 유행하고 있었다. 한조漢朝가
망하고 황건적黃巾賊이 일어설 때가 되었다는 뜻이다.
　"그런 말이 공공연하게 돈다는 말인가요?"
　소용少容은 동쪽지방을 다녀온 진잠陳潛에게 물었다.
　"예, 그렇습니다. 모두가 아무 거리낌 없이 그런 말을 입에 담고
있었습니다. 그중에서도 특히 청주靑州와 유주幽州, 기주冀州가 심한
편이었습니다."
　청주는 오늘날의 산동성山東省 일대이고 유주는 하북성河北省 북부
의 북경北京 근처, 기주는 하북성 남부에 해당된다.
　"천하를 호령하던 한나라도 이제 서서히 기울어가는군."
　소용은 한숨을 내쉬면서 낮게 중얼거렸다.
　오행설에 의하면 한漢은 목덕木德에 의해 천하를 다스리게 되었고,

한을 무너뜨리고 새로 등장하는 자는 토덕土德에 의해 일어선다고 했다. 나무를 상징하는 색깔은 푸른색이고 흙을 상징하는 색깔은 누런색이다. 창천이 의미하는 푸른 천자天子, 즉 한나라의 황실은 이미 지는 해라는 의미였다. 황천은 흙의 덕을 받아 머지않아 그 모습을 드러낼 새로운 왕조를 의미했다. 사실 겉으로 보아서는 이 말이 뭔가를 딱 꼬집어 드러내는 바는 없었다. 그러나 그 속에 감추어진 뜻을 이해하는 일은 그리 어렵지 않았다. 상식을 지니고 있는 사람이라면 누구나 쉽게 알 수 있는 의미였다. 누구라도 이 말을 들으면 고개를 끄덕거릴 불온한 말이 공공연하게 유포되고 있었던 것이다. 한나라의 천자라는 존재에 사람들은 이제 더 이상 경외심을 갖지 않게 되었다. 이미 그 권위가 땅에 떨어지기 시작했기 때문이다.

예로부터 대륙에서 구왕조가 저물고 새로운 왕조가 들어설 때는 늘 피비린내 나는 소용돌이가 몰아쳤다. 이제 천하는 또 한 번의 큰 소용돌이에 휘말릴 운명에 놓여 있었다. 소용은 다시 한숨을 길게 내쉬었다. 두 사람이 이야기를 나누고 있을 때, 옆에서는 소용의 아들 장노張魯가 두 사람의 대화를 조용히 듣고 있었다. 진잠은 이곳에 세 사람밖에 없음을 알면서도 노파심에 다시 한 번 주위를 둘러본 다음 목소리를 낮추어 말했다.

"말씀드리기 송구스럽습니다만 저도 그렇게 느끼고 있습니다."

그러자 소용이 걱정스런 표정으로 말했다.

"머지않아 어려운 시기가 닥칠 것입니다. 그러나 다행히 이곳은 중원中原에서 멀리 떨어진 파巴 땅이기 때문에 운이 좋으면 그 소용돌이에 휘말리지 않고 잘 넘어갈 수도 있을 것입니다. 진 선생, 어려운 일이 닥치게 되면 우리 노를 도와주시오."

현재의 사천성四川省 성도成都 지역을 당시에는 촉蜀이라 하였고,

중경重慶 지역을 파라고 하였다. 두 지역은 장안長安이나 낙양洛陽과 같은 당시의 정치 중심지와는 험준한 산맥을 사이에 두고 있었다. 따라서 중원과 이 지역들은 소통이 원활하지 못했다.

이백李白이 자신의 시에서 '촉도蜀道의 험준함은 하늘에 오르는 것보다 더하다'라고 노래할 정도로 험악한 산세였다. 또한 화중華中이나 강남江南지역과도 삼협三峽, 구당협, 무협, 서릉협 때문에 지리적인 소통이 원활하지 못했다. 장강長江, 양자강은 삼협 부근에서 급류를 형성하고 있다. 그 길이가 무려 2백 킬로미터에 달한다. 이백이 '나도 모르는 사이에 귀밑털이 허옇게 되었다'라고 표현했을 정도로 삼협은 험한 길이었다. 그러나 뒤집어보면 이 지역은 그만큼 천연의 요새라고 할 수 있었다. 이러한 지리적인 이유 때문에 중·일전쟁 당시에는 삼협 부근의 중경이 군사기지로 이용되기도 했다.

소용은 이 천연의 요새가 전화로부터 그들을 보호해줄 수 있는 일종의 방패 역할을 할 것이라고 기대하고 있었다. 그러나 험준한 지형에 둘러싸여 있다고 해서 안심할 수만은 없었다. 확실한 안전을 위해서는 촉도나 삼협의 지리적인 장점만을 믿고 있기보다는 정치적으로 적절한 조치를 취할 필요가 있었다.

"또 그런 말씀을…."

진잠은 엷은 미소를 지으며 소용에게 말했다. 진잠이 소용으로부터 장노를 잘 부탁한다는 이야기를 들은 것은 오래 전부터였다. 그녀의 입버릇이었다. 하지만 진잠은 이제 겨우 스무 살밖에 안 된 청년이었고, 장노는 그보다 겨우 한 살 아래였다.

"아닙니다. 내가 믿을 수 있는 사람은 오직 진 선생밖에 없습니다."

소용은 그렇게 말하면서 조용히 웃었다. 진잠은 소용으로부터 풍겨 나오는 은은한 향기를 느낄 수 있었다. 열일곱 살에 장노를 낳은 소용은 지금 삼십대 중반에 접어들고 있었다. 그러나 누가 보더라도 이십대 정도로밖에 보이지 않았다.

'정말 아름다운 용모야.'

같은 집에 살고 있으면서도 진잠은 소용을 볼 때마다 그녀가 눈부시도록 아름답다고 느꼈다. 진잠은 갓난아이일 때 장가張家의 대문 앞에 버려져 있었는데, 장노의 조부인 장릉張陵이 주워 와서 길렀다. 바로 그 즈음에 소용이 장씨 집안에 며느리로 들어왔다. 소용은 가끔 진잠에게 "진 선생이 나보다 먼저 이 집 사람이 되었다"고 말하곤 했다. 한편 장릉은 며느리인 소용에게 "자기 자식을 기르기 전에 남의 아이를 기르게 되면 포용력을 갖춘 넉넉한 품성을 갖출 수가 있다. 우리 집안에는 그런 며느리가 필요하다"고 말하며, 주워 온 갓난아이를 기르도록 했다. 그렇게 자랐기 때문에 진잠의 입장에서 소용은 친어머니나 다를 바 없었다. 그럼에도 그는 가끔 소용을 여자로 느끼고 있었다. 그래서는 안 된다고 생각하면서도 인간의 본능은 어찌할 수 없었다.

"제가 할 수 있는 일이라면 무엇이든지."

장노를 돌봐달라는 당부를 들으면서 진잠은 고개를 숙였다.

"장씨 집안과 오두미도五斗米道의 미래는 모두 진 선생의 양어깨에 달려 있습니다."

소용은 담담한 어조로 말했다. 그러나 그 말을 듣는 진잠은 가슴속에 뭔지 모를 뜨거운 것이 솟아오름을 느꼈다.

二

　장씨 집안과 오두미도는 무슨 관계인가? 또 오두미도는 무엇인가? 오두미도는 도교의 일파였다. 그 시조가 바로 장노의 조부인 장릉이었다. 장릉은 원래 패국沛國. 강소성 북부의 풍豊 지역 출신이었다. 지금도 서주시 서북쪽에 가면 풍현豊縣이라는 지명이 남아 있다. 이곳은 한나라 고조高祖의 고향과 가까웠다. 그런 연유로 이 지역 사람들은 한나라 때 부역을 면제받는 특혜를 받기도 했다. 후한後漢 순제順帝 때 장릉은 촉 땅으로 건너와 학명산鶴鳴山에서 도술道術을 공부했다. 그는 자기가 배운 도술을 베풀어 사람들의 병을 고쳤으며 그 대가로 '쌀 다섯 말米五斗'을 받았다. 그래서 사람들은 그가 만든 도교를 '오두미도'라 부르게 되었다. 당시의 도량 단위는 지금과 달랐다. 한나라 때의 한 말은 지금의 한 되와 비슷한 분량으로, 2리터 정도였다. 흔히 '두주斗酒를 불사한다'는 표현을 쓰는데, 이때 술의 양은 지금으로 치면 한 되 정도였다.

　병든 사람이 찾아왔을 때의 치료과정은 이러했다. 환자는 그 동안 자기가 저질렀던 모든 잘못을 낱낱이 밝히고, 종이 세 장에 자기 이름을 적었다. 한 장은 천제天帝에게 알리기 위한 것으로 산에다 걸어놓았고, 또 한 장은 지신地神에게 알리기 위한 것으로 땅속에 묻었으며, 나머지 한 장은 수신水神에게 알리기 위한 것으로 물속에 넣었다. 이것을 삼관수서三官手書라고 한다. 이 절차가 끝난 뒤에는 쾌주祭酒라 불리는 이 교단의 지도자가 병명을 말하면서 부수符水라는 물을 마시게 했다. 부수란 주문이 적힌 종이를 띄운 물이다. 쾌주는 환자가 자신의 상태를 상세하게 말하지 않았음에도 그의 병을 정확하게 집어냈다. 그렇게 되면 환자는 그 신통력에 놀라 오두미도의 도력을 믿을 수밖에 없게 되는 것이었다. 자기암시에 빠진 환자들은 이러한 믿음에 의해 실제로 치료되는 경우가 많았다. 그리하여 오두미도는 지속적으로 성장할 수 있었다. 일단 환자가 오두미도 교단에 찾아오면 접수 담당자가 묻는다.

"오, 저런. 몸이 어디가 어떻게 안 좋으십니까?"

그러면서 아픈 상태를 자세히 묻게 된다. 접수자는 환자와 한참 이야기를 나누다가 좨주가 있는 곳으로 데리고 간다. 환자 입장에서는 접수자가 자신의 증상을 다른 사람에게 알릴 틈이 전혀 없었다고 여기게 된다. 접수자가 환자와 함께 좨주 앞으로 나설 때까지 누구와도 접촉하지 않았기 때문에 환자는 당연히 그렇게 생각할 수밖에 없는 것이다. 하지만 틈이란 항상 있는 법이다. 환자가 자기 증상을 죄다 고백하고 고개를 숙여 삼관수서에 정성껏 이름을 쓸 때가 바로 그 틈이었다. 이때 접수자가 환자 너머로 소리는 내지 않고 입만 벙긋거리며 환자의 증상을 전하게 된다. 좨주는 그의 입 모양을 보고 환자의 상태를 파악한다. 삼관수서가 끝난 다음 좨주는 아주 느긋한 표정을 지으며 환자에게 "당신의 지금 상태는…" 하고 운을 뗀 뒤 병세를 줄줄 늘어놓는 것이다. 이것이 바로 독심술讀心術과 비슷한 독순술讀脣術이었다. 상대의 마음을 읽는 것이 아니라 입술을 읽는 방법이다.

장릉은 이 독순술을 아들인 장형張衡에게 전수했으며, 장형은 자기 아들인 장노에게 전수했다. 그러나 장릉이 세상을 떠난 뒤 얼마 되지 않아 장형도 요절하고 말았다. 그리하여 그의 아들 장노가 좨주 자리를 물려받게 되었다. 그러나 장노는 좨주를 맡기에는 아직 어린 나이였다. 어쩔 수 없이 장노가 스무 살이 될 때까지 수제자인 장수張脩가 교단을 이끌었다.

오두미도는 파촉巴蜀 땅에서 성행했다. 그리고 도교의 또 다른 파인 태평도太平道는 하북, 산동, 중원을 중심으로 전도되었다. 태평도의 교조는 장각張角이라는 인물이었다. 그는 거록鉅鹿, 하북성 출신으로 스스로를 대현량사大賢良師라고 불렀다. 태평도의 환자치료법 역시 오두미도와 비슷한 데가 많았다. 환자가 머리를 지면에 대고 자기가 저지른 잘못을 참회한 뒤 부수를 마시는 데까지의 절차는 오두미도와 비슷했다. 오두미도와 다른 부분은, 접수자가 좌주에게 입을 벙긋거리며 환자의 아픈 상태를 전하는 것이 아니라 신호를 통해서 전한다는 점이었다. 그들은 아홉 개의 마디가 있는 대나무 지팡이를 사용했다. 예를 들어 위에서 세 번째 마디의 왼쪽에 손을 대면 환자가 심장이 아프다는 것을 의미했다. 이마에 손을 대면 콕콕 쑤신다는 뜻이었으며, 턱에 손을 대면 뻐근하게 아프다는 의미였다. 오늘날 야구를 할 때 투수와 포수가 주고받는 사인과 비슷했다. 여러 가지 몸동작에 대해서 접수자와 좌주가 사전에 약속을 해두었던 것이다.

두 교파는 병을 치유할 때 병의 내용을 전달하는 방법만 차이가 있을 뿐 전체적으로는 큰 차이가 없었다. 태평도에서 환자의 병이 낫게 되면 그것은 순전히 대현량사의 도력에 의한 것이었다. 그 결과 사람들의 신앙은 점점 더 깊어졌다. 환자가 죽게 되면 그것은 본인의 신앙심이 부족한 탓이었다. 따라서 환자의 가족은 변함없이 태평도를 믿으면서 살아갔다. 태평도는 짧은 기간 동안 화북에서 중원으로 확산되어 갔다. 이러한 교세 확장을 보고 한나라의 지방 관리들은 중앙 정부에 이렇게 보고했다.

"장각과 그의 교도들이 사람들을 선도하며 교화시키고 있습니다. 백성에게 도움이 되는 좋은 일을 하고 있습니다."

사람의 정신세계는 같은 환경조건에 놓이면 같은 방향으로 향하도록 되어 있는 것 같다. 그 넓은 중국대륙의 동부와 서부에서 거의 같은 시기에 태평도와 오두미도의 교세가 급격하게 확장되고 있었던 것이다. 태평도의 교조 장각과 오두미도의 교조 장릉, 이 두 사람은 모두 장씨였지만 혈연관계는 없었다. 두 사람이 지리적으로 너무 멀리 떨어져 있는 탓도 있었지만, 같은 도교의 맥락을 잇고 있으면서도 서로 연락 한 번 취한 적도 없었다. 양쪽 모두 상대방에 대해서 풍문으로만 듣고 있을 뿐이었다.

"진 선생, 거록에 좀 다녀오도록 하세요."

진잠이 동쪽으로 여행을 갔다 온 다음 해에 소용은 진잠에게 이렇게 말했다. 거록은 태평도의 본거지가 있는 곳이었다.

"예. 분부만 내리십시오."

진잠은 그렇게 대답하고는 '마님께서 내리시는 명령이라면 무엇이든지'라는 말이 연이어 입에서 나오려는 것을 꾹 참았다.

"거기 가서 만날 분은 태평도의 대현량사이십니다."

"예, 분부대로 다녀오겠습니다."

"작년에 유행했던 주문에 이어서 또 다른 주문이 돌고 있다고 합니다."

"어떤?"

"'때는 바야흐로 갑자甲子년, 천하가 크게 길하리라'는 주문이랍니다."

"때는 바야흐로 갑자년, 천하가 크게 길하리라."

진잠은 같은 말을 입속으로 되뇌었다.

이때가 후한 영제靈帝 광화光和 6년(183년)이었으며, 간지로는 계해

년이었다.

"그 의미를 아시겠어요?"

소용은 부드러운 얼굴로 진잠에게 물었다.

"갑자년이라고 하면 바로 내년 아닙니까?"

"그래요. 그 주문과 관련된 문구가 낙양의 관청 대문 앞에 붙어 있다고 들었어요. 주문을 압축한 '갑자'라는 두 글자가 태평도 신도들이 사는 집 대문에 모두 붙어 있다는 것입니다."

"그렇다면…."

머지않아 난리가 일어날 거라는 소문이 작년부터 돌기 시작했다. 해가 바뀌자 그 난리가 언제 일어날지 예언하는 말들이 다시 돌기 시작했다. 그런데 '갑자'라고 쓴 종이가 모든 태평도 신자의 집 대문에 붙어 있다면, 난리를 일으키는 주체가 바로 태평도라는 이야기가 아닌가. 갑자년, 바로 다음해였다.

"다녀오도록 하세요."

"예. 분부를 따르도록 하겠습니다."

진잠은 고개를 잠깐 숙인 뒤 들었다. 소용과 시선이 마주치는 순간, 진잠은 소용이 지금 무슨 생각을 하고 있는지 알 것 같았다.

"이번 여행은 오두미도의 수십만 신도를 위한 일일뿐더러, 나아가 천하 만민을 위한 일이기도 합니다."

"잘 알겠습니다."

진잠은 다시 고개를 숙였다.

후한 왕조가 천하를 장악하지 못하고 있다는 것은 모두가 아는 사실이었다. 지금의 황제는 어리석은 군주의 전형적인 모델이었다. 환관宦官의 숲에 둘러싸여 지내면서 정치에는 아무 관심도 없었다. 천자로 태어난 이상 하고 싶은 대로 하는 것이 자신이 이 땅에 존재하는 이유라고 생각하는 인물이었다. 이런 상태에서 난이 일어나는 것은 피할 수 없는 현실이었다. 그러나 현재의 정권을 대신할 수 있는 세력이 과연 있을까? 이 같은 물음에 "여기에 있소이다!" 하면서 손을 번쩍 들고 나설 만한 세력이 바로 태평도였다.

'과연 그들의 뜻대로 될까?'

소용은 정말 그렇게 진행될 경우에 발생할 여러 가지 복잡한 일에 대한 생각으로 머리가 무거웠다. 그들이 뜻밖에 천하를 얻게 될지도 모르는 일이었다. 무엇보다 황실은 지금 백성들이 생각하고 있는 것 이상의 중병에 걸려 있는 상태였다. 동쪽의 태평도가 천하를 얻게 된다면 서쪽의 오두미도는 어떻게 될 것인가? 예나 지금이나 동업자끼리는 자연스럽게 라이벌 의식을 갖게 마련이다. 그렇게 되면 오두미도는 필경 탄압을 받게 될 것이다. 따라서 먼저 이쪽에서 손을 써 관계를 맺어놓을 필요가 있었다. 오두미도는 태평도가 한 왕조를 무너뜨리기 위해 일어나기 전부터 모든 협력을 아끼지 않았다는 인식을 태평도에 심어놓을 필요가 있었던 것이다. 그러나 그런 일을 드러내놓고 하다가 태평도가 관군에게 소탕될 경우에는 오두미도도 박해를 받게 될 게 틀림없었다. 상대방에게 협력을 아끼지 않고 있다는 인상을 주면서도 그것이 겉으로 드러나지 않도록 하는 것이 중요했다. 진잠이 소용에게서 부여받은 역할은 결코 쉽지 않은 일이었다. 이튿날 아침 진잠은 험준한 촉도를 향해 길을 나섰다.

三

거록은 오래 전에 항우項羽가 진나라 군사를 무찔렀던 유명한 싸움터였다. 이곳은 하북성의 석가장시石家莊市와 한단시邯鄲市를 남북으로 잇는 중간 지점에서 약간 동쪽으로 비껴나 있는 지역이다. 바로 이곳에 태평도의 본산이 자리하고 있었다. 진잠이 오두미도에서 온 사자使者라고 신분을 밝히자 얼마 지나지 않아 대현량사 장각이 직접 나타났다.

"먼 길에 수고가 많았소."

장각은 두 눈을 가늘게 뜨면서 인사를 전했다. 도술을 사용하는 자들은 다른 사람들이 속마음을 알아차리지 못하도록 주의를 기울인다. 그래서 가능하면, 이른바 마음의 창이라고 하는 눈을 크게 뜨지 않는다. 장각은 몸집에 비해 얼굴이 컸다. 눈, 코, 입도 보통사람보다 컸다. 그런데 일부러 눈을 가늘게 뜨고 있었기 때문에 눈자위가 부어 보였다. 진잠은 장각과 마주서 있었는데, 그의 얼굴이 바로 앞에 와 있는 것처럼 여겨졌다. 그러나 정신을 차려 다시 보니 장각은 여전히 저만큼 떨어진 곳에 있었다. 최면술의 일종이었다.

'음, 역시 대단하군.'

진잠도 도술을 배우고 있었기 때문에 상대방의 도술 수준이 어느 정도인지 가늠할 수 있었다. 상당한 고수임에 틀림없었다.

'깊으면 폭이 좁다.'

이미 세상을 떠난 오두미도의 시조 장릉이 했던 말이 떠올랐다. 장릉은 폭을 넓히기 위해서는 깊이가 얕아질 수밖에 없다고 진잠에게 가르치곤 했다. 눈앞에 서 있는 장각은 뭐라고 표현하기 힘든 깊이를 지니고 있었다. 그러나 그 폭은 상당히 좁을 것이라는 생각도 함께 들었다.

'과연 대군大軍을 움직일 만한 인물인가?'

진잠은 자못 의문스러웠다.

'도술은 원칙적으로 한 사람에게만 사용할 수 있는 것이다.'

이 역시 장릉이 했던 말이다. 다시 말해 10만 명의 신도를 얻는다 할지라도 그것은 어디까지나 일대일의 관계가 누적된 결과라는 뜻이다. 한 사람과 10만 명이나 되는 집단과의 관계는 결코 아닌 것이다. 도술이라는 것이 개인적인 관계를 중요시하는 기술이라는 것을 깨닫게 해주는 말이었다. 그런 관점에서 본다면 도술가는 군중을 지휘하는 데 가장 부적절한 존재였다. 그럼에도 도술가는 많은 신자가 자신을 의지하여 모여드는 것을 보고, 마치 자기가 대중을 휘어잡는 탁월한 능력을 지니고 있다고 착각한다.

진잠이 아직 소년이었을 때 장릉에게 이런 질문을 한 적이 있었다.

"사부님을 대하고 있으면 그 깊이는 바닥을 알 수 없는 우물과 같고, 그 넓이는 장강과 같음을 느끼게 됩니다. 이것은 무슨 연유이옵니까?"

사천四川에서 태어나고 자란 진잠은 바다를 본 적이 없었기 때문에 넓다는 것을 장강에 비유할 수밖에 없었다. 장릉은 이 질문에 이렇게 대답했다.

"아마 그것은 내가 부도浮屠의 가르침을 공부했기 때문일 것이다."

부도라는 것은 부처의 중국식 음音 표기이다. 수도 낙양에 살고 있는 대월지국大月氏國 사람들은 불교를 믿고 있었다. 그러나 당시 한족 사이에는 아직 널리 알려져 있는 종교가 아니었다. 불교라는 용어도 사용되고 있지 않았다. 그래서 장릉이 어디에서 부도의 가르침을 공부했는지는 확실하게 알 수 없었다. 그는 임종 때 이렇게 유언했다.

"부도의 가르침을 소용에게 전하니, 노는 어머니로부터 이 가르침을 전해 받도록 하라."

'너무 아쉽구나.'

진잠은 지금처럼 장릉의 죽음을 안타까워해본 적이 없었다.

'시조께서 살아 계시기만 하면 지금쯤 대중의 지도자가 되고도 남았을 텐데.'

깊음과 얕음의 이치도 제대로 깨닫지 못한 장각이 군중을 움직이려고 하는 것을 보고 있자니 그 아쉬움은 더욱 컸다. 썩 마음이 내키지는 않았지만 진잠은 사자로 온 이상 소용의 전갈을 알려야 했다.

"도술로 백성을 구제하고자 하는 동일한 목적을 가진 교도로서, 저희 오두미도에서는 태평도가 의거를 일으킬 때 최대한의 조력을 아끼지 않겠다는 전갈이옵니다."

"그렇소? 그거 반가운 말씀이오. 하하하."

장각은 금방 웃음을 멈추더니 다시 말을 이었다.

"그렇잖아도 그 일과 관련해서 이쪽에서도 이미 귀도에 사자를 보냈소."

"그렇사옵니까? 사자는 언제쯤 보내셨습니까?"

진잠이 조급하게 물었다.

"사흘 전에 사자가 이곳을 출발했소."

"사흘 전이옵니까?"

조금만 늦추는 건데 하는 아쉬운 생각이 들었다. 서로 공조체제를 이루더라도 요청을 받고 협조하는 경우와 스스로 협조하겠다고 나서는 경우는 전혀 다르다. 나중에 논공행상을 할 때도 큰 차이가 있다. 사흘 전이라고 하면 지금 낙양 근처에 이르렀을 것이다. 아쉽게도 며칠 차이로 오두미도는 스스로 나서서 태평도의 반역에 협조하겠다는 의사표시를 하고 만 것이다.

"사안이 중요한 만큼 극비로 해주시기 바랍니다."

진잠이 다소곳이 말하자 장각은 턱을 당기면서 말했다.

"물론이오."

바로 그때, 가늘게 뜬 그의 눈이 갑자기 커졌다. 보통사람보다 훨씬 큰 눈이었다. 진잠은 순간적으로 모든 신경을 모아 그 눈을 쏘아보았다. 오만불손한 빛을 띠고 있었다. 시조 장릉이 가장 꺼림칙하게 생각하며 경계했던 그 빛이 바로 장각의 눈에 깃들어 있었다. 한순간 장각은 가만히 눈을 감았다. 그는 자신의 감정을 표정에 드러내지 않기 위해 항상 신경을 쓰는 인물이었다. 눈을 감은 상태에서 장각이 눈썹을 위아래로 심하게 꿈틀댔다. 묘한 동작이었다.

四

여기서 잠깐 시대적 배경을 알아보자. 계해년의 다음해인 갑자년은 광화 6년, 서기로는 183년에 해당된다. 이때 서양에서는 로마제국의 16대 황제 마르쿠스 아우렐리우스 안토니우스가 세상을 떠났다. 천 년은 갈 것 같던 로마의 국운이 마침내 쇠락의 길로 접어드는 시기였다. 중국은 후한시대로 12대인 영제의 치세 하에 있었다. 한나라는 일개 평범한 서민에 불과했던 고조 유방이 항우와 패권을 다툰 끝에 진시황제의 유산인 '천하'를 얻어 세운 왕조이다. 한나라는 2백 년 정도 계속되다가 잠시 왕망王莽이라는 자에게 천하를 빼앗기게 된다. 그러나 광무제光武帝 유수劉秀가 다시 왕망에게서 천하를 되찾는다. 따라서 광무제 이후를 후한이라고 부르게 되며, 후한이 시작된 지 2백여 년이 지속되고 있는 상태였다. 전한과 후한을 합한다면 4백 년이나 지난 시점이었다. 이제 한이라는 거목은 너무 노쇠했다. 국가도 생명체도 그 힘을 다하면 쇠하게 마련이다. 지금이 바로 그때였다.

영제는 열두 살에 즉위하여 15년 동안 제위를 이어오고 있었다. 후한의 역대 황제는 처음 3대까지를 제외하고는 모두 스무 살이 되기 전에 즉위했다. 상제殤帝는 태어난 지 얼마 되지 않은 갓난아이일 때 즉위했다. 충제沖帝는 두 살 때, 질제質帝는 여덟 살 때 즉위했다. 영제의 부친인 환제桓帝는 열다섯에 즉위하여 3대 이후의 황제 가운데 가장 오랫동안 재위하는 기록을 남겼다.

어린 황제가 즉위하게 되면 그 어머니가 후견인 역할을 했다. 황제의 어머니들은 봉건시대 여성이었기 때문에 정치에 익숙하지 못했다. 따라서 자연스럽게 가까운 관계가 있는 사람들과 상담을 하기 마련이었다. 가까운 사람들이란 말할 것도 없이 친정식구들이었다. 이러한 배경으로 외척이 실권을 쥐고 정치 일선에 나서게 되었다. 외척 다음으로 가까운 것은 그들을 지근거리에서 보좌하는 환관들이었다. 구중궁궐 깊숙한 곳에서 허드렛일을 담당하며 황실에 있는 여자들이 마음 편하게 말을 주고받을 수 있는 남자들이 바로 남성 기능을 상실한 환관들이었다. 물론 엄밀한 의미로 보면 환관은 남성이 아니라고도 할 수 있었다. 이런 환관들이 후한에 접어들어서는 궁정에서 막강한 세력을 형성하게 되었다. 황제가 바뀌면 황후皇后나 황태후皇太后도 바뀌었다. 따라서 외척의 권세는 일시적이었지만, 이들 환관의 세력은 그 뿌리가 깊었다.

이러한 비정상적인 국정 농단에 대해 학식과 재능을 갖추고 등용된 관료들이 불만을 품는 것은 당연한 일이었다. 그들은 스스로를 '청류淸流'라 부르고 환관을 '탁류濁流'라고 부르면서 경멸했다. 청류는 기회를 기다리면서 탁류를 제거할 계획을 세우곤 했다. 하지만 천자를 둘러싼 채 단단한 벽을 형성하고 있는 환관들에게 계획이 발각되어 탄압을 받는 경우도 있었다. 이렇게 해서 발생한 사건이 바로 '당고黨錮의 옥獄'이었다. 도당徒黨을 만들었다는 이유로 수많은 청류가 사형을 당하거나 옥에 갇혔다. 조금이라도 기백을 가진 자는 모두 투옥되는 상황이었다. 지방 관리로서 직접 백성을 다스리는 무리 중에는 자기도 한번 출세해보려고 중앙의 환관들에게 뇌물을 보내는 자가 수두룩했다. 백성에 대한 이들의 착취가 점점 더 심해지는 것은 당연한 일이었다. 백성의 생활은 하루하루를 연명하기가 어려웠다. 현실의 어려움을 벗어나기 위해 태평도 같은 종교에 의지하는 사람들이 급격하게 늘기 시작했다.

'이러다간 무슨 큰일이 일어나고 말 것이다.'

사람들은 모두 불안에 떨고 있었다. 그 전해 2월에는 전국적으로 전염병이 돌았다. 여름에는 지독한 가뭄이 계속되었고, 5월에는 영락태후永樂太后가 거주하는 궁궐에 화재가 일어났다. 2년 전에도 궁중에서 화재가 발생한 적이 있었으며, 그전에는 계란 크기만 한 우박이 떨어진 적도 있었다. 낙양에서는 머리는 둘이고 팔이 넷이나 되는 아이가 태어났다는 소문이 돌고 있었다.

"불길한 징조야."

점쟁이들은 입을 모아 이렇게 말했다. 그 이전에도 광화로 연호를 바꾼 해에 수차례나 지진이 발생하고 관청의 암탉이 수탉으로 바뀌는 희한한 사건도 일어났다. 기괴한 일이었다. 그해 5월 들어서는 하얀 옷을 입은 사람이 황궁의 덕양전德陽殿에 들어서는 것을 보고 사람들이 뒤를 쫓아갔는데 갑자기 온데간데없이 사라져버린 사건도 있었다. 6월에는 검은빛을 띤 요기妖氣가 온덕전溫德殿 정원에 머문 일이 있었고, 7월에는 푸른색을 띤 뱀이 옥당후전玉堂後殿 정원에 나타났다. 여름 내내 심한 가뭄을 겪고 가을로 접어들자 이번에는 황하黃河가 금성金城 부근에서 범람해 오원산五原山이 무너져 내리는 사고가 발생했다. 예로부터 중국에서는 이런 자연현상을 악정惡政에 대한 천벌로 여겼다.

이처럼 흉흉한 민심 속에서도 영제는 주색잡기에만 정신이 팔려 있었다. 그는 특히 야외에서 잔치 벌이는 것을 좋아했는데, 궁녀들에게 모의 상점을 만들게 하고 자신은 상인 복장을 한 채 여기저기 들러 술 마시기를 즐겼다. 어쨌든 그는 무척이나 상인이 되고 싶었던 것 같다. 모의 상점뿐만 아니라 매관점賣官店을 열어 지위나 관직을 팔기도 했다. 2천 석의 녹을 받는 자리는 2천만 전, 4백 석을 받는 자리는 4백만 전을 받고 팔았다. 즉, 관직에도 시장가격이 있었던 것이다. 그리고 관직을 사는 사람의 신분에 따라 가격이 조금씩 달랐다. 신분이 낮은 자가 높은 관직을 사기 위해서는 시장가격 이상의 돈을 내야 했다. 매관점에서는 외상거래도 인정되었다고 한다. 더구나 개에게 관리의 상징인 관冠을 씌우거나, 허리에 두르는 끈인 수綬를 개의 몸통에 묶어놓고 놀기도 했다.

"말도 안 되는 작태로다. 황제의 측근에는 모두 개만도 못한 작자들만 모여 있구나. 개한테 관을 씌우고 놀다니, 천벌을 받을 작자들!"

이렇게 속을 부글부글 끓으며 말하는 이들이 적지 않았다.

五

진잠은 한동안 거록의 태평도 본거지에 머물렀다. 오두미도의 연락 담당 역할을 수행하기 위해서였다. 태평도의 거사준비는 순조롭게 진행되고 있었다. 장각은 군사를 36방方으로 조직했다. 방이란 군사조직의 단위로서 규모가 큰 방은 1만 명 이상이나 되었으며, 작은 방은 6천 명 내지 7천 명 정도의 병력으로 구성되었다. 방의 지휘관은 거수渠帥라고 불렀다. 진잠은 태평도 본거지에 머물며 병사들이 훈련하는 광경을 지켜보았다.

대현량사 장각은 귀한 손님인 진잠을 위해 당주唐周라는 젊은이를 붙여주었다. 그가 진잠의 주변 일을 도와주고 있었다. 하루는 당주가 목소리를 낮추어 진잠에게 물어보았다.

"어떻소? 이 군사로 관군을 이길 수 있다고 생각하시오? 나는 개인적으로 상당히 엉성한 훈련이라고 생각하고 있소만."

아무래도 당주라는 자는 태평도 내부에서 회의분자에 속하는 인물인 듯했다.

"당치 않는 말씀이오. 관병官兵의 군사훈련도 뻔한 것 아니겠습니까? 태평도가 더 강도 높은 훈련을 받고 있는지도 모르지요."

진잠이 대답은 그렇게 했지만, 내심으로는 태평도가 이질적이고 다양한 무리로 구성되어 있기 때문에 결속력에 문제가 있으리라 생각했다. 진잠은 이곳에서 듣고 본 것을 암호로 표시해 소용에게 서신을 띄웠다. 태평도 본부에 손님으로 있는 동안 그가 소용에게 보낸 여러 종류의 보고서들은 거의 대부분이 부정적인 내용을 담고 있었다. 객의 입장이었기 때문에 태평도 수뇌부의 움직임에 대해서는 알 수가 없었다. 하지만 그 부분은 당주가 아무도 모르게 슬쩍 일러주곤 했다. 거사를 일으키는 데 있어 목숨과도 같은 여러 가지 극비사항을 흘리고 있었던 것이다.

"대현량사는 궁중의 환관을 매수하는 작전을 세우고 있는데 과연 그 작전이 거사에 도움이 될 것 같소?"

당주는 그 같은 일급비밀에 대해서도 순진한 어린애처럼 진잠에게 말하곤 했다.

"지금 황제는 환관을 통해서만 모든 정보를 접하고 있소. 그러니 태평도가 거사를 일으키더라도 환관이 보고하지 않으면 관군이 동원되는 일은 없을 것이오. 따라서 그것은 아주 훌륭한 작전인 것 같소."

진잠은 당주의 물음에 이같이 대답했다.

"그렇게 생각하시오?"

당주는 수긍하기 어렵다는 표정을 지으며 말을 이었다.

"글쎄요. 작전 자체는 그럴듯할지 모르겠지만 그 일을 맡고 있는 자가 과연 제대로 해낼 수 있을지 의문이오."

"누가 그 일을 맡고 있나요?"

"마원의馬元義라는 인물이오."

그렇게 말하고 나서 당주는 갑자기 요란스럽게 코를 풀었다.

'흠, 대충 알겠군.'

진잠은 웃음이 나오려는 것을 꾹 참고, 짐짓 헛기침을 두어 번 했다. 당주가 좋아하는 여인이 있었는데 마원의가 그녀를 첩으로 삼았다는 소문을 들었기 때문이다. 지금 당주의 행동으로 보아 그 소문은 사실인 듯했다.

"마원의라면 그리 잘못된 선택도 아니라는 생각이오만."

마원의에 대해 자세히 알지는 못했지만 진잠은 일부러 그렇게 말했다.

"무슨 말씀이오? 겉으로만 그렇게 보일 뿐이오. 마음속으로는 무슨 궁리를 하는지 알 수 없는 일이지요. 뱃속은 시커멓고 머릿속은 뒤죽박죽이고….”

당주는 더 이상 말을 잇지 못했다. 마원의에 대한 증오가 불타오
르면서 감정이 너무 격해졌기 때문이다. 마원의에 대한 당주의 증
오심은 보통 이상이었다. 그리고 그것은 태평도의 교의나 조직도
어찌할 수 없는 성질의 것이었다. 이런 점을 보더라도 태평도는 분
열의 가능성이 적지 않았다. 진잠은 태평도에 대해 매우 비관적인
보고를 오두미도 본부에 보냈다.

점점 더 아니라는 생각이 듭니다.

그로부터 얼마쯤 시간이 흘렀다. 진잠은 당주와 함께 북쪽지방을
여행하게 되었다. 유주에 볼일이 있어 길을 떠났는데, 도중에 탁涿.
하북성이라는 지역을 지나게 되었다. 가을치고는 따뜻한 날씨였다.
말을 잠시 쉬게 하는 동안 진잠과 당주도 가까운 정자에서 한숨 돌
리기로 했다. 정자 가까이로 가보니 먼저 그곳을 차지하고 쉬고 있
는 나그네들이 있었다. 그들은 정자에 드러누워 쉬고 있었다. 두 사
람은 쉴 곳을 찾아 등을 돌렸다. 그런데 돌아서서 몇 걸음 걷다 말
고 서로 약속이나 한 것처럼 우뚝 멈춰 섰다. 정자 안에서 들려오는
대화가 두 사람의 흥미를 끌었기 때문이었다.

“정말로 우리는 좋은 시절에 태어난 것 같아.”

두 사람은 이 말이 난세를 한탄하는 반어적인 표현이라고 생각했
다. 하지만 그 다음에 이어지는 말을 듣고 그런 의미가 아니라는 것
을 알아챘다. 두 사람은 한쪽으로 비켜서서 그들의 말에 귀를 기울
였다.

“그렇고말고요. 실력만 있으면 얼마든지 출세할 수 있는 것 아닙

니까? 천하가 태평한 시절에는 우리 같은 호걸들이 실력을 보여줄 기회가 없었는데…. 이거 정말 몸이 근질근질하군요. 천하에 대란이 일어나면 마음껏 실력을 발휘해봐야죠."

"천하가 큰 혼란에 빠지게 되면 평범한 필부도 왕이 될 수 있지. 고조도 그러지 않았는가? 전쟁이 없는 태평성대가 이어졌다면 그도 일개 건달로 일생을 마쳤을 거야. 이 세상이 혼란에 빠질 거라는 생각을 하면 흥분이 돼. 생각만 해도 기분 좋은 일이야. 하지만 혼자서는 아무 것도 이룰 수가 없지. 처음에는 어느 정도 규모가 있는 세력에 들어가서 공명을 날리고 그런 다음 웅지를 펴야 되겠지."

"어느 쪽으로 들어갈 것인가가 가장 중요한 일이겠군요."

"그렇지. 그것이 중요하지."

"조정 쪽으로 들어가는 것이 상식 아닐까요?"

"조정은 곧 쓰러지고 말 거야."

"목소리가 너무 크십니다."

"상관없어. 모두 알고 있는 사실 아닌가?"

"맞습니다. 다 기울어가는 초가집을 다시 세울 필요는 없지요. 천자? 웃기는 작자들."

목소리가 너무 크다고 염려했던 자가 더 큰 목소리로 조정을 비난했다.

"그렇다면 태평도로 가야 할까? 그자들이 군사훈련을 아주 열심히 하고 있다던데."

"쫓아가서 방의 대장 자리라도 하나 달라고 해볼까요?"

"그렇게 쉽게 생각할 일도 아니야. 소문에 듣기로는 태평도의 36방 모두 거수가 임명되었다고 하던데. 아무리 우리 실력이 뛰어나다 할지라도 자리가 없으면 그만 아니겠는가?"

"게다가 태평도 신자가 아니고서는 좋은 자리에 앉을 수도 없을 것 아닙니까?"

"맞아. 그럴 거야. 태평도는 포기해야 되겠군. 또 그 친구들은 천하를 잡지도 못할 거야."

"왜 그렇게 생각하십니까?"

"자네가 말했잖아? 신자가 아니면 중용될 수 없다고. 그렇게 좁은 소견을 가진 인물이라면 절대 천하를 잡을 수 없어."

"틀림없어요. 백 명 중에 태평도 신자는 다섯 명이나 열 명뿐이지요. 다른 아흔 명, 아흔다섯 명에게는 내 일이 아니지요. 아마 어려울 겁니다."

"그럼 어떻게 하는 것이 좋을까?"

정자 안에서 큰소리로 이야기를 주고받는 사람은 두 명이었지만 또 다른 한 명이 함께 있다는 것을 알 수 있었다. 새로운 목소리가 들려왔기 때문이다.

"태평도가 거사를 일으키면 각지에서 의병 모집이 있을 것이오. 그때가 바로 호기요. 태평도와의 싸움에서 큰 역할을 한 군대가 천하를 다투는 싸움에서 유리한 입장에 서게 될 것이오. 우리 같은 사람은 냉정하게 생각해야 하오. 태평도 군대를 가장 확실하게 물리칠 수 있는 세력이 누군가를."

"그 세력이 누구라고 생각하시오?"

"태평도는 천하를 얻고자 하기 때문에 낙양으로 진격해갈 것이오. 그 태평도를 뒤에서 공격할 수 있는 자가 바로 유주의 자사刺史요."

새로 대화에 끼어든 자의 목소리가 가장 침착했다.

자사란 하나의 주를 다스리는 지방장관을 일컫는 말이었다. 한대의 행정구역 단위 가운데 가장 큰 것이 주州였고, 그 밑에 군郡이 있었으며, 다시 그 밑으로 현縣이 있었다. 주의 장관이 자사, 군의 장관이 태수太守, 현의 장관이 현령縣令이었다.

"유주의 자사라고 하면 유언劉焉이 아니오? 그자는 어떤 인물이오?"

"상당한 안목을 가진 인물이라고 들었소. 인물도 인물이오만 그보다도 유주는 큰 지리적 이점을 가지고 있소."

차분한 목소리를 가진 자가 이내 말을 이었다.

"낙양에서 유학할 때 의랑議郎을 지냈던 노식盧植 선생 밑에서 공부했었소. 노식 선생은 강직한 성품을 지닌 분이어서 언젠가는 중요한 자리에 등용될 거라고 생각했소. 그래서 노식 선생 밑에서 계속 학문을 하고 있다가 나도 때가 오면 공명을 한번 세워보려고 했다오. 그러나 좀 더 깊이 생각해보니 노식 선생이 반드시 토벌군의 총사령관으로 등용된다는 보장이 없다는 결론을 얻게 되었소. 시대가 바뀌고 있소. 앞으로는 한번 정해진 주군이라고 해서 죽을 때까지 그 주군만을 섬기는 일은 없을 거요. 오히려 주군을 선택하게 될 것이오. 그래서 나는 지리적 이점을 가진 유주의 자사를 선택하는 것이 좋겠다는 결론을 내렸소. 유주 자사라면 난이 일어났을 때 틀림없이 전쟁에 참여하게 될 것이기 때문이오."

"음, 과연 그렇군. 당신 말이 맞소."

위세 좋은 목소리를 가진 자가 탄복을 하면서 맞장구를 치자 다른 한 명이 안달이 난 목소리로 말했다.

"그때가 되면 우리 천거도 부탁 좀 드립시다."

"물론이오. 한 사람보다는 세 사람의 힘이 훨씬 클 테니까. 지금부터 행동을 같이할 수도 있소. 좀 전부터 나누시던 대화를 듣고 나는 댁들이 아주 마음에 들었소. 그러고 보니 아직 통성명을 못 했구려."

앞뒤 정황을 보니 우연히 이곳에서 자리를 함께하게 된 관계인 듯했다.

"나는 장비張飛라고 하오. 자는 익덕翼德이오."

성격이 급한 듯한 목소리가 먼저 자기의 이름을 밝히고 자리에서 일어섰다. 키가 8척 정도 되었는데, 당시 1척은 23센티미터였으므로 180센티미터 남짓 되는 젊은이였다. 진잠과 당주는 얼른 나무 뒤로 몸을 숨겼다. 『삼국연의』에서는 이때 장비가 턱에 호랑이 수염을 하고 있었다고 묘사했다. 그러나 당시 장비는 아직 십대 소년으로 그렇게 수염이 날 나이가 아니었다.

"나는 관우關羽라고 하오. 자는 운장雲長이오."

나이는 스무 살이 넘어 보였고 멋들어진 수염을 기르고 있었다.

"인사가 늦었소만…."

마지막으로 침착한 목소리로 말하던 자가 일어섰다.

"유비劉備라고 하오. 자는 현덕玄德이오. 그러고 보니 내가 가장 연장자인 것 같소. 올해 스물셋이오."

六

아직 세상물정 모르는 젊은 친구들이 자기들 기분 나는 대로 나눈 대화였다. 정자에 누워 뒹굴뒹굴하면서 생각나는 대로 내뱉은 말들이었다. 그러나 당주는 그들이 나눈 대화를 듣고 큰 충격을 받았다. 태평도의 거사 계획은 이미 모두에게 알려진 비밀이었다. 그리고 모두가 이 거사는 성공하지 못할 거라고 예상하고 있었다. 장각의 군사동원 능력에 대해서도 "백 명 중에서 열 명 내지 다섯 명만 태평도 신도일 뿐이다"라는 말을 하고 있었다. 태평도 측에서는 인정하고 싶지 않겠지만 그것은 사실이었다.

여행을 마치고 거록으로 돌아온 당주는 눈에 띄게 말이 없어졌다. 겉으로 보기에는 예전보다 훨씬 신중해진 것 같았다. 태도가 달라진 당주에게 중대한 임무가 주어졌다. 환관을 매수하기 위한 마지막 마무리를 하라는 것이었다. 태평도 교단이 접촉하고 있는 환관은 봉서封諝와 서봉徐奉이었다. 환관은 새로운 왕조가 시작되더라도 필요한 존재인 만큼 그때 반드시 태평도가 그들을 중용하겠다는 약속을 했다. 당연히 거액의 황금이 건네졌다. 매수된 환관들이 해야 할 일은 태평도가 거사를 시작했을 때 궁정을 마비시켜 토벌군의 동원을 최대한 늦추는 것이었다. 그에 대한 구체적인 협상을 하기 위해 당주가 파견된 것이다.

해가 바뀌어 광화 7년이 되었다. 새해가 시작된 지 얼마 안 된 때였다. 그해는 12월에 연호를 개정함에 따라 중평中平 원년(184년)이 되는데, 간지로는 마찬가지로 갑자년에 해당되었다. 거사일은 3월 5일로, 거사 장소는 업鄴으로 결정되었다. 태평도는 모든 병력을 이곳에 집결시키기로 했다. 총지휘는 거수 마원의가 맡기로 결정되었다. 업은 하북성과 하남성의 경계에 위치한 지역으로, 일찍이 춘추시대에는 제齊나라의 수도였으며, 그 후에는 위魏왕조의 수도가 되기도 했던 전략적 요충지였다.

'어딘가 이상해.'

진잠은 당주의 태도가 이상해졌다는 생각이 들었다. 진잠은 그렇게 된 전후상황을 잘 알고 있었다. 당주에게는 이 거사가 반드시 성공하리라는 신념이 없었던 것이다. 언젠가 진잠이 당주에게 이렇게 말한 적이 있었다.

"태평도의 장씨 왕조가 들어서게 되면 거사의 총대장인 마원의가 일등 건국공신이 되겠군요?"

물론 어떤 반응을 보이는지 알아보기 위한 속셈이었다. 당주는 그때 의미심장한 웃음을 지었다. 그때까지 마원의를 화제에 올리기만 하면 얼굴을 붉히면서 흥분하곤 했던 그였다.

"그렇게 자기 마음대로는 되지 않을 겁니다."

당주는 단호한 어조로 말했다. 뭔가 믿는 구석이 있지 않는 한, 마원의의 이름을 듣고도 그렇게 냉정을 유지할 수 있을 사람이 아니었다. 진잠은 그가 하는 말을 들으면서 '이제 두고 보시오' 하는 듯한 느낌을 받았다. 진잠은 그날 밤 소용에게 보낼 밀서를 만들었다.

　　장각 일당의 거사는 실패로 끝날 것입니다. 우리 교단은 그들
　　과의 모든 관계를 끝내는 것이 좋겠습니다.

진잠은 이렇게 결론을 내렸다. 그는 당주가 이번 거사를 어떻게 해서든 실패로 돌리기 위해 음모를 꾸미고 있다고 확신했던 것이다. 그 예상은 들어맞았다. 당주는 낙양에 도착해서 만나기로 되어 있던 두 명의 환관을 찾아가지 않았다. 그는 낙양에 도착하자마자 곧바로 천자에게 상소를 올려 모든 것을 토설하고 말았다. 그때 마침 마원의는 낙양에 올라와 있었다. 낙양 점령의 후속조치를 미리 해놓기 위해 먼저 올라와 머물고 있었던 것이다. 당주가 올린 상소에는 당연히 마원의가 머물고 있는 장소까지 상세히 기록되어 있었다.

정월이 끝나가는 무렵이었다. 살을 에는 듯 추운 날씨였다. 거록의 태평도 교단 본거지로 누런색 말 등에 납작 엎드려 나는 듯이 뛰어 들어오는 자가 있었다.

"모두 물러나시오. 급보요, 급보!"

마원의가 체포되었다는 것을 알리기 위해 낙양에서부터 단숨에 달려온 태평도 신도였다. 촌각을 다투는 일이었다. 조정에서는 태평도 일당을 시급히 체포해 모두 잡아 죽이라는 긴급지령을 각지에 내려 보냈다. 3월 5일에 각지에서 군대를 일으킬 예정이었으나 이렇게 된 이상 당장 행동에 옮기지 않으면 안 될 긴박한 상황이 전개되고 있었다. 그나마 다행인 것은 36만 명의 군사 중에 8할 정도가 출정 준비를 완료하고 있는 상태라는 것이었다.

"모두 황건을 두르라!"

장각은 모든 신도에게 명령을 내렸다. 태평도는 적과 아군을 구별하기 위해 모든 신도에게 황색 두건을 머리에 두르도록 했다. 일찍이 후한 초기의 동란기에 반란군 일파가 눈썹을 빨갛게 칠해 표식으로 삼은 적이 있었다. 사람들은 그들을 적미군赤眉軍 또는 적미적赤眉賊이라고 불렀다. 태평도의 반역군도 이런 표시를 함으로써 황건군 또는 황건적이라고 부르게 되었다.

"총공격이다!"

36방을 담당한 각 거수가 큰소리로 외쳤다. 그들은 말 위에서 칼을 휘두르면서 군사를 독려했다. 공격목표는 당연히 각 지역의 관청이었다. 백성을 착취하는 데만 골몰해 있는 관리들이 득실거리는 곳이었다. 가렴주구를 일삼는 악덕 관리들의 소굴이 하나둘 불타오르기 시작했다.

"한 놈도 남기지 말고 잡아 죽여라!"

자사, 태수, 현령 등 관청의 고위 관리를 무조건 잡아 죽이라는 명령이 일찍부터 하달되어 있었다.

대현량사 장각은 스스로를 천공장군天公將軍이라 칭했다. 장각에게는 두 명의 동생이 있었는데 첫째 동생 보寶는 지공장군地公將軍, 둘째 동생 양梁은 인공장군人公將軍이라 불렀다.

각 지역 신도들이 장각의 지시에 따라 이곳저곳에서 봉기하기 시작했다. 하북의 평야지대에서 하남 일대에 이르기까지 백성을 짓누르고 있던 관청이 불타오르기 시작했다. 검은 연기가 대륙의 하늘을 뒤덮었다. 배가 나온 관리들이 시체가 되어 나동그라졌고, 백성의 피와 땀 위에 군림하던 관청의 마루와 벽은 선혈로 붉게 물들었다. 바람을 가르는 말굽소리가 동에서 서로 이어졌다. 어느 곳에선가 함성이 오르기 시작하면 그 소리는 바람을 타고 멀리까지 전해졌다. 바람결에 그 소식을 전해들은 사람들의 움푹 파인 눈에는 광기가 서려 있었다.

"드디어 올 것이 오고야 말았구나."

진잠은 혼잣말로 낮게 읊조렸다. 모두가 긴장하면서 불안해하던 상황이 현실로 닥쳐오자 오히려 마음이 가라앉는 묘한 느낌이었다. 지금까지 대륙의 민초는 천하가 난세에 접어들 징조에 몹시 불안해하면서 악몽에 시달렸다. 그 징조가 현실이 되어 눈앞에 나타난 것이다. 손을 뻗으면 그 모든 것을 분명하게 느낄 수 있는 역동의 시대가 그렇게 도래했다.

七

낙양에는 두 개의 큰 시장이 있었다. 당나라 때는 낙양의 남북에 시장이 각각 하나씩 있었지만, 그 이전인 후한 때는 동서로 나뉘어 있었다. 그중에 서시西市가 동시東市보다 규모가 커서 사람들은 대개 서시를 대시大市라고 불렀다. 당시에는 이 두 시장 이외의 지역에서 물품을 사고파는 것이 금지되어 있었다. 시장은 많은 사람이 모여드는 장소이기 때문에 단순한 시장 기능 이외에 여러 가지 역할을 담당하고 있었다. 연극을 하는 곳도 여러 군데 있었다. 오늘날의 개념으로 보면 재래식 시장과 번화가의 역할을 동시에 하고 있었던 것이다. 또한 시장은 처형장으로 이용되기도 했다. 번화가에서 처형을 하는 것은 이를 본보기로 삼는다는 의미가 있었다. 본보기의 효과를 극대화시키기 위해서는 많은 사람이 모여들수록 좋을 터였다. 따라서 사람들이 가장 많이 모여드는 시장이야말로 처형장으로는 안성맞춤이었다.

당주의 상소에 의해 체포된 마원의가 서시에서 처형된 것은 2월 중순이었다. 거열형車裂刑이 집행되었다. 거열형은 좀처럼 시행되지 않는 잔인한 형벌이었다. 평생에 몇 번 보기 힘든 이 처형 장면을 보기 위해 수많은 구경꾼이 모여들었다. 인간의 심성 저 밑바닥에는 이렇게 잔혹한 일을 은근히 즐기는 악마 같은 요소가 존재하는 것이다. 두 대의 마차가 준비되었다. 마차는 각각 두 필의 말이 끌고 있었다. 마원의는 양쪽 손과 발이 두 대의 마차에 묶인 채 모습을 드러냈다. 형리가 신호를 보내자 마차를 모는 마부들이 채찍을 휘두르기 시작했다. 사람의 몸을 산 채로 찢어버리는 가혹한 형벌이었다. 천자에 대한 모반을 꾀한 대역죄에나 적용되는 무시무시한 형벌이었던 것이다. 형을 집행하는 형리도 이 형벌에는 익숙하지 않았다. 소문에 의하면 이 형을 집행하는 마부가 되겠다는 지원자가 없어서 곤란했다고 했다. 이런 일은 누구에게라도 기분 좋은 일일 수 없었다. 관청에서는 궁여지책으로 봉종리奉終里에 살고 있는 사람들을 임시로 고용했다고 한다. 봉종奉終이라는 말은 인간의 종말, 즉 장례에 관여하는 것을 뜻한다. 봉종리는 이 업에 종사하는 사람들이 살고 있는 지역이었다. 봉종리는 서시의 북쪽에 자리하고 있었다. 서시의 남쪽에는 조음리調音里와 악률리樂律里라는 곳이 있었는데, 이곳은 악사樂師들이 거주하는 지역이었다.

임시로 고용된 마부들은 많은 군중이 지켜보고 있어서 너무 긴장한 나머지 표정이 몹시 굳어 있었고 행동 또한 자연스럽지 못했다. 군중의 기대에 어긋나면 안 될 일이었다. 두 대의 마차가 동시에 출발하지 못해 약간의 시차라도 발생한다면 죄수의 몸을 단번에 양쪽으로 찢을 수 없게 되는 불상사가 발생할 터였다. 허공에 대고 채찍을 휘두르는 마부 중에 오른쪽 마차에 앉은 이가 왼쪽보다 선배인 듯했다. 그는 채찍을 머리 정면으로 들어 올리면서 소리쳤다.

"아직이야, 아직!"

세 번 정도 연습한 뒤에야 일을 시작할 수 있었다.

"자, 출발!"

그는 소리를 내지르며 채찍으로 말의 등을 힘껏 내리쳤다. 예행연습 덕분에 왼쪽 마부도 정확하게 시간을 맞춰 힘차게 채찍을 내리꽂았다. 두 마부가 말의 등을 향해 채찍을 내리친 것은 거의 동시였다. 마차는 마치 좌우로 대나무가 갈라지듯 내달리기 시작했다. 그 순간 대부분의 군중은 눈을 감아버렸다. 두 대의 마차 사이에 묶여 있던 마원의의 몸은 여지없이 둘로 갈라졌다. 두 동강이 난 몸에서는 더운 피가 콸콸 쏟아져 땅바닥을 홍건히 적셨다. 그러나 그것도 잠시였다. 몸에서 흘러나온 피는 언제 그랬냐는 듯 이내 서시의 황토 속으로 스며들었다. 처형을 지켜보던 군중은 마른침을 삼켰다. 그들의 머릿속은 잠시 텅 빈 상태가 되었을 것이었다.

그때였다. 모두가 넋이 나간 순간을 비집고 어디선가 노랫소리가 흘러나오기 시작했다.

　창천은 이미 기울었으니
　이제 황천이 일어서리라
　때는 바야흐로 갑자년
　천하가 크게 길하리라

　사람들이 제정신으로 돌아왔을 때는 이미 노래가 끝났다. 수백 명이 합창을 했다고 하는 이도 있었고, 그 숫자가 수천 명이었다고 말하는 이도 있었다. 또한 그저 몇 명에 불과했다고 말하는 사람도 있었다. 관리들이 사형장 부근을 이리저리 둘러보았지만 어느 쪽에서 노래가 들려오는 것인지 도무지 알 수 없었다. 어떤 이는 진지한 표정으로 그 노래가 하늘에서 들려왔다고 말하기도 했다.
　그렇게 처형이 끝나자 군중은 각기 제 갈 길을 향해 흩어졌다. 이런 장소에 오래 머무는 것이 신상에 좋을 리는 만무했다.
　"노래를 부른 사람이 당신 아니었소?"
　낯익은 음성이었다. 당주가 뒤를 돌아보았다.
　"아니, 다, 당신이…."
　당주는 자기 등 뒤에 진잠이 서 있는 것을 보고 깜짝 놀랐다.
　"너무 비참한 죽음이었소."
　진잠이 침통하게 말하자 당주는 파랗게 질린 얼굴이 되어 입술을 부들부들 떨었다.
　"난, 난 모르는 일이오!"
　당주는 그렇게 외치고는 쏜살같이 도망치기 시작했다. 진잠은 그의 뒤를 쫓지 않았다. 진잠은 형장에서 들려왔던 노랫소리를 다시 한 번 음미해보았다. 그가 듣기에는 백 명 정도가 합창한 것 같았다. 지금까지 들어본 적 없는 맑고 투명한 음색이었다. 그것은 분명히 영혼으로부터 우러난 소리였다. 그 노래는 틀림없이 태평도 교도들이 불렀을 것이다. 진잠은 거록의 태평도 본거지에 반 년 이상이나 머물고 있으면서도 맑은 영혼을 접해본 적이 한 번도 없었다. 대현량사 장각을 만날 때도 그런 느낌을 가질 수 없었다. 그런데 오늘 그것을 접한 것이다. 사실 거록에 있는 태평도 본거지는 전체적으로 어둡고 침울했다.

'마음 든든한 일이다.'

진잠은 그런 생각을 했다. 만일 이 형장에 오지 않았더라면 허탈한 심정이 되어 파로 돌아갔을지 모를 일이었다. 참혹한 모습의 시체보다 더 강렬한 무엇인가가 그의 가슴속 깊이 각인되었다.

"저 참혹한 모습이 반란을 도모한 자의 말로구먼."

진잠은 옆에서 걷고 있는 사람들이 자기들끼리 나누는 말을 들었다.

"어휴, 등골이 서늘하군."

다른 한 사람이 떨리는 목소리로 대꾸했다.

"앞으로는 모반을 일으키려는 자가 나오기 힘들 것 같아."

"그럴까?"

"아마 그럴 거야. 누가 저런 개죽음을 당하고 싶겠어?"

진잠은 제자리에 멈춰 서서 그들이 지나가기를 기다렸다. 그들의 대화에서도 맑은 그 무엇인가가 감지되었기 때문이었다. 딱히 잡히지 않는 묘한 감정이었다. 생각하기에 따라서는 진정 평범하고 순박한 사람들의 단순한 목소리에 불과했다. 그런데 그 속에도 사람의 마음을 밝히는 무엇인가가 존재하고 있었다.

'어쩌면 이것이 말로만 듣던 부도의 가르침이 아닐까?'

진잠은 문득 그런 생각이 들었다.

八

3월이 되자 하진何進이 대장군大將軍이 되었다. 황건군 토벌의 총지휘를 맡게 된 것이다. 하진은 원래 푸줏간을 하던 인물이었는데 여동생이 황후가 되자 일거에 출세가도를 달리기 시작했다. 아무 생각 없이 환관이나 궁녀들과 놀기에만 바빴던 영제도 상황의 중대함을 깨달았다. 그는 신하들을 불러 모아 대책을 강구했다.

"당고의 금을 해지하시고, 중장中藏의 돈을 풀도록 하십시오. 그리고 서원西園 구사廐舍의 말을 군사들이 사용하도록 해주십시오."

북쪽지방에서 태수를 맡고 있는 황보숭皇甫嵩은 이렇게 진언했다. 옥에 갇혀 있는 청류 인사들을 풀어주고 황제가 모아놓은 돈을 풀라는 말이었다. 또 황제가 취미로 키우고 있는 목장의 말을 군마로 사용할 수 있도록 해달라는 진언이었다. 황제는 혼자 결정내리지 못하고 곁에 있는 중상시中常侍, 환관의 최고위직 여강呂强에게 물었다.

"숭의 의견을 어떻게 생각하오?"

"황보숭의 의견을 따르셔야 합니다. 그리고 그전에 황제 폐하의 측근에 있는 부패한 관리를 모두 주살해야 합니다."

환관 중에는 이처럼 고결한 인품을 지닌 인물도 있었다. 기개가 있고 지조가 있는 인사들은 모두 옥에 갇혀 있었다. 그들을 석방하여 다시 등용해야 한다는 말이었다. 그리고 그전에 대부분이 환관인 부패 관리를 숙청해야 한다는 주장이었다. 마침내 영제는 이 의견을 받아들였다. 그리하여 많은 청류 인사가 다시 복권되었다. 그러자 숙청을 두려워한 환관들이 하나둘 자리에서 물러나겠다는 청을 해왔다. 여강은 이 일로 환관들의 미움을 사게 되었다. 나중에는 모함을 받아 결국 심문을 받게 되었다.

"내가 죽으면 천하는 난에 휩싸이게 될 것이오. 일개 필부로 태어나 오로지 국가에 충성을 다하겠다는 생각으로 평생을 살아왔소. 옥에까지 갈 필요도 없소!"

결국 그는 그 자리에서 자결하고 말았다.

이 일이 있기 얼마 전에 황건군의 거병이 시작되었다. 황건군은 거록, 광종廣宗 등 낙양의 북쪽지역뿐만 아니라 영천潁川에서도 거병했다. 조정에서는 노식을 북중랑장北中郎將에 임명하여 장각을 토벌하도록 했다. 황보숭을 좌중랑장左中郎將에, 주준朱儁을 우중랑장右中郎將에 임명하여 남쪽 영천에 있는 황건군을 토벌하도록 했다.

'이 상황에서 서쪽의 파촉에서 오두미도가 거병을 하면 어떨까?'

진잠은 생각해보았다. 태평도의 장각은 물론 그러기를 바라고 있었다. 그래서 오두미도에 협조를 요청하는 사자를 보냈던 것이다. 하지만 진잠이 미리 그들의 청에 응하지 말도록 밀서를 보냈기 때문에 오두미도는 거병하지 않았다. 그런 상황에서 진잠은 황건군의 본거지에 오래 머물러 있을 수가 없었다. 오두미도가 거병하지 않은 이유를 대라고 시달림을 받을 게 뻔했기 때문이었다.

진잠은 황건군의 본거지를 빠져나와 낙양의 남쪽으로 향했다. 사천으로 돌아가면서 이번에는 수로를 이용할 생각이었다. 전쟁터 부근의 검문은 철저했다. 진잠은 역易을 공부하기 위해 사천에서 낙양까지 유학을 온 학생 행세를 했다. 관군의 심문이 여러 번 있었지만 큰 의심을 받지 않고 통과할 수 있었다. 그의 사천 사투리가 큰 몫을 했다. 대부분의 황건군은 유주 사투리나 한단 사투리를 사용하리라는 것이 관군의 생각이었다. 따라서 사천 사투리를 쓰는 진잠을 황건의 무리로 의심하지 않았다. 하지만 숭산 부근에서 불심검문을 받았을 때는 관군의 임시 관청에까지 연행되고 말았다. 그곳에서는 관군의 지역사령관이 직접 진잠을 심문했다. 사령관은 언뜻 보아도 날카로운 인상이었다. 그는 곰 가죽을 깐 방바닥에 책상다리를 하고 앉아 날카로운 눈빛으로 진잠을 쏘아보았다.

"역을 공부하고 있다고 했느냐?"

낮게 가라앉은 목소리였다. 아무 감정도 실리지 않아 매우 건조하게 들렸다.

"예. 그렇습니다."

진잠이 머리를 숙이면서 대답했다.

"건蹇의 이利란 무엇이냐?"

여전히 가라앉은 목소리로 사령관이 물었다.

"서남西南입니다."

진잠은 곧바로 대답하면서 역을 조금이라도 공부해놓은 것이 천만다행이라고 생각했다. 건의 괘사卦辭는 '서남에는 이利가 있고 동북東北에는 이利가 없다'는 것이다. 역을 공부하기 위해 낙양을 다녀오는 길이라고 대답했으나 이 구두시험을 통과하지 못하면 정체가 곧 드러나고 말 상황이었다.

'이 사람은 상당한 학식을 소유한 인물인 것 같군.'

진잠은 그렇게 생각하며 내심 놀라고 있었다.

"상相을 볼 줄 아느냐?"

"별로 자신은 없습니다만."

"그렇다면 뭐가 자신 있느냐?"

"필상筆相이라면 어느 정도…."

그것은 삼관수서를 쓰게 한 뒤, 그 필적을 살펴보고 상대방의 성격을 알아내는 것이었다. 그 기술을 오두미도의 시조에게서 배운 적이 있었다.

"그렇다면 내 필상을 한번 보거라."

사령관은 시중드는 병사에게 붓과 종이를 가져오게 했다. 그런 다음 먹물을 흠뻑 묻힌 붓을 들어 올려 단숨에 자신의 관직성명을 써내려갔다.

기도위騎都尉 조조曹操. 자字 맹덕孟德

훌륭한 필체였다. 기도위는 근위기병 사단장에 해당하며 2천 석을 받는 관직이기 때문에 거의 중랑장과 같은 계급이었다.

"어떠하냐?"

진잠이 잠시 아무 말도 하지 않고 있자 조조가 대답을 재촉했다.

"일찍이 접해본 적이 없는 훌륭한 필적입니다. 저도 모르게 글씨에 취해 필상을 살피는 일을 잠시 잊고 넋을 놓고 있었습니다."

상대방의 비위를 맞추기 위한 말이 아니었다.

"별로 좋지 않느냐?"

여전히 아무 감정 없는 건조한 목소리로 조조가 재차 물었다.

"아니옵니다. 이것은 강직하고 과감한 성격으로…."

진잠은 그 필적에 파격破格의 상이 들어 있는 것을 보고 무서운 생각이 들었다. 아직 필상을 보는 것이 그리 능숙하지는 않지만 아무리 다시 봐도 흉상凶相이 나오는 것이었다. 하지만 이 사실을 솔직하게 말할 수는 없었다.

"나온 그대로 말해보아라."

조조는 처음으로 얼굴에 미소를 띠었다.

"아직 소생은 필상을 완전하게 배우지는 못한 터여서….."

진잠은 말끝을 흐리며 고개를 숙였다.

"그러면 내가 한 수 가르쳐주지."

조조는 책상다리를 하고 있던 다리를 앞으로 쭉 펴고 말을 이었다.

"이것은 '치세治世의 능신能臣, 난세亂世의 간웅姦雄'이라고 하는 상이지. 여남汝南의 허자장許子將께서 말씀하신 것이니 아마 틀림없을 것이다."

조조는 가슴을 폈다. 그러나 눈은 계속 진잠을 쏘아보고 있었다.

허자장의 본명은 소劭였다. 당시 인물평의 대가로 평가받고 있는 사람이었다. 그는 매월 초하루가 되면 인물들에 대해서 말하곤 했다. 사람들은 그의 평에 상당히 관심을 기울였다. 매스컴이 없던 시대에 그의 인물평은 대단한 권위를 가지고 있었다. 세상 사람들은 그것을 '여남의 월단평月旦評'이라고 부르기도 했다. 어떤 대상에 대해 품평하는 것을 '월단月旦'이라고 하는 것은 여기에서 유래된 말이다.

천하가 태평성대를 구가할 때는 유능한 관리이고 난세에는 간웅이라는 해석이 좋다는 것인지 좋지 않다는 것인지 판단하기가 어려웠다. 하지만 조조는 이 월단에 상당히 만족하고 있는 것 같았다. 만족 정도가 아니라 자랑스럽게 생각하고 있는 듯했다.

"어쨌든 시절은 난세로 접어들고 있다. 그렇다면 나는 결국 간웅이 될 것이야."

조조는 어깨를 으쓱했다. 시선은 여전히 진잠을 향하고 있었다.

어린아이 같은 느낌을 주면서도, 그 이면에는 사려 깊은 신중함이 숨어 있는 인물이라는 느낌이 들었다.

'필체도 그런 느낌이다. 멋대로 휘갈긴 것 같지만 일점일획이 모두 계산된 필체야.'

진잠은 지금 마주하고 있는 조조라는 장군의 이름을 머리에 새겨두어야겠다고 생각했다.

이때 조조의 나이 스물아홉이었다. 그는 훗날 위나라의 통치자가 된다. 후한의 헌제獻帝를 폐위시키고 스스로 제위에 오른 조비曹丕가 그의 아들이다. 그러나 이때는 조비가 아직 태어나기도 전이었다. 남쪽지방의 정권인 오吳나라의 총수가 된 손견孫堅은 조조보다 한 살 아래인 스물여덟이었다. 그는 이때 황건적 토벌의 대임을 맡은 장군으로서 강소江蘇 북부지역인 하비下邳 부근에서 진격하고 있었다. 큰아들 손책孫策이 아홉 살, 작은아들 손권孫權은 겨우 두 살이었다. 유비, 관우 등 나중에 서쪽지역에서 촉한蜀漢 정권을 세우는 무리는 유력한 후원자를 찾아 이곳저곳을 떠돌고 있었다. 이처럼 『삼국지』 초기에 등장하는 영웅들은 황건의 난이 일어나던 무렵 스물아홉이던 조조를 비롯해 대부분이 이십대였다.

그렇다면 『삼국지』 후기에 등장하는 영웅들은 이때 어떤 모습이었을까? 제갈공명諸葛孔明은 세 살이었고, 나중에 그와 오장원五丈原에서 대결하게 되는 위의 사마중달司馬仲達은 다섯 살이었다. 오吳의 영웅이며 수려한 외모를 가진 주유周瑜는 아홉 살이었다. 후한의 마지막 황제가 되는 운명을 맞이하는 헌제는 제갈공명과 같은 세 살로, 이때만 해도 낙양의 구중궁궐에서 궁녀와 환관들의 극진한 보살핌을 받고 있었다.

九

　장강 기슭에 닿을 때까지는 전쟁터를 누비듯 가야 했기 때문에 상당한 시간이 걸렸다. 또한 장강에서 파로 가기 위해서는 강물을 거슬러 올라가야 하므로 많은 시간이 소요됐다. 진잠은 그곳까지 가는 도중에 여러 가지 정보를 들을 수가 있었다. 그리고 그 정보들은 나중에 확인해본 결과 의외로 정확한 것들이었다.

　여남의 황건군이 태수 조겸趙謙을 무너뜨렸다. 영천에서는 황건군의 거수 파재波才가 주준의 군사를 대파하고, 관군 황보숭이 이끄는 대군이 장사현長社縣으로 진군하고 있는 중이라고 했다. 그러나 황보숭이 이끄는 관군도 파재에게 포위당하고 말았다. 남양南陽의 황건군 거수인 장만성張曼成은 태수 저공褚貢을 공격해 그를 죽였다.

　'영천 가까운 곳까지 와 있는 조조가 왜 포위되어 있는 주준과 황보숭을 구출하러 가지 않았을까?'

　진잠은 처음에 그런 의문을 가졌다. 그러나 조조의 얼굴을 떠올리면서 생각해보니 그의 처신을 어느 정도 납득할 수 있었다. 조조는 효과를 가장 극대화할 수 있는 시기를 택해 화려하게 등장하고 싶었던 것이었다. 어린아이 같으면서도 치밀하게 계산하고 있는 그의 얼굴을 보면 충분히 짐작할 수 있는 일이었다.

　진잠은 7월 말경이 되어서야 파에 도착했다. 오두미도의 교단 본거지로 돌아오자 전혀 예상하지 못한 상황이 그를 기다리고 있었다. 대행자로서 교단을 총괄하고 있던 장수가 동쪽의 황건군과 뜻을 같이하여 반란에 참가했다는 것이다.

　"그렇게 수차례나 밀서를 통해 말씀드렸었는데….."

　진잠은 태어나서 처음으로 소용에게 불만스런 표정을 지으며 말했다.

"그것은 장수가 개인적으로 한 일입니다."

소용은 다소 당혹스러운 표정을 지으면서도 별것 아니라는 듯 넘기려 했다.

"그러나 세상은 그렇게 보고 있지 않습니다. 그가 오두미도의 대표라는 것은 누구나 다 알고 있는 사실 아닙니까?"

"노도 이제 스물이 되었어요. 노가 교단을 운영하는 총책임자라는 사실을 이미 지난 6월에 공표했습니다."

"예?"

진잠은 그처럼 중요한 교단 일을 전혀 들은 바가 없었다. 6월이라고 하면 그가 장강에서 배를 기다리고 있을 때였다.

"교단 총책임자 자리에서 밀려나자 불만을 품고 일부 교도를 데리고 황건군에 합류한 것입니다. 세상 사람들도 그렇게 보지 않겠어요?"

소용은 진잠에게 이제 알겠느냐는 투로 설명했다. 진잠은 머리를 숙였다.

'역시 보통 분이 아니야.'

총책임자 대행이었던 장수는 마흔 가까운 남자로, 소용이 하는 말이라면 무엇이든 그대로 따르는 자였다. 그야말로 소용을 극진하게 받들었다. 그녀의 충실한 종이라는 것을 긍지로 삼고 있는 인물이었다. 그 부분에서는 진잠의 경쟁자라고 할 수도 있었다. 그런 장수가 소용의 아들이 교단을 이어받는다고 해서 뛰쳐나갈 리는 없었다. 그가 오두미도를 뛰쳐나가 반란의 무리에 뛰어든 것은 소용의 지시에 의한 것임이 틀림없었다. 소용은 동쪽에서 진잠이 보내오는 밀서를 보고 태평도의 반란이 결국 실패로 끝날 가능성이 높다는 것을 알고 있었다. 그러나 그녀의 입장에서 볼 때 진잠은 아직 젊었다. 현재 돌아가고 있는 상황을 정확하게 판단하고 있을지 미덥지 않은 부분도 있었을 것이다. 동참을 요구하는 태평도의 밀서가 계속 오고 있었다. 만에 하나 태평도의 천하가 된다면 그때는 어떻게 할 것인가? 앞으로 전개될 가능성이 있는 모든 상황에 미리 대비하지 않으면 안 되었다. 그녀는 장수에게 모든 사정을 충분히 납득시킨 뒤 장노를 오두미도의 교주로 세우고 장수에게는 교단을 뛰쳐나가 반란을 꾀한 것처럼 가장하라고 했던 것이다.

후한 말기에 등장한 도교 계통의 두 교파 가운데 태평도는 반란황건군의 거병으로 인해 결국 나중에는 그 자취를 완전히 감추게 된다. 하지만 오두미도는 난세를 견디고 살아남는다. 그리고 불교가 대륙에서 어느 정도 모습을 갖추기 전까지는 고뇌하는 민초에게 영혼의 안식처 역할을 하게 된다. 소용은 오두미도 교단의 앞날뿐만 아니라 도교의 장래까지도 생각하면서 어려운 포석을 하나하나 두고 있는 것인지도 몰랐다. 아니, 난세를 힘겹게 살아가는 가련한 민초의 영혼까지도 생각하는 세심한 배려인지도 몰랐다.

나이 들어도 늙지 않는 여인

중국의 사서에 등장하는 여성은 아무개의 딸, 또는 아무개의 처라고만 기록되어 있을 뿐 이름이 알려지지 않은 경우가 많다. 오두미도 장형의 처도 '장노의 모母'라고만 나와 있을 뿐 그 이름은 나와 있지 않다. 여기에 등장하는 '소용'이라는 이름은 필자가 정한 이름이다.

『삼국지』「촉서蜀書」를 보면, 그녀에 대한 표현 가운데 '또한 소용少容이어서'라는 대목이 있다. 따라서 필자는 이 말을 따 그녀의 이름으로 사용했다. 소용少容이란 젊은 용모, 즉 나이보다도 젊어 보인다는 의미이다.

『후한서後漢書』에는 '패인沛人 장노의 모친은 자색姿色을 갖추고 있다'는 구절이 나온다. 이로 미루어 보아 장노의 어머니는 용모가 매우 뛰어났던 것 같다.

한편 소용이라는 어휘를 '선술仙術의 다시 젊어지는 비법을 사용하는 자'라는 의미로 해석하는 이도 있다. 조조의 아들 조식이 쓴 글에서도 소용을 반노환동返老還童, 즉 늙기는커녕 다시 젊어진다는 의미로 사용한 예가 있었다.

2
월지의 미녀

一

　'마치 다른 나라에 와 있는 느낌이군.'

　진잠은 백마사白馬寺 경내의 구층탑을 올려다보며 생각했다. 당시에는 불교라는 것이 아직 한나라 사람들에게 알려지지 않았다. 수도 낙양에 있는 중국 유일의 이 불교사원도 포교를 위한 거점이 아니라 낙양에 거주하는 월지국月氏國 거류민을 위한 신앙의 모임터 역할을 하고 있는 정도였다. 월지족은 원래 감숙성甘肅省 서쪽지역에 거주하고 있었으나 흉노족匈奴族에게 쫓겨 지금의 아프가니스탄 지역으로 거주지를 옮겼다. 천축天竺, 인도에 가까운 지역이어서 주민 대부분이 불교신자였다. 그들은 중국의 수도에 와서 살면서도 신앙생활을 계속했다. 백마사는 후한의 2대 황제인 명제明帝가 세웠다고 하니 그 역사는 당시 벌써 백 년을 넘어서고 있었다. 한인漢人 중에서도 신자가 없는 것은 아니었지만 소수에 불과했다. 경내에서 만날 수 있는 사람들은 그런 이유로 대부분 월지족이었다. 정설은 아니지만 오의 손권을 보좌했던 월지족 스님 지겸支謙의 눈동자가 노란색이었다고 하는 것으로 볼 때 월지족은 이란 계통이지 않았나 싶다. 어쨌든 한족과는 그 용모가 전혀 달랐다.

백마사의 구층탑을 비롯해 가람은 모두 이국풍이었다. 진잠은 다시 한 번 주위를 둘러보고 이런 생각을 했다.

'그때는 왜 이런 부분에 전혀 신경이 가지 않았을까?'

묘한 일이라는 생각이 꼬리를 물었다. 벌써 3년 전의 일이다. 당주의 밀고로 태평도의 이인자인 마원의가 거열형을 당했다. 그의 처형이 집행된 장소가 서시였는데, 백마사는 서시에서 그리 멀지 않은 곳에 위치하고 있었다. 진잠은 마원의가 처형을 당할 때 현장에 있었다. 그때는 특이한 형상을 한 이곳 백마사의 가람들이 그렇게 눈에 들어오지 않았던 것이다.

'그렇지. 소용님께서 말씀하신 것이 바로 이것일지도 몰라.'

진잠은 이제야 좀 맥락이 잡히는 듯했다. 그는 오두미도 교주의 집에서 자랐다. 지금의 교주는 그보다 한 살 아래인 스물세 살의 장노이다. 아직 너무 젊고 경험도 일천하여 실제로는 그의 모친인 소용이 후견인 역할을 하고 있다. 소용은 이제 마흔에 접어드는 나이였다. 그러나 그녀는 아직도 외모로는 간신히 스물 정도나 되어 보였다. 젊게 보일 뿐만 아니라 형언하기 힘들 정도의 뛰어난 미모를 지니고 있었다. 기품이 있으면서도 상대방의 마음을 편하게 해주는, 투명하고 맑은 아름다움을 지닌 여인이었다. 진잠에게는 어머니나 다름없는 그 여인이 어느 순간부터 여자로 보이기 시작했다는 사실에 그는 고통과 번민의 나날을 보내고 있었다. 그 소용이 진잠을 찾고 있다는 전갈을 받았다.

"진 선생이 다시 동쪽을 좀 다녀오면 좋겠소. 이삼 년 정도 머물 생각을 하시오."

소용의 지시였다. 진잠은 오히려 마음이 차분해지면서 잘됐다는 생각이 들었다.

후한 말은 아직 불교가 중국에 알려지기 전이었다. 따라서 도교는 중국 민초의 피곤한 삶과 불안한 마음을 달래주는 역할을 하는 유일무이한 종교였다. 그러나 도교의 최대 파벌을 형성하고 있는 태평도가 황건의 난을 일으켜 결국 괴멸하고 만다.

"오두미도의 역할은 점점 더 커지고 있습니다. 우리에게 주어진 가장 큰 임무는 무슨 일이 있더라도 살아남아야 한다는 것입니다. 살아남을 방법을 모색해야 합니다. 그러기 위해서는 천하의 정세를 파악하지 않으면 안 됩니다."

소용은 진잠을 정치와 문화의 중심지 낙양으로 보내면서 그 이유를 이렇게 설명했다.

"우리는 겨우 가까운 주변밖에 알지 못하고 있습니다. 갑작스레 무슨 일이 닥치더라도 겨우 눈앞의 작은 것만 보고 판단해 일을 그르칠 수가 있어요. 발밑에 뱀이 똬리를 틀고 있는 것을 본다고 해도, 몸을 뒤로 빼다가 거기에 버티고 있는 호랑이는 보지 못할 수가 있다는 말입니다. 만일 뒤에 호랑이가 있다는 것을 미리 알았다면 우리는 뒤가 아니라 옆으로 피했을 것입니다. 어느 쪽에 뱀과 호랑이가 있으며, 어느 길을 선택하면 이 난세를 무사히 헤쳐 나갈 수 있을 것인지 가서 알아오도록 하세요."

소용은 더 이상의 설명은 하지 않았다. 진잠으로서도 그 정도의 설명이면 충분했다.

"낙양에 도착하면 이 소개장을 가지고 백마사라는 곳을 찾아가세요. 그리고 거기서 지영支英이라는 인물을 만나보도록 하세요."

구체적인 지시는 그 정도였다. 소개장은 봉해져 있지 않았지만 진잠은 내용을 읽을 수 없었다. 횡으로 쓰인 천축문자天竺文字였기 때문이었다. 소용이 천축문자를 쓸 줄 안다는 사실을 진잠은 그때 처음 알았다.

소용의 소개장을 가슴속에 품고 진잠은 지금 백마사를 찾아온 것이다. 돌길을 앞서가던 동자승이 사거리에 이르자 왼쪽 길을 가리켰다.

"이쪽입니다."

그의 말투에는 독특한 억양이 섞여 있었다. 이 또한 이국적인 분위기였다. 3년 전 백마사 옆을 지날 때는 이런 분위기를 전혀 느끼지 못했다. 그것은 아마 마원의 처형이라는 큰 사건에 온 신경이 쏠려 있었기 때문이었을 것이다. 주변의 풍경은 소용이 말했던 그대로였다. 소용의 얼굴이 머릿속에 선명하게 떠올랐다. 그는 아래로 눈길을 주었다. 탑의 그림자가 길게 드리워져 있었다. 그림자의 끝부분이 뾰족한 것을 보자 그는 순간적으로 몸을 움츠렸다. 탑의 꼭대기가 뾰족하므로 그림자가 그렇게 보이는 건 지극히 당연한 일이었으나, 그는 머릿속에 떠오른 소용의 얼굴이 그 날카로운 것에 공격당하는 듯한 착각에 빠졌던 것이다. 앞서 걷던 동자승은 맨발에 나무로 만든 신을 신고 있었다. 발걸음을 옮길 때마다 그것이 길바닥에 부딪혀 딸각딸각 소리를 냈다. 그 소리를 듣고서야 진잠은 잠시 착각 속에 빠져 있었다는 사실을 깨닫고 제정신으로 돌아왔다.

二

백마사의 유적은 지금도 남아 있다. 북위北魏의 양현지楊衒之가 펴낸 『낙양가람기洛陽伽藍記』에 의하면, 백마사는 서양문西陽門 외삼리外

三里의 어도御道 남쪽에 위치했다고 한다. 서양문은 위진魏晉 시대의 명칭으로, 그 전대인 후한 때에는 옹문雍門이라고 불렀다. 백마사는 원래 낙양성 서쪽에 위치하고 있었는데 현재는 낙양시의 동북쪽에 그 유적이 남아 있다. 백마사가 터를 이전한 게 아니라 낙양이 옮겨 갔기 때문이다. 수隋나라 때 양제煬帝가 10킬로미터 정도 서남쪽으로 새로운 수도를 만들었는데 현재의 낙양시는 그 수도의 일부에 해당한다. 즉 옛날의 낙양과 지금의 낙양은 백마사를 사이에 두고 자리를 옮겼던 것이다.

후한 명제는 어느 날 밤 이상한 꿈을 꾸었다. 온몸을 황금색으로 단장한 신인神人이 하늘에서 춤을 추며 내려왔다. 그 신인의 키는 1장 6척 정도 되었고, 머리 뒤로는 눈부신 빛을 발하고 있었다. 서술한 내용이 구체적인 것을 보면 상당히 선명한 꿈이었던 것 같다. 이튿날 명제가 사람을 불러 해몽을 시켜보았더니, 그 신인은 서방의 호신胡神이라는 것이었다. 그래서 명제는 사자를 보내 호신의 법인 불법佛法을 가져오도록 명령했다. 그때 사자로 뽑힌 채음蔡愔은 불경 42장章과 석가釋迦의 입상立像을 백마의 등에 싣고 섭마등攝摩騰, 축법란竺法蘭이라는 두 명의 인도 승려와 함께 낙양으로 돌아왔다. 이런 사연으로 백마사가 건립되었던 것이다. 이때가 영평永平 10년(67년)이라고 전해진다.

이것이 중국에 처음으로 불교가 전래된 과정이다. 그러나 불교도인 서역인이 그전부터 중국을 왕래하고 있었기 때문에 비공식적인 전래는 훨씬 빨랐다고 할 수 있다. 어쨌든 불교는 공식적으로 전래된 지 120년이나 지난 영제 때까지도 월지국 등에서 온 서역인들만 믿는 신앙에 불과했다. 한족에게 불교가 전파되기 시작한 것은 이후 계속되는 후한 말의 삼국동란 중이었다고 할 수 있다. 난세를 살아가는 사람들은 종교에 집착하는 법이다.

진잠은 한 걸음 한 걸음 느리게 걸어가고 있었다. 그는 나무 신발이 아닌 가죽 신발을 신고 있었기 때문에 걸을 때 소리가 나지 않았다. 도교 교단의 간부인 진잠은 지금 불교사원을 걷고 있으면서도, 머지않아 불교가 대륙 전체에서 찬란히 꽃피리라는 것을 짐작조차 못하고 있었다.

"이곳이옵니다."

동자승이 걸음을 멈추더니 가볍게 머리를 숙였다. 회색 기와를 올린 아담하고 낮은 건물 앞이었다. 백마사는 천축의 사원 구조를 그대로 본떠서 지은 것이라고 했다. 크고 작은 탑들이 나란히 줄지어 서 있었고, 숙박을 위한 승원僧院이 여기저기에 자리하고 있었다. 전체적으로 볼 때 통일감이 없는 것이 그 특색이라고 할 수 있었다. 경내를 다니다 보면 '어? 이런 곳에!' 하는 생각이 들 만큼 의외의 곳에 사당祠堂이나 승원이 자리잡고 있었다. 지금 진잠이 안내를 받아서 간 암자도 바로 옆에 거목이 서 있어 멀리서 보면 눈에 띄지 않는 자리에 위치하고 있었다.

"들어가도 괜찮겠습니까?"

진잠이 암자 앞에 서서 안을 향해 물었다.

"그럼, 저는 이만 가보겠습니다."

동자승은 그 말을 남기고 물러갔다. 느릅나무로 만들어진 방문을 열자 소리도 없이 문이 열렸다. 백마의 등에 실려 온 불경을 느릅나무 상자에 넣어두었다는 말이 전해지는 것을 보면 이 백마사에서는 느릅나무를 즐겨 사용하는 것 같았다.

"어서 오십시오. 마침 기다리고 있던 참입니다."

진잠이 방안을 들여다보기 전에 방안에서 먼저 목소리가 들려왔다. 그것은 여인의 목소리였다. 동자승처럼 심하지는 않았지만 서역 말투가 섞여 있었다. 그 억양이 묘하게도 농염한 울림을 남겼다. 진잠은 멈칫 놀라면서 다음 말을 잇지 못했다. 방 한가운데 장방형의 탁자가 있고 그 맞은편에 젊은 여인이 서 있었다. 여인이 방안에 있다는 사실은 목소리를 듣고 이미 아는 바였지만, 진잠이 다음 말을 잇지 못한 것은 그녀의 아름다움 때문이었다. 서역 여인임에 틀림없었다. 눈은 약간 들어가 있었으며, 크고 맑은 눈동자가 파란빛을 띠고 있었다. 겉모습은 한족 복장을 하고 있었다. 머리 모양은 당시 유행하던 타마결墮馬髻이었다. 타마결이란 말에서 떨어질 때 머리가 한쪽으로 쏠리는 것처럼 머리를 한쪽으로 기울게 묶는 모양이었다. 요즘도 얼굴의 절반 정도가 가려지도록 머리를 묶는 것을 종종 볼 수 있는데 1천 8백 년 전에도 그러한 불균형의 미를 강조한 머리 형태가 유행했다. 비뚤어지게 묶은 머리를 또렷하게 생긴 얼굴이 받치고 있는 모습이었다. 동그랗게 생긴 얼굴은 귀여워 보이는 눈과 묘한 조화를 이루고 있었다. 피부는 하얗다 못해 투명한 것 같았다.

'저 정도의 미모라면….'

진잠은 눈을 깜박거렸다. 그는 지금 눈앞에 있는 젊은 여인을 자기도 모르게 소용과 비교하는 중이었다. 지금까지 그는 소용을 다른 어떤 여자와도 비교해본 일이 없었다. 비교한다는 것 자체가 자신이 그토록 극진하게 모시는 소용에 대한 모욕이라 생각했기 때문이었다. 소용을 여자로 생각해서는 안 된다고 마음을 다잡지만 소용의 존재는 진잠의 마음속에서 다른 모든 여자를 몰아내고 있었다. 그런데 도저히 몰아낼 수 없는 여자가 이 자리에 있는 것이다.

'아! 세상에, 저렇게 아름다운 여자가….'

진잠은 그녀를 보며 속으로 탄성을 연발하고 있었다. 서역에서 온 여인은 진잠이 태어나서 처음으로 마주한 진정한 '여자'로서의 존재였다. 평생 다른 여자와 마주할 일은 없을 것이라는 생각으로 살아왔기 때문에 지금 그녀와의 만남은 그에게 큰 충격이 아닐 수 없었다.

'그러나….'

가슴 설렘이 어느 정도 가라앉은 뒤에 그에게 찾아든 것은 공포감이었다. 자기 가슴에 '여자'의 존재가 찾아듦으로 해서 소용이 그의 마음속에서 사라져버리는 것은 아닐까? 가슴에 소용이 자리하지 않는 삶이란 상상도 할 수 없는 일이었다.

"소녀는 경매景妹라고 하옵니다. 지영 어른을 모시고 오겠으니 이쪽 의자에 앉아 잠시 기다려주십시오."

서역 여인은 그렇게 말하고 난 뒤 꽃잎 무늬가 수놓아져 있는 치마를 조심스럽게 한 손으로 잡은 채 옆방으로 물러갔다. 잠시 후 날카로운 눈빛에 서른쯤 되어 보이는 남자가 들어왔다. 틀림없는 서역인이었지만 말투에서는 전혀 서역인의 억양을 찾아볼 수가 없었다.

"저는 지영이라고 합니다. 형수부인衡嫂婦人, 소용께서 보내오신 편지를 읽었습니다. 제가 도움을 드릴 수 있는 일이라면 무엇이든 말씀해주십시오."

몇 마디 하지 않았지만 전달하려는 내용은 분명했다. 청아한 목소리였다.

三

"파촉 땅에서만 줄곧 살아와서 아무 것도 아는 것이 없는 자이옵니다. 지금 세상이 어떻게 돌아가는지 높으신 가르침을 듣고자 왔습니다."

진잠은 머리를 숙였다. 신문과 같은 언론매체가 전혀 없었던 시대였던 만큼 정확한 정보를 얻기란 매우 어려운 일이었다.

"그러십니까? 세상 돌아가는 일이라면 근자의 3년을 말씀하시는 것이겠군요?"

진잠은 3년 전에 중원에 체류한 적이 있었다. 그래서 황건군이 거병했던 초기 상황은 잘 알고 있었지만 다른 곳의 상황에는 밝지 못했다. 그 사실을 소용이 이미 편지에서 설명해놓은 듯싶었다.

"그렇사옵니다."

"왜 하필 저 같은 월지국 사람에게 천하의 형세를 물어보려 하십니까?"

"그건⋯."

진잠은 어떻게 대답해야 할지 몰라 잠시 멈칫했다. 이 대목에서 소용의 명령이라고 대답하는 것은 부끄럽다는 생각이 들었기 때문이다. 그는 소용의 의도를 나름대로 정리하여 자기 생각인 것처럼 말하는 것이 가장 적절하다고 생각했다.

"난세의 소용돌이에서 조금 비켜 계신 선생 같은 분이 정국을 제대로 보고 정확하게 판단하실 것이라는 생각을 했습니다."

"저희가 난세의 소용돌이에서 비켜 있다는 말씀에 대해서는 좀 다른 의견입니다만, 모처럼 이곳까지 먼 길을 오셨으니 지난 3년 동안 있었던 일을 개괄적으로 말씀드리도록 하겠습니다."

지영은 잠깐 말을 멈췄다. 최근 3년 사이에 참으로 많은 일이 있었다. 상당한 시간을 할애하지 않으면 정리하기조차 힘들었다. 낙양에서 살고 있는 월지족의 지도자격인 지영도 곧바로 설명을 시작하기가 쉽지 않았다. 그러나 다시 입을 열자 지영은 물 흐르듯 막힘없이 이야기를 풀어나갔다. 간결하면서도 알아듣기 쉬운 어법이었다. 진잠은 그 이야기를 들으면서 지영이 얼마나 머리가 비상하고 두뇌회전이 빠른가를 알 수 있었다. 진잠은 내심 혀를 내둘렀다.

"중국은 지금 태평성대가 아닙니다."

지영은 이렇게 결론부터 꺼낸 뒤 이야기를 풀어나갔다.

3년 전, 중평 원년(184년) 2월에 태평도 교주 장각이 황건군을 이끌고 거병했으나 그의 주력부대는 모두 그해에 괴멸되고 말았다. 물론 거병 초기에는 파죽지세였다. 그러나 황건군의 부장部將 파재波才가 황보숭 군단을 장사長社라는 곳에서 포위하고 있던 중 화공을 받아 크게 패한 일이 있었다. 이때가 5월이었는데 이 패전을 계기로 형세가 역전되기 시작했다. 화공을 받은 황건군 군사들이 우왕좌왕하고 있을 때 마침 가까운 곳에 있던 조조의 군대가 협공하여 파재가 이끄는 병력을 완전히 궤멸시키고 만 것이다. 파재가 이끌던 황건군은 갑작스런 공격을 받고 일시적으로 전열이 흐트러지기는 했지만 약간의 시간적 여유만 있었다면 그렇게 무참히 패하지 않을 수도 있었다. 병력의 숫자도 황보숭의 관군보다 훨씬 많았기 때문에 여유를 갖고 전열만 가다듬었다면 황보숭의 부대를 다시 몰아세울 수 있었던 것이다. 그런데 화공을 받고 잠시 전열이 흐트러져 있는 상태에서 조조의 병력이 들이닥쳤다. 조조군은 한 치의 오차도 없이 정확하게 공격시점을 잡아냈다. 결국 파재의 황건군은 미처 전열을 정비할 틈도 없이 대패하고 말았다. 조조는 그야말로 결정적인 순간에 무대에 뛰어올라 황하의 흐름을 돌려놓았던 것이다.

"어떤 사람들은 조조군이 마침 가까운 곳을 지나가던 중이었다고 말하기도 하지만, 내가 보기에는 그가 이미 자신을 드러낼 기회를 노리면서 그 시기와 장소를 계산하고 있었던 것 같습니다."

이 같은 지영의 말은 조조와 만난 적이 있는 진잠의 추측과도 일치되는 견해였다.

"그렇습니다."

진잠은 지영의 말에 곧바로 맞장구를 쳤다.

남양 태수 저공과의 싸움에서 저공을 죽인 황건군의 장만성張曼成은 6월에는 신임 태수 진힐秦頡과 싸워 대패하고 자신도 전사하고 만다. 8월에는 황보숭이 창정蒼亭에서 황건군의 용장인 복사卜巳를 포로로 잡았다. 황보숭은 그 여세를 몰아 황건군의 본진이 있는 광종을 공격했다. 광종은 태평도 본산이 있는 거록에서 약간 남쪽에 위치한 현으로, 현재까지 같은 지명으로 남아 있는 곳이다. 황건군 본영을 태평도 본산이 있는 거록에서 광종으로 옮기게 만든 것은 북중랑장 노식이었다. 광종을 에워싼 노식은 주변에 참호를 파고 공성용攻城用 사다리를 만들어 만반의 공격태세를 갖추고 있었다. 그런데 그때 노식의 진영으로 군사사찰관인 좌풍左豊이 찾아왔다. 영제는 군사사찰에 관한 업무를 환관에게 맡기고 있었다. 환관은 육체적 결함으로 성격까지 비뚤어진 경우가 많았다. 특히 후한 들어서는 환관 가운데 금전에 탐욕을 부리는 인물이 적지 않았다. 거기에는 그럴 만한 이유가 있었다. 환관은 거세되어 버렸기 때문에 애당초 아이를 생산할 수가 없다. 그러나 후한 들어서 그들에게 양자를 들이는 것이 허락되었다. 양자를 들이게 되자 그들도 '일가一家'

를 이루어 자자손손 무엇인가를 남길 수 있게 된 것이다. 인간의 삶에서 매우 중요한 부분인 성생활의 쾌락이 빠져 있는 삶이었던 만큼 그에 대한 보상 차원에서라도 축재의 즐거움은 아주 컸다. 사찰관 좌풍은 다른 사람을 통해 노식에게 뇌물을 요구했다.

"어심魚心이 있으면 수심水心이 있다. 뇌물이 있으면 폐하께 잘 보고해드릴 것이다."

노식은 단호하게 거절했다. 그러자 좌풍은 조정에 돌아가자마자 이렇게 보고했다.

"광종의 적들을 쉽게 무찌를 수 있음에도 노식은 겁을 집어먹고 그냥 태평스레 진만 치고 앉아 적에게 천벌이 내리기만을 기다리고 있습니다."

어리석은 영제는 좌풍의 말을 그대로 믿고 불같이 화를 내며 노식을 낙양으로 압송하도록 했다. 어쨌든 죄로 보아서는 마땅히 죽여야 하지만, 극형에서 한 등급 감한 벌이었다. 무사에게 호송차를 타고 압송되는 것처럼 불명예스러운 일은 없었다.

노식의 후임으로 동중랑장인 동탁董卓이 파견되어 왔다. 그는 광종을 몇 차례나 공격했으나 결국 성을 함락시키지 못하고 부임한 지 얼마 되지 않아 해임되면서 군법회의에 회부되었다. 삼국시대 초기를 풍미했던 그 유명한 인물인 동탁은 이처럼 어정쩡한 모습으로 역사의 무대에 선을 보이게 된다. 결국 그 후임으로 황보숭이 다시 오게 된다. 그때 장각이 병사한다. 일설에 의하면 전사라는 주장도 있다. 그의 둘째 동생인 인공장군 장량이 그를 대신하여 황건군의 총지휘를 맡게 된다.

10월이 되어 광종이 드디어 함락되었다. 조정의 발표에 따르면, 목 잘린 자가 3만을 헤아리고 강가로 밀려서 빠져 죽은 자가 7만 이상이라는 대전과를 올렸다고 한다. 장각의 첫째 동생인 지공장군 장보가 하곡양下曲陽이라는 곳에서 장각의 뒤를 이어 황보숭의 칼에 죽은 것이 이듬해 11월의 일이었다. 이때 칼에 베여 죽은 자만 10만여 명이었다고 한다. 장각의 묘는 관군에 의해 다시 파헤쳐졌다. 관에서 꺼내어진 시체는 가혹한 형벌을 받았다. 그의 수급은 낙양으로 보내졌다.

그러나 이것으로 황건의 난이 완전히 정리된 것은 아니었다. 잔당들은 여러 지역에서 게릴라전을 전개하면서 관군을 곤경에 빠뜨렸다. 황건군 외의 반조정 세력도 활발하게 움직이고 있었다. 박릉博陵의 장우각張牛角, 상산常山의 저비연褚飛燕과 황룡黃龍, 장백기張白騎와 유석劉石, 그리고 이름이 확실하지는 않지만 뇌공雷公과 대목大目 등 여러 세력이 있었다. 그 세력들의 숫자는 많으면 2만에서 3만 명, 적을 경우에는 6천에서 7천 명 정도였다. 장우각과 저비연은 공조체제를 유지하였으나, 우각이 전장에서 화살에 맞아 죽자 비연이 두 세력의 통령統領을 맡게 되었다. 이때 그를 따르는 사람 수가 백만에 달했다고 한다. 이 백만 명이 모두 병사는 아니었는데 아마 그가 지배하고 있던 지역의 전체 인구였을 것으로 추측된다. 조정은 저비연 때문에 골머리를 썩다가 결국 그를 평난중랑장平難中郎將으로 임명하고 영지를 내렸다. 환관들은 "황건적은 완전히 소탕되었습니다. 천하는 다시 태평성대로 돌아갈 것이옵니다" 하고 영제에게 거짓보고를 했다. 영제는 영제대로 하루빨리 궁궐을 짓도록 재촉하고 큰 동상도 주조하도록 명령을 내렸다. 건축비는 밭 1묘畝에 10전을 징수하는 강제적인 수단을 동원하여 충당했다. 환관들은 궁궐을 건축하는 업자들에게 엄청난 뇌물을 요구하고 있었다. 궁궐 건축비는 각지의 태수들에게 책임 액수를 할당해 조달했다. 거록의 태수인

사마직司馬直은 3백만 전을 할당받고 나서 "더 이상 백성을 착취할 수는 없다"는 유서를 남기고 음독자살했다. 그는 유서를 통해 영제에게 궁궐 건축비의 강제징수 명령을 거두어달라는 유언을 남겼지만, 그 유서마저 환관들에 의해 차단당했다.

"어떻게 생각하십니까? 이대로 천하가 태평성대로 돌아갈 거라고 보십니까?"

지영은 양 볼에 가늘게 경련을 일으키며 진잠에게 물었다.

"글쎄요. 이렇게 해서 태평성대로 돌아갈 수만 있다면 다행이겠지요."

진잠의 대답에 지영은 머리를 옆으로 가볍게 흔들며 말했다.

"다행이 아닙니다. 이렇게 간다면 한족에게 더 이상 희망은 없습니다. 아무리 생각해봐도 앞으로 난세는 계속될 것 같습니다. 이런 세상에서는 가만히 주저앉아 있을 것이 아니라 일어서는 것이 백성의 도리라고 할 수 있습니다. 한 왕조의 운명도 드디어 막바지에 접어들고 있는 것 같습니다."

지영이 말한 그대로였다. 그해 2월에 영양滎陽에서 봉기가 있었다. 뒤이어 서쪽에서는 한수韓遂가 10만여 명의 병사를 이끌고 농서를 에워싸자 그곳 태수인 이상여李相如도 조정에 반기를 들고 한수와 연합하는 사건이 발생했다.

四

진잠은 낙양에 머물면서 이틀에 한 차례씩 백마사로 지영을 찾아갔다. 그러다 보니 지영 외에도 지참支讖이나 지량支亮 같은 승려들과 사귀게 되었다. 성씨가 다 같은 지支여서 서로 친척이 아닌가 하겠지만 그렇지는 않았다. '월지月氏'를 '월지月支'라고 쓰는 경우도 있었는데, 그들은 이 '지支'자를 자기네 성姓으로 사용하고 있었다. 진잠은 그들과 말이 잘 통하기 때문에 자신이 백마사를 자주 찾아가는 것이라고 애써 생각했다. 정말이지 진잠은 억지로라도 그렇게 생각하려고 애썼다. 하지만 백마사를 찾아가는 진짜 이유는 그게 아니라는 사실을 진잠 스스로는 잘 알고 있었다. 경매의 얼굴이 보고 싶었던 것이다. 그녀는 지영의 수양딸로서 그의 비서 역할을 맡고 있었다. 나이는 열일곱이었기 때문에 삼십대의 지영을 양아버지라고 부르기에는 어딘지 어색한 감이 있었다.

'겉으로는 양녀와 양부의 관계인 것처럼 행세하지만 실제로는 남녀관계가 아닐까?'

진잠은 이런 의심을 품은 적도 있었다. 그러나 그들을 여러 번 만나는 사이에 그런 의심은 깨끗이 사라졌다. 지영에게는 미모의 처가 있었으며, 그는 또한 대단한 애처가이기도 했다. 게다가 지영은 낙양에 살고 있는 월지족의 지도자로서 여러 가지로 그들의 편리를 도모해주는 역할을 하고 있었다. 모든 사람이 그의 공명정대함을 인정하고 있었다. 진잠은 지영에 대한 의심이 풀리자 까닭 없이 그에게 고마운 생각이 들었다.

진잠이 낙양에 온 지도 벌써 석 달이 지났다. 어느 날 지영은 유난히 기분 좋은 표정으로 말을 꺼냈다.

"오늘은 작금의 천하를 다투고 있는 영웅들의 품평회를 한번 해보도록 할까요?"

인물평은 후한 말에 크게 유행했다. 조조에 대해 '치세의 능신,

난세의 간웅'이라고 평가한 여남 허자장의 월단평에 대해서는 이미 앞에서 언급한 바 있다. 이와 같이 인물에 대한 평이 유행하게 된 것은, 사람들의 마음속에 오래지 않아 천하의 주인이 바뀔 거라는 예감이 있었기 때문이었다. 지금처럼 어지러운 세상이 언제까지 계속될 리는 없다. 그렇다면 다음에 천하를 잡을 자는 과연 누구일까? 실제로 천하를 다투는 영웅호걸은 몇 없었다. 대부분의 사람들은 새로운 시대가 열리면 그 몇 안 되는 영웅에게 매달려 그 밑에서 자리라도 하나 얻을까 하는 생각을 하며 이리 휩쓸리고 저리 휩쓸리는 게 고작이었다. 그런 연유로 사람들은 '과연 누가 천하를 얻게 될 것인가' 하는 화두를 항상 머리에서 지우지 않고 있었던 것이다.

"영웅들을 품평해본다는 것은 재미있는 일이죠."

진잠이 흥미로운 표정을 지으며 대답했다.

"가문으로 따지자면 원소袁紹가 단연 으뜸이지만 결단력이 좀 부족하다는 단점이 있지요."

지영은 곧바로 천하를 다투는 영웅들에 대한 인물평을 시작했다.

"지금과 같은 상황에서 집안이 그렇게 중요할까요?"

"의외로 집안도 중요한 역할을 하지요. 각지의 호족들과 끈이 닿지 않으면 안 되니까요."

지영이 그렇게 말하고는 웃음을 머금었다. 둘은 인물평에 있어서 중요한 전제를 빼놓고 이야기를 시작하고 있었다. 그것은 새삼스레 말할 필요도 없는 것이었다. 결단력이라든가 집안이라든가 호족들과 끈이 닿는가 하는 것은 그 인물이 천하를 얻으려는 야심을 가지고 있다는 전제가 있어야 비로소 이야깃거리가 될 수 있었다. 지영이 스스로 말해놓고 웃음을 머금은 까닭도 이러한 전제는 너무나 자명한 사실이라 처음부터 말하지 않고 이야기를 시작한 것인데, 그러다 보니 이야기의 앞뒤가 잘 맞지 않았기 때문이었다.

"하진은 어떻습니까?"

"그자는 안 됩니다. 논외예요. 황후의 오라버니로 권세를 쥐고 있는 것에 불과하지요. 세상은 변화합니다."

황후의 오라버니라는 입장은 황제가 바뀌게 되면 황태후의 오라버니로서 대우받을 수는 있겠지만 정권이 바뀌면 모든 게 끝나고 마는 자리였다.

"결단력이라는 측면에서 본다면 역시 동탁 아닐까요?"

"동탁은 이미 나이를 먹었습니다. 지금 마흔여덟인가 그렇지요?"

"마흔여덟이라면 아직은 나이 때문에 문제될 건 없지 않습니까?"

"아닙니다. 천하를 평정하는 데는 20년, 아니 30년이 걸릴지도 모릅니다. 그렇게 오랜 시간이 걸린다고 보면 역시 나이가 문제가 되지요. 그러니 서른다섯 살 이하로 한정시켜 생각해보는 게 좋을 듯합니다."

"그런 관점에서 보면 적당한 후보자가 없지 않습니까?"

"그렇지 않습니다."

지영은 잠시 엷은 미소를 지어 보인 뒤 다시 말을 이었다.

"조조는 이제 서른둘입니다. 그리고 이번에 '장사長沙의 난'을 평정했던 손견은 아마 조조보다 한 살 아래일 겁니다."

그해 10월에는 장사의 구성區星이라는 자가 스스로를 장군이라 칭하면서 1만여 명을 끌어 모아 반란을 일으켰다. 조정은 의랑 손견을 장사의 태수로 발탁하여 구성 일당을 공격하도록 했다. 손견은 명령을 받자마자 곧바로 출격하여 반란군을 진압했다.

"역시 손견은 영웅이지요. 패권을 다툴 자격이 충분한 인물입니다."

"극단적이긴 합니다만…."

진잠의 말을 받아 지영이 잠시 뜸을 들인 다음 다시 말을 이었다.

"내 견해로는 앞서 말한 조건에 맞는 인물은 두 사람뿐일 듯합니다. 그 둘 외에 그들에 필적할 만한 기량을 가진 인물은 없을 듯싶군요."

"제 생각에도 그런 것 같습니다."

진잠이 맞장구쳤다. 그러자 지영은 잠시 사이를 두었다가 입을 열었다.

"좀 다른 이야기입니다."

오늘따라 그는 평소와 달리 대화 도중에 약간씩 간격을 두었다가 이야기를 시작하곤 했다.

"진 선생께서 처음 오셨을 때 우리가 난세의 소용돌이에서 조금 비껴나 있다고 말씀하셨죠? 나는 그때 그렇지 않다고만 간단하게 대답했던 기억이 있습니다만…."

"예, 기억하고 있습니다."

"오늘은 그 부분에 대해서 좀 더 상세하게 말씀드리도록 하지요."

천하의 인물에 대한 평은 그저 대화의 물꼬를 트는 구실이었고 본론은 이제부터인 것 같았다. 지영은 의자에서 자리를 고쳐 앉았다.

五

예로부터 한족은 일상생활에서 멍석 위에 정좌하는 것이 보통이었다. 의자에 앉는 것은 서역에서 전해진 풍습이었다. 그리고 등을 기댈 수 있는 의자를 호상胡床이라고 했다. 호胡는 이민족이라는 의미인데 좁은 의미로 한정시켜 사용할 때는 이란 계통의 서역인을 가리킨다. 정좌가 아닌 책상다리의 경우에도 서역의 풍습으로 호좌胡坐라고 했다. 일상적으로 말을 탔던 호인胡人은 바지를 입었으므로 안심하고 책상다리를 할 수 있었다. 후한으로 접어들면 멍석에 그냥 앉는 경우와 의자에 허리를 걸치고 앉는 경우를 모두 볼 수 있었다. 한족이 멍석 생활에서 의자 생활로 완전히 바뀌게 된 것은 10세기가 지난 송대宋代에 이르러서였다고 한다.

후한의 영제는 군주로서는 현명하지 못했지만 서역의 생활양식을 중국 땅에 소개하는 데 큰 기여를 했다고 할 수 있다. 그는 '호' 자가 붙은 것은 무엇이나 좋아했다. 호복胡服, 호상胡床, 호금胡琴, 호초胡椒, 호도胡桃 등이 그것이었다. 또한 물건뿐만 아니라 월지족과 같은 호인도 우대했다.

"현재 우리는 부족한 게 아무 것도 없습니다. 앞으로도 계속 이렇게 대우해주었으면 하는 바람뿐입니다. 그러나 세상은 바뀝니다. 만약 호인을 싫어하는 군주가 등장해서 모든 호인을 주살誅殺하라는 명령 한마디만 내리면 우리의 운명은 하루아침에 끝장나게 됩니다. 우리가 오늘날 이 같은 대우를 받게 되기까지는 그간 수많은 고초가 있었습니다. 황실을 위하여 우리가 얼마나 분골쇄신 노력했는지 아십니까? 아무튼 우리는 절대로 지금의 소용돌이에서 벗어나 있는 것이 아닙니다. 오히려 소용돌이의 한가운데 있습니다. 우리가 살아남기 위해서 어느 쪽으로 방향을 바꾸어야 하는지, 우리는 항상 그 점만을 생각하고 있습니다. 만일 판단을 잘못해서 엉뚱한 줄을 잡게 되면 모두 죽고 맙니다. 따라서 어느 줄이든 소홀히 하지 않고 모두 적당히 잡고 있지 않으면 안 될 상황입니다. 영웅호걸들을 너무 가까이해서도 안 되고, 그렇다고 너무 멀리해서도 안 되는 것이지요. 다음에 권력을 잡을 가능성이 있는 인물에게는 신경을 써서 연결고리를 만들어놓아야 합니다. 우리 월지족 사람들은 지금 이런 운명에 처해 있습니다."

지영의 긴 이야기를 듣고 진잠은 그가 마지막으로 했던 월지족이라는 말을 자신의 오두미도로 대체해도 별반 다를 게 없다는 생각을 했다. 오랜만에 소용의 모습이 떠올랐다. 경매의 미모에 빠져든 이후 소용의 아름다운 얼굴이 잠시 그의 마음에서 멀어져 있었던 게 사실이었다.

"우리가 해야 할 가장 큰 일은 어떻게 해서든지 살아남는 일입니다."

소용은 그에게 말했었다. 낙양에 살고 있는 월지족 사람들도 어떻게 해서든 살아남아야 한다는 생각으로 항상 신중을 기하고 있었다. 지영은 수천 명이나 되는 월지족의 지도자로서 항상 그들을 위해 조심스럽게 움직여온 것이다.

'지영 선생을 본받으라는 높으신 뜻일 거야.'

진잠은 이제야 뭔가 알 것 같은 기분이 들었다. 지영이 잠시 말을 멈추었다가 진잠을 바라보며 공손하게 말했다.

"부끄러운 말씀을 드렸습니다. 실은 선생께 부탁하고 싶은 일이 있어서 이것저것 두서없이 말씀드렸습니다."

"별 말씀을…. 무슨 부탁이신지요?"

"선생께서는 우연히 조조를 만난 적이 있었다고 하셨지요?"

"예. 만났다기보다는 불심검문에 걸려서 심문을 당한 적이 있었지요."

진잠은 그때 일에 대해 언젠가 지영과 잡담을 나누던 중에 언뜻 말한 적이 있었다.

"조조를 한번 만나주셨으면 합니다."

지영이 담담한 어조로 말했다.

"예? 사자 역할을 해달라는 말씀이십니까?"

"엄밀하게 말씀드리면 사자 역할이라고 하기에는 좀 그렇고, 조조에게 어떤 일 한 가지를 해달라는 부탁을 좀 전해달라는 말씀입니다."

"무슨 일을 부탁하시려는 거죠?"

"일종의 유인책을 쓰려고 합니다만…."

"유인책이라뇨?"

진잠은 얼른 감이 잡히지 않아 지영의 말에 거듭 반문했다.

"제 양녀인 경매를 조조가 납치하도록 하는 일입니다. 물론 경매가 절세미인이라고 이미 소문을 내놓은 상태입니다. 조조도 그 소문을 들어 알고 있을 것입니다. 저희가 여러 가지 수단을 강구해 그의 귀에도 들어가도록 해놓았거든요."

"도대체 무슨 말씀인지 전혀 알아듣지 못하겠습니다."

진잠은 아직도 지영의 말이 무슨 뜻인지 알 수가 없었다.

"물론 느닷없이 납치니 뭐니 하는 말씀을 드렸기 때문에 금방 알아듣기 힘드셨을 겁니다. 요점만 말씀드리면…."

지영은 잠시 말을 멈추고 가만히 진잠의 눈을 응시했다. 진잠도 상대방의 눈을 바라보았다. 얼마 지나지 않아 지영의 두 눈에는 뜻밖에도 눈물이 글썽거리기 시작했다.

"경매는 불쌍한 아이입니다. 부모를 일찍 여의었기 때문에 제가 데려다 키웠습니다. 그러나 불행하게도 양부인 저는 다른 무엇보다도 이 낙양에 거주하는 월지국 사람 전체의 행복과 안전을 생각하지 않으면 안 되는 입장입니다. 저는 제 딸에게 꾸준히 특별한 교육을 시켰습니다. 어떤 교육인지 아시겠습니까?"

지영이 벌겋게 충혈된 눈으로 진잠을 바라보며 말을 이었다.

"아름다우면서도 총명한 여인으로 가꾸는 교육이었습니다. 앞으로 들어설 이 나라의 최고 실력자에게 총애를 받게 하려고 말입니다. 그 실력자의 품속에서 월지국 사람들을 잘 돌봐달라고 애교를 부리는 방법까지도 저는 눈물을 머금고 가르쳤습니다. 그런 교육은 말이 쉽지 그렇게 간단한 일이 아니었습니다. 남자들은 여자를 인간으로 취급하지 않습니다. 여자가 하는 말은 사람이 하는 말이라고 여기지도 않지요. 그래서 여자는 미모 외에도 총명함을 지니고 있어야 합니다. 나는 지금까지 내 딸에게 그 모든 것을 하나하나 가르쳐왔습니다."

진잠은 이 말을 듣고 지영이 참으로 치밀한 사람이라는 생각이 들었다.

"그렇다면 다음에 들어설 실력자는 누구라고 생각하십니까?"

"어려운 질문이지만, 그동안 나름대로 열심히 연구했습니다. 지금 생각으로는 아까 말씀드린 그 두 사람입니다."

"조조와 손견."

"그렇습니다. 그 두 사람을 선택해서 낙양 월지족에 절세의 미녀가 있다는 소문을 퍼뜨려 그들의 귀에 들어가도록 공작을 해놓았지요. 그 결과 얼마 전에 손견에게서 전갈이 왔습니다. 월지족의 미녀를 얻고 싶다고 말입니다. 그래서 며칠 내로 제 딸을 그에게 보낼 생각입니다. 제 딸을 데려가기 위해 사람이 올 예정입니다."

"그런데 왜 제게 조조를 만나 달라는 것이지요?"

"뭐랄까, 일종의 약자의 지혜라고 해두지요."

그렇게 말하면서 지영은 쓸쓸한 미소를 지었다.

六

조조의 나이는 서른셋이었다. 만으로 치면 서른둘이었다. 황건적 토벌에서 혁혁한 공을 세운 그는 난이 평정된 후 한동안 제남국濟南國 10여 개 현을 다스렸다. 이때 그가 가장 힘을 기울였던 것은 음사淫祀를 금지하는 일이었다. 당시에는 지금 사람들이 상상도 할 수 없을 만큼 미신이 성행하고 있었다. 여기저기에서 이상야릇한 신을 모시고 있었으며 이를 악용하는 무리도 적지 않았다. 당시 사람들은 자기가 모시는 신에 대해서는 거의가 맹신자였다. 만약 그들을 막기 위해 사당을 부수거나 신에게 제사를 지내지 못하도록 하면 그 자리에서 천벌이 내린다며 벌벌 떨었다. 진압자가 무서운 게 아니라 자기들이 믿고 있는 신이 벌을 내릴까봐 무서웠던 것이다. 조조가 과감하면서도 매우 합리적인 사고방식의 소유자라는 사실은 이런 점을 통해서도 알 수 있었다.

"아, 생각나는군. 그때 역을 공부한다고 했던 학생이구먼."

진잠이 조조에게 갔을 때, 그는 다행히도 진잠을 기억하고 있었다. 면회를 위한 수속은 그리 복잡하지 않았다. 조조는 지금 관직이 없는 상태였다. 제남국의 상相을 그만둔 뒤 동군태수東郡太守에 임명되었지만, 그는 병을 핑계 삼아 귀향해버리고 말았다. 조가曹家의 본향은 초譙라는 곳이었다. 현재의 지명으로 말한다면 안휘성安徽省 박현亳縣으로, 전한 시대에는 패군沛郡에 속한 지역이었지만 후한에 들어서면서 군으로 승격되었다. 고향으로 돌아간 그는 한가한 나날을 보내고 있었다.

성 바깥에 정자를 지어놓고

봄, 여름에는 서책을 읽고
가을과 겨울에는 사냥을 즐기네

그렇게 노래할 정도로 유유자적한 생활에 빠져 있었다. 그가 관에 몸담지 않고 있는 이유는 조정에 권신귀척權臣貴戚이 들끓고 있어 맡은 바 소임을 소신 있게 수행하기가 어렵다고 판단했기 때문이었다. 시대의 흐름을 읽는 눈이 있었던 그에게는 이러한 난세에 지방에서 태수를 지내는 일이 대단히 위태롭게 보였다. 백성이 봉기하면 태수가 가장 먼저 참살된다. 그 사실은 황건적의 난에서 증명되었다. 그렇다고 반란군을 막기 위해 군사력을 증강시킬 수도 없는 노릇이었다. 그렇게 되면 조정의 의심을 받아 투옥되거나 처형되는 일도 있었다. 그러니 어느 정도 군사가 모이면 어쩔 수 없이 싸움을 벌이게 되는 참으로 기이한 세상이었다. 조정의 의심을 받아 죽으나 싸움터에서 죽으나 어차피 목숨을 잃는 것은 마찬가지였다. 그해 5월에도 태산泰山의 태수 장거張擧가 반란을 일으켜 우북평태수右北平太守 유정劉政과 요동태수遼東太守 양종陽終을 죽였다. 죽은 쪽도 죽인 쪽도 모두 태수였다. 조조는 그런 아수라장에 끼어들기보다 독서와 수렵으로 세월을 보내는 편이 훨씬 뱃속 편한 일이라고 생각했다. 그렇다고 세상을 등진 것은 아니었다.

'다시 한 번 일어선다. 그러나 아직은 때가 이르다. 지금은 그저 심신의 피로를 풀고 있을 뿐이다.'

조조는 늘 그런 생각을 가지고 있었다. 더구나 관직이 없는 신분이기 때문에 누구든 부담 없이 만날 수 있다는 사실에도 꽤 만족스러워하는 편이었다.

"파로 돌아간다고 하더니 왜 다시 돌아왔느냐? 이처럼 혼탁한 시절에."

조조가 가뜩이나 작은 눈을 더 가늘게 뜨며 물었다.

"학문을 닦기 위해서입니다."

"어허 저런! 3년이 지났는데 아직도 배우는 서생 신분인가?"

"죽을 때까지 서생으로 남아 있을 생각입니다."

"재미있는 말을 하는구나. 그렇게 역이 어려운 학문인가?"

"이번에는 역을 공부하는 것이 아닙니다. 부도의 가르침을 얻기 위해서 백마사에 머물고 있습니다."

"부도의 가르침?"

사교음사邪教淫祀를 몰아냈던 조조는 그런 종교적인 것들은 별로 달갑게 여기지 않았다. 조조는 불쾌한 표정을 지으면서 말했다.

"그래, 웬일로 여기를 찾아왔느냐?"

진잠은 짐짓 경박스러운 몸짓을 하면서 대답했다.

"저는 지금 백마사에 머물고 있는데 그 백마사의 월지족 중에 말로는 이루 형언할 수 없을 만큼 아름다운 여인이 있기에…."

"월지족 중에 미녀가 있다는 말은 나도 익히 들은 바가 있지."

여자 이야기가 나오자 조조는 불쾌했던 감정이 다소 누그러졌다.

"장사의 손견이 그 여자를 탐하여 오는 16일에 그 여자를 남쪽으로 보낸다고 합니다."

"손견이?"

앞으로 서로 숙적이 될 인물들은 벌써부터 상대를 의식하고 있었다.

"그 일행에 끼어서 저도 함께 갈 예정입니다. 그 여정에서는 제가 모든 책임을 지게 되었습니다."

"그런데 왜 내게 그런 말을 하느냐?"

"갑자기 조조 장군이 생각났습니다. 신부를 납치하는 데는 일가견이 있다는 소문을 들어서…. 죄, 죄송합니다. 제가 잘못 알고 있었다면 용서해주십시오."

진잠은 일부러 더욱 어눌한 말투와 바보 같은 몸짓을 해보였다.

"하하하, 아니야. 그건 틀린 말이 아니지. 흠, 그러고보니 나한테 그 여인을 한번 납치해보라는 말이구나?"

"예. 가는 도중에 적당한 장소가 있습니다."

"역술은 잘 모르지만 지세地勢를 보는 데는 내가 너보다 나을 거야. 가는 길만 가르쳐주면 내가 한번 솜씨를 보여주지."

"알겠습니다. 제가 가게 될 여정을 표로 만들어 올리겠습니다."

"그런데 그 여자가 그렇게 아름다운가?"

조조가 입가에 음흉한 웃음을 지으며 물었다.

"재차 말씀드릴 필요도 없습니다."

그렇게 말해놓고 진잠은 잠시 가슴 한쪽이 저릿해졌다. 자기 입으로 이런 말을 하다니. 서늘한 바람이 가슴을 훑고 지나가는 기분이었다.

"좋아. 한번 해보지. 내가 그 여인을 가로채고 나면 다시 나를 찾아오너라. 두둑한 상을 내릴 테니까. 흠, 이런 일은 사냥보다 훨씬 재미있는 일이지."

"역시 세상 소문이 맞는 건가요? 신부를 납치하는 데는 명수시라는 말이…."

"같이 일을 저질렀던 친구가 좀 멍청한 친구긴 했지만 그래도 일을 그르친 적은 없었다."

조조는 양어깨를 으쓱했다. 조조는 스무 살 무렵까지 상습적으로 신부를 납치하는 일을 일삼았다는 소문이 있었다. 육조시대 사람인

유의경劉義慶이 펴낸 『세설신어世說新語』라는 일화집에 이런 이야기가 소개되고 있다.

젊은 날 한때 조조는 명문의 자손인 원소와 함께 유협遊俠 생활에 재미를 붙이고 있었다. 하루는 두 사람이 신부를 납치하기로 작당하고 혼례가 한참 진행 중인 곳의 이웃집으로 들어가 큰소리로 외쳤다.

"도둑이야!"

그러자 사람들이 모두 밖으로 뛰쳐나왔다. 두 사람은 혼란해진 틈을 타 혼례를 치르고 있던 집으로 재빨리 뛰어 들어가 신부를 등에 업고 냅다 뛰었다. 물론 두 사람의 거짓이 금방 탄로나 사람들이 뒤를 쫓기 시작했다. 그런데 한참 도망가던 중에 길을 잘못 들어 원소가 그만 가시덤불이 무성한 구덩이 속에 빠지고 말았다.

"아이고, 큰일 났네! 온통 가시덤불이라 빠져나갈 수가 없어!"

원소는 죽는소리를 했다. 훗날 하북 일대의 패권을 잡았으면서도 어린 시절의 응석받이 티를 벗지 못해 더 이상 크지 못했던 인물이 원소였다. 이 일화에서도 그의 부족한 근성이 잘 나타나 있다. 원소가 구덩이에 빠지자 신부를 업고 뛰던 조조는 어떻게 했겠는가? 조조는 재빨리 머리를 굴려 꾀를 냈다.

"신부를 도둑질한 놈이 여기에 빠져 있소!"

조조는 몽둥이를 들고 쫓아오는 사람들을 향해 그렇게 큰소리로 외쳤다. 그 말을 듣고 원소는 기절할 정도로 놀랐다. 손발이 아픈 것쯤은 문제도 되지 않았다. 원소는 가시덤불 속에서 죽을힘을 다해 뛰쳐나와 쏜살같이 도망쳤다. 이렇게 해서 두 사람 모두 뒤를 쫓는 사람들로부터 벗어날 수 있었다고 한다.

七

남선북마南船北馬라는 말이 있다. 옛날 중국의 북쪽지방에서는 주로 말을 타고 남쪽지방에서는 주로 배에 의존했다. 경매를 장사로 보내기 위한 일행은 마차로 낙양을 출발해 회하淮河에서부터는 배를 이용하기로 했다. 진잠은 마음이 어두웠다. 태어나서 처음으로 '여자'를 만나게 되었다고 생각한 것도 잠시, 진잠은 지금 그녀가 자기 동포를 위해 몸을 바치러 가는 자리에 함께하고 있었던 것이다.

'차라리 지금이라도 조조처럼 신부를 납치해버리면….'

그는 가슴속에 그렇게 부추기는 또 하나의 자신이 있음을 느꼈다. 지금 그를 유혹하고 있는 또 하나의 자신은 가슴속 밑바닥에서 꿈틀거리는 마성魔性이었다. 하지만 그는 이런 유혹에 넘어가서는 안 되는 처지였다.

'네가 월지족을 구할 수 있는 힘을 가지고 있느냐?'

진잠은 자문해보았다. 그럴 힘도 없으면서 경매를 납치하는 것은 낙양에 살고 있는 수천 명의 월지족에게 큰 재앙을 안겨주는 일이었다. 그의 양심은 도저히 그것을 허락할 수 없었다. 가슴이 저렸다.

지영은 비록 양녀지만 온갖 정성을 들여 경매를 키웠다. 이처럼 옥으로 빚은 듯한 아름다운 여인은 그 어디에서도 찾아볼 수 없을 것이다. 세상에 오직 하나밖에 없는 아름다운 옥. 지영은 그 아름다운 옥을 최대한 효과적으로 사용해야 한다는 생각을 하고 있었다. 지영은 하나의 옥으로 두 명의 영웅을 건질 생각이었다. 언뜻 불가능해 보이기는 했으나 그런 것만도 아니었다.

'한 영웅에게 경매를 보내고 다른 영웅과는 좋은 관계를 유지한다.'

이것이 지영의 생각이었다. 이국에서 떠돌며 사는 외국인들은 스스로 자기 몸을 지키지 않으면 안 된다. 자기들에게 호의적으로 대해주는 실력자를 한 명이라도 더 늘려서 만일의 상황에 대비해야 하는 것이다.

"이제 주사위는 던져졌습니다. 모든 것을 운명에 맡길 수밖에요."

지영은 길을 떠나는 진잠에게 그렇게 말했다. 운명, 그랬다. 모든 것은 이제 하늘의 뜻에 달려 있었다. 경매가 무사히 장사까지 가게 된다면 그녀는 손견의 것이 된다. 하지만 조조는 경매를 납치하는 데 실패하더라도 월지족을 원망할 이유가 없다.

"손견으로부터 먼저 요청이 들어왔기 때문에 그녀를 장사로 보냅니다만 월지족 사람들 중에는 조조 장군에게 바쳐야 된다고 말하는 자들이 상당히 많습니다. 저는 그자들의 부탁을 받고 조조 장군에게 납치에 관한 말씀을 드리러 이곳까지 찾아온 것입니다."

진잠은 조조를 찾아갔을 때 이렇게 말했다. 이 말은 물론 지영의 지시에 의한 것이었는데, 월지족 사람들이 조조에게 호의를 품고 있다는 사실을 은근히 전하고자 하는 의도가 담겨 있었다. 이번 납치 작전이 성공하게 되면 이미 잘 교육받은 경매가 조조로 하여금 월지족 편을 들게 할 것이었다. 손견은 조조를 원망하는 정도로 그칠 것이다. 월지족 사람들은 그녀를 원래 자신에게 주려고 했다. 자신에게 우호적인 모습을 보여주었기 때문에 당연히 월지족을 미워할 이유가 없다고 여길 것이다. 이것이 지영의 속셈이었다.

일행은 먼저 낙양의 동쪽으로 길을 잡았다. 황건의 난이 일어났을 당시 무대가 되었던 형양滎陽을 지나 정주鄭州에 이르자 본격적으로 남쪽으로 방향이 바뀌었다.

'이제 서서히 나올 때가 되었구나.'

진잠은 자못 긴장하여 몸이 굳어지는 것을 느꼈다.

'이제 허창許昌으로 향하자.'

조조의 고향인 초는 허창에서 정동正東 방향에 위치하고 있었다. 나중에 조조는 헌제獻帝를 모시고 허창에서 머문 적이 있었는데 이곳이 자신의 본거지였기 때문이었다.

"조조의 병사들이 나타나면 무기 같은 것을 뽑지 말고 재빨리 피하도록 하시오."

지영은 진잠에게 그렇게 말했다. 그때 싸우는 자들은 손견 쪽에서 마중 나온 사람들뿐일 것이다. 손견이 보낸 사람의 수는 겨우 다섯에 불과했다. 삼두마차에 탄 경매는 평소보다 창백해 보였다. 물론 그녀는 자신의 운명을 알고 있었다. 그 생각을 하면 진잠은 가슴이 미어졌다.

"괜찮습니까?"

가던 길을 멈추고 쉴 때마다 진잠은 그녀에게 그렇게 물었다.

"고맙습니다. 좀 어지럽긴 하지만 견딜 만합니다."

평소와 다름없는 요염한 서역 억양으로 그녀가 대답했다. 목소리가 떨고 있는 것은 너무 긴장한 탓일까? 멀지 않은 장래에 천하를 다투게 될 두 젊은 영웅 가운데 한 사람이 그녀를 데려가게 될 것이다. 경매는 목소리뿐만 아니라 몸도 가늘게 떨고 있었다.

지금의 지리로 이야기하자면 신정新鄭과 허창許昌 사이에 있는 장갈현長葛縣 부근에 이르렀을 때였다. 갑자기 왼쪽 숲에서 함성이 터지면서 말을 탄 무사 10기가 달려 나왔다.

'왔군.'

이미 예상하고 있던 습격인 터라 진잠은 당황하지 않았다. 단지 조조가 수렵하는 기분으로 백여 명을 이끌고 스스로 선두에 서서 요란스럽게 습격해오지 않을까 생각했는데 겨우 10기의 군사만이 달려 나온 게 조금 의아했다. 더구나 조조의 모습은 어디에도 보이지 않았다. 말을 탄 자들은 모두 체구가 당당했다. 잠시 후 선두에 선 남자가 한 손으로 청룡도를 가볍게 휘휘 돌리면서 앞으로 나서더니 우렁차게 외쳤다.

"여, 볼썽사나운 선생들! 긴말할 필요 없이 여자를 이쪽으로 넘겨라."

그는 얼굴이 붉고 눈알이 붕어처럼 튀어나와 있었다. 얼굴에 수염을 기르고는 있지만 그 길이도 짧을 뿐더러 듬성듬성 나 있어 한눈에 보아도 볼썽사나웠다. 하지만 자세히 들여다보면 언뜻언뜻 동안이 비치는 얼굴이었다. 진잠은 그를 어디선가 본 것 같다는 생각을 했다. 그러나 이전에 조조에게 갔을 때 보았던 얼굴은 아니었다. 훨씬 그 이전의 기억이었다.

"도망가는 자는 살려주겠다. 그러나 머뭇거리는 자는 그 자리에서 씨앗주머니를 잘라주겠다!"

동안의 거한이 그렇게 말하자 이상스러울 정도로 귀가 큰 다른 남자가 옆에서 튀어나와 소리쳤다.

"여자를 그 자리에 놔두고 빨리 사라져라. 그러지 않으면 목을 날리겠다!"

'조조의 부하들 같지가 않아. 느낌이 좋지 않은데….'

진잠은 말 위에서 머리를 갸웃거렸다. 그는 손견의 부하와 같이 말을 탄 채로 경매가 탄 마차 옆에 바짝 붙어 있었다. 조조는 젊은 시절 짓궂은 행동을 하고 다녔지만 실제로는 상당한 교양인이었다. 무인답게 거칠게 행동할 때도 있었지만 그것은 자기가 무인이라는 사실을 의식해서 하는 것이지 근본은 그렇지 않았다. 그의 부하도

대개 그런 성향을 따르고 있었다. 그러나 갑자기 숲에서 튀어나온 이 친구들은 태도가 별로 점잖지 못했다. 게다가 그런 태도를 일부러 가장하고 있는 것이 아니라 본래가 수준이 낮은 것 같았다.

"자, 마차를 빼앗아라!"

귀가 큰 남자가 채찍을 위로 올렸다. 숲 앞에 있던 10여 기의 병사들이 일제히 마차 쪽으로 말을 몰기 시작했다. 모래먼지가 자욱이 일어나면서 짐승이 울부짖는 듯한 외침이 들려왔다. 손견의 부하들은 마차 앞에 말을 나란히 세우고 방어태세를 갖추고 있었다. 경매를 납치하기 위해 병사들이 나타나리라는 사실을 미리 알고 있던 진잠은 누구보다도 침착했다. 이때 어떻게 행동해야 하는지도 이미 머릿속에 그림이 그려져 있었다. 방어는 손견의 부하들에게 맡기고, 진잠은 동행한 월지 여인들과 함께 몸을 숨기거나 아예 도망치면 되는 것이었다. 동행하던 인부들은 벌써 어디로 갔는지도 모르게 도망친 뒤였다. 진잠은 오른쪽에 있는 민가로 피하기로 마음먹었다. 그리고 재빨리 말에서 내려 월지 여인들에게 다급히 말했다.

"모두 두려워하지 말고 나를 따라 저쪽에 있는 집 뒤로 피해라."

여자들이 우르르 진잠을 따라 몸을 피했다. 불과 1분 남짓한 거리였다. 하지만 몸을 피하고서 뒤돌아보니 승부는 벌써 끝나가고 있는 상태였다. 손견의 기병 가운데 네 명은 말에서 떨어졌고 나머지 하나 남은 기병이 마차 앞에서 칼을 꼬나 쥔 채 힘겹게 버티고 있었다. 마차 주변으로 모래먼지가 자욱하게 일고 있었다. 진잠은 아무것도 생각하지 않기로 했다. 연극에서처럼 자기에게 맡겨진 배역만 충실하게 연기하면 그만이었다. 이런저런 생각을 해보았자 가슴만 미어질 뿐이었다.

"어머, 지경 스님이 보이지 않아요!"

민가 뒤로 피해 벌벌 떨고 있던 월지족 여인 가운데 하나가 당황해하며 소리쳤다.

"뭐? 지경이…."

진잠은 서둘러 주위를 둘러보았다. 지영이 경매를 위해 동행시킨 여자는 일곱이었는데 모두 민가의 담에 붙어 쭈그리고 앉아 있었다. 그러나 지경의 모습은 보이지 않았다. 지영은 경매가 어느 곳에 가 있더라도 불교 의식을 행할 수 있도록 젊은 승려 한 명을 동행시켰다. 그가 바로 지경이었다. 진잠을 백마사에 안내했던 동자승의 형으로 올해 18세가 되는 승려였다. 진잠은 마차가 있는 곳을 바라보았다. 마지막까지 버티던 손견의 병사가 말에서 끌려 내려오고 있는 참이었다. 동안의 거한이 청룡도를 어디론가 던져놓고 말 위에서 상대방의 머리를 한 손으로 잡고 다른 한 손으로 그의 얼굴을 사정없이 두들겨 패기 시작했다. 잠시 후 다른 자가 병사의 다리를 당겨 땅바닥에 나동그라지게 만들었다. 천만다행이었다. 계속 두들겨 맞았다면 두개골이 성하지 않았을 것이다. 마부가 없어진 마차에 두 명이 뛰어올라 채찍을 휘두르며 외쳤다.

"자, 됐다, 출발하자!"

마른 먼지가 자욱하게 일어났다. 사람들의 움직임만 겨우 알아볼 수 있을 정도로 심한 먼지였다. 그 먼지 속에서 진잠은 지경을 찾으려고 주변을 둘러보았다. 그런데 이게 어찌 된 일인가? 마차를 몰고 가는 자들 옆에서 그의 목소리가 들려온 것이다.

"자, 우리는 출발할 테니 나중에 찾아오도록 하게."

귀가 큰 자가 그렇게 말하자 지경이 대답하는 것이었다.

"예, 현덕 장군님. 그럼 나중에 뵙겠습니다."

틀림없는 지경의 목소리였다. 진잠은 얼른 몸을 숨겼다.

"그럼 나중에 보세."

그 말을 마지막으로 마차는 다시 흙먼지를 일으키며 내닫기 시작했다.

八

주인을 잃은 여러 필의 말이 마차 주변을 서성거리고 있었다. 손견의 병사 다섯은 모두 땅바닥에 나동그라져 신음을 토하고 있었다. 진잠은 그 광경을 뒤로한 채 앞으로 내닫기 시작했다. 그는 달리면서 온몸의 피가 역류하는 것을 느꼈다. 자신이 무엇을 하려고 그렇게 달리는 것인지 확실히 알 수 없었다. 말 위로 뛰어올라 채찍을 휘두르고 나서야 비로소 자기가 마차를 몰고 떠난 자들의 뒤를 쫓고 있다는 것을 의식할 수 있었다. 쫓아가서 어떻게 할 것인가는 정해놓은 바도 없었다.

'그래, 생각났다. 생각이 났어!'

진잠은 그제야 속으로 뇌었다.

'현덕 장군.'

지경은 분명 귀가 큰 자를 현덕 장군이라고 불렀다. 현덕이라는 말이 그의 기억 속에 묻혀 있던 옛일을 되살아나게 했다. 3년 전, 그가 당주와 함께 북방을 여행하던 중에 탁이라는 고을에 들렀는데 그때 세 명의 젊은이가 혈기 충천하여 쏟아내던 말을 엿들은 적이 있었다. 방금 전 지경과 말을 주고받았던 청년은 이름이 유비였고 현덕이라는 자를 쓰고 있었으며 스물세 살이었다. 보통사람보다 훨씬 커서 인상적이었던 그의 귀도 기억에서 살아났다. 우악스럽게 병사의 얼굴을 후려갈기던 거한의 이름은 장비였다. 또 다른 인물은 분명 관우라고 들었던 기억이 떠올랐다. 이제야 모든 기억이 또 렷해졌다. 하지만 그 기억이 떠오른들 지금 무엇을 어찌하겠다는 건가? 진잠은 이미 손을 뻗으면 상대방과 닿을 수 있을 정도의 거리까지 뒤쫓아 갔다.

"잠깐 기다리시오!"

진잠은 일단 그들을 불러 세웠다.

"뭐냐?"

동안의 거한이 우렁차게 외치며 눈을 부라렸다.

"그 여자는 데려갈 수 없소. 안 되오."

진잠이 눈을 똑바로 뜨고 말했다. 그러자 귀가 큰 남자가 물었다.

"왜 데려갈 수 없다는 말이냐?"

진잠은 잠시 멍한 표정이 되었다가 이내 정신을 차린 듯 말을 이었다.

"유비 현덕, 관우 운장, 장비 익덕이라고 하는 분들이 아니시오?"

진잠은 그렇게 말해놓고 머리가 멍해지는 느낌을 받았다. 자기 입에서 그들의 이름이 그렇게 술술 흘러나올 줄은 스스로도 몰랐던 일이었다. 사람의 능력을 벗어난 그 무엇인가가 그렇게 만든 것 같다는 느낌이 들었다.

유비가 깜짝 놀라 눈을 휘둥그렇게 떴다. 자신들의 이름과 자를 정확히 알고 있다는 사실이 신기했다.

"우리 이름을 알고 있는 너는 누구냐?"

장비가 성난 표정으로 물었다.

"인간의 운명을 점치는 일을 하는 사람이오."

이번에는 또 왜 그렇게 대답했는지 진잠 자신도 알지 못했다.

"재미있는 친구구먼. 그럼 어디 점 한번 볼까?"

관우가 흥미롭다는 듯 말했다.

"그대들 세 명은 지금으로부터 3년 전 가을에 탁이라는 곳에서 의형제를 맺은 적이 있을 것이오."

진잠은 누군가가 자기의 입을 빌려서 대신 말을 하고 있는 게 아닐까 하는 생각이 들었다. 이들 세 명이 우연히 정자 안에서 만났다는 사실은 이미 진잠이 아는 바였다. 그러나 그들이 의형제를 맺은 사실은 모르는 일이었다.

"뭐…?"

관우는 유비보다 더 놀라는 표정이었다. 그도 그럴 것이 결맹結盟은 세 사람만의 밀약이었다. 게다가 결맹을 맺었던 해나 계절, 장소까지도 정확하게 알고 있었던 것이다. 인간의 운명을 점치는 사람. 2세기경 중국에서는 그런 사람을 초능력자로 여겨 모든 사람이 두려워했다.

"그대들은 태어난 날은 서로 다르지만 죽는 날은 같이하기로 맹세하고, 남아대장부로서 위업을 이루기 위해 지금 서로 힘을 합하고 있소. 모든 일이 순풍을 맞이하듯 이제부터 잘 풀려나갈 것이오. 하지만 지금 저 여인을 데려가게 되면 1년 안에 그 맹세는 깨지게 되고 세 사람 모두 횡사하는 운명에 처하게 될 것이오."

"뭐라고? 그, 그게 정말인가?"

장비가 말을 더듬으면서 급히 물었다.

"저 여인은 앞으로 당신들의 머리를 어지럽히게 될 것이오. 훗날 세 사람의 의형제가 여인을 사이에 두고 서로 싸우는 일이 발생하게 될 것이며 종국에 가서는 서로 피를 보고 말 것이오. 이것은 천상의 성수星宿, 지상의 만상萬象에 나타나 있는 그대들의 운명이오."

물 흐르듯 흘러나오는 진잠의 말에 관우와 장비는 얼떨떨한 표정으로 유비를 돌아봤다. 유비는 눈을 감은 채 얼굴을 숙였다. 무언가 숙고하는 모습이었다. 진잠이 타고 있는 말은 그때까지 발을 구르거나 갈기를 세우면서 울음소리를 내곤 했다. 그러나 진잠이 인간의 운명을 점치는 사람이라고 말하는 순간 갑자기 그의 말은 그런 동작들을 멈추고 제자리에 조용히 멈춰 섰다. 시간마저 정지해버린 듯한 분위기였다.

얼마쯤 시간이 지나자 유비가 탄 말이 앞발을 높이 쳐들면서 날카로운 울음소리를 냈다.

"자, 가자. 여자는 놔두고 간다. 우리의 결맹에 화를 부르지 않을 여자는 이 세상에 얼마든지 있다. 가자!"

유비는 말의 방향을 바꾸면서 채찍을 휘둘렀다. 황색 모래먼지가 말이 뛸 때마다 솟구쳐 올랐다. 관우와 장비, 그리고 그들을 따르던 무리도 유비의 뒤를 쫓아 사라졌다. 진잠은 잠시 아무 생각도 없이 그들의 뒷모습을 바라보았다. 그들이 시야에서 완전히 사라진 뒤 진잠은 말에서 내려 마차로 달려갔다. 떨리는 손으로 문을 열어젖혔다. 경매는 실신한 듯 뒤쪽으로 등을 기댄 채 눈을 감고 있었다. 맑고 투명하던 하얀 얼굴이 눈에서 볼에 이르기까지 빨갛게 상기되어 있었다.

"아니, 이렇게…."

진잠은 손을 뻗어 경매의 이마를 짚어보았다. 불덩이 같은 열이었다. 아무래도 한동안은 요양이 필요할 듯했다.

九

"유비 현덕이라는 자를 아십니까?"

낙양의 백마사로 돌아온 진잠은 지영을 보자 우선 이 사실부터 물어보았다.

"유주 자사 유언의 객장客將으로, 황건군 토벌 때 활약했는데 조금은 눈에 띄는 자입니다. 이름만 들어본 적이 있습니다."

"그런 인물입니까?"

진잠은 그렇게 반문하며 미소를 지었다.

그날 이후 진잠은 유비에 대해 다양한 경로를 통해 조사해보았다. 조조나 손견처럼 그 이름이 천하에 알려진 위인은 아니었다. 특별히 신경을 쓰고 덤벼들어야 겨우 알아볼 수 있을 정도의 인물이었다. 유비는 전공戰功을 인정받아 안희현安喜縣의 현위縣尉 자리를 차지하고 있었다. 중국의 현縣은 군郡의 아래 단위였다. 그러니 군의 태수로 있는 조조나 손견보다는 그 지위가 낮았다. 더구나 조정은 논공행상으로 너무 많은 직책을 남발해서 생긴 재정상의 문제로 골치를 썩이고 있었기에 곧 정비에 착수할 예정이었다. 따라서 유비는 현위라는 직책마저도 유지할 수 있을지 불투명한 상태였다.

그런 상태에서 유비는 파격적인 행동으로 뭇 사람의 시선을 끌었다. 일종의 행정감찰관에 해당하는 독우督郵라는 직책을 가진 자를 내친 것이었다. 독우는 지방 관리의 비리를 조사해 직위를 파면할 것인가 그대로 놔둘 것인가를 사정査定하는 직책이었다. 유비가 있는 안희현으로 파견나온 독우는 아주 거만한 자였다. 더구나 뒤로는 뇌물까지 요구했다. 그러면서도 유비를 통 만나주지 않았다. 유비가 찾아가도 갖은 거만을 떨면서 거들먹거렸다. 마침내 유비는 눈꼴신 독우의 태도에 너무 화가 나서 그의 거처로 뛰어 들어가서 독우를 끌어내 묶은 뒤 곤장 2백 대를 쳤다. 거의 반죽음이 된 독우의 목에 관리의 표지로 쓰이는 인수印綬를 걸어주고 관아를 나왔다. 대담하기 이를 데 없는 행동이었다.

평소의 그답지 않은 행동에 세상 사람들은 깜짝 놀랐다. 유비의 이름은 전공보다도 앞뒤 보지 않고 저지른 이 행동으로 더 유명해졌다. 항명죄로 유비에게 수배령이 떨어진 것은 두말할 나위가 없었다. 그러나 독우의 횡포는 천하가 알고 있었기 때문에 많은 사람들은 유비가 한 일로 10년 묵은 체증이 내려가는 듯한 시원함을 느꼈다. 그런 연유로 유비가 비록 떠도는 신세였지만 어디에 가더라도 숨겨주고 도와주려는 사람들이 있었다. 난세로 접어드는 세상에서 그가 천하를 다투는 영웅이 될지도 몰랐기 때문이었다. 지영은 그런 점을 보고 청년 승려인 지경을 유비 쪽에 보내 이번 납치사건을 사주했던 것이다.

"세상이 어떻게 될지 아무도 모릅니다."

지영은 혼잣말처럼 중얼거렸다.

"선생께서는 따님을 이용하여 조조, 손견과의 관계를 돈독히 하시려는 줄 알았는데 결국은 유비까지 세 명이었군요?"

진잠으로서는 다소 뜻밖의 일이었다. 자신을 조조에게 보낼 때만 해도 조조와의 물밑작업이 계획의 전부인 줄 알았는데 알고 보니 지영은 나름대로 다른 계획을 가지고 있었던 것이다.

"세 명이 아니고 네 명이지요."

지영은 태연스럽게 말했다.

"예? 네 명이요? 그럼 또 한 사람의 영웅이 있다는 말인가요? 그게 누굽니까?"

진잠은 더더욱 지영의 속마음을 알 수가 없었다. 조조와 손견, 유비 말고도 천하의 패권을 넘보는 자가 또 한 사람 있다는 말이 아닌가?

"바로 당신입니다."

"예?"

진잠은 놀라지 않을 수 없었다.

"진잠 선생, 오두미도가 천하를 잡을지도 모르는 일 아닙니까? 그렇게 된다면 당신은 천하의 재상宰相이 될 것이고요."

"무슨 그런 말씀을…."

진잠은 너무 놀란 나머지 다음 말을 얼버무리고 말았다.

유비는 과연 성인군자였을까?

일반적으로 『삼국지』라고 하면 정사正史 『삼국지』를 기초로 해서 쓴 『삼국연의』를 말한다. 이것은 구전으로 계속 전해져 내려왔기 때문에 윤색이 많다. 정사 『삼국지』는 조조의 위나라를 정통으로 하고 있고, 『삼국연의』는 말할 것도 없이 촉한의 유비를 정통으로 하고 있다.

우리가 지금까지 들어온 『삼국지』에서 유비는 마치 성인聖人처럼 묘사되고 있다. 거친 행동은 대부분 부하인 장비가 하는 것으로 나오고, 유비는 그것을 가지고 고민하는 것처럼 그려지고 있다. 신부 납치사건 등과 같은 저급한 일과는 전혀 관련이 없는 인물로 나오는 것이다.

독우를 결박해놓고 반쯤 죽을 정도로 곤장을 때렸다는 것도 『삼국연의』에서는 장비가 저지른 일로 되어 있으며, 유비가 그 사실을 알고 서둘러 장비를 말린 덕분에 독우가 겨우 생명을 건지게 되었다는 식이다. 그러나 정사 『삼국지』에서는 아무리 다르게 보려고 해도 유비가 그랬다고 해석할 수밖에 없다. 「촉서」 '선주전先主傳'에는 이렇게 기록되어 있다.

독우, 공사公事로 현縣에 도착했다. 선생이 뵐 일이 있다고 간청해도 도저히 말을 들어주지 않자 그 자리에서 밀고 들어가 독우를 결박해놓고 매질 2백 대를 했다. 매질을 끝낸 그는 수綬를 풀어 그자의 목에 걸어주고 말을 묶어 놓은 곳으로 와서 올라탄 뒤 관官을 버리고 길을 떠났다.

3
조조, 동쪽으로 돌아가다

一

　생각했던 것보다 작았다. 진잠의 생각은 그랬다. 가끔 백마사를 찾는 전군교위典軍校尉 조조의 몸집을 보고 한 생각이었다. 황건적의 난이 일어난 해에 진잠은 숭산 모퉁이에 설치된 장군 막사에서 처음 조조를 만났다. 그때 조조는 곰 가죽으로 된 깔개 위에 책상다리를 하고 앉아 있어서 키가 어느 정도인지 알 수가 없었다. 다만 그 기개나 위용으로 볼 때 몸집이 클 것이라고만 생각했었다.

　동군태수東郡太守 자리를 거절하고 잠시 고향인 초에서 낭인 생활을 하고 있던 조조는 중평 5년(188년)에 낙양으로 올라와 다시 관료의 길을 걷기 시작한다. 그해 8월에 서원팔교위西園八校尉라는 새로운 관직이 만들어졌다. 중앙군을 여덟 군단으로 나누어 각각의 군단에 교위校尉라는 군사령관을 임명했다. 전군교위는 그 가운데 한 명으로, 요컨대 근위사단장이라고 할 수 있는 자리였다.

　그 자리에 오른 지 얼마 되지 않아 조조가 갑자기 백마사를 찾아왔다. 진잠이 나가서 맞이하자 다짜고짜로 찾아온 용건을 말했다.

　"경매의 문병을 왔다. 안내를 하도록 하라."

월지족 지도자 지영의 양녀인 경매. 그녀는 최근 1년여를 병 때문에 누워서 지냈다. 백마사에서 가까운 암자에 들어 요양 중이었다. 진잠이 조조의 몸집이 작다고 느낀 것은 바로 이즈음에 있었던 그의 병문안 때였다.

"경매의 병세는 많이 좋아졌느냐?"

조조는 이제 얼굴이 익은 진잠에게 스스럼없이 물었다.

"예, 장군께서 심려해주신 덕분에 눈에 띄게 얼굴색도 좋아지고 여윈 몸도 차츰 나아지고 있습니다."

"너무 살이 찌는 것은 아니고?"

"이제 얼마 동안만 더 요양하면 될 것 같습니다."

경매를 화제로 조조와 얘기하면서 진잠은 쓸쓸한 기분을 느끼지 않을 수 없었다. 아니 진잠의 가슴속에서는 불꽃이 튀고 있었다. 보통 사람들이 삼각관계에서 느끼는, 그런 기분이었다.

잠시 후 경매를 만나고 나온 조조가 한마디 툭 던졌다.

"별로 마음에 들지 않는다."

"예?"

진잠은 영문을 몰라 되물었다. 무엇이 마음에 들지 않는다는 것인지 전혀 알 수가 없었다. 조조는 아무 대꾸도 하지 않고 갑자기 마차에 오르려 했다. 그때였다. 진잠은 갑자기 조조가 크다는 생각이 들었다. 무엇 때문에 그렇게 느끼게 되었을까? 진잠 자신도 알 수 없는 일이었다.

"이제 앞으로 병문안 올 일은 없을 것이다."

마차 바퀴가 삐거덕거리는 소리를 내면서 굴러가기 시작할 즈음, 조조는 밖을 향해서 그렇게 말했다. 조조가 자신이 경매에게 생각이 있다는 사실을 알아챈 것이 아닐까? 역이나 부도를 공부하는 일개 서생과 한 여자를 놓고 다투는 것이 '별로 마음에 들지 않는' 이유였을까? 진잠은 백마사를 떠나는 조조의 뒷모습을 보며 언뜻 그런 생각을 했다.

조조가 경매의 병문안을 올 때 진잠은 암자까지만 안내해주었을 뿐 방안까지는 들어가지 않았다. 그래서 조조가 경매를 직접 만나는 장면은 본 적이 없었다. 혹시 경매가 조조를 만날 때 시큰둥한 태도로 대했을지도 모를 일이었다. 그랬다면 조조가 마음이 상해 두 번 다시 병문안을 오지 않겠다고 말했을 수도 있는 일이었다. 진잠은 그 같은 자신의 짐작이 맞았으면 하고 바랐다. 경매가 조조를 거부하면 진잠의 희망은 그만큼 현실적이 되기 때문이었다. 하지만 아무리 생각해보아도 경매가 조조를 냉담하게 대했을 리가 없었다. 그녀는 월지족 사람들이 앞으로 닥칠 난세에서 살아남기 위해 천하의 한 영웅에게 바쳐질 운명이었다. 지금까지 그녀는 자신의 운명을 거역하지 않고 순순히 따라왔다. 더구나 천하의 영웅을 사로잡을 기술까지도 특별히 교육받지 않았는가? 그런데 앞으로 천하를 차지할 유력한 후보자 가운데 한 사람인 조조에게 그녀 스스로 미움을 살 만한 행동을 했다고 보기는 어려운 일이었다.

"조조 장군이 오랫동안 오시지 않는군요. 국사로 바쁘신 모양이죠?"

어느 날 경매가 진잠에게 그렇게 물었다. 그녀는 조조가 찾아오지 않는 이유에 대해 아무 것도 모르는 듯했다.

"글쎄요, 잘 모르겠습니다."

진잠은 짧게 대답했다. 조조가 바쁜지 어쩐지 그것을 모르겠다는 말이 아니었다. '별로 마음에 들지 않는다'는 조조의 말의 진의가 무엇인지 알 수 없다는 뜻이었다. 그리고 알 수 없는 게 하나 더 있었다.

'왜 조조가 크게 보였다, 작게 보였다 하는 것일까?'

진잠은 그 이유가 무엇인지 도무지 알 수가 없었다.

二

마침내 진잠은 조조가 왜 '별로 마음에 들지 않는다' 는 말을 했는지 그 이유를 알게 되었다. 그것도 조조의 입을 통해서 직접 들었기 때문에 확실한 것이었다. 경매는 월지족 사람들에게는 누구보다 중요한 존재였기 때문에 요양 중에 여러 가지 좋은 음식을 먹어 여원 얼굴이 통통하게 되었다. 한데 조조는 통통한 여자보다는 적당히 여윈 여자를 더 좋아했던 것이다. 요양에 들어간 지 얼마 되지 않아 병문안을 왔을 때는 경매가 살이 빠져 있는 상태여서 조조가 좋아하는 스타일이었다. 그런데 날이 갈수록 통통해지는 경매의 모습이 별로 마음에 들지 않았던 것이다.

'별로 마음에 들지도 않는 여자를 계속 만나러 갈 필요는 없지.'

이것은 조조다운 사고방식이었다. 그는 쓸데없이 시간 죽이는 일을 가장 싫어하는 인물이었다. 진잠이 이 사실을 조조에게서 직접 들은 것은 해가 바뀌어서였다.

중평 6년. 1년이라는 의미에서는 다른 해와 다를 것이 없건만 서력으로 189년에 해당되는 이해에는 연호가 네 번이나 바뀌었다. 4월에 영제가 승하하고 황태자인 변辯이 보위를 이어 즉위하게 되면서 광희光熹라는 연호를 사용하게 되었다. 새 황제는 8월 들어 거처를 잠시 다른 곳으로 옮겼다가 다시 낙양으로 돌아오게 된다.

그때 별로 운이 따르지 않는 광희라는 연호를 버리고 소령昭寧이라는 새 연호를 사용하게 된다. 9월 들어서는 동탁이 황제를 폐위시키고 황제의 동생인 협協을 허울뿐인 황제로 내세우면서 연호를 다시 영한永漢으로 바꾸게 된다. 12월 들어서는 광희, 소령, 영한이라는 연호를 모두 없애버리고 다시 원래의 연호인 중평으로 바꾸어, 그해를 중평 6년으로 한다는 칙서를 내리게 된다.

진잠이 조조의 부름을 받은 것은 영제가 죽기 직전이었다. 이 시점은 아직 천하가 급변의 소용돌이에 휘말리게 된다는 사실을 누구도 생각하지 못하던 때였다. 전군교위 조조의 사자가 찾아왔을 때 진잠은 뭔가 좋지 않은 예감이 들었다. 조조가 일개 민간인을 초대한다는 것은 상상하기 힘든 일이었다.

'도대체 무슨 일로 초대한 걸까?'

진잠은 조조를 만나는 순간까지 계속 그 생각이 머릿속을 맴돌았다. 조조는 낙양의 영화리永和里라는 곳에 머물고 있었다. 낙양에는 24개의 리里가 있었다. 영화리는 일명 귀리貴里라고도 불렸는데, 이는 귀인고관貴人高官들의 저택이 많이 몰려 있었기 때문이었다. 그래서인지 진잠은 이 영화리에 발을 내딛는 것만으로도 왠지 긴장되고 주눅이 들었다. 조조의 앞에 나선 진잠은 오늘은 그가 크게 느껴졌다. 조조는 서역풍의 의자에 앉아서 팔걸이에 몸을 의지한 채 느긋한 표정을 짓고 있었다.

"오랜만에 뵙습니다. 한동안 백마사를 찾아주시지 않으셔서…."

진잠은 머리를 숙이면서 인사말을 건넸다.

"오랫동안 찾아보지 못했구나. 나는 살이 찐 여인은 별로 좋아하지 않는다."

에두르는 일 없이 칼로 자르듯 그렇게 말하고 난 뒤 조조는 곧바로 자기 용건을 꺼냈다.

"다름 아니고 오늘은 부도의 가르침에 대하여 이야기를 듣고자 그대를 오라 하였다. 그 가르침을 나에게 전해줄 수 있겠는가?"

"예? 부도에 대해서 말씀입니까?"

진잠은 의외의 말을 듣고 잠시 당황했다. 그는 오두미도 교단의 신자로서 교주인 소용의 명을 받아 월지족의 종족 보신책을 알아보려고 이곳에 와 있는 몸이었다. 물론 부도의 가르침에 관심을 가지고는 있었다. 하지만 불교에 귀의한 것은 아니었다.

"저는 부도의 교도가 아니옵니다."

진잠은 이 정도의 이유로 이 자리를 피할 수 없다는 사실을 잘 알면서도 일단 그렇게 대답했다.

"그러나 백마사에 오랫동안 머물고 있지 않느냐?"

"예. 그렇기는 합니다."

"그러니 부도에 대해서 전혀 모른다고 할 수는 없지."

"그러나 교도의 장로들에게서 직접 들으시는 것이 훨씬 상세하게 아실 수 있는 방법이라고 사료되옵니다만…."

"월지족들에게서 말이냐?"

"그렇습니다. 그들도 이 땅의 말을 하는 데는 전혀 불편함이 없습니다."

"아니다. 나는 너처럼 부도의 언저리에서 그것을 바라보고 있는 사람에게서 이야기를 듣고 싶은 것이다."

"예. 그렇다면 얼마나 도움을 드릴 수 있을지 모르겠습니다만, 제가 알고 있는 범위 내에서 상세히 말씀 올리도록 하겠습니다."

진잠은 더 이상 거절하기는 어렵다고 판단했다. 조조가 내처 물었다.

"수도에 살고 있는 월지족은 서역의 외지인임에도 불구하고 이곳 한족과 매우 좋은 관계를 유지하면서 말다툼하는 일조차도 없다고 하는데 그 이유가 뭐라고 생각하는가?"

월지족의 원래 거주지는 낙양에서 한참 떨어진 중앙아시아로 이란 계통, 또는 터키 계통이라는 여러 설이 있다. 그들은 용모나 언어, 습관에서 중국 사람들과 큰 차이를 보이고 있었다. 그럼에도 그들은 주변사람들과 좋은 관계를 유지하면서 살고 있었던 것이다. 하지만 그들이 한족의 생활방식에 익숙해져 있다고 보기는 어려웠다. 자신들의 생활방식을 고수하면서도 이웃 한족들과 원만한 관계를 유지하고 있었던 것이다.

"그건…."

진잠은 금방 대답할 말이 떠오르지 않았다. 머릿속으로 빠르게 자기의 생각을 정리해보았다.

"내 고향에서도 이웃한 마을과는 사이가 아주 좋지 않았다. 마치 원수를 대하는 듯한 관계였지. 같은 패沛에 살고 있으면서도 내가 태어난 초는 이웃 지역들로부터 멸시당하는 곳이었어. 내 조부가 벼슬자리에 오르기 전까지는 초 출신으로 5품五品 이상의 관직에 오른 사람이 한 명도 없을 정도였지. 같은 패의 소현蕭縣에서는 주부朱浮, 용항현龍亢縣에서는 환영桓榮, 질현銍縣에서는 서방徐防 같은 많은 인물이 나왔는데도 말이야. 알다시피 내 조부의 경우에도 신분 자체는 환관이었지. 그런 까닭에 우린 얼마나 기가 죽었는지 몰라. 이웃 현 사람들은 우리 현을 업신여기면서 무시했어. 나는 이웃과의 관계라는 것은 언제나 그런 것이라고 생각했는데 월지족의 경우는 도대체 이해가 가지 않는단 말씀이야. 도대체 어떤 연유로 그렇게 원만한 관계를 유지할 수 있는 것인지…."

그렇게 말하고 난 뒤 조조는 몸을 앞으로 당겼다. 이 정도면 조조로서는 상당히 말을 많이 한 경우였다. 진잠에게 생각할 시간을 주기 위한 배려였는지도 모른다. 그리 오래된 관계는 아니었지만 진잠은 조조라는 인물이 쓸데없는 말을 지껄이는 걸 극히 싫어한다는 사실만은 잘 알고 있었다.

"월지족은 모두 온순한 성격을 지니고 있습니다."

진잠이 말을 시작했지만 조조는 그 말을 탓하기라도 하듯 말했다.

"초현 사람들도 나무랄 데 없이 온순했다. 도대체 어떤 차이가 있는 것인가?"

그렇게 말하며 조조는 입술을 실룩거렸다.

三

"한마디로 차별을 하지 않기 때문이 아닐까요? 나와 다른 사람 사이에 차별을 두지 않는 것이 부도의 가르침입니다. 왕이나 노예나 모두 같은 인간으로 보고 있는 것입니다."

진잠의 그 말에 조조는 손바닥으로 자기 무릎을 탁 쳤다.

"옳지! 바로 그거야. 왕도 환관도 똑같은 인간이란 말이지."

조조는 분명 흥분하고 있었다. 이런 일도 그로서는 매우 드문 일이었다. 진잠이 '왕이나 노예나'라고 한 말을 조조는 뒤의 노예라는 말만 바꾸어 환관이라고 표현한 것이다.

"예, 바로 그렇습니다."

진잠은 자기도 모르게 고개를 숙였다. 조조의 심중에 있는 그 아픔이 진잠에게까지 전해오는 듯했다.

당시 환관은 황제 곁에서 일한다는 사실 자체만으로도 출세의 지름길에 들어섰다고 할 수 있었다. 그래서 환관 중에는 형벌을 받아 거세된 자 말고도 자진해서 거세한 자들이 많았다. 스스로 거세를 한 자들의 대부분은 본인 결정에 의한 것은 아니고 부모의 뜻에 의해서였다. 그래서 아직 철이 들기 전에 거세되는 경우가 많았다. 조등도 그런 과정을 밟아서 아직 소년일 때 황문종관黃門從官으로 궁궐에서 생활하게 되었다. 궁중에서 작은 문은 주로 황색으로 칠해져 있었는데 그곳에서 대기하며 천자의 명령을 기다리고 있는 사람은 모두 거세된 환관뿐이었다. 따라서 중국 후한시대에 황문黃門이란 환관을 의미했다. 조등은 학문이 대단히 높았다. 그리하여 황태자의 학우가 되었으며, 그 인연으로 출세가도에 들어섰다. 소황문小黃門 자리에 있던 조등이 황태자가 즉위하자 일거에 중상시中常侍로 승진했다. 그 황태자가 바로 순제였다. 조등은 나중에 대장추大長秋라는 자리에까지 올랐다. 중상시는 환관의 가장 윗자리로서 2천 석의 녹을 받았다. 대장추는 같은 2천 석이긴 하지만 궁중의 사무총장격이기 때문에 구중궁궐의 재상宰相이라고 할 수 있는 자리였다. 조등은 궁중에서 지낸 30여 년 동안 네 명의 황제를 모시며 막강한 권세를 누렸다. 그렇다고 그가 전횡을 일삼거나 권력을 함부로 남용하지는 않았다. 당시 사람들은 출세를 위해 중상시나 대장추와 같은 환관들에게 서로 다투며 잘 보이기 위해 애를 썼다. 인사 결정권은 황제가 가지고 있었지만 황제의 상담역은 바로 환관의 수뇌진이었기 때문이었다. 황제에게 추천해준 답례—정확히 말하자면 뇌물—로서 받은 금액은 상상을 초월할 정도였다. 조등이 30여 년 동안 환관 생활을 하며 모은 재산은 어마어마했다.

재물이 쌓이자 다른 데 눈길을 주는 것은 어쩌면 당연한 일인지도 몰랐다. 거세된 자가 아이를 가질 수 없다는 것은 세상이 다 아는 일이다. 하지만 어찌된 세상인지 거세된 환관에게도 자식이 있었다. 양자를 들이는 것이 법으로 허용되었기 때문이다. 재물을 거머쥔 조등이 가만히 있을 리가 없었다. 조등은 조숭曹嵩을 양자로 들였다. 조숭의 출신에 대해서는 상세하게 알려진 바가 없다. 아마 조가曹家와는 아무 인연이 없는 것으로 추측된다. 나중에 삼국의 다툼이 치열해지면서 조조의 적들은 하나같이 '어디서 굴러왔는지도 모르는 환관 집안의 자식'이라며 그를 놀려대곤 했다. 일설에 의하면 조숭의 진짜 성은 하후夏候라고도 한다. 물론 조숭은 평범한 사람이었다. 하지만 그는 아비의 후광을 받아 관리로서 승승장구했다. 그 조숭의 아들이 바로 조조였다.

조등은 평생 재물을 그러모아 당대 제일의 부자가 되었다. 재물이 있는 곳에는 사람들이 꼬이기 마련이다. 하지만 재물을 보고 몰려든 사람들이란 겉으로는 달콤한 말을 지껄이지만 속으로는 부패한 인간이라며 흉을 보기가 일쑤이다. 조가의 부富가 대단했던 만큼 비난의 소리 또한 컸으리라 생각된다. 하지만 그 비난이 조씨 집안 사람들의 귀에까지는 들리지 않았을 것이다. 어려서부터 총명했던 조조는 그 비난의 소리를 듣지는 못했지만 가슴으로는 느낄 수 있었다.

'거세자去勢者'라는 말은 '부패한 사람'이라는 뜻으로 사용되기도 했다. 거세라는 형벌은 궁형宮刑이라고 하지만 다른 말로는 부형腐刑이라고 하기도 했다. 인간 취급을 하지 않은 것이다. 성인으로 칭송받는 공자는 위衛의 영공靈公이 환관인 옹거雍渠와 같은 마차를 탔다는 이야기를 듣고 "아! 불결한지고!" 하면서 위를 멀리했다고 한다. 한마디로 공자 같은 성인이 인간차별을 한 셈이었다.

조씨 집안은 양자를 들임으로써 손자를 낳아 보통 집안과 별반 다를 바 없이 되었음에도 그 할아버지가 환관이었다는 이유 하나만으로 조조 대에 이르러서도 차별을 받았다. 조조는 대부호의 자제로서 다른 명문가의 자제들과 어울리며 소년시절을 보냈다. 그러나 그는 친구들의 표정에서 자기를 따돌리는 듯한 인상을 강하게 받았다. 조조는 너무 분한 나머지 아버지 조숭 앞에서 눈물을 흘리곤 했다. 그러면 조숭은 비감 어린 표정으로 아들의 용기를 북돋았다.

"잘된 일 아니냐? 오히려 그렇기 때문에 이 아비는 더욱 열심히 노력해서 부끄러움을 씻고자 애쓰고 있는 걸 모르겠느냐?"

조숭은 원래 사예교위司隸校尉라는 중급관리를 지냈는데 영제가 매관매직을 시작한 이후 계속해서 요직을 사들여 나중에는 1억 전을 주고 태위太尉라는 관직에 올랐다. 그 자리는 재상과 같은 급이었다. 조숭은 이 같은 일을 아들에게 '노력'이라고 표현했던 것이다. 중평 4년 11월에 최열崔烈의 후임으로 태위에 오른 조숭은 이듬해 4월에 자리를 물러나게 된다. 그때 조조는 아버지에게 물었다.

"왜 그렇게 자리에서 빨리 물러나십니까?"

"잘된 일 아니냐?"

조숭은 입버릇처럼 서두를 꺼내며 말했다.

"새로 제정된 서원팔교위西園八校尉에 네가 임명되었기 때문이다."

자식을 끔찍이도 아끼던 아비였다. 자식이 아무 하는 일 없이 지내고 있는 것을 보고 아비로서 뭔가 일거리를 찾아주려고 무던히도 노력했던 것이다. 조숭에게는 정치적인 포부도 야심도 없었다. 1억 전으로 태위 자리를 산 까닭도 어떻게 해서든 아들의 장래에 힘을 실어주기 위해서였다. 지금은 비록 아들이 하는 일 없이 놀고 있지만 후에 관직을 갖게 되면 태위의 아들이라는 배경이 그에게 도움을 주리라고 생각했던 것이다. 그러나 조조는 그처럼 세심한 아비의 배려를 마음속으로는 그리 탐탁하게 여기지 않았다.

四

"모든 사람이 평등하다는 부도의 가르침이 특히 마음에 드는구나."

조조가 진잠을 바라보며 말했다.

'그러시면 부도의 신자가 되어보시는 것이 어떻겠습니까?'

진잠은 이렇게 말하고 싶었지만 입 밖으로 꺼내지는 않았다. 만일 그런 말을 하게 되면 '그렇다면 그대는 왜 신자가 되지 않았나? 백마사에 그렇게 오랫동안 머물러 있으면서 말이야' 하고 난처한 질문을 받게 될 것이 뻔했기 때문이었다. 그런 부분에 대해서 조조는 단호한 성격이었다. 이치에 맞지 않는 일은 절대로 인정하려 들지 않는다는 것을 진잠은 알고 있었다.

"부도신자들이 시약施藥을 하면서 다닌다고 하던데?"

조조가 화제를 바꾸었다. 불교신도인 월지족들은 탁발행각托鉢行脚을 하려고 했지만 당시 대부분의 한족들은 불교에 대해서 전혀 몰랐기 때문에 아직까지는 시기상조였다. 그들은 탁발행각을 하는 대신에 탁발하듯 돌아다니며 사람들에게 무료로 약을 나누어주는 것施藥을 생각해냈다. 보통 열 명 정도가 한 팀을 이루어 경문經文을 외며 돌아다녔다. 당시 한족 신자들도 조금씩 늘기 시작했지만 대부분은 얼굴색이 다른 월지족 사람들이었기 때문에 어디를 가더라도 그들은 호기심의 대상이었다. 사람들이 모이기만 하면 그들은 약을 나누어주곤 했다. 이 일로 사람들에게 호감을 사기 시작했으며 그 소문은 꼬리에 꼬리를 물고 퍼져나갔다. 게다가 약효도 좋았다. 그런 까닭에 시간이 조금 지나자 낙양 부근에 살고 있는 모든 이들이 그들을 알게 되었다.

그전까지 불교는 한나라에 거주하고 있는 월지족 사람들만 믿는 신앙에 불과했다. 백마사도 원래는 월지족 사람들만의 신앙생활을 위해 건립된 것이었다. 그래서 좋은 가르침을 한나라 사람들에게 알려주어야겠다는 열의 같은 것은 찾아보기 힘들었다. 포교를 하려고 해도 도무지 어떤 식으로 설명해주어야 할지 갈피를 잡지 못하는 상황이었다. 그때 월지족의 학승學僧인 지루가참支婁迦讖이 낙양에서 대승경전大乘經典을 10여 년 전부터 한문으로 번역하는 작업을 시작했다. 『도행반야道行般若』『반주삼매般舟三昧』『수능엄首楞嚴』등 14부의 경전을 한문으로 번역하는 작업이 중평 6년에 끝났다. 역경譯經만 있으면 포교하기는 그리 어려운 일이 아니었다. 물론 포교를 염두에 두고 경문 번역 작업을 시작했을 것이다.

"요즘에는 시약할 때 한인도 가끔 섞여 있습니다."

진잠은 불교를 믿어보라는 권유 대신 우회적인 표현을 써서 자신의 뜻을 조조에게 전했다.

"시약을 하러 다니는 범위가 상당히 넓어졌다지?"

"예, 그렇습니다. 낙양에서 상당히 떨어져 있는 곳까지 다니고 있습니다. 연燕, 북경 부근까지 다녀오기도 한다고 들었습니다."

"내 고향에도 그들이 가끔 들른다고 들었다. 시약을 하는 자들은 아무런 제재를 받지 않고 어디든지 다닐 수 있는 것 같더군."

"어느 곳에 가더라도 관심을 가진 이들이 있기 때문이라고 생각됩니다."

불교는 지방에서 후진 양성에 힘쓰고 있는 사람들 사이에 먼저 알려지기 시작했다. 평등이라는 가르침과 함께 보시布施 사상이 일종의 철학적 기초가 될 수 있겠다는 생각을 했던 것이다.

"아무 대가도 없이 약을 나눠준다, 그건 확실한 사실인가?"

조조는 그처럼 공리적인 시각에서 불교를 해석했다.

"예, 그렇다고 들었습니다."

진잠은 어정쩡한 태도로 조조의 말에 맞장구를 쳤다. 조조는 한참 동안 부도의 가르침에 대해서 많은 질문을 했다. 진잠은 가끔 손으로 이마의 땀을 씻어내며 자기가 알고 있는 범위 내에서 다소 힘겹게 답변했다. 음력으로 4월이면 낙양은 벌써 여름이나 다름없었다.

"제가 알고 있는 것이 너무 미흡해 이 정도밖에 되지 않사옵니다. 더 상세한 내용은 백마사에 들르시어 지루가참 스님께서 쓰신 역문譯文을 보시는 것이 좋을 듯싶습니다. 또 장군님의 질문에 보다 충분한 답변을 해줄 수 있는 승려도 많습니다."

진잠은 그렇게 말하고 자리를 물러날 생각으로 조조를 보았다.

'크다!'

여인의 병문안을 오거나 혹은 여자를 생각하고 있을 때의 조조는 어딘가 모르게 작아 보였다. 아니, 귀엽게 느껴질 정도였다. 하지만 그의 생각이 여자에서 벗어나게 되면 갑자기 거인의 모습으로 바뀌었다.

"요전에 죽을 때까지 서생으로만 남겠다고 했는데, 요즘에도 그렇게 여유작작한 생활을 즐기고 있느냐?"

조조의 이 물음은 좋은 의미로 들렸다.

"예, 황송하옵니다만…."

"어제는 일식이 있었지?"

조조는 갑자기 화제를 바꾸어 말했다.

"그렇습니다. 저잣거리에서도 또 무슨 불길한 전조일까 하고 웅성거리는 분위기였습니다."

조조와 이야기를 나누고 있는 동안 진잠은 갑자기 화제를 바꾸곤 하는 조조의 대화법에 자기도 모르게 익숙해지고 있었다.

"일식이 언제 일어날 것인지는 사전에 계산해낼 수가 있다고 하지? 그러니 그런 것을 전조라고 말하는 것은 어리석은 일이지."

2세기경에 살았던 사람으로서 사교음사를 금할 것을 주장한 것을 보면 조조는 당시로서는 상당히 합리적인 사고방식을 소유했다고 할 수 있다.

'이런 인물이 왜 부도의 가르침에 관심을 갖는 것일까?'

진잠은 이해하기가 어려웠다.

"아, 그렇습니까?"

진잠은 문득 조조의 말에 뭐라고 답변해야 할 것 같아 그렇게 되물었다.

"지금 천자께서는 병상에 누워 계신다고 하지?"

조조는 또 한 번 갑자기 화제를 바꿨다. 일식은 전조가 아니라고 이야기하면서 전조임을 암시하는 듯한, 전혀 다른 이야기를 꺼내는 것이었다.

"예? 그 이야기는 처음 듣습니다만⋯."

진잠은 몸을 움츠리면서 주의를 기울여 대답했다. 언제 어느 곳에서 엉뚱한 일을 당할지 모르는 세상이었다.

"근시일 내로 백마사에 한번 들르도록 하지."

조조가 진잠에게서 눈을 떼며 말했다. 대화를 매듭지을 때 쓰는 그의 화법이었다.

"돌아가서 장로께 장군님의 안부를 아뢰도록 하겠습니다."

진잠은 땀이 밴 등이 서늘해지는 것을 느끼면서 머리 숙여 인사했다.

일식이 있었던 것은 4월 초하루라고 기록되어 있다. 영제가 남궁가덕전南宮嘉德殿에서 짧은 생을 마친 것은 일식이 있던 날로부터 정확히 10일 후였고, 향년 34세였다.

五

'아무래도 이번에는 천자의 용태가 심상치 않아.'

궁중에서는 이런 이야기가 소리 소문 없이 퍼지고 있었다. 영제가 승하하기 5일 전쯤부터였다. 그즈음 궁궐 안의 사람들은 몇 개의 파벌로 복잡하게 얽혀 있었다. 후한시대의 정치는 끊임없이 청류와 탁류가 다투는 상황이 전개되고 있었다. 귀족이나 관료들은 자신들을 청류라 칭하고, 환관들을 탁류라 불렀다. 이에 반해 환관들은 자신들을 황제의 측근이라고 칭하고, 그 외의 관료나 귀족들은 당인黨人이라고 낮춰 불렀다. 그러나 당시의 당인들은 하나로 뭉쳐 있는 집단이 아니었다. 마찬가지로 탁류도 서로 이해가 상반되거나 성향이 맞지 않아 여러 파로 갈라져 있는 상황이었다. 이와 같은 파벌 형성에는 여자들이 관련되어 있는 경우가 많았다.

영제의 황후인 하씨何氏는 원래 푸줏간집 딸이었다. 궁중에서 일할 여자를 뽑는 관리에게 뇌물을 주고 궁내로 들어갔다가 운 좋게도 기회를 잡아 황후의 자리에까지 오르게 되었다. 황후가 된 하씨의 배다른 오빠인 하진은 누이를 배경으로 대장군이라는 자리를 차고 앉아 권세를 누리고 있었다. 시간이 흘러 하황후는 황자 변辯을 낳았다. 이때 영제에게는 모친이 있었는데, 바로 동태후董太后였다. 동태후의 조카인 동중董重은 표기장군驃騎將軍으로서 상당한 병력을 휘하에 거느리고 있었다. 원래 동태후는 황후 자리를 거쳐 황태후가 된 게 아니었다. 그녀는 황족에 속하는 해독정후解瀆亭侯의 부인이었다. 해독정후는 후한의 3대 황제인 장제章帝의 다섯 번째 아들 하간효왕河間孝王의 4대손으로, 같은 황족이라고는 해도 황실과는 너무나 거리가 먼 친척간이었다. 그런데 환제桓帝가 아들을 잃게 되자 황족 중에서 후계를 택하게 되었는데 결국 영제가 황제의 자리를 물려받게 된 것이다. 환제의 황후인 두씨竇氏가 아직 살아 있었기 때문에 영제의 모친인 동씨董氏는 자기 아이를 빼앗긴 격이 되었다. 그녀는 귀인貴人이라는 칭호로 불렸으며, 궁중에 들어가지도 못하고 궐 밖 시골에 머물러 살게 되었다. 환제의 미망인인 두태후竇太后가 죽고 난 뒤에야 비로소 동씨는 궐 안으로 들어가 살게 되었으며 신분도 태후로 승격되었다. 이 모든 것이 너무 복잡한 절차들이었다.

동태후는 며느리 하태후何太后를 별로 달갑지 않게 여겼다. 일종의 고부갈등 같은 것이었다. 영제에게는 애첩에게서 난 아들이 하나 있었다. 그 아들의 이름이 협協이라고 했는데 생모가 하황후에게 독살되자 동태후가 협을 거두게 되었다. 영제는 하황후와의 사이에서 아이가 태어날 때마다 이내 죽고 말았기 때문에 변을 낳았을 때는 다른 집 양자로 내보냈다. 양자로 보내면 화를 면할 수 있다는 당시의 미신을 따른 것이었다. 그리하여 황자 변은 사자묘史子眇라는 자에게 맡겨졌으며 사후史侯라는 이름을 사용했다.

사후와 동후董侯. 말할 것도 없이 왕위를 계승하게 될 이 두 명의 황자를 둘러싸고 암투가 시작되었다. 그 싸움은 사파史派와 동파董派

로 나뉘어 치열하게 전개되었다.

"하루라도 빨리 태자 책봉을 분부해주십시오. 그래야만 당파싸움을 막을 수 있습니다."

신하들 중에는 영제에게 이렇게 진언하는 자들이 적지 않았지만 태자 책봉은 좀처럼 이루어지지 않았다. 사후인 변과 동후인 협은 자질 면에서 비교가 되지 않을 정도로 큰 차이가 났다. 영제가 승하했을 때 변은 열네 살의 소년이었다. 그는 암군暗君이라고 불리던 영제마저도 마음에 들어 하지 않을 정도로 경망스럽고 몸가짐이 바르지 못한 소년이었다. 이에 반해 협은 아홉 살에 불과한 어린 나이였지만 총명하면서도 매사에 분명한 몸가짐을 보여주었다. 이렇다 보니 왕위 계승의 문제는 더 이상 생각할 필요조차 없는 일이었다. 하지만 영제는 하황후라는 존재가 두려웠다. 마음속으로는 협이 태자로 책봉되어야 마땅하다고 생각했지만 협을 태자로 책봉했을 때 하황후가 어떻게 나올 것인지가 걱정이었다. 그렇다고 변을 태자로 책봉하자니 그릇이 안 될 뿐만 아니라 그 어머니인 동태후가 분노할 것은 불을 보듯 뻔한 일이었다.

이런 복잡한 사정으로 영제는 태자 책봉 문제를 차일피일 미루고 있었다. 그러나 살 날이 그리 많이 남지 않았다는 것을 알게 된 영제는 사직의 안위와 국정의 평안을 위해 이 중대사를 더 이상 미룰 수가 없게 되었다. 그리하여 영제는 건석蹇碩을 병상으로 불러 협을 부탁한다는 유언을 남겼다. 건석은 환관의 신분이긴 했지만 당당한 체구를 갖춘 인물로, 영제는 그를 서원팔교위를 통솔하는 상군교위上軍校尉라는 자리에 앉혀놓았다. 영제는 군권을 한 손에 쥐고 있는 대장군인 하진을 견제하기 위해 건석을 그 자리에 앉힌 것인데 상황이 이에 이르니 그 생각이 예상한 대로 들어맞은 것이었다. 영제가 승하했을 때 건석은 궁중에 있었다. 그는 돌아가는 상황을 분석해 보았다.

변—하황후—하진
협—동태후—건석

이 두 파벌이 어차피 함께할 수 없다면 건석이 취할 행동은 이미 정해져 있었다. 그것은 하진을 제거하는 일이었다. 그의 능력으로는 이렇게 단순하고 직선적인 분석밖에 할 수 없었다. 그런데 이처럼 파벌을 단순하게 구분해서는 답이 나올 수 없었다. 두 파는 각기 복잡한 인맥과 여러 가지 이해관계로 얽혀 있었기 때문이었다. 그럼에도 건석은 그 같은 복잡한 내부사정 따위는 염두에 두지 않았다. 그러니 결과적으로 영제가 건석에게 후사를 맡긴 것은 잘못된 결정이라고 볼 수밖에 없었다.

"천자께서 붕어하셨다. 우리는 천자의 유칙遺勅을 받들어 황자인 협으로 하여금 후사를 잇도록 할 것이다. 그러기 위해서는 대장군 자리에 있는 하진을 반드시 주살해야 한다. 이를 위해 하진에게 천자께서 붕어하신 이후의 수습책을 논의하자고 전해 궁중으로 유인한 다음 그를 참살하는 것이 좋을 듯싶다."

건석은 그를 따르는 주요 인물을 모아놓고 이렇게 말했다. 그리고는 곧바로 사자를 보내 하진을 궁중으로 끌어들였다. 그러나 건석의 생각대로 일이 진행되지는 않았다. 건석은 중대한 실수를 범하고 말았다. 즉 하진의 주위에 있는 인맥을 확실하게 파악하지 못하고 있었던 것이다. 건석의 부하인 반은潘隱은 하진과 오랜 인연을 맺어오고 있었다. 황제의 붕어를 전해 듣고 하진은 황급히 궁중으로 달려갔다. 그때 반은이 대궐 문 앞에서 하진을 기다리고 있었다. 그때의 상황에 대해 『후한서後漢書』에서는 이렇게 적고 있다.

　마중을 나가 그에게 눈짓을 하였다.

　반은이 하진에게 눈짓을 보낸 것이었다. 다른 자들이 알아채지 못하도록 고개를 가볍게 흔들어 보였을 것이다. 하지만 그 정도로도 하진은 그 의미를 알아채고 서둘러 되돌아갔다. 그런 다음 다시 군사를 이끌고 와 백군저百郡邸로 쳐들어갔다. 백군저는 백여 개 군국郡國의 지방 영주들이 수도에 머물 때 거처하는 곳이었다. 하진은 바로 이곳을 군사력으로 장악함으로써 궁중을 제압할 수 있었다.

　하진은 결국 자신의 막강한 군사력을 배경으로 황자 변을 새로운 천자로 옹립하는 데 성공했다. 건석은 황제의 죽음을 제일 먼저 알았으면서도 군사를 끌어 모으지 않음으로써 자신의 유리한 입장을 전혀 살리지 못했다. 그 후로도 건석은 두 파의 인맥을 충분히 생각하지 않고 행동함으로써 계속 실수를 반복했다. 한번은 건석이 환관 중에서 신임할 만한 자에게 다음과 같은 밀서를 보냈다.

　하진은 당인黨人들과 공모하여 선제先帝를 가까이서 모셨던 사람들을 모두 죽이려 하고 있소. 다행스럽게도 내가 근위병을 장악하고 있기 때문에 아직은 그가 함부로 흉악한 의도를 드러내지 못하고 있는 상황이오. 그러니 서둘러 우리가 먼저 선수를 쳐서 하진을 주살해야 하지 않겠소?

　하지만 이 또한 건석의 실수였다. 같은 환관이라고 해서 모두가 건석의 편일 수는 없었다. 오히려 하진에게 가까운 환관이 있었던 것이다. 중상시인 곽승郭勝은 하진과 동향이었다. 그 곽승이 환관의 리더격인 조충趙忠을 만났다. 그 자리에서 곽승은 "건석처럼 일의 앞뒤도 잴 줄 모르는 인물의 꾐에 넘어가서는 안 된다"고 설득하여 그 밀서를 하진에게 갖다 바치도록 했다. 하진은 그 밀서를 증거물로 삼아 건석을 붙잡아 사형시키고 건석의 군사를 자기 휘하에 두었다. 건석은 외양과는 달리 인물 됨됨이가 그리 주도면밀하지는 못했지만 하진이 환관을 모두 잡아 죽이려 하고 있음을 간파한 것은 정확한 판단이었다. 정말로 하진은 환관들을 증오하고 있었던 것이다.

六

황건적의 난으로 크게 흔들린 후한 왕조는 영제가 승하함으로써 사실상 붕괴 단계에 접어들고 있었다.

"이거야말로 천하대란이지…."

조조는 정원 한쪽 구석에 멍석을 깔아놓고 그 위에 앉아 무릎을 감싸면서 혼잣말로 중얼거렸다. 대란이라는 말을 입에 담는 그의 얼굴은 희색이 가득했다.

"세상 어지럽히는 말은 그만두고, 자, 어떤가? 한번 해보지 않겠나? 어서 대답해보시게."

조조의 맞은편에 책상다리를 하고 앉아 그렇게 말하는 자는 어릴 적 친구 원소였다. 개구쟁이 소년이었을 때 두 사람이 낙양에서 신부를 탈취하는 고약한 짓을 저질렀다는 사실은 이미 앞에서 언급한 바 있다. 어릴 적부터의 친구사이라 할지라도 원소의 집안은 환관을 조부로 둔 조조의 집안과는 비교도 안 될 정도로 명문이었다. 관료 중에서 가장 높은 자리는 사공司空, 사도司徒, 태위라는 이른바 삼공三公으로 보통 이 자리를 재상이라고 부른다. 그런데 원소의 집안은 최근 4대에 걸쳐 계속 다섯 명의 재상을 배출했다. '나는 청류를 대표하는 인물이다.' 원소는 언제나 그런 생각을 가지고 있었다. 황제를 가까이서 모시며 모사나 꾸미는 환관들에 대해 이 명문가의 도련님은 극도의 증오심을 품고 있었다.

"지금이 환관의 씨를 말릴 수 있는 절호의 기회가 아닌가? 그런 벌레만도 못한 자들을 세상에서 깨끗이 쓸어버리는 것이 얼마나 통쾌한 일이겠는가?"

이날도 원소는 조조를 찾아와서 환관을 모두 없애버리자고 부추기는 중이었다. 원소는 서원팔교위 중의 한 명인 중군교위中軍校尉로 있었다. 조조 역시 서원팔교위 중의 한 자리를 맡고 있었다. 결국 같은 사단장끼리 병력을 일으켜 쿠데타를 하자고 권유하는 것이나 마찬가지였다.

"허허, 도대체 지금 무슨 답을 해달라고 보채는 건가?"

조조가 다소 농담처럼 말했다.

"지금까지 기껏 말하지 않았는가! 저 썩을 대로 썩은 환관들을 싹 쓸어버리자 이 말이야!"

원소는 조바심을 내면서 말했다.

"아아, 그 말인가…."

조조가 감싸고 있던 무릎을 앞으로 똑바로 뻗었다. 그리고 마음속으로 생각했다.

'이 도련님은 어떻게 말릴 수가 없구나.'

환관을 조부로 둔 조조에게 환관을 쓸어버리자고 거침없이 말하다니. 조조에게는 경멸에 가까운 감정을 갖도록 하는 말이었다. 하지만 그런 원소의 대범함은 명문가에서 자랐다는 자부심에서 나오는 것이었다. 그 점은 조조로서도 부러운 면이 아닐 수 없었다.

"자네 생각은 어떤지 어서 말을 해보게."

급하게 서두르는 것도 원가袁家 사람다운 면모였다. 현문명족顯門名族들과 항상 같이 어울리면서도 조조는 원소와 같이 당당할 수가 없었다. 뿌리 깊은 명문가 출신이 아니기 때문이었다. 항상 환관의 후예라는 어두운 그림자를 등에 지고 다녔다. 그 그림자와의 끊임없는 싸움이 바로 그의 인생 여정에 부여된 일종의 멍에 같은 것이었다.

"그게 잘될까?"

조조는 별로 생각이 없는 듯한 말투로 대답했다.

"당연히 잘될 수 있지."

"어떻게? 오늘 들은 이야기로는 하진 대장군이 황태후에게 환관을 모두 주살할 것을 진언했다고 하는데 말이야. 아무리 오라버니가 하는 말이라 할지라도 황태후의 입장에서는 환관이 모두 없어지면 매사에 불편할 텐데…. 궁궐 안의 여러 가지 복잡한 일을 누가다 하겠나?"

"궁궐의 복잡한 일? 그런 게 무슨 대수인가? 환관이 없으면 궁녀들이 다 알아서 할 것 아닌가?"

원소는 낙관론자였다.

"그래, 좋네. 내 의견을 말하도록 하지."

조조는 다시 무릎을 두 손으로 감싸 안았다. 뻔한 것을 굳이 말한다는 것이 지겹다는 표정이었다.

"환관들의 횡포는 정말 미워할 수밖에 없지만 모두 죽여버린다는 것은 현실적으로 어려운 일이야. 최고 우두머리 한 놈만 잡아 없애면 족할 걸세. 그리고 앞으로 환관들에게는 절대로 정치적인 권한을 주지 않는다고 맹세를 받아내면 되지 않겠나?"

"자네는 참으로 한가한 이야기를 하고 있구먼. 그런 어정쩡한 조치는 하나마나일세. 한번 마음먹고 일을 벌이지 않으면….."

"무리해서는 아니 될 걸세. 그렇게 하면 실패할 가능성이 높아."

"무슨 말씀을 도처에서 만전을 기하고 있네. 대장군은 환관을 주살하는 것이 모든 사람이 원하는 바라는 걸 보여주시기 위해 각처의 맹장, 호걸들에게 소집을 명했네."

"뭐라고? 지방 장군들에게?"

조조로서는 금시초문이었다.

"그렇다네."

"아니, 그런 위험한 일을….."

"도대체 뭐가 위험하다는 말인가?"

"병주幷州의 목牧 동탁에게도 소집 명령이 전달되었는가?"

"물론이지. 그가 올라오지 않으면 거사의 의미가 없지. 서쪽지방에서는 최고 실력자가 아닌가?"

"물론 실력자인 것만은 틀림없지만….."

뭔가 할 말이 있는 듯했지만 조조는 다음 말을 잇지 않았다. 동탁이 실력자인 것만은 틀림없지만 그는 자기의 이익을 위해서는 간단하게 의를 저버리는 성격의 무장武將이었다. 그런 인물을 끌어들였다면 앞으로 어떤 화를 초래할지 모를 일이었다. 조조는 내심 그 부분이 걱정스러웠다. 이 무렵 국가의 가장 큰 행정구획인 주州의 장관 명칭이 자사에게 병권을 함께 갖도록 하면서 목으로 바뀌었다.

"자, 어떤가?"

원소가 몸을 앞으로 내밀면서 물었다.

"글쎄, 한번 생각해보도록 하겠네."

조조는 다소 무거운 표정을 지으며 그렇게 대답했다.

七

여동생이 황후가 되자마자 푸줏간 주인에서 일약 대장군으로 출세한 하진은 어릿광대 역할을 충실하게 수행했다. 환관들을 가장 증오하는 계층은 귀족사족貴族士族의 명문들이었다. 서민 출신인 하진은 귀족 태생이 아니었기 때문에 오히려 더 귀족이 되고 싶어 했다. 원소가 옆에서 바람을 넣은 탓도 있지만 그는 어느 누구보다도 환관에 대한 증오심이 컸다. 지금까지 궁중에서 환관 세력을 완전히 제거한 인물은 없었다. 따라서 이 일이 성공한다면 그는 역사에 이름을 남기게 되는 것이었다. 그러나 하진은 타고난 귀족이 아니었다. 귀족들은 매사에 주의를 기울이는 속성을 지니고 있었다. 다른 사람을 의심하고 항상 사물의 이면까지 생각하는 존재들이었다. 궁궐에서 자기 자리를 보전하고 출세하는 데는 얼마나 눈치 빠르게 행동하느냐가 중요한 요소였다. 서민 출신인 하진은 속성상 그런 귀족들과는 달랐다. 그저 좋게 말하자면 호인이라 칭할 만한 사람일 뿐이다. 만일 그가 귀족 출신이었다면 그렇게 무참하게 참살당하는 일은 없었을 것이다.

'태후께서 부르신다'는 전갈을 받은 하진은 서두를 것도 없이 여유를 부리며 궁궐로 들어갔다. 새로 등극한 황제는 아직 어려서 태후가 섭정을 하고 있었다. 하지만 태후 역시 직접 국사에 참여한 적이 없는 여자의 몸이어서 잘 모르는 일이 많았다. 그럴 때는 태후의 오라버니인 하진이 상담역을 해주었다. '앞으로는 이런 부르심이 자주 있을 것이야. 나도 좀 바빠지겠구먼. 싫지는 않은 일이지.' 하진은 내심 그렇게 우쭐거리며 궁궐 문을 들어섰다. 그때였다. 하진이 문을 막 들어서는 순간 갑자기 양쪽에서 환관들이 나타나 그를 덮쳤다. 오래 전부터 하진을 눈엣가시처럼 여기던 환관들의 무리였다. 만약 하진이 궁궐 안에 자기를 시기하는 세력이 있다는 사실을 눈치 채고 미리 대비했더라면 그토록 허무하게 죽어가지는 않았으리라. 하진은 결국 환관들에 의해 그 자리에서 참살되고 말았다.

"대장군이 모반을 꾀해 주살했다!"

하진이 쏟아낸 피를 확인한 뒤 그를 참살한 환관들은 갑자기 궁중 안으로 달려 들어가면서 외쳐댔다. 참으로 어이없는 모략이었다. 그처럼 어이없는 일이 백주白晝에, 그것도 궁궐 안에서 벌어질 정도로 환관들의 횡포와 만행은 극에 달해 있었다. 하지만 그 엄청난 사건을 벌인 환관들은 그 일이 바로 자신들의 무덤을 파는 격이 되고 말았다는 사실은 꿈에도 모르고 있었다.

그즈음 궁중에는 원소의 사촌동생인 원술袁術이 정예군 2백 명을 이끌고 경비를 서고 있었다. 말은 경비병이었지만 원소가 환관들을 제거하기 위해 미리 투입시킨 병력이었다.

"모반을 꾀한 자는 바로 저 환관들이다!"

원술은 악을 쓰며 날뛰는 환관들을 가리키며 그렇게 소리쳤다. 그의 이 외침은 일찍이 세상에 없던 대참살극의 시작을 알리는 신호탄이었다.

"환관들은 씨도 남기지 말고 모조리 베어라!"

원술의 근위병들이 칼을 뽑아들고 환관 사냥을 시작했다. 여기저기에서 붉은 피가 분수처럼 치솟고 갈라진 머릿속에서 뇌수가 흘러나왔다. 남궁가덕전 청쇄문靑瑣門에 불꽃이 보이기 시작했다. 불을 질러 환관들을 모두 밖으로 내몰아 한꺼번에 죽이려는 생각이었다. 그 불길을 보자 원소도 병졸들을 이끌고 궁 안으로 진입했다. 이때 살해된 환관의 숫자는 2천 명이 넘었다고 한다. 죽은 자 가운데는 턱수염이 없어서 환관으로 오인되어 목이 날아간 자도 있었다. 거세된 남자는 중성화되므로 턱수염이 자라지 않기 때문이다. 피비린 내 진동하는 궁중에서 기묘한 광경들이 펼쳐졌다. 장성한 어른이 앞을 벌려 남근을 활짝 드러내놓기도 했다. 환관으로 오인받아 죽을 수도 있는 상황인지라 남근을 보여주고 살아남는 것이 오히려 현명한 일이었던 것이다.

환관의 우두머리 가운데 몇 명은 황제와 황제의 동생인 진류왕陳留王을 핍박하여 몰래 궁 밖으로 도망가려 했지만, 서쪽에서 동탁의 군사들이 몰려오는 것을 보고는 모든 것을 체념했다. 드디어 동탁이 군사를 이끌고 낙양으로 진군해오고 있었던 것이다. 그의 진군은 세상이 다시 혼란의 구렁텅이로 휩쓸려 들어가는 계기가 된다. 그가 품은 흑심이 얼마나 파렴치하고 거대한 것인지 아직 세상 사람들은 정확히 알지 못했다. 그저 겉과 속이 다른 사람이니 해로운 일을 저지를 수 있을 것이라는 짐작 정도만 하고 있을 뿐이었다. 동탁이 이끄는 부대의 선두에는 큰 글씨로 '토엄간討閹奸'이라고 쓴 깃발이 펄럭이고 있었다. 엄은 내시를 뜻하는 말인데, 간악한 환관들을 쓸어버리겠다는 의지를 나타낸 깃발이었다. 무섭게 달려오는 동탁의 군대를 보자 환관의 우두머리들은 서로 앞 다투어 황하에 몸을 던져 물귀신이 되었다. 이로써 동탁은 손쉽게 황제 형제를 손에 넣게 되었다. 썩어도 준치라고 아무리 쇠락한 왕조라 해도 한의 황제는 정권의 정통성을 다투는 데 있어서 최고의 무기라고 할 수 있었다. 환관들의 전횡 역시 황제를 가까이하고 있었기 때문에 가능했던 것이다. 동탁은 그 최고의 패를 손에 넣은 셈이었다. 낙양으로 군사를 이끌고 들어간 동탁은 감히 상상도 할 수 없었던 황제 폐위를 단행하게 된다.

"열네 살 된 황제가 침착하지 못하다. 차라리 아홉 살 난 황제의 동생이 훨씬 의젓하다. 황제가 될 만한 그릇이다. 하루빨리 황제를 바꿔야 한다."

동탁은 중신들을 모아놓고 이렇게 논의했다. 아니, 그것은 차마 논의라고 할 수조차 없는 것이었다. 오히려 옆구리에 칼을 들이미는 위협에 가까웠다. 동생인 협이 형보다도 모든 면에서 뛰어나다는 것은 모두가 인정하는 사실이었지만 일단 즉위한 황제를 자리에서 끌어내린다는 것은 상상조차 할 수 없는 일이었다. 그런데 동탁은 자신이 패권을 쥘 수 있는 절호의 기회라는 생각에 천인공노할 일을 저지르고 말았던 것이다. 또한 동탁은 여러 중신에게 황제 폐위에 관한 의견을 일일이 물어보았다. 이 역시 대단히 강압적이었다. 동탁은 그렇게 찬반 의견을 물어봄으로써 적과 아군을 분명하게 구별해놓자는 속셈을 가지고 있었다. 마침내 동탁은 자기가 뜻한 대로 황제를 손아귀에 넣고 병권도 거머쥐었다. 그야말로 순식간에 벌어진 일이었다.

이때 원소는 발 빠르게 기주로 도주했다. 낙양에 오래 머무는 것은 신상에 좋을 리가 없다고 판단했기 때문이었다. 원소에게는 귀족 특유의 타고난 동물적 감각 같은 것이 있었다. 한순간에 최고의 실력자가 된 동탁의 다음 행동은 뻔한 것이었다. 먼저 정적들을 없앨 것이다. 그렇다면 현재 동탁의 정적이 될 만한 자는 누구인가?

지금 낙양에서 그에게 대항할 수 있는 실력을 가진 자는 바로 원소였다. 원소 뒤에는 막강한 원씨 일족이 버티고 있었다. 동탁은 그 점을 두려워하여 어떻게 하든 원소에 대한 조치를 취할 것이 뻔했다. 원소는 이런 낌새를 재빨리 간파하고 미리 낙양을 빠져나온 것이었다. 애초 원소가 계획한 일과는 사뭇 다른 방향으로 상황이 전개되고 있었지만 지금 시점에서는 우선 몸을 피하고 볼 일이었다.

"이게 아닌데⋯."

원소가 낙양을 버리고 도주했다는 소식을 접한 조조는 낭패한 표정을 지으면서 신음 같은 묘한 소리를 토해냈다. 동탁이라는 인물이 자신의 이익을 위해서는 서슴없이 의를 저버릴 수 있는 자라는 것을 이미 꿰뚫어보고 있었기 때문에 조조의 불안감은 더욱 컸다. 원소가 낙양을 탈출한 사실은 조조로서도 이로울 게 없었다. 아군을 잃었다는 사실 때문이라기보다는 곧바로 자신에게 닥쳐올 화를 벗어나기가 쉽지 않았기 때문이었다. 원소가 달아난 이상 동탁은 낙양과 그 주변 경계를 강화할 것이었다. 황제까지 바뀌친 마당이니 어느 세력이 그를 응징하러 올지 모를 일이었다. 그렇게 되면 조조가 낙양을 벗어나는 건 더욱 힘든 일이었다. 조조도 어떻게든 동탁의 손아귀에서 벗어나야 할 입장이었다. 원소 다음의 실력자로는 당연히 조조가 꼽힐 터인데 동탁이 그 사실을 모를 리 없었다.

마침내 동탁이 보낸 사자가 조조를 찾아왔다. 효기교위驍騎校尉 자리를 맡아 자신을 도와주었으면 좋겠다는 전갈이었다. 조조는 당황하지 않고 침착하게 대답했다.

"조만간 이쪽에서 사자를 보내 뜻을 전하도록 하겠으니 오늘은 그냥 돌아가 주시오."

조조는 일단 이렇게 하여 위기를 모면했다. 동탁은 조조에게 관직한 자리를 주고 천천히 그를 무력화시킬 속셈이었다. 그런 다음에는 칼자루를 쥔 동탁이 조조를 마음대로 요리할 것이 뻔한 일이었다.

이윽고 아홉 살 난 황제가 즉위식을 마쳤다. 이 어린 황제가 바로 후한의 마지막 황제가 되는 헌제獻帝였다.

八

12월이었다. 낙양의 동쪽. 신성한 산嶽이라 불리는 숭산이 저만치에 우뚝 솟아 있었다. 진잠은 4년 전 그 산자락 어귀에서 조조를 만났다. 그때 조조는 황건군을 토벌하는 관군 사령관이었다. 그런데 세월이 지난 지금 그는 초라한 옷에 짚신을 신고 서리 내린 길을 터벅터벅 걸어 동쪽을 향하고 있었다. 그런 조조 옆에서 진잠은 그와 어깨를 나란히 한 채 걷고 있었다. 그들 일행은 모두 열다섯이었다. 부도시약행浮屠施藥行. 그들은 당시 항간에서 좋은 평을 받고 있던 자선행각대慈善行脚隊로 변장하고 있었던 것이다. 서역의 명약을 거저 나누어주고 있었기 때문에 시약을 행하는 이들은 가는 곳마다 환영을 받았다. 일행의 대부분은 용모로 보아 월지족 사람들임을 금방 알아챌 수 있었다. 하지만 그중에는 한족으로 보이는 얼굴이 둘 있었다. 이런 현상은 최근에 이루어지는 시약행의 특징이랄 수 있었다. 얼마 전까지만 해도 시약을 행하는 사람은 모두 월지족이었지만 최근 들어 그 일행 중에는 반드시 한인이 한두 명 섞여 있었다.

"나무아미타불."

일행은 소리를 맞춰 나직하게 경을 외었다. 월지족의 지루가참이 그해에 경전 번역을 모두 마친 참이었다.

"요즘에는 어려운 부도의 경문도 한문으로 들을 수 있게 되었군."

"어쨌든 요즘같이 살기 어려운 세상에 정말 좋은 일 하는 사람들이야."

"그럼, 그렇고말고."

길을 지나는 사람들이 모두 한마디씩 했다.

아침부터 잔뜩 찌푸린 날씨였는데 정오가 지나면서 잿빛 구름 사이로 언뜻언뜻 햇살이 보이기 시작했다. 새벽에 내렸던 찬 서리가 녹기 시작하면서 길은 하루 종일 진창이 되어 걷는 이들의 짚신을 잡아당겼다. 따라서 자선행각대의 발걸음도 그만큼 무거웠다. 선두에 선 월지족 승려가 갑자기 생각난 듯 경문을 외기 시작하자 일행 모두가 함께 소리를 맞추었다. 경을 외는 목소리에 피곤한 기색이라고는 전혀 찾아볼 수가 없었다.

"이제는 괜찮으실 겁니다."

진잠은 소리를 낮추어 조조에게 말했다.

"안심하기엔 아직 이르다. 지금쯤은 동탁도 내가 낙양을 벗어난 걸 눈치 챘을 거야. 좀 전에 앞질러간 파발마가 아무래도 느낌이 좋지 않다. 혹시 나의 신변을 알리러 가는 사자들일지도 모르지."

"그럴까요?"

"동탁은 아주 끈질긴 자야."

"그런데 장군께서는 이렇게 많이 걸으셨는데도 발걸음이 전혀 무거워 보이지 않습니다."

"무장이라면 당연히 이 정도는 견뎌야 하는 것 아닌가?"

조조는 한쪽 볼에 미소를 떠올렸다. 다소 마음의 안정을 되찾는 듯한 웃음이었다. 그렇다고 경계를 완전히 풀어버린 온화한 웃음은 아니었다. 그는 엄중한 경계가 펼쳐지고 있는 낙양을 벗어나기 일보 직전이었지만, 여전히 날카로운 눈빛으로 주변의 경계를 늦추지 않고 있었다.

조조가 낙양을 벗어나는 데 시약행이 큰 역할을 해주었다. 어떻게 동탁의 손아귀에서 벗어날 것인가를 고민하던 조조는 언젠가 진잠이 말한 시약행을 떠올렸다. 그리고 장로에게 간절하게 부탁했다.

"남을 돕는 것이 부도의 가르침이라고 하지 않았던가?"

조조의 끈질긴 부탁에 장로는 마침내 서둘러 시약대를 구성했다.

"좋습니다. 장군께서 앞으로 저희를 도와주실 일이 있을지도 모르는 일입니다. 이것도 인연이겠지요. 부도의 인연 말입니다."

장로는 추운 날씨였지만 백마사의 승려들에게 시약대를 선발하도록 명령했다. 갑자기 동원된 월지족 승려들은 불평 한마디 하지 않았다.

"이해하기 힘들군."

이것을 지켜본 조조는 저녁 무렵이 가까워졌을 때 불쑥 말을 꺼냈다.

"무엇이 이해하기 힘들다는 말씀이십니까?"

진잠이 물었다.

"부도를 믿는 사람들 말이야. 나 때문에 동원되었는데 나를 원망하기는커녕 오히려 반갑게 대해주고 있으니…."

"보시할 기회가 주어졌기 때문에 모두가 기뻐하는 것입니다."

"보시라, 그것 참 놀랍고 대단한 힘이군. 힘든 상황을 오히려 기쁘게 받아들이는 병사들이라면 그런 병사들이라면 틀림없이 막강한 군대가 될 수 있을 것이다."

"부도를 믿는 사람들은 병사가 되지 않습니다."

"무슨 연유에서인가?"

"그들이 병사가 되는 경우는 부도의 신앙을 지키려고 일어설 때 뿐일 겁니다."

"그래…."

조조는 긴 여운을 남기며 입을 다물었다. 진잠도 잠시 생각에 잠겼다.

'부도의 보시 정신을 오두미도에 이식할 수는 없을까? 이번 시약행이 끝나는 대로 서둘러 파巴에 편지를 보내야지. 아무런 보수도 바라지 않는 선행善行, 괴로움에 빠진 사람들을 구해주는 시약 행위.'

중모中牟라는 현성縣城에 도착했을 때는 벌써 해가 뉘엿뉘엿 넘어가고 있을 때였다. 마을에 도착하자마자 시약행 일행은 먼저 현의 관청을 찾아가서 약을 나누어주었다. 한적한 시골에서는 직접 사람들에게 약을 나누어주지만 사람이 많이 모여 사는 번화한 마을에서는 서로 아우성을 치는 통에 약을 제대로 전달할 수가 없었다. 그래서 약을 관청에 건네주는 방법을 취하고 있었다. 이런 방법에 대해서는 교단 내부에서 비판의 소리가 있기는 했지만 달리 뾰족한 방법도 없었기 때문에 그대로 시행하고 있었다.

"오! 고생들 많으시오. 매번 고맙소. 마을 사람들도 당신들이 오기를 목 놓아 기다리고 있던 참이오."

관청에 도착하자 그곳 관리는 반갑게 시약행 일행을 맞아주었다. 열다섯 명의 일행은 관리 앞에 나란히 서서 정중하게 인사를 하였다. 진잠은 대열의 한쪽 끝에 서 있었는데 바로 관리의 책상 옆이었다. 진잠은 무심코 관리의 책상 위로 눈길을 주었다. 그 순간 진잠은 숨이 멎는 것 같았다.

망인亡人 조조曹操

관리의 책상 위에 놓인 전단에 그렇게 적혀 있었다. 망인이란 도망간 자를 의미했다. 전단 밑 부분에는 조조의 인상착의가 기록되어 있었다. 진잠은 슬며시 고개를 돌려 옆을 보았다. 조조는 시치미를 떼고 천장을 올려다보고 있었다. 진잠은 팔꿈치로 조조의 옆구리를 툭 쳤다. 조조는 눈치가 빠른 인물이었다. 얼굴은 천장을 향하고 있었지만 이미 책상 위에 놓여 있는 전단을 읽은 것이었다. 조조의 표정은 태연했다. 그런데 약을 건네받은 서기가 조조의 얼굴을 유심히 보더니 고개를 갸웃거렸다. 전단에 있는 수배자의 얼굴과 닮았다고 생각했기 때문이다. 서기는 급히 관리가 있는 책상 쪽으로 다가갔다. 전단지의 얼굴을 다시 한 번 확인하기 위해서였다. 서기는 전단을 보러 가면서도 시선은 계속 조조를 향하고 있었다. 그래도 조조는 전혀 표정을 흩뜨리지 않았다. 자신의 수배 전단이 벌써 파발마를 통해 각 관청에 뿌려져 있다는 사실을 알고 있으면서도 그는 여전히 태연했다.

그때 조조를 향해 다가오는 한 사람이 있었다. 줄곧 의자에 앉아 조조의 움직임을 보고 있던 공조功曹였다. 공조란 공적功績 기록을 담당하는 관리로서, 이를테면 근무 평정 담당자라 할 수 있는 관직이었다.

"오! 누군가 했더니 낭야琅邪, 산동성의 여연呂淵 아닌가? 풍문에 자네가 월지족의 백마사에 있다는 말은 들었네만. 설마 나를 잊지는 않았겠지? 같은 마을에 살던 허례許礼일세."

공조는 조조와 마주하자 반갑게 말을 걸었다. 그의 행동은 매우 자연스러웠다. 조조 역시 침착하게 공조를 대했다.

"아, 허례 자네로군. 나도 세상에는 참 닮은 사람이 많다고 생각하던 중이었는데 자네가 맞군. 혹시 실수할까봐 말을 걸지 못하고 있었다네."

두 사람의 행동은 누가 보더라도 친구의 재회로 여길 법했다. 그러나 진잠은 그렇지 않았다.

'모르긴 몰라도 두 사람은 절대 친구사이는 아닐 거야.'

진잠은 속으로 그렇게 생각했다. 진잠의 생각이 옳았다. 공조는 조조의 얼굴을 알아보고 그가 처한 위험한 상황을 돕기 위해 일부러 친구인 척하고 있었던 것이다. 그가 왜 그랬는지는 알 수 없었다. 평소 조조를 존경해서인지, 아니면 난세를 살아가기 위해 미리 실력자에게 도움을 주어 훗날을 도모하기 위한 계산이었는지, 그것도 아니면 원래 정이 많아 인정을 베푼 것인지. 조조는 특유의 임기응변을 발휘해 스스로 허례라 칭하는 공조와 손을 마주잡고 너스레를 떨었다.

"반갑네. 자네를 보니 옛날 생각이 나는군."

"왜 아닌가? 이런 데서 만나다니. 세상은 정말 넓고도 좁다는 말이 실감나네. 하하하."

두 사람의 행동을 지켜보던 관리는 더 이상 조조를 의심하지 않았다.

"그래? 허씨와 동향인이야? 난 또…."

그러면서 관리는 겸연쩍은 표정을 지으며 수배 전단을 올려놓은 책상에서 물러났다. 이렇게 해서 조조는 위기를 피해 그의 부친이 있는 진류陳留까지 무사히 달아날 수 있었다.

조조는 여백사를 죽이지 않았다!

조조의 낙양 탈출에 관해 「위서魏書」는 다음과 같은 일화를 전하고 있다.

> 태조太祖. 조조는 여러 기의 병사들을 이끌고 성고成皐에 있는 옛 친구인 여백
> 사呂伯奢의 집을 찾았다. 백사는 마침 부재중이었는데 조조를 몰라본 백사
> 의 아들과 그 가솔들이 태조의 말과 물건들을 약탈하려고 했다. 이때 태조
> 는 칼을 뽑아 그들을 여러 명 베었다.

이런 상황이라면 정당방위라고 할 수 있다. 그러나 당시 곽반郭頒이 쓴 『세어世語』라는 일화집에는, 백사가 부재중이었지만 다섯 명의 아들들이 친절하게 손님 대접을 했다고 적혀 있다. 그럼에도 조조는 쫓기는 처지에 그 사람들을 의심한 나머지 그들이 밀고할 것이 두려워 전부 죽이고 도망쳤다 한다. 너무 신경이 예민해져 있던 탓일 수도 있겠지만 자기를 환대해준 사람들을 죽인 것은 용서받기 힘든 행위라고 할 수 있다.

손성孫盛이 쓴 『잡기雜記』에는 조조가 밥그릇 소리를 듣고 여씨 일족이 엉뚱한 생각을 하고 있다고 의심하여 결국 그들을 죽이고 난 뒤, '내가 다른 사람을 속이는 것은 괜찮지만 다른 사람이 나를 속이는 것은 용서할 수 없다'고 단호하게 말했다 한다.

『삼국연의』에서는 조조가 여백사의 아들들을 참살하고 서둘러 길을 떠나던 도중에 여백사와 만나게 된다. 작별인사를 하고 헤어지려는 순간 조조는 갑자기 돌아서서 여백사를 칼로 내리친다. 그대로 돌려보내게 되면 여백사가 집에 도착한 뒤 자식들의 시신을 발견하고 조조에게 앙심을 품게 될 것이기 때문이었다. 때문에 차라리 당장 여백사를 죽여 훗날의 화근을 없애는 것이 더 적절하다고 판단했던 것이다.

『삼국지』에는 "태조는 이름을 바꾸고 동쪽으로 돌아갔다"라고 기록되어 있다. 중모현中牟縣에서 조조가 위기에 처했을 때 그의 얼굴을 알아본 어떤 관리가 구해주었다는 기록이 있으며, 여백사의 집에 들른 것에 대한 언급은 전혀 없다.

『삼국지』의 저자 진수陳壽는 조조의 위나라와 싸운 촉한의 유신遺臣이었다. 또한 『삼국지』가 쓰인 때는 이미 위왕조가 물러나고 사마가司馬家의 진晉이 들어선 때였다. 따라서 저자는 조조를 특별히 의식해야 할 필요도 없었을 뿐더러 오히려 조조의 악행을 일부러 남기려는 입장을 취했을 가능성이 높다. 그럼에도 은혜를 저버린 잔인한 살육 사건을 언급하고 있지 않은 것은, 일부러 기록하지 않았다기보다는 그런 사실 자체가

없었기 때문이 아닐까 생각된다. 아무래도 사람들은 약자 편을 들게 마련이므로 조조가 악역으로서 특별한 이유 없이 나쁜 일을 저지르는 것으로 묘사되기가 쉬웠을 것이다. 이것도 그런 사례 중의 하나가 아닌가 싶다.

4
낙양은 내 손안에 있소이다

一

호기심이 많은 사람들. 백마사로 모여드는 월지족 불교신자들을 보면서 진잠은 처음부터 그런 느낌을 받았다. 그리고 그들과 자주 접촉하는 동안 그것이 그냥 호기심은 아니라는 사실을 알게 되었다. 물론 여러 가지 일에 호기심을 갖는다는 것은 보다 많은 정보를 얻기 위해서이다. 모아진 정보를 분석하여 자신들이 처신해 나가야 할 방향을 결정하는 것이다. 월지족도 난세에서 살아남기 위해 세상 돌아가는 상황과 정보를 끊임없이 모으고 분석했다. 더구나 그들은 자신들의 생존과 관련되어 있다는 생각으로 목숨을 걸고 갖가지 정보를 수집했다. 단순히 심심해서, 호기심 차원에서 하는 일이 아니었다.

'본받아야 할 점이 많아.'

줄곧 그들의 행동을 지켜본 진잠은 그렇게 단정적으로 생각했다. 오두미도에서도 불교의 그런 부분은 꼭 배워야 한다는 게 진잠의 결론이었다. 물론 양쪽이 모두 인간에게 영혼의 안식처를 제공해주고 있다는 점에서는 동일하지만, 월지족의 종교가 세상의 변화에 훨씬 진지한 것은 그들이 살아가고 있는 환경이 특수하기 때문일 것이다. 어쨌거나 오두미도의 현실 대처 능력은 월지족의 그것과는 사뭇 차이가 있는 게 사실이었다.

"그런데 황제 폐하를 모시고 궁성에서 도망친 환관들이 강으로 몸을 던져 죽은 것은 단순히 동탁의 군세軍勢를 보고 놀랐기 때문이었을까요?"

날카로운 눈매를 번득이며 그렇게 말한 사람은 지영이었다. 낙양에 거주하고 있는 월지족의 지도자인 지영은 당시 몇 안 되는 한족 신자인 장張이라는 사람과 이야기를 나누는 중이었다. 두 사람의 화제는 얼마 전에 벌어졌던 환관 토벌이었다. 장은 그날 낙양성 밖의 소평진小平津이라는 곳에서 황제 일행을 목격했다. 황제 일행은 낙양에서 탈출해 나오던 중이었다. 지명에 소小자가 들어간 것에서도 알 수 있듯 소평진은 사람들이 붐비는 곳이 아니었다. 그저 강변에 위치한 한적한 곳으로 주변에는 민가도 많지 않은 작은 마을에 불과했다. 그날 사내는 그곳에서 밤낚시를 하던 중이었다. 그는 방어魴魚가 잘 잡히는 곳을 알고 있었다. 방어는 한쪽 면이 평평한 물고기로 잔가시가 많아서 먹는 데는 신경이 많이 쓰이지만 맛은 일품이었다. 『시경詩經』에 이런 구절이 있다.

    어찌하여 물고기를 먹는데
    황하의 방어가 아니면 아니 된다는 말인가

물고기를 먹는데 반드시 황하에서 잡은 방어가 아니면 안 된다는 법은 없다는 의미이다. 다른 강에서 잡은 물고기라도 배부르게 먹을 수만 있으면 그만인 것이다. 이 시의 다음은 '처를 맞아들이는

데 제齊나라 미인이 아니면 또 어떠한가' 라는 구절로 이어진다. 제나라 여색이 절세의 미인이기는 하지만 그렇게 위만 쳐다보지 말고 수수한 용모를 가진 여자를 처로 맞아들일 수도 있지 않느냐는 의미이다. 이 구절로 미루어볼 때 황하에서 잡히는 방어는 옛날부터 대단히 진귀한 상품으로 인식되어 왔음을 알 수 있다.

아무튼 장은 한창 밤낚시에 열중하고 있었는데 황제 일행이 낚시터 근처로 허둥지둥 다가오고 있었다. 물론 처음에는 그들이 황제 일행이라고는 전혀 생각하지 못했다. 낙양성 안에서 불길이 솟아오르는 것을 보며 사내는 낚싯줄을 물속에 드리웠다. 강가에는 제방이 만들어져 있었는데 장은 제방을 넘어와 물가에 자리를 잡고 앉아 낚시를 하던 중이었다. 그런데도 제방 너머로 불길이 보였으니 얼마나 큰불인지 짐작할 수 있었다. 사내가 불길을 뒤로한 채 낚시에만 열중하고 있는데 갑자기 제방 위에서 두런거리는 소리가 들려왔다. 그는 무심결에 뒤를 돌아보았다.

"망극하옵니다. 피곤하지는 않으시옵니까?"

일부러 소리를 낮춘 음성이었다. 어둠 속이라 목소리를 낸 사람의 얼굴을 자세히 볼 수 없었지만 어른 목소리임에 틀림없었다.

"아니오. 피곤하지는 않소."

이번에 들린 목소리는 어린아이의 것이 분명했다.

"나는 이제 완전히 지쳤어. 더 이상 못 걷겠다고. 지금 어디로 가고 있는 것이오. 빨리 궁으로 돌아갑시다."

방금 전의 어린애 소리와는 또 다른 아이의 목소리였다. 힘이 없는 목소리였다.

"형님, 기운을 차리세요."

먼저 들린 아이의 소리였다. 그때 어디선가 북소리가 울리기 시작했다. 그 소리는 점점 가까이 다가오고 있었다. 잠시 후 관솔불을 높이 치켜든 일단의 무리가 제방 쪽으로 다가오는 게 보였다.

"적이냐, 아군이냐?"

힘없는 목소리로 말한 아이가 다급히 물었다.

"일단 몸을 숨기시옵소서."

"어서 서두르시옵소서."

몹시 당황한 어른들의 목소리였다. 그들이 허둥대면서 제방 밑으로 기어 내려와 강가에 있는 나무 뒤에 숨거나 그 밑에 웅크리고 앉았다. 바로 사내가 낚시를 하고 있는 옆이었다. 그러자 사내도 얼결에 낚싯대를 바닥에 내려놓고 바로 옆의 미루나무 뒤로 몸을 숨겼다. 여기저기서 도적들이 날뛰고 있는 세상이었다. 몸에 지닌 것을 몽땅 털리는 것쯤이야 상관없다 치더라도 목숨만큼은 요령껏 부지해야 하는 세상이었던 것이다.

"아군이 아니라 적들이옵니다."

나무 뒤로 몸을 숨긴 어른 하나가 몹시 낙망한 목소리로 말했다.

"저들의 깃발에 환관들을 모두 죽이라고 씌어 있사옵니다. 저희는 이제 더 이상 피할 곳이 없사옵니다. 저들은 분명히 서쪽에서 온 동탁의 졸개들일 것이옵니다. 그 병졸은 모두 야만인이라고 들었사옵니다. 이제 더 이상 피할 곳이 없사옵니다."

북을 크게 울리며 강둑 아래로 내려오고 있는 무리는 열 명 남짓되어 보였다. 그들은 깃발을 앞세우고 있었는데 대낮처럼 밝힌 관솔불로 그 깃발에 쓰인 글씨를 정확하게 읽을 수 있었다. 사내는 문자를 읽을 줄 몰랐지만 나무 뒤에 몸을 숨기고 있는 자가 환관을 모두 죽이라고 씌어 있다는 말을 듣고 그제야 돌아가는 상황을 눈치챘다. 환관들의 횡포는 차마 두 눈을 뜨고 못 봐줄 정도라는 것쯤은 사내도 익히 아는 바였다.

'이제 곧 천하의 장군들이 환관들을 잡아 죽이기 위해 낙양으로 들이닥칠 것이다.'

항간에는 이 같은 유언비어가 며칠 전부터 나돌고 있었던 것이다.

'드디어 그날이 온 것인가.'

사내는 숨을 죽이며 앞으로 벌어질 일에 대비해 바짝 긴장했다. 자기와는 아무 상관도 없는 일이지만 공연히 말려들면 재미없겠다는 생각이 들었던 것이다. 숨을 죽이고 엎드려 있는데 북과 깃발을 든 무리가 옆으로 지나갔다. 등골에서 식은땀이 흘렀다. 그들의 발소리가 저만큼 멀어져갈 때까지 그 짧은 순간이 하루해처럼 길게 느껴졌다. 얼마쯤 시간이 흘렀다. 저만치에서 절망에 가까운 목소리가 들려왔다.

"이제 더 이상 도망갈 곳이 없사옵니다. 그들이 증오하는 대상은 폐하의 측근인 우리 환관들이옵니다. 그들이 아무리 짐승만도 못한 무리라 할지라도 황제 폐하나 전하의 옥체에 손을 대는 일은 없을 것이옵니다. 저희는 여기서 하직인사를 올리겠사옵니다. 이 강에 몸을 던지면 저 이리만도 못한 자들의 사냥감이 되는 일만큼은 면할 수 있을 것이옵니다."

그렇게 말한 사람은 더 이상 말을 잇지 못하고 줄곧 흐느끼기만 할 뿐이었다. 사내는 그 말을 듣는 순간 너무 놀라 심장이 멎는 듯했다. 비록 배운 것 없는 필부이긴 했으나 폐하나 전하라고 하는 호칭이 어떠한 신분을 가리키는 것인가는 알고 있었다. 폐하陛下라는 호칭은 진秦의 시황제始皇帝 때 이사李斯의 건의로 만들어졌다. 이것은 천자에게만 사용할 수 있는 것으로, 그때 정해진 이후 줄곧 사용되었다. '전하殿下'는 황태자나 여러 왕을 가리키는 말이었다.

'정말이지 잘못 걸려들었다가는 목숨을 부지하기 어렵겠구나.'

사내는 오로지 이 위험한 상황에서 빨리 벗어나야겠다는 생각뿐이었다.

二

사내의 불안한 속마음을 듣기라도 한 듯 황제 일행은 자리를 옮기려 했다.

"아직 포기하기엔 이르지 않은가? 갈 수 있는 곳까지 좀 더 걸어가 보자."

소년의 목소리였지만 침착한 음성이었다. 아마도 폐하가 아닌 전하라고 불리는 소년의 목소리인 것 같았다.

'아! 저분이 진류왕이시구나. 역시 듣던 대로….'

사내는 속으로 그렇게 생각하며 고개를 끄덕였다. 낙양의 저잣거리에서는 궁중 안에서 벌어지고 있는 갖가지 일화가 떠돌고 있었다. 제위에 오른 하황후의 아들 변은 그 인물 됨됨이 변변치 못했고 왕부인王夫人이 낳은 동생 협이 모든 점에서 그의 이복형보다 훨씬 나았다. 이는 비밀이라기보다는 이미 공공연히 알려진 사실이었다. 더 이상 못 걷겠다며 죽는소리를 내는 어린아이가 열네 살 난 황제 변이었고, 아직 포기하기에는 이르다며 환관들을 다그치는 이가 바로 아홉 살 난 진류왕 협이었다.

이윽고 진류왕의 말에 따라 환관들이 제방 위로 올라갔다. 평상시 궁중에서 바쁠 일이 없는 그들이었기에 움직임이 그리 빠르지 못했다. 환관들은 몸을 제대로 가누지 못하면서 제방을 기어 올라갔다. 그러나 아무리 어둠속이라 해도 눈에 불을 켜고 그들을 찾고 있는 동탁의 무리를 피해갈 수는 없었다. 갑자기 말굽소리가 왁자하게 들려왔다. 말을 탄 한 무리의 병사들이 제방 위에서 사람들이 움직이는 것을 보고 달려온 것이었다.

"이곳에 계셨사옵니까? 폐하!"

관솔불에 드러난 황제의 얼굴을 알아본 자가 얼른 말에서 뛰어내리면서 큰 소리로 말했다.

"오오, 오오…."

황제는 겁에 질려 제대로 소리도 내지 못했다.

"신은 하남 중부中部의 독우 민공閔貢이라고 하옵니다. 폐하께서 궁중을 떠나셨다는 말을 전해 듣고 이렇게 서둘러 모시러 왔사옵니다. 이번 난은 그동안 환관들이 저질렀던 횡포에 철퇴를 내리는 것이니 폐하의 안위에는 아무 지장이 없을 것이옵니다. 어서 서둘러 저희와 함께 궁으로 돌아가 주시옵소서!"

그는 기마대 대장이었다. 그가 무릎을 꿇고 황제를 알현한 뒤 벌떡 일어섰다. 큰 키에 기골이 장대했다. 그는 환관들을 날카로운 눈으로 휘둘러보았다.

"썩어빠진 무리들! 궁궐에 남아 있던 너희 패거리는 모두 불귀의 객이 되었다. 그렇게도 횡포를 일삼던 너희가 살아남겠다고 폐하를 방패삼아 도망을 가? 더러운 것들 같으니! 이 자리에서 당장 자결하지 않으면 이 칼이 너희를 모가지 없는 귀신으로 만들어줄 것이다!"

그는 일갈하면서 칼을 뽑아들었다. 10여 명의 환관 중에서 중상시 지위에 있는 인물로는 장양張讓과 단규段珪가 있었다. 대장의 말에 놀란 두 환관이 황제 앞에 무릎을 꿇었다.

"신들은 이제 죽사옵니다. 하직인사 드리옵니다. 폐하, 전하, 부디 옥체를 보존하시옵소서."

말을 마치자 둘은 몸을 날려 황하로 뛰어들었다. 말을 탄 병사들은 황제 형제를 빼앗은 다음 이리저리 허둥대는 환관들을 칼로 베어 한 명씩 황하 속으로 차 넣었다. 이 주살극이 진행되는 동안 사내는 미루나무 뒤에 바짝 달라붙어 눈앞에서 펼쳐지는 모든 장면을 지켜보고 있었다. 말굽소리가 한참 멀어진 뒤에도 사내는 계속 멍한 표정으로 서 있었다. 마치 악몽을 꾼 느낌이어서 금방 깨어날 수가 없었다.

"어이, 손 좀 잡아주게."

사내는 어디선가 들려오는 소리에 정신이 퍼뜩 들었다. 그는 놀란 가슴을 간신히 진정시키고는 소리가 난 쪽으로 천천히 고개를 돌렸다. 희미한 달빛이 찰랑거리는 물가에서 웬 남자가 기어오르기 위해 버둥거리고 있는 것이 보였다. 다행히 군사는 아닌 것 같았다. 사내는 안도의 한숨을 길게 한번 내뿜은 뒤 남자가 있는 쪽으로 가서 그를 물에서 건져주었다.

"이런 개자식들!"

남자는 다짜고짜 욕을 내뱉었다. 그런데 가만히 보니 남자는 궁궐에서나 입을 법한 복장을 하고 있었다.

"혹시 궁에서 일하는 사람 아닙니까?"

사내가 조심스럽게 물었다. 남자는 버럭 화를 내며 소리를 질렀다.

"그런 소리 하지 마시오! 내가 궁에서 일하는 썩은 냄새 나는 것들이라면 당신이 이 자리에서 날 죽이시오. 나는 그놈들에게 붙잡혀 마부 노릇을 했을 뿐이오. 에, 에취!"

온통 물에 젖은 남자는 오한이 드는지 재채기를 해댔다.

"그, 그렇다면 미안하오."

남자의 말에 의하면 환관들이 궁궐에서 도망 나오면서 자기를 달구지꾼으로 뽑았다는 것이었다. 그런데 황제를 달구지에 태우고 가던 중 바퀴소리가 너무 요란스레 나자 적들에게 들킬까봐 달구지를 버리도록 했다는 것이었다.

"그럼 그것으로 당신이 할 일은 다 끝났던 게 아니오?"

"이보시오, 세상일이라는 게 어디 내 호주머니 속처럼 마음대로 되는 거요? 그 환관 놈들이 날더러 황제 폐하를 업고 가라는 게 아니오? 개자식들. 아, 아이고 아파라."

남자는 말을 하다가 두 손으로 옆구리를 감싸며 몸을 수그렸다. 자세히 보니 남자는 상당히 깊은 상처를 입고 있었다. 병사들이 그를 칼로 찌른 뒤 이제 죽었으려니 생각하고 강으로 던져버렸다는 것이다. 만약 어둠 속이 아니었다면 병사들이 자신의 숨통을 완전히 끊어버린 다음에 물속으로 던져 넣었을 거라고 했다.

"참 사정이 딱하게 되었구려."

사내는 인정이 많은 편이어서 그를 백마사로 데리고 가 간호해주기로 했다.

"나는 장이라고 하오."

백마사에 도착해 치료를 마치고 원기를 되찾자 남자는 자신을 그렇게 소개했다. 이에 사내는 눈이 휘둥그레지면서 답했다.

"나도 장이라고 하오만⋯."

"같은 장일세그려. 그러면 나는 '마부 장'이라고 불러주시구려."

"그렇소? 그럼 나는 '낚시꾼 장'이라고 불러야 하나?"

"하하하."

남자가 처음으로 웃었다. 아픈 게 어지간히 회복된 듯싶었다. 그

후 두 사람은 묘한 인연으로 만난 덕분에 가까이 지내게 되었다. 두 사람이 만날 때마다 마부 장은 입버릇처럼 이렇게 말했다.

"나는 칼을 휘두른 놈을 그냥 두지 않을 참이야. 나를 지옥문 바로 앞에까지 가게 한 놈이니 언젠가는 내가 그놈을 지옥으로 보내고 말 거야."

三

정신을 못 차릴 정도로 요동치는 시대에는 모든 사람이 중심 가까이에 있기를 원한다. 중심이 아닌 가장자리에 있으면 그 흔들림의 정도가 훨씬 심하기 때문이다. 이 시대의 중심이라고 하면 당연히 천자라는 존재일 것이었다. 이를 의심하는 사람은 아무도 없었다.

새 황제가 환관들에게 둘러싸여 궁을 탈출했다는 것이 알려지자 낙양 가까이에 있던 장군과 관료들은 눈에 불을 켜고 황제 일행을 찾아 나섰다. 하진의 소집 명령에 응해 낙양으로 급히 달려온 동탁도 멀리 낙양을 사르는 불꽃을 보고 첩자를 보내 천자가 없어졌다는 사실을 알아냈다. 천자가 성을 벗어났던 것이다.

'천자를 모시고 당당히 낙양성에 입성하리라.'

동탁에게는 하늘이 내린 절호의 기회가 아닐 수 없었다. 동탁은 재빨리 수하 장군들에게 명령을 내렸다.

"모든 병력을 풀어서라도 황제 폐하를 찾도록 하라."

싸움이 아니라 사람을 찾는 일이었다. 전쟁이 아닌 사람 찾기에 동탁은 전 병력을 풀었다. 낙양 일대에 자신의 병력을 풀어놓음으로써 그는 누구보다도 빠른 정보를 얻을 수 있다는 이점을 갖게 되었다. 동탁은 삼천의 군사를 삼분三分하여 본진 천 명은 자신이 거느리고 나머지 병사들은 천자를 찾도록 하였다. 동탁의 본진은 성서城西의 현양원顯陽苑까지 진출해 있었다. 당초 계획대로라면 현양원에서 하루를 묵은 뒤 이튿날 아침에 낙양성으로 입성할 예정이었다. 그러나 이런 상황에서 편하게 두 발 뻗고 잠을 잘 수는 없었다.

"하룻밤 못 잔다고 죽지는 않는다. 오늘밤이 운명의 갈림길이다. 겨우 수백의 병사를 통솔하는 하급 장교로 남을 것인지, 아니면 천자를 모시고 평생 부귀영화를 누릴 것인지가 오늘 하룻밤 몸을 누이느냐 깨어 걷느냐에 따라 결정될 것이다. 모두 서둘러서 걷도록 하라. 서둘러라!"

동탁은 부하들을 독려하여 동으로, 동으로 진군했다.

그렇게 밤새 행군한 동탁의 군대가 백마사 앞을 지나게 되었다. 밤중이었는데도 절간 앞은 휘황하게 관솔불로 밝혀져 있었고, 절 안의 아궁이 위에는 다섯 개의 커다란 가마솥이 걸려 있었다. 거기다가 월지족 스님들이 도열해 있었다. 동탁은 그 광경을 무심히 지나칠 수 없어 절 앞에서 잠시 행군을 멈췄다. 그러자 안에서 누군가가 걸어 나왔다. 지영이었다.

"원로에 수고가 많으셨습니다. 이곳은 서역의 부도 승원僧院입니다. 지금 길 가는 나그네들에게 헌다獻茶를 하고 있는 중이오니 차를 한 잔 드시면서 잠시 쉬었다 가시도록 하십시오."

지영은 동탁에게 정중하게 허리를 굽히고 청했다.

"호오! 부도를 믿는 자들이라고…."

동탁은 농서군隴西郡 임조臨洮 태생이었다. 이곳은 지금까지도 같은 지명을 사용하고 있는데, 감숙성 도란주都蘭州 남쪽 부근 지역이다. 서역에서 중국으로 들어오는 관문이라고 할 수 있는 곳이다.

더구나 그는 젊었을 때 강족羌族, 티베트족이 사는 곳을 여행한 적도 있었고, 환제 말년에는 무기교위戊己校尉로서 서역의 천산남록天山南麓에 주둔한 적도 있었다. 그래서 동탁은 당시 일반 사람들에 비해서 비교적 불교를 잘 이해하고 있는 편이었다. 또한 그의 부하 중에는 티베트나 서역에서 온 병사들도 있었으며 개중에는 불교신자도 있었다.

"그렇다면 사양할 수가 없겠구나."

동탁은 병사들에게 잠시 휴식을 취하도록 명했다. 그리하여 병사들은 잠시나마 뜨거운 차로 노독을 달랠 수가 있었다. 동탁 역시 지영의 안내를 받아 차를 마시며 휴식을 취했다. 동탁과 마주앉은 지영이 작은 소리로 말을 건넸다.

"병사 수가 그리 많지 않아 보이는군요."

"뭐, 뭐라고?"

그 말을 들은 동탁의 얼굴이 갑자기 굳어졌다. 사실 거느린 병사 수가 얼마 되지 않는다는 게 동탁의 약점이었다. 긴급히 출병한 터라 3천 명도 어렵게 동원한 숫자였다. 그 병력으로 낙양성의 주인이 된다는 것은 무리가 따르는 일이었다.

"얼추 보니까 천 명쯤 되겠더군요."

그렇게 말한 뒤 지영은 슬쩍 동탁의 눈치를 살폈다.

"아, 지금 병력이 분산되어 있지. 황제 폐하가 궁궐에서 사라지셨다고 해서 말이야."

동탁은 서둘러 대답했다.

"분산이 되었다면 세 갈래 정도로 나뉘어 있는 것입니까?"

"뭐? 아니, 그걸 어떻게…."

동탁은 새삼스럽게 이 월지족 지도자의 얼굴을 찬찬히 훑어보았다. 정확하게 본 것이었다. 절간에만 박혀 있는 스님치고는 상당히 날카로운 데가 있었다. 동탁은 다시 한 번 지영을 훑어보며 경계해야 할 인물이라고 생각했다. 지영은 상대방의 경계심을 풀어주기라도 하듯 만면에 온화한 미소를 띠며 말했다.

"대장군 하진과 그의 아우인 하묘何苗 장군이 살해되었습니다. 참으로 가슴 아픈 일이 아닐 수 없습니다."

"아, 그 사실은 나도 이미 들은 바가 있지."

"제 말씀은 지금 낙양에는 주인을 잃은 수많은 병사가 갈피를 못 잡은 채 헤매고 있다는 것입니다. 그 병사를 전부 휘하로 모이게 하면 상당한 군세를 이루실 수 있을 것입니다."

"음…."

동탁은 신음 같은 묘한 소리를 냈다. 아닌 게 아니라 하진이 죽었다는 전갈을 받고 그의 뇌리를 가장 먼저 스쳐간 것이 바로 그 문제였다. 어떻게 하면 그 병사들을 자기 휘하로 끌어올 수 있는가 하는 문제 말이다.

"그 주인 없는 병사를 끌어들이는 방책은 여러 가지가 있지요. 먼저…."

그때 동탁이 급하게 나섰다.

"잠깐."

동탁은 주위를 둘러본 뒤 지영에게 말했다.

"저쪽으로 자리를 옮겨서 이야기를 듣도록 하지."

두 사람은 한적한 자리로 옮겨 앉았다.

"그래, 그 방책이란 게 뭔가?"

동탁이 지영에게 얼굴을 가까이 들이밀며 물었다.

"간단하옵니다. 병사들은 강한 쪽으로 모이게 마련입니다. 강성

함 그 자체만으로도 병사의 숫자가 불어나고, 그렇게 됨으로써 패자覇者가 될 수 있을 것이옵니다."

"강성함이라…."

"겨우 3천 정도의 병사로 강성하다고 할 수 있겠는가?"

"방법이야 얼마든지 있습니다. 3천이 6천이 되고 1만이 될 수도 있지요."

"어떻게?"

"그건…."

지영은 동탁에게 무언가를 설명해주었다.

한참 두 사람이 대화를 나누고 있는데 병사 하나가 급히 달려와 전했다. 지금 천자가 북망北邙을 향해 가고 있으며 북망에 도착해서는 쉬어갈 것 같다는 전갈이었다. 동탁은 그 소리를 듣고 자리에서 벌떡 일어났다. 그는 비대한 몸집을 좌우로 흔들며 외쳤다.

"서둘러라! 출발이다!"

四

낙양성 북쪽에 망산이라는 산이 있다. 보통 북망산北邙山이라고 불렀다. 그 산에는 능陵이 많았다. 그래서 나중에는 '북망' 이라는 고유명사가 변해 '묘지' 라는 의미의 보통명사로 사용되었던 것이다. 도연명陶淵明의 시에도 이런 구절이 있다.

그 옛날 공명을 다투던 호걸들이

비분강개하여 이 자리를 다투더니

일백 년의 수명을 다한 지금

너나없이 모두 북망에 잠들어 있네

「의고擬古」 9수 중 제4수이다. 천하의 영웅들이 낙양을 차지하고 공명을 얻기 위해 서로 죽기 살기로 싸웠는데 수명이 다하자 이제는 모두 북망산의 무덤 속으로 사라져갔다는 의미의 시이다.

"북망이라면 이 또한 한나라 사직으로 볼 때 좋지 않은 인연을 가진 땅이 되겠군요?"

동탁이 병사들을 이끌고 출발하기 전에 지영은 마치 혼잣말을 하듯 그에게 소곤거렸다. 동탁은 북쪽을 향해 말을 달리면서 지영이 한 말을 다시 생각해보았다. 지영은 '한나라 사직으로 볼 때'라는 대목을 특별히 강한 어조로 말했었다.

'좋은 인연이 아니라고 했는데….'

그건 아마 한나라의 사직에 관한 이야기일 뿐 자신에 관한 이야기는 아닐 거라고 동탁은 자위했다.

'한나라의 사직이 불길하다? 그렇다면 누군가가 천하를 얻으려 한다는 말이 아닌가? 그자가 누구란 말인가?'

말 위에서 동탁은 여전히 지영이 한 말을 곱씹어보았다.

"이 몸이라고 안 된다는 법은 없지."

그는 주변 사람들에게 들리지 않을 정도로 나직이 혼잣말을 해보았다.

바야흐로 사위는 서서히 어둠이 걷히는 중이었다. 황제의 소재가 알려지자 성내에 있던 신하들이 허둥지둥 북문인 곡문穀門을 빠져나와 북망산을 향해서 달렸다. 그것은 회오리치는 세상의 '중심'을 찾아가고자 하는 본능에서 비롯된 것이라고 말할 수 있다. 신하들도 한시라도 빨리 '중심'에 다가가서 안도의 숨을 내쉬고 싶었다. 곡문은 평상시의 밤이라면 닫혀 있었을 터지만 이날만은 줄곧 열려 있었다. 이때가 음력으로 8월 27일부터 28일 사이였다.

처음에 환관들과 궁궐에서 빠져나올 때만 해도 열네 살의 어린 황제는 겁에 질려 떨고 있었다. 동탁의 부하들에게 환관들이 모조리 죽어버리자 두려움은 극에 달했다. 그러다가 낯익은 중신들이 하나둘 주변으로 모여들면서 어린 황제도 차츰 안정을 되찾아갔다. 그러던 중에 동탁이 직접 이끄는 군사가 들이닥쳤다. 동탁은 흩어졌던 병력을 다시 불러 모아 곧장 황제에게로 달려온 것이었다. 아직 동이 트지 않아 주위는 어둑했다. 어슴푸레한 가운데 새벽 공기를 뚫고 갑자기 나타난 병사 3천 기의 모습에 황제 일행은 마치 무슨 요술에 홀린 듯한 기분이었다. 적어도 신경쇠약 증세가 있는 어린 황제는 그런 느낌이었다.

"우, 우, 우아…."

갑자기 들이닥친 병력 앞에서 황제는 의미조차 알 수 없는 소리를 냈다. 얼굴은 금세 백짓장처럼 창백해졌고 두 볼에서는 경련이 일었다. 그러다가 나중에는 소리 내어 울기까지 했다.

"형님, 정신 차리세요!"

아홉 살 난 동생 진류왕 협이 걱정스럽게 소리쳤다. 그러나 황제인 형은 울음을 그치지 않았다. 황제가 병졸들 앞에서 울다니 누가 보아도 기가 찰 일이었다.

"무서워, 무섭단 말이야…."

황제는 울음을 그치지 않고 칭얼거리기까지 했다. 그러자 동탁이 말에서 내려 성큼성큼 황제에게 다가갔다.

"폐하, 소장 동탁, 문안인사 드리옵니다. 이제부터 제가 황제 폐하를 모시도록 하겠습니다."

비대한 동탁의 모습은 보는 이에게 위압감을 주었다. 거기다가 거구의 뱃속 깊은 곳에서 나오는 둔탁한 목소리에 황제는 완전히 기가 질리고 말았다.

"아, 무서워!"

황제는 전신을 사시나무 떨듯 했다. 그러자 중신들이 나섰다.

"폐하, 괜찮사옵니다. 동탁 장군이옵니다."

하지만 황제는 몸을 비틀면서 뒤로 빠져나가려고 기를 썼다. 중신들이 양쪽에서 팔을 붙들고 진정시키려 했으나 황제는 막무가내였다. 동탁은 그 광경을 냉랭한 눈빛으로 지켜보고 있었다.

"동 장군, 폐하의 분부요. 병사들을 뒤로 물러나게 하시오. 어서 서두르시오!"

보다 못해 대신 가운데 하나가 나서서 동탁에게 말했다. 동탁은 그 말을 듣자 눈썹을 치켜 올리며 눈을 부라렸다. 황제의 분부라면서 군사들을 물러나도록 하라는 말에 부아가 났던 것이다. 동탁은 성큼 한 발 앞으로 나서며 호통을 쳤다.

"지금 무슨 말을 하고 있는 것이오! 그대들은 황실이 이렇게까지 비참한 지경에 이르렀는데 그것을 바로잡을 생각은 하지 아니하고 오히려 나라를 더욱 혼란에 빠뜨리는 일만 하고 있었던 게 아니오. 이 몸은 위기에 처한 국가를 구하기 위하여 불원천리하고 밤을 낮 삼아 이렇게 달려왔소. 며칠 밤을 새워 이곳까지 달려오는 동안의 고초는 이루 형언할 수 없을 정도요. 군사를 먹일 양식이 부족해 굶기를 밥 먹듯 했고 달릴 말이 없어 발이 성한 병사들이 없을 지경이오. 오로지 황제 폐하의 평안을 위해 불타는 결의로 여기까지 달려온 병사들이오. 그런데 이게 무슨 말씀이오, 물러가라니! 황제 폐하께서 숨을 헐떡이며 달려온 충신들의 얼굴을 보고 싶지 않다고 말씀하시더이까? 황실을 이 지경으로 만들어놓고 지엄하신 천자를 이처럼 북망산 자락까지 오시게 한 궁궐 중신들 상판대기만 아직도 보고 싶다고 황제께서 말씀하시더이까?"

한 마디 한 마디가 쩌렁쩌렁 울릴 때마다 불같은 노기가 함께 터져 나왔다. 황제 곁에 있는 중신 모두 얼굴을 깊이 숙이고 아무 말도 하지 못했다. 동탁은 황제 쪽으로 얼굴을 돌리며 거칠게 말했다.

"폐하, 아직도 신이 데리고 온 병사들의 얼굴을 보고 싶지 않으십니까?"

"그것은, 그게 아니고, 그, 그….."

황제는 마치 턱이 빠진 사람처럼 알아들을 수 없는 말을 입 속에서 우물거리고 있을 뿐이었다. 이때 황제 옆에 있던 아홉 살 난 진류왕이 나섰다.

"폐하를 대신해서 내가 답하도록 하겠소. 동공董公의 병사들은 그대로 이곳에 있어도 좋소. 먼 길 달려오시느라 수고가 많았소. 모든 병사에게 당장 상을 내려야 하나 상황이 이런즉 나중에 궁으로 돌아간 연후에 지시하여 빠짐없이 상을 내리도록 하겠소. 동공의 충절에 대해서는 폐하께서도 크게 기뻐하고 계시오."

진류왕의 늠름한 태도는 황제와는 하늘과 땅 차이였다. 거침없는 말투에다 그 말의 내용도 진정으로 마음에서 우러나오는 것처럼 들렸다. 동탁은 그제야 진류왕 앞에 무릎을 꿇고 고개를 숙였다.

"예! 알겠사옵니다."

이렇게 해서 황제 일행은 동탁의 보호를 받으면서 낙양으로 돌아갔다.

'그래, 맞아. 백마사의 지영이 가능하면 거만한 자세로 중신들을 혼내라고 했던 것이 그대로 맞아떨어졌어. 생각했던 것보다 훨씬 큰 성과를 거두었군."

동탁은 말을 타고 가면서 그렇게 생각했다. 중신들은 자신들이 해야 할 일을 제대로 하지 못한 터라 동탁에게 이런저런 주문을 할 수 있는 처지가 아니었다. 이로써 황제는 완전히 동탁의 손아귀에 들어왔다고 해도 과언이 아니었다. 동탁은 앞으로 전개될 상황을 곰곰이 생각하면서 황제를 호위하여 궁으로 돌아왔다.

五

밤이 되면 모든 백성의 문 밖 출입이 금지되었다. 난세에 흔히 취해지는 조치였다.

'야간에 밖으로 돌아다니는 자는 그 자리에서 칼로 벤다.'

지금으로 말하자면 일종의 계엄령 같은 것이었다. 당연히 성문 부근의 경계는 더욱 엄해졌다. 그중에서도 서쪽을 향해 있는 광양문廣陽門과 옹문雍門, 상서문上西門 등 세 개의 문이 특별히 경계가 삼엄했다. 밤낚시를 다닐 수 없게 된 낚시광 장의 말에 의하면 서쪽으로 향한 문들이 다른 문들보다 경계가 심하다는 이야기였다. 그 말을 들은 진잠은 뜻밖이라고 생각했다. 서쪽 성문은 동탁의 군사들이 단속하고 있었다. 바로 그 점이 이상했다. 동탁의 본거지는 서쪽이었기 때문에 서문으로 드나드는 자들은 대부분 동탁 쪽일 가능성이 높았다. 동탁이 대비해야 할 세력은 동쪽에 많았다. 따라서 성문 수비를 강화하려면 오히려 동문에 더 많은 병력을 배치해야 옳은 일이었다.

"그 달구지를 끌던 장이라는 자 말입니다."

사내가 화제를 돌리는 바람에 진잠은 갑자기 정신이 든 사람처럼 그를 쳐다보았다.

"아! 그래, 요즘도 자네와 가깝게 지내나?"

"그렇긴 합니다만 그자가 얼마 전에 금오金吾의 잡역으로 들어갔습니다."

"금오에?"

금오는 수도의 치안을 담당하는 곳으로 집금오執金吾가 총책임자였다. 후한의 시조라고 할 수 있는 광무제光武帝가 아직 어렸을 때 집금오의 순찰 행렬을 보고 난 뒤 그 화려함과 장중함에 감탄한 나머지 '장교 중에서도 집금오가 되고 싶다'고 했다는 이야기가 전해지고 있다. 집금오는 매월 세 번 수도를 순찰하는데, 집금오 뒤에는 제기緹騎, 빨간색 옷을 입은 기마병 2백 명, 지극持戟, 극을 든 보병 520명이 뒤따르고 있어 가히 장관이라 할 수 있었다. 낙양 거리에 그 행렬이 지나갈 때면 온갖 장신구의 번쩍이는 화려함과 장중한 위엄이 한데 어우러져 보는 이로 하여금 저절로 탄성을 자아내게 했다.

광무제 유수劉秀는 결국 집금오가 아닌 황제가 되었다. 그는 음려화陰麗華라는 절세의 미인을 황후로 두었다. 정숙하면서도 단아한 아름다움을 지녔었다는 음황후陰皇后가 바로 그녀였다. 그래서 사람들은 이렇게 말했다. '관리가 되면 집금오요, 부인을 얻으면 음려화라.' 당시 이 표현은 인생 최고의 이상을 나타내는 말로 대변됐다.

달구지 마부였던 장이 무슨 수를 썼는지는 모르지만 바로 이 금오라는 곳의 잡부로 들어갔다는 것이었다. 사내는 다소 걱정스럽다는 표정을 지으며 진잠에게 말했다.

"아직 상처가 다 아물지 않았을 텐데."

그가 백마사에 머물며 치료를 받은 터라 진잠도 그의 상처에 대해 알 만큼은 알고 있었다.

"그러게 말일세. 완쾌가 되려면 아직 더 쉬어야 할 텐데. 그 상처를 숨기고 그곳에 들어가다니."

"금오에 꽤나 들어가고 싶었던 모양입니다."

"그런 것 같군."

"혹시 무슨 다른 이유가 있어서 그곳에 들어간 건 아닐까요?"

"글쎄. 지난번 소평진에서 자기를 칼로 베고 강으로 밀어 넣은 무리의 우두머리가 그 공로로 집금오가 되었다는 사실을 알고 복수하러 들어간 건지도 모르지."

"복수요? 그 말씀도 맞는 것 같네요. 언제나 입버릇처럼 복수하겠다고 벼르고 있었거든요. 그러나 그날 밤은 너무 어두워서 누가 자기를 베었고, 또 누가 발로 차 물속으로 넣었는지 알 수도 없을 텐데요?"

사내가 고개를 갸우뚱하며 진잠을 쳐다보았다. 그날 밤 마부 장은 자기를 해친 자들의 얼굴을 일일이 기억할 수는 없었지만 그 무리의 우두머리가 하남 중부의 독우 어쩌고 하는 말을 들었던 것이다. 독우라면 행정감찰관이었다. 따라서 그 무리가 지금 어느 기관에 속해 있는지는 짐작할 수 있는 일이었다. 그들은 지방의 잡군雜軍이긴 했지만 천자를 맨 처음 발견한 공로로 지금은 모든 역인役人이 동경하는 대상인 금오군에 편입해 있었던 것이다. 이 정도라면 마부 장도 자신의 원수가 지금 어디에 있다는 것쯤은 짐작이 가능한 일이었다.

"하지만 자신의 원수가 금오에 있다고 해도 어떻게 복수하려는 걸까?"

"저도 그건 잘 모르겠습니다. 그런데 일전에 만났을 때도 그 이야기를 했습니다. 그 친구 하는 말이 자기를 찌르고 발로 찬 작자의 얼굴은 기억하지 못하지만 어쨌든 그 작자가 속해 있는 기관의 대장이라도 손을 봐야 분이 풀리겠다고 했거든요."

"꿩 대신 닭인 셈인가. 그것도 일리는 있지만 금오의 대장을 손본다고? 집금오를 손본다는 말인가? 허허."

진잠은 어이가 없어 헛웃음을 흘렸다. 집금오를 손본다는 것은 좀도둑이 좀도둑을 담당하는 형사의 주머니를 노린다는 말이나 다름없었다.

당시 집금오는 병주井州, 태원의 자사를 지낸 적이 있는 정원丁原이라는 인물이었다. 정원은 환관을 몰아내는 데 동참하라는 하진의 소집장을 받고 다른 사람들보다 한 발 앞서 낙양에 도착했다. 그런 공로로 수도를 경비하는 집금오에 오르게 되었다. 낙양에서는 집금오인 정원보다도 그의 부하인 여포呂布의 이름이 더 알려져 있었다. 젊고 당당한 체구에 생김새도 호남이었다. 입술은 얇고 눈에서는 날카로운 빛을 발했으며 단호한 성격의 소유자였다. 그러면서도 뭔지 모르게 사람을 으스스하게 만드는 분위기를 풍기고 있어 병사를 지휘하는 장수로는 적임이었다. 정원은 그 같은 여포의 능력을 인정하여 금오 휘하에 있는 수만 병력을 그에게 맡기고 있었다.

"그것 참. 아마 그 친구는 정원 장군에게 다가가기도 전에 여포라는 무시무시한 자에게 걸려 뼈도 추리기 힘들 겁니다. 제발 그런 바보 같은 짓은 하지 않았으면 좋겠습니다만…."

"그 점은 그리 걱정하지 않아도 되네. 마부 따위가 집금오 장군에게 다가가기란 좀처럼 쉽지 않을 걸세."

"그렇긴 합니다만 한번 화를 내면 물불을 안 가리는 친구라 무슨 일을 저지를지 모릅니다. 그 친구는 어차피 죽으려다 살아난 목숨이라는 생각을 하고 있기 때문에 죽음을 두려워하지는 않을 겁니다."

"음. 원한이 골수에 사무쳐 있군."

자칭 낚시의 명인이라고 떠벌리는 사내는 해가 서쪽으로 기우는 걸 보고서야 서둘러 백마사를 떠났다. 어물어물하다간 야간 통행금지에 걸려 귀갓길에 칼을 맞을 수도 있기 때문이었다.

진잠은 사내를 배웅하기 위해 절 입구까지 함께 걸어 나갔다가 지영과 지경을 만났다.

"암자에 가시는 길이시옵니까?"

진잠은 공손하게 머리 숙여 인사를 했다.

"그렇소이다. 계엄령까지 내려진 상황에서 여자들만 두기가 안심이 안 돼서요."

지영의 양녀 경매가 요양하고 있는 암자에는 여자들만 10여 명이 거처하고 있었다. 그런데 시절이 난세인지라 근자에 남정네도 몇 명 보내 같이 있도록 조치를 했던 것이다.

"오늘은 저도 함께 가면 안 될까요? 잠시 병문안이라도 하고 싶습니다만….."

요즘 들어 조조는 경매에게 문병을 오지 않고 있었다. 그러므로 조조의 안내자 역할을 하던 진잠 역시 경매가 있는 암자로 발길을 옮기는 일이 자연스레 뜸해졌다. 진잠의 물음에 지영은 무심한 듯했지만 젊은 지경 스님은 곤란해 하는 빛이 역력했다.

"제가 가면 곤란하신가 보군요? 그렇다면 저는 다음에 가도록 하겠습니다. 두 분이 다녀오시지요."

"아니오, 괜찮소. 고마운 일이오. 우리와 함께 가도록 합시다."

지영이 미소를 지으며 온화한 표정으로 말했다.

六

　백마사에서 경매가 거처하고 있는 암자까지는 걸어서 10분 남짓의 가까운 거리였다. 진잠은 단지 그렇게 지척에 있는 암자로 찾아가 그곳에서 일하는 사람들을 위무도 할 겸 경매를 문병하고자 했던 것인데, 지영이 그토록 당황하는 표정을 지었던 게 영 석연치가 않았다. 노련한 지영은 그런 진잠의 마음을 이미 읽고 있었다. 암자 앞에 이르렀을 때 지영은 빙긋이 웃으며 말했다.

　"실은 진 선생께서 이곳에 오면 좀 곤란할 일이 있습니다."

　"그런 일이 있었다면 진작 말씀하시지요. 전 괜찮습니다. 다시 돌아가도록 하지요."

　진잠은 한편으로 불쾌한 생각도 들었지만 자신이 있어 곤란하다면 그냥 돌아가는 게 낫겠다고 생각했다.

　"아니오, 아니오. 이미 이곳까지 오셨는데 다시 돌아간다니 말이 안 되지요."

　지영은 진잠의 소매를 끌었다.

　"하지만 저 때문에 곤란한 일이 빚어진다면 모두에게 안 좋은 일일 텐데요?"

　지영이 가볍게 고개를 저으며 말했다.

　"다만 오늘밤은 일찍 잠자리에 드십시오. 혹 잠이 들지 않는다면 오늘밤 이곳에서 보신 일을 전부 잊어버리도록 하십시오."

　진잠은 허리를 숙여 암자 문을 통과하면서 아무래도 뭔가가 석연치 않다는 느낌을 받았다. 경매는 건강이 좋아 보였다. 좀 더 포동포동해진 얼굴이 예전에 비해 훨씬 여인다워 보였다. 마른 여자를 좋아하는 조조가 지금의 경매를 보았다면 아마도 싫증을 냈을 것이다.

"오늘밤 이 암자에 무슨 일이 있습니까?"

진잠은 경매에게 문안인사를 건넨 뒤 곧바로 그렇게 물었다.

"무슨 일을 말씀하시는지요?"

경매가 고개를 갸웃거리며 되물었다.

"지영 스님께서 이곳에서 어떤 일이 일어나더라도 전부 기억에서 지우라고 말씀하시더군요."

"아, 그 일 말씀이십니까? 호호호."

경매는 소매로 입을 가리면서 웃었다. 그러나 곧 진지한 얼굴이 되어 말했다.

"저희 일족이 살아남기 위해 좀 가슴 아프지만 오늘밤 어떤 일을 해야 합니다. 물론 진심으로 하고 싶은 일은 아니지만요."

"가슴 아픈 일이라니요?"

"보시면 아실 겁니다. 지금 이 암자에는 평상시와는 달리 여자도 많이 와 있고 남자도 와 있습니다."

"그런 것 같긴 합니다만…."

경매가 암자 어쩌고 하며 말을 꺼내자 진잠은 언뜻 다른 느낌이 들었다. 오늘따라 암자에 평상시와는 다른 어떤 움직임이 있는 것 같았다. 활기 같은 게 느껴졌다.

"도대체 무슨 일입니까?"

진잠은 몹시 궁금해 다그치듯 경매에게 물었다.

"밤이 깊어지면 자연히 아시게 될 것입니다."

경매는 그렇게만 대답하고는 입을 다물었다.

진잠은 할 수 없이 암자를 물러나왔다. 그는 암자 앞의 정원을 지나다가 나이가 들어 보이는 한 월지족 여인을 보았다. 그녀는 깃발과 막嘛에 자수를 놓고 있었는데 솜씨가 뛰어나 보였다.

'곧 공양 법요法要가 있어 그 준비를 하고 있는 모양이구나.'

그런 생각을 하며 진잠은 자신이 머물게 될 방으로 들어갔다. 도 대체 오늘밤 이 암자에서 무슨 일이 일어나는지 알게 되기 전까지는 잠을 잘 수 없을 것 같았다.

이윽고 밤이 깊었다. 밖에서 예사롭지 않은 발소리가 들려 진잠 은 자리에서 일어나 문틈으로 내다보았다. 그리고는 깜짝 놀라 헉 하는 외마디 비명을 속으로 삼켰다. 때는 이경을야二更乙夜, 밤 11시경 였다. 웬일인지 암자 마당에 병사들로 가득했다. 정원 한쪽 구석에 는 횃불 하나가 조용히 타오르고 있었다. 서늘한 느낌이 진잠의 등 줄기를 타고 흘렀다.

'도대체 저게 뭐지? 유령의 군대인가.'

진잠은 어이없게도 그런 생각밖에 할 수가 없었다. 암자 터를 빽 빽이 메우고 있는 것으로 보아 2천 명은 족히 될 법한 무리였다. 이 정도로 규모가 큰 병사가 소리도 내지 않고 홀연히 나타났다는 것에 대해 진잠은 자신의 눈을 의심하지 않을 수 없었다. 당시의 군대는 그 기세를 과시하기 위해 행군할 때는 일부러 요란한 소리를 내는 게 보통이었다. 그것은 후한 말뿐만 아니라 근대에 이르기까지 거 의 의례적인 일이었다. 그래서 나팔이나 북은 군대에서 무기 이상 으로 중요한 물건이었다. 그런데도 병사들이 바람소리 하나 내지 않고 홀연히 그의 눈앞에 나타났던 것이다. 북이나 나팔은 울리지 않는다 할지라도 2천 명 정도의 병사가 일시에 거동하면 한번쯤은 요란한 소란이 있게 마련이었다. 하지만 이렇듯 하늘에서 떨어진 듯 땅에서 솟은 듯 갑자기 나타났다면 분명히 누군가의 엄명이 있지 않고는 불가능한 일이었다.

'도대체 이 무리는 뭐란 말인가?'

진잠은 머리가 어지러울 정도로 많은 생각이 한꺼번에 떠올랐다. 낙양을 공격하려는 군대일까? 그런데 왜 하필 백마사 암자에 집결했을까? 공격 목표는 낙양의 어느 장군이 이끄는 부대일까? 이 대목에서 진잠의 뇌리에 가장 먼저 떠오른 이는 조조였다. 전군교위인 그의 휘하에는 수천 명의 근위병이 있지만 그 병력은 그에게 지휘만 맡겨져 있을 뿐 원래 그의 직속 병사는 아니었다. 여기에 모인 병사들에게 야습을 당하게 되면 잠시도 견디지 못할 게 뻔했다. 만약 이들이 조조를 공격한다면 지금이라도 당장 뛰어가 알려야겠지만, 성문에서 엄중한 경비를 하고 있을 뿐만 아니라 야간 통행이 금지된 상태라 그것도 쉽지 않았다. 진잠은 도무지 어떻게 된 일인지 자신이 지금 어떤 행동을 취해야 할지 갈피를 잡지 못했다.

"잠시 쉬면서 가능하면 가수면假睡眠을 취하도록 하라. 아침 일찍 출발할 것이다."

병사들의 지휘자로 보이는 한 사내가 크지 않은 목소리로 그렇게 말하면서 병사들을 둘러보았다. 그의 말에 병사들이 땅바닥에 쪼그리고 앉았다. 음력 9월 초순경이었다. 야숙을 하기에 그리 힘든 계절은 아니었다. 말 울음소리가 들려왔다. 암자 가까이에 상당히 많은 말이 매어져 있는 것 같았다. 당연히 마차도 준비되어 있을 것이었다. 이 정도의 병력을 쥐도 새도 모르게 이곳에 모이게 하는 것은 백마사의 양해가 없이는 불가능한 일이었다. 지영이 진잠에게 오늘 밤 이곳에서 무슨 일인가가 일어날 것이라고 말했었다. 진잠은 속으로 뇌었다. '바로 이것이었구나.'

七

진잠은 방 한가운데 지붕을 받치고 있는 기둥에 기대어 밤이 샐때까지 뜬눈으로 지새웠다. 벽의 갈라진 틈새로 여명의 빛이 새어들어올 즈음 문밖에서는 부산한 웅성거림이 시작됐다. 진잠은 문틈으로 바깥을 살폈다. 병사들은 벌써 일어나서 대열을 정비하고 있었다.

"자, 모두 준비되었는가?"

귀에 익숙한 목소리였다. 백마사에 있는 스님으로 휘장 만드는일을 맡고 있으며 진잠과도 친분이 있는 초로의 스님이었다. 진잠은 문틈에 한 쪽 눈을 대고 될 수 있으면 바깥의 광경을 자세히 살피려 애를 썼다. 초로의 스님은 몇 개의 깃발과 휘장을 어깨에 두르고 있었다. 그의 뒤에도 같은 차림을 한 스님이 다섯 명이나 있었다.

"고생이 많습니다."

부대의 지휘자가 스님들을 격려했다.

"어제부터 밤을 새워 만들었습니다. 어디 한군데 흠잡을 데 없이잘 만들어졌습니다."

휘장 만드는 일을 맡고 있는 스님이 지휘자에게 깃발을 건네며 말했다.

"아주 훌륭합니다."

지휘자는 깃발을 펴보았다. 진홍색 바탕에 녹색 자수가 놓아져있었다. 깃발에는 글자도 수놓아져 있는 것 같았는데 지휘자가 손으로 가리고 있어서 무슨 글자인지는 읽을 수가 없었다. 잠시 후 그가 손을 움직이자 깃발이 잠시 펼쳐졌는데 진잠은 그때를 놓치지 않고 무슨 글자인지 유심히 살펴보았다.

　동董

　깃발에는 그 한 자만이 수놓아져 있었다.
　'동탁의 군사?'
　진잠은 아직도 무엇이 어떻게 돌아가는 것인지 알 수가 없었다. 동탁은 섬서와 감숙에 20만이나 되는 병력을 가지고 있다고 들었다. 동탁이 정말 수도를 자기 손아귀에 넣으려고 생각했다면 더 많은 병력을 몰고 왔어야 했을 것이다.
　'그렇다면 저들은 동탁의 증원군? 그런데 왜 백마사에서 깃발을 만드는 거지?'
　동탁이 낙양으로 들어가려고 행군을 하던 날 밤 백마사는 그의 병사들에게 차를 대접함으로서 동탁과 인연을 맺게 되었다. 그때 진잠은 지영과 동탁이 처마 밑에서 무슨 이야기인가를 나누는 것을 보았다. 그렇다면 그것이 증원군이 오면 깃발을 만들어달라는 부탁이었단 말인가.
　"자, 출발!"
　지휘관이 우렁찬 소리로 출발을 알렸다. 지난밤과는 달리 조심스러워하는 기색은 전혀 찾아볼 수가 없었다. 간밤에만 해도 암자 공터에서 숨죽여 조심스럽게 행동하던 2천여 명의 병사들은 아침이 되자 언제 그랬냐는 듯 사기가 하늘을 찌르고 있었다. 그들은 암자를 벗어나자 크게 북을 치고 나팔을 불며 행진을 시작했다.
　"말의 짚신을 모두 벗기고 철신으로 바꾸어라."
　지휘자가 우렁차게 명령을 내렸다. 당시에는 말발굽을 보호하기 위해 민간에서는 짚신을 이용했다. 그러나 군마軍馬의 경우에는 쇠로 된 신발을 만들어 가죽끈으로 말의 발에 붙들어 맸다. 제철蹄鐵, 편자을 못으로 말발굽에 직접 박는 방식은 그로부터 1,000년 정도가 지난 후부터 사용하기 시작했다. 간밤에는 병사들도 숨을 죽이고 있었으니 말에게도 발굽소리를 죽이기 위해 짚신을 신겼던 것이었다. 그러나 아침이 되자 상황은 정반대가 되었다. 병사들은 북과 나팔을 불어대며 사기를 드높였고 말에게도 철신을 신겨 더욱 기세를 드높이고 있었다.

진잠은 여기까지는 나름대로 추측할 수 있었다.

'그런데 도대체 이 같은 상황이 무엇을 의미하는 것일까?'

진잠은 그 이상은 상상할 수가 없었다. 기습을 노리고 취한 행동이 아닐까 추측해보았지만 그것은 아닌 것 같았다. 출발하면서 소란스럽게 북이나 나팔을 사용한다면 그것은 이미 기습이랄 수가 없었다. 더구나 새로 만든 깃발과 휘장을 앞세우고 행진을 시작했고, 그 광경은 1킬로미터 정도 떨어진 곳에서도 볼 수 있을 정도였으니 도저히 기습이라는 판단은 불가했다.

『낙양가람기洛陽伽藍記』에 의하면 백마사는 낙양의 서양문西陽門에서 3리 정도 떨어진 지점에 위치해 있었다고 한다. 당시의 1리는 4백 미터 남짓이었기 때문에 1.5킬로미터도 떨어지지 않은 거리였던 것이다.

갑자기 진잠의 시야가 막혀버렸다. 누군가가 하필 진잠의 문 앞에 서서 꼼짝 않고 있었기 때문이었다.

'빌어먹을. 도대체 누가 앞을 가로막고 있는 거야?'

하지만 진잠은 이내 그의 정체를 알 수 있었다.

"그러면 오늘밤 기다리고 있겠습니다."

그렇게 말을 건네는 사람은 다름 아닌 지영이었다.

"고생 많으셨습니다. 동탁 장군께서도 크게 만족하실 겁니다. 장군께서는 백마사의 지영 선생께서 군사軍師가 되어주시면 얼마나 좋겠느냐고 말씀하셨습니다."

지휘관이 지영에게 인사를 건넸다.

"무슨 그런 과분한…. 당치 않은 말씀입니다."

"아닙니다. 겸손의 말씀이십니다. 3천 명이나 되는 병력을 한밤중에 서문으로 나오게 하여 다음 날 깃발을 앞세우고 당당하게 재입성 하도록 한 것은 여느 사람이 도저히 생각해낼 수 없는 일입니다."

"아닙니다. 그저 갑자기 그런 생각이 떠올라 그때 동탁 장군께 말씀드렸던 것뿐입니다."

"지나친 겸손이십니다. 아무튼 저희는 돌아가도록 하겠습니다."

그들은 기세등등하게 백마사를 빠져나갔다. 다시 칼날 같은 밝은 빛이 문틈을 비집고 들어왔다.

'음, 그랬었군.'

진잠은 그 자리에 주저앉고 말았다. 매일 증원군이 도착하고 있는 것처럼 보이게 하려고 지영의 지혜를 빌려 동탁이 꾸민 일이었던 것이다. 그리고 그 계략의 중계지가 바로 이 암자였다. 진잠은 그제야 모든 궁금증이 모두 풀렸다. 결국 남의 나라 땅에서, 그것도 난세에 이민족으로서 온전히 살아남기 위해 지영은 동탁이라는 끈을 잡은 것이었다. 아니, 끈을 잡았다기보다는 여러 개의 끈 중에 하나를 더 준비해놓았다고 하는 게 더 정확했다. 지영은 동탁에게 책략을 제공함으로써 또 하나의 연결고리를 만들어놓는 데 성공한 셈이었다.

잠시 뒤 진잠은 자리에서 일어나 방문을 열고 밖으로 나왔다. 초가을의 아침햇살이 곱게 부서져 내리고 있었다. 어둑한 방에 있다가 갑자기 햇살을 받은 진잠은 눈이 부셔 한동안 눈을 감고 서 있었다. 눈을 떠보니 지영이 군사의 출발을 배웅한 뒤 막 돌아오고 있었다. 지영은 진잠을 보자 대뜸 말을 꺼냈다.

"모두 보고 들으셨겠죠?"

그랬다. 지영은 일부러 진잠이 있는 방 앞에 서서 지휘관과 이야기를 나누었던 것이다. 진잠도 이번 일을 알고 판단하라는 일종의 배려라면 배려랄 수 있었다.

"예."

"제 뜻은 오직 하나밖에 없습니다. 어떤 일이 있어도 이 백마사만큼은 화마에 휩싸이는 일이 없도록 해달라는 것뿐입니다."

지영의 그 말을 진잠이 모를 리 없었다. 어쩌면 난세를 살아가는 이민족으로서는 당연한 행동이었는지도 몰랐다.

진잠이 암자에서 목격했던 그 광경은 닷새에 한 번씩 똑같이 반복되었다. 이 사실을 모르는 사람들은 동탁의 증원군이 속속 낙양성에 입성하는 것으로 착각하고 있을 터였다. 마침내 주인을 잃고 흩어졌던 하진과 하묘 형제의 휘하에 있던 수만 병사가 동탁의 품안으로 들어왔다. 병사는 강한 쪽에 붙는다는 지영의 계략이 그대로 들어맞은 것이었다.

八

하진 형제의 병사를 자기 휘하에 두게 된 동탁은 그로써 한시름

덜 수가 있었다. 하지만 자신의 뜻을 마음먹은 대로 펼치기에는 아직 부족한 병력이었다. 동탁은 더 많은 병력을 자신의 휘하에 두고자 머리를 짜냈다. 그러나 이제 주인을 잃고 떠도는 병사는 더 이상 없었다. 동탁은 눈을 돌려 금오군을 주시했다. 그들을 자신의 휘하로 끌어들이기만 한다면 그보다 좋은 일이 없다고 생각했다. 금오군에 소속된 병사는 총대장인 정원에게 거의 맹신에 가까운 충성심을 발휘하고 있었다. 그 같은 금오군을 자기 휘하에 둔다면 금상첨화였다. 그런데 금오군의 실질적인 통솔자는 정원이 아닌 여포였다. 따라서 여포만 자신의 수중에 넣는다면 금오군을 통째로 삼키는 것이나 다름없었다. 게다가 여포는 그다지 의리를 중시하지 않는 인물로서 낭장군狼將軍이라는 별명으로 불릴 정도였다. 때문에 계책만 잘 세운다면 의외로 어렵지 않게 목적을 이룰 수 있으리라는 게 동탁의 판단이었다.

동탁은 여포와 동향인 자를 이용하여 유혹의 손길을 뻗쳐보기로 했다. 물욕을 이용하여 잘 꾀어내면 틀림없이 여포의 마음을 움직일 수 있을 것 같았다. 여포는 오원五原 출신이었다. 오원은 현재 내몽고 자치구 안에 있는 지역이다. 포두시包頭市 서북에 위치해 있으며 지금도 같은 지명으로 남아 있다. 그런 지리적인 이유로 그는 몽골족에 둘러싸여 자랐으며 부하 중에도 몽골인이 상당수 있었다. 북방의 유목민족은 약육강식이라는 자연법칙에 따라 살아왔기 때문에 남쪽의 농경민족보다 훨씬 치열한 삶을 살아왔다.

'힘이 모든 것을 결정한다.'

스스로 강하지 않으면 살아남을 수 없었다. 그리고 언제라도 보다 강한 자에게 붙지 않으면 목숨을 부지할 수 없었다. 여포의 품성 저 밑바닥에는 그런 북방 유목민족의 속성이 흐르고 있었다. 따라서 그러한 속성에 자극을 가하여 자신의 사람으로 만들겠다는 것이 동탁의 생각이었다.

'정원의 수급首級과 그 병사를 데려오면 기도위 자리에 앉힐 것이며 또한 내 양자로 맞아들일 것이다.'

이것이 동탁이 여포에게 제시한 조건이었다. 조조의 직책인 서원팔교위가 오늘날의 사단장쯤 된다면 기도위는 여단장 정도의 자리였다. 조조는 광화 6년(183년) 스물아홉 살에 기도위 자리에 앉았었다. 여포는 『삼국지』에서나 『후한서』에서도 나이가 기록되어 있지는 않은데 이 기도위 자리를 제안 받았을 때는 아마도 서른이 채 되지 않았을 것으로 추정된다. 삼공三公이라는 국가 최고직에 있는 인물의 아들인 조조도 서른이 되기 직전에야 겨우 앉아볼 수 있었던 자리였다. 그러므로 출신성분도 분명치 않은 여포 같은 인물의 입장에서는 귀가 번쩍 뜨일 정도로 높은 자리였다. 여포는 동탁의 제안을 받고 춤이라도 추고 싶은 심정이었지만 애써 감정을 억누르며 말했다.

"주인으로 섬기고 있는 자를 어찌 그리 간단히 해치울 수 있겠는가?"

이것은 동탁의 제안을 부정하는 것이 아니었다. 불같이 화를 내면서 이런 말을 했다면 분명한 거절의 의사표시라고 볼 수 있겠지만 여포는 입술을 삐죽거리면서 별 생각이 없다는 듯한 표정으로 그렇게 말했던 것이다. 아직 협상의 여지가 남아 있다며 여운을 남겨두자는 게 여포의 의도였다.

'좋다, 제안을 수정해서 한 번 더 디밀어보자. 여포만 내 사람이 되어준다면 낙양은 완전히 내 손안에 들어온 것이나 다름없지.'

동탁이 궁리에 몰두하고 있던 어느 날이었다. 어찌 된 일인지 아직 다른 제안을 하기도 전인데 여포가 스스로 정원의 수급을 들고 동탁을 찾아왔다. 너무 갑작스런 일이라 동탁은 눈이 휘둥그레져서 여포를 맞았다.

"오! 오! 이건….."

동탁은 제대로 말을 잇지 못했다.

"제게 제안한 것을 저는 그대로 수행했습니다."

한 손으로 들고 있던 정원의 머리를 동탁 앞에 놓으면서 여포는 큰소리로 말했다. 그리고는 털썩 무릎을 꿇은 다음 고개를 숙이며 말했다.

"아버님이라고 불러도 좋겠습니까?"

동탁은 아직도 반은 넋이 나간 사람처럼 어리둥절한 표정으로 있다가 여포가 무릎을 꿇는 것을 보고 나서야 상황이 자신에게 기울었음을 실감했다. 동탁은 정신을 차리고 짐짓 근엄한 목소리로 여포에게 물었다.

"그대 휘하의 병사도 모두 따라오는 것인가?"

"물론이옵니다."

"주인을 베었다고 자리를 박차고 떠나는 자들은 없겠는가?"

"한 명도 없사옵니다."

"사실 정원의 머리보다는 그 점이 중요하지."

"다시 한 번 말씀드리지만 한 명도 떠나는 자 없이 모두 제 휘하에 남아 있습니다."

"그렇다면."

동탁은 속으로 쾌재를 불렀다. 이로써 이제 낙양에서는 더 이상 거칠 것이 없게 되었다. 원소나 조조 같은 친구들은 이제부터 천천히 요리해 나가면 될 것이었다. 그들과는 무엇보다도 병력 수에서 큰 차이가 났다. 동탁은 이미 천하의 반은 자기 것이 되었다고 생각했다. 그런데 도대체 여포는 어떻게 해서 그렇게 빨리 정원의 머리를 베어서 동탁 앞에 나타났던 것일까?

'지금까지 섬겨오던 주인을 아무 이유 없이 벤다면 병사들에게 인심을 잃어 내 휘하를 떠날 것이다.'

여포가 정원을 쉽사리 죽이지 못하고 망설였던 것은 그 이유뿐이었다. 힘이 모자라서 그를 베지 못한 것이 결코 아니었다. 그러나 하늘이 여포를 도운 것일까? 동탁과 마찬가지로 여포 역시 고민에 싸여 있다가 갑자기 엉뚱한 사건이 일어나는 바람에 어부지리로 정원의 수급을 얻게 되었던 것이다.

어느 날 밤이었다. 그날 정원은 휘하의 장군들과 함께 연회를 벌이고 있었다. 연회장 주변에는 보초를 서는 병사 몇 명뿐이었고 나머지는 모두가 장군급이었다. 그런데 연회가 막바지에 다다를 무렵에 허름한 사내 하나가 들어섰다. 사내는 잡역부 복장을 하고 있었다. 사내가 나타나자 연회장에 있던 장군들은 지저분해진 장내를 정리하러 온 자라고 생각했다. 정원도 그렇게 여겼다. 건장한 장군들은 양고기나 닭고기를 뜯어먹고 남은 뼈를 그냥 바닥에다 버리는 습성이 있었다. 그래서 연회가 끝나고 나면 장내는 온통 쓰레기로 가득했고 이것을 잡역부가 들어와 거둬가는 것이 보통이었다. 물론 아직 연회가 끝나지 않았는데 잡역부가 장내로 들어왔다는 것은 어딘가 수상쩍은 점도 없지 않았다. 그러나 술이 얼큰히 오른 장군들은 그것을 대수롭게 여기지는 않았다. 바닥이 너무 지저분해서일 거라고 생각했다. 더구나 정원은 사내를 흘깃 스쳐보기만 했을 뿐 전혀 신경을 쓰지 않고 있었다.

"뭐, 뭔가?"

그야말로 순식간이었다. 사내는 정원에게로 천천히 걸어가더니 그의 발밑에 있는 뼈다귀를 주워서 일어서는 척하다가 갑자기 비수를 빼들고 정원을 향해 달려들었다. 그때 정원은 한 손에는 양고기를 들고 있었고 다른 손에는 술잔을 들고 있었기 때문에 순간적으로 손을 쓸 수가 없었다. 손에 아무 것도 들고 있지 않았더라도 사내의 전광석화 같은 기습을 막아내기는 어려웠을 것이다. 사내는 정원이 몸을 피할 틈도 주지 않고 그대로 그의 가슴에 비수를 내리꽂았다. 순식간에 붉은 피가 뿜어지면서 정원의 뒤로 드리워져 있던 흰 장막을 붉게 물들였다.

"우우우….."

정원이 고통스런 신음을 뱉었지만 그것도 잠시뿐이었다.

"아니, 이자가!"

장군들이 놀라 자리에서 모두 일어섰다. 사내는 도저히 도망칠 수 없는 상황이었다. 이미 일을 저지르기 전부터 도망갈 생각은 접어둔 것 같았다. 사내는 정원의 가슴에 비수를 꽂아둔 채 그대로 일어나 비틀거리며 몇 걸음을 옮겼다.

"이, 이런. 넌 도대체 누구냐?"

정원의 옆에 있던 여포는 사내의 멱살을 거머쥐어 들어올린 채 당장이라도 잡아먹을 기세로 다그쳤다.

"나는 복수를 했을 뿐이다. 이제 나를 죽여라!"

사내는 손과 발을 바들바들 떨면서 악을 썼다. 여포가 분을 참지 못하고 사내를 주먹으로 몇 번 치자 그대로 고꾸라져 기절하고 말았다.

"뭐야, 이거 형편없는 약골 아닌가?"

여포는 기절해 쓰러져 있는 사내의 어깨를 발로 찼다.

"기절할 만도 하군. 몸이 온통 상처투성이야."

장군 하나가 나서더니 사내의 풀어헤쳐진 상반신을 가리키며 상처를 확인시켰다.

"어서 의원을 부르라!"

여포가 큰소리로 외쳤으나 의술에 상식이 있는 장군 하나가 이미 정원의 숨이 붙어 있는지 맥을 짚어보고 일어서는 중이었다.

"이미 숨을 거두셨소."

"오오…."

여포는 무슨 소리인지 알 수 없는 신음을 토한 뒤 무섭게 좌중을 둘러보며 말했다.

"어찌하면 좋겠소?"

"저놈을 갈기갈기 찢어서 죽입시다!"

얼굴이 불콰한 장수 하나가 나서며 소리쳤다. 여포가 그를 돌아보며 말했다.

"찢어 죽이든 삶아 죽이든 그건 나중에 우리 편한 대로 할 수 있소. 지금 내가 묻고 있는 건 살아 있는 우리가 앞으로 어찌하면 좋을지를 묻는 거요. 이 난세에 우리는 주인을 잃고 말았소. 모두 자기 살 궁리만 하는 세상이니 묻는 말이오."

여포는 이미 숨이 끊긴 주인의 시체를 앞에 두고 장군들에게 자신들의 처신을 묻고 있었던 것이다.

"무슨 별 문제야 있겠습니까? 우리에겐 병력이 있습니다. 이제 곧 새 주인이 나타나겠지요."

붉은 얼굴을 한 장군이 그렇게 말하자 여포가 말했다.

"사실 얼마 전에 동탁 장군이 내게 전갈을 보내왔소. 정원의 목을 가져오면 우리의 모든 것을 보장해주겠다는 제의였소."

"아니, 그것이 정말이오?"

"그렇소. 이처럼 위급한 일이 벌어졌는데 내가 허튼 소리를 하겠소?"

"혹시 원소와 조조 쪽에서는 무슨 기별이 없었소?

"지나가는 말 정도야 있었지만 그들은 우리의 관직에 대해서는 언급이 없었소. 그리고 지금 상황으로 볼 때 그자들은 우리에게 그런 약속을 해줄 만한 힘을 갖고 있지 못하오."

"그렇다면 동탁 쪽에 몸을 의지하는 수밖에…."

이제 좌중의 분위기는 한쪽으로 기울기 시작했다. 여포와 동탁이 사전에 내통하고 있었다는 데 불만을 가진 장군들도 있었지만 대세는 이미 기운 터라 입을 다물 수밖에 없었다. 그때 기절해 있던 사내가 의식을 회복하며 깨어나고 있었다. 그러자 장군들은 하던 이야기를 멈추고 사내를 취조하기 시작했다. 고문을 가하면 다시 기절할 것 같아 장군들은 몇 가지 질문만 던졌다. 사내는 모든 것을 순순히 밝혔다. 성은 장張이고 소평진이라는 곳에서 죽을 뻔한 몸이었으며 복수를 하기 위해 금오군의 대장을 죽이려 했다는 사실을 술술 자백했다. 사내는 바로 낚시꾼 장씨의 도움으로 백마사에서 치료를 받은 적이 있는 마부 장씨였던 것이다. 장군들 중에는 동탁에게 회유당한 여포가 이 사내를 사주하여 정원을 살해한 것이 아니냐는 의심을 하기도 했다. 하지만 정원이 살해된 직후 여포와 사내가 취한 행동을 보면 그런 것 같지는 않다는 생각을 하게 되었다. 결국 마부 장씨는 많은 장군이 지켜보는 가운데 목 없는 시체가 되고 말았다. 그러나 그는 처형당하기 전부터 이미 의식불명 상태에 있었다. 소평진에서 받은 상처가 채 아물지 않은 상태에서 일을 저지른 탓에 그의 체력은 이미 한계에 도달해 있었기 때문이었다.

"그런데 이자가 정원을 죽였다는 사실이 동탁 장군에게 알려지면 우리로서는 좋을 것이 없을 것 같은데, 어떻소?"

장군 하나가 머뭇거리며 말했다. 실은 모든 장군이 염려하고 있던 문제였다. 여포는 누군가가 먼저 그 문제를 입 밖으로 꺼내기를 기다리고 있던 참이었다.

"어차피 일이 이렇게 된 바에야 내가 정원을 죽인 것으로 하겠소. 이 사실을 알고 있는 사람은 여기 있는 장군들뿐이오. 이 자리에 있는 모든 장군이 이 비밀을 지키기만 한다면 동탁 장군도 약속한 대로 대우를 해줄 것이오. 또 다른 문제나 의견을 가진 분이 있으면 이 자리에서 말하시오."

금오군의 실권을 쥐고 있는 여포의 말이었다. 더구나 그의 말을 따르게 되었을 때 손해를 보는 이도 없었다. 그러므로 이견이 있을 리가 없었다.

'갑자기 굴러 들어온 잡역부 덕분에 내 운도 함께 굴러들어왔구나….'

이리하여 여포는 병사 한 명 잃지 않고 동탁의 진영에 가담할 수 있게 되었다. 동탁은 여포가 그의 휘하로 들어온 이후 낙양에서는 어느 것 하나 거칠 게 없었다. 동탁은 먼저 한심하기 이를 데 없는 황제를 폐위시키고 그 동생인 진류왕 협을 새 황제로 즉위시켰다. 그 다음에 동탁이 할 일은 원소의 세력을 정리하는 일이었다. 병력 면에서 동탁과 비교할 수는 없었지만 대대로 재상을 지낸 명문가의 핏줄인 원소는 자신의 본거지인 하북에서 언제라도 일이십만의 병력을 모을 수 있는 힘을 가지고 있었다. 언제 위협을 가해올지 모르는 위험한 존재였다. 그런 원소가 낙양을 버리고 도망을 간 것이다. 그 다음이 조조였다. 조조 역시 삼엄한 경계를 뚫고 낙양을 빠져나갔다. 두 사람이 민첩하게 낙양을 빠져나갔다는 사실은 낙양의 병력을 손아귀에 쥔 동탁에게는 여간 께름칙한 일이 아니었다. 그러나 그것은 동탁 자신이 방심한 탓도 있었기 때문에 누구를 탓할 일은 아니었다.

동탁이 동쪽으로 간 까닭은?

『삼국연의』에서는 하진의 소집 명령을 받고 낙양으로 달려온 동탁을 서량의 자사로 설명하고 있다. 그러나 실제로 동탁은 그해 4월에 병주幷州, 산서성 태원시의 목으로 임명되었다. 그러나 그가 병주로 부임했는지에 대해서는 확실하게 밝혀져 있지 않다. 어쨌든 동탁은 그 한 해 전에 중앙정부의 소부少府에 임명되었으나 실제로는 부임하지 않았던 전력이 있었다. 소부라는 직책은 공경公卿으로서 직위는 상당히 높았으나 궁정의 의복이나 보화, 진선珍膳, 진귀한 음식 따위를 담당했기 때문에 하는 일은 그리 드러나는 게 아니었다. 섬서와 감숙에서 20만 명이나 되는 병력을 거느리고 있던 동탁의 입장에서는 아무리 직위가 높다 할지라도 그처럼 실권도, 재미도 없는 자리에 연연할 까닭이 없었을 것이다. 동탁은 주저 없이 이런 이유를 들면서 낙양으로의 상경을 거부했다.

"부하들이 내가 베푼 은혜를 잊지 못해 마차 앞을 가로막고 있어 도저히 낙양으로 올라갈 수가 없습니다."

중앙에서 그를 병주의 목으로 임명한 까닭은 서북지역에서 대군을 거느리고 있는 그가 후환이 될까봐 본거지로부터 끄집어내려는 의도였다. 과연 동탁은 이 명령도 거부했을까? 만일 그랬다면 그는 양주감숙성 무위에 그대로 머물러 있었을 것이다.

필자는 북경에서 신강新疆 위구르의 자치구인 울무치까지 나흘 정도 기차를 타고 간 적이 있는데 낙양에서 무위까지는 급행으로 하루 반이나 걸렸다. 이 정도 거리라면 2세기경에는 병력이 이동하는 데 30일은 족히 걸릴 거리였다. 여기다가 하진의 밀사가 파발마로 달렸던 날짜까지 계산에 넣으면 한 달은 훨씬 더 걸릴 거리였다.

그러므로 『후한서』 「동탁전」에 나와 있는 것처럼, 그는 소부대를 이끌고 미리 임지 가까운 곳에 가 있었을 것이다. 동탁은 내심 천하의 대란이 멀지 않다고 생각해서 세상 돌아가는 것을 관망하기 위해 본거지를 벗어나 있었던 것이 틀림없다. 따라서 신속하게 낙양으로 달려올 수가 있었던 것이다. 그런 연유로 그에게는 소규모의 병력밖에 없었을 것이다. 20만 대군은 멀리 떨어진 서북에 있었기 때문에 며칠 만에 금방 불러들일 수 있는 형편이 되지 못했다.

그런 상태에서 상황은 하루가 다르게 급박히 돌아가고 있었다. 상황이 그러하니 그는 자신의 무력을 과시해야 할 필요가 있었다. 그러나 방법이 없었다. 따라서 고육지책으로 불과 3천밖에 안 되는 병사를 밤중에 몰래 성 밖으로 빼낸 다음, 이튿날 아침 깃발을 흔들고 북을 치면서 다시 성안으로 들어오게 하는 계략을 생각해냈던 것이다.

『후한서』가 '낙양에서 그 계략을 눈치 챈 자가 없었다'라고 기술하고 있는 것처럼 이 계략은 실로 교묘하게 진행했던 것 같다.

환관 몰살사건 이후 낙양에 들어온 동탁의 군사 중에는 티베트족 병사가 있었으며 정원과 여포가 이끄는 군사 중에는 몽골족이 포함되어 있었다. 따라서 『삼국지』는 중국이 아닌 아시아 전역을 대상으로 하는 양상을 띠게 된다. 이러한 역사적 배경으로 인해 동양 최고의 고전인 『삼국지』에 때로는 광활하고 건조한 사막과 같은 분위기가 등장하기도 하고, 또 어떤 때는 논농사에 바탕을 둔 남국적인 정서가 함께 어우러지기도 한다. 그리하여 광활한 대륙을 무대로 여러 민족 간에 펼쳐지는 이 장쾌한 드라마에서 독자들은 역사의 장대함에 흠뻑 취할 수 있는 것이다.

5
철기병, 백파곡으로 들어가다

一

'사람을 잘못 본 것일까?'

처음에 진잠은 그렇게 생각했다. 닮아도 너무 닮았다. 태평도의 본거지인 거록에서 그를 본 적이 있었다. 그는 태평도 간부 중의 한 사람이었다. 이름은 분명 한섬韓暹이라고 했다. 태평도 내에서도 상당히 높은 간부로, 본거지에 체류하지는 않았지만 지방에 위치한 방方. 군단의 장으로서 본거지에 가끔 오던 인물이었다. 처음 그를 보았을 때는 다른 사람을 착각한 것일지도 모른다고 생각했지만 두 번째 보았을 때는 틀림없이 그 사람이라는 확신을 갖게 되었다.

대담하기 이를 데 없는 행동이었다. 태평도는 거병하면서 황건을 집단의 징표로 삼았다. 한 황실의 입장에서 볼 때 그들은 반란군이었다. 따라서 그들을 황건적이라 불렀다. 황건적의 난은 우두머리인 장각을 비롯해 그의 동생인 장보, 장량 등 지도부 수뇌들이 차례차례 죽음으로써 그 세가 약해졌다. 물론 장가 형제들이 죽었다고 황건적의 난이 완전히 평정되었다는 의미는 아니다.

어쨌든 태평도는 민중 사이에 깊이 뿌리내린 조직이었기 때문에 난은 수그러졌지만 여전히 폭발력을 갖고 여기저기에서 숨을 죽인 채 때를 기다리고 있는 상태였다. 특히 청주와 서주에는 황건군의 정권이 들어섰다는 소문도 돌고 있었다. 청주나 서주 같은 먼 곳뿐만이 아니라 수도인 낙양 근처에도 황건군의 잔당이 남아 있다는 이야기가 있었다. 분수汾水 유역에는 그들이 따로 모이는 장소가 있다고도 했다. 아무리 그렇다 할지라도 군장軍長급에 해당되는 인물이 낙양에 몰래 숨어 들어와 있다는 사실은 뜻밖이었다.

경매를 문병하러 암자를 찾은 진잠은 한섬에 관한 이야기를 꺼냈다.

"한섬 그자가 낙양의 조정을 우습게 본 것입니다. 반란군의 핵심인물이 백주에 대로를 활보하고 있으니."

진잠이 다소 흥분한 목소리로 말하자 경매가 그의 말을 받았다.

"그러나 지금 태평도가 곤란한 처지에 놓여 있는지도 모를 일 아니겠습니까? 고위간부가 직접 저잣거리를 활보한다는 것은 분명 심상치 않은 일이지요. 그런데 그 남자를 본 곳은 어디쯤입니까?"

"상서문上西門 안의 목공장木工場 근처였습니다."

"두 번 모두 그곳에서 보셨나요?"

"예. 하지만 그자의 거동이 그렇게 편안하게 보이지는 않았어요."

"수배자의 신분이기 때문에 아무래도 행동이 편하지는 않았겠지요. 그런데 그 사람은 진 선생님을 전혀 알아보지 못하던가요?"

"그는 태평도에서도 지명도가 있는 자라 금방 알아보았던 겁니다. 그가 나를 특별히 기억할 만한 일은 없었기 때문에 나를 알아보지 못했을 겁니다."

진잠은 며칠 전 저자거리에서 보았던 한섬의 모습을 머리에 떠올렸다. 진잠이 그를 처음 본 것은 목공장 근처에서였다. 그가 두건을 찾으러 목공장으로 돌아왔을 때 보았던 것이다. 그는 잃어버린 두건을 찾기 위해 목공장 주변을 이리저리 헤매고 있었다. 그의 일행으로 보이는 몇 명이 그의 뒤를 따르고 있었다. 두 번째로 본 것은 그로부터 사흘 뒤였다. 진잠이 목공장에서 돌아오려고 막 문을 나서는 순간 얼굴이 마주친 것이었다. 한섬은 등을 구부리고 짐짓 눈길을 딴 곳으로 돌렸다. 마치 '나는 그저 길을 오가는 평범한 백성일 따름이오' 하는 표정이었다. 진잠은 그를 정면으로 보고서 틀림없이 한섬이라는 확신이 들었다.

"그런데 공사는 언제부터 시작될 예정입니까?"

경매가 화제를 돌렸다. 낙양에 터를 잡고 살아가는 월지족 사람들을 위해 백마사가 세워진 지도 벌써 120년이 지났다. 그 세월 동안 한인 신자들도 나오고 비구니가 되고자 하는 여성 출가자도 나온 실정이었다. 그래서 몇 년 전부터 월지족 사람들은 여성 출가자를 위한 비구니 절을 하나 짓기로 하고 줄곧 계획을 세워왔다. 하지만 비구니 절은 빨리 건립되지 못했다. 신앙심이 돈독한 자들은 상당히 적극적이었던 반면, 일부에서는 현실적으로 시기상조라며 반대했기 때문이다.

낙양에 살고 있는 월지족은 대부분 실크로드를 따라 무역에 종사하는 상인과 그 가족이었다. 당시는 상업에 종사한다는 것이 그리 만만치만은 않아 사람들이 선호하는 직업은 아니었다. 대상隊商들은 반드시 무장을 하고 이동해야 했고, 또한 각 지역의 지배자들에게 뇌물을 주지 않으면 안전을 보장받을 수 없는 시대였다. 그러한 이유로 월지족의 지출이 적지 않게 늘어나고, 설상가상으로 사회가 흔들리고 민심이 흉흉해지면서 한족의 구매력이 눈에 띄게 떨어진 상태였다. 따라서 새로운 절을 또 하나 건립하기에는 분명 적절한 시기가 아니었다. 그렇다고 해서 신앙을 위한 전당을 세우는 일을 마냥 뒤로 미룰 수만도 없는 일이었다. 이런 상황에서 지영은 절충안을 내놓았다. 비구니들을 위한 규모가 크고 수려한 외양의 절은 나중에 상황을 봐가면서 건립하기로 하고, 일단 간소한 절을 지어 비구니들을 위한 수행도량으로 사용하도록 하자는 것이었다. 임시 건물이기 때문에 자재를 추가로 구입할 것 없이 있는 것들을 적당히 사용하면 경비절감도 가능하다는 계산이었다. 지영은 얼마 전 화재로 무너져 내린 궁전에서 타다 남은 기둥이나 서까래를 가져다가 자재로 이용하자고 제안했다. 건물이 완전히 타버리게 되면 재밖에 남지 않지만, 일부만 타거나 그을린 정도의 작은 화재였다면 재활용이 가능한 자재를 얻을 수 있기 때문이었다.

지영의 제안은 매우 고무적이어서 그렇게 하기로 내부 결정을 보았다. 공사를 시작하기에 앞서 지영은 낙양의 실세인 동탁에게 그 자재들을 쓸 수 있게 해달라고 요청했다. 지영은 이미 동탁에게 환심을 사두었기 때문에 그 정도의 허락을 얻어내는 일은 어렵지 않았다. 동탁은 지영의 부탁을 듣고 오히려 미안해하는 표정을 지으며 말했다.

"왜 하필 잿더미가 된 자재들을 사용하겠다는 것인가? 내가 새 자재를 구해줄 테니 그것을 사용하도록 하라."

지영으로서는 고마운 일이었으나 그의 호의를 정중하게 사양했다. 결국 지영은 궁정에 남아 있는 폐자재를 그냥 가져다 사용해도 좋다는 허락을 받았다. 월지족의 일부 사람들은 나는 새도 떨어뜨린다는 동탁 장군이 호의를 베푼 것인데 새 자재를 받아서 사용해도 되지 않겠냐고 했지만 지영은 그 말에 그저 빙긋이 웃기만 했다. 진잠은 지영의 그러한 마음을 읽을 수 있을 것 같았다.

지금 동탁은 이 나라를 자기 마음대로 전횡하고 있었다. 황제 변을 폐위시켜 홍농왕弘農王으로 강등시키고, 그 이복동생인 진류왕 협을 황제로 옹립했다. 또한 변의 부친 황태후 하씨를 독살했다. 그뿐만이 아니었다. 황태후의 부친 무양군無陽君의 무덤을 다시 파헤치기도 했다. 그리고 동탁은 스스로 상국相國의 자리에 올랐다. 4백 년 전 한 고조가 천하를 통일한 뒤 소하蕭何를 이 자리에 임명한 적이 있었을 뿐 그 뒤로는 어느 누구도 이 자리에 오른 적이 없었다. 4백 년간 아무도 그 자리에 오를 수 없었던 것은 그 자리가 그만큼 높은 자리였기 때문이었다. 신하들이 천자 앞에 나설 때면 잔걸음으로 걷도록 되어 있었다. 이것을 '추趨'라고 한다. 그런데 상국은 이것을 하지 않아도 상관이 없었다. 다른 신하와 달리 느릿느릿 걸어도 되는 것이다. 또한 천자가 있는 곳에서는 어느 누구도 무기를 소지할 수 없도록 되어 있었으나 상국만큼은 칼을 소지하는 것이 허락되어 있었다.

하지만 이러한 동탁의 전횡이 언제까지 그대로 영원할 수는 없었다. 특히 동탁은 물욕이 너무 지나쳐 낙양에서는 이미 모든 이가 혐오하는 대상이었다. 덕망이 없는 자는 언젠가는 몰락의 길을 걷게 되어 있다. 지영은 동탁의 공포정치가 그렇게 길게 가지는 못할 것임을 알고 있었다. 따라서 지금 이 상황에서 동탁과 너무 가까이 밀착되어 있다는 인상을 주는 것은 위험한 일이었다. 다음에 들어설 실력자는 동탁에게 밀착했던 사람이나 조직을 그대로 둘 리가 없었다. 폐자재를 아무 대가 없이 사용할 수 있는 허락을 받은 정도의 호의면 족했다. 그 이상의 호의는 오히려 나중에 화근이 될 수도 있었다.

동탁은 월지족을 위해 폐자재를 처리할 수 있는 장소를 제공하기도 했다. 그곳이 바로 상서문 안에 있는 목공장이었다. 비구니들을 위한 절의 설계도는 이미 완성되어 있었다. 폐자재에서 골라낸 쓸만한 목재를 설계도의 크기에 맞추어 자르는 일이 시작됐다. 대패질을 하여 다듬자 목재들이 이내 새것처럼 바뀌었다. 이런 경위로 목공장은 이제 월지족 인부들이 일하는 장소가 되어 있었다. 사찰을 건축하는 일은 아직 한인들이 하기에는 역부족이었다. 또한 월지족 건축기술자들도 신자가 아닌 한인들에게 그 기술을 전수하려 하지 않았다. 진잠조차도 공사장에 들어가는 것이 허락되지 않았다. 가끔 폐자재 수량을 확인하는 일을 도와주는 정도였다.

二

"어쨌든 심상치 않은 일이네요. 황건군의 간부가 낙양에 숨어들어 활개를 치고 다닌다는 것은. 성문에서 검문도 그렇게 엄하게 한다던데 어떻게?"

경매가 근심스런 표정으로 말하자 진잠이 대꾸했다.

"성문을 나설 때만 검문이 엄하답니다. 몸 구석구석까지 샅샅이 조사를 하고 있으니까요. 성안으로 들어갈 때는 검문이 별로 심하지 않아요."

"그렇습니까? 그건 정말 상국다운 조치인 것 같습니다. 호호호."

경매가 소리 내어 웃었다. 상국다운 조치라. 암자에서 요양하고 있는 경매조차도 지금 동탁이 어떠한 행동을 하고 있는지 알 정도로 세상은 혼탁해지고 있었던 것이다.

'낙양은 모두 내 것이다.'

동탁은 그런 생각을 하고 있었다. 낙양뿐만이 아니었다. 낙양에 살고 있는 사람들이나 그들이 지니고 있는 모든 재물까지도 전부 자기 것이라는 생각을 하고 있었다. 천자라는 자리까지도 자기 마음대로 할 정도이니 그렇게 생각하는 것도 무리는 아니었다.

"낙양에서는 바늘 하나도 자기 마음대로 밖으로 갖고 나가지 못한다."

그는 부풀어 터질 듯한 몸집을 거만하게 흔들며 그렇게 말하고 다녔다.

"성문을 단단히 지키도록 하라!"

동탁은 부하들에게 자주 그렇게 강조했다. 이런 동탁의 생각이 그대로 현실에 반영되었다. 성문에 대한 경계는 성 밖으로 나가는 사람들에 대해서만 강화되었다. 우습고도 건방진 생각이었지만 자기 소유물을 성 밖으로 갖고 나갈까봐 조바심이 났던 것이다.

후한의 수도인 낙양은 한때 전한前漢의 수도였고 훗날 당나라의 수도가 된 장안에 비해 그 규모가 상당히 작았다. 모든 일에 항상 소극적이었던 후한의 시조 광무제의 성격이 수도를 설계하는 데에도 그대로 드러났다고 할 수 있다. 그 크기는 남북으로 5킬로미터, 동서로는 2.5킬로미터 정도였으며 주위는 높은 성벽으로 둘러싸여 있었다. 낙양성은 남쪽으로는 개양開陽, 평平, 원苑, 진津이라는 네 개의 문이 있었고 북쪽으로는 하夏, 곡穀이라는 두 개의 문이 있었다. 동쪽으로는 상동上東, 동중東中, 망경望京이라는 세 개의 문이, 서쪽으로는 광양廣陽, 옹雍, 상서上西라는 세 개의 문이 있었다. 따라서 낙양성에는 모두 열두 개의 성문이 있었고, 이 가운데 하나를 통하지 않고서는 안으로 들어갈 수도 밖으로 나갈 수도 없었다.

동탁이 그저 권력욕만 갖고 있었다면 아직 순진한 구석이 남아 있다고 말할 수도 있겠지만 그는 어느 누구에도 뒤지지 않는 물욕을 가진 자였다. 권력욕과 물욕이 함께 뒤섞이면 거의 병적일 정도의 독점욕을 갖게 된다. 마침내 동탁은 열두 개의 성문을 닫아놓고 낙양 안에 있는 모든 재물을 몰수하기 시작했다. 동탁의 착취는 강압적이고 억지스러웠다. 낙양 안의 부호들을 눈여겨보고 있다가 마치 독수리가 먹이를 채가듯 그들의 재산을 빼앗아갔다. 부호들의 재산을 몰수해갈 때는 반역자와 내통했다는 식으로 터무니없는 이유를 붙였다. 강탈한 재물 가운데 황금은 모두 녹여 봉 형태로 만든 다음 '동董'이라는 글자를 새겨 넣었다. 이것만 보더라도 그의 물욕이 어느 정도였는지 짐작할 수 있다. 동탁은 오로지 재물이 성 밖으로 빠져나가는 것만을 걱정하고 있었기 때문에 사람들이 성안으로 들어오는 것은 그다지 신경 쓰지 않았다.

"한섬의 휘하에는 만 명을 헤아리는 부하가 있는데 그렇게 거리를 활보하다니."

진잠은 도저히 이해할 수 없다는 듯 연신 고개를 갸웃거렸다.

"병력을 모두 해산시켰거나 아니면 백파곡白波谷에 숨겨두었을지도 모르는 일 아닌가요?"

경매가 진잠의 말을 받았다.

"음, 백파곡에…. 그럴지도 모르겠네요."

황건군의 잔당 중 상당수가 분수 유역인 백파곡에 머물고 있다는 이야기가 있었다. 백파곡은 현재 산서성 남부의 분성汾城 동남쪽에 있는 계곡을 말한다. 난공불락의 요새여서 반란군의 거점이 되고 있었다. 그러나 워낙 산중에 있는 요새인지라 많은 병력이 오랫동안 버틸 수 있는 곳은 못 되었다. 처음에는 인근 지역의 주민들로부터 양식을 갈취하여 버텼는데 약탈이 너무 심하다보니 나중에는 주민들이 모두 다른 곳으로 도망을 가버리고 말았다. 그러니 식량을 마련하는 일이 가장 시급한 일이었다. 하지만 단지 식량난을 해결하기 위해 한섬이 낙양 거리로 나섰다면 그것은 크나큰 판단착오일 것이다. 낙양성 밖으로는 바늘 하나도 마음대로 가지고 나가지 못하게 막고 있는 동탁이었다.

"누나!"

진잠과 경매가 한섬에 대해 이야기를 나누는데 느닷없이 아이의 음성이 들렸다. 진잠이 소리가 나는 쪽으로 돌아보니 예닐곱 살가량 되는 아이가 경매를 쳐다보며 귀엽게 생글거리고 있었다. 차림새를 보니 이곳 사람의 복장은 아니었다. 모피로 된 가죽조끼를 입고 있었는데, 소매는 선명한 자주색으로 된 비단이었다.

"어서 와요, 표豹군."

경매는 상냥하게 웃으며 아이를 맞이했다.

"이곳 아이가 아닌 것 같은데요?"

진잠이 경매를 쳐다보며 물었다.

"흉노匈奴의 왕자입니다."

"아! 그럼 바로 용문龍門의?"

"그렇습니다. 시녀들과 함께 가끔 이곳까지 놀러오곤 하지요. 며칠 전에도 왔기에 함께 놀아주었더니 그게 좋았던 모양이네요."

경매가 자리에서 일어났다.

"바깥바람을 쐬어도 건강에 지장 없겠습니까?"

진잠이 사뭇 걱정스런 음성으로 물었다.

"예, 이제는 괜찮습니다. 흉노족 사람들하고도 좋은 관계를 유지해야지요."

경매는 신발을 신고 정원으로 내려섰다. 물론 진잠은 경매의 그 말이 무슨 의미인지 알고 있었다. 월지족 사람들은 어느 누구와도 좋은 관계를 유지해야 했다. 그것이 이국땅에서 살아가는 그들의 운명이었다. 비록 병중이긴 했지만 경매는 월지족 사람으로서 자신이 지금 어떻게 행동해야 하는지 잘 알고 있었다.

흉노족은 몽골 계통의 유목민족으로서 후한 때에는 북흉노족과 남흉노족으로 분열되어 있었다. 당시 남흉노족은 후한에 복속되어 있었으며 서하西河의 미직美稷이라는 곳에 모여 살았다. 현재의 산서성 이석현離石縣에 속하는 지역이었다. 유목민족이면서도 한의 수도 가까운 곳까지 와서 살고 있는 것은 흉노족 내부의 분열 때문이었다. 흉노족은 자신들의 왕을 '선우單于'라고 칭했다. 그리고 그 밑으로 우현왕右賢王과 좌현왕左賢王이 있었으며 이들이 선우를 보좌했다. 중평 4년(187년)에 중산태수中山太守 장순張純이 반역을 일으키고 선비족鮮卑族과 동맹해 난을 일으켰을 때 조정에서는 남흉노에 유주 책임자의 지휘를 받아 반란군을 소탕하라는 칙서를 내렸다. 그래서 당시의 선우는 한나라 황제의 칙서를 받들어 좌우현 왕에게 기병대를 이끌고 유주로 향하게 했다. 그 후에도 선우는 조정의 칙서가 내려올 때마다 계속해서 증원군을 보냈다. 그러자 남흉노의 백성이 반발하기 시작했다. 그토록 전쟁을 좋아하는 선우 밑에 있다가는 남정네의 씨가 하나도 남아나지 않겠다며 10만여 명이나 되는 군중이 선우에게 몰려가 그를 자리에서 끌어내리고 살해해버렸다. 그 뒤 우현왕인 어부라於扶羅가 선우의 자리에 올랐다. 어부라는 군중에 의해 살해된 선우의 아들이었다.

하지만 반란을 일으켰던 군중은 어부라가 선우의 자리에 오르는 것을 반대하고 수복골須卜骨이라는 인물을 선우로 추대했다. 그리하여 남흉노에는 두 명의 선우가 존재하게 되었으며 대부분의 백성은 수복골만을 선우로 인정했다. 어부라는 자신을 따르는 수천 명을 이끌고 남쪽으로 내려갔다. 남흉노의 종주국은 후한이었다. 그래서 어부라는 한나라 황제를 찾아가 자신이 정통을 잇는 선우라는 것을 추인받을 생각이었다. 그는 낙양으로 찾아가서 황제를 알현코자 하였다.

이때가 중평 6년으로, 어부라가 알현코자 했던 영제가 죽고 환관 시해사건이 일어났던 해이다. 이어서 동탁이 낙양을 장악하고 황제를 폐위시키는 사건이 일어났다. 남흉노 선우의 정통성을 인정해주는 문제에는 전혀 관심을 기울일 수 없는 상황이었다. 따라서 어부라는 수천의 부하와 함께 낙양성 주변에서 상황이 안정되기를 기다리며 시간을 보낼 수밖에 없었다. 언제 어느 때 입궐에 대한 윤허가 내릴지 알 수 없었기 때문에 낙양에서 멀리 떨어져 있을 수도 없었다. 그런 연유로 어부라는 용문 근처에서 머물고 있었던 것이다.

그러나 동탁이 낙양을 장악하고 어느 정도 주변이 정비된 뒤에도 황제를 알현할 기회는 좀처럼 주어지지 않았다. 수천의 부하를 먹여가며 황제의 윤허가 떨어지기를 기다리는 일이 어부라의 입장에서는 여간 고역이 아니었다. 시간이 흐를수록 굶어 쓰러지는 부하의 숫자가 늘어갔다. 굶어 죽지 않는 방법은 한 가지밖에 없었다. 바로 약탈이었다.

경매가 머물고 있는 곳에 놀러 온 아이가 바로 어부라의 아들인 표였다. 경매는 어린 표를 데리고 공놀이를 하고 있었다. 어떤 목적을 가지고 아이와 놀이를 하는 것처럼 보이지는 않았다. 아이를 바라보는 경매의 눈길에는 아무 사심도 없는 사랑스러움이 담겨 있었다.

'이것이 부도일까?'

지금까지 백마사의 학승들로부터 들은 불교의 가르침이 지금 자신의 눈앞에서 펼쳐지고 있는 장면에 모두 응축되어 있는 듯 느껴졌다. 그 감정의 강도가 너무 강했던 것일까. 진잠의 눈에서 자신도 알 수 없는 눈물이 핑 돌았다. 그러면서 파에 있는 아름다운 소용의 모습이 언뜻 떠올랐다. 참으로 오랜만에 떠오른 소용의 모습이었다.

三

비가 부슬부슬 내리고 있었다. 몇 명의 인부가 설계도에 따라서 폐자재를 적당한 길이로 자른 다음 망치와 정을 이용하여 서로 끼워 넣을 수 있는 구멍과 돌출부를 만들고 있었다. 다른 인부들은 백마사의 암자가 있는 넓은 공터에 초석을 묻고 있었다. 목공장에서 다듬은 자재를 암자로 옮겨오기만 하면 간단하게 조립할 수 있도록 모든 준비를 계획대로 진행하고 있었다.

드디어 자재를 운반해오는 날이 되었다. 바늘 하나 성 밖으로 갖고 나갈 수 없는 상황이었다. 동탁의 허가가 있는 경우만이 예외였다. 물론 백마사의 재활용 목재는 동탁으로부터 반출 허가를 받아두었다. 말이 끄는 큰 수레가 세 대나 준비되었다. 인부들은 다듬어진 자재를 수레에 산처럼 쌓았다. 상당한 양이었다. 목공장의 창고에 어느 정도의 재활용 목재가 더 준비되어 있는지 외부인인 진잠은 알 수 없었다. 동탁은 이들을 위해 말까지 내어주었다. 말이 끄는 짐수레를 10여 명의 인부가 둘러싸고 운반을 시작했다.

"진 선생도 같이 갑시다."

지영의 말에 진잠도 인부들과 함께 짐수레를 따라 걸었다. 지영이 지금처럼 무엇인가를 권할 때는 항상 새로운 것을 알게 되거나 경험하지 못한 일을 접하곤 했다. 그 지식과 경험은 언젠가 파로 다시 돌아가 오두미도를 포교할 때 여러 모로 도움이 될 만한 유익한 것들이어서 진잠은 늘 지영의 말에 따랐다.

특별히 소요가 일지는 않았지만 수도 낙양은 전체적으로 아주 뒤숭숭한 분위기에 휩싸여 있었다.

'동탁을 없애자!'

이런 말이 산동에서 돌고 있다는 소문이 입에서 입으로 퍼지고 있기는 했지만 눈앞에 펼쳐진 낙양은 평상시와 다름없었다. 큰소리로는 말할 수 없었다. 혹시라도 동탁의 수하 졸개들에게 잘못 걸려드는 날이면 죽임을 당할 수도 있기 때문이었다. 동탁에 반대하는 연합군 세력이 그리 만만치 않다는 소문도 은연중에 퍼지고 있었다. 물론 그 같은 소문 속에는 그렇게 되었으면 하는 바람도 녹아 있었다. 이런 상황인데도 동탁의 횡포는 날이 갈수록 심해졌다. 이제는 재물뿐만 아니라 여자들까지 자기 것으로 만들려 하고 있었다. 그는 신분의 귀천을 가리지 않고 남의 부인이나 딸까지도 탐했다.

"저런 개돼지만도 못한 인간. 언젠가는 천벌을 받을 거다!"

그의 만행을 지켜본 사람들은 하나같이 마음속에 독을 품었다. 당시는 신문이나 텔레비전 같은 언론매체가 없던 시대이기도 했고 동탁군의 단속이 워낙 심해 자기 신상에 위험이 끼칠 만한 말들은 함부로 발설하기 힘든 때였다. 그러나 폭정이 도를 더해갈수록 동탁에 대한 험담은 빠른 속도로 낙양에 살고 있는 백성들 사이에 전파되고 있었다.

"반동탁 세력을 제대로 규합하느냐 못하느냐가 관건이겠군요."

진잠이 지영을 돌아보며 말했다.

동탁에게 반기를 드는 사람은 생각보다 많았다. 낙양성 내에 사는 사람들이야 어찌할 도리가 없어 울분을 꾹 누르고 있을 뿐이지만 성 밖에 있는 사람들은 언제라도 마음만 먹으면 거병할 수 있었다. 후한 왕조가 들어선 지 2백 년이 지난 뒤였으므로 지방의 호족들은 독자적인 세력을 구축하고 있었다. 시조인 광무제가 제위에 오르게 된 것도 여러 지역 호족들의 맹주격인 위치에 있었기 때문에 가능한 일이었다. 하지만 지금은 지방 호족들도 여러 세력으로 나뉘어 있기 때문에 반동탁 세력이 힘 있게 일어날 수 없는 상황이었다. 한마디로 흩어진 힘을 한데 모을 수 있는 주도세력이 없었다. 그러나 황건군을 토벌하는 과정에서 지방 호족들의 힘이 상당히 강화되고 있다는 사실은 어떤 가능성을 내포하고 있었다. 분산되어 있는 힘을 한곳으로 결집시킬 수만 있다면 동탁 세력을 몰아내는 일도 그리 어려운 것만은 아니었던 것이다.

방금 진잠이 지영에게 건넨 말은 이 점을 염두에 두고 한 것이었다. 진잠의 말을 듣고 지영은 고개를 끄덕였다.

"어찌 됐든 그 부분은 머지않아 정리가 될 것이오."

월지족은 특별한 정보망을 가지고 있었다. 지영이 근거 없는 말을 할 리가 없었다. 정리될 것 같다는 이야기는 많은 지방 군벌 중에서 누군가에게로 초점이 모아졌다는 말일 수도 있었다.

"누군가 정해졌습니까?"

진잠이 조심스럽게 묻자 지영이 말없이 고개를 끄덕였다.

"누구입니까?"

"어디 맞춰보시오."

지영이 미소를 지으며 진잠을 바라보았다.

"혹시 발해渤海의 원소가 아닙니까?"

"허허, 진 선생의 안목도 대단하시군요. 바로 맞추었습니다."

"기주의 한복韓馥이 반발하지는 않았습니까?"

한복이라는 인물의 거만함은 천하의 모든 이가 알고 있는 사실이었다. 한마디로 매사에 자신만 잘났다며 나서는 인물이었다.

"한복의 부하 중에 대단한 인물이 있지요. 유자혜劉子惠라는 사람인데, 나하고도 좀 아는 사이지요."

지영의 말에 의하면 유자혜가 한복을 설득했다는 것이다. 지금 병사를 일으키는 것은 시기상 좋지 않기 때문에 반군의 총수를 맡아서는 안 된다고 만류했다고 한다. 한복도 그 말에 공감하여 원소에게 동탁 토벌군의 맹주 자리를 양보했다고 한다. 여러 지역의 군벌을 하나로 뭉치게 하는 계기는 수도에서 천자를 모시고 있는 삼공들이 마련했다.

동탁의 폭정이 도를 지나쳐 이곳에서는 어떻게 해볼 도리가 없습니다. 각지에서 의병을 일으켜 이런 국난을 외면하지 않기 바라오.

이러한 밀서가 지방 호족들에게 보내졌다. 그러나 사실 이 밀서는 낙양의 중신들이 보낸 것이 아니었다. 바늘 하나도 성 밖으로 가지고 나갈 수 없는 삼엄한 경비 속에서 그런 밀서를 보낸다는 것은 죽음을 자초하는 것이나 다름없었다. 이 밀서를 보낸 이는 동군東郡의 태수 교모橋瑁라는 사람이었다. 그가 자기 멋대로 서신을 꾸며 각 지역의 군벌에게 보냈다. 위조 밀서이기는 했지만 낙양에 있는 삼공들의 입장을 정확하게 대변한 것이라 할 수 있었다. 급기야 이 위조 밀서는 흩어져 있던 군벌을 하나로 묶는 역할을 했고, 그 과정에서 가장 어려웠던 맹주 문제도 한복이 원소에게 양보함으로써 마무리되었다.

"동서東西간의 싸움이 되겠군요."

진잠은 그렇게 말하면서 한숨을 쉬었다.

"이제 시작에 불과합니다. 이번 싸움은 상당히 길어질 겁니다."

지영은 말을 마치면서 허공을 바라보았다. 정작 전쟁에서 가장 고통 받는 사람들은 그런 권력다툼과는 아무런 관계도 없는 백성이었다.

"병력 문제는 어떻습니까?"

"병력은 얼마든지 모을 수 있지요. 이제 비가 좀 그친 것 같군요."

그해 6월부터 9월까지는 거의 하루도 거르지 않고 비가 내렸다. 하진의 환관 시해사건이나 황제 형제의 낙양성 탈출, 그리고 동탁의 낙양성 입성도 모두 부슬부슬 내리는 빗속에서 진행되었던 일들이다. 그러나 이 시기는 곡식을 위해 뜨거운 태양이 가장 필요한 시기였고 또한 수확기이기도 했다. 결국 계속된 비로 천하는 대흉작을 맞게 되었다. 먹을 것을 찾아 헤매는 장정들이 가장 손쉽게 살아갈 수 있는 방법은 병사가 되는 길이었다. 그런 이유로 흉작이 든 해는 군사를 모으기가 한층 쉬웠다.

"조조 장군은 어떻답니까?"

진잠은 조조의 이름을 입에 올리기 전에 먼저 주변을 살펴보았다.

"벌써 5천의 병사를 모았다고 하더군요."

삐걱거리는 수레바퀴 소리와 함께 짐수레를 끄는 말이 멈춰 섰다. 성문 가까이에 다다른 것이었다. 지영은 주머니에서 통행증을 꺼내 수문장이 서 있는 곳으로 천천히 걸어갔다.

"동공께서 직접 쓰신 통행증입니다."

지영이 수문장에게 통행증을 펼쳐보였다.

"아, 백마사? 이미 전해 들었습니다. 어서 통과하십시오."

수문장이 정중하게 말했다. 일행은 아무 검색도 받지 않고 상서문을 빠져나왔다.

四

상서문을 나오면 성 밖이었다.

중국의 역사를 아는 사람은 잘 알겠지만, 3백 년 후 북위 태화太和 연간에 낙양은 기존의 성벽 밖에다 또 하나의 성벽을 쌓았다. 따라서 북위 이후에는 상서문—나중에 창합문閶闔門으로 개명되었다— 을 나와도 아직 성안이었다. 백마사도 후한·삼국시대에는 성 밖에 있었지만 북위에 들어와서는 또 하나의 성이 에워쌈으로써 자연히 성안으로 들어가게 되었다. 상서문을 나서서 잠시 걷다 보면 곡수穀 水라는 강을 만나게 된다. 후한시대의 낙양은 이 강을 방어선으로 사용했던 것 같다.

일행은 곡수에 가로놓여 있는 다리를 건넜다. 이 다리를 건너자 비로소 성 밖으로 나왔다는 사실을 실감했다. 말 그대로 해방된 느낌을 만끽했다. 동탁으로부터의 해방, 구속으로부터의 자유. 인부들도 잠시 멈추어 크게 한숨을 들이마셨다 내쉬었다. 일행 속에서 누군가가 노래를 부르기 시작했다.

강이란 강은 모두

동으로 동으로 바다를 향해 흐르고
서쪽으로는 돌아올 줄 모르네
조금이라도 젊었을 때
부지런히 뛰어야지
나이가 들면 이제는 늦으리

"모두 마음이 좀 느긋해진 모양입니다."

진잠이 흐뭇한 미소를 머금고 지영에게 말했다.

"정치나 권력 같은 것하고는 아무런 관계도 없는 사람들인데…."

지영이 안타까운 듯 고개를 좌우로 흔들며 말했다. 동탁이 천하를 잡게 될 것에 대비하여 그는 참으로 분주하게 뛰어다녔다. 이렇게 성문을 간단하게 통과할 수 있는 것도 그때 이미 이런 사태에 대비했기 때문이었다. 그러나 이제 동탁에게는 더 이상 희망을 걸 수가 없었다. 지영의 표정을 진잠은 그렇게 읽었다.

일행은 곡수를 넘자 북쪽으로 방향을 바꿔 백마사로 향했다. 얼마쯤 가다 보니 서쪽과 북쪽으로 갈라지는 길이 나왔다. 그 길에서 잠시 숨을 돌리고 있을 때였다. 갑자기 좌우 숲 속에서 칼과 활을 손에 든 장정들이 뛰어나와 그들을 가로막았다. 맨 앞에서 말의 고삐를 쥐고 있던 사내가 비명을 질렀다. 느닷없이 나타난 장정들은 백 명이 족히 넘어 보였다. 머리에는 하나같이 노란 두건을 두르고 있었다.

황건군!

이 정도의 머릿수로 수도 낙양의 성문 근처에 매복해 있다가 나타났다는 것은 실로 대담하기 이를 데 없는 행동이었다. 뒤이어 말을 타고 나타난 세 명의 사내가 목재를 실은 짐수레 앞에 버티고 섰다.

그 가운데 한섬의 얼굴이 보였다. 진잠은 속으로 적이 놀랐다.

"목숨만은 살려주겠다. 짐수레와 말을 놓고 빨리 사라져라!"

한섬이 위협적인 기세로 말했다. 한섬의 뒤에서 말을 탄 채 버티고 있는 사내들 중 하나는 창을 들고 있었고 수염이 긴 다른 사내는 옆구리에 도끼를 끼고 있었다. 목재를 나르던 인부는 열서너 명밖에 되지 않았다. 더구나 모두 비무장이었다.

"이 상태에서는 어떻게 해볼 수가 없군."

지영이 일행 앞으로 나와 한섬에게 양손을 벌려보였다.

"짐수레를 그 자리에 두고 조용히 이 자리를 떠나겠는가?"

"할 수 없는 일 아니겠소?"

"잘 생각했다."

"그러나 우리는 지금 목재를 운반하고 있는 중이오. 그대들이 원하는 것이 저 세 필의 말이라면 짐수레는 우리가 끌고 가도록 해주시오."

"아니다. 말과 목재가 다 필요하다."

"목재는 폐자재를 가공한 것이오. 그렇게 쓸 만한 물건이 아니오."

"우리는 그 낡아빠진 목재도 필요하다."

지영은 이해할 수 없다는 듯 고개를 갸웃했다. 진잠도 같은 의문이 들었다. 아무리 동탁이 내어준 말이라 할지라도 짐수레나 끄는 정도의 말이었기 때문에 명마라고 볼 수는 없었다. 다리가 짧은 말은 그저 부역에나 쓸 정도의 가치밖에 없다는 사실은 말에 대한 상식이 부족한 진잠조차도 알고 있었다. 황건군 같은 무리가 겨우 세 필의 말을 약탈하기 위해 백 명이 넘는 무장병력을 동원했다는 것은 어딘가 어울리지 않는 구석이 있었다. 잡동사니에 가까운 목재까지 내놓고 가라는 말이 황건군 고위간부의 입에서 나왔다는 사실도 그랬다.

"수백 년 동안 궁전을 받치고 서 있던 기둥 아니냐? 낡긴 했지만 바짝 말라 있어서 바로 쓸 수 있어."

"허허, 그러시오? 저걸 가져다가 산에 망루라도 지을 셈이시오?"

"하하하, 망루라… 우리는 궁전을 짓는다. 백파곡에 황금빛으로 빛나는 휘황찬란한 궁전을! 하하하."

한섬은 큰소리로 웃었다.

"백파곡에 말입니까?"

지영이 눈살을 찌푸리며 말했다.

"쓸데없는 질문은 하지 마라."

한섬은 침을 튀기면서 지영을 꾸짖은 뒤 좌우의 부하들에게 고갯짓을 하며 명령했다.

"어서 수레를 끌고 가라."

그 소리를 듣고 인부들이 짐수레에서 물러나 양쪽 길가로 비켜섰다. 세 마리 말의 고삐를 잡고 있던 사내들만 어떻게 하면 좋을지 몰라 두려운 눈빛으로 좌우를 살폈다.

"저리 비켜라!"

황건군 한 명이 재빨리 말의 고삐를 낚아챘다. 그것을 신호로 황건의 무리가 한꺼번에 달려들어 수레와 말을 빼앗아버렸다. 황건군은 각기 들고 온 무기를 치켜들면서 일제히 환호성을 올렸다.

"자, 가자!"

한섬은 사자가 포효하듯 우렁찬 목소리로 외쳤다. 그리고 말의 등에 채찍을 가하자 수레는 진창길에 깊은 바퀴자국을 내며 움직이기 시작했다.

五

바로 그때였다. 북망산맥에서 주워온 자식처럼 멀리 뚝 떨어져 있는 작은 구릉의 한쪽 모퉁이에서 자욱한 먼지가 피어오르기 시작했다. 기마대였다. 맨 앞에 깃발이 펄럭이고 있었다. '어리석은 행동을 했어. 그렇듯 크게 함성을 지르니 관군에게 발각되지 않을 수가 없지. 한섬도 신중한 편은 못 되는군. 쯧쯧.'

진잠은 자기도 모르게 황건군의 편을 들고 있었다. 같은 도교 단체인 데다 한때 그들과 생활을 함께한 인연도 있었으므로 어쩌면 자연스런 심리라고 볼 수 있었다. 더구나 그들에게 강탈당한 물건이라야 잿더미에서 건져낸 약간의 목재에 불과했다. 그 정도를 빼앗겼다고 해서 분노가 치밀어오를 일도 아니었다.

흙먼지가 점점 넓게 퍼지면서 기마대가 가까이 다가오고 있었다. 황건군은 도망갈 수도 없는 상황이었다. 말을 타고 있는 자는 한섬을 포함해 세 명의 간부들뿐이었고 나머지는 전부 보병이었기 때문이다. 한섬은 도망가려고 하지도 않았다.

"곤란하게 되었군."

한섬은 낮게 신음을 흘렸다. 황건군은 자칭 의군義軍으로서 만백성을 위해 분연히 일어섰다는 입장을 취하고 있었다. 그런 의군의 지도자가 부하를 버리고 자기 혼자만 살아남겠다고 도주하는 것은 있을 수 없는 일이었다.

"이 돼지 같은 것들!"

말 위에서 한섬이 분노한 표정으로 그들을 향해 일갈했다. 돼지 같은 것들이란 비만한 거구 동탁을 빗대어 한 말이었다. 만약 낙양성 안에서 그런 말을 입에 담았다가 동탁의 졸개들 귀에 들어가기라도 하면 그날로 목이 달아날 터였다.

"아니오! 동탁의 군사가 아닌 것 같소. 깃발의 모양이 다릅니다."

지영이 기마대의 깃발을 손으로 가리키며 말했다.

"그 돼지의 군사가 아니란 말이오?"

한섬은 말 위에서 몸을 앞으로 내밀며 물었다. 흙먼지 위로 깃발이 바람에 펄럭이고 있었다. 깃발에 그려진 모양은 말이었다.

"아니, 문마文馬?"

한섬은 혼잣말로 중얼거렸다. 문마란 말 모양이 그려진 천을 말하는 것이었다. 한나라에 복속된 남흉노가 이 무늬를 즐겨 사용했다. 남흉노의 선우 어부라가 자신의 정통성을 인정받기 위해 황제 알현을 요청했으나 동탁이 그 요청을 받아주지 않자 군사를 이끌고 낙양 주변을 떠돌고 있다는 말은 한섬도 익히 듣고 있던 바였다. 한섬은 점점 가까워오는 흉노군 앞으로 말을 탄 채 혼자 나서서 외쳤다.

"우리는 백파곡의 황건군이오. 우린 남흉노 군사와 싸울 의사가 전혀 없소. 당신들에겐 눈곱만치의 적의도 갖고 있지 않소. 그런데 왜 우리의 길을 막는 것이오?"

그러는 중에도 흙먼지는 좌우로 갈라지면서 둥근 원을 만들고 있었다. 맨 앞에 있던 10여 명 정도의 기마병이 한섬의 앞으로 나섰다. 큰 문마 깃발이 펄럭였다. 단현端玄에다 붉은색의 서의絮衣를 입고 붉은색 투구를 쓴 장수가 앞으로 나서더니 한섬과 마주섰다. 단현이란 윗옷의 목 부분이나 소매의 가장자리를 검은색으로 두른 모습을 말하는 것이고, 서의라는 것은 질기고 두꺼운 마麻로 만든 옷을 말하는데 웬만한 칼이나 화살도 뚫기가 힘들었다. 다시 말해 갑옷 역할을 하는 옷이라 볼 수 있다.

"나는 선우 어부라요."

앞으로 나선 인물이 자신의 신분을 밝혔다. 붉은색 서의의 오른쪽에 옷감을 이은 자국이 있는 것은 한나라 무장의 전통을 따른 것이다. 흉노족 중에서도 남흉노의 경우에는 이미 여러 면에서 한족화되어 가고 있었다. 특히 병사의 복장이 그러했는데 그들의 의복이 한나라 조정으로부터 지급되고 있었으니 당연한 현상이기도 했다.

"우리도 황건군을 적으로 보고 있는 것이 아니오."

어부라가 말을 이었다.

"그렇다면 어서 포위망을 풀어주시오!"

한섬이 얼굴을 붉히며 호통치듯 말했다.

"그렇게는 아니 되오. 세 대의 짐수레를 그 자리에 놓고 가겠다면 길을 터주겠소."

"이 마차의 물건은 별것 아니오. 모두 낡은 목재뿐이오."

한섬은 좀 전에 지영이 했던 말을 똑같이 반복했다.

"별것 아니라도 상관없소. 우리도 여기까지 온 수고비 정도는 받아야 될 것 아니오?"

어부라가 한쪽 볼을 씰룩거리며 웃었다.

"우리가 비록 숫자에서 열세이긴 하나 이렇게 무례하게 나와도 되는 것이오?"

"그쪽도 마찬가지 아니오? 짐꾼 일행이 몇 안 되는 것을 보고 들이닥쳐 수레를 빼앗지 않았소? 내가 저 언덕 위에서 당신의 행동을 다 지켜봤소이다."

그렇게 말하자 한섬은 더 이상 대꾸할 말이 없었다. 잠시 상대방을 노려만 보더니 방금 전보다 더욱 큰소리로 외쳤다.

"이 자리에서 순순하게 양보한다는 것은 황건군의 명예가 달린 문제다. 칼이 부러지고 화살이 떨어질 때까지 그대들을 응징하리

라. 그러나 분명히 들어라. 우리가 싸우다 이 자리에서 쓰러지더라도 우리 십만 황건군은 이 땅 끝까지라도 쫓아가 그대 어부라의 비렁뱅이들을 찾아내 남김없이 모조리 벨 것이다."

"10만이라? 흥, 오합지졸 백성으로 구성된 백파곡의 2만 명에 대해서는 들은 바 있다. 그래, 그렇다면 어디 그대들의 솜씨를 구경 좀 해볼까?"

어부라가 한섬의 위협에 콧방귀를 뀌고는 뒤를 돌아보며 말했다.

"표, 앞으로 나오라."

그러자 흰 수염을 날리며 노장수 한 명이 말을 탄 채 앞으로 나왔다. 말 위에는 소년을 태우고 있었다. 일곱 살 정도나 되었을까. 눈이 동글동글하니 맑은 아이였다.

'아, 그 아이.'

진잠은 백마사 암자에서 경매와 뛰어놀던 소년을 금방 알아보았다.

"표, 너는 태어나서 처음으로 싸움이 어떤 것인지 두 눈으로 똑똑히 보게 될 것이다. 잘 보아두거라. 흉노의 철기병鐵騎兵이 얼마나 용감하게 싸우는지를."

어부라가 아이에게 또박또박 이야기했다.

"예! 잘 알았사옵니다."

앳된 목소리로 표가 대답했다. 어부라는 채찍을 든 오른손을 높이 치켜들었다. 채찍을 아래로 내리치면 바로 전투가 시작될 터였다.

六

"잠깐! 잠깐만 기다려주시오."

백마사의 지영이 마주선 한섬과 어부라의 사이로 달려들었다.

"아니, 이게 누구시오? 월지족 분이 아니시오?"

어부라는 높이 올렸던 한쪽 팔을 크게 빙 휘두르며 밑으로 내렸다. 일단 전투를 취소한다는 의미였다. 눈이 파랗고 머리가 갈색인 월지족 사람들은 그 외양만 보아도 금방 알아볼 수가 있었다.

4백 년 전 흉노와 월지는 서로 원수지간이었다. 월지가 흉노와의 싸움에서 패해 서쪽으로 도주했던 것이다. 시간이 흐른 뒤 한의 무제는 흉노를 막아내기 위해 월지와 동맹을 맺고 흉노를 협공할 계획을 세웠다. 그때 사자로서 월지에 파견되었던 자가 장건張騫이라는 인물이 파견되었다. 그러나 이때 월지족은 중앙아시아의 기름진 땅에 정착하고 있었고 흉노에 대한 적개심은 이미 사리진 지 오래였다. 그로부터 수백 년이 더 지난 지금 흉노족과 월지족은 더 이상 원한은 품고 있지 않았다. 둘 다 변방민족이었기 때문에 오히려 그들은 서로에게 친근감을 가지고 있었다.

"백마사의 지영이라고 합니다. 저희 부도를 믿는 자들은 싸움과 살생을 금기로 삼고 있습니다. 지금 저희의 짐수레 때문에 피를 부르는 것은 차마 두 눈 뜨고 보아 넘길 수 없는 일입니다. 싸움은 그만두고 저희 물건을 양쪽이 나눠 가져가시는 게 어떻겠습니까?"

지영은 그 자리에서 무릎을 꿇고 조용히 합장을 하면서 말했다.

"어떻게 함께 가져가란 말인가?"

한섬이 지영에게 물었다.

"저 짐수레들은 원래 우리 백마사의 것입니다. 저것들이 싸움의 발단이니 부도의 신자 된 자로서 제가 한 말씀 드리지 않을 수가 없습니다. 쌍방이 저 짐수레를 나누어 갖도록 하십시오. 비록 이 자리에는 황건군의 수가 적으나 백파곡에 수만 명의 사람들이 있습니다.

따라서 두 대는 황건군이 가져가시고 한 대는 선우군이 가져가는 것이 좋겠습니다."

지영이 그렇게 말을 마친 다음 한섬과 어부라의 얼굴을 번갈아 보았다. 두 사람 모두 말 위에서 곰곰이 생각하는 표정이었다.

'이 자리에서 장렬하게 죽고 우군이 원수를 갚아주기를 바라는 것이 좋을까?'

'이 자리에서 상대방을 모두 죽이고 물건을 빼앗은 다음 황건군과 원수지간이 되는 것이 현명한 일일까?'

어느 쪽도 유혈사태를 바라지는 않았다. 양쪽 모두 빠져나갈 수 있는 핑계거리를 찾고 있는 중이었다. 그때 뒤쪽에서 머리에 흰 두건을 두른 자가 말을 타고 달려왔다. 건장한 모습의 사내였다. 사내는 말을 탄 채 급히 달려와 황건군과 선우군이 대치하고 있는 한가운데로 뛰어들었다.

"급히 드릴 말씀이 있소!"

사내가 말을 멈추며 크게 외쳤다.

진잠은 사내의 얼굴을 자세히 보았다. 낯설지 않은 얼굴이었다. 백마사에 가끔 들르는 한인 신자 가운데 한 명이었다.

"이 길로 황태후의 장례행렬이 지나갈 것이오. 이제 곧 궁을 출발한다고 하오."

사내는 숨을 헐떡거리며 급히 말한 다음 말에서 뛰어내렸다. 황태후란 죽은 영제의 황후 하씨를 말하는 것이며 폐위된 황제 변의 모친이었다. 동탁이 하태후를 독살했다는 것은 이미 앞에서 이야기했다.

'고부간의 예禮가 없어지면 효孝도 없어진다.' 하태후가 며느리인 동태후를 미워하여 결국 죽게 한 것이 작년에 있었던 일이었다. 동태후의 조카인 동중과 하황후의 오빠인 하진 사이에 권력투쟁이 벌어지게 되었는데 어느 날 하진이 동중이 있는 곳을 기습하여 결국 동중이 자살하게 되고 동태후는 이를 슬퍼하다 가슴앓이가 깊어져 죽었던 것이다. 『후한서』에 '백성들 사이에는 비난의 화살이 모두 하씨를 향하고 있었다'고 씌어 있는 것처럼 세상 사람들은 동태후에게 동정을 보냈고 하태후에게는 비난을 퍼부었다.

동탁이 하씨를 독살한 것은 자신이 '정의의 편'에 서 있는 것처럼 보이기 위해서였다. 그럼으로써 멀어진 민심을 자신에게로 돌리고 아직 남아 있는 하진 일당을 모두 제거하기 위한 계략이었다. 그러나 세상 사람들이 이번에는 하태후에게 동정을 보냈다. 동탁의 의도와는 반대의 결과를 가져왔던 것이다. 동탁은 민심을 얻는 데 그리 집착하지 않는 성격이었지만 이번에는 하태후를 선제先帝의 능에 합장하도록 지시했다. 하태후가 세상을 떠난 날은 9월 3일이었다. 입관 후 오랫동안 방치해놓은 터라 사람들은 황후로서의 대접도 받지 못하고 장례가 초라하게 치러지게 될 것이라 생각하고 있었다. 그런데 동탁은 무슨 생각을 했는지 갑자기 합장 명령을 내렸다.

영제에게는 하씨를 맞아들이기 전에 송씨宋氏라는 황후가 있었다. 그러나 송씨는 신하들의 참언讒言에 의해 폐위당한 뒤 폭실暴室, 궁녀들을 가두는 옥에서 숨을 거두었다. 그녀의 시신은 한동안 그대로 방치되었다가 이를 불쌍히 여긴 환관들이 돈을 모아 송씨 집안의 묘지에 매장해주었다. 나중에 송씨의 무죄가 밝혀졌지만 그녀의 시신은 다시 황후로서 개장改葬되지 않았다. 그런데 하씨의 경우에는 유죄를 받고 죽었음에도 선제先帝의 능에 합장하게 된 것이다.

영제가 잠들어 있는 문소릉文昭陵은 낙양성 밖 서북쪽으로 약 10 킬로미터 떨어져 있는 곳이었다. 하씨를 실은 관이 그곳을 향한다면 이 부근은 금세 병마로 꽉 차게 될 것이다. 합장이기 때문에 장례절차가 황후의 예로써 진행되게 된다. 황후의 관을 실은 운구 수레는 3백 명의 궁녀가 줄을 이용하여 끌게 되는데 이것은 후한에 들어서면서부터 만들어진 관습이었다. 운구 수레의 뒤에는 수천 명의 행렬이 뒤따르게 되며 이 행렬을 경호하는 병사들의 숫자 또한 엄청났다.

이런 상황 속에서 짐수레 세 대를 놓고 다투고 있는 것은 극히 위험한 일이었다. 곧 장례행렬이 궁을 출발한다고 하지만 경호병사들은 이미 궁을 출발했는지도 모를 일이었다.

"황건군과 동맹을 맺겠소."

불현듯 어부라가 말했다. 하태후의 장례행렬이 곧 다다를 것이라는 전갈이 계기가 되긴 했지만 어부라의 생각은 이미 그전에 정해졌을 것이다.

七

"서하西河 땅에서 먼 길을 달려온 우리 3천 5백 명의 병사들은 동탁에게 무시당해 천자를 알현하기는커녕 낙양성 안에 들어가지도 못하고 있소. 이제 더 이상 기다릴 수도 없는 처지요. 앞으로는 힘으로 우리가 바라는 바를 얻어낼 생각이오. 따라서 황건군과도 동맹을 맺어 우리 흉노의 정통성을 만천하에 알리고자 하오."

어부라가 목소리에 힘을 주어 말했다.

"좋소. 우리도 그 제의에 대해 이견이 없소."

한섬이 화답했다. 백파곡에 있는 2만의 황건군도 지금 조바심을 내고 있는 상태였다. 관군이 토벌에 나서게 되면 그들이 믿을 수 있는 것은 오로지 자신들의 몸뚱이 하나뿐이었다. 3천 5백 명. 숫자는 얼마 안 되지만 막북漢北에서 단련된 철기대는 실로 늠름함 그 자체였다.

"백파곡에 계시는 다른 장수들의 의향은 어떻겠습니까?"

지영이 한섬에게 물었다.

"백파곡에는 호재胡才, 이락李樂 등의 장수가 있으나 모두 나의 수하요. 내 생각이 백파곡의 의향이라고 생각하셔도 좋소."

한섬이 가슴을 펴 보이며 대답했다.

"그러면 어서 이 자리를 피하는 것이 좋겠습니다. 여기서 서쪽으로 조금만 가면 사람들의 출입이 뜸한 사당이 하나 있습니다. 그곳에 가서 동맹식을 갖도록 하시지요. 그러나 저는 부도자의 몸이라서 결맹을 주선하기에는…."

지영은 말끝을 흐리며 진잠을 돌아보았다.

"진잠 선생께서 이 일을 좀 해주시지요."

옛 중국의 결맹 의식은 소를 잡아서 신에게 바친 뒤 소의 피를 나눠 마시면서 서약하는 것이었다. 지영은 불교신자였기 때문에 계율에 따라 그런 살생행위는 할 수가 없었다. 그래서 백마사의 손님으로 있으면서 불교신자가 아닌 진잠이 얼른 생각났던 것이다. 일행은 서둘러 지영이 말한 사당을 향해 출발했다.

사당에 도착한 일행은 결맹식을 거행했다. 소는 흉노족 병사들이 잡았다. 잡은 소의 머리를 사당으로 가지고 들어가 신에게 바쳤다. 한섬과 어부라가 서로 마주보고 섰다. 결맹을 주관하게 된 진잠은 작은 칼로 소머리의 왼쪽 귀를 잘랐다. 밑에 받쳐놓은 그릇으로 피가 떨어졌다. 의식이기 때문에 형식만으로도 충분했고 그렇게 많은 피가 필요한 건 아니었다.

"나이가 많은 쪽이 먼저 마시기로 하지요."

진잠이 소의 피가 담긴 그릇을 들고 어부라와 한섬을 돌아보며 말했다. 두 사람이 동시에 고개를 끄덕였다.

"그렇게 합시다. 그러면 나부터 하겠소."

먼저 한섬이 나서서 피를 마셨다. 한섬은 그릇에 담긴 피를 반쯤 마신 다음 진잠에게 건네주었다. 진잠은 그릇을 받아 어부라에게 건넸다. 어부라는 남은 피를 모두 마시기 시작했다. 진잠은 어부라가 피를 마시는 동안 소의 오른쪽 귀를 손으로 잡고 낮은 목소리로 결맹문을 읽었다.

"여기 이곳에 백파곡의 황건군 장군 한섬과 남흉노의 선우 어부라는 하늘에 맹세하여 동맹을 맺습니다. 두 사람이 거느리고 있는 병사는 모두 형제가 되어 마음을 합하고 힘을 합하여 대의를 실현할 것을 약속합니다. 이 동맹을 어긴 자에게는 천벌을 내려주십시오."

사당 문은 활짝 열려 있었다. 사당 밖에 있는 3천 6백여 명의 눈과 귀는 모두 이 의식에 쏠려 있었다. 결맹식이 모두 끝나자 진잠은 소의 귀를 상 위에 올려놓았다. 이런 절차는 약간의 차이는 있지만 옛날부터 행해지는 방식이었다. 결맹을 주관하는 것을 '소귀牛耳를 잡는다'고 말하며 이 말은 나중에 '좌지우지左之右之한다'는 의미로 사용되었다.

사당에서 나온 어부라는 곧장 말 위에 올라탄 뒤 부하들에게 큰 소리로 명령했다.

"곧바로 출발한다! 우리의 목적지는 이제 용문이 아니라 백파곡이다!"

어부라와 한섬의 뒤를 이어 사당을 나온 진잠은 어린 표가 공을 안고 있는 것을 발견했다.

"아주 예쁜 공이구나."

진잠이 다정스럽게 표에게 말을 걸었다. 표는 잠깐 진잠을 쳐다보았다. 처음에는 경계를 하는 듯했으나 이내 낯익은 얼굴임을 알았는지 미소를 지으며 말했다.

"백마사 누이에게서 선물로 받은 거예요."

"그래? 좋겠구나."

진잠은 자기도 모르게 손을 내밀어 모자를 쓰고 있는 표의 머리를 쓰다듬어주려고 하다가 얼른 손을 거둬들였다. 소의 귀를 자를 때 묻은 피가 아직 그대로 손에 묻어 있었기 때문이다.

한섬도 말에 올랐고 흉노군과 황건군은 뿌연 흙먼지를 날리며 서쪽을 향해 달려갔다. 세 대의 짐수레도 함께 끌고 갔다.

"우리만 남았군요."

그들이 떠나는 행렬을 지켜보면서 진잠이 옆에 있는 지영에게 말을 건넸다. 지영 역시 물끄러미 그들이 떠나는 것을 바라보고 있다가 진잠의 목소리에 다시 제정신으로 돌아온 듯 천천히 대답했다.

"둘이 하나가 되어 더욱 크고 강하게 되었군. 동쪽에 있는 여러 장수들도 언젠가는 저들처럼 될 것이오."

"모두 가지고 가버렸군요."

"예?"

지영은 무슨 말인지 금방 알아듣지 못한 표정을 지었다. 그러나 이내 알아차린 듯 웃으며 대답했다.

"아아, 목재 말씀입니까?"

"별로 쓸모도 없는 목재에 왜들 그렇게 욕심을 내는지 모르겠군요."

"글쎄요."

지영은 약간 당황한 얼굴로 어색한 웃음을 짓더니 이내 화제를 돌렸다.

"동공이 왜 하태후를 선제의 능에 합장하기로 마음을 바꾸었는지 아십니까?"

"그도 사람인지라 작은 인정에 끌렸던 게 아닐까요?"

진잠의 대답에 지영은 가볍게 고개를 가로저었다.

"그 문소릉에 부장품으로 묻혀 있는 금은보화를 캐내기 위해 그런 것입니다."

"예? 설마⋯."

너무 놀란 나머지 진잠은 다음 말이 나오지 않았다. 그러나 독점욕이 병적으로 강한 동탁 같은 인물이라면 능히 그러고도 남을 일이었다. 아니, 오히려 그렇게 하지 않는 것이 이상한 일이었다.

영제의 문소릉은 사각형으로 된 분묘로서 그 길이가 3백 보 정도이고 높이는 12장丈, 즉 27미터 남짓이라고 기록되어 있다. 영제를 능에 안치시킬 때는 온갖 보물과 부장품을 함께 넣고 흙을 덮었다고 한다. 하씨를 합장하기 위해서는 당연히 능을 다시 파헤쳐야 했다. 그러므로 능 안에 들어 있는 갖가지 보물을 끄집어낼 수 있는 절호의 기회였던 것이다.

八

각지에서 군도群盜가 창궐하고 있었다. 황제가 죽고 뒤를 이은 황제가 신하에 의해 폐위되었다. 태후가 유폐되어 독살 당했다. 환관이 학살되었다. 생각조차 할 수도 없었던 변고가 계속되었다. 게다가 여름 내내 내린 비로 대흉작을 맞이했다. 이런 시절이 평화로울 까닭이 없었다.

"진류陳留에 좀 다녀오시겠습니까?"

백마사의 지영이 진잠에게 청했다. 진류는 낙양의 동쪽, 지금의 하남성 개봉시開封市 부근을 말한다. 낙양을 탈출한 조조가 그곳에서 5천 명 정도의 군사를 모았다는 소식이 들려왔던 것이다. 교모의 위조된 밀서를 받고 각지의 군벌들이 연합군을 형성하고 있었다. 연합군 내부에서 차지하게 될 지위는 대개 각 군벌들이 거느린 병사 수에 의해 결정되었다. 거기다가 병사들의 훈련 정도도 감안되었다. 따라서 연합군 내에서 자신의 입지를 살리기 위해서는 병사들을 충분히 무장시킬 필요가 있었고, 군량도 넉넉해야 하며, 병사들에게 나누어 줄 급여도 필요했다. 모두가 비용이 요구되는 일뿐이었다.

"무언가를 전달해야 하는 일이군요?"

진잠이 묻자 지영이 고개를 끄덕였다.

"가는 곳마다 도적이 들끓을 텐데…."

그렇게 말한 뒤 진잠은 창밖으로 눈을 돌렸다. 맞은편에 있는 창고 문은 굳게 닫혀 있었다. 창고 안에는 동탁에게서 무상으로 얻어낸 목재가 쌓여 있었다. 하태후의 장례가 있던 날 흉노군과 황건군에게 빼앗긴 것은 그 일부에 불과했다. 모두 합하면 짐수레는 15대정도가 되었다. 백파곡으로 가져간 것은 3대에 불과했다. 나머지 12대분은 같은 날 광양문廣陽門을 통해 운반하여 무사히 백마사에 도착해 있었다. 비구니를 위한 사찰 건축은 아직 초석만 세워진 상태로 더 이상 진척이 되지 않고 있었다.

"도적에게 빼앗기지 않도록 운반해야겠지요. 특히 요즘 같은 난세에는 황금에 눈이 먼 자들이 많으니까요."

지영의 그 말은 뭔가 이상했다. 황금에 눈이 먼 자들이라는 대목이 그러했다.

"예? 그럼 전달해야 할 물건이?"

"하하하."

지영은 대답 대신 웃기만 할 뿐이었다. 진잠은 한동안 생각하다가 마침내 뭔가 짚이는 게 있어 지영에게 물어보았다.

"혹시 낙양성의 도고陶固라는 그분?"

"하하하, 역시 진잠 선생은 속일 수가 없군요."

도고는 낙양에서 제일가는 대부호였다. 그런데 그가 요즘 빈번하게 백마사를 드나들고 있었다. 그런데 이상한 점은 그가 올 때마다 굳게 닫혀 있던 창고 문이 열린다는 것이다.

"역시, 그랬었군요. 제가 상서문의 목공장으로 들어가는 것이 허락되지 않았던 까닭도 이제야 알겠군요. 저는 사찰을 짓는 기술을 외부에 알리지 않기 위해서 그러는 게 아닌가 생각했지만 그것만도 아니었군요. 그렇다면?"

그랬다. 목재를 쌓아둔 창고 안에서는 나무의 속을 파내는 작업을 했던 것이다. 진잠으로서는 전혀 짐작할 수도 없는 일이 작업장 안에서 벌어지고 있었던 것이다. 진잠은 그 사실을 알고 너무나도 뜻밖이라 입을 다물 수가 없었다.

"하하하, 제 짐작이 맞는다면 선생이 생각하신 그대로입니다."

바늘 하나라도 성 밖으로 가지고 나가지 못하도록 철저하게 막고 있는 동탁이었다. 이런 상황에서 동탁의 촉수는 부호들의 창고를 향해 뻗치고 있었다. 결국 낙양의 부호들은 금은보화를 모두 빼앗기게 될 거라는 위기의식을 갖고 있긴 했지만 재물을 성 밖으로 빼돌릴 뾰족한 방법이 없었다. 그러나 예외는 있었다. 동탁이 친히 명령을 내리는 경우였다. 백마사의 창고에 쌓여 있는 타다 남은 목재 같은 경우가 바로 그것이었다. 아무런 제재도 받지 않고 반출할 수 있는 절호의 기회를 지영 같은 인물이 그대로 넘길 리가 없었다. 전부가 아니고 일부분이라도 괜찮았다. 목재 속을 파내고 그곳에 금은보화를 넣었던 것이다. 물론 파낸 부분은 얼른 알아볼 수 없도록 감쪽같이 메웠다. 그 안에 덩치가 큰 물건들은 넣을 수 없었지만 황금이나 백금처럼 작은 크기의 보화는 상당량 채워 넣을 수가 있었다. 자신의 금은보화를 성 밖으로 빼돌리고 싶어 하는 이는 얼마든지 있었다. 오히려 그 숫자가 너무 많아 지영이 엄선을 해야 할 판이었다. 지영은 입이 무거운 부호들만 상대했다. 그리고 당연한 일이지만 지영은 분명히 적당한 조건을 내걸었을 것이었다.

"보상은 어느 정도나?"

진잠이 넌지시 묻자 지영은 이내 그 의미를 알아채고 묘한 웃음을 지으며 말했다.

"삼할 받았습니다."

"대가치고는 상당하군요."

"하지만 그대로 성안에 두게 되면 하나도 남김없이 없어질 물건들이잖습니까?"

"그러고 보니 그것을 미끼로 백파곡의 황건군을 불러들였던 거군요?"

이제야 모든 내막을 알겠다는 듯 진잠이 말했다. 수만 명을 헤아리는 백파곡의 황건군은 수도에서 그리 멀지 않은 곳에 있었기 때문에 무시할 수 없는 세력이었다. 백마사의 입장에서는 이 세력과도 어떻게든 연결고리를 만들어놓지 않으면 안 되었던 것이다. 헌금獻金은 너무나 안이한 방법이었다. 그보다는 금은보화가 있는 곳이나 그것들을 이동할 때 그 정보를 넌지시 흘려 그들이 빼앗도록 하는 게 오히려 강한 인상을 남길 수 있었다. 그 정보를 몰래 알려주는 자와는 일종의 공범의식 같은 친근함을 공유할 수 있기 때문이다. 지영은 헌금 방법 중의 하나로 며칠 전에 벌어졌던 그 일을 계획했던 것이었다. 상대에게 사전에 정보를 알려주었기 때문에 태평도의 고위간부인 한섬이 몸소 정찰을 나섰던 것이고 위험을 무릅쓰고 낙양성에까지 숨어들어 목공장 근처를 배회하고 다녔던 것이었다.

"어쨌든 제 계획을 모두 아시게 되었군요."

지영이 미소를 지으며 진잠을 바라보았다.

"하지만 이 모든 것을 지금에야 알게 되었습니다. 그전에는 전혀 눈치를 채지 못했습니다. 참 대단하시군요. 그런데 흉노족과는 어떻게 된 것입니까?"

지영이 여전히 미소를 머금은 채 대답했다.

"어부라와의 거래는 경매의 머리에서 나온 생각이었습니다. 일전에 선생께서도 보셨던 표라는 어린아이가 경매에게 자주 놀러오는 것을 보고 이미 세워두었던 계획에 흉노족도 추가하게 된 것이지요. 부도의 가르침은 사해동포입니다. 흉노족 사람들과는 언제 기회를 봐서 꼭 연결고리를 만들려던 참이었습니다. 지금 어부라는 남의 나라 땅에서 많은 군사를 데리고 일정한 거처도 없이 이리저리 떠돌아다니고 있습니다. 조금만 베풀더라도 그들에게는 큰 도움이 될 것입니다."

"예, 그랬군요. 그럼 언제 진류로 출발하면 되겠습니까?"

진잠은 자신이 몰랐던 일들이 속속 드러나자 지영이 대단한 인물이라는 생각이 들었다.

"빠를수록 좋습니다. 지금 당장이라도. 상황이 급박하게 움직이고 있으니까요. 그리고 짐수레는 말이 끌지 않습니다. 사람이 직접 끌고 갑니다. 서로 번갈아가면서 끌고 갈 수 있는 사람을 몇 명 더 붙이겠습니다."

"사람이 수레를 끌게 되면 시간이 지체되지 않을까요?"

"말이 끌게 되면 도적들의 목표물이 되기 쉽습니다. 무거운 목재 같은 것은 아무도 손을 대지 않겠지만 말은 위험합니다. 좀 신중하게 할 필요가 있습니다."

"그럼 곧바로 준비하도록 하겠습니다."

진잠이 서둘러 자리에서 일어났다.

파란의 한 해인 중평 6년(189년)도 이제 얼마 남지 않은 무렵이었다. 항간에는 동탁이 부장인 우보牛輔에게 군사를 주어 백파곡의 황건군을 토벌토록 하였으나 의외로 황건군의 저항이 강해 고전한 끝에 결국 병사들을 후퇴시켰다는 소문이 퍼져 있었다. 그 공격에서 동탁이 상당한 충격을 받았다는 이야기도 전해지고 있었다. 그런 가운데 반동탁 연합군은 하루가 다르게 세를 불리고 있었다. 반면에 막강한 병력을 갖고 있으면서도 서북의 백파곡 하나를 제대로 다루지 못한 동탁은 눈에 띄게 초조한 빛을 보이고 있었다. 그러나 그의 물욕은 그 도를 더해만 가고 있었다.

"상황이 크게 변하고 있군."

진잠은 혼잣말을 하면서 길 떠날 채비를 서두르고 있었다.

삼국지 속의 흉노족

어부라와 흉노족의 정통성을 다투었던 수복골은 1년 뒤에 죽는다. 그러나 남흉노 사람들은 어부라의 복귀를 거부하고 선우 자리를 비워놓은 채 부족의 장로가 대행하여 모든 국사를 처리했다. 어부라는 이국땅에서 떠돌다가 7년 뒤에 죽게 되며 그의 자리는 동생 호주천呼廚泉이 잇게 된다. 그러나 고국에 남아 있는 흉노족 사람들은 여전히 어부라 계통의 선우를 받아들이지 않았다. 호주천이 선우를 지낼 때에 좌현왕이 된 자가 바로 어부라의 아들인 표이다.

서진西晉 말기에 전조前趙라는 왕조를 세워 5호16국 시대의 막을 연 유원해劉元海는 표의 아들, 즉 어부라의 손자이다. 어부라가 이국땅을 떠돌던 때로부터 120년이 지난 뒤라 손자가 아니라 증손자가 아니냐는 의문이 들 수도 있다. 그러나 표가 70세 가까이 되어 얻은 아들이라면 그 기간이 안 맞을 것도 없다. 유원해가 황제를 자칭하고 나섰을 때가 나이 60 정도가 되어서라고 전해지는 것에서도 알 수 있다. 흉노족 사람들이 한나라 성姓을 따르게 되면서 유劉라는 성을 많이 사용했다. 한나라 고조 유방이 흉노족의 선우와 형제의 연을 맺은 뒤부터 유씨 성을 가진 공주가 흉노족 선우에게 시집을 오는 일이 심심찮게 있었기 때문이다.

중국 북부지역의 5호16국은 민족 대이동에 의한 것으로 그 1세기 전인 삼국시대 때부터 벌써 그런 움직임이 시작되었다. 우리는 삼국지의 이야기 전개 속에서 그런 단초들을 찾아볼 수가 있다. 흉노족의 선우 어부라와 백파곡의 황건군이 동맹을 맺은 것도 그런 편린들 가운데 하나라고 하겠다.

6

유일하게 살아남은 백마사

一

"그 어느 곳보다 낙양의 거리가 사랑스럽다."

대부호인 도고는 평상시에도 늘 그렇게 말하곤 했다.

"대화 중에도 이야깃거리가 낙양으로 바뀌면 도고의 눈빛이 달라진다."

백마사의 장로 지영도 월지족의 신자들에게 웃으면서 그렇게 말한 적이 있었다. 낙양 제일의 대부호인 그는 낙양에 대해 대단한 애착을 갖고 있었다. 도고는 백마사에 오게 되면 부처의 가르침이나 서역의 이야기를 열심히 경청했다. 아직 신자가 된 것은 아니었지만 열의를 갖고 무언가를 찾고자 하는 표정이 역력했다.

"선생께서 그렇게 사랑하시는 낙양 거리도 머지않아 큰 곤욕을 치르게 될 것 같군요."

동탁이 실권을 쥐게 된 뒤부터 분명히 낙양은 많이 변해 있었다. 동탁은 낙양을 온통 자신의 소유물로 생각하고 있었다. 지영은 동탁의 다음 행보를 좀 더 멀리 내다보고 있었다. 부호답게 빈틈이라고는 찾아볼 수 없는 상인 도고는 백마사를 이용해 재산을 낙양성 밖으로 빼돌렸다. 아무리 낙양에 집착이 강하다 할지라도 낙양에 그대로 주저앉아서 죽을 수는 없는 일이었다.

"이것은 낙양을 버리는 일이 아닙니다. 언젠가 낙양은 다시 태어날 것입니다. 그때 나는 낙양을 위해 다시 나설 겁니다."

도고는 그렇게 변명했다. 그러나 이번에는 재산이 아니었다. 새해 축하 인사로 백마사에 온 그는 그대로 이곳에 주저앉을 생각이었다. 낙양성 안으로 다시 돌아가지 않을 작정이었던 것이다. 이제는 사람마저도 낙양을 버린 것이었다.

"상국께서 허락하신 일입니까?"

지영이 다소 근심스런 표정으로 도고를 보며 물었다.

"내가 살고 있는 집을 개축하게 되어 당분간 성 밖의 친척집에 머물겠다고 신고해놓았습니다."

도고가 아무렇지도 않은 듯 대답했다.

"그렇게 하시도록 허락해주던가요?"

"물론 그냥이야 되었겠습니까? 상당한 돈을 쥐어주었지요."

도고는 빙긋이 웃으며 말했다. 그 웃음의 끝에는 쓰디쓴 여운이 눌어붙어 있었다.

"그건 잘하신 것 같습니다. 이제 곧 동탁에게는 감당키 어려운 난제가 닥칠 것입니다. 실은 저도 선생에게 가능한 한 모든 방법을 동원하여 낙양에서 빠져나오시도록 권하려던 참이었습니다."

"무슨 특별한 정보라도 있습니까?"

"그런 건 아닙니다만, 재화를 많이 가진 사람들이 낙양에서 살면 위험하게 될 것 같다는 게 제 느낌입니다."

지영이 그렇게 얼버무리듯 대답했지만 아무 근거 없이 그런 판단을 했던 것은 아니었다.

"굴을 잘 파는 인부 스무 명만 보내주었으면 하오. 월지족 사람들의 굴 파는 솜씨는 익히 알고 있는 터이니."

동탁이 지영에게 그런 부탁을 해왔던 것이다.

'왜 굴을 파겠다는 것일까? 그것도 숙달된 인부를 스무 명씩이나. 상당히 큰 굴을 파려나 보군. 그 굴에 금은보화를 묻는다?'

당연히 이런 의문이 생길 수밖에 없었다. 어떻게든 구실을 만들어 부호들의 재화를 몰수하려는 것이 분명했다. 이제부터는 어떤 극단적인 조치가 내려지리라는 것을 미루어 짐작할 수 있는 일이었다. 더구나 동탁은 지영에게 그런 부탁을 하면서 극비에 붙여줄 것을 요구하기까지 했다. 그러나 도고는 벌써 그 사실을 알고 있었다.

"무슨 말씀인지 알 것 같군요. 언젠가 서역 사막에 우물을 판다는 이야기를 들은 적이 있습니다. 그런데 동탁이 그 기술의 대단함을 알고 있다고 하더군요. 얼마 전에 동탁이 이곳 백마사로 사자를 보냈다고 들었습니다. 그때 저도 어떤 예감 하나를 갖게 되었죠."

"그럼, 그 사실을 이미 알고 계셨다는 말인가요?"

지영은 극비리에 진행돼온 굴 파기 작업에 대해 도고도 알고 있으리라 짐작했다. 하지만 동탁과의 약속도 있었기 때문에 정확한 발설은 피하기로 했다.

"저도 필사적으로 정보를 주워 모으고 있거든요. 허허."

도고는 메마른 웃음소리를 냈다.

월지족의 고향인 서역의 사막에서는 물 문제를 해결하지 않으면 생존할 수 없었다. 그러므로 그들만큼 물을 찾는 기술이 발달한 민족도 없었다. 오아시스가 아닌 지역에서는 천산天山이나 곤륜산崑崙山으로부터 눈이 녹으면서 흘러내리는 물을 끌어와야 했다. 그것도 지표에 수로를 파서 끌어들이는 것이 아니었다. 사막의 염열炎熱은 수분을 금세 흡수해버리기 때문에 나중에는 염분이 많이 섞이게 된다. 따라서 지하에 수로를 만들어 물을 끌어들이는 방식을 사용하게 된다. 적당한 간격을 두고 수직으로 굴을 파서 그것을 지하로 연결하는 방식을 이용했다. 이것을 아라비아어로 카나트, 페르시아어로 카레스라고 한다. 중국에서는 칸루친이라고 부른다. 사막 주변에서 살아온 월지족이 굴 파기의 명수라는 사실은 서역에서 관리 생활을 한 동탁으로서는 익히 알고 있는 바였다.

해가 바뀌어 후한 헌제 초평初平 원년(190년) 봄이 되었다. 그 전년에 영제가 죽고 뒤이어 즉위한 황제도 폐위되었다. 새로운 황제가 즉위하게 되면 연호를 바꾸는데 이듬해에 바꾸는 것이 한조漢朝의 관습이었다.

"정월 초하루부터 이런 말씀 드려서 좀 그렇긴 합니다만 선생의 댁을 개축하는 문제는 그냥 몸을 피하기 위한 구실로만 삼기에는 무리가 따를 듯싶습니다. 그러니 실제로 개축공사를 하시는 것이 좋을 것 같습니다. 그래서 드리는 말씀입니다만 그 공사에 저희 월지족 공장工匠들을 보내는 게 어떨까 싶군요."

지영의 말에 도고는 생각할 시간도 갖지 않고 즉시 대답했다.

"아, 좋고말고요. 그러잖아도 어디에다 부탁할까 하고 고민하던 참이었습니다. 개축을 구실로 삼았으니 적당히 모양새는 갖추어야겠지요."

도고 역시 지영과 같은 생각을 하고 있었던 것이다.

二

오합지졸烏合之卒. 이 표현을 『사기史記』에서는 찾아볼 수 없다. 후한에 쓰인 책 속에 자주 나타나는 것을 보면 아마 후한시대 들어서 유행하게 된 말인 듯하다. 동쪽에서 동탁을 몰아내기 위한 거병이 있다는 소식을 듣고 동탁이 분노하여 동원령을 내렸을 때 상서尙書인 정태鄭泰라는 자가 이 말을 사용했다.

"청담고론淸談高論이나 즐기던 공경이나 부호의 자제들이 무엇을 할 수 있겠습니까? 아직 출병까지 생각할 단계는 아니라고 봅니다."

정태는 공경이나 부호의 자제들이 마치 쓸모없는 까마귀 무리와 같다고 말한 것이었다.

산동山東은 상相을 낳고 산서山西는 장將을 낳는다는 옛말이 있다. 이때 '산山'이라 함은 낙양과 장안의 중간에 있는 신성한 산인 화산華山을 가리킨다. 현재 행정구역상의 산동이나 산서를 가리키는 말이 아니다. 대체로 수도보다 동쪽에 있으면 산동이라 했고, 서쪽에 있으면 산서로 표현했다. 동쪽은 옛날부터 상, 즉 문관을 배출하고 서쪽은 장, 즉 무관을 배출해온 지역이라는 의미이다. 동탁은 농서 출신으로 흉노족과 싸웠던 장군 이릉李陵과 동향이었다. 출신 자체가 무인이었던 것이다. 이와는 반대로 동쪽에서 병사를 일으킨 무리는 싸움보다는 정략이나 음모에 더 익숙한 자들이었다.

"아무리 오합지졸이라고 해도 병사 수가 너무 많지 않은가?"

아무래도 동탁은 느낌이 좋지 않았다. 자신에게 반기를 드는 세력의 숫자가 그렇게 많다는 것은 불안한 일이 아닐 수 없었다. 그래서 부대에 동원령을 내리려고 했는데 정태라는 자가 막고 나섰다.

"달리 먹고 살 방도가 없기 때문에 모병募兵에 지원하는 자들이 많았을 것입니다. 그러므로 제대로 전투력을 갖춘 병사라고는 볼 수 없습니다. 산동은 오랫동안 싸움이 없어서 병졸들은 훈련도 제대로 받지 못한 상태입니다. 그에 비하면 우리 군사는 역전의 용사들이 아니옵니까? 병사를 보내 그들을 치게 한다는 것은 범이 개나 양을 공격하는 것과 같아 결코 싸움이 되지 않을 것입니다. 싸움을 일으켜 백성을 힘들게 하는 것보다는 덕으로써 위엄을 세우시는 것이 보다 현명한 처사라 생각됩니다."

정태가 정중히 아뢰었다. 그저 아부를 하기 위해 하는 말이 아니었다. 개봉 출신으로 4백 항약6백만 평의 땅을 가진 대지주인 그는 중원을 전쟁터로 만들기 싫었다. 황건적 때문에 민심이 흉흉해진 그곳을 다시 피비린내 나는 땅으로 만들고 싶지 않았던 것이다. 하진이 환관 몰살 계획을 세운 뒤 동탁을 장안으로 불러들이려 하자 가장 강하게 반대했던 인물도 바로 정태였다. 또한 나중에는 반동탁 운동의 주모자로 나서게 되니 이때 동탁 앞에서 그가 한 말은 고육지책이었다고 할 수 있다.

"위엄을 세운다."

동탁은 혼자 중얼거렸다. 그에게 있어서 위엄을 세우는 일이란 자기를 증오하는 세력을 제거하는 것이었다. 지금 이 천하에서 동탁을 가장 미워하는 자는 누구인가. 아마 그에 의해 황제 자리에서 밀려나 홍농왕으로 격하된 변일 것이다. 동탁도 그보다 자기를 미워하는 자는 없을 거라고 생각했다. 동탁은 낭중령郞中令 이유李儒를 불러 홍농왕을 독살하라는 명령을 내렸다. 이유는 동탁의 뜻을 받들어 곧바로 홍농왕에게로 갔다. 이유는 무엄하게도 독약이 든 그릇을 얼마 전까지 황제였던 홍농왕 변에게 내밀었다.

"이것은 그저 보약일 뿐입니다."

그러나 아무리 눈치가 모자란 변이라 할지라도 그것이 독약이라는 사실쯤은 직감적으로 알 수 있었다. 변은 고개를 저으며 완강히 거부했다.

"싫다, 싫어! 나는 아픈 데가 없다. 왜 나를 죽이려고 하는 것이냐?"

이유가 목소리에 힘을 주어 으름장을 놓듯 말했다.

"반드시 드셔야 합니다."

그러자 변도 이미 빠져나갈 구멍이 없다는 것을 알고 체념했다.

"내 가까운 사람들과 이별하는 자리를 가지고 싶다."

변은 읊조리듯 나직하게 말했다. 변에게는 이미 부인이 있었다. 회계會稽 태수 당모唐瑁의 딸 당희唐姬였다. 차마 그것까지 물리칠 수는 없는 일이었다. 급히 자리가 만들어졌다.

변은 술을 한잔 마시고 당희를 보며 노래를 불렀다.

천도天道가 바뀌어 나를 짓누르는구나
만승萬乘의 자리를 버린 서글픈 날들
지금 역신逆臣에게 내몰려 목숨이 위태로우니
그대를 두고 가는구나, 이 어둠의 길을

환관 시해사건이 있을 당시 북망산까지 도망가서 너무 두려운 나머지 제대로 말도 못하고 덜덜 떨기만 하던 그였다. 동탁에 의해 황제의 자리를 박탈당한 비운의 황제. 그런 그가 죽음을 앞두고 술을 마시면서 노래를 불렀다. 의외의 모습이라고 아니할 수 없다. 당희도 십대 소녀에 불과했으나 일어서서 춤을 추면서 답가를 했다.

하늘이 무너지고 땅이 갈라지오

천자의 귀하신 몸 왜 이리 단명이오

삶과 죽음의 길이 서로 다르니

혼자 남은 외로움 가슴이 무너지오

변은 회왕懷王이라는 시호謐號를 받았다. 장례는 조촐하게 치러졌으며 당회는 고향인 영천으로 돌아갔다. 황제로서 시호를 받은 것이 아니기 때문에 변은 황제의 자리에 있었던 사실조차 인정되지 않았다. 순제 앞에도 이처럼 황제로 인정되지 않은 소제少帝가 있었다. 이 두 사람을 제외하고 따지면 당시의 천자인 헌제 협은 후한의 제12대 황제가 되는 것이다.

제경십일세帝京十一世라, 옮기면遷 계속 이어진다則續.

당시 항간에서 입에서 입으로 전해지는 말이었다. 『석포실참石包室讖』이라는 예언서에 그렇게 기록되어 있었다고 한다. 세상이 어지러워지면 예언서나 미래서 같은 것들이 유행하게 되는 것은 예나 지금이나 마찬가지이다. 당장 하루 앞의 일도 어떻게 될지 모르면서 예언 같은 막연한 것에 사람들이 매달리는 것이다. 이 예언은 지금 황제가 있는 수도가 11대로 끝나는데 천도遷都를 하면 왕조가 이어진다는 의미였다. 그러고 보면 전한도 혜제惠帝에 이어 여후呂后가 내세운 두 명의 유제幼帝를 제외하면 12대째에서 멸망했다. 그래서 동탁은 중신들이 모인 회의석상에서 이렇게 말했다.

"천도를 생각해보지 않을 수가 없군."

"항간에 떠돌고 있는 예언이 그냥 웃어넘길 일만은 아닌 것 같습니다. 오래 전부터 있어왔던 그 말에는 묘한 힘이 있는 것 같습니다."

동탁의 심복이 천도 이야기가 나오자마자 간했다. 다른 중신들은 침묵을 지키고 있었다. 조정의 중신들은 대개 낙양에서 오랫동안 살고 있는 인물들이었다. 그들은 이 화려한 수도에 익숙해져 있어서 다른 곳으로 수도를 옮긴다는 것은 생각할 수 없었다. 동탁은 서쪽의 장안으로 천도할 것을 생각하고 있었다. 화산의 서쪽이야말로 그의 본거지였다. 20만이나 되는 그의 병력이 그곳에 있었다. 장안으로 천도하게 되면 천하가 그의 것이 되고 어떤 세력도 두려워할 필요가 없어지는 것이다.

'지금 나는 적들에 둘러싸여 있다. 궁정 안에 있는 자들도 진심으로 내게 복종하고 있지 않다. 형세가 나에게 조금이라도 불리하게 돌아가면 언제라도 나를 없애려고 달려들 것이다.'

동탁은 내심 그런 경계를 게을리 하지 않았다. 그는 안심할 수 없는 상황에 놓여 있었다. 핵심을 이루고 있는 군대는 그의 직속 병사들이 아니라 여포의 금오군이었다. 동탁은 자신의 불리한 점을 극복하기 위해 가능하면 병사의 수가 많은 것처럼 보이도록 했다. 그래서 서쪽에서 그의 휘하 병사들이 속속 낙양으로 들어오고 있는 것처럼 눈속임을 했다. 물론 얼마 되지 않는 그의 병사들이 실제로 상경하기도 했다. 그가 거느린 병사 수가 얼마 되지 않는다는 사실을 주위의 적들이 알아채게 되면 당장 수렁에 빠질 수 있는 상황이었다. 다행히 지금은 백마사 지영의 도움으로 그의 병력이 상당한 것으로 알려져 있긴 했지만 언제까지나 그렇게 눈속임만으로 버틸 수는 없는 일이었다.

'눈치 빠른 작자들은 이제 슬슬 그 실상을 알게 될 거야.'

그러므로 더 이상 우물거릴 시간이 없었다.

"장안으로 수도를 옮긴다고 말씀하셨는데 그것은 생각하기 어려운 일입니다. 장안은 2백 년 전에 있었던 왕망과 적미의 난으로 완전히 황폐화되었습니다. 한 나라의 수도로서는 적당치 않은 곳입니다."

가장 강경하게 반대하고 나선 인물은 성문교위城門校尉인 오경伍瓊과 독군교위督軍校尉인 주비周毖였다. 실질적으로 힘을 가지고 있는 두 명의 사단장이 강력하게 반대하고 나선 것이다.

'이 두 친구가 내 휘하의 병사들이 적다는 사실을 알아차린 것 아닌가?'

동탁은 불안해지기 시작했다. 조정의 다른 중신들은 동탁이 두려워서 드러내놓고 반대의사를 밝히지는 못했다.

"두 의견 모두 일리가 있다고 생각됩니다만 예언도 무시할 수 없는 일 아니겠습니까? 『석포실참』뿐만 아니라 옹문雍門의 현자賢者도 천도를 주장하고 있으니…."

이렇게 어정쩡한 태도를 취하는 자가 있었다.

"옹문의 현자란 누군가?"

동탁이 묻자 정태가 그자에 대해서 설명했다.

"현자이기도 하고 어떻게 보면 실성한 사람 같기도 한데 요즘 옹문 근처에서 사람들을 모아놓고 하늘의 뜻이라며 천도를 해야 한다고 주장하고 있는 자입니다."

"그자를 잡아다 그 연유를 조사하도록 하라."

동탁이 명령을 내렸다.

三

『석포실참』. 돌로 둘러싸인 비밀 동굴의 깊숙한 곳에 감추어져 있다는 예언서다. 그 책에 천도를 해야 한다고 적혀 있다는 것이다. 그러나 그것은 속임수였다. 사실 그 예언서는 동탁이 몰래 지시해서 만들었던 것이다. 그것은 말할 것도 없이 천도를 하기 위한 일종의 여론 조성용이었다. 예언서를 의미하는 '참讖'이 한나라 때 크게 유행해서 당시에 여러 가지가 유포되고 있었다. 그런 예언서 가운데는 책 속에 들어 있는 예언을 더욱 신비롭게 하기 위해, 몰래 책자를 깊은 산 속 석실에 숨겨놓았다고 설명한 책도 많았다. 그런 이유로 '석포실참'이라는 말은 고유명사라고 할 수도 있고 보통명사라고 할 수도 있다. 사람들은 옛날부터 그 책의 이름을 들어왔지만 그것을 실제로 읽은 사람은 아주 드물었다. 또한 같은 이름을 가진 여러 종류의 책이 있었기 때문에 책을 읽었다고 하는 사람들의 말도 그 내용이 각각 달랐다. 동탁은 그런 빈틈을 노렸던 것이다. 지금 낙양에서는 그 예언 내용을 삼척동자도 알고 있었다.

'예정대로 착착 진행되는군.'

동탁은 내심 만족스러웠다. 그런데 갑자기 엉뚱한 자가 나타났다. 옹문의 현자. 천도를 역설하고 다니면서 동탁을 도와주고 있다는, 전혀 생각지도 않은 응원군이 등장한 것이다. 동탁은 도대체 그 자가 누구인지 몹시 궁금했다.

옹문의 현자라는 자가 영화리에 있는 동탁의 저택으로 불려왔다. 그러나 동탁은 마침 너무 바빠서 그를 심문할 짬을 내지 못했다. 동쪽에서 들고 일어선 반동탁 연합군은 정태가 예상했던 대로 소리만 요란하고 싸움을 걸어올 생각을 하지 않았다.

'순진한 겁쟁이들이군 그래.'

동탁은 그들이 별것 아니라는 판단을 내리고 마음을 놓았다. 그런데 2월이 되자 그들이 형양滎陽을 공격했다는 소식이 들려왔다. 하지만 적이 형양을 공격했다는 보고만 있을 뿐 연합군 중에서도 누구의 부대가 얼마의 병력으로 공격해왔는지는 알 수가 없었다. 황하 북쪽 강가에는 연합군 사령관으로 뽑힌 원소와 왕광王匡의 부대가 진을 치고 있었다. 그 뒤에는 병참을 담당하는 한복의 병사들이 업에 주둔해 있었다. 낙양의 남쪽인 영천에서는 공주孔伷가 휘하의 병사를 이끌고 대기 중이었다. 더 남쪽으로 내려가면 총대장 원소의 사촌동생인 원술이 노양魯陽이라는 곳에 머물고 있었다. 그리고 그 밑에서는 장사 태수 손견이 군사를 이끌고 북상하는 중이었다. 낙양의 동쪽 산조현酸棗縣에서는 장막張邈·장초張超 형제, 조조, 유대劉岱, 교모, 포신鮑信 등 일곱 장수가 진을 치고 있었다.

"그래, 먼저 공격해온 자가 누구인가? 그 장수 이름을 알고 있는가?"

동탁은 연합군이 공격의 포문을 열었다는 소식을 알리러 온 전령에게 물었다.

"강을 건너왔다는 이야기는 듣지 못했습니다. 강 건너 북쪽에서 온 장수는 아닌 듯하옵니다."

전령은 고개를 갸웃거리면서 그렇게 대답했다.

"아마 제일 먼저 나서는 자는 장사의 손견일 것이다. 그러나 그자는 오는 길이 멀어 아직 남양에 이르지는 못했을 것이다. 공주나 원술 같은 남쪽 출신들은 그렇게 서두르지 않을 것이고."

동탁의 말버릇으로 볼 때 '먼저 나선다'나 '서두른다'라는 표현은 용감하다는 말과 같은 의미였다.

"그렇다면 산조에 있는 일곱 장수 중 어느 한 명이라는 말씀입니까?"

전령이 동탁에게 물었다.

"내가 한번 맞춰볼까?"

"예, 말씀해주십시오."

"분명 조조일 것이다."

이때 또 다른 전령 하나가 급히 동탁에게 아뢰었다. 키가 큰 티베트족 병사였는데 얼마나 달려왔는지 숨을 헐떡거리고 있었다.

"형양을 공격해온 병력은 조조의 군사들이라 하옵니다."

"그것 봐라. 내가 짐작한 그대로 아니냐?"

동탁은 처음에 달려왔던 전령을 돌아보면서 그렇게 말하고는 턱수염을 쓸어내렸다. 그가 득의만만한 자세를 취할 때 보이는 버릇이었다.

"예, 정말 그렇사옵니다."

처음 들어왔던 전령이 머리를 숙였다. 동탁이 거만하게 수염을 쓰다듬고 있는데 또 하나의 전령이 급히 달려 들어왔다. 여포 휘하의 몽골족 병사였다.

"변수沐水의 둑 부근에서 서영徐榮이 이끄는 부대가 적을 맞아 싸우고 있는 중이며, 현재 전황은 아군에게 유리하게 돌아가고 있습니다."

"좋다!"

동탁이 큰소리로 말했다.

"전선에 지시할 사항은 없으십니까?"

몽골족 병사가 물었다.

"너무 깊숙한 곳까지 추격하지 말라고 전하라."

이 명령은 이길 것을 전제로 내리는 명령이었다. 이 싸움에서 승리를 확신한다는 것은 태도였다.

'나를 이길 수 있는 방법은 오직 한 가지뿐, 서쪽이다.'

현재 반동탁 연합군은 북쪽, 동쪽, 남쪽에서 낙양을 향해 진격해 오고 있었다. 그렇다면 서쪽에서는 왜 공격을 하지 않는 것인가. 두렵기 때문이었다. 모든 이가 동탁의 증원군이 서쪽으로부터 낙양으로 계속 들어오고 있다고 믿었다. 동탁도 모든 사람이 그렇게 믿도록 꾀를 냈었다. 그러나 실제로 서쪽으로부터 병력이 계속 추가로 오고 있는 것이 아니라는 것을 이미 아는 자들도 있었다. '서쪽에서 장안으로 오는 길을 꽉 메운 동탁군'이라는 가정 하에 동탁의 지위가 유지되고 있었다. 이것이 사실이 아니라는 게 알려지면 동탁에게는 치명적인 일이 될 것이다. 동탁은 지금도 낙양으로 통하는 서쪽 길로 낮과 밤을 이용하여 계속 병력을 이동시키고 있었다. 낮에는 서쪽에서 동쪽으로, 밤에는 동쪽에서 서쪽으로. 그러나 언제까지 이 '백마사 전술'이 계속 통할 수는 없는 일이었다. 무엇보다 그런 눈가림식 계략으로 연일 다람쥐 쳇바퀴 돌듯 동원되는 병사들의 입을 오랫동안 틀어막는다는 것이 현실적으로 불가능했다.

'이 계책을 제일 먼저 눈치 채는 자는 아마 조조일 것이다.'

동탁은 그렇게 생각했다. 그렇다면 천도는 꾸물거리며 미룰 일이 아니었다. 동탁에게는 반동탁 연합군이 적이지만 천도를 반대하는 중신들도 그의 적이라 할 수 있었다. 연합군은 동탁의 증원군이 서쪽으로부터 계속 오고 있는 것을 두려워하여 서쪽으로는 감히 공격해올 엄두도 내지 못하고 있었다. 천도를 반대하는 자들에게도 무언가 조치를 내려 공포감을 조성할 필요가 있었다. 동탁은 여포를 불렀다.

"오경伍瓊과 주비周毖를 죽여라."

"예, 알겠습니다. 아버님."

여포는 동탁과 부자의 연을 맺었기 때문에 동탁을 항상 그렇게 불렀다. 여포는 방을 나오다가 다시 뒤돌아보며 말했다.

"백마사 월지족 사람들이 굴을 파기 시작했습니다. 그 부근에는 개미 한 마리 얼씬거리지 못하도록 단단히 지키고 있습니다."

"가까이 오는 자는 모두 베도록 하라."

"예, 그렇게 하겠습니다. 그리고 낙양성 부호들 명부가 모두 완성되었습니다. 또 이자들이 모두 여러 수단을 동원하여 저 도적들과 내통하고 있다는 사실도 전부 조사해놓았습니다."

여포가 말하는 도적이란 황건적이 아니라 반동탁 연합군을 말하는 것이었다. 적어도 낙양에서 부호라고 일컬어질 정도의 인물들은 원가袁家를 비롯한 한나라의 유력한 집안들과 예전부터 계속 관계를 맺어오고 있는 것이 당연하다고 할 수 있다. 그런 관계를 파악한 걸 가지고 도적들과 내통하고 있다는 죄를 뒤집어씌워 모두 죽일 작정이었다. 물론 재산도 몰수할 터였다.

"좋다. 즉시 목을 베도록 하라."

마음이 급해진 동탁의 입에서 계속 사람을 죽이라는 명령이 튀어나오고 있었다. 부호들을 빨리 죽이지 않으면 몰수한 재산을 이동하기 편하게 정리할 시간이 없기 때문이었다.

'모두 내 것이다!'

하지만 재물이 너무 많으면 다 가지고 갈 수가 없다. 그래서 궁여지책으로 금, 은처럼 썩지 않는 재물을 땅속에 묻어놓고 갈 작정이었다. 그 작업을 하기 위해 백마사로부터 굴 파는 인부들을 불러들였던 것이다.

"도고가 집을 개축하고 있습니다."

여포는 갑자기 생각난 듯이 말했다.

"저런 멍청한 작자가 있는가! 그래도 머리가 좀 돌아가는 작자라고 생각했는데 다른 멍청이들과 다를 게 하나도 없구나."

이때까지는 아직 동탁이 낙양을 불사를 생각을 하지 않고 있었다. 그러나 이제 천도는 어떤 일이 있더라도 강행할 수밖에 없는 상황이었다. 천도를 하게 되면 낙양은 순식간에 버려진 역사의 도시로 남게 될 것이었다. 눈치가 있는 작자라면 그런 낙양에 집을 개축한다는 것은 생각도 할 수 없는 일이었다.

"도고라는 작자가 천도한다는 사실을 아직 모르고 있는 것이 틀림없습니다."

여포의 말투는 도고를 감싸는 듯한 인상을 풍겼다. 여포는 이미 도고로부터 상당한 돈을 받아 챙겼기 때문이었다.

"천도는 말할 것도 없고 자기 한치 앞 운명도 모르고 있는 것 아닌가? 하하하."

동탁은 호탕하게 웃었다.

"그렇사옵니다."

여포는 속으로 빙긋이 웃었다. 그는 도고로부터 거금을 받고 동탁 몰래 성 밖의 임시 거처로 옮겨가는 것을 눈감아주었다. 아마도 도고는 자기에게 닥칠 일들을 어렴풋이나마 알고 있는 것 같았다. 나중에 동탁이 도고의 일을 문제 삼을지도 모를 일이었다. 주변이 어수선하기는 하지만 도고는 낙양 최대의 갑부로서 다른 인물들과는 관심의 정도가 달랐다. 여포는 그런 상황에 대비하여 나름대로 빠져나갈 구멍을 다 준비해놓았다.

'도고가 집을 개축한다는 사실은 전에 말씀드린 적이 있지 않습니까? 잠시 다른 곳에 임시 거처를 마련하지 않을 수 없는 상황이었지요. 그리고 저는 아버님께 말씀드렸을 때 아버님이 승낙한 것이라 생각했었습니다.'

여포는 이렇게 둘러댈 참이었다.

'못마땅하게 생각할지는 모르지만 그렇다고 이 여포를 베지는 못할 것이다. 오히려 베는 일은 내 전공 아닌가. 누가 감히 나를 벨 것인가?'

여포는 거구를 건들거리며 방을 나서면서 그런 생각을 했다.

"도고가 사는 곳이 여기서 멀지 않지?"

방안을 나가는 여포의 등을 향해서 동탁이 물었다.

"예, 그렇사옵니다."

여포는 가슴이 철렁했다.

"진짜로 개축하는 건가? 인부들이 집안에 들어와서 일을 하고 있는가?"

"틀림없습니다. 상당히 많은 인부들이 일하고 있는 것을 제가 두 눈으로 똑똑히 확인했습니다."

그것은 사실이었기 때문에 여포는 당당한 어조로 자신 있게 대답했다.

"알았다!"

동탁은 나름대로 어떤 판단을 내린 듯 그렇게 잘라 말했다.

四

패전으로 기울고 있었다. 조조는 이 싸움에서 진짜 패할지도 모른다는 생각이 들었다. 전황이 생각했던 것 이상으로 어려워지고 있었다. 전선이 교착상태로 빠져드는 상황에서 어딘가 한 곳이라도 활로를 뚫어야 했다. 낙양을 향해 총공격을 개시할 수 있는 발판을 마련해야 했다. 그러나 일방적으로 밀리고 있는 상태에서는 어떻게 해볼 도리가 없었다. 10만여 명의 연합군이 낙양을 공격해 들어갈 수 있는 계기를 만들기는커녕 오히려 전군의 사기를 위축시킬 수도 있는 상황이었다.

"무슨 일이 있더라도 이대로나마 견뎌내야 하겠군요?"

백마사 지영의 부탁으로 조조에게 돈과 물건을 전한 뒤 그대로 머물고 있던 진잠이 조조에게 말했다.

"그렇다. 마지막 한 명까지. 그러나 병력이 너무 부족해."

조조는 손으로 코끝을 문지르면서 말했다.

"어느 정도 숫자면 될까요?"

"이 싸움에서 이긴다는 것은 이미 기대하기 힘들다. 열흘 정도만 견딜 수 있어도 다행이지. 이기려면 5만 명, 이 전황을 그대로 유지만 한다면 5천 명이면 될 것이다. 하지만 그만한 병력을 구할 방법이 없으니…."

"산조에 10만의 병사가 있지 않습니까?"

"같은 연합군이라고는 하지만 소속이 다르지 않은가?"

"잠시 빌리면 되지 않겠습니까? 5천 명 정도만. 30리를 퇴각했는데 다행스럽게도 적들이 추격해올 생각은 없는 듯합니다. 병력을 좀 빌려서 최소한 20리 정도를 다시 앞으로 나가는 겁니다. 그러면 연합군 측의 사기가 충천하지 않을까요?"

"물론 나도 여건만 따른다면 다시 한 번 변수까지 밀고 들어갈 생각이다. 하지만 병력을 충원할 수가 없으니…. 그리고 다른 장군들에게 병력을 잠시 빌리려고 해도 아무 대가 없이 어떻게 빌리겠는가?"

"금괴가 있지 않습니까?"

"그러고 보니 장가張家 형제가 지금 자금이 아쉬운 상태라고 들었다. 병력을 너무 모아들여 군비를 충당하는 데 어려움을 겪고 있다지?"

"그럼 다된 일 아닙니까?"

"다녀올 수 있겠는가?"

진잠은 생각할 것도 없이 조조의 말을 받아들였다.

"알겠습니다. 서둘러 다녀오도록 하겠습니다."

진잠은 산조로 찾아가 장막으로부터 5천의 군사를 빌려왔다. 이 원군을 얻음으로써 조조가 이끄는 부대는 겨우 지금의 전선을 유지할 수 있었다. 그 뒤 변수의 둑 가까운 곳까지 다시 진격하여 동탁군과 대치하기를 10여 일이 지나고 있었다.

동탁이 천도를 강행한 것은 변수 가까운 곳에서 조조의 군사와 동탁의 군사가 한참 대치중인 때였다. 이 정보를 들은 조조가 무릎을 치며 기뻐했다.

'오! 하늘이 도왔구나.'

모두 무모하다고 생각하는 싸움을 그가 자청하여 시작했던 것은 반동탁 연합군의 사기를 올리기 위한 것이었다. 동탁이 낙양을 버리고 장안으로 수도를 옮긴다는 사실을 듣게 되면 엉거주춤한 자세로 있던 병사들도 힘을 얻게 될 것이었다.

"상국답지 않은 결정인 것 같군요."

진잠이 고개를 갸웃거리면서 말했다. 그는 조조의 군사軍師도 아니면서 조조와 함께 전황에 대해서 이야기를 나누는 일이 많았다.

조조는 진잠이 객관적인 입장에서 자유롭게 자신의 의견을 말하곤 했기 때문에 참고할 만한 것이 많다고 생각했다.

"맞다. 분명히 평소의 그답지 않은 결정이었어."

조조는 고개를 끄덕이며 방금 전에 얼굴에 나타냈던 기쁜 표정을 거둬들였다. 진잠과 조조의 대화는 언제나 단순명료했다. 필요한 말 이외에는 다른 군더더기가 없었다. 서로가 지금까지 나누어온 이야기를 바탕으로 대화를 나누었으므로 구태여 중언부언할 필요가 없었다. 지금도 두 사람 사이에는 동탁에 대해서 공유하는 내용이 많기 때문에 동탁답지 않다고 생각하는 부분에 대해서는 구태여 구구한 대화를 주고받을 필요가 없었다. 근본이 무골인 동탁은 어떤 행동을 취할 때 자신에게 손해가 되는가, 이익이 되는가 하는 단순한 기준만으로 결정하곤 했다. 명예, 모양새, 도덕 따위는 제쳐두었다. 자신의 판단기준과 큰 관련이 없다고 생각되는 요소는 일체 개입시키지 않았다. 산동에 10만여 명의 반동탁 연합군이 호시탐탐 낙양을 노리고 있는 상태에서 천도를 한다는 것은 아무리 생각해도 위험스런 일이었다. 서쪽의 장안은 확실한 동탁의 본거지이기 때문에 낙양에 있는 것보다 훨씬 안전할지는 모른다. 하지만 한참 전쟁을 하고 있는 도중에 적의 바로 코앞에서 수도를 옮긴다는 것은 백 번 생각해봐도 무리였다. 낙양이라는 큰 거점을 포기하고 적에게 넘긴다는 것은 평소 계산이 빠른 동탁답지 않은 결정이라고 할 수 있었다.

조조는 잠시 팔짱을 끼고 생각에 잠겨 있다가 입을 열었다.

"동탁이라는 작자가 낙양을 그냥 순순히 우리에게 넘겨줄 리가 없지."

"낙양이 온전하기는 힘들겠습니다."

진잠이 걱정스러운 표정을 지으면서 한숨을 쉬었다. 이런 간단한 대화만으로도 두 사람은 낙양의 앞날을 점칠 수가 있었다.

"오늘밤쯤에 낙양 하늘에 불꽃이 오른다는 보고가 있을지도 모르겠군."

당시 낙양은 현재의 위치보다 훨씬 동쪽에 자리하고 있었다. 그렇더라도 형양으로부터는 백킬로미터 이상이나 떨어진 먼 거리였다. 칠흑같이 어두운 밤에 아무리 하늘 높이 불길이 타오른다 하더라도 조조의 본진이 있는 곳에서는 볼 수 없는 거리였다. 그러나 본진으로부터 좀 더 낙양 가까운 곳에 있는 척후병은 낙양에서 일어나는 변고를 알 수 있을지도 몰랐다.

예상했던 대로였다. 그날 밤 낙양이 불타고 있다는 보고가 조조의 본진에 도착했다.

"이럴 때 총공격을 하면 어떨까?"

누구에게 묻는 말투가 아니었다. 조조는 곰곰이 생각하는 표정으로 혼잣말을 했다.

"신중하게 생각하십시오."

진잠이 옆에 있다가 말했다.

"동탁이라는 자는 될 수 있으면 시간을 벌려고 할 것이다. 반년 아니면 1년. 길면 길수록 새로운 수도를 만드는 데 시간을 확보할 수 있으니까."

조조의 말투는 여전히 대화체가 아니었다. 자기가 한 이야기를 스스로 확인하는 말투였다. 평소 진잠과 대화를 할 때도 말을 많이 하는 편이 아니었지만 오늘따라 더욱 말수가 적었다.

"그래, 역시 이 기회를 놓칠 수는 없어."

조조는 진잠에게 등을 돌린 상태에서 연신 혼자 중얼거리고 있었다.

五

조정의 중신들은 낙양에 애착을 가지고 있었다. 중신들뿐만 아니었다. 낙양에 사는 백성은 누구 하나 예외 없이 모두 낙양을 마치 연인처럼 사랑했다.

'좋아! 그자들의 미련을 간단하게 없애주지!'

동탁은 마지막 순간까지 고민하다가 결국 낙양을 재로 만들 결심을 했다. 그가 그런 결심을 하게 된 직접적인 계기는 옹문의 현자를 취조할 때 들은 말 때문이었다. 옹문의 현자라는 자는 처음엔 입을 잘 열려고 하지 않았다. 그는 "내가 하는 말은 하늘이 전하는 말이오"라며 미친 사람 흉내를 냈다. 동탁은 그것이 거짓임을 알았다.

'누군가에게 사주를 받은 것이 틀림없어.'

그렇다면 자신 이외에 누가 또 이렇게 천도를 해야 한다고 생각하고 있는 것일까? 그는 점점 흥미가 당겼다.

"고문을 가하라!"

자신의 계획에 도움을 주고 있는 자이기는 했으나 왜 도움을 주고 있는지 그 이유를 알아볼 필요가 있었다.

동탁에게는 사디스트적인 경향이 있었다. 포로를 사로잡으면 돼지기름을 바른 천으로 몸을 휘감고 불을 붙여 포로가 땅바닥을 뒹굴면서 몸부림치는 것을 보며 즐거워하곤 했다. 그러나 옹문의 현자에게서는 우선 자백을 받아내야 하기 때문에 숨이 끊어지지 않을 정도로 고문을 가했다. 공중에 매달아놓고 갈라진 청죽靑竹으로 매를 때리는 고전적인 방법이었다. 옹문의 현자는 환갑에 이른 나이여서 너무 심하게 매질을 하면 그대로 숨을 거두게 될 것 같았다.

"적당히 치도록 하라."

이윽고 동탁이 명령을 내렸다. 천도가 하늘의 뜻이라고 주장하는 것은 오히려 동탁을 도와주는 일이었기 때문에 그 노인을 특별히 미워할 이유는 없었다. 그러나 적당히 매질을 한다지만 그 정도도 노인에게는 견디기 힘든 일이었다. 이를 악물고 견디던 노인은 결국 더 이상 버티지 못하고 입을 열기 시작했다.

"마, 말씀드리겠습니다. 부탁받은 것이 사실입니다. 용서해주십시오. 그러나 절대로 사람들을 현혹시킬 의도는 아니었습니다. 살려만 주십시오."

노인은 숨을 헐떡거리면서 말했다.

"너를 사주한 자가 누구냐?"

취조를 맡은 관리가 으르렁거리며 물었다.

"이름은 알지 못하옵니다."

노인이 그렇게 대답하자 취조하는 자는 청죽을 높이 들어 힘껏 등줄기를 내리쳤다. 노인의 살이 터지면서 땅바닥으로 피가 뚝뚝 떨어지기 시작했다.

"정말입니다. 정말로 모르옵니다. 아악!"

노인이 비명을 질렀다. 그 비명이 끝나기도 전에 다시 청죽이 살을 파고들었다.

"그만. 그 정도 해두고 이야기를 들어보도록 하자."

붉은색 의자에 깊숙이 몸을 묻고 있던 동탁이 한 손을 들어 지시를 내렸다.

"있는 그대로 낱낱이 아뢰어라!"

취조 관리가 청죽을 한쪽에 세우면서 공중에 매달려 있는 노인을 향해 큰 소리로 외쳤다.

"옹문 가까운 곳에서 웬 마른 노인이 천도가 하늘의 뜻이라고 말하고 다니면 돈을 주겠다고 했습니다. 처음 본 사람이어서 사는 곳이나 이름은 알지 못하옵니다."

"생전 알지도 못하는 사람이 너에게 부탁을 했다는 말이냐? 돈을 준다고?"

관리가 노인의 얼굴을 똑바로 노려보다가 잠깐 얼굴을 돌렸다. 동탁의 표정을 살피기 위해서였다. 동탁은 두꺼운 입술을 앞으로 내밀면서 무엇인가를 생각하는 표정이었다.

"너는 생전 알지도 못하는 사람이 돈만 준다면 무슨 일이든 하느냐? 불을 지르라면 지르고 사람을 죽이라면 죽인단 말이냐?"

"아, 아니옵니다. 아니옵니다."

노인이 얼굴을 세차게 좌우로 흔들자 묶인 줄도 좌우로 움직이면서 몸뚱이가 시계추처럼 흔들렸다.

"그럼 돈뿐만이 아니란 말이냐?"

동탁이 낮은 목소리로 물었다. 취조하는 관리의 쩌렁쩌렁한 목소리와는 대조적이었다.

"굳이 돈 때문은 아니었습니다. 저도 같은 생각을 하고 있었기 때문에…."

"같은 생각이란 것이 뭐냐?"

"천도가 하늘의 뜻이라는 생각입니다."

"이유는?"

"저는 낙양에서 태어나 줄곧 낙양에서 살아왔습니다. 누구보다도 낙양을 사랑하고 좋아합니다. 낙양을 위해서라면 상국께서 이곳을 떠나시는 게 좋을 것이라고 생각했습니다. 상국께서 장안으로 가시게 되면 싸움터도 그곳으로 옮겨가게 될 테니까요. 그렇게 되면 낙양은 다시 옛날의 모습을 찾게 됩니다. 제게 부탁한 그 노인의 생각도 저와 같았습니다."

그 말을 듣자 동탁은 전신의 피가 역류하는 것을 느꼈다.

'나를 역병疫病을 옮기는 귀신처럼 여긴단 말인가!'

감정이 끓어오르자 동탁의 표정이 오히려 냉정하게 바뀌고 있었다. 말투도 아주 차분한 어조로 바뀌었다. 그는 잠시 노인을 쳐다보다가 다시 입을 열었다.

"천자는 서쪽으로 가지만 낙양은 이제 곧 불바다가 될 것이다. 반드시 그렇게 만들 것이다."

"아, 아니 되옵니다! 그것은 아니 되옵니다!"

노인은 부르짖었다.

"너희 뜻대로는 안 될 것이다. 어쨌든 너희 무지렁이들의 생각을 알려줘서 고맙다. 어차피 낙양은 전쟁으로 폐허가 될 것이다. 나는 이 낙양이 폐허가 되기 전에 먼저 불을 놓아 모두 잿더미로 만들 것이다. 네 말을 듣고 반드시 그렇게 해야겠다고 더욱 결심을 굳혔다. 이제 내 마음은 확실히 굳어졌다. 너희가 그렇게도 좋아한다는 낙양은 이제 곧 사라질 것이다."

동탁은 말을 마치고 의자에서 일어났다. 사뭇 잔인한 미소를 지으며 공중에 매달려 있는 노인을 올려다보았다. 그의 눈앞에 노인의 얼굴과 함께 중신들의 얼굴이 겹쳐졌다. 천도를 반대하던 오경과 주비 두 중신을 베었으니 이제 궁궐 내에서 천도에 반대하는 자는 아무도 없었다. 그러나 마음속으로는 낙양에 그대로 머물고 싶은 것이 중신들 대부분의 생각이었다. 중신들뿐만이 아니었다. 그다지 여유로운 생활을 누리지 못하는 백성이었지만 그들에게도 낙양은 삶의 터전이자 정신적인 기반이었다. 낙양을 떠나 다른 곳으로 가 산다는 것은 상상만으로도 끔찍한 일이었다.

'낙양이 잿더미로 바뀌면 모든 문제가 해결된다.'

노인의 자백으로 천년 수도를 잿더미로 만드는 일에 더욱 박차가 가해졌다. 동탁은 이제 옹문의 현자를 누가 사주했느냐에 대해서는 아무 관심이 없었다. 누가 사주했건 그것은 이미 중요한 문제가 아니었다. 낙양에 살고 있는 모든 사람이 동탁을 역병이나 옮기는 귀신처럼 생각하고 있다는 것을 알았기 때문이었다. 낙양에 살고 있는 모든 사람이 이 노인을 사주한 셈이었다.

"그자를 옥에 집어넣어라."

동탁이 명령을 내렸다.

"조금만 더 족치면 사주한 자의 이름을 댈 것 같은데요?"

취조하던 관리가 다소 불만스런 어조로 말했다.

"아니다. 저자는 진짜로 이름을 모를 수도 있다. 자백한 내용이 전부일지도 모른다. 또 누가 사주했든 그건 그리 중요한 게 아니다. 낙양을 사르는 불꽃이 하늘 높이 솟아오를 때 저 미친 늙은이를 물 속에 처넣도록 하라. 불과 물의 고통을 함께 맛볼 수 있도록."

동탁은 그렇게 지시를 내리고 자리를 떴다. 그는 한가하지 않았다. 천도를 하기 위해서 해야 할 일이 산더미 같았다. 그러나 그 어떤 것보다도 중요한 일은 낙양을 불바다로 만들라는 명령을 내리는 일이었다.

동탁이 자리를 뜨자 노인을 취조하던 관리도 이내 자리를 떴다. 하급관리에게 노인을 옥에 가두라는 명령을 내리기 위해서였다. 그러자 광장의 기둥에 매달려 있던 노인이 갑자기 메마른 음성으로 외쳤다.

"제발 그것만은 하지 말아주십시오! 낙양을 불사르라는 명령만은 거두어주십시오. 그렇게만 해주신다면 저를 사주한 자의 이름을 대겠습니다. 제발! 저를 사주한 자는 도고이옵니다. 이제 다 말씀드 렸습니다. 그러니 낙양만은 제발…."

죽을힘을 다해 지른 소리였다. 그러나 그는 이미 기력이 쇠진했다. 그가 외치는 소리는 그의 입속에서만 맴돌고 있을 뿐이었다. 그목소리는 저만큼 가고 있는 관리를 다시 돌아서게 하기에는 너무 미미했다. 노인은 연신 입안에서만 맴도는 모기만 한 소리로 외쳤다.

"낙양을 불사르지 말아주십시오!"

노인은 마지막으로 있는 힘을 쥐어짜 그렇게 외치고는 꼼짝도 하지 않았다. 그리고 마지막 한 줄기 숨마저 놓아버렸다. 비참한 죽음이었다. 그러나 사디스트인 동탁이 그를 위해 준비하라고 명령한 '물과 불의 고통'을 함께 겪는 죽음만은 피할 수가 있었다. 그러므로 노인에게는 오히려 행복한 죽음이었는지도 몰랐다.

六

말로는 그저 쉽게 천도라고 했지만 그렇게 간단한 일이 아니었다. 새로운 수도인 장안은 아무 것도 없는 텅 빈 폐허였다. 전한 말기에 있었던 난으로 초토화가 된 뒤 복구했지만 광무제 건무建武 2년(26년) 정월에 적미군이 장안 전체에 불을 놓는 바람에 '장안성을 다시 찾는 사람은 없다'고 말할 정도로 인적이 끊긴 상태였다. 농우隴右 지역은 나무가 풍부했고 장안에서 가까운 두릉杜陵에는 무제 때 만들어진 기와를 만드는 와창瓦廠과 도요陶窯가 있었다. 동탁은 천도를 주장하면서 바로 이 점을 강조했다. 그러나 목재나 기와를 얻을 수있다는 점이 수도를 만드는 데 어느 정도 도움을 주긴 하지만 절대적인 점은 아니었다. 다시 말해 기와나 목재가 있다고 해서 당장 궁궐이나 가옥이 되는 것은 아니었다. 더구나 그곳에 살고 있는 백성도 없었다. 궁궐을 지어놓고 중신들을 모아놓는다고 해서 그냥 수도가 되지는 않는 것이다. 그러므로 궁궐을 누가 지을 것인가 하는 것이 문제였다. 일할 사람이 필요했다.

'낙양의 모든 백성을 끌고 가자.'

마침내 동탁은 그런 결정을 내렸다. 낙양에 살고 있는 백만 명의 사람들을 장안까지 걸어가게 하는 것이다. 낙양에 미련을 갖겠지만 어쩔 수 없이 장안으로 갈 수밖에 없을 것이다.

'바로 그 미련을 자르기 위해서라도 낙양을 불사르지 않으면 안 된다.'

동탁은 낙양을 떠나기 전 모든 부호들에게 갖가지 죄명을 씌워 재산을 몰수해버렸다. 그런 다음 여포에게 명령을 내려 북망산에 있는 여러 황제의 능이나 황족의 묘를 파헤쳐 부장되어 있는 보물을 모두 파내도록 했다.

'모두 내 것이야. 모두!'

동탁은 혼자서 싱글거리며 뒷짐을 진 채 방안을 서성거리고 있었다. 물욕에 눈이 먼 그는 옮길 수 있는 보물은 모두 동생인 민旻을 시켜 서쪽으로 운반토록 했다. 옮길 수 없는 금은보화의 상당량은 몰래 파묻게 했다. 굴을 파서 묻는 작업은 물욕에 초연한 불교신자들에게 시켰다. 재화가 모이면 모일수록 동탁의 물욕은 더욱 강해졌다. 누가 보아도 정상이 아니었다. 물욕이 병적인 상태로까지 발전하게 되면 자연스럽게 따라붙는 것이 바로 남을 의심하는 버릇이다. 동탁의 입장에서 볼 때 사람으로서 재화에 욕심이 없다는 것은 생각도 할 수 없는 일이었다. 지금 보물을 묻을 땅을 파고 있는 스무 명 남짓한 월지족들은 재화가 묻힌 장소를 알고 있다. 동탁은 그들에 대해서도 안심할 수 없었다.

'언젠가는 이자들이 몰래 보물을 훔쳐가려 할 거야.'

동탁은 가능하면 빠른 시간 안에 새 수도인 장안으로 보물을 옮겨갈 작정이었다. 그는 이런 생각도 갖고 있었다.

'이자들을 죽이지 않으면 안심할 수가 없겠어.'

동탁은 인간의 탈을 쓴 짐승이 되어가고 있었다.

굴의 크기는 사방이 30미터이고 깊이는 15미터나 되었다. 영화리라고 하는 한 구역 전체를 동탁의 저택이 차지하고 있었는데 그 저택 내부의 한 지점을 보물을 숨기기 위한 장소로 선택한 것이다. 상당히 깊이 팠는데도 물이 나오지 않아 땅속에 무엇인가를 숨기기에는 안성맞춤인 장소였다. 인부들은 금은을 가득 채운 나무상자를 밧줄로 묶어 땅속 깊은 곳에 내려놓았다.

"자, 모두 내렸으니 위로 올라가서 흙을 덮도록 하자."

작업 책임자가 땅속으로 내려진 나무상자를 모두 정리하고 인부들에게 그렇게 말하자 땅 위에서 한 병사가 소리쳤다.

"너희는 위로 올라오지 않아도 된다. 흙은 우리가 덮겠다."

인부들이 올려다보니 동탁의 근위병들이 구덩이를 둘러싸고 서 있었다. 구덩이 속에 있는 인부들의 머리 위로 흙과 돌이 쏟아지기 시작했다. 인부들은 작업 중에 오르내리기 위해 설치해놓은 흙계단으로 일제히 기어오르기 시작했다. 하지만 소용없는 일이었다. 계단을 다 올라가면 병사들이 발길질을 해댔다. 이대로 생매장당할 수는 없는 일이어서 인부들은 죽을힘을 다해 계단을 기어올랐다. 이번에는 병사들이 칼을 뽑아들었다.

"지금까지 너희의 묘를 파느라고 고생이 많았구나. 하하하."

병사들은 큰 소리로 웃었다. 구덩이 옆에 쌓여 있던 흙을 본격적으로 구덩이 안에 밀어 넣기 시작했다. 순식간에 인부들의 머리 위로 흙더미가 덮쳤다.

"모두 서쪽 벽으로 붙어라!"

인부들의 비명 속에서 십장인 듯한 자의 외침이 들렸다.

"망을 붙들어라. 망을 놓치지 마라!"

처절한 외침이 계속됐다. 저녁 무렵이어서 사방이 조금씩 어둑해지고 있었다. 구덩이 주변에도 엷게 먹물을 뿌려놓은 듯 어둠이 내려앉고 있었다.

"어리석은 놈들 같으니라고. 망에 매달려 기어오를 작정인가?"

칼을 뽑아든 한 병사가 가소롭다는 투로 내뱉듯이 말했다. 구덩이 속으로 쏟아지는 흙과 돌이 나무상자가 보이지 않을 만큼 쌓이자 두 손을 흔들며 버둥거리던 인부들의 비명도 차츰 잦아들기 시작했다. 자그마치 15미터 정도의 깊이였다. 마침내 인부들의 모습이 시야에서 사라졌다. 그런 뒤에도 계속해서 흙과 돌이 채워졌다. 칼을 빼들고 있던 병사들도 모두 칼을 거두고 흙을 밀어 넣는 작업에 열중했다. 구덩이가 절반 정도 메워졌을 때였다.

"으악!"

갑자기 외마디 비명이 저녁 공기를 갈랐다. 작업에 열중하던 병사들이 어깨와 머리를 감싸 안으면서 구덩이 속으로 굴러 떨어지기 시작했다. 누군가가 나타나 그들을 칼로 베면서 구덩이 속으로 밀어 넣었던 것이다. 병사들의 수는 스무 명 정도였다. 구덩이에 흙을 메우는 작업에 열중하느라 방심했던 탓도 있지만 그들을 단칼에 쓰러뜨리면서 한꺼번에 구덩이 속으로 밀어 넣는 솜씨가 보통이 아니었다. 단 한 명이 순식간에 해치운 일이었다. 구덩이 속에 쌓인 흙은 아직 다져지지 않은 상태로 푸석푸석했다. 그래서 그 안으로 떨어지게 되면 몸무게 때문에 안으로 빠져들고 말았다.

"칼날이 너무 무뎌졌어. 날을 좀 갈아야겠군."

붉은 피가 줄줄 흘러내리는 장검을 들고 서 있는 사내는 흰 얼굴의 젊은이였다. 동탁의 양자 여포였다.

한나라 때 쓰던 도검은 현재 그렇게 많이 남아 있지 않다. 베트남의 하노이 박물관에 가면 110센티미터 정도 되는 한대의 칼을 볼 수가 있다. 이것만 가지고 추측하기에는 무리가 있지만 한나라 병사들은 상당히 긴 칼을 즐겨 사용했던 것으로 추정된다. 특히 여포는 큰 체구였다. 따라서 그는 장검도 자유자재로 다룰 수가 있었다.

"역시 여포답게 날랜 솜씨야. 하하하."

어슴푸레한 어둠 저쪽에서 여포에게로 다가오는 자는 그의 양부 동탁이었다. 여포도 흰 이빨을 드러내 보이며 웃었다. 소름끼치는 광경이 아닐 수 없었다.

"나머지 흙은 아버님과 둘이서 다 메워야겠군요."

여포가 느물거리는 웃음을 문 채 말했다.

"그래, 그래. 나도 아직 그 정도 힘은 남아 있다."

동탁은 허리를 굽힌 채 손수 나머지 흙을 구덩이 속으로 밀어 넣기 시작했다. 여포도 허리에 찬 칼집에 칼을 넣고 동탁과 함께 작업을 시작했다.

"이제 전부 내 것이다."

동탁이 들뜬 목소리로 말했다.

"하하하. 감축 드리옵니다, 아버님."

두 사람은 만면에 흐뭇한 미소를 머금은 채 힘든 줄도 모르고 열심히 작업을 계속했다.

七

조조는 낙양에서 불기둥이 솟아오르기 시작했다는 보고를 받고 다시 한 번 형양을 공격하기로 결정했다. 형양은 동탁의 증원군이 낙양으로 들어오는 길목이기도 했고 호뢰관虎牢關을 지키고 있는 동탁의 병력이 언제라도 들이닥칠 수 있는 위험한 곳이었다. 다시 말해 조조가 맞붙기에는 상당히 버거운 지역이었다. 그럼에도 그는 과감하게 공격하기로 결정했다. 교착상태에 빠져 있는 전황에 돌파구를 마련해보려는 의도였다. 동탁군의 장수 서영은 매우 용맹한 자였다. 게다가 병사 수에 있어서도 조조군과는 비교도 되지 않을 정도로 많았다. 동탁은 천자와 조정의 중신, 그리고 백성들을 먼저 서쪽으로 보내고 낙양에는 병사들만 머물도록 했다. 서쪽에는 동탁의 병력이 포진해 있었고 그 주위에는 대적할 만한 적들도 없었다. 동탁은 필규원畢圭苑이라는 곳에 본부를 설치해놓고 군사들을 독려하고 있었다. 이러한 상황이었기 때문에 동탁군의 병력은 조조에 비해 전혀 부족함이 없었다. 산조의 여섯 장수가 이끄는 병력이 한꺼번에 공격한다면 그럴듯한 싸움이 될지도 모르겠지만 지금 상황에서는 어느 누구도 선뜻 나서려고 하지 않았다. 장막이 조조에게 5천의 병사를 빌려준 것도 연합군 장수들로서는 상당한 협조를 했다고 여길 정도였다. 그것도 아무 대가 없이 빌려준 게 아니었다. 진잠이 백마사에서 가져온 상당한 양의 금괴를 건네주었던 것이다. 어느 누구라도 자신의 병력에 손상을 입히는 일은 꺼리고 있었다.

'앞으로 천하의 패권을 다투는 싸움은 꽤 오래갈 것이다. 구태여 서두를 이유가 없다.'

연합군 장수들은 모두 그런 생각을 하고 있었다. 물론 전공에 따라서 장수들의 대우가 달라질 터였다. 하지만 전공을 탐내다가 병력을 잃게 되면 오히려 연합군 내부에서 자신들의 세력만 약해질 위험이 있었기 때문에 한껏 몸을 사렸다. 전공을 세울지 어떨지를 판단하기란 어려운 일이었다. 이제 서서히 싸움이 시작되고 있었기 때문에 상황을 좀 더 지켜보고 행동하는 것이 일단은 더 현명하다고 볼 수 있었다. 그래서 여러 장수들은 연합군의 형세를 살펴가면서 이해득실을 따지기에 바빴다.

또한 장수들 간에는 감정대립으로 인해 다툼까지 벌이는 일이 생기기도 했다. 유대와 교모는 예전부터 사이가 좋지 않았다. 그런데 산조에서 서로 이웃해 진을 친 두 장수는 날이 갈수록 서로 심하게 으르렁댔다.

'이럴 때 먼저 치고나가자.'

조조는 이해득실을 충분히 계산해보고 나서 이런 결정을 내렸다. 연합군의 장수들로부터 가장 용맹하다는 평가를 받게 되는 것만으로도 먼저 치고나갈 가치가 충분히 있었다. 참패만 당하지 않는다면 설혹 패하더라도 어느 정도의 효과는 거둘 수 있는 일이었다. 모두가 눈이 휘둥그레질 정도로 감동할 만한 장면을 연출한다면 그 자체만으로도 조조에게 돌아오는 이익은 상당할 것이었다. 싸움터에서 조조는 항상 용감했다. 그는 지략과 용맹을 겸비한 서른여섯의 나이였다. 지금 그가 장수로서 취한 용맹스런 행동들은 그의 장래에 큰 도움이 될 터였다.

"걱정하지 마라. 목숨만은 버리지 않을 터이니."

출전에 앞서 자중하기를 권하는 진잠에게 조조가 조용한 목소리로 말했다. 용감하게 싸우면서도 안전하게 목숨을 유지하는 일은 상황판단을 정확하게 하지 않으면 안 되는 어려운 일이었다. 사실 조조는 여러 가지 눈속임으로 자신이 실제보다 과장돼 보이도록 하는 데 능했다. 예를 들어 연합군 진지 내에서도 공연히 부대를 이동시킴으로써 자신이 이끄는 부대의 활약상이 조금이라도 돋보이도록 노력했다. 별것 아니었지만 인접한 다른 부대들을 의식한 행동이었다.

언젠가 야전훈련을 나갔다가 숲속에서 휴식을 취할 때였다. 조조는 갑자기 뭔가 생각난 듯 갑옷을 벗더니 나뭇가지 위에다 척 걸쳐놓았다. 그리고는 병사들에게 자기 갑옷에다 화살을 쏘라고 명령했다.

당시의 갑옷은 거의가 철편鐵片을 많이 사용했는데 직책이 높은 장군들은 동銅으로 만든 것을 즐겨 사용했다. 문질러 광택을 내게 되면 번쩍번쩍 빛을 발해 더욱 용맹스럽게 보이기 때문이었다. 갑옷 안쪽은 가죽이 덧대어져 있었다. 병사들이 화살을 쏘자 조조의 갑옷은 순식간에 고슴도치 같은 형상으로 변해버렸다. 조조는 아무렇지 않게 그 흉측한 갑옷을 다시 입었다. 그리고는 보란 듯이 산조의 연합군 진영으로 돌아왔다. 그만큼 조조는 영악했다.

그러나 남의 눈을 속이는 데는 어디까지나 한계가 있는 법이다. 정말로 피를 흘리며 싸우지 않으면 안 되는 상대가 있기 때문이다. 실제로 복병에게 기습을 당해 병사가 거의 전멸하다시피 한 경우도 있었다. 그때 조조 혼자만 살아나왔는데 나중에 갑옷을 벗어보니 꽂혀 있는 화살이 이루 셀 수가 없을 정도였다. 한번은 변수 근처에서 싸움을 벌이다가 적의 화살이 조조가 탄 말에 꽂힌 적이 있었다. 말을 타지 않고 적의 포위망을 뚫는다는 것은 거의 불가능한 일이었다. 그때 누군가가 번개처럼 말을 달려 조조의 곁으로 다가왔다.

"형님! 어서 제 말로 바꿔 타십시오."

땅바닥에 고꾸라진 조조가 황급히 고개를 들어 쳐다보니 사촌동생 조홍曹洪이었다.

"아우구나. 그런데 너는 어떻게 하려는 것이냐?"

"이 천하에는 조홍이 없어도 아무런 문제가 없습니다. 그러나 형님께서는 천하를 위하여 반드시 살아 계셔야 합니다."

조홍은 눈을 부릅뜨면서 단호하게 말했다.

"그래…, 알겠다!"

조조는 조홍의 말을 타고 온힘을 다해 포위망을 뚫고 산조로 돌아왔다. 연합군 진영에 도착했을 때 그의 용맹한 모습은 전혀 과장된 것이 아니었다. 피와 땀, 그리고 흙먼지를 뒤집어쓴 그의 모습은 사지에서 살아 돌아온 영웅의 풍모 그대로였다.

'이 정도면 됐어.'

연합군은 환호성을 올리며 조조를 맞이했다. 조조는 마치 시위라도 하듯 말을 탄 채 연합군 진영을 천천히 돌았다. 그리고 더욱 극적인 장면을 연출하려는 듯 짐짓 비장한 표정을 지었다. 그렇게 한동안 어깨에 힘을 준 채 진영을 돌고 있는데 일순 외마디 비명 같은 날카로운 외침이 그의 등 뒤에서 들려왔다.

"형님!"

그 외침 속에는 다급한 말굽소리가 함께 섞여 있었다. 조조는 급히 뒤를 돌아보았다.

"홍이 아니냐?"

변수에서 조조에게 자신의 말을 내주었던 조홍이 살아서 돌아왔던 것이다. 조조는 얼른 말에서 내려 아우를 맞이했다.

"말은 어떻게 구했느냐?"

"죽을힘을 다해 적의 말을 빼앗아 형님 뒤를 쫓아왔습니다."

말에서 내린 조홍은 가쁜 숨을 몰아쉬었다. 조조를 마주대하자

비로소 사지에서 살아 돌아왔다는 사실이 실감나는 듯 이내 북받치는 감정을 참지 못하고 눈물을 글썽거렸다. 그런 아우를 보자 조조의 뇌리에 번개처럼 어떤 생각 하나가 지나갔다.

'그래, 지금 이 상황을 더욱 극적으로 만드는 거야.'

조조는 재빨리 그런 계산을 한 뒤 곧바로 조홍에게 다가가 그를 와락 껴안았다.

"무사히 살아서 돌아왔구나! 정말 장하다!"

조조 역시 감정이 북받치는 표정을 지으며 울먹이는 소리로 그렇게 말했다. 그 장면을 바라보는 연합군의 수많은 병사들도 콧날이 시큰함을 느꼈다. 치열한 전투에서 극적으로 살아 돌아온 용맹한 장수, 조조에 대한 그런 인상이 병사들의 뇌리에 강하게 각인되었다. 말이 필요 없는 장면이었다.

변수에서의 싸움은 누가 보아도 치열하기 이를 데 없는 혈전이었다. 그 전황에 대해서는 직접 싸움에 참여했던 병사들의 입을 통해 자연스럽게 퍼져나갈 것이었다. 그러므로 지금 조조가 할 일은 조홍을 껴안고 더욱 극적인 상황만 연출하면 되는 것이었다. 그 장면을 바라보는 연합군 속에는 진잠도 끼어 있었다. 얼마쯤 지나자 조조가 아우를 껴안았던 손을 풀고 어깨를 들썩이며 감정을 추스르기 시작했다. 그때 진잠이 앞으로 나와 조조에게 말을 건넸다.

"정말 잘됐군요."

그랬다. 모든 의미에서 정말 잘된 일이었다. 자기 목숨을 아끼지 않는 조조. 그가 연출한 장면을 본 사람들은 조조를 그렇게 평가하기 시작했다. 그 이후부터 병사들은 조조라는 이름만 들어도 전율을 느끼게 되었다.

八

　백만 명이라고도 하고 수백만 명이라고도 했다. 동탁의 명에 따라 낙양에서 서쪽으로 이동해간 백성의 숫자였다.

　『후한서』「군국지郡國志」에 의하면 낙양과 낙양을 둘러싸고 있는 인접지역은 가구가 20만 8천여 호이고 인구는 101만 명 정도였다고 한다. 따라서 수백만 명이었다고 하는 주장은 조금 과장된 주장이라고 볼 수 있다. 그러나 이 통계는 영화 5년(140년)의 것이고, 동탁의 천도는 그로부터 50년 뒤에 있었던 일이기 때문에 다소 차이가 있을 수 있다. 또한 당시 인구를 집계할 때는 노예는 포함시키지 않는 경우가 보통이었기 때문에 실제 인구는 통계보다 많았을 것으로 추측된다. 더구나 당시는 황건적의 난이 일어난 직후여서 중원 일대의 치안이 극히 불안한 상태였다. 따라서 사람들은 생명을 부지하기 위해 안전한 곳을 찾아 낙양 주변으로 몰려드는 상황이었다.

　어쨌든 당시에 백만 명이 한꺼번에 이동한다는 것은 상상도 하기 힘든 일이었다. 이동하는 도중에 식량은 어떻게 조달했을 것이며 숙박은 어떻게 해결했는지 따위를 생각해보면 보통 일이 아니었다. 그러나 동탁의 입장에서 그런 문제들은 별로 중요한 것이 아니었다.

　'여기에서 살아남는 강한 자들만 장안에 도착하면 된다. 약한 것들은 아무 데도 쓸모가 없다.'

　낙양에서 장안까지는 약 5백 킬로미터 거리였다. 따로 식량을 구할 곳도 없고 비를 피할 만한 곳도 없었다. 오로지 걸어서 목적지까지 도착하는 자만이 살아남을 수 있었다. 물론 장안에 도착한다고 해서 들어가 쉴 수 있는 가옥이 있는 것도 아니었다. 2백 년 전 적미의 난 때 모두 불타 없어진 뒤로 장안은 폐허 그대로 방치되어 있었다. 목적지에 도착해도 딱히 희망을 걸 만한 뭔가가 있는 것도 아니었다. 백성들은 그저 죽지 않기 위해서 걷는 것뿐이었다. 굶주림을 못 이겨 쓰러지는 자는 뒤에서 계속 밀려오는 인파와 말발굽에 밟혀 길거리에서 죽어갔다. 한번 쓰러지면 다시 일어날 기력도 없었다. 그야말로 생지옥 그 자체였다.

시체가 산처럼 쌓이다.

『후한서』에서는 당시의 비참한 상황을 이렇게 간단히 설명했다. 길가 양쪽으로 시체가 산처럼 쌓였다는 것이다. 과연 어느 정도의 숫자가 살아서 장안에 도착했는지에 대한 기록은 남아 있지 않다. 도중에 도망쳐 다시 낙양으로 가려 해도 거기에는 이미 살 집이 없었다. 동탁은 낙양에 대한 조정 중신과 백성의 애착을 끊어버리기 위해 낙양뿐만 아니라 그 주변 마을까지도 전부 불살라버렸기 때문이다. 사서에서는 당시의 상황을 이렇게 전하고 있다.

낙양 2백 리 안의 가옥들은 그 자취를 찾을 길이 없고, 개와 닭 울음소리도 들을 수 없다.

당시의 1리는 지금의 4백 미터 정도로, 2백 리라면 80킬로미터에 이르는 광범위한 지역이 철저하게 파괴됐던 것이다. 그 가운데 유일하게 남아 있는 것은 옹문에서 서쪽으로 13리 떨어진 곳에 위치한 백마사뿐이었다. 백마사에는 주변에서 피어오르는 매캐한 연기와 그을음 속에 12층탑이 묵묵히 서 있었다.

"폐허가 된 이 땅에서 우뚝 서 있는 저 탑을 보니 다소 위안이 되는군요. 마치 이런 날이 올 줄 알고 세워놓은 것처럼 말입니다."

산조에 있는 조조의 병영에서 다시 백마사로 돌아온 진잠은 탑을 올려다보면서 그렇게 말했다. 지영은 아무 대답이 없었다.

"여러 가지로 고생한 보람이 있으시겠습니다."

진잠이 재차 지영에게 말했다. 지영은 고개를 가볍게 옆으로 저으며 말했다.

"아닙니다. 차라리 이곳도 화염에 휩싸이는 게 더 나았을지도 모릅니다. 불자가 제도해야 할 백성의 가옥은 모두 불타 없어졌는데 우리만 살아남아 있으니…. 지금까지 제가 심혈을 기울여 노력해온 일들이 전부 잘못되었다는 생각이 듭니다."

진잠은 달리 할 말이 없었다. 이러한 상황에서 오두미도라면 어떻게 했을까. 백성들과 어려움을 함께했을까.

"진 선생, 부탁이 있습니다."

지영이 갑자기 고개를 돌려 진잠을 쳐다보며 말했다.

"말씀하십시오."

"저희 백마사에 있는 신자 스무 명을 조조군의 병사로 쓸 수 있도록 주선해주셨으면 합니다."

진잠은 지영이 무슨 말을 하는지 이해할 수가 없었다.

"상국께서는 서쪽으로 데려간 백성이 다시 낙양으로 돌아오는 것을 막기 위해 이 백마사에 남아 있는 사람들의 이름을 전부 적어 갔습니다. 그 명단에 없는 자가 이 백마사에 머물면 도망자로 간주되어 큰 형벌이 내려질 것입니다."

"그랬군요. 알겠습니다. 명단에 오른 신자 이외에 스무 명이 이 절에 머물고 있다는 말씀이시죠?"

"아닙니다. 그 스무 명도 이 절의 신자입니다."

"예? 그런데 왜 명단에 오르지 않았습니까?"

"상국께서는 지금 그 스무 명이 땅속에 매장되었다고 생각할 것입니다. 그래서 그들을 이 절에서 머물게 할 수가 없는 것입니다."

진잠은 지영의 말을 알아들을 수가 없었다. 그러자 지영이 석조 계단에 앉더니 자세한 전후사정을 진잠에게 설명하기 시작했다.

지영은 동탁으로부터 굴을 팔 인부 스무 명을 보내달라는 부탁을 받았을 때 앞으로 그들의 운명이 어떻게 되리라는 것을 짐작하고 있었다. 동탁은 물욕에 빠져 허우적대고 있는 인물이었다. 그런 자가 자신의 금은보화가 어디에 숨겨져 있는지 알고 있는 사람들을 곱게 살려 보낼 리 없었다. 지영은 그 점이 몹시 불안했다. 그래서 궁리를 거듭한 끝에 한 가지 묘안을 생각해냈다. 동탁이 인부들을 청해 왔을 때 마침 낙양의 부호 도고가 백마사를 찾아왔다. 도고는 미리 화를 피하기 위해 집을 개축한다는 핑계로 백마사를 찾아왔던 것인데 지영은 그 기회를 놓치지 않았다. 월지족의 건축기술자들을 도고의 집으로 보내 일하도록 한 것이다. 사막에서 지하 수도인 카레스를 건설한 경험이 있는 기술자들이었다. 그들은 도고의 집 마당을 수직으로 파내려갔다. 그리고 밑바닥에 이르러서는 다시 옆으로 굴을 뚫어 동탁이 사는 저택까지 나아갔다. 도고의 집은 동탁의 저택에서 그리 멀리 떨어지지 않은 곳에 있었기 때문에 불가능한 일은 아니었다. 물론 사전에 동탁이 보물을 묻은 장소까지의 거리와 방향을 정확히 재서 배수작업도 빈틈없이 진행했다. 이 작업은 월지족의 전문가들이 아니면 불가능한 일이었다.

그 작업은 비밀리에 연일 계속됐다. 그리하여 동탁이 금은보화가 담긴 나무상자를 구덩이 속으로 내려놓을 즈음에는 거의 서쪽 벽면까지 파들어 갈 수 있었다. 몇 삽만 더 파내면 바로 동탁의 저택에

파놓은 구덩이와 연결이 가능한 상태였다. 그러므로 언제라도 동탁의 저택에서 일하고 있는 스무 명의 월지족 인부들을 구출해낼 수 있었다. 그 인부들의 십장 역시 그 사실을 알고 있었다. 그래서 작업을 다 마친 후에 동탁의 병사들이 위에서 흙과 돌을 쏟아 부을 때 인부들을 서쪽 벽으로 달라붙도록 유도했던 것이다. 또한 십장은 작업을 하면서 구덩이 밑바닥을 단단히 하기 위해 널빤지를 깔아야 한다고 주장해서 여러 장의 나무판을 준비해놓고 있었다. 그래서 흙과 돌이 구덩이 안으로 쏟아져 들어올 때 그 널빤지를 사용하여 위기를 모면할 수 있었다. 그들은 금은보화를 담은 나무상자 사이에 재빨리 널빤지를 걸쳐놓아 잠시라도 견딜 수 있는 공간을 만들었다. 이렇게 해서 죽음의 순간에서 벗어날 수 있었던 스무 명의 월지족 사람들은 동탁의 군사들이 백마사에 남을 자들의 명단을 접수할 때 당연히 제외될 수밖에 없었다.

"그렇게 하도록 하겠습니다."

진잠은 지영의 설명을 듣고 고개를 끄덕이며 말했다. 낙양의 불길이 사그라진 지 며칠이 지났건만 아직도 이곳저곳에서 연기가 피어오르고 있었다. 그 연기는 이따금 눈물을 흘리게 만들었다. 백마사에도 어김없이 매캐한 연기가 바람에 실려 오곤 했다. 진잠은 연신 눈을 깜빡거렸다. 꼭 연기 탓만은 아니었다. 지영의 설명을 듣고 가슴이 뭉클해지면서 눈시울이 뜨거워졌기 때문이다.

인간의 욕심이란 얼마나 부질없는 것인가. 동탁은 장안을 떠난 뒤 다시는 낙양 땅을 밟지 못했다. 보물이 묻힌 곳을 알고 있는 여포도 삼국시대 초기에 죽고 만다. 백마사 사람들은 보물이 잠들어 있는 장소를 알면서도 손대지 않았다. 그들은 그저 불사佛事에만 매진할 뿐이었다.

3백 년 동안 이어진 동탁의 저주

『낙양가람기洛陽伽藍記』에서 다음과 같은 기록을 찾아볼 수 있다.

이부상서吏部尚書 형만邢巒이 자기 집 정원을 파자 그곳에서 엄청난 금은보화가 쏟아져 나왔다. 금괴에는 '동董'이라는 글자가 각인되어 있었다. 그곳이 바로 낙양의 영화리라는 곳으로 후한 말 동탁의 저택이 있던 자리였다.

어느 날 밤 형만은 이상한 꿈을 꾸었다. 꿈속에서 동탁이 나타나 이렇게 말했다.

"그 보물은 나의 것이다. 모두 내놓아라."

"싫다. 이곳은 나의 집이다."

그 이듬해에 형만은 사망했다. 갑작스런 죽음이었다. 사람들은 동탁의 죽은 귀신이 그를 데려갔다고 말했다. 형만이 죽은 해는 연창延昌 3년(514년)이었다. 동탁이 낙양을 잿더미로 만들었을 때로부터 324년이 흐른 뒤였다.

7
춤추는 풍희

一

　오른쪽 눈썹을 치켜 올리며 화난 표정을 지었던 조조는 이내 본래의 모습으로 돌아왔다.

　"정말로 화를 내신 건 아니었죠?"

　진잠이 이렇게 말한 뒤였다. 조조가 잠시 틈을 두었다가 낮은 목소리로 진잠에게 물었다.

　"네가 어떻게 내 마음을 아느냐?"

　"맹덕 장군의 모습이 그다지 커 보이지 않았기 때문이죠."

　그 같은 진잠의 대답을 듣고 조조는 잠시 고개를 갸웃했다.

　"묘한 판단기준을 가지고 있구나."

　그 말뿐 진잠의 판단이 맞았는지 틀렸는지에 대해서는 아무 말도 하지 않았다. 산조현에서는 동탁을 응징하기 위해 나선 연합군의 일곱 장수가 각자의 부대를 이끌고 기회를 엿보는 중이었다. 황하 건너편에는 연합군의 맹주 원소와 왕광이 진을 치고 있었으며 낙양 남쪽에는 공주와 원술을 비롯한 여러 장수가 진을 치고 있었다. 이들 부대 가운데 적을 공격하기 위해 출병한 것은 조조의 병력뿐이었다.

'조조는 용맹한 장수다. 그가 나서면 산천초목이 떤다.'

이런 소문이 돌기 시작했다. 내심 조조가 노렸던 효과가 서서히 나타나고 있었다. 그러나 조조는 그에 만족하지 않았다. 장수들이 모인 회의석상에서 조조는 연합군이 힘을 모아 동탁군과 맞서 싸울 것을 계속 주장했다. 작전회의 때만 그런 주장을 한 게 아니었다. 각 진영의 장수들 간에는 의례적으로 서로의 진영을 방문하는 경우가 잦았는데 조조는 자신이 다른 장수의 진영으로 찾아갔을 때나 자신의 진영으로 장수들이 찾아왔을 때 늘 동탁군을 공격해야 한다고 입버릇처럼 말했다.

"지금이야말로 호기요. 공격해야 하오."

조조는 집요하게 장수들을 설득했다. 때로는 너무 격앙된 나머지 말을 더듬기도 했다. 하지만 조조의 주장에 관심을 갖는 장수는 별로 없었다. 장수들은 산조에 10만여 병력을 대기시킨 채 연일 회의를 핑계로 술만 마시며 공격할 생각은 하지 않고 있었다. 연합군 장수들은 회의랍시고 모여 앉아 술을 마시며 탁상공론만 일삼고 있었다. 이 같은 분위기 속에서 조조 한 사람만이 속을 부글부글 끓이고 있는 셈이었다.

그러던 어느 날이었다. 포신이라는 자가 조조를 찾아왔다. 포신은 제북濟北의 상相으로서 산조의 여러 장수들 중에서 조조와 가장 사이가 좋았다. 이번에도 조조는 어김없이 소신을 피력했다.

"동탁을 공격해야 하오. 서쪽 말이오. 서쪽을 공격해야 하오. 다들 낙양의 서쪽은 동탁의 세력권이라고 생각하고 있는데 설령 그렇다 해도 공격하지 못할 이유가 없소. 세상 사람들이 모두 그렇게 생각하고 있기 때문에 오히려 동탁은 그쪽 방어를 소홀히 하고 있는지도 모르기 때문이오. 반드시 어딘가에 허점이 있을 것이오. 그 허점을 찔러 공격한다면 승리할 수 있소. 서쪽에 가장 가까이 있는 부대는 원술 장군이 이끄는 병력인데 왜 아직까지 그에게 공격명령을 내리지 않는지 모르겠소. 참으로 답답하기 이를 데 없는 일이오."

조조는 격앙된 어조로 가슴속에 담고 있는 말들을 쏟아냈다. 그 자리에는 진잠도 함께 있었다. 포신이 돌아간 뒤 진잠이 조조에게 넌지시 물었다.

"정말로 화를 내신 건 아니었죠?"

일부러 화를 내는 시늉만 한 조조를 진잠은 이미 꿰뚫고 있었던 것이다. 조조는 철저한 현실주의자였다. 그런데 그는 뻔히 패할 싸움임을 알면서도 연합군 장수들을 부추기고 있었다. 조조의 계산은 다른 데 있었다. 그는 지금까지 별다른 전과도 없는 싸움을 벌여 맹장이라는 명성을 얻었다. 명성이 창조해내는 기적. 조조는 그 힘이 얼마나 큰지 잘 알고 있었다. 또한 그것을 이용하는 방법도 잘 알고 있었다.

포신이 찾아왔을 때 조조는 소리 없이 흐르는 깊은 물처럼 평상심을 유지하면서 일부러 화를 냈던 것이다. 좋아서 흥분하거나 반대로 화를 내거나 일단 감정이 격해진 사람은 일의 선후나 주변상황을 옳게 판단할 수 없게 된다. 누구나 그런 경험이 있을 것이다. 따라서 흥분한 사람을 상대할 때는 자신의 속내를 들킬 염려가 없다고 생각하게 된다. 하지만 평소에는 신중을 기하는 사람도 극도로 흥분한 사람 앞에서는 자기도 모르게 속내를 드러내는 경우가 있다. 조조는 그것을 노렸다. 조조는 상대방이 자기도 모르게 얼핏 본심을 드러낼 때 그것을 정확히 포착하는 재주를 갖고 있었다. 연합군은 지금 동맹관계를 맺고 있긴 하지만 언제 다시 서로 칼을 겨누게 될지 몰랐다. 또한 앞으로 큰일을 해나감에 있어 누구와 동맹을 맺어야 유리한가를 미리 점검해둘 필요가 있었다. 그래서 조조는 연합군의 여러 장수 하나하나에 대해 틈날 때마다 인물 됨됨이를 자세히 관찰하는 중이었다. 물론 이 사실은 장수들이 전혀 눈치 채지 못하고 있었다. 그런데 그 일을 알아차린 자가 있었다.

'이 친구, 조심해야겠군.'

조조는 진잠의 얼굴을 물끄러미 보면서 그런 생각을 했다. 그리고 아무 말 없이 눈을 지그시 감았다. 그때 조조 옆에서 자리를 지키고 있던 하후돈夏侯惇이 말했다.

"말귀를 잘 알아듣지 못하는군요?"

주군으로 받들고 있는 조조의 작전이 연합군 장수들에게 받아들여지지 않고 있는 것이 못마땅했던 것이다. 어쨌든 현실적으로 조조 혼자의 힘으로는 아무 것도 할 수가 없었다. 변수에서의 싸움도 장막으로부터 병력을 빌려 겨우 그 정도 체면치레를 했을 뿐이다.

"병력이 절대 부족해."

조조가 혼자 중얼거렸다.

"다시 한 번 병력을 빌려오면 되지 않겠습니까?"

하후돈이 거들었다. 하후는 두 글자로 된 성이고 이름은 돈이었다. 조조의 부친 조숭은 환관 조등의 양자로 입적하기 전에 하후라는 성을 가지고 있었다. 말하자면 하후 집안은 조조의 친가로서 하후돈은 바로 조조의 사촌형제인 셈이었다.

'이 친구가 좋은 본보기야.'

조조는 감았던 눈을 뜨고 하후돈을 쳐다보았다. 그는 '명성이 창조해내는 기적'을 어떻게 역으로 이용할 수 있을지에 대해 생각하고 있었다. 이제부터 다가올 난세에는 자신을 두려워하는 사람이 많으면 많을수록 유리해질 것이었다. 자신에 대해 별로 두려워할 필요가 없는 부분을 두려워하게 만들고, 정말로 자신이 강한 부분은 주변에서 알아채지 못하도록 하는 것이 난세를 살아가는 지혜였다.

조조는 빈틈없이 관찰하고 꼼꼼하게 이해득실을 계산하는 인물이었다. 바로 이것이 조조의 무서운 점인데 그는 이런 점을 조금도 드러내지 않고 감추고 있었다. 오히려 사람들에게 앞뒤 재지 않는 저돌적인 장수라는 인식을 심어줌으로써 자신에 대한 공포심을 갖도록 만들고 있었다. 변수 전투에서도 그는 전혀 승산이 없는 싸움을 과감하게 벌여 맹장이라는 인상을 심어주었다. 이런 무모한 싸움을 좋아하는 자가 바로 조조 옆에 있었기 때문에 그럴듯하게 연극을 꾸미는 일은 그리 어렵지 않았다. 하후돈. 그는 열네 살 때 자기 스승을 업신여긴 자를 때려죽였을 정도로 물불을 가리지 않는 성격의 소유자였던 것이다.

"나와 함께 병력을 빌릴 곳이 있는지 알아보고 오자."

조조가 하후돈에게 말했다.

"예, 알겠습니다. 지금 당장 준비하겠습니다. 까짓것, 병력을 빌리는 일쯤이야."

하후돈이 팔을 걷으면서 앞장서 나갔다. 그가 사라진 뒤 조조가 진잠을 돌아보며 말했다.

"우리가 없는 동안 그대는 주변을 좀 살피도록 하라."

"알겠습니다."

진잠이 머리를 숙이며 대답했다. 조조는 사람 속을 꿰뚫어보는 눈과 그 사람을 이용할 줄 아는 뛰어난 수완을 가지고 있었다. 조조는 진잠이 작금의 세상이 어떻게 돌아가고 있는지를 알아보기 위해 매사에 진지한 자세로 임하고 있다는 사실과 보통 이상의 재능을 갖춘 인물이라는 정도는 눈치 채고 있었다. 그리고 조조는 그 같은 진잠의 재능을 자기가 취하려고 벼르는 중이었다. 현재 조조의 입장에서는 병력도 필요했지만 뛰어난 인재를 점찍어두는 일도 그에 못지않게 중요한 일이었다.

二

진잠은 곧바로 서남쪽을 향해 발길을 옮겼다. 조조로부터 특별히 알아볼 인물의 이름을 들은 것은 아니었다. 그러나 진잠은 조조의 의중을 읽고 있었다. 언젠가 조조는 이런 말을 한 적이 있었다.

"동탁이 나와 그 친구 둘 중에 누구를 더 의식하고 있을까?"

진잠은 조조가 혼잣말처럼 중얼거린 그 말을 들은 적이 있었다. 그때 진잠은 그 친구가 누군지 물어보지는 않았다. 이미 조조의 대답을 알고 있었기 때문이었다.

'장사 태수 손견.'

뛰어난 예지로 미래를 바라보고 있는 백마사의 지영도 이 난세를 추스를 대안으로 조조와 손견을 꼽고 있었다. 진잠은 자신이 동탁의 입장이라면 조조보다는 손견이 더 조심해야 할 인물이라고 생각하고 있었다. 낙양에서 멀리 떨어진 장강을 근거지로 삼고 있는 손견은 중원의 불량소년 출신인 조조에 비해 아직 세상에는 덜 알려진 상태였다. 손가孫家 일족이 소유하고 있는 부가 어느 정도인지도 전혀 알려져 있지 않았다. 상대방을 잘 알지 못하는 것 자체가 사람들에게 두려운 마음을 갖게 하는 법이다.

"스스로 이 책을 쓴 인물의 후손이라고 주장하고 있지만 그것은 분명치 않아."

조조는 자신의 애독서인 『손자孫子』의 표지를 손으로 쓰다듬으며 이렇게 말한 적이 있었다.

『손자』의 저자는 춘추시대에 오나라를 섬겼던 손무孫武이다. 손견 일족은 스스로 손무의 자손이라고 주장했다. 기원전 5백 년경에 활약했던 손무는 후한 말 사람들의 입장에서 보면 7백 년 전의 인물이다. 따라서 족보의 실체를 확인하기에는 너무 오랜 시간의 간격이 있었다. 손견이 손무의 자손이라는 것은 확인할 수 없는 일이나 손견이 열일곱 살 때 전당錢塘의 해적을 물리친 일과 회계의 요적妖賊 만여 명을 불과 천 명의 정예병으로 물리친 사실은 많은 사람이 알고 있는 유명한 일화였다. 황건적의 난 때 벌였던 그의 활약상에 대해서도 사람들은 잘 알고 있었다. 이러한 손견도 반동탁 연합군 세력에 가담하고 있었다.

손견은 지금 병사를 이끌고 낙양으로 향하는 중이었다. 그는 전쟁에 출정하면서도 풍희風姬라는 여인을 동행하고 있었다. 풍희는 이제 갓 스물을 넘긴 젊은 무녀였다. 그녀의 어머니 또한 유명한 무녀였다. 장강 가까운 곳에 살고 있는 사람들은 풍희의 모친이 지닌 신통력을 굳게 믿었다. 그러나 요사이에는 어머니보다 오히려 풍희가 더 뛰어난 신통력을 지니고 있다는 소문이 돌고 있었다.

"이번 싸움에서는 모든 것을 풍희의 점괘를 본 뒤 결정할 것이다."

장사를 출발하기 전에 손견은 병사들에게 그렇게 선언했다. 풍희는 뛰어난 미모의 소유자였다. 그녀가 무당으로서 유명해지게 된 데는 점괘가 잘 맞아떨어진다는 이유도 있었겠지만 여자로서의 매력도 적지 않게 작용했다.

"흠, 여인을 데리고 온다고? 손견 그 사람, 여자라면 사족을 못 쓰는 친구 아닌가. 보나마나 첩 나부랭이 하나 거느리고 오는 거겠지."

이렇듯 손견에 대해 비꼬듯 말하는 자는 형주 자사 왕예였다. 왕예는 거만하기 이를 데 없는 사내였다. 한때 왕예는 손견과 손을 잡고 황건군을 상대로 싸운 적이 있었다. 손견은 모든 면에 있어서 왕예보다 훨씬 뛰어났다. 그 뒤로 왕예는 손견만 생각하면 심통이 나고 소화가 안 될 지경이었다.

"손견, 그 작자, 싸우는 것 말고는 도통 할 줄 아는 게 없어!"

손견 이야기만 나오면 속이 뒤틀리는 왕예는 늘 그를 비난하고 다녔다. 물론 그런 말이 손견의 귀에까지 들어가지 않을 리가 없었다. 주변사람들은 그런 왕예를 달갑게 여기지 않았다. 그가 너무 이기적이라는 생각을 했기 때문이다. 그래서 그에게는 적이 많았다. 천성이 심통을 잘 부리는 터라 왕예는 주변사람들과 좋은 관계를 갖고자 하는 노력도 전혀 하지 않았다.

"오냐! 언제 한번 걸리기만 해라. 그 자리에서 죽여주마!"

그는 자신을 싫어하는 사람들을 보면 함부로 지껄이는 습관이 있었다. 무릉군武陵郡의 태수 조인曹寅도 왕예와 사이가 좋지 않았다. 무릉은 동정호洞庭湖 바로 옆에 위치한 지역으로, 그 유명한 도원향桃源鄕이 바로 무릉군에 있었다. 두 사람은 그리 대단치도 않은 일 때문에 사이가 벌어졌다. 그들은 평소 대사大事가 있을 때마다 서로 선물을 주고받곤 했다. 그런데 어느 날 왕예에게 대사가 생기자 조인이 선물을 보내왔다. 선물을 받은 왕예는 또 특유의 심술이 도졌다. 자신이 받은 선물이 일전에 조인에게 보낸 것보다 값어치가 떨어지는 물건이라고 생각했기 때문이다. 그래서 왕예는 조인이 구두쇠라고 떠벌리며 다녔다. 만나는 사람마다 그런 말을 떠들어대니 조인의 귀에 들어가지 않을 리가 없었다. 소문을 들은 조인은 곁에 있던 사람들에게 말했다.

"왕예는 어리석은 자다. 부피만 크면 값진 물건이라고 생각한다. 크기가 작은 것 중에도 귀한 물건이 있다는 사실을 모른다. 보는 눈이 없다"

다시 이 말이 왕예의 귀에 들어갔다. 그는 노발대발하면서 "이놈을 죽여 버리겠다!"는 말을 곱씹었다. 그 말이 여러 사람의 입을 타고 다시 조인의 귀에 들어가게 되었다. 조인은 원래 그리 관대한 성격의 소유자가 아니었다. 그러찮아도 왕예의 고약한 말버릇에 속이 상해 있던 참이었다.

그 무렵 동탁을 몰아내는 데 모두 협조하라는 격문이 이 지역에도 날아들었다. 각지의 우두머리들이 출전을 준비하고 있었다. 그때 왕예는 자기 휘하의 병력에 동원령을 내리면서 "조인의 제사를 지내고 난 다음에 낙양으로 향할 것"이라고 말했다. 참으로 신중하지 못한 언동이었다. 하지만 왕예는 실제로 조인을 죽여야겠다는 생각까지는 하지 않았다. 그러나 결국 그의 망언이 조인의 귀에 들어가게 되었다.

"이 친구, 소심해서 아마 지금쯤 벌벌 떨고 있을 것이다."

완전히 조인을 가지고 노는 말이 아닐 수 없었다. 그러나 조인은 심각했다. 목숨이 걸린 문제였다. 당연히 대책을 마련해야 했다.

여기서 잠깐 주州와 군국郡國의 관계에 대해서 알아보도록 하자. '삼국지'는 지방 호족들이 세력을 키우게 되면서 그들 사이에서 벌어지는 패권다툼을 소재로 한 이야기이다. 따라서 호족들의 근거지가 되는 지역의 행정적 구분에 대해 알면 전체 이야기를 정리하는 데 도움이 된다.

한나라 당시 지방 조직의 가장 큰 단위는 주이다. 천하는 중앙정부의 직할지역인 사례司隷를 제외하면 모두 열두 개의 주로 나뉘어져 있었다. 예주豫州, 기주冀州, 연주兗州, 서주徐州, 청주青州, 형주荊州, 양주揚州, 익주益州, 양주涼州, 병주并州, 유주幽州, 교주交州이다. 주 밑에는 군郡 또는 국國이 있었다. 군과 국은 같은 급의 행정단위였다. 가끔 황족이 국의 왕으로 책봉되는 경우를 볼 수 있다. 그러나 한나라 제도 하에서는 왕이 직접 통치하는 것을 금하고 있었다. 예를 들어 동탁에 의해 폐위된 황제 변이 강등되어 홍농왕이 되었던 경우가 여기에 해당된다. 기내畿內 지역의 홍농이라는 국의 왕으로 책봉되었지만 실제로 변이 이곳에 왕으로 부임했던 것은 아니다. 홍농왕이라는 자리는 명목일 뿐 그는 수도인 낙양에 그대로 머물러 있게 된다. 실제로 국의 행정은 중앙정부에서 임명한 상相이 맡고 있었다. 군을 다스리는 지방장관은 태수이고, 국의 실질적인 장관은 상이었기 때문에 이 둘은 같은 직급이라고 할 수 있다.

주 밑에 군과 국이 있기 때문에 주의 장관인 자사는 군이나 국의 장관인 태수나 상보다도 높은 지위라고 생각하기 쉽다. 그러나 실제로는 그렇지 않았다. 형주를 예로 들어보겠다. 형주는 호북, 호남 전체와 하남의 일부 지역까지 포함하는 광대한 주이다. 형주에는 남양南陽, 남南, 강하江夏, 영릉零陵, 계양桂陽, 무릉武陵, 장사長沙 등 일곱 개의 군이 있었다. 왕예는 형주의 자사이지만 장사군의 태수인 손견이나 무릉군의 태수인 조인에게 명령을 내릴 권한은 갖고 있지 않았다. 간단히 말하자면 셋은 모두 동격이었다.

주는 실질적인 행정단위가 아니었다. 따라서 자사는 주의 장관이라고는 하지만 주를 통치하는 것이 아니고, 주 밑에 있는 군이나 국을 맡고 있는 장관의 행정을 감찰하는 것이 본래의 직무였다. 자사가 주재하는 지역을 모주_{某州}라고 했는데 군이 자사가 지배할 수 있는 관할지역을 들라면 바로 모주였다. 따라서 실질적으로는 태수가 오히려 자사보다 더 강력한 힘을 가지고 있다. 두 직위 모두 봉록이 2천 석이지만 태수는 한나라 초부터 2천 석이었고 자사는 처음엔 6백 석이었다가 상당한 시간이 지난 뒤에 2천 석으로 격상되었다.

당시 반동탁 연합군의 맹주는 발해 태수인 원소였다. 발해군은 기주에 속한 지역인데도 기주의 자사인 한복은 원소 밑에서 연합군의 병참을 담당하고 있었다. 이 시대에는 명목상의 관직보다 실질적으로 힘이 있는 관직이 더 높게 평가되었다. 같은 태수라 할지라도 조인이 있는 무릉군은 인구가 20만 정도에 불과한 반면 손견의 장사군은 백만을 넘었다. 이처럼 같은 태수이면서도 둘 사이에는 실질적인 권력의 차이가 있었다.

三

붉게 타오르던 불꽃이 나중에는 황색으로 바뀌었다. 그러더니 이내 더욱 기세를 부리며 타올랐다. 밤하늘을 향해 나풀거리며 타오르는 불씨들이 웬만큼 허공에 오르면 파르르 떨며 어둠속으로 사라지곤 했다.

탁, 탁, 탁.

나무에 불이 붙으면서 튀는 소리가 스산한 밤의 기운을 세차게 흔들고 있었다. 그 불꽃 앞에 무녀 풍회가 앉아 있었다. 그녀는 방금 접신을 마친 뒤 점괘를 얻기 위해 기다리는 중이었다. 다소 시간이 걸리는 일이었다. 신이 내려 신탁을 얻는 여자를 무당이라 불렀고 남정네가 그 일을 하면 박수무당이라 불렀다. 박수무당은 하늘을 향해 울부짖는 행위를 함으로써 신탁을 내리게 했다. 그러나 무당의 경우 울부짖는 것만으로는 부족했다. 춤도 함께 춰야 했다. 또한 무당은 신탁을 받을 때 몸에 걸치는 옷의 색깔이 계절에 따라 달랐다. 봄에는 청색, 여름에는 적색, 가을에는 백색 그리고 겨울에는 흑색이었다. 그리고 웃옷의 소매는 길고 통이 넓었으며 신발은 발목까지 덮을 정도였다.

풍희는 청색 옷을 걸치고 있었다. 그녀의 뒤로 산더미처럼 쌓인 장작이 하늘을 사를 듯 맹렬한 기세로 불타고 있었다. 그녀 앞에 마련된 제단 위에는 신에게 바치는 제물이 차려져 있었다. 특히 소와 양, 돼지의 머리가 눈에 띄었다. 당시 기준으로 볼 때 격식을 최고로 갖춘 의식이었다. 제단의 좌우에 놓인 청동 잔에는 술이 가득 담겨 있었다. 풍희는 잠시 단을 향해 무릎을 꿇고 절을 올렸다. 다음 순서는 춤이었다. 중원의 춤은 리듬이 느렸다. 그리고 중원으로부터 멀어질수록 춤사위는 점점 빨라졌다. 특히 무녀가 추는 춤은 그 움직임이 아주 격렬했다.

때는 아직 이른 봄이었다. 이날 밤은 특히 한기가 살 속까지 스며들었다. 사람들은 풍희를 중심으로 큰 원을 만들면서 빙 둘러서 있었다. 그들은 처음에는 모두 자라처럼 목을 움츠리고 있었으나 시간이 흐르면서 차차 추위를 잊게 되었다. 빨갛게 타오르다가 갑자기 황색으로 바뀌면서 밤하늘 높이 솟아오르는 불꽃 때문만은 아니었다. 무녀의 춤동작이 격렬해짐에 따라 그녀를 지켜보는 이들도 점점 그 분위기에 몰입되었기 때문이다.

손견 휘하의 2만 병사 가운데 보초를 제외한 거의 대부분의 병사가 무녀를 둘러싼 채 이 신내림을 구경하고 있었다. 손견 역시 그곳으로부터 조금 떨어진 망대 위에서 이 광경을 내려다보고 있었다. 그의 오른쪽에는 장남인 손책이, 그리고 왼쪽에는 주유가 앉아 있었다. 두 소년 모두 올해로 열다섯이었다. 18년 후 적벽대전赤壁大戰에서 조조를 대파한 지장智將 주유도 이때는 아직 두 볼에 홍조를 띤 어린 소년이었다.

손견의 부대는 장사를 떠난 뒤 동정호의 오른쪽을 돌아 북상 중이었다. 일찍이 전국시대의 시인 굴원屈原이 몸을 던졌던 멱라수汨羅水를 넘어 18년 후 영웅호걸들의 대격전장이 되는 적벽을 지나 장강을 건너서 낙양으로 향하고 있었다. 그들은 지금 장강의 지류인 한수漢水를 따라 올라가고 있었다. 이 부근은 늪이 많은 평야지대였다. 형주까지는 아직도 이틀 정도의 거리가 남아 있었다. 이제 80킬로미터 정도를 가게 되면 하남성과의 경계에 이르게 된다.

"중원의 냄새가 나기 시작하는구나."

손견이 숨을 깊게 들이마시며 말했다. 두 소년은 무녀의 춤에 정신이 팔려 있었지만 손견은 춤보다는 그것을 지켜보고 있는 병사들에게 더욱 관심을 기울이고 있는 것 같았다.

"어떤 냄새이옵니까?"

손책이 코를 킁킁거리며 고개를 갸우뚱하고는 물었다.

"말로는 설명하기 어렵다. 그러나 낙양이 가까워지면서 그 냄새가 점점 더 진해지고 있다."

"좋은 냄새이옵니까? 안 좋은 냄새이옵니까?"

소년다운 질문이었다.

"좋은 냄새라고 할 수 있지."

"아버님께서 중원에 오신 것은 과거 황건적의 난 때였습니다. 그리고 이번에는 동탁을 몰아내기 위해 낙양으로 향하고 계십니다.

그러니 혹시 그 냄새가 피비린내는 아니옵니까?"

"아니다. 아주 기분 좋은 냄새다."

"그렇다면 그것은 중원을 너무 좋아하셔서 생긴 병이옵니다. 초나라 사람들에게 많이 나타나는 증세죠."

"병이라고?"

손견은 조금 목소리를 높여 그렇게 반문했지만 아들의 말에 별로 신경을 쓰는 눈치는 아니었다. 당시 중원은 문명의 중심이었고, 그곳에서 멀리 떨어진 초楚, 호북과 호남 지역는 낙후된 지역이었다. 손책의 말은 중앙을 향한 초나라 사람들의 콤플렉스에 대한 것이었다. 물론 손견에게도 그런 점이 있는 게 사실이었다. 열다섯 살 난 손책은 아버지의 그런 부분이 내심 불만이었다.

"중원이 가까워지니 호흡하는 공기도 다르다고 하는 것은 낙양을 너무 동경한 나머지 생긴 일종의 병이 아닌가?"

손책은 옆에 앉아 있는 주유에게 말했다. 그렇지, 너도 그렇게 생각하지 하고 동의를 구하는 말투였다.

"글쎄…."

주유는 그저 빙긋이 웃기만 했다. 그러면서 주유는 속으로 반문했다.

'그렇게 필요 이상으로 감정을 드러내는 것 역시 중원에 대한 열등감의 발로가 아닌가?'

주유는 손책의 물음에 반응을 보이면서도 무녀의 춤사위에서 눈을 떼지 않았다. 무녀의 춤동작은 점점 빨라지고 있었다. 한나라 사람들의 의복은 목 부분이 검은색으로 되어 있는 경우가 많았다. 허리를 감는 띠는 그 폭이 5센티미터 정도였으며, 길이를 넉넉하게 하여 묶고 남은 부분을 몸의 앞이나 뒤로 길게 늘어뜨렸다. 어떤 때는 옆으로 늘어뜨리는 경우도 있었다. 풍희가 입고 있는 옷은 무녀의 관습에 따라 청색이었으나 목덜미는 검은색이었다. 그리고 소매는 손을 밑으로 늘어뜨리면 땅에 닿을 정도로 길었다. 양손을 끊임없이 움직이고 있었기 때문에 긴 소매는 쉬지 않고 펄럭거리며 허공을 가르고 있었다. 허리 뒤로 묶은 허리띠는 감색이었다. 그녀의 춤사위에 따라 늘어진 허리띠가 함께 너울거리면서 춤을 추었다. 펄럭거리는 옷자락 사이로 그녀의 흰 종아리와 발이 보였다. 그녀는 맨발이었다.

풍희의 춤은 격렬했지만 갑자기 멈추는 순간도 있었다. 그런 뒤에는 몸을 빙그르르 한 바퀴 돌렸다. 계속해서 두 번, 세 번. 그리고 잠시 뒤에는 발을 바꾸어 반대방향으로 돌기 시작했다. 그리고는 상체를 구부리고 양손을 땅과 수평이 되게 옆으로 뻗었다. 그 자세로 몸을 빙글빙글 돌렸다. 왼발을 축으로 해서 오른발로는 땅을 세차게 차며 빠른 속도로 회전했다. 눈이 어지러울 만큼 빠른 속도였다. 그러다가 어느 순간에 갑자기 도는 방향을 반대로 바꿨다.

"앗!"

주유는 자기도 모르게 소리를 질렀다. 마치 사람이 조종하는 인형이 끈에 매달린 채 위로 올라가는 것처럼 풍희의 작은 몸이 공중으로 떠오른 것이었다. 그러나 실은 풍희가 지면을 발로 차면서 공중으로 뛰어오른 것이다. 그 발놀림이 옷에 가려 보이지 않기 때문에 보는 이의 눈에는 갑자기 사람 몸뚱이가 허공으로 떠오르는 것처럼 느껴졌다.

"놀란 모양이구나?"

손견이 주유 쪽을 돌아보면서 말했다. 언제나 신중한 자세로 매사에 꼼꼼한 태도를 보이는 주유였지만 역시 아직은 어린애였다.

"예, 놀랐습니다. 옷에 가려 보이지 않는 상태에서 격렬하게 몸동작을 일으킨다는 사실을 모르면 누구나 속기 쉬울 것 같습니다. 보는 이의 의표를 찌르는 한 방법이군요."

주유는 의연한 자세로 풍희의 몸놀림에 시선을 고정시킨 채 대답했다.

"흠…."

손견의 얼굴에서 웃음이 사라졌다.

'비상한 아이로군.'

무녀의 춤을 보면서도 이 소년은 병법을 생각하고 있는 것이다.

풍희의 춤사위는 점점 빠른 템포로 바뀌면서 현란해지기 시작했다. 빙빙 돌다가 앞으로 내달리는가 싶더니 다시 공중으로 뛰어올랐다. 보는 이들의 눈이 어지러울 정도로 빠른 동작이었다. 그러면서 그녀는 점점 신내림 상태가 되어가고 있었다.

"오, 오, 오오옷!"

지금까지 아무 말 없이 격렬하게 춤만 추던 풍희가 갑자기 이상한 소리를 내더니 그 자리에 털썩 쓰러졌다. 그녀를 바라보고 있던 2만여 병사들이 일시에 숨을 죽였다. 기침 소리 하나 나지 않았다. 그 상태에서 2, 3분 정도가 흘렀다. 그 짧은 시간이 몇 해나 되는 것처럼 길게 느껴졌다. 풍희가 비틀거리면서 일어났다. 그녀의 몸은 완전히 힘이 빠졌다. 마치 어떤 보이지 않는 끈에 매달려서 움직이고 있는 것 같았다. 그녀가 일어나자 병사들 사이에서 이상한 일이 벌어지기 시작했다. 크게 원을 그리고 둘러서서 풍희를 보고 있던 병사들이 일어서고 있는 풍희와는 반대로 모두 제자리에 털썩 주저앉기 시작했던 것이다. 모든 병사가 한꺼번에 쓰러진 게 아니었다. 먼저 3분의 1 정도가 힘없이 주저앉더니 여기에 이끌리기라도 하듯이 나머지 병사들도 힘을 쓰지 못하고 주저앉아버렸다. 조용한 파도가 평원을 휩쓸고 지나가는 느낌이었다.

"풍희의 신통력을 믿는 자들은 전체 병사의 3분의 1 정도로군요."

주유가 맑은 목소리로 말했다.

'흠. 제대로 보고 있었구나.'

손견은 갑자기 조심스런 생각이 들었다.

풍희가 양손을 앞으로 쭉 뻗었다. 그녀의 손은 부들부들 떨리고 있었다. 긴 소매에 그 떨림이 그대로 전해져 소매도 가늘게 떨기 시작했다. 잔물결과 같은 움직임이었다. 잔물결은 시간이 흐를수록 점점 더 큰 물결로 바뀌기 시작했다. 왼쪽으로, 오른쪽으로.

"오, 오, 오오옷!"

그녀가 다시 괴성을 지르기 시작했다. 방금 전 쓰러지며 냈던 괴성은 그녀에게 신이 내리면서 나왔던 소리였고 이번 괴성은 그녀를 통해 신이 자신의 뜻을 전하면서 내는 소리였다.

"가라, 손견! 병사들을 이끌고 북쪽으로 가라. 한수를 따라서 북으로 올라가라. 한수가 흐름을 서쪽으로 바꾸는 곳에서 손견, 너는 대군을 얻게 될 것이다. 그 대군의 장수를 칼로 베어라. 그 장수의 이름은 왕예이다. 가거라, 손견! 낙양이 너를 기다리고 있다!"

병사들이 웅성이기 시작했다. 모두 숨을 죽이고 있다가 풍희의 괴성에 조금씩 제정신으로 돌아온 2만 병사의 희미한 숨소리가 모여 웅성거림으로 변한 것이다. 웅성거림은 점차 환호성으로 바뀌었다. 풍희는 다시 그 자리에서 나무토막이 넘어지듯 풀썩 쓰러졌다. 망루 위에서 이를 보고 있던 손견이 크게 고개를 끄덕였다.

四

'제사를 지내주겠다!'

형주 자사 왕예의 말을 듣고 두려움에 떨던 무릉 태수 조인은 어찌하면 살아남을 수 있을지 곰곰이 생각했다. 잡아먹느냐 잡아먹히느냐의 기로였다. 자기를 죽이려는 상대를 먼저 죽일 수만 있다면 문제는 간단했다. 그러나 조인은 왕예를 먼저 공격할 자신이 없었다. 이런저런 생각을 하던 그의 머릿속에 문득 좋은 방법 하나가 떠올랐다. 격문檄文. 바로 그것이었다. 동탁의 전횡이 시작된 이후 동탁을 응징하자는 격문이 사방에서 날아들었다. 그 격문을 받고 실제로 각지의 영웅호걸이 모여들고 있었다. 대단한 효과를 발휘한 방법이었다. 동탁을 응징하자는 격문이 이렇게 큰 호응을 얻게 된 것은 그가 천하의 모든 사람들로부터 미움을 사고 있었기 때문이다. 바로 이 점을 이용해보자는 것이었다. 조인은 소심하기는 했지만 나름대로 지략을 갖춘 인물이었다.

> 형주 자사 왕예는 낙양의 폭군 동탁과 내통하여 반동탁 연합군을 저지하기로 밀약을 맺었소. 이 죄는 반드시 참형으로 다스려야 할 것이오. 그를 보는 자는 반드시 그의 목을 베어 옳고 그름을 가려야 할 것이오.

조인은 이런 내용의 격문을 손견에게 보냈다.

'하아! 그렇게 되는 것인가.'

손견은 왕예와 조인이 있는 곳에서 멀지 않은 곳에 진을 치고 있었기 때문에 두 사람의 관계를 잘 알고 있었다. 격문을 읽는 순간 손견은 조인의 계략을 꿰뚫어 보았다. 왕예가 반동탁 연합군에 가담하기 위해 병사를 모으고 있다는 사실은 이미 들어서 아는 바였다. 벌써 3만의 병사를 모았다고 했다. 물론 손견은 격문의 내용을 믿지 않았다. 그러나 이용할 만한 가치가 충분히 있었다. 지금 그는 2만의 병사를 이끌고 북상 중이었다. 천하의 패권을 다투려면 이 병력만으로는 충분하지 않았다. 천하가 꿈틀거리면서 새로운 주인의 등장을 기다리고 있는 때였다. 말하자면 지금의 반동탁 연합군은 다음 시대의 패권을 장악할 인물의 데뷔 무대인 셈이었다. 당연히 병사를 조금이라도 더 확보하는 것이 유리할 터였다. 그런 의미에서 형주의 3만 병사는 충분히 탐낼 만한 가치가 있었다. 형주의 병사들은 대부분 신병이었고 왕예 밑에서 오래 있었던 병사는 그리 많지 않았다. 그들에게는 주인이 누가 되든 별 상관이 없는 일이었다. 따라서 격문을 핑계 삼아 왕예를 베어버리면 3만의 병사가 그대로 굴러 들어오는 셈이었다.

"이 격문은 신뢰하기 힘듭니다. 왕예가 아무리 어리석은 자라 할지라도 이미 천하의 인심을 잃은 동탁 편을 든다는 것은 상상하기 어려운 일입니다. 가볍게 움직여서는 안 될 것으로 아옵니다."

중신회의에서는 이런 의견이 지배적이었다.

"무조건 그 내용을 믿어서도 안 되겠지만 미리 의심부터 하는 것도 잘못이다. 이런 때를 대비하여 풍희를 데려온 것이 아니겠느냐?"

손견은 그렇게 말하고 나서 풍희에게 신탁을 요청했고 머지않아 신탁이 떨어졌다.

'왕예를 공격하라!'

신중론을 주장하는 중신들도 이 결정에는 이의를 제기할 수가 없었다. 그것은 신의 뜻이었기 때문이다. 게다가 신의 뜻을 전하는 풍희는 2만 병력의 3분의 1에 해당하는 신자를 가지고 있었다. 풍희는 공개된 장소에서 신의 뜻을 물었다. 그러므로 풍희의 신탁을 반대하는 자는 광신도에 의해 죽임을 당할 수도 있었다. 이것은 절대적인 명령이라고 할 수 있었다.

"명령을 내리는 방법도 여러 모로 생각할 수 있겠군요?"

망루를 내려오면서 갑자기 주유가 손견을 돌아보며 그렇게 말했다. 그 말에 손견은 깜짝 놀라 표정이 굳어졌다. 불과 열다섯 소년이 자신의 마음속을 훤히 들여다보고 있었기 때문이다.

신성불가침. 자고로 명령은 그래야 했다. 싸움에 있어서 전투력은 명령권을 쥔 자가 가진 힘의 강약에 좌우된다. 강력한 명령을 내리기 위해서는 그것을 신의 뜻으로 포장하는 것이 가장 효과적이었다. 더구나 손견의 2만 병사 중에 적지 않은 수가 풍희의 열렬한 신자였다. 옛날부터 초楚는 신내림과 인연이 깊은 지역이었다. 보잘것없는 세력이었던 유교가 한나라 들어 국교로 정해졌다. 그러나 유교가 국교로 정해진 뒤에도 호북, 호남 지역은 신선가神仙家들의 본거지였고 그 열기는 가히 광적이었다. 이를 아는 손견은 풍희를 이용하여 자신의 명령을 우회적으로 내리고 있었던 것이다. 그것이 자기 입으로 명령을 내리는 것보다 훨씬 효과적이었다. 더구나 그 명령이 실패로 끝난다 해도 자신의 권위가 실추될 위험이 없었다.

"이 친구가, 이 친구가…"

손견은 같은 말을 몇 번이나 되풀이했다.

"서둘러 출발하셔야겠습니다."

주유가 그렇게 말하자 손견이 소리 내어 웃었다.

"하하하."

안심이라는 의미였다. 귀여워하기에는 너무 비상한 소년이었지만, 자기가 알고 있는 모든 것을 입 밖으로 뱉어내고 있는 것을 보면 역시 아직은 어린아이였다. 알면서도 일부러 아무 말 하지 않고 있는 것에 비하면 아직 그리 신경 쓸 일은 아니라는 판단이 들었던 것이다.

출발을 지체할 수가 없었다. 우물거리다가는 풍회의 탁의託意가 누군가의 입을 통해 왕예의 귀에 들어가게 될 염려가 있었다. 손견이 명령을 내렸다.

"내일 아침 일찍 출발하기로 한다. 그리고 밤낮을 걸어 하루 만에 형주에 도착한다."

五

손견은 2만 병력 중 5천 명만 거느리고 형주성으로 들어갔다. 형주 자사 왕예가 거느린 3만의 병사는 거의가 신참이어서 아직 서로의 얼굴도 잘 모르는 형편이었다. 오늘날이라면 상상도 할 수 없는 일이다. 손견은 그 점을 이용하여 마치 자신의 병력을 형주성 병사들인 것처럼 가장하고 당당히 성문을 통해 들어갔다. 호북과 호남은 같은 초 지역에 속해 있어서 두 곳에 사는 사람들은 사투리나 용모에 큰 차이가 없었다. 서로 이야기를 나눌 때도 크게 의심받을 일이 없었다.

옛날 중국은 마을 전체가 성벽으로 둘러싸여 있었다. 성은 마을이라는 말과 동의어로 생각할 수 있었다. 오늘날의 중국말에서도 '진성進城' 이라는 표현은 '마을에 간다' 는 의미로 사용되고 있다.

손견의 병력이 성문을 통과했다는 것은 마을에 들어갔다는 의미였다. 북경이라는 성 안에 지배자가 거주하는 자금성紫禁城이 있는 것처럼 자그마한 성시城市라 할지라도 그 안에는 또 하나의 성이 있었다. 자사나 태수가 거주하는 성이었다. 이 좁은 의미의 성을 아성牙城이라고 불렀다. 상아로 만든 깃대를 이용하여 깃발을 세운 것이 연원이 되어 그렇게 불렀다.

손견이 이끄는 5천 병력은 성시는 물론이고 아성의 성문도 당당하게 통과했다. 모든 병사가 전혀 어색한 점 없이 행동했기 때문에 성문을 지키는 자들도 손견의 병력이리라고는 꿈에도 생각하지 못했다.

"새로 모집된 신병들이다. 자사 각하를 모시고 열병을 해야 한다. 허락은 이미 받았다."

맨 앞에서 말을 탄 장수가 큰소리로 말했다. 수문장 따위는 안중에도 없는 말투였다.

"예, 어서 들어가십시오."

수문장은 저도 모르게 존댓말을 사용했다. 새로 모집된 병사들은 대개 지방의 호족들이 소집하여 그 집안을 대표하는 젊은 인물이 대장으로서 형주성까지 인솔해오곤 했다. 아성을 지키는 하급 장교가 호족들의 얼굴을 알 리가 없다. 말 위에 타고 있는 인솔자는 늠름한 대장부였다.

'이자가 나중에 크게 출세할지도 모르니 괜히 기분 나쁘게 할 필요는 없지.'

수문장은 분명 이런 생각을 했을 것이다. 몸집이 작은 조조와는 달리 손견은 체격도 당당했을 뿐만 아니라 용모도 수려했다. 조조는 몸집이 작은 데 콤플렉스를 가져 자신의 얼굴을 잘 모르는 외국

사절들은 다른 사람을 대신 내세워 만나게 했다고 한다. 그러나 수려한 용모를 가진 손견은 가능하면 자신의 장점을 최대한으로 이용하려고 했다. 형주의 아성을 자신만만하게 통과할 수 있었던 것도 그의 타고난 외모가 단단히 한몫을 했던 셈이다.

아성 안 왕예가 거처하는 곳은 삼엄한 경계가 펼쳐져 있었다.

"누구? 병사들이 나를 보려 한다고?"

왕예가 낭하로 나섰다. 낭하는 병사들이 모여 있는 정원보다 5미터 가량 높았다. 병사 무리 중 한 노병이 앞으로 나서더니 말했다.

"병사들은 급료가 너무 적어 옷도 제대로 사 입을 수가 없습니다. 조치를 취해주시면 좋겠습니다."

"옷 때문에? 그런 일로 일부러 나를 찾아왔는가? 창고 담당자에게 가서 말하라. 자사의 창고에는 의복을 만들 천이 산처럼 쌓여 있다. 자사는 그리 인색한 사람이 아니다. 대표자를 뽑아 창고에 가서 필요한 만큼 받아가도록 하라."

물론 왕예의 호언장담일 뿐이었다. 그는 그렇게 말한 뒤 속으로는 가슴을 쓸어내렸다. 빈 껍데기만 남은 것 같은 자신의 모습이 너무 초라하게 생각되었기 때문이다. 그렇게 자신의 허풍을 한탄하고 있던 그가 갑자기 놀란 토끼처럼 눈을 동그랗게 떴다. 낭하 아래에 운집해 있는 병사들의 대열에서 낯익은 얼굴을 발견했던 것이다.

'아니, 저자가 어떻게…?'

왕예는 손견을 알아보았다. 평소에도 못마땅하게 여기던 자였다. 싸움밖에 모르는 작자라고 기회 있을 때마다 험담을 했던 바로 그자가 자신의 눈앞에 떡 버티고 서 있었다. 왕예는 그때까지도 낭하 아래 운집해 있는 자들을 신병들이라고 여겼다. 다시 말해 자신의 병사라 여겼던 것이다.

"도대체 손견 자네가 어떻게 여기에 있는가?"

"너를 주살하라는 격문을 받고 이렇게 찾아왔다."

"뭐, 뭐라고? 누, 누가 그따위 격문을 보냈단 말인가?"

왕예는 말을 더듬으며 한두 걸음 뒤로 물러섰다.

"광록대부光祿大夫 온의溫毅의 사자가 보내왔다."

"그런 말도 안 되는! 도대체 내게 무슨 죄가 있다는 말이냐?"

왕예가 외치듯 물었다.

"그건 나도 잘 모르겠다."

손견이 엷게 웃으며 답했다. 그의 대답은 여러 가지로 해석될 수 있었다. 네 목을 베는 이유 따위를 내 입으로 힘들여 말할 필요가 없다는 의미일 수도 있고, 이런 곳에서 멍청하게 자기 목이 달아날 줄도 모르고 있었다는 것 자체가 죽어야 할 이유라는 야유의 의미일 수도 있었다. 죄목이야 중요한 게 아니었다. 왕예의 목숨은 이미 손견의 손안에 있었다.

"좋다. 네 칼에 죽느니 차라리 스스로 목숨을 끊겠다."

왕예가 정원을 내려다보며 말했다. 이미 손견의 부하들에게 겹겹이 포위되어 도망갈 틈도 없었다.

"좋다. 네 소원을 들어주지."

"그럼 잠깐만 기다려라. 내가 죽는 방법에는 준비가 필요하다."

"오래 기다려줄 수는 없다. 해가 지기 전까지만 여유를 주겠다."

이미 해는 서쪽으로 기울어 있었다. 일몰까지는 채 한 시간도 남아 있지 않았다.

"그렇게 많은 시간은 필요 없다."

"어차피 끊을 목숨인데 무슨 절차가 그리 복잡한가?"

"나는 평소에 스스로 목숨을 끊을 일이 생기면 꼭 이 방법으로 해야겠다고 생각해둔 게 있다."

"하하하, 참 할 일도 없는 자로구나. 그래, 그게 무슨 방법이냐?"

"다시 이 세상에 환생할 때를 위해서 준비해둔 방법이다."

"그럼 다음에 갈 사람들을 위해서 어디 한 수 배워볼까?"

손견이 한껏 비웃는 표정을 지으며 왕예에게 물었다. 왕예가 손견을 쏘아보며 말했다.

"너도 언젠가는 내 꼴을 당하게 될지 모르니 가르쳐주지. 나는 황금을 사용할 것이다. 황금을 갈아 물에 넣어 마시면 그대로 죽을 수가 있다. 나는 반드시 환생해서 황금의 덕으로 부귀영화를 누릴 것이다."

"기억해두지."

손견도 팔짱을 긴 채 가소롭다는 듯 왕예를 노려보았다. 손견이 기억해둔다는 것은 왕예가 방금 말한 내용이 아니었다. 다른 사람의 말을 귀담아듣지 않고 거만하게 행동하면서 함부로 주변사람을 비난했던 그의 평소 언동이었다.

왕예는 잠시 방으로 들어갔다가 작은 잔 하나를 들고 다시 낭하에 모습을 드러냈다. 그리고 난간에 한쪽 손을 짚고 말했다.

"그 가짜 격문을 돌린 자가 누군지 알 것 같구나. 조인, 이 쥐새끼 같은 놈!"

손견이 느리게 고개를 끄덕거렸다. 이런 상황에서 굳이 감춰야 할 이유도 없었다.

"아아, 그리고 한 가지 깜빡 잊은 게 있다. 반드시 가공하지 않은 금을 사용해라. 가공한 금에는 독이 많지 않으니. 그리고 조인에게도 이 방법을 꼭 가르쳐주기 바란다."

왕예는 말을 끝내고 단숨에 잔을 들이켰다. 곧 온몸으로 독이 퍼지기 시작했다. 왕예의 눈길이 잠시 허공에 머무는가 싶더니 이내 그의 몸뚱이가 나무토막처럼 난간 밑으로 떨어졌다. 낭하 밑에는 반듯한 돌이 깔려 있었다. 그 돌에 부딪친 왕예의 머리에서 뜨거운 피가 흐르기 시작했다. 이로써 3만의 대병력이 손견의 손아귀로 고스란히 들어왔다.

六

장강의 지류인 한수, 그리고 그 한수의 지류인 백하白河를 따라 5만으로 늘어난 병력을 이끌고 손견이 북상하고 있었다. 손견은 도중에 중원의 정세에 관한 정보를 계속해서 듣고 있었다. 손견군이 낙양을 향해 북상하는 도중에 남양이라는 큰 군이 있었다. 지금의 남양시이다. 당시에는 장사보다 훨씬 큰 도시였다. 남양군의 가옥은 52만 8천 호이고, 인구는 243만 9천 명이었다. 손견의 본거지인 장사의 두 배 정도 크기였다. 그 남양군의 태수는 장자張咨라는 인물이었다. 이처럼 세력이 큰 지역의 태수였으므로 당연히 반동탁 연합군에 가담할 것을 요청하는 격문이 진작 도착해 있었다. 그러나 장자는 아직 본인의 태도를 확실히 정하지 않은 채 측근들에게 말했다.

"서두를 필요가 없다. 천천히 관망하다 결정해도 늦지 않다."

남양 태수 장자가 아직 주변의 정세를 관망하면서 어느 쪽에도 가담하지 않고 있다는 정보를 듣고 손견 옆에 있던 주유가 말했다.

"교활한 자로군요."

"그러나 그게 현명한 처신인지도 모른다."

손견이 굳게 다물고 있던 입술을 움직여 말했다.

"그럴 수도 있겠습니다. 그런 점을 볼 때 그자는 상당히 인색할 겁니다. 교활한 자들은 대개 인색하지요."

"음, 그럴 수도 있지."

손견은 주유가 하는 말을 건성으로 들으면서 혼잣말을 했다. 그러나 잠시 뒤에 그는 갑자기 생각난 듯 주유를 보며 다그쳐 물었다.

"주유, 방금 뭐라고 했지?"

"그럴 수도 있겠다고 했습니다만…."

"아니, 그 다음에 뭐라고 했지?"

묻는 표정이 몹시 진지했다. 며칠 전부터 손견은 장자를 공략할 계책을 강구하느라 고민에 싸여 있었다. 그러나 마땅한 묘책이 떠오르지 않아 내심 속을 끓이던 차였다.

"제가 무슨 특별한 말씀을 드린 건 아닙니다. 그저 남양 태수가 인색할 것이라고 추측해본 것뿐입니다. 형주 자사가 아무에게나 거만하게 대하는 버릇이 있는 것처럼 말입니다."

손견은 한동안 물끄러미 주유의 얼굴을 쳐다봤다. 그러다가 장남인 손책에게 시선을 돌렸다. 그때 손책은 활을 손질하고 있었다. 활줄을 점검하는 데 열중하느라 손견과 주유가 나누는 이야기는 관심도 없다는 표정이었다. 손견은 눈살을 찌푸렸다. 그러나 잠시 뒤 크게 한숨을 내쉰 다음 다시 밝은 표정으로 돌아왔다.

이때 손견은 속으로 무슨 생각을 했을까? 그는 아직 소년인 주유가 천재적인 지모智謀를 갖춘 인재임을 알아봤다. 장차 자신의 후계자인 손책을 보좌할 인물이었기 때문에 그 점은 다행스런 일이라고 생각했다. 그러나 아무 생각 없이 활을 다듬는 데만 열중하고 있는 자신의 장남이 과연 주유의 재능을 충분히 부릴 수 있을 것인가? 최악의 경우에는 주유에게 밀려날지도 모르는 일이었다. 여기에 생각이 미쳤을 때 그의 얼굴이 흐려졌다. 그러나 잠시 뒤 그는 차남인 손권을 떠올렸다. 손책 혼자서는 벅찰지 모르지만 손권과 함께라면 주유의 재능을 충분히 부리고 적절히 제어할 수도 있을 거라는 생각이 들자 다시 표정이 환해졌던 것이다.

15세 소년 주유가 손견에게 중요한 힌트를 준 셈이었다.

'상대의 약점을 집요하게 파고든다.'

이것이 공략의 포인트였다.

"군량미나 군수품을 좀 빌려달라고 하면 남양 태수는 아마 단호히 거절하겠지."

손견은 중얼거리듯 천장을 올려다보며 말했다.

"충분한 명분이 되지요."

주유가 손견의 말을 알아듣고 말했다. 연합군의 요청을 거부하는 자는 곧 연합군의 적이 되는 것이다. 적은 공격의 대상이다. 군량미 제공을 거절하게 되면 공격할 수 있는 명분이 서는 것이다.

"그럼, 그전에….'"

손견은 이번에도 혼잣말처럼 중얼거렸다.

"인색한 자는 욕심이 많은 법이지요."

주유도 주인의 흉내를 내듯 시선을 다른 곳에 둔 채 말했다.

"그래, 계속 말해보아라."

손견은 천장을 올려다본 채 주유에게 말했다. 소년이 하고 싶은 말을 부담 없이 다할 수 있도록 하기 위함이었다.

"풍회를 한 번 더 이용하는 것이지요."

주유의 대답은 의외였다.

"뭐라고?"

손견이 천장에 묶어두었던 시선을 급히 소년 쪽으로 돌렸다.

"같은 방법을 두 번씩 써먹으면 효과가 떨어지는 법인데. 책아! 활 손질은 조금 있다 해도 되지 않느냐? 이리 와서 같이 이야기를 나누거라."

무예는 좋아하지만 병법에는 별로 관심이 없는 장남이 손견에게는 답답하게만 보였다. 정신 차리지 않으면 손씨 집안이 주유에게 넘어가게 된다, 하고 윽박지르고 싶은 심정이었다.

"같은 일을 반복하는 것이 아니옵니다."

주유가 공손하게 대답했다.

"이번에는 신탁을 구하는 것이 아니옵니다. 병을 치료하는 것이옵니다."

"병이라니? 누구의 병을 말이냐?"

손견이 몸을 앞으로 당겨 주유에게 바짝 다가앉았다.

七

노양에는 원술의 병력이 있었다. 그는 반동탁 연합군 맹주 원소의 사촌동생이다. 손견의 목표는 노양에 있는 원술의 부대와 합류하는 일이었다. 노양까지 가는 길에는 아직 어느 세력에도 가담하지 않고 있는 장자의 본거지인 남양이 있었다. 손견은 연합군과 합류하더라도 하늘을 찌르는 기세로 합류하고 싶었다. 훗날을 위해서라도 그럴 필요가 있었다. 손견은 미리 세워둔 계책대로 장자에게 군량미 조달을 요청했다. 그러나 장자는 손견의 요청을 거절했다.

"가노家老. 가신의 우두머리에게 물어보니 같은 주 내에서는 한 군의 태수가 다른 군의 태수로부터 군량미를 조달하는 경우가 없었다고 하오."

예상했던 대로였다. 장자가 내세운 이유처럼 먼 지방에서 온 연합군 병력에게 군량미를 제공해주는 것은 말이 되지만 가까운 지방에 본거지를 둔 병력이라면 자체적으로 군량미를 조달해야 하는 법이었다. 당연한 이야기였다. 장자에게 요청을 거절당한 뒤 손견의 병력은 남양성 밖에 주둔한 채 움직일 기미를 보이지 않았다. 남양성 안에서도 경계를 늦추지 않는 것은 당연한 일이었다. 남양성 측에서도 분위기가 심상치 않다고 여긴 것이다.

그러던 중 남양 태수의 귀에 손견이 몸져누웠다는 첩보가 들어갔다. 이 정보가 믿을 만한 것이라는 확증을 가질 만한 상황들이 계속해서 전개되었다. 그중에서도 결정적인 것은 무녀 풍희가 손견의 병이 치유되기를 기원하는 춤을 춘다는 정보였다. 남양은 현재의 행정구역으로 구분하자면 하남성에 속하지만, 수로水路에 따라 구분하면 초에 속했다. 그런 관계로 이 지역에는 풍희의 신통력을 믿는 신자가 많았다. 더구나 호남 지방과는 달리 한 번도 그녀의 얼굴을 본 적이 없는 신자들이었다. 따라서 풍희가 기원제를 갖는다는 소식을 전해 듣고 열광하는 자들이 적지 않았다.

소문은 사실이었다. 남양에 살고 있는 신자들은 열광하면서 모여들었다. 그들뿐 아니라 주변의 신자가 아닌 자들까지도 몰려와 성 밖 들판이 사람들로 꽉 들어찼다. 병의 치유를 기원하는 춤은 신탁을 비는 춤보다 훨씬 우아했다. 그저 열심히 신에게 빌기만 할 뿐 신내림 같은 절차는 필요없었다. 풍희의 춤사위는 천천히 움직이며 우아한 자태를 연출했다. 신탁을 빌 때에는 옷을 펄럭이며 거의 광란에 가깝게 몸을 흔들어댔지만 지금은 그저 가볍게 바람을 타는 듯한 움직임 정도였다. 그런 만큼 차분한 분위기였다. 조용한 가운데 춤을 추고 있었기 때문에 풍희의 얼굴을 똑똑하게 볼 수 있었고 그 미모에 사람들은 넋을 잃었다.

"신녀神女다, 신녀!"

그렇게 말하는 신자도 있었다. 신녀는 거짓말을 하지 않는다. 그녀가 신에게 병을 낫게 해달라고 비는 것을 볼 때 장사 태수 손견은 틀림없이 와병 중이다.

'그렇다면 그 휘하의 모든 병사가 근심에 싸여 있을 것이다.'

이런 생각을 하면서 장자는 한시름 놓았다. 그는 손견의 요청을 거절하고 난 뒤 언젠가는 한바탕 소요가 일어날 것이라며 단단히 각오하고 있었다. 그리고 줄곧 손견의 태도를 예의주시하고 있던 참이었다. 만약 그가 끈질기게 요청해온다면 결국에는 약간의 군량미를 내놓을 생각이었다. 그런 손견이 지금 하늘에 제를 올려야 할 정도로 중병에 걸려 있다는 것이다. 그뿐이 아니었다. 장자의 심기를 편하게 하는 이야기도 들려오고 있었다.

'손견의 병이 너무 깊어 그는 벌써 후사를 맡기는 일까지 염두에 두고 있다. 후사를 이을 손책은 아직 15세로 성년에 이를 때까지는 뒤를 보아줄 인물이 필요하다. 물론 5만의 병력도 함께 지휘할 인물이 필요한데 그게 누구인가? 그렇다면 미우나 고우나 같은 주 안에 있는 태수에게 이 중책을 맡기는 게 좋지 않겠는가?'

손견이 이 같은 의향을 갖고 있다는 이야기가 장자에게 전해졌다. 장자가 신뢰하는 사람을 통해서 전달된 이야기였다.

"5만의 병사까지!"

장자는 저절로 입이 벌어졌다. 인색한 자의 지나친 욕심이었다. 난세를 살아가는 데 가장 든든한 힘은 바로 병력이었다. 그 다음이 무기와 갑옷 같은 병기구였다. 그 모든 것을 땀 한 방울 안 흘리고 손에 쥘 수 있는 기회였다.

"확실한가? 정말 확실한가?"

장자는 정보를 입수해온 자에게 재차 되물었다.

"거의 확실합니다. 지금부터라도 손견에게 환심을 사는 일에 신경을 써야 할 것입니다."

"그런데 그들은 내게 별로 호감을 갖고 있지 않을 텐데. 군량미 문제도 그렇고. 그때 좀 두루뭉술하게 대답해놓았으면 좋았을 걸."

"아직 늦은 건 아닙니다. 지금이라도 손견에게 문병 차 찾아가서서 관계를 개선할 수도 있습니다."

"그렇지! 문병이라, 그거 좋겠군."

장자가 눈을 동그랗게 뜨며 반가워했다. 그때 정보수집을 맡아오던 측근이 손견 측의 움직임을 보고하기 위해 급히 들어왔다. 손견의 진영이 갑자기 술렁거리고 있으며 무의巫醫가 급히 불려 들어갔다는 보고였다. 보고를 받고 장자는 손견의 상태가 갑작스레 위독해지고 있는 게 틀림없다고 생각했다.

'손견이 살아 있을 때 확실하게 인수인계를 받아놔야 한다.'

장자는 갑자기 마음이 급해졌다. 급히 병문안 차비를 갖추라고 일렀다.

'내게 반감을 가져서는 안 되겠지.'

그래서 장자는 동행하는 인원도 최대한 줄였다. 보병과 기병을 합해 모두 5백여 명이었다. 같은 급인 태수를 공식 방문하는 수행원으로는 적은 인원이었다. 게다가 모두 무장을 하지 말도록 명령을 내렸다.

손견의 진영은 쥐 죽은 듯 고요했다. 모두 근심에 싸여 있는 분위기였다. 장자 일행을 맞이하는 장교도 얼굴을 숙인 채 시무룩한 표정이었다. 장자는 손견이 누워 있는 병실로 안내되었다. 문을 열자 넓은 방안에 침대가 하나 놓여 있고 그 위에 손견이 누워 있었다. 주변에는 시중을 드는 시녀조차 없었다. 이럴 때는 동행을 물리는 게 예의였다. 상대방이 혼자라면 자신도 혼자라야 했다. 장자는 따라 들어오는 부하들을 바깥에 대기시키고, 혼자 병실 안으로 들어갔다. 손견은 침대 위에서 눈을 감고 누워 있었다.

하지만 손견은 말짱하게 깨어 있었다. 눈만 감고 있을 뿐 그의 눈동자는 눈꺼풀 밑에서 이글거리며 타고 있었다. 장자가 천천히 손견의 침대 옆으로 다가왔다.

"앗!"

시체처럼 누워 있던 손견이 갑자기 이불을 걷어차며 일어났다. 그의 손에는 긴 칼이 쥐어져 있었다. 장자는 기겁을 하며 뒤로 물러났다. 그러나 손견은 칼을 다룸에 있어서는 고수였다. 장자 같은 이가 그의 장검을 피할 수는 없었다. 검을 휘두르기 전에 손견이 장자에게 말했다.

"어리석은 자 같으니! 너는 지금 열다섯 살 난 소년의 계략에 걸려들었다. 네 욕심이 네 목숨을 재촉한 것이니 나를 원망하지 마라!"

칼날이 번뜩이는가 싶더니 이내 붉은 피가 튀었다.

八

이렇게 해서 손견은 남양을 거쳐 노양에서 원술의 부대와 합류했다. 원술은 손견에게 파로장군破虜將軍이라는 칭호를 주며 예주 자사에 임명했다. 천자는 이미 장안으로 끌려가고 난 뒤였다. 따라서 이런 칭호나 직책은 실질적인 권력자가 마음대로 주는 판국이었다. 손견의 부대는 노양에 상당히 오랜 기간 주둔했다.

진잠이 손견을 찾아온 것이 바로 이때였다. 진잠과 같은 일반 백성의 신분으로 태수 같은 고관을 만나기 위해서는 황금이 필요했다. 관례에 따라 진잠도 약간의 황금을 준비하기는 했으나 그것을 바치지 않아도 좋을 상황이 벌어졌다. '백마사에서 온 사람'이라 하자 면회가 허락되었던 것이다. 한때 경매와 혼담이 오갔던 사실을 손견이 기억하고 있었기 때문이다.

"경매의 건강은 어떤가?"

진잠을 만나자마자 손견은 그것부터 물었다.

"보기에는 완전히 회복되었습니다. 의원은 아직 좀 더 요양을 해야 한다고 합니다만…."

"남양성 밖에서 내가 그랬던 것처럼 혹시 꾀병이 아닌가?"

"절대로 그건 아닙니다."

"하하하."

편안한 분위기 속에서 이야기가 진행되었다. 손견 쪽에서도 조조라는 인물에 대해 궁금하게 생각하고 있었기 때문에 진잠에게 여러 가지 질문을 했다.

'조조가 병력을 지원받기 위해 양주로 갔다.'

그 즈음 조조가 병력이 부족해서 고민하고 있다는 소문이 퍼져 있었다. 손견은 내심 그 소문이 사실일 거라고 생각했다. 양주 자사인 진온陳溫과 단양丹陽 태수인 주흔周昕이 조조에게 4천의 병력을 빌려주었다. 그런데 이 병사들이 조조의 휘하로 이동하는 중에 반란을 일으켜 숙소에 불을 지르고 도망가 버렸다. 그래서 휘하에 남은 병력은 고작해야 5백 명 남짓이었다.

"그 친구가 고생이 많구먼."

손견이 말했다. 형주에서 3만의 병사를 얻었다는 말을 들으면 조조는 배가 아파 나동그라질 것이었다.

"파로장군께서는 운이 좋으십니다. 조조 장군 입장에서도 지금의 고생이 나중에 크게 도움이 될 것입니다. 길게 보면 말입니다."

"나도 항상 길게 보고 있다."

손견은 진잠을 똑바로 쳐다보며 말한 뒤 입술을 지그시 다물었다.

"그렇사옵니까?"

"세상은 당분간 계속 어지러울 것이다. 앞으로 최소한 10년은 이런 난세가 계속될 것이다. 나는 오히려 다음 세대에 희망을 걸고 있다. 아비인 내 입으로 말하기는 그렇지만 내게는 무예가 뛰어난 아들도 있고 지략에 뛰어난 아들도 있다. 그리고 내 두 아들을 도와 큰 군사軍師가 될 소년도 있고. 그 아이들이 반드시 해낼 것이야."

"장군께서는 아직 젊으십니다. 아마 조조 장군보다 한 해 아래시라고 압니다만…."

"글쎄. 나는 왠지 내 다음 세대를 자꾸 생각하게 돼."

"아직 삼십대 중반이신데 어울리지 않는 말씀이십니다."

"나 스스로도 아직 어울리지 않는 일이라고 생각은 하지만…."

그로부터 2년 후 손견은 전쟁터에서 죽게 된다. 이때부터 그는 자신의 운명을 알고 있었던 것일까? 그는 항상 자기 세대가 아닌 다음 세대를 이야기했다.

"낙양 제일이라면 역시 파로장군 아니시겠습니까?"

진잠이 화제를 바꾸었다. 아부가 아니었다. 진잠은 오히려 조조의 편이라고 할 수 있었다. 그러나 조조는 병력이 부족하여 조급한 마음에 자신이 직접 모병을 위해 나서고 있었다. 겨우 구한 4천의 병력을 다시 잃어버린 조조가, 티베트 출신의 정예병력을 주축으로 하는 동탁군을 무너뜨리고 낙양에 입성한다는 것은 거의 불가능한 일이었다. 거기에 비하면 손견은 5만의 대군을 거느리고 있었다.

"낙양 땅에 대해서는 별로 관심이 없다. 내가 바라는 것은 낙양성이 아니고 동탁의 머리다."

그렇게 말하는 손견의 눈이 번쩍거렸다.

"목표로 삼고 계시는 것이 땅이 아니라 사람이라는 말씀입니까?"

"그렇다. 나는 어디까지나 사람을 상대로 한다. 사람만을…."

"그래서 귀신이나 천산天山을 상대하는 것은 풍희님께 맡기시는 것이로군요?"

"아니다. 풍희가 상대하는 것도 결국 인간이다."

"저 같은 소인들은 이해하기 어려운 말씀이십니다."

"백마사에 있다면서 그것을 모르는가?"

손견이 빙긋이 웃었다.

"그 소심한 조인이 심복과 상의를 했다고 하지 않는가? 광록대부의 명의로 된 격문만 가지고는 내가 왕예를 안 죽일지도 모른다고 말이야. 그런데 조인이 있는 무릉에도 풍희의 신자가 많지. 조인의 측근 중에도 신자가 하나 있었는데 그 친구가 좋은 생각을 해낸 거야. 풍희에게 밀사를 보내 왕예를 주살하라는 신탁을 내려달라고 부탁한 것이지. 거액의 황금을 가져다준 것은 당연한 일이고."

"그것을 어떻게 알게 되셨습니까?"

"풍희가 내게 말했지. 어허! 이런 것을 말해도 되나?"

"장군께서도 잘 아시다시피 백마사에 있는 사람들은 입이 무겁습니다."

"나도 그렇게 생각하기 때문에 편하게 말을 하고 있는 것이다. 어차피 이야기가 나왔으니 모두 말해주지. 실은 나도 풍희에게 똑같은 부탁을 하려 했었지. 아니야, 부탁이 아니고 명령을 하려 했던 것이지. 3만의 병사가 탐났었거든. 만일 10만의 병사에 3만의 병사를 더한다면 별 문제가 없겠지. 그러나 2만의 병사에 3만의 병사를 합하게 되면 상당한 동요가 일어날 수 있지. 다행스럽게도 우리 병력이나 왕예의 병력 가운데 풍희의 신통력을 믿는 신자가 많았어. 왕예를 없애는 것이 풍희가 하늘에서 받은 신탁이라는 것을 알게 되면 양쪽 병력이 별 충돌 없이 쉽게 합쳐질 수가 있지. 그래서 풍희에게 그리하도록 명령을 내렸더니 조인이 똑같은 부탁을 해왔다는 거야."

손견이 말을 끝내면서 정원 쪽을 보았다. 문이 열려 있었다. 음력으로 3월이니 벌써 여름이 가까워지고 있었다. 우물가에 한 여인의 모습이 보였다. 여인이 물통을 한 손으로 들고 걸어가고 있었다. 그녀는 잠시 멈추더니 손등으로 땀을 닦았다. 한 순간 얼굴을 이쪽으로 돌렸다. 풍희였다. 그저 평범한 여자일 따름이었다.

풍희가 시야에서 사라진 뒤 젊은 장사長史 하나가 정원으로 들어와 무릎을 꿇었다. 장사란 태수의 군사보좌관을 말한다. 젊은 병사를 장사로 쓰는 것은 손견의 취향이었다.

"무슨 새로운 정보라도 있느냐?"

손견이 장사에게 물었다. 장사에게는 정보를 수집하는 책무도 주어져 있었다.

"피비린내 나는 소식뿐이옵니다."

"누가 또 죽었느냐?"

"동탁이 태부太傅, 삼공 이상의 중신인 원외袁隗와 태복太僕, 마정장관馬政長官

인 원기袁基를 비롯해 낙양에 살고 있는 원씨 일족을 모두 죽였다는 소식이옵니다."

"아이들까지 말인가?"

"예, 그렇습니다. 남녀노소 가리지 않고 50명이나 되는 일가를 모두 죽였다고 하옵니다."

"흐음…."

원소가 반동탁 연합군의 맹주가 된 것을 보고 동탁이 장안에 있는 원씨 일족을 모두 참살한 것이다.

"그리고 산조에서는 유대가 교모를 죽였다고 하옵니다."

"같은 동지끼리?"

유대와 교모 두 사람의 불화는 이미 세상 사람들이 모두 알고 있는 일이었다. 두 사람은 서로 인접해서 진을 치고 난 다음부터 사이가 더 나빠져 결국에는 피를 보고 만 것이다.

"산조에 있는 10만 병력이 네 세력으로 나누어지고 있습니다."

"그럴 것이다. 동탁의 속셈이 바로 그거였으니까. 그렇다면 올해 안에는 낙양을 빼앗지 못할 것 같군."

손견이 침울한 목소리로 말했다.

대군이 전쟁을 하지 않고 그냥 시간만 보내게 되면 반드시 불화가 생기는 법이다.

"조조 장군께서는 어느 쪽일까요?"

진잠은 그것이 걱정이었다.

"원소에게 가지 않겠는가? 이쪽으로 올 리는 만무하고."

손견이 여전히 가라앉은 목소리로 대답했다.

조조가 『손자』를 위조했다고?

남양 태수 장자의 죽음에 대해 『삼국지』에서는 '손견이 장자를 연회석에 초대한 다음날, 장자가 답례를 위해 다시 손견을 찾아갔을 때 그를 잡아서 주살했다'고 기록하고 있다. 『오력五歷』이라는 책에서는, 손견이 중병을 칭하며 병력을 모두 주겠다고 속여 장자가 문병을 왔을 때 '갑자기 자리에서 일어나 검을 빼어들고 장자를 큰소리로 꾸짖은 다음 그를 칼로 벴다'는 내용이 나온다.

정적을 연회에 초대하여 칼로 베는 것은 당시에는 흔히 있던 일로, 『사기』에 나오는 유명한 '홍문鴻門의 연회'는 미수에 그친 대표적인 예이다. 따라서 공식방문을 할때는 쌍방 모두 경계를 더 엄중히 하는 것이 보통이었다. 더구나 장자가 군량미 제공을 거절한 입장에서는 말할 필요도 없다. 사건이 벌어진 장소도 장자가 다스리는 지역이었다. 상대방의 속임수에 간단하게 넘어가 그렇게 처참한 최후를 맞이할 정도로 장자는 아둔한 인물이었을까? 역시 『오력』에서처럼 치밀한 계략에 걸려들어 최후를 맞이한 것이 아닐까 하는 생각이 든다.

손견은 스스로 병법서인 『손자』의 저자 손무의 후손이라고 주장하고 있다. 그런데 조조가 이 『손자』에 주석을 달게 된 것도 인연이라면 인연이다. 오늘날 전해지고 있는 『손자』는 조조가 주석을 단 것이다. 따라서 통속 『삼국지』에서는 조조가 악역을 맡고 있기 때문에 '『손자』라는 책을 자기 마음대로 개찬改竄했거나 조조가 전부 새로 만든 위작僞作일지 모른다'며 의심하고 있다.

최근 산동성 임기현臨沂縣에 있는 전한 초기의 고분에서 『손자』를 비롯한 병법서 죽간이 출토되었다. 그런데 여기에서 출토된 『손자』의 내용이 조조가 주석을 달아 현존하는 책의 내용과 거의 일치한다는 것이 밝혀졌다. 천 수백 년이 흐른 뒤에 조조는 '고전을 개찬한 자' 또는 '고전을 위조한 자'라는 누명을 벗고 무죄가 입증된 셈이다. 조조에게는 축하할 만한 일이다.

'죽여버리겠다'는 경거망동으로 결국 손견의 병사들에게 둘러싸여 황금가루를 마시고 최후를 맞이한 왕예는 앞에서 설명한 고분이 출토된 임기 출신이다. 여기에도 어떤 인연이 있을지 모른다. 황금가루가 섞인 물을 마시고 내세에 얼마나 큰 부자로 다시 태어났는지는 알 길이 없지만 남겨진 그의 일족은 부귀영화를 계속 누려 위진육조魏晉六朝 시대에 '낭야 왕씨王氏'라는 최고의 명문이 되었다. 임기는 낭야에 속한 지역이다. 모친에게 잉어를 맛보이기 위해 한겨울에 연못의 두꺼운 얼음을 깨고 잉어를 잡았다는 '스물네 명의 효자' 중 한 사람인 진晉의 왕상王祥은 바로 왕예의 조카의 아들이다.

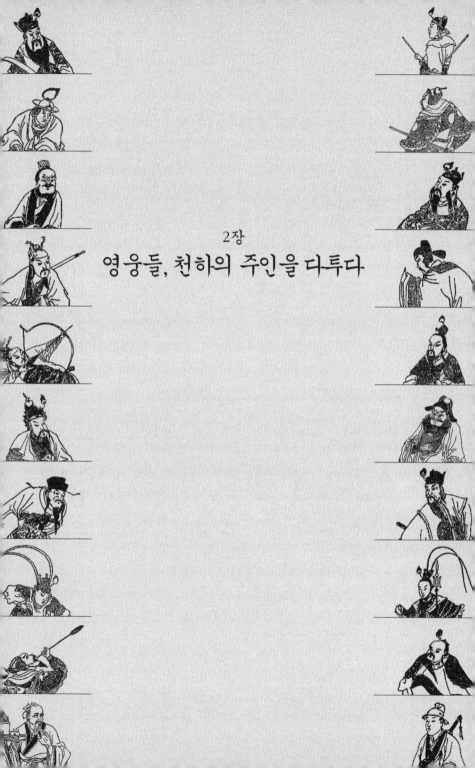

2장
영웅들, 천하의 주인을 다투다

8
촉도를 걷다

一

　대화를 나누는 중에 익주 자사 유언은 몇 번이나 무릎을 앞으로 당겼다.

　'상당히 흥미가 당기는데….'

　유언은 속으로 중얼거렸다. 그는 긴히 나눌 이야기가 있다며 소용을 자기 집으로 초대했다. 그가 소용을 부른 진정한 이유는 소용과 대화를 나누고 싶어서가 아니라 그녀의 얼굴을 보기 위해서였다. 그런데 막상 대화를 한참 나누다 보니 그녀의 얼굴보다는 그녀가 해주는 이야기에 더 흥미를 느끼게 된 것이다.

　'이 여인을 만난 것만으로도 내가 익주를 찾아온 보람이 있다.'

　익주는 현재의 사천성으로 당나라 이후에는 성도부成都府라고 불렸다. 수도인 낙양에서는 상당히 먼 거리였다. 동탁이 수도를 장안으로 옮겼지만 익주는 아직 중앙으로부터 상당히 멀리 떨어진 변방이었다. 중원에서는 비바람이 거세게 몰아치기 직전의 고요함 같은 팽팽한 전운이 감돌고 있었지만 변방인 익주에는 아직 그런 분위기가 온전히 전해지지 않고 있었다. 그러나 오두미도 사람들은 각 지역의 신자들을 통한 정보망이 있었기 때문에 익주 자사인 유언보다도 천하가 돌아가는 상황을 훨씬 정확히 꿰고 있었다. 그래서 유언이 소용을 자신의 집으로 초대했던 것이다.

중원에서는 유언비어까지 함께 뒤섞여 온갖 소문이 흘러나오고 있었다. 낙양을 중심으로 천하의 영웅들이 모여들고 있었다. 그들 사이의 이합집산과 여러 가지 갈등이 함께 뒤섞이면서 가지각색의 소문을 낳고 있었다. 그 소문 중에는 밑도 끝도 없이 불거져 나온 유언비어가 있는가 하면, 누군가가 고의로 흘린 잘못된 정보도 있었고, 공포심에서 비롯된 망상 같은 것도 있었으며, 때로는 희망 섞인 관측도 있었다. 소용은 그런 정보들을 유언에게 일목요연하게 정리해주면서 이따금 자신의 견해까지 덧붙여주었다.

이를테면 산조현의 연합군 내부에서 있었던 불화에 대해 이야기하면서 유대와 교모의 사이가 상당히 좋지 않다는 소문은 사실임에 틀림없다고 단언했다. 그러한 소용의 확신은 나중에 증명되었다. 연주 자사 유대가 동군東郡 태수인 교모를 살해했던 것이다. 교모는 반동탁 연합군을 결집하기 위해 격문을 돌렸던 인물이었다. '원술과 손견이 서로 미워하고 있다'는 소문에 대해서는 사실이 아닐 거라고 일축했다.

군벌軍閥은 싸움을 통해서 세력을 확장해가는 법이다. 동탁을 토벌하기 위해 낙양 주변으로 몰려든 군벌들은 지방 호족들이 황건군을 막으려고 부랴부랴 병사들을 끌어 모아 형성된 세력이었다. 그 힘에 있어서는 모두 '도토리 키 재기' 격이었다. 그래서 바로 지금 이 시기가 군사력 증강을 위한 본격적인 경쟁에 들어간 때라고 해도 과언이 아니었다. 손견은 장사로부터 북쪽으로 올라오는 도중에 형주 자사 왕예와 남양 태수 장자를 베고 노양에서 원술이 이끄는 부대와 합류했다. 이처럼 상대방의 병력을 빼앗아 자기 휘하로 두는 것이 가장 간단하고도 효율적인 병력증강 방법이었다. 또한 동맹을 맺음으로써 세력을 확장하는 방법도 있었다. 적의 장수를 베고 병력을 탈취하는 것은 좋은 방법이 아니다. 이 방법을 너무 자주 사용하다 보면 나중에는 주변 세력들이 경계하게 되어 아무도 동맹을 맺으려고 하지 않게 된다. 손견의 입장에서는 이제부터 천하의 모든 이에게 다른 세력들과 협력할 줄도 아는 인물이라는 인상을 심어주지 않으면 안 되었다.

"따라서 당분간 무슨 일이 있어도 손견은 원술과 좋은 관계를 유지하려고 할 것입니다."

소용이 차분하게 결론지었다.

"그렇소, 나도 그러리라 생각하오."

유언이 고개를 끄덕였다. 그는 눈을 가늘게 떴다. 상대방을 오랫동안 쳐다보면서 눈을 크게 뜨고 있는 것은 아무래도 좀 어색한 일이었다. 눈꺼풀과 속눈썹의 어른거림으로 인해 소용의 아름다운 자태가 그윽한 한 폭의 묵화처럼 그의 눈에 비쳐졌다.

"연합군의 맹주인 원소와 사촌동생인 원술이 서로 좋은 관계가 아니라는 소문이 있는데 충분히 그럴 가능성이 있다고 생각됩니다."

소용은 중원에 체류하고 있는 진잠이 보내온 내용을 토대로 유언에게 여러 가지 정보를 전해주었다.

"사촌형제이기 때문에 반드시 사이가 좋을 거라고 장담할 수는 없는 일 아니겠소? 일리가 있는 말이오."

유언은 자기도 모르게 몸을 앞으로 내밀며 눈을 크게 떴다. 상대방을 똑바로 응시하면서도 전혀 겸연쩍은 기색이 없었다. 소용의 이야기에 깊이 빠져든 탓이다. 유언은 잠시 생각에 빠졌다.

'만일 내가 지금 중원에 있다면….'

갑과 동맹을 맺어 을을 공격하고, 그리고 난 다음에는 병의 병력을 모두 빼앗는다. 때에 따라서는 병과 동맹을 맺는 척하다가 뒤를 공격한다. 항상 자기 쪽에서 상대방을 이용할 수만은 없을 것이다. 오히려 자신이 누군가한테 덜미를 잡힐 수도 있다. 끊임없이 물고 물리는 상황에서 잠시도 긴장을 늦출 수 없는 일이었다.

그는 주먹을 불끈 쥐었다. 소용과 이야기를 나누다 보니 자신의 각오가 더욱 새로워짐을 느꼈기 때문이었다.

"자사께서는 지금 중원에서 벌어지고 있는 권모술수와 이해관계에 따른 이합집산이 싫어서 이처럼 변방을 지원하셨다고 들었습니다만…."

소용이 화제를 돌렸다.

"그렇소."

유언은 속세에 초연한 인물처럼 고고하게 행세하고 있었다. 그러나 그는 밖으로 보이는 것처럼 천하의 패권다툼에 무관심한 것이 아니었다. 무관심하기는커녕 지나칠 정도로 관심이 많았다. 다만 그는 자신의 능력을 잘 알고 있었다. 만약 자기가 지금 중원에 있었다면 온전치 못했을 것이다. 아마도 패권싸움에서 일찍 탈락하고 말았거나 이미 이 세상 사람이 아니었을지도 모른다. 때가 되면 전선이 어느 정도 정리되고 떨어져나갈 자는 모두 도태될 것이다. 그리고 마지막으로 남아 있는 서너 명의 영웅도 완전히 지친 상태가 될 것이다. 바로 그때 패권싸움에 나서는 것이다. 유언이 익주 자사를 자원한 데는 그런 깊은 속내가 있었다.

"그렇다면 무슨 연유로 제게 중원의 정세를 물어보시는 겁니까?"

대뜸 소용이 물었다.

"아무것도 모르고 있으면 시골 촌놈이 될 것이 아니겠소? 그리고 나는 오두미도와 같은 정보망을 가지고 있지도 못하오. 더구나 중원은 이곳에서 멀리 떨어진 곳이라 정확한 소식을 접하기가 더욱 어렵지 않소?"

유언은 거짓말을 하고 있었다. 정보를 모으기 위해 그는 모든 노력을 기울이고 있었다. 그러나 어느 쪽 정보보다 오두미도가 가지고 있는 정보가 내용도 많을 뿐만 아니라 정확했기 때문에 이렇게 묻고 있었던 것이다.

"정보가 흐르고 있다면 그곳에는 반드시 길이 있습니다. 따라서 그 길로는 병력도 이동할 수 있습니다. 자사 어르신께서 이곳 촉 땅이 별천지라고 생각하여 유유자적하고 계셔도 중원과 항상 통하고 있습니다. 길이 있기 때문입니다."

소용의 어조가 바뀌었다. 단조롭고 느린 말투였다. 그러나 그 말이 유언의 가슴을 짓눌렀다. 유언은 당분간 변방에 앉아서 천하의 정세를 관망만 하고 있겠다는 생각이었다. 그러나 이곳이라고 해서 누군가가 공격해오지 않으리라고 누가 장담을 할 수 있겠는가. 소용이 그 가능성을 억양이 없는 느릿한 어투로 지적한 것이다. 그녀는 똑같은 억양으로 말을 이었다.

"촉 땅에서 중원으로 갈 수 있는 길은 좁은 벼랑길이옵니다. 그 길을 없애버리면 이곳은 진정한 별천지가 될 것입니다."

二

소용은 교단에 돌아온 뒤 자기 방으로 들어가 한참 동안 나오지 않았다. 그녀는 거울을 손에 들고 거울에 비친 자신의 얼굴을 들여다보고 있었다.

"전혀 나이가 들어 보이지 않습니다. 참으로 신기한 일입니다."

"잔주름 하나 없습니다."

"아무리 봐도 이십대 정도로밖에 보이지 않습니다."

신자들이 그녀를 볼 때마다 건네던 말들이 꼬리를 물고 떠올랐다. 그녀는 그런 말들에 대답이라도 하듯 마음속으로 중얼거렸다.

'언제까지나 이 상태를 유지할 수는 없어. 얼굴에는 주름이 없지만 마음은 온통 주름투성이인 것을….'

그녀는 거울을 무릎 앞에 내려놓고 옆에 놓아두었던 작은 주발을 한 손으로 들었다. 주발 안에는 흰 우윳빛을 한 액체가 들어 있었다. 그녀는 그 주발을 입가에까지 가지고 와 잠시 망설이다가 단숨에 들이마셨다. 주발 안의 액체는 약이었다. 그녀는 그 비약秘藥의 효능에 대해 익히 알고 있었다. 불로약不老藥이라고는 하지만 실은 피부에 주름이 생기는 것을 방지하는 효과를 가지고 있을 뿐이었다. 그나마도 그녀가 여자로서 생리를 하고 있을 때만 효험이 있었던 것이다.

'앞으로 몇 년 남지 않았어.'

소용은 마흔을 넘기면서 초조해지기 시작했다. 지금까지 육체의 표면적인 노화만을 무리하게 억제해왔다. 그런데 이제 그것마저 제어가 되지 않는다면 그녀의 노화는 눈에 띄게 빨라질 것이 틀림없었다.

'그런 모습을 사람들에게 보이고 싶지 않아.'

그녀가 초조해하는 이유는 바로 그 점이었다. 초의 유명한 무녀 감희鑑姬는 요즘 들어 아무도 만나지 않는다고 했다. 항상 자기 딸

풍희로 하여금 일을 보도록 하고 있다는 것이다. 소용도 앞으로 사람들 앞에 설 시간이 얼마 남지 않았다는 생각을 하고 있었다. 느긋하게 있을 때가 아니었다. 오두미도의 기반을 제대로 다져놓지 않으면 안 되는 것이다. 이 난세에 오두미도가 사람들의 영혼을 구제하는 종교로서의 역할을 제대로 할 수 있도록 만들어야 했다. 기존 오두미도의 가르침에다 서역에서 전해온 부처님의 가르침을 받아들인 지금은 교단 확장의 기초를 다지는 데 있어서 그 어느 때보다 중요한 시기였다. 그 일을 차질 없이 하자면 중원에서 전개되고 있는 패권다툼이 촉 땅에까지 번져오는 것을 어떻게든 막아야 했다. 오두미도에게는 촉을 중원에서 완전히 격리시키는 일이 가장 바람직한 일이었다. 그러나 그런 작업은 그녀 혼자의 힘만으로는 불가능한 일이었다. 정치적인 세력을 가지고 있는 실력자의 힘을 빌리지 않으면 안 되었다. 소용은 최근 들어 익주 자사 유언에게 은근히 압력을 가하고 있었다. 전쟁에 미친 중원의 어떤 실력자가 언제 피비린내를 풍기며 촉으로 쳐내려올지 알 수 없는 상황이었다. 그리고 유언에겐 그들을 상대할 수 있는 힘이 없었다. 그렇다면 일단 중원에서 촉으로 들어오는 길을 막아버리는 수밖에 없었다.

소용이 자리를 뜨고 난 뒤 유언은 잠시 천장의 한쪽 구석을 응시하고 있었다. 천장에 소용의 얼굴이 어른거렸다.

'그녀가 즐거워하는 모습을 보고 싶었는데….'

그는 그런 생각을 하며 아쉬워했다. 소용은 좀처럼 웃는 모습을 보이지 않았다. 그러나 지금 그녀는 비록 유언의 상상 속에서이긴 했지만 어슴푸레한 천장 한쪽 구석에서 그를 향해 미소 짓고 있었다. 유언은 얼마 전 그녀의 아들에게 관직을 주겠다는 제안을 했다가 거절당한 적이 있었다.

"기존에 있는 직책이라면 제 아들에게는 적당하지 않습니다."

소용은 정중하게 말하면서 유언에게 웃음을 지어 보였다.

'그래! 그녀는 내 제안을 거절한 게 아니야!'

유언은 갑자기 소용이 한 말의 의미를 알아차리고 자리에서 벌떡 일어났다. 환영은 이미 눈앞에서 사라진 뒤였다. 기존에 있는 관직은 사양하겠지만 그렇지 않은 것, 즉 새로운 관직이라면 받아들이겠다는 말이 아닌가. 방금 전 중원에 관한 정보를 전해주면서 소용은 실력자들이 자기 마음대로 새로운 관직을 만들어 부하들을 그 자리에 앉히고 있다는 이야기를 했다.

"손견의 손에 죽은 왕예가 차지하고 있던 형주 자사 자리를 꿰차고 앉은 자가 유표劉表입니다. 이자는 수민교위綏民校尉, 백성의 안전을 도모하는 무관라는 새로운 관직을 만들었습니다. 지금은 조정에 그 같은 새로운 관직을 신설하겠다고 청할 수도 없는 상황이기 때문에 지방의 관리들도 따를 수밖에 없는 게 현실이죠."

"유표라는 자, 건방지기 이를 데 없군. 이리 붙고 저리 붙고 해서 자리를 차지한 주제에."

소용의 말에 유언은 이렇게 말했을 뿐이었다.

유표는 큰 키에 덩치가 큰 사내로 여러 지역의 영웅호걸들과 두터운 관계를 유지하고 있었으며, '천하 팔걸八傑' 가운데 한 명으로 꼽히는 인물이었다. 유언과 유표는 모두 전한 경제景帝의 아들인 노공왕魯恭王의 자손이었다. 그러나 노공왕은 벌써 3백 년 전의 인물이었기 때문에 같은 자손이라 해도 서로 혈연이라는 느낌을 전혀 갖지 못했다. 오히려 현실적으로 이 두 사람 사이에는 그 누구보다도 강한 경쟁의식이 있었다.

'좋아. 소용의 아들을 교위에 임명하도록 하자.'

유언은 방금 전에 자리를 뜬 소용의 뒤를 쫓아 오두미도 교단을 향해 말을 달렸다. 단숨에 소용을 찾아간 유언은 거두절미하고 자신의 생각을 그녀에게 전했다.

　"교위라는 자리는 너무 높은 자리입니다. 제 아들은 아직 어린 티를 못 벗었으니 교위 다음 자리 정도가 어떨까 합니다만⋯."

　유언의 말을 듣고 소용은 정중하게 자신의 생각을 건넸다. 교위라는 자리는 2천 석을 받는 직위로, 오늘날의 사단장급에 해당되는 자리였다. 그 다음 자리는 사마司馬라는 직위인데 천 석이 지급되는 자리였다.

　"그렇다면 사마가 좋겠군. 물론 직책 이름은 새로 하나 만들도록 하고 말이오."

　"그렇게 배려해주시니 고맙습니다. 그런데, 자사께서 특별히 좋아하시는 자字는 무엇인지요?"

　"글자 말이오? 나는 의義 자를 좋아하오."

　소용이 잠시 생각한 뒤 말을 꺼냈다.

　"그렇다면 독의사마督義司馬라는 직명이 어떻겠습니까?"

　"그게 좋겠소. 독의사마라⋯, 아주 훌륭한 직명이오."

　"송구스럽습니다. 이제 저희 오두미도를 눈엣가시처럼 여기던 자들도 저희를 함부로 얕보지는 못하겠군요."

　"그게 무슨 말이오? 이 교단에 적의를 품고 있는 자가 있었단 말이오?"

　유언은 전혀 짐작하지 못한 일이었다. 이처럼 꿈속에서나 볼 수 있는 아름다운 여인이 이끌고 있는 오두미도를 감히 어떤 자가 적대시한다는 말인가? 그런 자는 가만둘 수 없는 일이었다.

　"이 세상에는 참으로 여러 부류의 사람이 있습니다."

"그자의 이름이 어떻게 되오?"

"제가 그자의 이름을 댄다고 해서 해결될 일도 아닌데…. 다음에 기회가 있을 때 말씀드리겠습니다."

"아니오. 내가 어떻게든 도움이 되어줄 테니 말해보시오."

"이 지역의 호족들입니다. 저희 오두미도는 도망 나온 농노들도 받아들이고 있기 때문에 호족들과의 다툼이 끊이지 않고 있습니다."

"그 호족들의 이름을 대보시오."

"왕함王咸과 이권李權이 바로 그들입니다. 이들은 사병私兵을 거느리고 있기 때문에 우리 오두미도는 늘 가슴을 졸이고 있었습니다. 그러나 자사께서 부족한 제 아들에게 벼슬을 내리셨기 때문에 앞으로는 그들도 저희를 함부로 하지는 못할 것입니다."

소용이 유언에게 고개 숙여 감사를 표했다.

三

병력으로 맞붙는 일에는 자신이 없어도 통찰력 하나만은 누구에게도 뒤지지 않는 유언이었다. 중원에서 멀리 떨어진 곳으로 일단 피한 뒤 때를 기다리는 일을 영제가 죽기 전, 즉 천하가 본격적으로 소용돌이 속으로 빠져들기 전에 일찍이 실행에 옮긴 그였다. 처음에 그는 교지交趾의 태수나 교주交州의 자사 자리를 원했다. 교지는 지금의 베트남 하노이 부근에 해당되는 지역으로 무제 이후 한나라 영토였다. 한나라 땅에서 가장 남쪽에 위치한 그곳으로 가 있으면 중원에서 벌어지는 싸움에 휘말려들 필요가 없을 뿐더러 먼발치에서 관망할 수도 있으리라는 게 유언의 계산이었다. 그런데 그의 네

아들이 반대하고 나섰다.

"교지까지 내려가시게 되면 싸움에 휘말리는 것은 피하실 수 있을지 모르지만 때가 무르익어 중원으로 군사를 이동해야 할 때는 너무 먼 거리입니다. 자칫 기회를 놓칠 우려가 있사옵니다. 중원에서 너무 떨어진 지역은 곤란합니다."

그러나 유언은 자신의 주장을 굽히지 않았다. 그러자 네 아들이 대책을 숙의했다. 장남인 유범劉範은 중랑장中郎將이라는 직책에 있었고, 차남인 유탄劉誕은 오늘날의 법관이라고 할 수 있는 치서어사治書御史, 삼남인 유장劉璋은 황제 측근의 요직인 봉거도위奉車都尉로 있었다. 막내아들 유모劉瑁는 유언의 비서 역할을 하고 있었는데 바로 이 유모가 아버지의 고집이 과연 옳은 것인지 알아보기 위해 자신의 스승을 찾아가 견해를 구했다. 그의 스승은 동부董扶라는 노학자였다. 동부는 오랫동안 초야에 묻혀 생활하고 있는 유학자였지만 한때는 영제의 부름을 받아 시중侍中에 임명된 적이 있었다. 영제가 앞을 내다보는 그의 능력을 높이 평가했던 것이다. 2세기 말엽의 사람들은 앞을 내다보는 초능력자들의 말을 무조건 믿고 따르는 경향이 있었다. 유언은 특히 동부의 예언이라면 절대로 신뢰했다.

"중원에서 적당히 떨어져 있으면서 때가 왔을 때 언제라도 출병할 수 있는 지역이라면 촉이 제격이네. 그 외의 지역은 없네."

"그렇다면 제 아버님께서 그곳으로 마음을 정하실 수 있도록 도와주십시오."

"알았네. 내게 맡기게."

며칠 뒤 동부는 유언을 만나 이렇게 말했다.

"이곳 낙양은 머지않아 혼란에 빠질 것입니다. 제가 보건대 촉의 익주 땅 부근에 천자의 서기가 감돌고 있습니다."

"그렇습니까?"

유언은 아무렇지도 않은 듯 대답하면서도 속으로는 가슴이 뛰는 것을 누르지 못했다. 동부의 말이라면 하늘과 땅이 바뀐다고 해도 믿는 그였다. 그런 동부가 머지않아 익주 땅에서 천자가 나온다고 하니 흥분되지 않을 수 없는 일이었다. 그 천자란 과연 누구를 가리키는 것인가. 동부는 그에 대해서는 한마디도 하지 않았지만 노공왕의 후손인 그가 천자가 되지 못할 까닭도 없었다.

그 이튿날부터 유언은 한시라도 빨리 익주로 내려가기 위해 조정 곳곳에다 손을 쓰기 시작했다. 그때 익주에서는 자사 극검郤儉의 실정 때문에 반란이 발생한 상태였다. 이 지역의 마상馬相과 조지趙祗라는 자들이 스스로를 황건군이라고 칭하며 불만에 가득 차 있는 백성들을 모아 반란을 일으킨 것이다. 마상은 스스로를 천자라고 칭하면서 기세 좋게 일어났지만 익주의 장수인 가룡賈龍의 공격을 받고 곧 진압되었다.

"하늘이 돕고 있다. 하늘이…."

익주 땅으로 들어서면서 유언은 옆 사람에게 들리지 않을 정도의 작은 소리로 중얼거렸다. 반란이 있었던 땅이기 때문에 아무도 익주 자사로 부임하기를 원치 않았다. 그런 까닭에 유언은 자신이 원하는 자리를 힘들이지 않고 차지하게 되었다. 혼란에 빠져 있던 익주는 유언이 부임하기 전에 가룡에 의해 말끔히 평정되어 있었다. 유언은 손 하나 까딱하지 않고 촉에서 일어난 반란을 진압한 성과를 올린 것이다. 그는 자신에게 계속 따라붙는 행운에 몹시 흥분했다.

'그래, 익주에 감돌고 있다는 천자의 서기가 바로 내 몸에서 발산되고 있어.'

유언의 가슴속은 천자가 되어보겠다는 야망으로 온통 꿈틀거리고 있었다. 이 야망은 실로 엄청난 것이었다. 너무나 큰 야망이었기에 그는 흥분하고 들뜨지 않을 수 없었다. 천자는 자신의 왕국을 가지고 있어야 한다. 그것은 독립된 영토를 말하는 것이다.

'중원에서 이 땅으로 연결되는 길을 없애버리자.'

유언은 그렇게 간단한 일로 자신의 왕국을 가질 수 있게 되었다. 모든 일이 너무나도 쉽게 풀려나가자 유언은 더욱 흥분했다.

'모든 주변상황이 나를 천자로 만들기 위해 미리 준비되어 있었구나.'

별다른 노력을 기울인 것도 아닌데 저절로 행운이 찾아들게 되면 사람들은 그것을 하늘이 내린 은총이라고 믿게 된다. 그런데 마침 유언이 그런 생각에 빠져 있을 때 소용이 중원으로 통하는 길을 봉쇄하여 익주 땅을 하나의 독립된 땅으로 만들 것을 권한 것이다. 이제 더 이상 망설일 것이 없었다.

"그럼 먼저 한중을 손봐야지."

유언이 눈을 지그시 내리깔고 중얼거렸다. 익주를 보통 촉이라고 부르고는 있으나 넓은 의미의 촉은 지금의 사천성 전체를 가리키는 말이었다. 대륙의 깊숙한 곳에 위치해 있으면서 삼협三峽의 험준한 지세 때문에 화중이나 강남과는 갈라져 있는 곳이었다. 중원과는 절벽에 형성되어 있는 좁은 '촉도蜀道'로만 연결되어 있는 형세였다. 중원에서 촉도로 들어서는 입구가 바로 한중이었다. 당시의 기록을 보면 한중은 가옥이 6만 호 정도였고 인구는 약 27만이 되는 군郡이었다. 한중군에는 아홉 개의 마을이 있었다. 촉도를 봉쇄하기 위해서는 한중을 손에 넣지 않으면 안 되었다. 오늘날의 한중은 섬서성에 속해 있지만 후한시대에는 익주 관할이었다. 제도상으로는 익주 관할이라고는 하지만 자사는 지방 장관의 근무를 평가하는 정도의 일을 할 뿐 군의 행정에 대해서는 직접 관여하지 않는 것이 원칙이었다. 그즈음 한중의 태수는 소고蘇固라는 자였다.

"그렇지. 한중은 오두미도가 번성하고 있는 지역이지."

유언이 갑자기 좋은 생각이 난 듯 눈을 반짝였다.

"장수에게도 사마라는 관직을 내리시면 모양새가 좋지 않을까 생각됩니다만⋯."

소용은 말끝을 흐렸다. 긴요한 말을 할 때 취하는 그녀의 습관이었다.

"장수에게⋯."

유언이 조금 당혹해하는 표정을 지었다.

태평도의 황건군이 난을 일으켰을 때 그들은 오두미도 측에 밀사를 보내 함께 행동할 것을 요청한 적이 있었다. 같은 도교에서 갈라져 나온 교단으로서 동과 서에서 동시에 일어나게 되면 엄청난 힘을 가질 수 있다고 판단했던 것이다. 그러나 이때 동쪽지역의 상황을 살피러 가 있던 진잠으로부터 태평도의 황건군이 천하를 평정할 가능성은 희박하다는 보고가 전해졌다. 하지만 만에 하나 태평도가 천하를 쥐게 되면 오두미도는 반드시 그들에게 보복을 받게 될 것이었다. 소용은 고육지책을 생각해냈다. 교단의 교주 자리를 스무 살 난 아들인 장노에게 물려준다. 그리고 교단의 장로격인 장수가 자기를 따르는 무리를 이끌고 따로 행동하게 한다. 그리되면 오두미도는 두 파로 갈라지게 되는데 장수가 이끄는 무리는 태평도와 함께 황건군에 가담하도록 하고, 장노가 이끄는 주류파는 조정의 편을 들게 하는 것이다.

황건군의 잔당은 지금도 여기저기서 나름대로 활동하고 있지만 천하를 다툴 힘은 이미 상실한 상태였다. 진잠의 예측이 그대로 맞아떨어진 것이었다. 만일의 경우를 생각하여 둘로 갈라놓았던 오두미도도 이제 다시 통합하지 않으면 안 되었다. 장수가 이끄는 오두미도 일파는 실제로는 아무런 행동도 취하지 않았다. 스스로를 황건군이라 칭했던 장수는 조정의 입장에서 보면 적이었다. 그런 자에게 관직을 준다는 것은 바로 도적이라는 중죄를 사해주는 것이었다. 유언이 별로 내키지 않은 표정을 짓는 것은 당연한 일이었다.

"중원에서도 황건적들이 자수하여 관군으로 편입된 예가 많다고 들었습니다."

소용이 나직이 말했다.

"나도 그 이야기는 몇 번 들은 적이 있소만…."

유언이 고개를 끄덕이며 말끝을 흐렸다. 유언은 자신만의 왕국을 만들기 위해 촉도의 입구인 한중을 장악하려는 참이었다. 한중 태수 소고를 공격하여 그 땅을 손에 넣기 위해서는 한중에서 가장 큰 세력을 갖고 있는 오두미도 신자들의 협조가 필요했다. 그런데 한중 오두미도 신자의 대부분은 바로 이 장수가 이끄는 일파에 속해 있었다.

"그러면 그자를 별부사마別部司馬에 임명하도록 합시다."

장고 끝에 마침내 유언이 결정을 내렸다.

四

오두미도 교단의 본거지는 정원이 넓었다. 본산本山을 둘러싸고 있는 담 바깥도 화원이었다.

"무슨 이유로 정원 밖에다 또 정원을 두고 있는 것이오?"

익주에 처음 부임해왔을 때 유언은 소용에게 그렇게 질문한 적이
있었다.

"자사가 계시는 관저의 정원보다 더 크게 만들어서는 안 되겠기
에…."

소용이 다소곳이 대답했다.

사실 본산 밖에 있는 정원까지 포함하면 교단의 전체 정원은 자사
관저의 정원보다도 훨씬 넓었다. 그 정원 안에 있는 작은 정자에서
소용이 장수를 만나고 있었다. 두 사람의 만남은 오랜만에 이루어
진 일이었다. 오두미도의 분열은 계획적으로 이루어진 일이긴 했지
만 양쪽 파를 대표하는 두 사람이 회동하기 위해서는 주위의 눈을
의식하지 않을 수 없었다. 황건적의 난이 시작된 중평 원년 이후 둘
은 한 번도 만난 적이 없었기 때문에 벌써 6년의 세월이 흐른 셈이
었다.

'그토록 보고 싶었는데…. 6년을 잘도 참아냈구나.'

장수는 소용을 보자 속으로 그렇게 뇌었다. 남몰래 먼발치에서
소용의 모습을 훔쳐본 적이 몇 번 있었을 뿐이다. 그것도 우연히 보
게 된 것은 아니었다. 이리저리 궁리를 해서 먼발치에서라도 그녀
를 볼 기회를 그 스스로가 만들었던 것이다. 그렇게 해서라도 그녀
를 보지 않으면 참을 수가 없었다.

'오늘은 기분이 좀 묘하군. 하기야 묘할 것도 없지. 이렇게 서로
얼굴을 마주보게 된 것이 6년 만의 일이니. 그래도 좀 그렇군. 마음
이 한없이 풀어지는 것 같아.'

장수는 오래 전부터 소용을 사모하고 있었다. 그녀의 남편인 장
형을 모시고 있을 때부터 장수의 가슴속에는 그녀가 깊이 자리하고
있었다. 다른 여자를 품에 안고 있을 때도 그는 항상 소용을 생각했

다. 하지만 지금까지 장수는 소용에 대한 정념이 절대 밖으로 드러나지 않도록 이성의 힘으로 누르고 있었다. 그러므로 그가 소용을 사모하고 있다는 사실은 어느 누구도 눈치 채지 못할 거라고 생각했다. 물론 당사자인 소용도 예외는 아니었다. 그런데 지금 이 순간만큼은 이제껏 잘 참아왔던 이성의 힘이 점점 무력해지고 있었다. 그의 나이는 쉰에 다가가고 있었다. 순간적인 충동을 제어하지 못하는 한창때의 젊은이가 아니었다. 그런 그가 오늘따라 이상하게 마음이 자꾸 풀어지고 있었던 것이다.

'하긴 6년 만이니….'

장수는 애써 마음에 동요가 이는 것을 시간 탓으로 돌렸다.

"여전히 아름다우십니다."

그렇게 말하면서 장수는 깜짝 놀랐다. 많은 신자가 소용을 볼 때마다 버릇처럼 하는 말이었지만 장수는 단 한 번도 그 말을 입에 올려본 적이 없었다. 그 말은 그가 이성의 힘으로 눌러오던 정념의 뚜껑 역할을 해왔는지도 모를 일이었다. 그런데 마침내 그 뚜껑이 열린 것이다. 속으로만 품고 있었던 정념이 밖으로 넘쳐흐르기 시작했다.

"뜻밖이군요. 장수 선생이 그런 말씀을 다 하실 줄 아시고…, 호호호."

소용은 희고 가느다란 손가락으로 입술을 가리면서 웃었다. 그녀의 손가락 끝이 가늘게 떨리고 있었다.

"지금까지 저는 제 자신에게 정직하지 못했습니다."

장수의 눈이 빛나고 있었다. 뭔가를 작정한 듯한 눈빛이었다.

"예? 그건 또 무슨 말씀이세요? 모든 사람들이 이 세상에서 가장 정직하다고 생각하는 장 선생께서."

"아닙니다. 저는 거짓말쟁이입니다. 자신뿐만 아니라 주변사람들에게도 정직하지 못한 거짓말쟁이입니다. 이제부터는 제 마음이 가는 대로 솔직하게 행동할 생각입니다. 괜찮으시겠습니까?"

장수의 말투에는 초조함과 안타까움이 배어 있었다.

"그렇게 행동하시려는 데 왜 제 허락이 필요하죠?"

"아닙니다. 허락이 필요합니다. 필요하고말고요."

장수가 잠긴 목소리로 애써 감정을 억누르면서 말했다.

"그렇다면 좋으실 대로 하세요. 하시고 싶은 대로 정직하게 행동하세요. 호호호."

소용이 다시 입을 가리며 웃었다. 장수의 눈에는 그러한 소용이 맑은 물에서 헤엄치고 있는 한 마리의 투명한 물고기처럼 보였다.

"그럼 솔직하게 말씀드리도록 하겠습니다. 저는 일찍부터 소용님을 사모해왔습니다. 오래 전부터…. 제 가슴속에 타오르는 불꽃이 단 한 번도 꺼진 적이 없었습니다."

장수는 열병에 걸린 것처럼 몸을 가늘게 떨면서 말했다. 소용은 자리에서 일어나 몸을 뒤로 한 발 뺐다. 소용에게 이끌리기라도 하듯 장수도 의자에서 일어났다.

"소용님, 저를 피하시는 겁니까?"

거의 울음 섞인 애처로운 목소리였다.

"아닙니다. 피하는 것이 아닙니다."

"그러시다면…."

장수가 앞으로 한 발 나서면서 말했다. 소용이 조용히 눈을 감았다.

"이, 이런 일이 제게…. 꿈, 꿈만 같사옵니다."

장수는 마치 들뜬 어린아이의 목소리를 내면서 몽유병 환자처럼 양손을 어깨 높이만큼 올리고 한 발 한 발 소용에게 다가갔다. 작은 정자 안에 서로 마주보고 있는 의자의 간격은 다섯 발짝도 되지 않았다. 장수의 손이 소용의 어깨 위에 올려 졌고 소용은 급히 뒤돌아섰다. 장수는 소용을 뒤에서 껴안고 얼굴을 그녀의 귓가로 가져갔다.

"소용님, 소용님…."

장수가 떨리는 음성으로 소용의 이름을 불렀다. 소용이 가볍게 고개를 좌우로 흔들었다.

"아니 되옵니까? 피하지 않겠다고 말씀하시지 않았습니까?"

장수가 애절한 목소리로 말했다.

"지금은 안 됩니다. 이제부터 한중에 가서 중요한 일을 하셔야 하는데…. 그 일을 마치고 난 다음에는, 그때는 피하지 않겠습니다."

"그렇사옵니까? 그러시면 저와 약속을 하신 겁니다."

"물론입니다."

소용은 몸을 돌려 장수의 가슴에 얼굴을 묻었다. 장수는 소용의 등을 거칠게 훑으며 그녀의 머리카락 속으로 눈물을 떨어뜨렸다.

"그럼 한중에서 무사히 돌아오시기를 기다리고 있겠습니다."

소용이 장수의 품에서 빠르게 빠져나와 종종걸음을 치며 화원 가운데로 나 있는 좁은 길로 들어섰다. 장수는 정자 안에서 한참 동안 그녀의 뒷모습을 멍하니 바라보며 서 있었다.

"이런 일이…. 내게 이런 일이 생기다니…."

그는 중얼거리고 나서 크게 한번 숨을 들이마셨다. 이때 정자 뒤에 있는 큰 오동나무 뒤에서 한 남자가 숨을 죽이며 이 광경을 지켜보고 있었다. 익주 자사 유언이었다.

五

섬서에서 사천에 이르기까지 사곡斜谷, 각도閣道, 잔도棧道라는 길
이 있었다. 절벽을 끼고 만들어진 험준한 길이었다.

오오! 천 길 낭떠러지, 끝이 보이지 않는구나
촉도를 걷기보다는 차라리 하늘을 오르리라

당나라 시인 이백이 지은 「촉도난蜀道難」이라는 노래는 이렇게 시
작된다. 이 험준한 촉도를 일단의 장정들이 힘겹게 걸어가고 있었
다. 무리 속에는 별부사마에 임명되어 도적의 신분에서 졸지에 관
리로 바뀐 장수가 있었다. 오두미도의 어조사御曹司인 장노의 모습
도 보였다. 유언의 막내아들로 칼솜씨가 뛰어난 18세의 유모도 있
었다. 그도 별부사마, 즉 중급 장교의 직책을 갖고 있었다. 지금 그
들은 한중 태수 소고가 살고 있는 곳으로 향하는 중이었다. 칠반관
七盤關을 넘어 동북쪽으로 눈을 돌리면 한강의 누런 강물이 보이기
시작한다. 이곳에서부터 한중까지는 그야말로 넘어지면 코 닿을 거
리였다. 천하가 혼란에 빠져 있었기 때문에 한중 태수도 나름대로
는 불의의 공격에 대비하고 있었다. 하지만 공격을 해오더라도 천
하의 영웅들이 모여 힘겨루기를 하고 있는 장안이나 부풍扶風 지역
으로부터 침범해오리라고만 예상했지 그 험준한 촉도를 따라 남쪽
으로부터 공격해오리라고는 전혀 예상하지 못했다. 자연이 만들어
준 방패를 너무 믿었던 것이 화근이었다. 공격하는 쪽에서 보면 상
대방의 허를 찌른 기가 막힌 전법이었지만 당하는 쪽에서는 꿈에도
생각하지 못했던 불의의 기습이었다. 장노가 지휘하는 6백여 명의

병사는 태수의 관저를 둘러싼 채 포위망을 구축하고 있었으며, 장수와 유모가 이끄는 3백여 정예병은 소고의 관저 안으로 진입했다. 그곳에는 백여 명의 병사밖에 없었다.

"내가 그의 목을 베겠소!"

태수 소고가 병졸들에게 끌려나오는 것을 보고 장수가 큰 소리로 외쳤다. 평소의 그답지 않은 모습이었다. 마치 다른 사람인 것처럼 난폭해져 있었다. 살기 위해서 앞만 보고 도망치는 소고의 병사를 뒤에서 베기도 했다. 피가 뚝뚝 떨어지는 칼을 마구 휘둘렀고 눈에는 핏발이 서 있었다.

"좋소. 연장자에게 그 공을 양보하도록 하겠소."

젊은 유모가 냉소를 띠면서 말했다.

"고맙소."

말을 마치자마자 장수는 일을 서둘렀다. 소용과의 약속을 지키는 일이었다. 혁혁한 공을 세우고 당당히 개선하여 소용을 가슴에 품으리라.

"내가 입회하겠소."

유모가 말하면서 앞으로 나섰다. 비록 죽을 몸이긴 하지만 2천 석을 받는 태수에게 적절한 장소를 선택하여 죽게 해주는 것이 당시 사대부의 예의였다. 집 뒤편으로 사당 같은 건물이 있었다. 몸을 포박당한 소고는 거기서 죽게 해달라고 요구했다.

사당 안으로 세 명이 들어갔다.

"흠. 들어와 보니 상당히 넓군."

유모가 사당 안으로 들어가 주위를 빙 둘러본 다음 문을 닫았다.

"자, 죽여라!"

소고가 큰 소리로 외쳤다.

"우리 두 사람은 모두 별부사마에 임명된 무사이다. 묶여 있는 사람을 칼로 벤다는 것은 온당치 못하다. 정정당당히 승부를 하는 것이 우리가 바라는 바다."

유모가 그렇게 말하고 나서 칼을 빼어들고 소고를 묶은 줄을 풀었다.

"아니! 이건…?"

양손이 자유롭게 된 소고는 믿을 수 없다는 듯 눈만 끔뻑거리고 있었다.

"우리 무사는…."

유모는 잠시 말을 멈추었다가 장수 쪽을 힐끗 본 뒤 계속했다.

"무기를 지니고 있지 않은 자를 베는 걸 최대의 수치로 여긴다. 자, 이 칼을 받아라!"

소고는 유모가 내미는 칼을 얼떨결에 받아 들었다. 상황이 묘하게 전개되고 있었다. 어차피 죽을 몸이지만 버틸 수 있는 데까지는 버텨보자. 소고는 검을 잡자마자 곧바로 장수에게 달려들었다. 소고는 어차피 죽을 몸이었다. 죽기 살기로 공격할 수밖에 없었다. 장수는 본래 기도사祈禱師였다. 상황이 바뀌어 무사 노릇을 하고는 있지만 특별히 검법을 배운 적이 없었다. 하지만 장수가 그의 공격을 제대로 막아내지 못했다고 말할 수는 없었다. 방어할 생각도 하지 않고 멍하니 서 있다가 느닷없이 달려드는 소고에게 당한 것이다. 장수는 왼쪽 어깨로부터 오른쪽 겨드랑이 사이를 크게 베여 외마디 비명을 지르며 고꾸라지고 말았다. 장수가 쓰러지는 것과 거의 동시에 유모가 단도를 꼬나 쥐고 소고에게 달려들어 그의 옆구리를 찔렀다.

'검을 노련하게 다루는 태수의 역습이었다. 그자가 몸에 지니고 있던 단도를 몰래 꺼내 묶인 줄을 풀고 장수를 공격했다.'

유모는 밖에 있는 병사들에게 장수가 살해된 상황을 이렇게 설명할 참이었다. 부친인 유언이 자신에게 미리 귀띔해준 내용이었다. 그는 그 내용을 다시 한 번 머릿속에 정리한 다음 사당 문을 열고 밖으로 나왔다. 너무나 갑작스런 기습이었기 때문에 소고의 부하들은 관저 밖으로 도망갈 여유도 없었다. 관저를 포위한 채 밖에서 대기하고 있던 장노와 그의 병사들은 아무 할 일이 없었다. 그러나 장노는 긴장을 늦추지 않았다. 그에게는 별도의 임무가 주어져 있었기 때문이었다.

'오두미도가 다시 하나가 되기 위해서는 장수를 베지 않으면 안 된다.'

소용은 아들 장노에게 그런 지시를 내렸던 것이다. 이윽고 유모가 관저 밖으로 걸어 나왔다.

"슬픈 일이 발생했습니다. 별부사마 장수 장군께서 전사하셨습니다."

그 말을 듣자 장노는 전신에서 힘이 빠져나가는 것을 느꼈다. 이곳으로 출정하기 전 어머니가 했던 귓속말이 생각났기 때문이었다.

'굳이 네가 나서지 않아도 될지 모른다. 누군가가 장수를 벨지도 모르니….'

六

아들 유모가 한중을 기습하는 동안 유언은 촉을 자신의 왕국으로 만들기 위한 작업을 하나씩 진행하고 있었다. 유언은 우선 지방 호족들을 정리해나가기 시작했다. 유언은 스스로 천자가 되려는 자였다. 그와 어깨를 나란히 견주는 자나 그렇게 될 가능성이 있는 자가 존재해서는 안 될 일이었다. 그리하여 유언은 촉의 호족들을 모조리 없애버렸다.

'이 여인은 나를 위해 세상에 태어난 것이다. 내 그녀를 반드시 황후로 만들어주리라.'

왕함이나 이권 같은 호족들을 언젠가는 없애야겠다고 생각하고 있었는데 소용도 같은 생각을 하고 있었던 것이다. 우연의 일치이긴 했지만 유언은 왠지 앞으로의 일이 잘 풀려나갈 것 같은 느낌을 가졌다. 이 일을 계기로 유언은 자신의 앞날을 곰곰이 생각해보았다. 자신이 천자로 즉위함과 동시에 소용을 황후로 세우리라는 게 그의 구상이었다. 그러나 알고 보면 두 사람의 일치된 생각은 그다지 특별할 것도 없었다. 엄밀하게 말해 유언은 지금 '속세의 왕국'을 세우려는 것이고 소용은 '영혼의 왕국'을 건설하려는 중이었다. 그 어느 쪽도 손쉽게 이룰 수 있는 일이 아니었다. 소용의 왕국은 속세의 왕국을 근간으로 세울 수 있었다. 따라서 유언의 일에 협조하는 것은 소용의 이해와도 일치했다. 유언이 촉을 자신의 왕국으로 건설하게 되면 오두미도도 건실하게 발전해나갈 수 있기 때문이었다. 그렇다고 해서 소용이 유언을 이용만 하는 것은 아니었다. 유언에게도 소용은 큰 도움이 되는 여인이었다. 호족들에 대한 처형이 계속되자 유언의 횡포가 극에 달하고 있다는 소문이 돌기 시작했다. 당연한 일이었다.

"유언을 잡아 죽이자. 그러지 않으면 우리가 당한다. 한중 태수 소고의 운명을 보라."

건위군犍爲郡의 태수 임기任岐가 주위를 충동질하면서 병력을 모아들이고 있었다. 임기는 마상과 조지가 일으킨 반란을 평정하고 교위의 자리에 오른 가룡과 손을 잡고 있었다. 건위에서 똑바로 북쪽으로 진격해 들어가면 익주 자사가 있는 성도成都였다. 임기와 가룡 연합군은 조용히 북쪽으로 병력을 이동하기 시작했다. 밤에는 행군을 하고 낮에는 민가에 흩어져서 휴식을 취하는 신중한 작전이었다.

"네놈이 한중 태수를 기습하여 잡아 죽인 것처럼 이번에는 우리가 너를 그렇게 죽여줄 것이다."

임기는 이 싸움에서 패할 가능성에 대해서는 조금도 생각하지 않았다. 마상의 난을 진압했던 가룡도 자신감에 있어서는 임기에 뒤지지 않았다.

"지금과 같은 진용과 작전이라면 절대로 질 이유가 없다!"

가룡은 그렇게 단언했다. 그는 상당히 신중한 성격을 가진 장군이었다. 함부로 단언을 내리는 부류가 아니었다. 그런 그가 한마디로 잘라서 말한 것이다. 기습을 준비하는 그의 부하들은 벌써부터 전승에 따른 논공행상을 화제 삼기 시작했다.

임기와 가룡 연합군은 건위를 지나 민강을 따라서 북쪽으로 진군해갔다. 왼쪽으로 아미산峨眉山이 보이기 시작했다. 이곳에는 '산'이라는 글자가 들어가는 지명이 세 곳 있다. 남쪽부터 낙산樂山, 미산眉山, 팽산彭山이다.

'먼저 낙산에서 충분히 휴식을 취하고 미산에서 전투태세를 갖춘 다음 팽산에서부터는 단숨에 익주까지 진격해 들어간다.'

가룡은 이 사실을 병사들의 말단에 이르기까지 철저히 숙지하도록 명했다. 민강의 계곡을 따라 진군하는 병력은 1만이 넘었다. 촉 땅에서 벌어지는 싸움에 이 정도의 병력이라면 대군단이라고 할 수 있었다. 가룡의 군대가 미산을 지나 팽산에 이르렀다. 아직 적들이 기습의 낌새를 알아차리지는 못한 것 같았다.

"때는 왔다! 포악한 난신을 잡아 죽여라! 하늘이 우리를 보호할 것이다!"

드디어 가룡은 전군에 명령을 내렸다. 병력이 빠르게 움직이기 시작했다.

"진격하라! 진격하라!"

임기는 있는 힘을 다하여 외쳤다. 이곳에서부터 기세를 올려 단숨에 뭉개버리겠다는 생각이었다. 밤낮을 가리지 않는 행군이었다. 그런데 갑자기 이상한 현상이 발생하기 시작했다. 시간이 갈수록 병력이 줄어들었다. 처음에는 착각이라고 여겼으나 점점 눈에 띄게 숫자가 줄어들고 있었던 것이다.

"도대체 무슨 일이냐?"

항상 침착하고 냉정한 가룡도 얼굴색이 달라졌다. 계곡이 휘는 곳이나 숲속, 그리고 마을을 지나고 나면 일부 병력이 어디론가 사라지는 것이었다.

"앗! 적이다!"

첨병으로 나가 있는 병사가 외쳤다. 오른쪽과 왼쪽을 동시에 가리키고 있었다. 계곡을 둘러싸고 있는 산의 이쪽과 저쪽에서 하나 둘 병사들의 모습이 나타나기 시작했다.

"적인지 아군인지 확인하라!"

가룡이 다급히 소리쳤다. 그러나 확인할 필요도 없었다. 산 위에 나타난 병사들 중 하나가 나서더니 큰소리로 외쳤다.

"우리는 조금 전까지만 해도 그대들과 같이 걷고 있었다. 그러나 지금은 그렇지 않다. 무슨 뜻인지 알겠는가? 하하하."

그는 바로 얼마 전까지만 해도 병사들을 모집하는 일을 담당한 자였다.

"너희의 정체가 뭐냐?"

임기가 낮고 굵은 음성으로 물었다.

"우리는 오두미도 신자들이다!"

대답을 마치자마자 오두미도 신자로 구성된 병사들이 큰 파도와 같이 산 위에서 밀고 내려오기 시작했다. 붉은 산이 금세 검은 복장의 군사들로 뒤덮였다. 공격이 개시된 것이었다. 건위를 출발할 당시와 비교해서 3분의 1로 줄어든 병력의 후방이 큰 동요에 휩싸였다.

"불이야!"

"군량미가 타고 있다!"

"화살을 실은 수레에도 불이 붙었다!"

병사들의 비명에 가까운 외침이 후미로부터 들려오기 시작했다.

"뭐라고! 보급품이 타고 있다고?"

임기가 당황하여 타오르는 불꽃을 바라보고 있을 때는 이미 늦었다. 적으로 바뀐 오두미도 병사들이 마치 눈사태라도 일어난 것처럼 산 위에서부터 거세게 밀려 내려오고 있었다. 후퇴할 여유도 없었다. 결국 건위 태수 임기와 교위 가룡은 이 싸움에서 전사하고 말았다. 익주에는 아홉 개의 군이 있었는데 이 가운데 한중과 건위의 태수가 목숨을 잃었다. 다른 군의 태수들은 서둘러 병력을 해산시키고 유언에게 충성을 맹세했다.

"내가 어리석었다. 오두미도 무리한테 이렇게 당하다니!"

이것이 무사 가룡이 남긴 마지막 말이었다고 한다.

七

마침내 언馬의 소원이 이루어져 승여차구乘輿車具 천여 승乘을
만들었다.

이런 기록이 『삼국지』에 남아 있다. 그저 보통사람이 타는 수레를
만들었다면 탓할 일이 아니겠으나 유언은 자신의 수레에 천자가 타
는 수레처럼 봉황 장식을 붙였던 것이다.

'유언이 야심을 가지고 있다.'

이 말을 처음으로 꺼낸 이는 같은 가문의 경쟁자인 유표였다. 소
문의 경위를 알아보기 위해 파견되는 조정의 사자는 유언이 있는 곳
에 닿을 수 없었다. 익주에 도착하기도 전에 한중에서 억류되거나
살해당했기 때문이었다.

"미적米賊들이 한중을 점거하고 있어서…."

유언은 이런저런 변명만 늘어 놓았다. 그는 오두미도 신자들을
미적이라고 표현했다. 유언은 표면적으로는 오두미도와의 동맹을
드러내지 않고 있었다. 촉에 자신만의 왕국을 건설하기 위해서는
촉도의 입구인 한중 일대가 자신의 세력권에 들어와 있지 않은 것처
럼 보이는 것이 더 유리했기 때문이다. 한중은 소용의 아들인 장노
가 관할하고 있었다. 물론 유언의 재가를 받아 한중의 주인노릇을
하고는 있었지만 대외적으로는 장노가 장악하고 있는 것으로 되어
있었다.

"익주 땅과 연락을 취하기 위해서 먼저 한중의 미적을 없애주시
기 바랍니다."

유언은 짐짓 조정에 그렇게 요청했다. 하지만 중원은 전시상태였

다. 중원의 전세를 유지하는 데도 힘겨운 판에 멀리 서쪽 구석까지 신경 쓸 여유가 없었다. 유언은 장안의 조정이 그런 상황에 처해 있다는 사실을 누구보다 잘 알고 있었다.

마침내 장안에서는 유언의 아들인 유장을 촉에 파견하기로 결정했다. 유장은 봉거도위라는 직책에 있었다. 한중의 장노도 유장을 억류할 수는 없었다.

"어서 지나가십시오. 한중 땅에서 촉도에 이르는 길까지 안전하게 모시겠습니다."

한중의 관저에서 유장을 맞이한 장노는 정중하게 머리를 숙였다.

"당연한 일 아닌가?"

유장은 가벼운 목례조차 하지 않은 채 그렇게 말했다. 봉거도위라는 직책은 천자의 거車를 관리하는 직책이다. 시종장侍從長에 해당하는, 삼공구경三公九卿 다음의 높은 직책이었다. 비적匪賊이나 다름없는 존재인 장노가 안중에 들어올 리 없었다. 장노 역시 그를 깔보기는 마찬가지였다.

'별것도 아닌 자가…'

익주에 도착한 유장이 아버지를 만났다.

"조정과 좀 더 긴밀한 관계를 유지하면서 천자께 충성을 다하는 모습을 보여주셔야 합니다. 중상모략이 계속되고 있습니다."

유언은 유장으로부터 그 말을 듣고 큰소리로 웃었다.

"한중에 장노라는 자가 있지."

"무슨 말씀입니까? 장노 같은 자가 뭐 그리 대단합니까? 저도 이곳으로 오면서 만나봤지만 그냥 무시해도 좋을 자였습니다."

"장노가 속이 좋아 참아 넘긴 것뿐이다. 어쨌든 그가 바로 오두미도를 이끌고 있는 인물이야. 그의 힘을 무시해서는 안 된다."

"아버님께서는 그자를 너무 과대평가하시는 것 같습니다."

"아니다. 이곳에 있어 보면 너도 알게 될 것이다. 그가 나를 여러 모로 도와주고 있어."

유언은 구체적으로 장노가 무엇을 도와주었는지에 대해서는 말하지 않았다. 그러나 한중을 공격하거나 임기와 가룡 연합군을 공격한 것 등은 오두미도의 협조가 없었더라면 순탄하게 마무리 지을 수 없었던 일이다. 그 일이 제대로 이루어지지 않았다면 자신의 왕국을 만드는 거사도 그리 순조롭게 진행되지 않았으리라는 사실을 그는 잘 알고 있었다.

"무슨 말씀이신지 저는 잘 알아듣지 못하겠습니다."

"이곳에 잠시 있어 보면 저절로 알게 될 것이다. 금방 알게 되지."

"지금 그 말씀은…?"

"그래. 나는 너를 장안으로 다시 돌려보내지 않을 생각이다."

"예?"

"여기서 나를 도와줄 손발이 필요하다. 유모 혼자만으로는 불안해. 네가 내 곁에 있어준다면 이 땅은 완전히 유가劉家 천하가 될 것이다."

"그 말씀은…?"

유장은 자기도 모르게 얼른 주위를 살폈다. 유가의 천하라는 표현은 모반을 의미하는 말이었다.

"무얼 그리 조심스러워하느냐? 천하가 어지러워지리라는 것은 불을 보듯 뻔한 일 아니겠느냐? 아니다. 이미 천하는 혼란의 수렁에 빠졌다고 할 수 있다. 네가 있는 장안은 과연 누구의 천하라고 생각하느냐? 천자는 동탁에 의해 폐위되지 않았느냐? 지금은 누군가 나서서 천하를 다시 세우지 않으면 안 되는 상황이다."

유언의 말에서는 뜨거운 열기 같은 것이 배어나오고 있었다.

"그렇기는 하지…."

유언은 아들이 당혹스러워하는 태도에 개의치 않고 말을 이었다.

"이 촉 땅이 나 혼자만의 천하인 것처럼 보이겠지만 실은 그렇지 않다. 군이 말하자면 오두미도와 반분하고 있는 상황이라고 할 수 있지. 그래서 이 천하를 보다 확실하게 내 것으로 만들기 위해 네 힘이 필요한 것이다."

"아버님을 위한 일이라면야…."

유장은 조금씩 마음이 움직이기 시작했다. 장안의 궁궐 생활도 그렇게 재미있는 생활은 못 되었다. 천자를 가까이에서 모신다는 자부심도 있긴 했지만 자신이 모시고 있는 천자는 꼭두각시에 불과한 존재였다.

"내 말대로 하는 게 좋을 것이다. 이대로 여기에 머물도록 하거라. 장안으로 다시 돌아가더라도 너는 그저 봉거도위일 뿐이다. 하지만 이곳에 머물게 되면 너는…."

유언은 더 이상 말을 잇지 않았다.

'이곳에 있게 되면 너는 황태자가 되는 것이다.'

입 밖으로 내지는 않았지만 그가 하고 싶은 말은 이미 아들의 마음속까지 충분히 전해졌을 터였다.

"그렇다면, 제가 먼저 해야 할 일은 오두미도 일파를 쓸어버리는 일입니까?"

유장이 아버지 앞으로 다가앉으며 물었다.

"그렇다고 볼 수 있겠지만 그 문제는 반드시 무력을 사용하지 않아도 된다. 내게 비책이 있다. 머지않아 네게도 말해주겠지만 지금은 일단 그 정도만 알아두거라."

유언이 말을 마치면서 턱을 치켜들었다.

八

　유언이 말한 비책이란 다른 것이 아니었다. 오두미도의 실질적인 교주인 소용을 자신의 부인으로 맞아들이는 일이었다. 유언이 마음 속 깊은 곳에 감추어두고 있는 용어로 말하자면 '황후로 만든다'는 것이었다. 그러나 지금 장안에서 막 도착한 아들에게 그런 말까지 하는 것은 아무래도 너무 서두르는 감이 없지 않았다. 소용은 오두미도라는 강한 정신으로 뭉친 큰 세력의 지도자였다. 그녀를 자기 부인으로 맞이한다는 것은 단순히 오두미도를 없애겠다는 의도와는 다른 의미였다. 오두미도의 세력을 그대로 자신의 손아귀에 넣겠다는 의미였다. 그렇게 되면 큰 세력을 손에 넣게 될 뿐만 아니라 보기 드문 미인도 얻는 셈이었다. 장성한 아들이 둘씩이나 있다는 사실이 믿어지지 않을 정도로 그녀는 아직 젊음을 유지하고 있었다. 게다가 현명하기가 이를 데 없었다.

　'바로 나를 위해 하늘이 이 땅에 내려 보내신 여자다. 내 여자다.'

　소용을 머리에 떠올릴 때마다 유언은 그런 생각을 했다.

　"낙양은 어떠하냐? 동탁 일당을 몰아내기 위해 모여든 친구들 말이다."

　"확실한 정보가 들어오지 않고 있기 때문에 저로서도 그 부분에 대해서는 세세히 알고 있지 못합니다."

　"대충은 들어서 알고 있다만 낙양은 벌써 그자들의 손에 들어간 것 같더구나. 낙양의 연합군 주도 세력은 역시 장사의 손견이라고 할 수 있다. 동탁은 낙양을 포기하고 병력을 전부 철수했다고 들었다. 아마 지금쯤 장안으로 들어서고 있겠지."

유언은 소용에게 들었던 정보를 아들에게 말해주었다. 그 말을 듣고 유장은 깜짝 놀랐다. 실은 그가 장안을 출발하기 직전에 낙양이 적의 수중으로 넘어갔다는 이야기를 들었기 때문이다. 그는 중앙의 조정에 몸담고 있었기 때문에 그런 정보에 대해서는 누구보다도 먼저 알고 있다고 자부했었다. 그런데 그 정보가 벌써 이 먼 땅까지 전해졌다는 것은 의외의 일이 아닐 수 없었다.

"어떻게 그 소식을 알고 계십니까?"

"하하하, 그렇게 놀랄 것 없다. 나중에 더 새로운 정보를 들려줄 수도 있으니까 말이다. 바로 오늘밤에도 또 다른 새로운 정보를 갖고 어떤 사람이 나를 찾아오도록 약속이 되어 있다."

유언은 그날 밤 아들에게 소용을 보여줄 작정이었다. 그는 자신의 아들이 소용의 뛰어난 역량을 알게 된다면 그녀를 황후로 세우려는 야심도 보다 쉽게 성사시킬 수 있으리라고 생각했다.

'어쩌면 이 녀석이 소용에게 반할지도 모르지. 그리 되면 좀 곤란하겠지만….'

유언은 그런 걱정까지 하고 있었다. 그러나 저녁 무렵이 되자 소용을 마중하러 나갔던 자가 홀로 돌아와 보고했다.

"가보니 부재중이셨습니다."

그 말을 듣고 유언은 다소 의외라는 듯 고개를 갸웃거렸다.

"그래? 외출하는 경우가 좀처럼 드물었는데. 하기야 그렇게 서둘 일은 아니지."

하지만 이튿날도 소용은 교단에 있지 않았다. 그곳 사람들에게 물어보았지만 언제 돌아올지 알 수 없다는 대답뿐이었다.

그때 소용은 서둘러 촉도를 걷고 있었다. 이제 막 스물을 넘긴 차남 위衛가 그녀와 동행하고 있었다.

"어머님, 왜 한중에 머물지 않으시려는 것입니까?"

장위는 몇 번이나 물어보았던 것을 거듭 물어보았다.

"유언 자사가 자신만의 독립된 왕국을 만들게 되면 나는 더 이상 촉에 머물러 있을 수가 없게 된단다."

그녀는 그 이상은 설명하지 않았다.

"촉에 머물 수 없다면 한중에 계시면 될 것 아닙니까?"

"그렇게는 안 된다."

유언은 천자를 꿈꾸고 있었다. 천자는 자기와 겨룰 만한 힘을 가진 존재를 인정하지 않는 법이다. 유일하게 방법이 있다면 천자의 황후가 되는 길뿐이었다. 그러나 소용은 그것만큼은 피해야 한다고 생각했다. 오두미도의 기반을 굳히는 일은 큰아들 장노가 한중의 실질적인 주인이 됨으로써 어느 정도는 안심할 수 있었다. 그런 까닭에 소용은 이제 자기가 할 일은 별로 없다고 생각했다.

'머지않아 내 얼굴이 추하게 변한다.'

소용은 오랫동안 잊고 살았던 여자로서의 자기 존재를 떠올렸다. 절세미인이라고 칭송받았던 자신의 말로를, 적어도 오래 알고 지내던 사람들에게는 보이고 싶지 않았다.

"나는 그저 여행이나 하고 싶구나. 지금까지는 여행도 하지 못하고 지냈잖느냐? 너는 형 밑에서 여러 모로 많이 배우도록 하거라."

"아무래도 걱정이 됩니다, 어머니. 지금은 어지러운 세상입니다. 누군가와 함께 동행하신다면 좀 안심이 되겠습니다만…."

아들은 진심으로 걱정스러운 표정을 지으며 어머니를 바라보았다.

"생각해둔 데가 있다. 너도 기억하고 있을 것이다. 진잠 선생 말이다."

소용이 눈을 지그시 내리감은 채 말했다. 알고 지내던 사람들에게는 자신의 추한 모습을 보여주고 싶지 않다던 소용이었다. 그러나 진잠에게만큼은 그렇지가 않았다.

"진잠 선생이라면…."

장위는 다소 안심이 되는 듯 이내 표정이 밝아졌다.

한중 쟁탈전의 안팎

춘추전국시대라고는 하지만 모든 곳에서 항시 싸움이 있었던 것은 아니다. 후한 말에서 삼국시대까지 전란이 끊이지 않던 시기에도 전쟁이 없는 지역이 있었다. 장노가 오두미도의 세력으로 장악한 한중 지역은 유언의 아들인 유장과의 사이에 약간의 힘 대결은 있었지만 거의 30년간 평화가 지속되다가 나중에 조조에게 넘어갔다. 촉 땅은 유장이 유비에게 넘겨주게 된다. 당연한 일이지만 전란이 없는 지역이었기 때문에 대륙의 동쪽으로부터 많은 사람들이 이 지역으로 몰려들었다. 장노나 유장은 둘 다 천하를 다툴 만한 영웅은 아니었다. 결국 두 사람 모두 천하쟁패에 나선 더 큰 영웅들에게 자신의 땅을 내어주게 된다.

『삼국지』나 『후한서』에서는 장노가 장수와 함께 한중 태수인 소고를 죽이고 난 뒤 다시 장노가 장수를 죽여 그 병력을 빼앗았다고 기록하고 있다. 그러나 이 부분에 대해서 청나라 때 인물인 혜동惠棟은 『화양국지華陽國志』에서 다음과 같이 서술했다.

> 소고의 객客으로서 유협遊俠 병법가兵法家인 진조陳調와 조숭趙崇이라는 자가 있었는데, 이들이 백여 명의 부하들을 이끌고 장수를 공격하여 죽임으로써 복수를 하였다.

장노가 오두미도의 대를 잇는 후계자로서 장수를 죽이면서까지 그 병력을 빼앗을 필요는 없었을 것이라고 생각된다.

『삼국지』에 주석을 단 배송지裴松之는 '장수는 아마 장형의 또 다른 이름일 것이다'라고 설명했는데 이것은 잘못된 내용이다. 장형은 소용의 남편으로서 장노의 아버지이다. 『삼국지』 본문 중에 오두미도의 계보를 설명하는 부분에서는 '장릉이 죽고 난 다음 그의 아들인 형이 후계를 이었으며, 형이 죽고 난 다음에는 노가 그 뒤를 이었다'고 기록되어 있다. 따라서 장노가 한중을 장악하기 직전에 장형이 죽은 것처럼 되어 '아버지를 죽인 것'으로 해석된 듯하다. 그러나 그 내용 중에 유언이 소용과 가까워지기 위해 접근하였다는 기록이 남아 있는 것으로 볼 때 소용이 일찍이 미망인이 된 것으로 추정하는 것이 훨씬 자연스런 해석이라고 할 수 있다.

9
일몰의 현산

一

찌는 듯한 여름날이었다.

"표주박의 여린 덩굴마저 미동도 하지 않고 있습니다."

진잠은 백마사 정원의 한쪽 구석을 응시한 채 손등으로 연신 땀을 닦아내며 말했다. 움직이지 않고 가만히 앉아 있기만 해도 땀이 샘 솟듯 흐르는 날씨였다.

"천제께서 바람을 보내는 것을 깜빡 잊어버리셨나 보군요?"

백마사에 객으로 와 있는 강맹상康孟詳이 그렇게 말하고 난 뒤 땡볕이 내리쬐는 하늘을 쳐다보며 큰 소리로 웃었다. 담장을 타고 오르는 표주박덩굴은 그 끝이 하늘로 향하고 있었다. 조금만 더 뻗으면 바로 옆에 서 있는 뽕나무가지에 닿을 참이었다. 사람의 손이었다면 조바심이 나서 더 이상 기다리지 못하고 손끝이 저절로 움직여 나뭇가지를 움켜쥐었을 것이다. 그러나 표주박의 덩굴은 때를 기다리면서 움직이지 않았다. 불교신자인 강맹상이 중국 민간신앙의 대상인 천제를 비꼬아 말한 것도 이해가 갈 만한 상황이었다.

초평 2년(191년) 6월 병술丙戌. 바람 한 점 없이 찌는 날이었던 이날이 진잠에게는 잊을 수 없는 날로 기억되었다. 진잠은 이마에 흐르는 땀을 연신 닦아내며 백마사의 장로 지영과 강맹상을 상대로 이야기를 나누고 있었다. 그때 진잠은 촉으로부터 날아온 뜻밖의 소식을 접하게 되었다. 소용이 진잠에게 서신을 보내온 것이다.

유언이 촉의 패자霸者가 되면 내가 이곳에 머물기가 곤란하게 될 것입니다. 또한 한중에 있는 아들에게도 좋지 않은 결과를 가져올지도 모를 일이지요. 그런 상황도 상황이지만 이 기회에 여러 곳을 둘러보았으면 합니다. 우선 장안을 한번 둘러보고 싶군요. 그러니 장안에서 너무 멀거나 가깝지 않은 적당한 처소를 물색하여 한중으로 연락해주기 바랍니다.

편지의 내용은 대충 그런 것이었다.

"유언이 촉의 왕이 된다면 왜 소용님이 그곳에 머무시는 게 곤란해진단 말인가요?"

강맹상이 진잠에게 물었다. 진잠은 두 장으로 된 편지 중에 강맹상에게는 첫 장만 보여주었다.

"하늘에 해가 둘이 될 수 없듯이 땅에는 두 왕이 있을 수 없는 법 아니겠습니까?"

진잠은 뻔한 일이 아니냐는 투로 대답했다.

"불법과 왕법王法은 그 지배하는 영역이 다릅니다. 불법은 정신세계를 다루고 왕법은 속세를 다루는 것이지요. 진 선생 말씀대로라면 오두미도는 불법이 다루는 영역과 다르다는 말씀 같은데…."

정곡을 찌르는 질문이기도 했다. 불교와 비교해볼 때 오두미도 같은 도교는 속세의 일과 관련되는 경우가 많았다. 강맹상이 그런 부분을 모르고 있을 리 없었다. 강맹상은 한나라 사람이 아니었다. 고향은 서쪽으로 한참 떨어진 강국康國이었다. 우즈베키스탄의 사마르칸트가 당시의 강국 땅이었다. 월지족 사람들이 '지支'라는 성을 사용하는 것처럼, 강국 사람들은 중국식으로 이름을 만들 때 모두 '강康'이라는 성을 사용했다. 월지족은 터키족 계통의 피가 흐르고 있었고 강국 사람들은 이란 계통의 피를 물려받았다. 따라서 강국 사람들이 월지족에 비해 눈이 더 깊고 코가 더 높은 게 특징이었다. 사마르칸트 부근은 '소굿'이라는 지명으로 불렸으며, 이 지역에 사는 사람들은 예로부터 두 가지의 뛰어난 재능을 지니고 있었다. 가무歌舞와 상술商術이 그것이었다. 천재적인 상술을 지닌 이 민족은 한나라 시대부터 대상隊商을 만들어 중국을 찾았다. 나중에 강국은 조로아스터교나 마니교를 믿게 되며 11세기에 접어들면서는 이슬람교의 권역에 들게 되어 현재에 이르고 있다. 그러나 『삼국지』의 배경이 되던 당시 강국은 불교를 믿는 국가였다. 사마르칸트 출신인 강맹상은 중국에 오랫동안 머물면서 불경을 한문으로 번역하는 작업을 하고 있었다.

"조금 성격이 다르지요."

진잠이 강맹상을 보며 대답했다.

"소문에 듣자하니 촉의 오두미도는 불법의 가르침을 상당히 받아들이고 있다고 하던데. 예를 들어 빈곤한 자들을 위해 많은 것을 베푼다고 들었습니다. 그런 부분은 우리 불법에서도 상당히 중요시하는 부분이지요."

강맹성은 오두미도의 최근 움직임에 대해서 상세한 부분까지 알고 있었다.

"소용님이 촉에 머무시기가 곤란한 것은 그 미모 때문이 아닙니까?"

그때까지 옆에서 잠자코 듣고만 있던 지영이 두 사람의 대화에 끼어들었다.

"유언이라는 자가 색을 좀 밝히는 자라는 소문은 들은 적이 있습니다만….."

강맹상이 그렇게 말하면서 슬쩍 곁눈으로 진잠의 얼굴을 살폈다. 진잠은 눈을 감았다. 이들이 하는 이야기가 문제의 핵심에서 그리 벗어나지는 않았다. 그러나 진잠에게는 그런 이야기를 듣는 것이 참기 힘든 고통이었다.

'유언이 색을 밝힌다는 사실이 내게는 오히려 잘된 일 아닌가?'

진잠은 그렇게도 생각해보았다. 그는 두 번째 장의 편지를 펼쳐 읽기 시작했다. 거기에 적힌 내용이 진잠으로서는 뜻밖의 일이 아닐 수 없었다. 그 내용은 진잠의 머릿속에 고스란히 각인되었다.

차남 위도 한중에 있는 장노와 함께 있도록 했습니다. 이제부터 내 한 몸만 추스르면 되는 입장이지요. 막상 나 혼자가 되고 보니 허전한 마음도 들어 이제부터 진 선생이 나와 함께 있어 주었으면 하는 생각이 듭니다. 천하가 돌아가는 상황도 두 사람이 함께 살피면 더 정확하게 파악할 수 있을 것이고….

여자치고는 상당히 굵은 글씨체였다. 진잠은 눈을 감은 채 뇌리에 각인된 편지의 내용을 되새겨보았다.

"무슨 좋은 사연이라도 있습니까?"

강맹상이 물었다. 소용을 가까이할 수 있게 되었다는 생각에 진잠의 얼굴에 자기도 모르게 미소가 떠오른 것이다.

"아닙니다. 특별한 내용이 아닙니다."

진잠은 천천히 고개를 옆으로 흔들었다.

"그런데 다른 이야기입니다만 소용님이 머물 곳에 대해서는 따로 생각해둔 곳이 있습니까?"

강맹상의 물음에 진잠은 고개를 옆으로 흔들었다.

"그러시면 저희가 살고 있는 곳이 어떨까요?"

"무공현武功縣의 오장원五丈原 말씀입니까?"

"예."

무공현의 위수渭水 가까운 곳에 있는 오장원은 사마르칸트 사람들이 모여 사는 거주지였다. 낙양의 백마사는 공공연한 월지족 거주지였지만 강국 사람들은 오장원에서 외부사람들이 의식하지 못하도록 조용히 지내고 있었다. 그들은 신앙 때문에 함께 살고 있었지만 주변사람들의 눈에 띄는 것이 염려되어 탑 같은 것도 세우지 않고 지냈다. 백마사에 머물면서 불자들과 가깝게 지내다 보니 진잠도 그 강국인이 모여 사는 마을을 웬만큼은 알고 있었다. 그러나 일반인들은 오장원에 대해서 잘 알지 못했다. 알려지게 되면 오장원 사람들에게는 곤란한 일이었다. 오장원은 43년 뒤 위나라와 촉나라가 대결할 때 제갈공명諸葛孔明이 이곳을 촉의 본진으로 사용하게 되며 나중에 죽음을 맞는 곳이기도 하다. 그리하여 오장원은 비로소 세상에 그 이름이 알려지게 된다. 그러나 후한 초평 2년경에는 오장원이라는 이름조차 들어본 적 없는 사람들도 많았다.

"마음먹고 간다면 장안까지 하루면 닿을 수 있죠."

강맹상이 적극 권하는 눈치였지만 진잠은 그 자리에서 답하지 않았다. 오장원은 장안에서 서쪽으로 70킬로미터 정도 떨어진 곳이었다.

二

　강맹상은 아직 삼십대였지만 중국에 거주하는 강국의 고위관료였다. 특히 불교계에 상당한 영향력을 가진 지도자였다.

　"제가 나중에 부탁 말씀을 드리게 될지도 모르겠습니다. 그럼 먼저 실례하겠습니다."

　진잠은 강맹상에게 정중하게 인사를 한 뒤 자기 방으로 돌아왔다. 소용은 자신이 머물게 될 거처의 물색을 진잠에게 일임했다. 그러나 진잠이 강맹상의 요청에 즉답을 피한 것은 거처를 정하는 문제가 그리 간단하게 결정될 사항이 아니라는 생각이 들었기 때문이다.

　강맹상은 불교의 포교 방법에 있어서 강경파에 속했다. 강국인에 대한 포교뿐만 아니라 중국인에게도 불교의 가르침을 적극적으로 전파해야 한다는 주장을 펼치는 인물이었다. 그러므로 아예 도교까지 흡수해버리자는 생각을 하고 있을지도 모르는 일이었다. 지금까지 도교는 중국인의 정신생활에 큰 영향을 끼쳐왔기에 도교를 흡수하게 되면 불교는 손쉽게 포교해나갈 수 있기 때문이다. 강맹상은 자신이 소용의 거처를 제공하겠다는 말을 아무 일도 아닌 것처럼 했지만 마음속으로는 절호의 기회가 왔다고 생각했는지도 모를 일이었다.

　진잠은 다른 각도에서도 생각해보았다. 오두미도는 이미 불교의 영향을 받고 있는 상태였다. 만약 소용이 오장원에서 기거하게 된다면 불교로부터 보다 많은 것을 배워 오두미도에 응용할 수는 있었다. 상대방에게 흡수당하면서 이쪽에서도 상대방을 흡수하는 것이다. 어느 쪽이 더 큰 이익을 얻게 될지는 알 수 없는 일이었다. 진잠이 팔짱을 낀 채 기둥에 몸을 기대고 생각에 잠겨 있는데 정원에서 그를 부르며 달려오는 이가 있었다.

"진잠 선생님, 이상한 물건을 주웠는데 도대체 어디에 쓰는 물건인지 모르겠네요? 이것 좀 봐주십시오."

그와 가깝게 지내는 월지족 사내 지만支滿이었다. 일전에 동탁의 저택에서 구덩이 파는 작업을 하다가 겨우 생매장을 면한 인부들 가운데 한 명이었다. 이번에는 낙양을 점령한 손견 부대에 차출되어 마을을 재건하는 작업을 하고 있었다.

"굴 파는 전문가랍시고 밤낮 이리저리 끌려 다니는 팔자구나. 어휴, 이 더운 날씨에….."

그런 푸념을 하면서 아침 일찍 작업장으로 나가더니 이제야 돌아온 모양이었다. 그가 진흙 범벅이 된 작은 돌을 진잠에게 내밀었다.

"이건 돌 아닌가?"

진잠이 방에서 정원으로 나와 그가 내민 물건을 건네받았다.

"돌에 무슨 동물 같은 모양들이 새겨져 있습니다. 애들 장난감 같기도 하고. 그냥 보통 돌은 아닌 것 같습니다."

"음, 그런 것 같군."

한쪽 면의 길이가 1촌寸 정도 될까. 정방형으로 이루어진 그 물건은 손잡이 부분에 웅크리고 있는 짐승 모양의 그림이 새겨져 있었다.

'인장印章 같기는 한데 모양새가 좀 이상하군.'

돌에 묻은 흙을 터는 손가락 끝에 까칠까칠한 감촉이 전해졌다. 글자가 새겨져 있는 것 같았다. 그러다 진잠은 자기도 모르게 입을 벌리고 말았다.

"설마? 그럴 리가….."

물건을 자세히 들여다보니 돌이 아니라 백옥白玉으로 만들어진 것 같았다.

"무엇에 쓰는 물건일까요?"

지만은 여전히 눈을 동그랗게 뜨고 물었다.

"아, 아니네. 아무 것도 아니야."

진잠은 얼버무리며 대답하면서도 심장이 빠르게 뛰는 것을 억누를 수 없었다. 인장이라고 하면 그 재질은 보통 금속이었다. 당시 인장을 만들 때는 정해진 규칙이 있었다. 승상丞相 이상은 황금이었고 2천 석 이상의 녹을 받는 관리는 은, 그 이하는 동으로 만들었다. 또한 재질뿐만 아니라 위계에 따라 인장을 묶는 줄과 그 줄의 색깔까지도 달리 정하고 있었다. 중국에 복속한 주변지역의 왕들도 금으로 된 인장을 사용하게 되어 있었다. 황태자가 사용하는 인장도 금이었다. 백옥으로 만든 인장이 없는 것은 아니었다. 세상에서 단한 명만이 백옥으로 된 인장을 사용하도록 되어 있었다. 천자가 사용하는 인장을 옥새玉璽라고 했다. '璽' 라는 글자 대신에 원래는 '鍴' 자가 사용되었다. 이 글자를 통해서도 알 수 있듯 그것은 금속을 나타내는 의미였다. 또한 모든 인장을 그렇게 불렀다. 진시황 때 '璽' 자를 사용하기 시작하면서 황제 이외에는 어느 누구도 이 글자를 사용할 수 없도록 했다. 글자를 통해서도 알 수 있는 것처럼 옥으로 만들어진 인장을 가리키는 말이다.

'이것이 만일 인장이라면 황제가 사용하는 것인데….'

진잠은 숨을 크게 들이마셨다. 그러나 마음이 진정되지 않았다. 그는 손끝으로 까칠한 돌의 표면을 더듬고 있었다. 글자가 새겨져 있는 것이 분명했다. 그 새겨진 글자를 읽어보기만 하면 이 옥돌의 용처를 알 수가 있었다. 그렇게 생각하면서도 옥 표면에 전혀 눈길을 주지 않았다. 그의 눈은 지만의 얼굴을 향하고 있었다. 지만은 느낌이 좀 이상했던지 조심스런 표정으로 물었다.

"무엇에 쓰는 물건일까요?"

무슨 대답이든 해주어야 할 상황이었다. 진잠이 지만의 눈을 똑바로 쳐다보며 말했다.

"이 돌을 내게 주지 않겠는가?"

"그렇게 하십시오. 애들 장난감 같은 돌멩이가 마음에 드신다면 또 주워드릴 수도 있습니다."

지만은 의외로 시원스레 대답했다. 물론 그는 이 물건이 무엇인지 전혀 짐작도 못했기 때문이다.

"고맙군. 그런데 이 돌은 어디서 주웠는가?"

"견관甄官의 우물에서 주웠습니다. 동탁은 정말 나쁜 사람입니다. 다시는 이 낙양에 사람이 살지 못하도록 우물까지 전부 메워버렸으니 말이에요. 저희는 손견 장군의 명령을 받고 메웠던 우물을 다시 파내는 작업을 했는데 거기서 이 돌을 발견했습니다."

견관은 궁궐에서 사용하는 기와나 도자기의 제조를 담당하는 부서였다.

영제가 서거한 뒤 환관 장양 일행이 어린 황제를 모시고 성 밖으로 도망갔다. 이때 옥새를 관리하고 있던 자가 다급한 나머지 옥새를 일단 우물 속으로 던져 넣었다. 옥새를 몸에 지니고 다니다가는 틀림없이 생명이 위태로울 거라고 생각했기 때문이다. 환관 몰살 사건 때에는 참으로 많은 사람이 죽어갔다. 옥새를 우물 속으로 던져 넣은 자는 이미 죽었거나 아니면 살아 있다 하더라도 그 사실을 입 밖으로 발설하지 못하고 있을 터였다. 그런 사실을 알 리가 없는 동탁은 그냥 우물을 메우고 말았다.

진잠은 문득 항간에 떠도는 소문들을 떠올렸다. 궁궐 안에서도 황제의 주변은 구름 위의 세계로 인식하고 있었다. 따라서 황제라는 존재는 백성에게 있어서는 감히 우러러볼 수도 없는 존재였다. 그러나 이 구름 위 세계의 소식이 저 아래의 하계下界로까지 조금씩 새어나오고 있었다. 황제 형제의 궁궐 탈주 소동이 있은 뒤, 황제가 사용하는 육새六璽가 무사히 다시 궁으로 돌아왔지만 '전국새傳國璽, 옥새'는 끝내 발견되지 않았다는 소문이 그것이었다.

여기서 황제의 육새란 이런 것들이었다.

　　황제 행새行璽: 황족이나 공신을 봉하거나 논공행상을 시행할
　　　　　　　　때 사용되었다.
　　황제 지새之璽: 은사恩赦나 성지聖旨를 내릴 때 사용되었다.
　　황제 신새信璽: 병력을 소집, 동원할 때 사용되었다.
　　천자 신새信璽: 타민족을 동원하거나 소집할 때 사용되었다.
　　천자 지새之璽: 제사에 사용되었다.
　　천자 행새行璽: 타민족을 그 지역의 왕으로 봉하거나 상을 내릴
　　　　　　　　때 사용되었다.

이 여섯 개의 인장은 실제로 사용되던 것들인 반면, 전국새는 황제가 소지하고만 있을 뿐 실제로 사용되는 인장이 아니었다. 천자의 정통성을 나타내는 징표의 의미만 지니고 있는 인장이었던 것이다.

'이제 서서히 후한도 막을 내리겠구나. 황통皇統의 징표가 없어졌으니.' 전국새를 분실했다는 소문과 함께, 이런 말이 꼬리에 꼬리를 물고 퍼져나갔다. 전설에 의하면 전국새는 장안에서 가까운 남전산藍田山에서 캐낸 옥으로 만들었다고 한다. 전국새에는 '수명우천 기

수영창受命于天 旣壽永昌, 하늘에서 목숨을 받았으니 그 수명은 영원하리라'이라는 글자가 새겨져 있었다. 이 옥새를 만들게 한 사람은 진시황으로 여기에 새겨진 여덟 자는 재상 이사의 필체라고 한다.

한고조가 진나라로 쳐들어갔을 때 항복한 자영子嬰이 이 옥새를 바친 뒤 한의 역대 황제들에게 계속 전해 내려오고 있었다. 전한 말에 왕망이 한나라를 찬탈했을 때 그는 원후元后에게 전국새를 내놓을 것을 요구했다. 원후는 분노했지만 건네주지 않을 수도 없는 상황이어서 이 옥새를 바닥으로 내던졌다고 한다. 이때 옥새의 한쪽 면이 떨어져나갔다. 백옥으로 만들어진 단단한 인장이 깨졌다는 것은 믿기 힘든 일이지만, 한나라 역대 황제들의 분노가 서려서 깨진 것이라고 설명되기도 한다.

진잠은 조심스러운 자세로 손에 들고 있는 돌 쪽으로 눈을 돌렸다. 표면에 새겨진 글자를 읽어보았다. 그는 사시나무 떨듯 몸을 떨기 시작했다. 인장에 새겨진 터라 반대로 각인되어 있긴 했으나 거기에는 분명히 '수명우천 기수영창'이라는 글자가 새겨져 있었다. '천天'과 '창昌'은 역자逆字도 정자正字와 같은 형태이기 때문에 잘못 볼 리가 없었다. 거꾸로 뒤집어서 손잡이 부분을 살펴보았다.

"아앗!"

진잠은 자기도 모르게 소리를 질렀다. 지만은 이미 자리를 뜨고 난 뒤였다. 등줄기가 서늘해졌다. 손잡이의 한쪽 귀 부분이 깨어져 있었던 것이다. 순간 진잠은 비틀거렸다. 바닥이 흔들리기 시작하면서 방안의 기둥이 삐걱거리기 시작했던 것이다. 『후한서』「효헌제기孝獻帝紀」 초평 2년에 해당되는 항목에 이런 기록이 남아 있다.

6월 병술일 지진

三

　"우리는 싸움에서 패한 것이 아니다. 낙양에서 1년이나 버티지 않았는가? 그렇게 오랫동안 낙양에 머무르리라고는 전혀 생각도 못한 일이다. 그리고 누군가에게 넘어갈 것에 대비해 낙양 땅에다 불을 놓아 철저히 초토화시켰던 게 아닌가?"

　낙양에서 병력을 철수시키면서 동탁이 휘하의 장군들을 모아놓고 한 말이었다. 이는 싸움에서 패한 변명이 아니었다. 동탁이 낙양 궁궐에 불을 놓고 백성 모두 장안으로 강제이주토록 한 것이 작년 2월이었다. 반동탁 연합군의 최선봉인 손견이 낙양으로 공격해 들어온 것이 그로부터 1년이 지난 올해 2월이었다. 낙양성에서 잘 버텼다고 하는 동탁의 이야기가 전혀 터무니없다고는 할 수 없었다.

　낙양을 놓고 양쪽이 밀고 밀리는 싸움을 했던 주전장主戰場은 후한의 역대 제왕들의 능이 산재한 곳이었다. 남쪽으로부터 공격해 들어가던 손견은 첫 번째 싸움에서 서영에게 패배를 맛보았다. 서영은 동탁군의 명장으로 일찍이 조조를 변수 부근에서 대패시킨 전력을 가지고 있었다. 손견이 싸움에서 패한 주요 원인은 군량미가 제대로 보급이 안 됐다는 점이다. 그가 이끄는 병력은 크게 보아 원술의 부대에 소속되어 있었기 때문에 군량미를 그에게 의지하고 있었다. 그런데 원술은 내심 손견을 경계하고 있었다.

　'동탁이 늑대라면 손견은 호랑이야. 늑대를 없애고 호랑이를 맞아들인다는 것은 좀 고려해봐야 할 문제가 아닌가?'

　원술은 이런 생각에 군량미 보급을 일부러 방해했던 것이다. 이에 손견은 대노하여 싸움터에서 노양의 본진으로 돌아오자마자 원술을 찾아가 일의 그릇됨을 따져 앞으로는 그런 일이 두 번 다시 발생하지 않도록 하겠다는 약속을 받아냈다.

동탁은 싸움에 지고 도망가는 손견의 뒤를 동군 태수 호진胡軫으로 하여금 쫓게 했다. 이때 호진이 이끄는 부대의 기독騎督, 기병대장이 바로 여포였는데 두 사람 사이가 별로 원만하지 못했다. 손견은 동탁군 장수들의 관계가 원만하지 않아 서로 작전협조가 제대로 이루어지지 않는다는 약점을 이용하여 역공을 취했다. 이 역공에서 동탁군의 맹장 화웅華雄의 목을 베는 전과를 올렸다. 이로써 전세는 다시 뒤집혔다. 손견은 다시 군세를 정비하여 북으로 진격했다. 한의 역대 제왕이 잠들어 있는 곳이었다. 동탁이 이 제왕의 능을 모두 파헤쳐 보물을 약탈했기 때문에 여기저기에 구덩이가 파헤쳐져 제대로 된 모습을 하고 있는 능은 하나도 없었다.

"한 왕조의 영령들이 동탁에게 천벌을 내리리라. 이번 싸움은 그 신령들의 가호를 받아 우리가 대승을 거두게 될 것이다!"

손견은 그렇게 외치면서 선두에 서서 진격했다. 동탁도 말을 타고 직접 싸움에 나섰지만 사기가 하늘을 찌르는 손견군에게 패주하고 말았다. 손견은 기세를 몰아 낙양을 향해 진격해 들어갔다. 이때 낙양을 지키고 있던 자는 손견에게 패한 바 있는 여포였다.

"여포는 소문만 그럴듯하지 실제로는 천하의 겁쟁이다. 그가 겁쟁이라는 것은 좀 전에 그와 싸웠던 제군이 더 잘 알고 있을 것이다. 자, 진격하라! 진격!"

전쟁에서는 무엇보다 사기가 중요하다. 손견은 하늘을 찌르는 병사들의 사기를 더욱 북돋우며 내처 공격했다. 그러자 천하의 용장 여포도 결국 버티지 못하고 서쪽으로 도주했다. 이렇게 해서 마침내 손견은 낙양성에 들어서게 되었다. 그러나 낙양성 안에는 그들을 환영하는 백성이 없었다. 인적을 찾아볼 수 없는 그저 황량한 폐허일 뿐이었다. 사서에서는 '그 영화를 자랑하던 옛 수도는 폐허가 되어 수백 리에 이르는 곳까지 밥 짓는 연기를 찾아볼 수가 없다' 고 표현하고 있다. 낙양성에 들어선 손견은 '추창류제惆悵流娣, 애통해하면서 눈물을 흘린다' 라는 표현으로 그 비통함을 드러냈다고 한다.

손견은 회계군會稽郡 부춘富春 출신이었다. 현재의 절강성 항주시의 서남지역에 있는 부양현富陽縣이다. 이 지역은 황하 중류인 중원과 비교할 때 상당히 뒤처진 지역이었다. 춘추시대 말기에 있었던 오월吳越 싸움으로 한때 유명해지기도 했던 곳이다. 월왕越王 구천勾踐이나 오왕吳王 합려闔閭는 패자霸者가 될 수는 있었지만 진정한 천하의 주인은 될 수가 없었다. 천하의 주인은 중원에서만 나올 수 있다는 인식이 팽배해 있었기 때문이었다. 이것이 강남지역 출신들이 가지고 있는 일종의 열등감이었다. 또한 천하의 주인들의 묘, 곧 제릉帝陵이라는 것은 중원에만 존재할 수 있었다. 강남지역에는 존재하지 않는 이 제릉에 대해서 강남사람들은 깊은 동경심을 가지고 있었다.

말하자면 손견은 미개한 이민족에 속한다고 할 수 있다. 그는 성격이 사나웠으나 중원 출신이 아닌 만큼 문명에 대한 관심은 상당히 높았다. 달리 표현하자면 그렇게 보이려고 노력했던 것이다. 낙양을 점령한 후 손견이 처음으로 착수한 일은 파헤쳐진 능을 다시 원래대로 복구하는 일이었다. 우물이나 수로의 복구는 그 다음이었다.

"메워버린 수로나 우물을 원상 복구하는 것이 더 급한 일 아니옵니까?"

열여섯 살 난 주유가 말했다. 손견은 이 미소년을 항상 가까이 두고 언제라도 그가 하고 싶은 말을 할 수 있도록 배려해주었다. 앞으로 손가孫家의 후계자들을 보좌하게 될 그의 냉철한 관찰력에 자신의 아들들이 일찍부터 익숙해지도록 하기 위한 배려였다. 손견이 주유에게 물었다.

"무슨 이유로 그런 생각을 했느냐?"

"물이 없으면 사람이 살 수 없는 것 아니겠습니까? 무엇보다도 가장 중요한 일이라고 생각되옵니다."

"그러면 사람은 물만 있으면 산다고 생각하느냐?"

질문을 받고 주유는 대답을 하지 않은 채 빙긋이 웃기만 했다.

"알겠느냐?"

손견이 다시 물었다.

"예. 제일 먼저 제릉을 복구하는 것이, 그리고 이 소문이 퍼지는 것이 물을 확보하는 것보다 훨씬 중요한 일일 것 같습니다."

"바로 그것이다."

손견은 근엄한 표정을 지으며 말했다. 근황의군勤皇義軍으로서 동탁을 응징한다, 따라서 거기에 맞는 적절한 행동을 해야 한다는 뜻이었다. 제릉을 복구한다는 소문은 이제부터 손견에게 상상하기 힘들 정도로 많은 이익을 가져다줄 것이었다. 패주한 동탁은 면지에서 잠시 머물다가 장안으로 돌아갔다. 이때가 4월이었다. 수로와 우물의 복구공사는 이 무렵부터 시작되었다.

四

"평생 한 번 갖기도 힘든 행운이 한꺼번에 찾아들고 있습니다. 오히려 걱정이 될 정도입니다."

손견의 출병에 함께 동반한 무녀 풍희가 주인의 운명을 점치고 난 뒤 그렇게 말했다.

"기껏해야 낙양을 되찾은 정도인데 그 정도로 평생에 한 번 갖기 힘든 행운이라고 하는 것은 좀 지나친 표현이 아닌가?"

손견이 웃으며 반문했다.

낙양에서 복구공사가 진행되고 있는 동안 손견은 병력을 뒤로 물려 노양에 주둔하도록 했다. 천하의 형세는 복잡하기 이를 데 없었다. 손견이 가장 선두로 낙양에 발을 내디뎠다는 것이 반드시 잘된 일이라고 볼 수만은 없었다. 연합군의 다른 장수들은 동탁과 싸워 병력손실을 입지 않기 위해 동탁을 공격하지 않았을 따름이었다. 실제로 손견은 동탁의 양자인 여포와 싸우는 과정에서 상당한 전력 손실을 감수해야 했다. 그 희생에 대한 대가로 손견은 동탁으로부터 낙양을 되찾은 용맹한 장수라는 명성을 얻었을 뿐이다. 명성을 얻느냐, 실리를 취하느냐? 실질적으로 명성은 실리를 낳는 힘을 갖고 있다. 용장이라는 명성을 얻게 되면 적들이 한바탕 싸워보지도 않고 도망가는 경우도 많았고 난세에는 힘센 자에게 몸을 의지하는 것이 가장 현명한 법이므로 병력을 모으는 데도 유리했다. 이 명성이 가져오는 힘을 아는 조조가 절호의 기회인 낙양성 공격을 무모하게 시도하다 병력을 모두 잃고, 다시 병력을 모으기 위해 이리저리 뛰고 있었다. 그에 비하면 손견의 이번 공격은 행운이라고 할 수 있었다. 손견의 낙양성 공격을 전해들은 조조는 부러움의 한숨을 쉬었을지도 모를 일이었다. 그러나 대부분의 다른 장수들은 '어리석은 자, 앞으로 수많은 날을 헤쳐 나가야 하는데 그렇게 쓸데없이 전력을 허비하다니' 하며 손견을 낮게 평가하는 이들이 훨씬 많았을 것이다. 전략에 대해 조금이라도 알고 있는 자들은 '손견의 군사는 지금 지쳐 있다. 이 기회에 그를 공격해야 한다. 그가 다시 기운을 회복하게 되면 우리가 위험해진다. 지금이 바로 그 기회다' 라는 주장을 폈다. 동탁을 응징하기 위해 일어선 연합군은 결속력이 강한 세력이 아니었다. 동탁을 응징하자는 목적만은 서로 일치했지만 각 장수들은 어떻게 하면 이 기회에 자기 세력을 키울 수 있을지에 대해서만 골몰하고 있었다.

연합군의 맹주는 일단 원소로 정해져 있었다. 천하제일 명문인 원씨 집안의 최고 실력자로 맹주로 내세우는 데는 큰 무리가 없었다. 그러나 이 맹주에 반발하는 자가 있었다. 다름 아닌 맹주의 사촌동생인 원술이었다. 손견은 원술의 세력에 소속되어 있었다. 따라서 지금 피곤에 지쳐 있는 손견을 공격하자는 책략은 원술과 관계가 좋지 않은 사촌형 원소의 참모들이 내놓은 안이었다.

"음, 그럴 수 있지. 손견을 무너뜨리게 되면 술術이 힘의 절반은 잃게 되지. 원래 술은 인간쓰레기야. 손견 같은 친구가 그 밑에 있으니까 장수랍시고 까불고 있는 거지. 자기 주제를 분명히 알도록 해줘야 해."

원소는 증오에 찬 눈빛으로 이렇게 말했다.

원가의 사촌형제는 왜 그토록 사이가 좋지 않았을까? 원가의 본적은 여남군 여양汝陽이다. 현재의 행정구역상으로는 하남성 여양현에서 북여하北汝河를 접하고 있는 지역이다. 낙양의 남쪽에 자리잡고 있다. 원소의 고조부인 원안袁安이 명제明帝, 장제章帝, 화제和帝 등 세 황제를 삼공의 자리에서 모시며 영화를 누리게 된 것이 원가가 명문으로 등장하게 된 계기가 되었다.

원술의 조부인 원탕袁湯은 사도 자리에까지 올랐지만 그의 장남인 원성은 오관중랑장五官中郎將이라는 자리밖에 오르지 못했다. 젊었을 때 죽었기 때문이다. 원성의 자는 문개文開였는데 '해결하기 어려운 분쟁이 있으면 문개한테 가서 물어보라'고 여러 사람들이 입을 모을 정도로 매사에 공정했으며 의협심 또한 강한 인물이었다. 그러나 아쉽게도 젊은 시절에 생을 마쳤기 때문에 자연히 그 동생인 원봉이 원씨 집안을 잇게 되었다. 원봉의 아들이 바로 원술이다.

문개 원성은 젊어서 죽었기 때문에 아들이 없었다. 그러나 당시 중국의 풍습에 따르면 이런 경우에는 제사가 끊어지는 것을 막기 위해 양자를 들이도록 되어 있었다. 양자로는 보통 일가 사람을 선택했는데 이때 들인 양자가 바로 원소다. 원소는 본시 원봉과 여종 사이에서 태어난 인물이다. 따라서 원술과 원소는 원래 사촌형제가 아니라 이복형제인 것이다.

하지만 원술의 모친은 원봉의 정실이었다. 따라서 원술은 항상 자신이 적자嫡子임을 내세웠고, 서자庶子인 원소를 얕잡아보았다. 원소는 양아버지인 원성과 그 성격이 닮아 공정하면서도 의협심이 강했다. 그런 인물 됨됨이 덕분에 반동탁 연합군의 맹주로 추대되기도 했던 것이다. 원소는 백성들 사이에서도 상당한 인기가 있었다. 사람들은 명문 원가의 중심이 될 만한 인물이라고 그를 칭송했다. 원술은 그런 점이 달갑지 않았다. 그래서 그는 사람들이 많이 모인 장소에서 '소는 첩의 아들이다. 아니, 여종의 아들이다' 하고 떠들어댔다. 그것이 원소의 귀에 들어가지 않을 리가 없었다. 언젠가 한번 단단히 손을 봐줘야겠다고 벼르던 차에 마침 찾아온 병법가兵法家 한 사람이 '손견을 공격해야 합니다. 그대로 놔두면 장래 호랑이를 키우게 되는 격입니다' 하고 진언했던 것이다. 원소는 손견이 호랑이로 크는 것을 두려워했다기보다는, 원술에게 타격을 가하기 위해 손견을 공격하기로 결정했다.

五

　동탁이 헌제를 장안으로 끌고 갔기 때문에 반동탁 연합군이 관할하는 지역에서는 각 세력의 우두머리가 마음 내키는 대로 관리를 임명하고 있었다. 힘으로 한 지역을 장악하고 있는 자가 바로 그 지역의 관리가 되는 상황이었다.

　손견은 당시 예주 자사를 자칭하고 있었다. 예주 자사의 주둔지는 영천군의 양성陽城이었다. 그러나 손견은 낙양 복구공사에 열중하느라 주로 노양에 머무는 경우가 많아 양성은 거의 비워두고 있었다. 그런데 원소가 첩자를 통해 이 사실을 알아내고 회계 사람인 주앙周昂이라는 자를 예주 자사로 임명해버렸다. 예주 자사가 두 명이 되어버린 것이었다. 이런 상황에서는 주도州都인 양성을 손에 쥔 자가 진짜 예주 자사라고 할 수 있었다. 주앙은 원소로부터 병력을 지원받아 양성을 급습하여 입성했다. 크게 화가 난 손견은 노양에서 정예병력을 이끌고 양성으로 향했다.

　"내 이자의 목을 온전히 놓아두지 않겠다!"

　원술도 손견을 위해 원군을 보냈다. 하지만 양성을 가로챈 주앙의 배후에는 원소가 버티고 있었다. 그대로 방치하고 있을 리가 없었다. 이때 원술이 보낸 원군의 장수는 공손월公孫越이라는 인물이었다. 『삼국지』의 주요인물 중 하나인 공손찬公孫瓚의 동생이었다. 손견은 원군과 함께 양성을 공격하여 단숨에 성을 다시 빼앗아버렸다. 손견이 양성에서 적을 몰아내고 얼마 안 돼 전령이 급하게 말을 몰아 손견에게 찾아왔다.

　"보고 드리겠습니다!"

　전령은 너무 급한 나머지 말에서 내리지도 않은 채 큰소리로 외쳤다.

"공손월 장군께서 화살을 맞고 전사하셨습니다!"

"뭐라고! 그게 사실인가?"

손견은 자리를 박차고 일어나 전령에게 달려갔다.

'천하가 움직이고 있습니다.'

풍희가 했던 말이 손견의 뇌리에 스쳤다.

행운. 지원군의 장수가 전사한 것을 그는 순간적으로 그렇게 받아들였다. 본거지에서 멀리 떨어져 있는 손견으로서는 아직 중원 땅에서 자립했다고 볼 수가 없었다. 현대의 정치판에서도 정치 신인은 대개 어느 파벌에든 속하게 된다. 그의 정치가로서의 운은 파벌 리더의 힘이 계속 커 가느냐 아니면 기울어 가느냐에 달려 있다. 손견은 원술이 이끄는 세력에 소속되어 있었다. 본거지에서 낙양으로 향하는 도중에 가장 큰 세력을 가지고 있는 인물이 원술이었기 때문이었다. 그 이상의 인연은 없었다. 원술은 명문가에서 자란 탓에 제멋대로인 부잣집 도련님 같은 성격이었다. 자기 휘하의 장수들이 지나치게 강해지는 것을 두려워하여 군량미를 제때 보급하지 않는 잔재주를 피우기도 했다. 한마디로 시대의 영웅이라고 보기에는 적합하지 않은 인물이었다. 그러나 손견은 원술의 힘이 강해질수록 자기가 더 유리한 입장이 되리라는 사실을 알고 있었다. 결국 원소와 원술은 맞붙게 되어 있었다. 자기 나름대로 저울질해본 결과 손견은 원술 쪽에 승산이 있으리라고 생각하고 있었다. 그런데 바로 그때 전령이 달려와 공손월의 전사를 알렸던 것이다.

공손월은 요서遼西 출신으로, 현재의 하북성 일대에서 세력을 확보하고 있는 공손가公孫家 사람이었다. 그의 형인 공손찬은 분무장군奮武將軍으로서 계후薊侯라는 자리에 있었다. 나름대로 실력도 갖추고 있었으므로 자립했다고 말할 수 있었다. 그도 지금까지는 동탁에 반대하는 태도를 취하고는 있지만, 연합군의 어느 파벌에도 속하지 않은 채 입장을 보류하고 있는 상태였다. 이를테면 원소와 원술의 사이를 오가며 소위 양다리를 걸친 상태라 할 수 있었다. 가능하면 제3의 파벌을 만들어 자기가 그 우두머리가 되고자 하는 자였다. 그래서 병력을 지원해달라는 원술의 요청을 받고도 자신은 중립을 지키겠다며 동생인 공손월을 파견했던 것이다. 또한 그는 자기 동생이 원소의 부하와 싸우게 되는지라 죽을 일은 없을 거라 생각했다. 원소도 공손찬을 자신의 파벌에 끌어들이려 애쓰고 있었기 때문이다. 그런 상황에서 공손찬의 동생이 전사했다면 그동안 원소가 기울인 노력은 물거품이 되고 만다. 원소도 주앙에게는 공손월을 적당히 공격하는 척만 하라고 지시했을 것이다.

"사실입니다. 제 눈으로 분명히 확인했습니다."

전령은 부복한 자세로 손견에게 고했다.

"당시 상황을 자세히 보고하라."

"잘못 날아온 화살을 맞은 것 같았습니다."

"잘못 날아온 화살이라…."

잠시 무언가를 생각한 뒤 손견은 가볍게 고개를 끄덕였다. 공격하는 척만 하라고 명령했는데 잘못 날아온 화살에 맞아 전사했다면 손견으로서도 어쩔 도리가 없는 일이었다. 이미 손견은 잘못 날아온 그 화살이 누구의 명령에 의한 것이었는지를 알고 있었다. 공손찬은 좋아하고 싫어하는 것이 분명한 사람이었다. 또한 그의 혈연에 대한 애정은 비정상이라 할 정도로 강했다. 그런 자의 동생을 바로 원소가 죽인 것이었다. 그렇게 되면 원소가 공손찬을 자기 파벌로 끌어들이는 일은 고사하고 원수지간이 되는 것은 불을 보듯 뻔한 일이었다. 원술 입장에서도 원소의 세력이 더 커지지 않는다는 것은 다행스런 일이며 원술의 파벌에 속해 있는 손견의 입장에서도 환영할 만한 일이었다.

'나를 위해서 이렇게 행운이 한꺼번에 몰려들고 있는데 풍희는 무슨 이유로 오히려 그것이 더 걱정된다는 말을 한 것일까?'

손견은 마음속으로 자문한 뒤 고개를 들었다. 전령의 보고를 들은 이후 그는 계속해서 고개를 숙이고 있던 터였다. 지나치게 좋아하는 표정이 얼굴에 나타날지도 몰랐기 때문이다. 공손월이 전사했다는 사실에 대해서 자기 병사들에게까지도 애통해하는 모습을 보여주어야만 했다.

"공손 장군의 진영에 이 손견이 직접 애도를 표하러 가겠다고 전하라. 즉시 차비를 갖추어라."

손견은 그렇게 명령을 내린 뒤 하늘을 올려다보았다. 그때 막 낙양에서 달려온 연락병 하나가 뛰어 들어왔다.

"상부새랑중尙符璽郞中의 종이 중요한 사실을 전해왔습니다."

상부새랑중은 소부少府 소속으로 천자의 인장을 관리하는 직책이며 녹고가 6백 석에 달하는 자리였다.

"무슨 일이냐?"

손견은 새로운 소식을 가지고 달려온 연락병이 내심 반가웠다. 공손월의 죽음을 애도하는 듯한 표정을 그쯤에서 지워버려도 되었기 때문이다.

"전국새의 행방에 관한 일입니다."

"뭐라고! 전국새?"

그것을 잃어버렸다는 소문은 손견도 들어서 알고 있었다.

"예, 그렇습니다. 그자가 전국새를 견관에 있는 우물 속에 던져 넣었다고 말했습니다."

"그 우물은 어디에 있느냐?"

"이미 동탁이 메워버렸다고 합니다."

"그래? 내가 직접 가서 파볼 것이다."

손견이 나서려 하자 연락병이 재빨리 말을 이었다.

"우물을 메웠던 흙과 돌은 벌써 모두 파냈습니다."

"뭐야? 누가 그 일을 했느냐?"

"백마사에 있는 기술자들을 불러다가 작업을 했습니다."

"그래서? 전국새는 찾았느냐?"

손견이 다급하게 물었다.

"백마사 인부들의 말로는 찾지 못했다고 합니다."

"이런, 작업 책임자를 잡아들여라!"

"그자도 이미 잡아두었습니다. 지만이라는 자입니다."

"그래 그자의 입에서도 별다른 소리가 나오지 않더냐?"

"전국새에 대해서는 아는 바도 없고 작업을 하면서 흙이나 돌 이
외에는 아무 것도 본 것이 없다고 하옵니다."

"이런 멍청한…. 곤장을 쳐야지, 곤장을! 아니다. 내가 직접 가보
겠다."

손견은 양 볼을 실룩거리며 다급하게 움직였다. 전국새를 잃어버
리는 자는 나라를 잃게 되고 그것을 얻은 자는 나라를 얻게 된다고
했다. 그런데 손견은 아직 그것을 손에 넣지 못한 상태였다. 하지만
잘만 하면 그것을 손에 넣을 수 있는 절호의 기회가 온 것이다. 그
는 방으로 들어가 혼자서 곰곰이 생각에 잠겼다.

'풍회가 걱정이 될 정도의 행운이라는 애매한 말을 했는데…. 바
로 이것을 두고 한 말이었던가?'

그는 가볍게 어깨를 위아래로 흔들었다. 가슴 한가운데서부터 시작되어 시나브로 몸 전체로 퍼져나가는 떨림을 누르기 위해서였다.

六

장안과 오장원의 중간 지점에 마외馬嵬라는 곳이 있었다. 당나라 현종이 안록산安祿山의 난을 피해서 장안에서 도망쳐 나올 때 최초로 쉬었던 곳이 바로 이곳이다. 군대를 움직이기 위해 결국 양귀비를 죽일 수밖에 없었던 비극의 장소이기도 했다. 또한 장안을 출발하여 오장원으로 향하는 이들이 이틀째가 되면 숙박하게 되는 곳도 마외였다. 장안에서 보통은 이틀 정도가 걸리고 서두르면 하루 만에도 갈 수 있는 거리였다. 원래 강국 사람들의 거주지는 큰길에서 상당히 떨어진 곳에 자리잡고 있었다. 사람들의 눈에 띄지 않기 위해서였다. 진잠은 바로 그 마외라는 곳까지 가서 한중에서 오는 소용을 맞이했다.

동서간의 교역을 주요 생계수단으로 삼았던 월지족이나 강국의 상인들은 중국의 비단을 서역에 내다팔았다. 그런 연유로 이 교역로를 '실크로드'라고 부르게 되었다. 물론 물건을 팔기만 했던 것은 아니다. 서역으로부터 가져오는 물건도 있었는데 특히 유리 제품이 많았다. 중국에서는 유리를 옥과 함께 보물로 취급했다. 어둠속에서도 빛을 발하는 유리 제품이 중국인의 눈에는 마치 보석을 보는 듯했을 것이다. 아름다운 색깔을 지녔을 뿐더러 먼 서역으로부터 험준한 산과 사막을 건너온 물건이었기 때문에 그 가치가 높아질 수밖에 없었다. 유리는 제조방법만 알면 중국에서도 충분히 만들 수 있었다. 하지만 유리 제조법을 아는 중국인은 한 사람도 없었다. 그런데 사마르칸트 즉, 강국 사람들 중에는 그 제조법을 알고 있는 사람들이 있었다. 그들은 이런 생각을 했다.

'멀고 험한 길에 고생하면서 이곳까지 운반해올 필요가 없지. 여기서 직접 만들면 될 것 아닌가.'

그들은 상술에 있어서 천재적인 자질을 가지고 있는 민족이었다. 유리가 고가인 까닭은 그것이 서역 물건이라는 점과 '온갖 고생을 하면서 멀리서 운반해온' 물건이라는 점 때문임을 그들은 잘 알고 있었다. 그들은 자신들의 거주지에 은밀하게 공장을 만들었다. 그곳이 바로 한인들의 인가에서 멀리 떨어진 오장원의 한쪽 귀퉁이였다. 그리고 유리 제조를 위장하기 위해 도자기 굽는 설비를 갖추고 있었다. 비밀 공장에서 만들어진 유리 제품은 낙타 등에 실려 이틀에 걸쳐 장안으로 운반했다. 눈이 움푹 패고 코가 높은 사마르칸트 사람들이 낙타를 이끌고 나타나게 되면 한인들은 누구나 그들의 유리 제품을 서역에서 온 것이라 믿었다. 낙타는 강국인이 사는 오장원 마을에서 사육했다. 실제로 실크로드를 건너온 낙타들도 이곳에서 휴식을 취했다. 그 낙타들이 쉬고 있는 사이에 강국인은 자신들이 사육한 낙타들을 이끌고 오장원과 장안을 오가면서 장사를 했다.

진잠은 소용과 떨어져 있을 때는 그녀를 여자로 느끼다가도 막상 만나게 되면 다시 어머니처럼 느꼈다.

"전국새를 손에 넣었는데 어떻게 하면 좋을까요? 속세를 지배하게 됨으로써 마음의 평안함을 얻을 수 있을는지요?"

"마음의 평안함은 그런 인장을 버림으로써 얻어지는 게 아닐까요?"

소용의 대답은 간결했다.

"그럼 없애도록 하겠습니다."

"내게 주세요. 내가 처분하도록 할 터이니."

소용이 손을 내밀었다. 진잠은 지만에게서 받은 전국새를 소용에게 건네주었다. 그로부터 며칠이 지났다. 소용이 급하게 진잠을 불렀다. 소용의 손에는 전국새가 들려 있었다. 그녀는 전국새를 진잠에게 주면서 이렇게 말했다.

"어서 이것을 가지고 낙양으로 올라가세오. 그리고 이것을 손견 장군에게 전해주십시오."

"예? 전국새를 말입니까?"

진잠은 영문을 몰라 눈을 크게 뜨고 물었다.

"그렇습니다. 우리에게 이것은 단순한 돌에 불과합니다. 일전에도 말했지만 몸에 지녀서 이익이 될 물건이 아닙니다."

그녀의 양 볼에는 홍조가 서려 있었다. 이럴 때 보면 소용이 예전같지 않게 나이가 들어 보였다. 이상한 일이었다.

"그렇긴 합니다만, 손견에게 넘겨주어야 할 이유라도 있는지요?"

진잠이 여전히 의문스런 눈으로 소용을 쳐다보았다.

"한 사람의 생명을 구할 수 있기 때문입니다."

"예? 한 사람의 생명이요?"

"지금 백마사 지만의 목숨이 별것도 아닌 돌멩이 하나 때문에 위태로운 상황에 처해 있습니다. 이 전국새야 그저 돌 부스러기에 불과하지만 사람의 생명은 그 무엇과도 바꿀 수 없는 소중한 것이 아니겠어요?"

"그럼 지만이?"

"그래요. 내가 들은 바에 의하면 상부새랑중의 종이 전국새를 버린 장소를 손견의 부하에게 알려주었다고 하더군요."

상부새랑중은 살해되기 직전에 종에게 전국새를 건네주면서 몇 번이나 다짐했다고 한다.

'이것은 어떻게든지 빼앗기지 말고 감추도록 하라. 그리고 천하가 다시 조용해졌을 때 재상에게 그 감춘 장소를 알리도록 하라.'

천하가 조용해진 것인지 그렇지 않은지를 그 종이 판단할 만한 기준은 없었다. 그러나 언제까지나 그대로 내버려둘 수는 없다는 생각이 들었을 것이다.

"아마도 그 종의 가족이 굶주리고 있었을 것입니다. 그럴 때 사람은 어떤 일이든 하게 되는 법이지요."

소용이 진잠을 보며 말했다.

"숨긴 장소를 알게 되었으니 그곳에서 작업을 담당했던 지만이 불려간 것이군요?"

"처음에는 우물에서 아무 것도 나오지 않았다고 주장했다고 합니다. 그러나 심한 고문을 못 이겨 나중에는 인장같이 생긴 사각형의 돌을 주웠다고 말했다는 것이에요."

"왜 저에게 건네주었다고 말하지 않았을까요?"

"그 인장이 불법佛法에 도움이 되는 것이라고 생각했을 것입니다. 죽어도 그 인장의 행방을 발설하지 않기로 굳은 결심을 한 것 같아요. 그래서 인장을 상동문上東門으로 연결되는 석교石橋 밑에다 버렸다고 자백했다 합니다. 하지만 손견은 그 말을 믿지 않고 직접 채찍을 들어 고문을 하고 있다니 어서 떠나도록 하세요."

지만은 공중에 매달린 채 채찍을 맞아 만신창이가 되었다고 했다.

"서둘러 다녀오겠습니다."

"이 전국새를 손견에게 주면서 석교 아래에서 주웠다고 말하세요. 서두르지 않으면 지만의 목숨이 위태롭습니다."

七

　천하는 동탁파와 반동탁파로 갈라져 있었다. 그리고 반동탁파는 서로의 이해관계에 따라 다시 분열하고 있었다. 반동탁 연합군의 맹주인 원소의 그릇이 너무 작았기 때문이다. 원소는 자신의 사촌 동생인 원술과도 갈라서는 지경이었다. 그러나 반동탁파가 원소와 원술 두 파로만 분열되어 있는 것은 아니었다. 원소에게 동생을 잃은 공손찬의 세력 또한 별도의 힘을 갖고 있었다. 그리고 조조는 어느 파에도 몸담지 않은 채 모병에 열중했다. 각 파벌의 우두머리들은 자기 휘하의 장수를 키우는 데 온 힘을 기울였다. 예를 들어 공손찬의 경우에는 휘하의 엄강嚴綱, 전해田楷, 단경單經을 각각 기주, 청주, 연주의 자사로 임명했다. 그러나 그 정도로는 세가 충분치 못했다. 그의 세력권 안에는 평원국平原國이 있었는데 그곳의 상相 자리에도 자기 휘하의 누군가를 임명하고 싶어 했다.

　'그렇지. 그 친구라면 괜찮을 거야.'

　공손찬은 자신의 식객으로 와 있는 사람들 중에 한 사람의 얼굴을 떠올렸다. 노식 선생 밑에서 함께 동문수학한 인연이 있어 황건적의 난 때 소수의 병력을 이끌고 공손찬의 진영으로 합류해온 인물이었다. 유비. 자는 현덕이었다. 그는 관우와 장비라는 용맹스러워 보이는 장수들을 거느리고 있었다. 공손찬은 끝내 자신의 생각대로 유비를 평원의 상으로 임명하고야 말았다. 지방 장관은 징병과 징세권을 갖고 있으며 이 권한을 이용하여 세력을 키웠다. 각 파벌의 우두머리는 휘하의 심복들로 하여금 병력을 증강하도록 함으로써 자신의 세를 늘리는 한편, 경쟁자들을 하나씩 제거함으로써 천하를 제패하려 했다.

후에 촉한의 소열제昭烈帝가 되는 유비는 이때서야 겨우 역사의 무대에 등장하게 된다. 이때 유비의 나이는 서른으로 손견보다는 다섯 살, 조조보다는 여섯 살이 젊었다. 평원은 청주에 속한 지역으로 인구는 백만여 명에 이르렀다. 현재 산동성 북부의 제남濟南과 덕주德州 사이에 위치한 지역으로, 지금도 평원현平原縣이라는 지명이 남아 있다. 유비는 이곳에서 주로 기병을 양성하며 앞날에 대비하고 있었다.

원소는 공손찬이 독립하여 세를 모으는 것을 보고 안달이 났다. 호걸들을 모아들이려고 해도 원술이 계속 훼방을 놓고 있는 상황이어서 더욱 조바심이 난 상태였다.

'원소는 원씨 집안의 혈통이 아니다.'

원술은 가는 곳마다 이렇게 떠벌렸고 그것도 성에 차지 않아 아예 편지를 써서 각지에 보내는 일까지 마다하지 않았다. 처음에는 첩의 아들이라고 했지만 나중에는 여종의 아들이라고 깎아내리면서 점점 비난의 강도를 높였다. 원소가 뭇사람을 끄는 강점 가운데 하나는 명문인 원씨 집안의 실력자라는 사실이었다. 그런데 가장 중요한 이 원씨 집안의 정통성을 문제 삼았다는 사실은 원소에게 대단한 치명상이었다.

"이제 더 이상은 참을 수가 없다!"

마침내 참다못한 원소가 대노하여 고함을 쳤다. 모든 일을 다 제쳐두고라도 원술을 손보지 않으면 잠을 잘 수 없을 지경에 이른 것이다. 이윽고 원소는 원술의 약점을 찾아냈다.

'빨리 알아차렸더라면 동탁과 싸울 때 유리했을 텐데….'

그것은 바로 상대가 강한 부분이라고 생각했던 곳이 의외로 약할 수도 있다는 발견이었다. 그 좋은 예가 반동탁군 연합군의 모든 장수가 낙양을 공격할 때 낙양의 서쪽은 동탁의 본거지와 곧바로 통하기 때문에 세력이 강할 거라고 지레짐작하여 그쪽으로는 아무도 공격할 생각을 하지 않았던 일이다. 조조가 그 점을 생각했지만 아쉽게도 그에게는 병력이 없었다. 원소는 그때의 일을 떠올리며 작전을 구상했다. 원술은 손견이라는 실력자를 자신의 파벌에 가담시킴으로써 남쪽지역에서 강군이라는 평가를 받고 있었다. 원소는 바로 그 점이 원술의 약점이라고 생각했던 것이다.

그리하여 원소는 남쪽의 유표와 손을 잡았다. 유표는 유언과 마찬가지로 한나라 황실을 선조로 둔 인물로서 전한 경제의 아들인 노공왕 유여劉餘의 후손이었다. 큰 키에 당당한 풍채로 누구에게나 호감을 살 만한 성격의 소유자였다. 원소는 유표를 형주 자사에 임명했다. 형주의 자사 자리는 손견에게 포위를 당한 왕예가 금가루를 탄 물을 마시고 자살한 뒤 지금까지 공석으로 남아 있었다.

문제는 형주의 주도인 양양까지 과연 무사히 부임할 수 있느냐 하는 것이었다. 양양은 현재의 호북성 지역이다. 그곳에 이르기까지 노양에 있는 원술이나 되찾은 양성에 머물고 있는 손견의 공격을 각오하지 않으면 안 되었다. 그곳에 부임하는 것 자체는 아무 문제가 없었다. 상대방이 눈치채지 못하도록 단신으로 간다면 원술이나 손견에게 발각될 염려도 없었다. 만에 하나 그들에게 발각된다 해도 그쪽 역시 인재를 모으기 위해 혈안이 되어 있었기 때문에 결코 목숨을 잃는 일까지는 없을 터였다. 그러나 진짜 문제는 병력을 데리고 부임하지 않으면 아무 의미가 없다는 것이었다. 평화를 구가하는 시대라면 모르지만 이 난세에 병력을 가지고 있지 않으면 손바닥만 한 고을도 다스릴 수가 없었다.

유표는 사교에 능했다. 그래서 여러 지방에 걸쳐 두터운 친분을 가진 이들이 많았다. 원소와 유표는 고민 끝에 양양 입성에 대한 결론을 내렸다. 양양에 부임할 때는 유표가 단신으로 들어가고 현지에 도착하면 친분이 있는 자들의 도움을 얻어 병사를 모으기로 한 것이다. 이때 유표에게 도움을 준 인물이 괴월蒯越과 채모蔡瑁였는데 순식간에 수만의 병사를 모아왔다. 이렇게 해서 유표는 무사히 양양성으로 들어가게 되었다.

그러자 원술은 어찌할 바를 몰랐다. 유표까지 나타나 원소의 세력을 키워준다는 것은 아무래도 마뜩찮은 일이었다.

"문태文台, 손견의 자 장군, 양양은 장군의 땅이 아니오? 한시라도 빨리 되찾도록 하시오."

원술은 몸이 닳아 손견을 부추겼다.

"알겠습니다. 그럼 다녀오도록 하겠습니다."

손견이 자리에서 일어나 천천히 걸어 나갔다. 원술은 그런 손견의 뒷모습을 보며 고개를 갸웃거렸다.

'손견 저 친구, 이상하게 발걸음이 무거워 보이는군. 몸이 안 좋은가.'

八

발걸음이 무거운 것이 아니었다. 태도가 신중해졌을 뿐이었다. 손견은 지금 전국새를 몸에 지니고 있었던 것이다. 세상에 알려진

대로 백마사의 불교도는 거짓말을 하지 않았다. 상동문으로 연결되는 석교 밑에서 전국새와 비슷하게 생긴 물건을 주웠다는 신고자가 나타났던 것이다. 그래서 백마사의 지만이 거짓말을 한 것이 아니라는 사실은 밝혀졌지만 취조하는 과정에서 이미 혹독한 고문을 받은 뒤였다. 일단 전국새가 손에 들어오자 손견은 지만을 풀어줄 생각을 하고 있었다. 그러나 손견의 장남 손책이 나섰다.

"그자는 고문을 받아 우리를 증오하고 있습니다. 원한을 품은 자를 그냥 놓아주어서는 안 됩니다. 목을 베는 것이 적절한 줄로 아뢰옵니다."

손견은 아들의 얼굴을 유심히 보며 물었다.

"네가 올해 몇이냐?"

"열여섯이옵니다."

"원한을 품은 자를 그냥 놓아주어서는 안 된다는 말이지?"

"그자는 반드시 복수를 생각할 것입니다."

"열여섯의 나이로는 아직 천운이라는 것을 알 수 있는 나이가 아니지. 주유는 어떻게 생각하느냐?"

손견이 아들과 나란히 서 있던 주유를 돌아보며 물었다.

"잠시 병영에 머물게 하면서 원한을 풀게 한 뒤 놓아주는 것이 좋을 듯하옵니다."

"주유도 올해 열여섯이지?"

"예. 그렇습니다."

"역시 아직 천운을 알 때가 아니지."

손견은 아들과 주유의 권유를 모두 물리고 지만을 풀어주었다.

'내 목숨은 하늘에서 받았다.'

손견은 그것이 자신의 천운이라고 믿었다. 그 천운이 있기 때문에 전국새가 자신의 손에 들어왔다고 믿었다. 하늘에서 목숨을 받은 자가 죄 없는 사내를 죽인다는 것은 적절치 못한 일이었다. 설사 상대방이 복수를 해온다 할지라도 자신에게는 하늘의 가호가 있을 것이므로 두려워할 필요조차 없었다. 손견은 그런 생각에 빠져 있었다.

"이번 조치는 평소의 아버님답지 않아."

손책이 마주앉은 주유를 보며 말했다.

"그렇습니다. 이번 일뿐만 아니라 요즘 하시는 일의 대부분이 평소 때와는 크게 다릅니다. 무슨 연유인지 모르겠습니다."

주유가 고개를 갸웃거렸다.

"열여섯 나이에는 알 수 없다고 말씀하셨는데, 우리도 나이를 먹게 되면 지금의 아버님 마음을 알 수 있을까?"

"글쎄요."

주유가 자신 없다는 듯 말을 맺지 못했다.

지만을 풀어주고 나서 며칠 뒤 유표가 양양성에 들어갔다는 급보를 전해들은 손견은 병력을 몰아 남쪽으로 향했다. 양양은 손견이 왕예의 병력을 빼앗아 차지하고 있던 곳이다. 성벽은 높고 두터웠다. 양양성을 멀리서 바라보며 손견이 중얼거렸다.

"내가 이렇게 밤톨만 한 성 하나를 놓고 싸워야 하는가?"

"그렇습니다. 아버님께서 되찾은 낙양성에 비하면⋯."

옆에 있던 손책이 아버지의 마음을 읽기라도 한 듯 고개를 끄덕이며 말했다.

'곧 천하의 주인이 될 내가 아닌가. 저런 하찮은 양양성 하나를 놓고⋯. 창피한 일이야.'

손견은 왼쪽 가슴을 손으로 쓰다듬으며 미소를 지었다. 그 부근에 전국새가 들어 있었다. 그러나 싸움은 만만치 않았다. 손견이 양양성을 둘러싼 지 열흘이 지나고 있었다.

이윽고 유표가 먼저 야습을 감행했다. 손견 부대의 포위망을 뚫고 나간 유표 휘하의 장수 황조黃祖가 외부로부터 병력을 모아 뒤에서 급습했다. 그러나 실제로는 급습이라고 할 수 없었다. 손견은 이미 황조의 움직임을 손바닥 보듯 알고 있었다. 그가 포위망을 뚫고 나갈 때 사로잡을 수도 있었지만 일부러 못 본 체했던 것이다.

"쥐새끼 한 마리 잡는 건 재미가 없어. 제 무리를 몰고 다시 나타날 때 한꺼번에 때려잡는 게 더 흥미롭지 않겠는가?"

손견이 눈에 살기를 머금은 채 그렇게 말했다. 황조가 야음을 틈타 습격하리라는 사실도 손견은 이미 첩자의 보고를 통해 알고 있었다.

"적이다! 적이다!"

갑자기 어둠을 가르는 고함이 들려왔지만 손견 진영은 조금도 동요하지 않았다. 그의 부대는 벌써 전투태세를 갖추고 있었기 때문이다.

"자, 이제 쥐새끼를 모두 때려잡도록 하자!"

손견은 병사를 독려하면서 자기도 모르게 주머니 속에 손을 넣었다. 그는 전국새에 달린 줄은 목에 걸고 있었으나 전국새는 왼쪽 가슴 아래에 있는 주머니 속에 넣어두었다. 그래서 말을 타고 달리게 되면 전국새가 주머니 속에서 요동을 칠 것이었다.

'아니지. 황제가 이런 물건을 직접 몸에 지니고 다니는 게 아니지. 황제는 전국새를 담당하는 관리를 따로 두고 있지 않는가? 그렇다면 이것을 누구에게 맡기지?'

손견은 주위를 둘러보았다. 지금은 그 일을 맡을 관료가 없었다. 그렇다고 해서 이처럼 중요한 것을 아무에게나 맡길 수는 없는 노릇이었다. 손견은 한동안 주위를 두리번거리다가 관솔불이 미치지 않는 어두컴컴한 곳에서 손책을 발견했다. 손견은 손책을 부른 뒤 목에 걸고 있던 줄을 풀어 아들에게 주었다.

"지금 이 순간부터 네게 이것을 보관하는 임무를 주겠다. 너도 알다시피 매우 중요한 것이니 잘 보관하도록 해라."

"알겠습니다, 아버님."

손책도 전국새를 얻게 된 경위를 잘 알고 있었다. 그는 아버지로부터 전국새를 건네받는 순간 잔물결 같은 떨림이 손끝으로 지나는 것을 느꼈다.

"모두 공격하라!"

목에 걸고 있던 전국새를 벗어버린 손견은 부대에 공격명령을 내렸다. 기습을 감행하려던 황조의 부대는 거꾸로 손견 부대의 역습을 받게 되자 몹시 당황했다.

"이런, 함정에 빠졌다!"

황조는 앞뒤 재볼 겨를도 없이 흩어지는 부하들을 되는 대로 수습하여 산 속으로 달아났다. 양양에서 남쪽으로 5킬로미터 정도 떨어진 곳에 현산峴山이라는 산이 있었다. 살아남은 황조의 병사는 산 속으로 도주했다. 손견의 병사가 그들의 뒤를 쫓았다. 본시 현산은 유원지였다. 싸움을 벌이기에는 적당치 않은 야트막한 산이었다. 훗날 당나라 시인인 이백은 현산을 두고 이렇게 노래했다.

현산 한강을 바라보니
물은 푸른빛이요 모래는 백설이라

산에 있는 바위들이 흰색이어서 밤에도 몸을 감추기에 적당하지 않은 곳이었다. 항복하는 자들은 거두고 대드는 자들은 칼로 베니 새벽에 이르러 황조의 잔당은 일망타진되었다.

"자, 이것으로 쥐새끼 소탕은 끝이 났다. 이제 돌아가서 양양성에 남아 있는 쥐새끼들도 마저 몰아내자!"

손견은 말 위에서 한 손을 높이 들고 큰 소리로 외쳤다. 쳐든 손에는 채찍을 쥐고 있었다. 채찍 끝이 아침 햇살에 반사되어 반짝 빛났다. 바로 그 순간이었다.

"으윽!"

갑자기 손견이 외마디 비명을 내뱉더니 말 위에서 굴러 떨어졌다. 가까이 있던 병사들이 황급히 손견에게로 뛰어갔다. 그러나 때는 늦었다. 손견의 왼쪽 가슴에는 이미 굵은 화살 하나가 단단히 박혀 있었다.

"그렇군."

손견은 안간힘을 다해 계속 무슨 말인가를 하려고 했지만 이내 눈을 감고 말았다. 숨이 끊어졌다. 병사들이 주변을 샅샅이 수색했지만 수상한 자는 발견되지 않았다. 다만 손견이 사망한 자리로부터 조금 떨어진 대나무 숲 속에서 버려진 활 한 개를 발견했을 뿐이다.

"본 적이 없는 활입니다."

주유가 말했다. 자작나무 껍질로 만든 간단한 구조의 활이었다. 하지만 그 모양새가 흔히 볼 수 있는 활이 아니었다.

"이것은…, 서역의 월지족이 사용하는 활이다."

아는 것이 많기로 유명한 손분孫賁이 활의 모양새를 자세히 살피며 그렇게 말했다. 손분은 손견의 조카였다. 주유와 손책은 서로 마주보았다. 긴급히 대책회의가 열렸다.

유표와 면식이 있는 환계桓階라는 자가 상喪을 치르기 위한 휴전을 제의하기 위해 양양성에 사자로 파견되었다. 장남인 손책은 아직 열여섯 살에 불과했기 때문에 병력의 지휘는 일단 손분이 맡기로 했다. 유표가 휴전에 동의하자 손분은 5만의 병력을 이끌고 북쪽으로 돌아갔다.

"파로장군께서 마지막으로 남긴 말씀이 무슨 뜻일까요? '그렇군' 하고 말씀하셨다는데….."

주유가 손책에게 물었다.

"아마, 지만이라는 자를 칼로 베지 못한 것을 후회하신 게지."

손책이 고개를 떨어뜨리며 대답했다.

"어쩌면 마지막 순간에 풍회가 했던 말을 떠올리셨는지도 모르겠습니다. 행운이 한꺼번에 몰려와 오히려 걱정이라는….."

주유는 그렇게 말하면서 한강으로 눈을 돌렸다.

"아버님이 전국새를 몸에 지니고만 계셨어도."

손책은 여전히 고개를 숙인 채 눈물을 흘리며 말했다.

"아마 그랬다면 돌아가시진 않았을 거야. 그 자그마한 백옥을 주머니에 넣으면 바로 이 부근에 있게 되거든."

손책은 목에서 왼쪽 가슴에 이르는 부분을 손으로 짚으며 입술을 깨물었다. 손책의 말은 사실이었다. 손견이 전국새를 그대로 몸에 지니고 있었다면 분명 화살을 막아냈을 것이다.

"이런 것이 다 무슨 소용이야. 차라리 저 강에 던져버리는 것이 낫겠어!"

손책이 순간적으로 슬픔을 누르지 못하고 전국새를 한강으로 던져버리려고 손을 치켜들었다. 순간 주유가 재빨리 손책의 팔을 낚아챘다.

"그 백옥에는 파로장군의 집념이 서려 있습니다. 버리시면 안 됩니다."

"알겠다."

손책은 높이 들어 올린 자신의 손을 망연히 올려다보았다. 손에 들려 있는 전국새가 현산 서쪽으로 지는 석양에 반사되어 붉은빛으로 물들어 있었다.

손견의 옥새는 어디로 사라졌을까?

전국새에 관해서는 여러 설이 있는데 『삼국지』에는 손견이 이것을 어떻게 손에 쥐게 되었는지 그 경위가 생략되어 있다. 『삼국지』에 주석을 달았던 배송지는 손견에게 호의적이어서, 손견의 인물 됨됨이를 보건대 한나라의 보물인 그것을 슬쩍 가로채지는 않았을 것이라고 단정하고 있다.

90년 뒤 오나라가 진晉에 항복할 때 오의 왕이었던 손호孫皓가 항복의 징표로 금새金璽를 보냈다는 사실이 사서에 남아 있다. 옥이 아니라 금으로 만들어진 인장이었다. 따라서 이 인장은 오나라에서 만든 것으로 문제의 전국새는 아니었다.

또한 손견이 전국새를 얻은 뒤 원술이 손견의 부인을 인질로 하여 전국새를 자기 것으로 취했다는 설도 있다. 그러나 북위의 정사正史인 「위서」에는 이런 기록이 있다.

태평진군太平眞君 7년(446년)에 업성에서 5중으로 된 불탑을 허물었더니 진흙으로 만든 불상 안에서 두 개의 옥새가 발견되었다. 이 두 옥새에는 모두 '수명어천 기수영창受命於天 旣壽永昌'이라는 여덟 자가 새겨져 있었다.

당시 사람들은 왕조가 멸망할 때 선대부터 내려오는 왕조의 징표가 어떻게 되었는가에 대해서 현대인이 상상하기 힘들 정도로 높은 관심을 가졌다.

10
하늘은 높고 푸른데

一

　채옹蔡邕은 마당의 뜰을 바라보면서 깊은 한숨을 쉬었다. 마당의 뜰은 뜰이라 부르는 게 부끄러울 만치 협소했다. 갑작스럽게 낙양에서 이곳 장안으로 천도한 지 이제 겨우 1년이 지났다. 장안 전체를 뒤져보아도 아직 제대로 된 정원은 찾아보기 힘들었다.

　"아버님, 집에서만큼은 편하게 말씀하도록 하세요."

　채옹의 딸인 염琰이 아버지에게 말했다. 그녀의 자는 문희文姬였다. 20세기 중국의 작가 곽말약郭沫若이 그녀를 주인공으로 한 사극을 썼는데 그 제목을 '채문희蔡文姬'라고 붙였다. 그 후 그녀는 이름보다 자인 문희로 더 유명해졌다.

　채옹은 딸이 있는 쪽을 돌아보며 힘없이 웃었다.

　'집에서만큼은…….'

　그 말은 듣기에 따라서는 비난으로 들릴 수도 있었다. 밖에서는 함부로 말할 수가 없다는 의미를 담고 있기 때문이다.

　『삼국지』에서는 당시 장안에 사는 백성의 분위기를 '길에도 눈이 달려 있다'라는 말로 압축해서 표현하고 있다. 사람들은 길에서 아는 사람을 만나더라도 상대방이 말을 걸까봐 눈짓으로만 인사를 나누고 얼른 지나갔다고 한다. 동탁은 그 정도로 두려운 공포정치를 펼치고 있었다. 동탁이 목표로 삼았던 것은 자기를 반대하는 자들에 대한 탄압뿐만이 아니었다. 오히려 그는 반대파에 대해 별로 신경 쓰지 않았다. 낙양에서 정권을 손에 쥔 이후 반대파는 모조리 씨를 말렸기 때문이다. 그러므로 그에게 대놓고 반기를 들 만한 인물은 남아 있을 리가 없었다. 그가 궁극적으로 노린 것은 사람들에게 죄를 뒤집어씌워 재물을 강탈하는 일이었다. 병적일 정도로 독점욕이 강한 동탁이었다. 이 세상의 모든 것을 자기 것으로 만들지 않으면 성이 차지 않는 그였다. 자식으로서 아비에게 불효한 자, 신하로서 불충한 자, 관리의 몸으로서 청렴하지 않은 자, 윗사람에게 공손하지 않은 자 등등. 이런 죄에 해당되는 자들은 사형을 시킨 뒤 재산을 몰수했다. 물론 밀고는 대환영이었다. 사이가 좋지 않은 사람들끼리는 혹시라도 상대방이 자기를 밀고하지 않을까 전전긍긍했다. 불효, 불충, 부정, 불순이라고 하는 막연한 죄명들 중 하나에 걸려들지 않을 사람은 아무도 없을 것이었다. 공포정치는 세상을 완전히 암흑으로 만들면서 모든 사람의 입을 봉하고 말았다. 함부로 입을 놀리다가는 언제 목 없는 귀신이 될지 모를 일이었다.

채옹의 딸 문희가 말을 이었다.

"집안에 딸과 둘이 있으면서 한숨만 쉬지 마시고 속 시원히 말씀도 해보세요."

"도대체 어찌해서 이 지경에 이르렀는지…."

채옹이 하늘을 올려다보며 말했다. 그의 목소리에는 비감이 서려 있었다.

진류 어현圉縣의 명문가에서 태어난 그는 아직 천하가 난세로 접어들기 전부터 세상에 몸을 드러내지 않기로 마음먹고 있었다. 노장老莊의 무위이화無爲而化 사상에 심취하여 유유자적하게 사는 삶을 동경했다. 고전뿐만 아니라 천문, 산술, 음악에도 재능이 있었고 특히 북이나 거문고는 명인의 수준이었던 그는 조정에 나가지 않고 느긋하게 은둔생활을 즐기고자 했다. 그러나 세상일은 자기 뜻대로 되지 않는 법이었다. 환제桓帝가 천하를 다스릴 때 그는 조정의 부름을 받았던 적이 있다. 당시는 환관들의 전성시대였다. 그중에서도 특히 음악을 좋아했던 서황徐璜이라는 환관이 채옹의 거문고 타는 실력이 천하제일이라고 황제에게 진상했다. 이에 황제가 진류 태수에게 그를 낙양으로 불러들이라는 칙령을 내렸다. 채옹은 할 수 없이 수도인 낙양을 향해 출발했지만 도중에 병이 났다는 핑계를 대고 고향으로 되돌아감으로써 일단 관리의 길에 들어서는 일을 면할 수 있었다. 그러나 일단 이름이 세상에 알려진 이상 그대로 초야에 묻혀 있기란 힘든 일이었다. 재능 있는 자를 찾아내어 국가에 기여하도록 하는 것이 당시 위정자들의 의무였다. 채옹은 정계에 진출하여 입신양명을 해보겠다는 생각은 눈곱만큼도 없었다. 그러나 어쩔 수 없이 세상에 나설 몸이라면 자기가 좋아하는 학문을 다루는 곳에서 일하고 싶은 생각이었다.

결국 그는 낭중郎中이나 의랑議郎과 같은 직책을 맡아 역사를 편찬하는 일을 하게 되었다. 그 후 모종의 일로 유배를 가게 되어 오원이라는 곳에 머물게 되었다. 그곳에서 오원의 태수인 왕지王智와 별것도 아닌 일로 사이가 뒤틀어져서 더 남쪽으로 가게 되었다. 왕지는 당시 천하에 두려울 것이 없다고 하는 중상시 왕보王甫의 동생이었다. 세상 사람들은 권력에 무릎 꿇지 않는 채옹의 기상을 모두 칭송했다. 자신이 바라는 것과는 반대로 그의 명성이 높아진 것이다.

그 명성이 동탁의 귀에도 들어가게 되었다. 낙양에 들어가서 실권을 장악하고 난 뒤 동탁은 채옹을 불러들이려고 했다. 채옹은 이번에도 병을 핑계 삼았다. 그러자 동탁은 버럭 화를 냈다.

"나는 한 집안을 멸족시킬 수 있는 힘을 갖고 있다. 채옹이 그렇게 시건방지게 나온다면 내게도 생각이 있다."

채옹은 할 수 없이 동탁의 요청을 받아들여 좨주祭酒, 지금의 국립대학 총장에 해당라는 자리에 올랐다. 천하에 다툴 자가 없을 정도로 탐욕스러운 동탁이 아무 욕심도 없는 채옹을 마음에 들어 했던 것은 묘한 일이다. 극과 극은 통한다는 게 바로 이런 경우를 두고 한 말이 아닌가 싶다.

장안으로 천도할 당시 채옹은 좌중랑장에 임명되어 고양향후高陽鄕侯에 봉해졌다. 귀족의 신분이 된 것이다. 이제 그는 동탁파에 있어서 빼놓을 수 없는 주요인물이 되었다.

"그 청렴하기로 소문난 채옹이….."

사람들은 이 일을 의외로 받아들이면서 동탁에게도 보통사람이 알지 못하는 쓸 만한 부분이 있는 것이 아닌가 하고 생각하기도 했다.

"도대체 어찌해서 이 지경에 이르게 되었는가?"

그는 집안에서 소리 내어 이렇게 말했다. 그 이유는 간단했다. 그가 동탁의 위협에 굴복했기 때문이다.

"호호호, 아버님 스스로 아실 수 있는 일 아니옵니까?"

딸은 일부러 밝은 목소리로 그렇게 말했다. 문희는 위중도衛仲道라는 자에게 시집을 갔다가 결혼한 지 얼마 되지 않아 남편과 사별하고 다시 친정으로 돌아와 있었다. 아이는 없었다. 채옹은 딸을 위로해야 할 입장이었지만 요즘에는 그것이 거꾸로 되어 오히려 딸이 그를 격려하곤 했다.

"알고는 있지만 어찌할 수 없는 일이 아니겠느냐?"

비감한 목소리로 채옹이 말했다.

"아버님께서는 하실 수 있는 일을 모두 하셨습니다. 절대로 후세의 사가들에게 비난받으실 일은 없을 겁니다."

딸은 부친의 심정을 잘 읽고 있었다. 내키지는 않지만 어쩔 수 없이 동탁에게 몸을 맡기고 있는 아버지였다. 그러나 그가 가장 두려워하는 것은 동탁이 아니었다. 바로 후세 사가들의 평이었다.

"분명히 나는 내가 할 수 있는 일에는 최선을 다했다. 그러나 그것으로 과연 충분한 것일까?"

채옹은 혼잣말처럼 중얼거렸다.

'내가 없었으면 동탁이란 자가 훨씬 극악무도한 일도 서슴지 않고 저질렀을 거야.'

그는 스스로를 위로하려는 듯 이렇게 생각하기도 했다.

동탁이 낙양을 포기하고 장안으로 돌아왔을 때였다. 동탁은 패전의 기분도 씻을 겸 자기도 태공太公처럼 상부尙父라는 칭호를 사용해야겠다고 했다. 태공은 주周나라가 건국될 때 6대 공신 중의 한 명으로서 태공망太公望이라는 이름으로 알려진 인물이다. 주나라 무왕武王이 그를 공경하여 아버지라고 부르며 그에게 '상부' 라는 칭호를 주었다. 동탁이 천자에게 아버지라고 불리면서 공경받고 싶다는 말이었다.

'절대 있을 수 없는 일이다!'

채옹은 용기를 내어 동탁에게 반대의견을 내놓았다.

"주나라는 천하를 평정한 뒤에야 비로소 태공망에게 상부라는 칭호를 주었습니다. 지금 관동지방에는 아직 여러 호족들이 천자의 권위에 도전하여 할거하고 있습니다. 이 문제는 그들을 모두 평정한 후에 검토하셔도 늦지 않을 것입니다."

"듣고 보니 그렇군. 천하를 평정하고 난 다음이라⋯."

의외로 동탁은 채옹의 의견을 순순히 받아들였다. 만일 그때 채옹이 반대하지 않았다면 후세에 두고두고 웃음거리가 되었을 것이다.

초평 2년(191년) 6월의 대지진 때에도 동탁은 채옹에게 자문을 요청해왔다.

"지진은 음이 양을 침범함으로써 발생합니다. 신하가 정해진 제도를 무시했기 때문입니다. 일전에 장군께서 금화청개金華靑蓋 수레를 타셨습니다. 아마 그것 때문이 아닌가 싶습니다."

"그러한가? 그러면 혹개黑蓋 수레로 바꾸도록 하지."

이때도 동탁은 채옹의 조언을 순순히 받아들였다. 금화청개 수레는 한나라의 제도상 황태자皇太子나 황자皇子가 아니면 탈 수 없도록 되어 있었다. 그때 만일 채옹이 간하지 않았다면 동탁의 행동은 더욱 방자해져서 나중에는 천자와 똑같은 수레를 쓰겠다고 나설지도 모를 일이었다. 채옹은 자신이 동탁의 방자함을 제어하는 역할을 하고 있다고 여기면서도 스스로 비참해지는 심정을 떨쳐버릴 수가 없었다.

"아버님, 이럴 때는 음률을 한번 맞추어보시는 것이 기분전환에 좋으실 겁니다."

문희가 말했다.

"아니다. 지금 북이나 거문고를 다룰 기분이 아니다."

"직접 다루지 않으시더라도 음률을 들으시면 기분이 밝아질 것입니다."

"그럴 수도 있겠지. 그럼 오랜만에 네가 타는 거문고 소리나 한번 들어볼까?"

"실은 오늘은 좀 모양새를 내서 서역의 악사들을 초대해놓았습니다."

"오, 그래? 그것도 괜찮지. 서역의 음악은 우울한 기분을 털어내는 데 최고지."

채옹이 허리를 쭉 폈다.

二

채옹 부녀의 음악적인 재능에 대해서는 여러 가지 이야기가 전해지고 있다. 초미금焦尾琴이라는 명기名器가 있었다. 이 악기를 만든 장본인이 바로 채옹인데 그가 왕지와의 불화로 남쪽으로 망명해 있을 때였다. 어느 날 그곳에 사는 사람 하나가 장작불을 때고 있었다. 그때 옆에 있던 채옹이 장작이 타면서 타닥타닥 하는 소리를 듣고 그 자리에서 벌떡 일어나 불을 때고 있는 사람에게 가서는 "저 오동나무를 내게 주시오" 하고 말했다. 불속에서 타는 소리를 듣고 오동나무가 거문고를 만드는 데 가장 좋은 나무라는 사실을 알게 되었던 것이다. 이렇게 해서 채옹은 회심의 거문고를 만들게 되었다. 완성된 거문고는 끝이 그을려 있었기 때문에 '초미금'이라고 부르게 되었다.

중국의 음악은 서역에서 전래된 요소가 많이 포함되어 있다. 따라서 음악에 관심을 가진 사람이라면 누구나 서역의 음률을 듣고 싶어 했다.

"그래, 염아. 울적한 마음을 떨쳐버리고 한번 서역 음악에 취해보자."

채옹의 표정이 조금씩 밝아졌다. 음악이라면 무엇보다도 좋아하는 그였다.

"서른 명으로 구성된 악단입니다."

"대단한 규모로구나."

별실에서는 벌써 서역의 악단이 언제든지 연주할 수 있도록 채비를 갖추고 있었다. 공후箜篌, 하프와 비슷한 악기, 비파琵琶, 갈고羯鼓, 적笛, 박판拍板, 동발銅鈸, 심벌즈와 비슷한 악기, 격금擊琴, 소簫 등 관현악기와 타악기를 망라한 악단이었다. 연주자는 열여덟 명으로 그 중 여성이 여섯이었다. 노래를 부르는 열두 명은 모두 여성이었다. 채옹은 악단이 있는 방으로 들어가자 얼굴이 환해졌다.

"서역인들만 있는 게 아니구나."

"그렇습니다, 아버님. 장안에는 아직 강국인이 그리 많지 않습니다. 게다가 대부분이 상업에 종사하는 사람들입니다. 그래서 음악을 좋아하는 한인들이 강국인들에게 연주법을 배워 이 악단에서 함께 연주하고 있답니다."

염의 설명을 듣고 다시 악단을 찬찬히 살펴보니 대충 3분의 1이 한인이었다.

그러던 중 채옹은 방 한쪽 구석에 앉아 있는 남자를 발견하고 깜짝 놀랐다.

"오늘은 귀한 손님 한 분을 모셨습니다."

아버지의 놀라는 표정을 보고 문희가 설명을 붙였다. 당시 고급 관료들끼리는 서로 초청을 통해 친분을 돈독히 하곤 했다. 악단을 집에 불러 음악을 들을 때도 아는 사람들을 초대하여 함께 즐기는 일이 종종 있었다. 채옹은 귀한 손님이 와 있어서 놀란 것이 아니었다. 자신과 같은 서열인 삼공 중의 누가 와 있다 할지라도 그렇게 놀랄 일은 아니었다. 삼공이란 총리에 해당하는 사도司徒, 부총리에 해당하는 사공司空, 국방장관에 해당하는 태위太尉 3인을 말한다. 흔히 재상이라고 할 경우에는 이 세 명을 가리킨다. 삼공은 국가기관의 가장 높은 직위였지만, 동탁은 그 위에 상국相國이라는 관직을 하나 더 만들었다. 그리고 스스로 그 자리에 앉게 되니 자연 삼공의 자리는 예전보다 격이 낮아진 상태였다. 당시 사도는 왕윤王允이었으며, 사공은 순우가淳于嘉, 태위는 마일제馬日磾로 모두 채옹과는 가까운 사이였다. 특히 마일제와는 아주 가까웠다.

그러나 그의 딸 채염이 자기 마음대로 초청한 사람은 삼공 중의 그 누구도 아닌 중랑장 여포였다. 분명히 그는 채옹과 같은 격으로, 같은 도정후都亭侯에 봉해진 귀족이었다. 그러나 그와는 교분이 그리 많지 않았다. 오히려 속으로는 경멸하고 있는 자였다.

'왜 여포를 초대했을까?'

채옹은 딸의 의도를 이해할 수가 없었다. 짚이는 부분이 있긴 했다. 채옹이 삼공을 집으로 초대하는 일은 수시로 있었다. 그러나 여포를 초청한 적은 단 한 번도 없었다. 여포는 천하를 손에 쥐고 있는 동탁의 양아들로서 항상 동탁을 그림자처럼 보좌하고 있는 친위대장이었다. 이런 인물과는 평소부터 좋은 관계를 유지해놓아야 할 필요가 있었다. 그러나 채옹은 성격상 자신의 원래 주군이었던 집금오 정원의 목을 동탁에게 선물하고 동탁의 휘하로 들어간 여포 같은 자와 일부러 가까이 지내려고 접근한다는 것은 상상할 수도 없는 일이었다. 그러나 염이 볼 때는 자신의 그 같은 사교법에 문제가 있다고 생각할 수도 있었다. 그래서 딸이 여포를 초대했으리라고 채옹은 생각했다. 물론 자신을 위한 일이라는 생각에는 추호의 의심도 없었다.

연주가 시작되었다. 한인들이 함께 연주하고 있는 탓인지 서역 사람들로만 이루어진 악단에서 느껴지던 맛이 나지 않았다. 그러나 여전히 그 이국적인 음률은 매력적이었다.

'저들의 음악을 한나라 음악에 접목시킬 수 있는 방법은 없을까.'

늘 그랬지만 이번에도 채옹은 연주를 들으며 그런 생각을 했다. 노랫말은 강국의 언어였기 때문에 의미를 알 수는 없었지만 가끔 한어로 된 가사를 섞어 부르고 있었다. 그 점은 애교스러웠다. 노래를 부르는 여인들의 절반 정도가 한인인 듯했다. 모두 미인이었는데 특히 양쪽 끝에 서 있는 두 여인이 눈에 띄었다. 왼쪽 끝에서 노래를 부르고 있는 여인은 단정한 분위기로 어딘지 범하기 어려운 기품이 있었다. 거기에 비해 오른쪽 끝에서 노래를 부르고 있는 여인의 표정에는 요염한 기가 흘렀다.

"아버님. 악단의 책임자에게 부탁해서 노래 부르는 여인 중에 한 사람을 달라고 하면 어떨까요?"

어느 정도의 세도가라면 전속 가수를 따로 두는 시대였다. 한나라 무제의 두 번째 부인인 위황후衛皇后는 원래 무제의 여동생인 평양공주平陽公主의 집에서 노래를 부르는 여인이었다.

"나는 우리 집에 노래 부르는 사람을 두고 싶은 마음이 없다."

채옹이 잘라 말했다. 그러나 초야에 묻혀 사는 것을 좋아하는 그는 화려한 것을 즐기지 않았다. 아무리 음악을 좋아한다 하더라도 전속 가수를 둔다는 것은 한 번도 고려해보지 않았다.

"집에다 두자는 말씀이 아닙니다. 태사太師님께 바치는 게 어떨까 해서요."

문희가 미소를 지으며 말했다.

상국 동탁은 장안으로 옮겨온 뒤부터는 천자의 후견인이라는 뜻을 지닌 태사라는 호칭을 사용하고 있었다.

"한번 고려해볼 만한 일이긴 하구나."

물욕의 화신인 동탁에게 신하들은 온갖 진귀한 물건을 헌상하여 환심을 사고 있었다. 채옹은 원래 그런 일 자체를 싫어하는 성격이었지만, 난폭한 동탁을 음악으로 부드럽게 만들 수 있다면 그것도 좋은 일이라는 생각이 들었다.

"도정후님, 어느 여인이 적당할까요?"

문희는 옆에서 부녀의 이야기를 듣고 있던 여포를 쳐다보며 물었다. 동탁의 취향에 대해서는 여포에게 물어보면 될 것이었다. 동탁의 경호실장격이었던 여포는 동탁의 그림자처럼 함께 생활했기 때문에 어느 누구보다도 그의 취향을 잘 알고 있을 터였다. 여포도 문희의 그런 생각에 대해 반대의사를 갖고 있는 것은 아니었다.

"글쎄, 어느 여인이 좋을까?"

여포는 여인들을 빙 둘러보았다. 여포 역시 양쪽 끝에 서 있는 여인들이 눈에 띄었다. 두 여인 중에서 어느 쪽이 좋을 것인가를 생각하고 있었다. 그때 오른쪽 끝에 서 있는 여인의 눈이 여포의 눈과 마주쳤다. 요염한 눈빛이었다.

"저 여인이 좋겠군."

오른쪽 끝에 있는 여인을 가리키며 여포가 말했다.

"그러면 태사님께 이 여인을 헌상하도록 하지요."

문희는 그렇게 말한 뒤 그녀에게 물었다.

"그대의 이름은?"

"초선貂蟬이라고 하옵니다."

왼쪽 끝에 서 있던 여인이 대신 대답했다. 채옹은 내심 마음이 놓였다. 방금 대답했던 여자를 계속해서 살펴보고 있었는데 어딘지

모르게 기품이 있어 보였다. 동탁에게 바치기에는 아깝다는 생각이
들었다. 그런데 여포가 다른 여인을 지목했기 때문에 다소 안심이
되었던 것이다. 왼쪽 끝에 있는 서 있는 여인은 오장원 강국인 마을
에 잠시 머물고 있는 소용이었다.

三

"그대도 고향이 오원인가? 그러면 나와 이야기가 통하겠구나."

여포가 초선에게 말했다. 서역 악단의 여인 중에서 여포가 선택
한 초선은 그와 동향이었다. 현재 내몽고 자치구에 있는 오원은 후
한시대에는 군郡으로서 당시에도 한족보다는 몽골족이 더 많이 살
고 있었다. 그래서 같은 한족 동향인을 만났다는 사실에 여포는 더
욱 반가움을 표했다.

여포는 아직 젊었다. 몸집은 컸지만 무사치고는 피부도 하얀 편
이었다. 지금까지 여자를 마치 물건처럼 여기던 그였는데 초선을
만남으로 해서 처음으로 여자를 사람으로 보기 시작했다. 그들은
같은 지붕 아래 살고 있었다. 그러나 초선은 그의 여인이 아니었다.
그녀를 소유하고 있는 사람은 동탁이었다. 소유욕이 강한 동탁이었
던 것이다.

동탁은 미眉라고 하는 곳에 오塢를 만들었다. 미는 지금의 섬서성
미현眉縣으로 오장원 동쪽에 위치하고 있다. 오라는 것은 토성을 말
한다. 사적인 목적을 위해 10미터 이상의 높이로 쌓은 토벽을 두른
성이었다. 동탁은 낙양에서 가져온 보물과 장안에서 약탈한 물건들
을 미오眉塢에 보관하고 있었다. 그리고 자기 일족이 30년은 너끈하

게 먹고 살 수 있을 정도의 식량을 성안에 저장해두고 있었다. 혹시 예기치 못한 일이 발생하더라도 이 성으로 피하게 되면 그 누구라도 공략하는 것이 불가능했다. 동탁이 이 성의 건축을 끝낸 뒤 "그 누구도 내 물건을 빼앗을 수는 없다"고 말했을 정도로 철옹성이었다.

아무리 사소한 물건이라도 일단 자신의 소유물이 되면 아무도 손댈 수 없다. 이것이 동탁의 철학이었다. 그의 물건에 손을 대는 경우에는 간단하게 끝내지 않았다. 우선 손댄 자의 목숨은 없는 것이나 마찬가지라고 생각해야 했다. 그런데 여포가 동탁의 소유물인 초선에게 손을 댄 것이다.

"초선아. 이 일이 태사에게 알려지면 우리의 목숨은 끝장이다. 알겠느냐? 우리 둘의 운명은 같은 날 끝날 것이다. 같은 배를 타고 있는 것이나 다름없다."

사랑을 나눈 다음 여포는 그렇게 말하면서 초선의 몸을 다시 한 번 감싸 안았다. 스릴이 있으면 있을수록 정사情事는 더욱 뜨거워지게 마련이다.

"두렵사옵니다."

초선이 가늘게 떨리는 목소리로 말했다.

"내가 항상 곁에 있지 않느냐? 두려워할 필요 없다."

여인의 어깨에 올린 여포의 손에 자기도 모르게 힘이 들어갔다. 초선이 허리를 비틀면서 말했다.

"예, 이제 두렵지 않사옵니다. 죽든 살든 장군의 품안이라면….."

"오, 이 귀여운 것!"

여포는 한 손으로 초선의 머리를 쓰다듬었다. 지금까지 경험해보지 못한 마음의 편안함을 초선에게서 느끼고 있었다. 그는 잠시 달콤한 분위기에 젖어들었다. 그러나 여포는 무사였다. 이기느냐 패하느냐, 언제나 둘 중의 하나였다. 현실은 항상 냉철하게 생각할 필요가 있었다. 초선과 정사를 나누면서도 그는 그저 여자의 육체에 빠져 있는 것이 아니었다. 냉정한 눈으로 주위를 살피고 있었다. 두 사람의 밀회가 언제까지나 달콤하게 이어질 수는 없었다. 언젠가는 주변사람들이 알게 될 것이다. 그리고 동탁의 귀에까지 들어가는 날이면 이미 모든 것이 끝장날 것이었다.

'어떻게 할 것인가?'

초선의 젖가슴을 쓰다듬고 있으면서도 여포는 그 궁리에 몰두하고 있었다. 갑자기 초선이 경련이라도 일으키는 것처럼 크게 몸을 떨었다.

"왜 그러느냐?"

여포가 깜짝 놀라 물었다.

"무섭사옵니다. 일전에 연회장에서의 일을 생각하면….."

초선이 가볍게 몸을 떨었다.

"아, 그 일 말이냐? 그래, 그건 내가 봐도 좀 심했었지."

난폭하기 이를 데 없는 여포의 입에서 '좀 심했다'는 표현이 나올 정도라면 보통 일이 아니었다. 여포 자신이 느낄 정도였으면 보통 사람들 입장에서는 눈뜨고는 못 볼 참상이었을 것이다. 그는 지금까지 그 큰 손으로 피비린내 나는 참혹한 일들을 헤아릴 수도 없이 자행해왔다.

초선이 말한 연회에서는 이런 일이 있었다. 동탁이 새로 구축한 미오에 조정의 주요 관리들을 불러 연회를 베푼 적이 있었다. 그런데 그 연회가 있기 얼마 전 장안 북쪽에 있는 지역에서 작은 반란이 일어났다. 동탁은 병력을 보내 간단하게 진압한 뒤 수백 명을 포로로 잡아왔다. 그때 잡혀온 포로들이 모두 연회장에 끌려 나왔다. 요리상이 차려지고 초청된 사람들이 음식을 먹기 위해 수저를 들었다. 동탁은 초청된 사람들보다 높은 자리에 앉아서 한 손에 젓가락을 든 채 갑자기 다른 한 손을 높이 치켜들었다. 아무 일도 아니라는 표정이었다. 그러나 그것이 신호였다. 끌려나온 포로의 학살이 시작된 것이다. 먼저 한꺼번에 수백 명이나 되는 포로의 혀를 잘랐다. 입에서 붉은 피가 솟았다. 연회장에는 12개의 식탁이 나란히 줄지어 있었다. 그러나 야외에 천막을 쳐 급조한 장소였기 때문에 포로의 처형은 탁자와 탁자 사이에서 서서히 진행되고 있었다. 일순 정적이 흘렀다.

"모처럼 연 연회에서 음식 맛 떨어지게 비명소리가 나면 안 되지."

숟가락으로 국물을 한 입 떠 넣은 다음 동탁은 태연스레 말했다. 목이 잠겨서 낮은 소리였다. 그러나 그 자리에 있는 모든 사람이 숨을 죽이고 있었기 때문에 먼 구석에 있는 사람들까지 동탁의 둔중한 목소리를 들을 수 있었다. 혀를 자르면 큰 소리로 비명을 지를 수는 없게 되지만 폐부에서 쥐어짜는 듯한 신음이 새어나오게 된다. 수백 명이 한꺼번에 내는 소름끼치는 그 소리는 마치 지옥에서 들려오는 음울한 외침 같았다. 다음에는 포로의 눈을 파냈다. 눈구멍에서 피가 분수처럼 솟았다. 피가 튀어 탁자 위의 국사발로 들어갈 정도였다. 그런 다음에는 손이 잘리고 다시 발이 잘렸다. 연회장에 모인 사람은 누구랄 것도 없이 얼굴이 백지장처럼 하얗게 변했다. 음식이 입으로 들어갈 리 만무했다. 천막 한쪽 구석에는 아궁이가 설치되어 있었고, 그 위에 큰 솥이 걸려 있었다. 솥 안의 국물은 펄펄 끓고 있었다. 연회에 초대된 사람들은 그 솥이 국을 따뜻하게 데워 내오기 위해 준비한 것이겠거니 여겼다. 그러나 그게 아니었다. 포로

들의 잘린 팔과 다리, 그리고 눈알이 솥 안의 끓는 물속으로 들어갔던 것이다. 그 광경을 보자 모두 몸을 부르르 떨면서 자기도 모르게 쥐고 있던 수저를 떨어뜨렸다. 『삼국지』「동탁전董卓傳」은 이때 연회에 참석했던 사람들이 공포에 떠는 모습을 그렇게 묘사하고 있다. 덧붙여 '그리고 동탁은 태연자약하게 음식을 먹었다'고 기술하고 있다. 동탁은 이미 인간이 아니었다. 인간의 탈은 썼지만 피에 굶주린 귀신과 다를 바 없었다.

그때 초선은 '피의 잔치'가 시작되기 전에 동료들과 함께 노래를 불렀다. 몇 곡을 부르고 나자 동탁이 말했다.

"이젠 됐다. 오늘은 좀 더 흥미진진한 여흥 순서가 준비되어 있으니 너희는 물러가거라."

다행스럽게도 초선은 이 아비규환의 현장을 두 눈으로 보지 않아도 되었다. 참혹한 현장은 나중에 이야기를 전해 듣고서야 알게 되었다. 그러나 이야기를 듣는 것만으로도 속이 메스꺼워 견딜 수가 없었다.

"그 이야기를 머리에 떠올리면 저절로 몸이 후들거려 자리에 서 있을 수가 없사옵니다."

초선은 두려움을 떨쳐버리기라도 하려는 듯 여포의 가슴으로 더욱 깊이 파고들었다.

"두려워할 필요 없다."

"아닙니다, 저는 무섭사옵니다."

초선이 머리를 좌우로 거칠게 흔들었다.

"무섭사옵니다! 그 사람이 살아 있는 한 무섭지 않다고 수백 번 말씀하셔도 저는 무섭사옵니다."

초선은 입술을 부들부들 떨면서 다음 말을 잇지를 못했다.

"그 사람이 살아 있는 한? 결국 없어지면 무섭지 않다는 말인가? 없어진다면⋯."

여포가 중얼거렸다. 초선은 공포에 질려 몸을 심하게 떨고 있었기 때문에 여포가 혼자 중얼거리는 말 따위는 귀에 들어오지도 않았다. 여포는 계속 자신에게 이야기를 건네고 있었다.

"없어진다면, 없어진다면⋯."

여포는 같은 말을 반복하고 있었다.

"없애버린다면, 없애버린다면⋯."

그의 중얼거림이 자신도 모르는 사이에 바뀌어 있었다.

四

여포마저도 그런 말을 할 정도였다. 백성들은 가슴속에서만 그런 말을 할 수 있었다. 생활고를 호소하는 말도 허락되지 않았다.

옛날 사서에서는 서민의 생활에 대한 내용은 전혀 찾아볼 수가 없다. 높은 지위를 가진 인물들만 등장하고 서민의 생활은 그 뒤에 가려져 나타나지 않는 것이다. 당시의 낙양이나 장안에는 여기저기에 사람이나 말의 동상이 세워져 있었다. 동이 무기의 주요 재료로 쓰이던 그 시대에 천하를 통일하여 평화를 이룩한 자는 평화의 상징으로 무기를 녹여 거대한 동상을 주조했다. 그런데 동탁이 그 동상들을 전부 헐어버렸다는 기록이 사서에 남아 있다. 동전을 만들기 위해서였다. 그리고 당시까지 유통되고 있던 오수전五銖錢이라는 동전도 모두 회수하여 좀 더 작은 동전으로 제조했다. 크기만 작게 한 것이 아니라 표면에는 문자나 문양을 새겨 넣지 않아 조잡하기 이를 데 없이 만들어진 동전이었다. 이런 기록이 『삼국지』에 보인다.

> 이때 주화는 가벼워지고 물가는 올랐다. 곡식 한 석이 수십만
> 냥에 이르렀다. 나중에는 주화가 전혀 통용되지 않았다.

주화가 통용되지 않자 일반 서민의 생활이 더욱 궁핍해졌다. 몇 줄 안 되는 사서의 기록을 보면서 당시 사람들이 얼마나 어렵게 생활했는가를 짐작할 수 있다. 그러나 그들은 처참한 생활고를 꿈속에서조차 입에 담을 수 없는 상황이었다. 그랬다가는 국가를 비방한다는 이유로 곧바로 처형당하기 십상이었다. 도저히 참지 못한 백성들이 분연히 일어나 반란을 일으키기도 했다. 그러나 그들은 전투에 익숙하지도 않을 뿐만 아니라 조직적으로 대처하는 방법도 서툴러 이내 진압되곤 했다.

그날 동탁이 베푼 연회장에서 처형된 이들도 그런 무리에 해당하는 사람들이었다. 그러나 동탁에 반발하는 분위기는 이런 탄압에도 계속 확산되었다. 동탁이 극단적인 공포정치로 겨우 자리를 보전하고는 있었지만 반동탁의 소리 없는 외침은 이미 천하의 구석구석까지 파고든 상황이었다. 일단 세상이 뒤집히기만 하면 동탁과 그 수하의 운명은 그것으로 끝장이었다.

동탁파의 거물로 알려진 채옹도 기회만 있으면 장안을 탈출하여 연주로 갈 생각을 하고 있었다. 그는 그 일을 사촌동생인 채곡蔡谷과 의논했다.

"형님은 이미 많은 사람들에게 얼굴이 알려져 있습니다. 더구나 형님의 용모는 보통사람과 좀 달라서 금방 알아보게 될 겁니다. 장안을 탈출하시는 것은 무리라는 생각이 듭니다."

이 말을 듣고 채옹은 탈출을 단념했다.

장안으로 천도한 이후 동탁은 1년가량 낙양 근처에서 반동탁 연합군과 공방전을 벌였다. 그 사이에 동탁은 장안의 정치 일체를 사도 왕윤에게 맡기고 있었다. 왕윤은 동탁파의 중요한 인물 중에 한 사람이라고 할 수 있었다. 하지만 그도 세상이 뒤집혔을 때를 대비하여 어떻게 처신하는 것이 좋을 것인가 늘 생각하고 있었다. 왕윤에 대한 동탁의 신임은 부담스러울 정도로 두터웠다. 누가 보더라도 그는 동탁에게 충성을 바치는 인물로 비쳐지고 있었다. 세상이 뒤집힐 경우 그는 '공공의 적'으로 지목되어 가장 먼저 처형될 게 뻔했다. 그것을 피할 수 있는 유일한 방법이 하나 있긴 했다. 세상이 뒤집히는 것을 그냥 앉아서 기다릴 것이 아니라 자신이 세상을 뒤집어버리는 것이다. 즉 자신이 동탁을 제거하는 선두에 서면 된다. 쉽지 않은 일이지만 그 외에는 방법이 없었다. 공격이야말로 최선의 방어이고, 투쟁이야말로 가장 빨리 높은 자리로 올라가는 수단이었다. 왕윤이 지금까지 살아온 궤적도 그러했다.

왕윤은 태원 출신으로 자는 자사子師였다. 그는 젊었을 때 군의 태수가 노불路佛이라는 자를 관리에 등용하려 하자 끝까지 반대하다가 하마터면 죽을 뻔한 적이 있었다. 그러나 그의 당당한 소신을 아꼈던 자사 등성鄧盛의 도움으로 겨우 목숨을 건졌다. 그후 그는 등성의 밑에서 일했는데 이것이 출세가도를 달리게 된 계기가 되었다. 황건군이 반란을 일으켰을 때는 예주 자사로 있었는데 이때 환관의 우두머리인 장량을 탄핵하는 상소문을 올렸다가 투옥된 일도 있었다. 나중에 사면을 받아 다시 자사 자리에 복귀했지만 그 후에도 계속 환관들을 비난하다가 다시 투옥되었다. 이때 죽음만은 면했지만 곧바로 풀려날 수는 없었다. 1년이 지난 뒤에야 삼공들이 그의 석방을 황제에게 간하여 겨우 출옥할 수 있었다. 환관 몰살사건 이후에는 조정의 중심인물로 부각되었으며 시간이 더 지난 뒤에는 삼공의 자리에까지 오르게 되었다.

늘 투쟁을 통해 자신의 진면목을 인정받으며 출세가도를 달려온 왕윤이었다. 항상 어려움을 헤치고 나아갈 길을 스스로 만들어왔다. 이번에도 싸우지 않으면 안 되었다. 지금까지 벌여온 왕윤의 투쟁은 무모한 행동으로 비쳤다. 그러나 그런 행동이 있었기 때문에 강력한 원군을 얻게 되었고 그 원군의 도움을 얻어 항상 싸움에서 승리할 수 있었다. 그의 행동은 결코 아무 대책도 없는 순간적인 충동에 의한 것이 아니었다. 노불의 임명에 반대했을 때도 은밀하게 주변사람들을 통해 자사 등성에게 "왕윤이라는 자는 소신을 가지고 있는 젊은 친구입니다"라는 말을 전하도록 미리 손을 써두었다. 환관들과 투쟁할 때도 삼공의 지원을 받을 수 있다는 것을 확인하고 난 뒤에야 분연히 일어섰다.

'그렇다면 이번에는 무엇에 의지할 수 있을까?'

왕윤은 차츰 마음을 다져나가고 있었다. 생활고에 시달리는 백성들 사이에서는 동탁에 대한 원성이 점점 높아가고 있었다. 당할 것이 두려워서 입 밖으로 발설하지는 못하고 있지만 모두들 가슴속으로는 '동탁을 죽여야 한다!'고 외치고 있었다. 궁궐 안에서도 대놓고 거스르지는 못하지만 동탁을 비난하는 분위기가 점점 거세지고 있음을 감지할 수 있었다. 그가 동탁을 제거하면 모든 관리와 백성을 난세에서 벗어나게 해주는 구세주가 되는 것이다. 그러나 만일 다른 자가 동탁을 없애게 된다면 왕윤은 동탁파로 몰려 살아남기가 힘들 것이다. 서두르지 않으면 안 될 일이었다. 왕윤은 마침내 마음을 굳혔다.

왕윤에게는 자신을 따르는 무리가 있었다. 사예교위司隸校尉, 경찰 총수에 해당 황완黃琬과 상서尙書, 비서실장에 해당 정공업鄭公業, 집금오 토손서士孫瑞 등이 그들이었다. 처음에 왕윤은 그들로부터 병력을 받아 원술을 토벌한다는 핑계로 무관武關을 출발한 뒤 방향을 돌려 동탁을 공격하려고 했다. 그러나 군대의 통수권은 동탁이 쥐고 있었기 때문에 병력 이동은 동탁의 허락 없이는 이루어질 수 없었다. 왕윤의 계획은 "지금 그럴 필요까지는 없다"는 동탁의 한마디로 일축되고 말았다.

초평 3년(192년)은 연초부터 계속 비가 내리기 시작하여 60일간이나 계속되었다. 이럴 때는 높은 자리에 있는 관리들이 하늘에 청제請霽를 지내는 관습이 있었다. 청제란 바로 청천晴天을 기원祈願하는 일이었다. 기청祈晴이라고도 했다. 새 단을 만들어 그 위에 올라가 기도를 올리는 것인데 단은 그리 넓지 않았지만 높이는 사람 키보다 훨씬 높았다. 단 위에서 낮은 목소리로 말하면 그 소리를 단 아래에서는 잘 들을 수 없을 정도의 높이였다. 왕윤과 그를 따르는 자들은 주로 기청대를 연락 장소로 삼았다. 수행하는 자들은 단 밑에서 기다리게 하고 그들은 단 위에서 우산을 받쳐 들고 은밀한 대화를 나누었다.

어느 날 왕윤은 단 위에서 토손서를 만났다. 토손이 성이고 서가 이름이다. 부풍扶風 출신으로 재모가 뛰어나다고 알려진 인물이었다. 우산을 받쳐 든 토손서가 왕윤에게 말했다.

"작년 연말 이후 태양이 비치지 않고 비만 계속 내리고 있습니다. 달이 집법執法을 범하고, 혜패彗孛가 보이고 있습니다."

집법이나 혜패는 모두 별 이름이다. 토손서는 점성술이나 비위秘緯, 예언서에 대해서는 일가견이 있는 인물이었다. 2세기 말엽의 중국인은 점성술이나 예언서를 믿었다. 특히 왕윤은 다른 사람들보다 훨씬 더 점성술이나 예언을 신뢰했다.

"그것은 무엇을 의미하는 것이오?"

왕윤이 물었다.

"내부에서 일어나는 자는 반드시 그 뜻을 이루게 될 것인데 그 일이 늦어지면 안 된다는 뜻이오."

토손서는 그렇게 말하고 단을 내려왔다.

"내부에서 일어나는 자는 반드시 그 뜻을 이룬다."

빗줄기 속에서 왕윤이 중얼거렸다.

五

그날 밤 왕윤은 전혀 생각지도 못했던 인물의 방문을 받았다. 여포였다. 당시는 동탁의 천하였기 때문에 왕윤도 여포를 의례적으로 집에 초대한 적은 있었다. 동탁의 심복 중의 심복일 뿐 아니라 양아들이기도 했기 때문이었다. 그러나 타고난 무사 기질을 갖고 있는 여포는 왕윤에게는 전혀 다른 세계의 사람이었다. 여포도 왕윤을 그렇게 생각하고 있을 것이었다. 그러므로 여포가 초청하지도 않았는데 불쑥 왕윤을 찾아왔다는 사실은 뜻밖이 아닐 수 없었다. 게다가 큰 몸집을 한 여포가 양손을 가운데로 모은 채 쪼그리고 앉아 골똘히 생각에 잠겨 있는 모습을 보니 그가 찾아온 이유가 더욱 궁금해졌다.

"무슨 일이 있었소?"

왕윤이 물었다. 특별한 일이 없다면 이 사내가 이처럼 야심한 시각에 찾아올 리가 없었다.

"나는 이제 곧 죽게 됩니다."

여포는 느닷없이 엉뚱한 말을 꺼냈다.

"뭐요? 당신이 왜?"

왕윤은 여포가 무슨 말을 하는지 도무지 알아들을 수가 없었다. 여포라면 사람 죽이는 일을 전문으로 하는 인간이었다. 그런 자가 자신이 죽게 되었다고 말하고 있으니 선뜻 이해가 가지 않았다.

"이 세상에서 당신을 죽일 사람이 누가 있겠소? 도대체 누가 당신을 죽인다는 말이오?"

"태사입니다."

여포는 잠시 사이를 두었다가 대답했다. 태사 동탁. 그자만이 이 세상에서 여포를 죽일 수 있었다. 왕윤은 적이 놀라지 않을 수 없었다. 아버지가 아들을 죽이려 한다는 이야기였다.

"도대체, 도대체 무슨 말인지 자세히 좀 얘기해보시오."

왕윤은 그 이유가 궁금하지 않을 수 없었다.

"요즘 태사께서 행동이 좀 이상해지셨습니다. 뭐가 마음에 안 드시는지 들고 계시던 지팡이로 저를 후려치시면서…."

여포는 말을 하면서 평소의 그답지 않게 눈을 감았다. 지금 그에게는 초선이라는 존재가 가장 소중했다. 그밖에 다른 이유는 없었다. 그러나 여자 문제 때문에 동탁의 보복이 두렵다고 말할 수는 없는 노릇이었다. 왕윤은 나름대로 추측을 해보았다. 여포가 이렇게 시무룩해 있는 것은 자존심에 상처를 받았기 때문일 것이다. 집에서 기르는 개도 아닐진대 자기 기분이 언짢다고 함부로 사람을 때리면 다 큰 사내가 자존심이 상해 반발하는 것은 당연한 일이리라.

"분한 일이겠소. 그 기분 충분히 알 것 같소."

왕윤은 그날 기청대에서 토손서가 했던 말이 갑자기 떠올랐다. 점쟁이가 하는 말들은 언제나 구체적으로 손에 잡히는 뭔가가 있는 게 아니다. 토손서가 했던 말도 구체적으로 어떤 것을 이야기하는지 금방 알 수는 없었다. 그러나 '내부에서 일어나는 자는 반드시 그 뜻을 이룬다'는 말의 의미가 어쩌면 이것이 아닌가 싶었다. 내부에서 거사에 동참하는 자가 있으면 성공한다. 여포는 동탁과 부자의 연을 맺고 있었다. 동탁의 입장에서 이 젊은 사내는 소중한 아들이자 가장 신뢰할 수 있는 인물이었다. 측근 중의 측근인 것이다. 가장 내부에 있는 인물, 그자가 동탁을 배신한다. 역시 토손서의 예언 능력은 출중했다. 여포만 자기 쪽으로 끌어들일 수 있다면 거사는 이미 성공한 것이나 다름없었다.

여포는 안절부절못하고 있었다.

"왕윤 어른은 지혜로운 승상이시니 그분을 찾아가서 상담을 하시는 게 어떻겠습니까? 아무래도 저와 장군과의 사이를 다른 사람들이 눈치 채고 있는 것 같아 불안해서 한시도 편히 있을 수가 없사옵니다."

초선이 그렇게 졸라 여포가 왕윤의 집을 찾은 것이다. 과연 이 상황을 해결할 수 있는 지혜를 얻을 수 있을까? 만일 왕윤에게 지혜를 얻지 못한다면 여포는 자기 나름대로 생각하고 있던 것을 그대로 실행에 옮길 작정이었다. 그것은 동탁을 살해하는 일이었다. 여포의 이마에서 땀이 배어나오고 있었다. 왕윤은 여포의 그런 모습을 한참 동안 물끄러미 바라보다가 입을 열었다.

"나는 이제 쉰이 넘었소. 하잘것없는 인간이지만 인생경험만큼은 장군보다 조금 더했다고 할 수 있소. 그 경험이 장군에게 도움이 좀 될지는 모르겠소만…. 지금 내가 이 나이가 돼서 마음 깊이 느끼는 게 있다면, 패하지 않겠다는 생각으로는 문제가 해결되지 않는다는 것이오. 반드시 이기겠다고 생각하지 않으면 안 되오."

여포는 순진한 어린애처럼 머리를 끄덕거렸다. 왕윤은 신중한 목소리로 말을 이었다.

"내가 당하지는 않겠다고 생각하는 것은 어리석은 일이오. 아시겠소? 그렇게 마음먹기보다는 내 쪽에서 먼저 상대방을 공격하는 것이오."

여포는 그 말을 듣고 고개를 들었다. 안도하는 표정이 역력했다. 혼자서 여러 가지 방법을 연구해보았지만 상대를 먼저 죽이는 것 외에는 다른 해결책을 구하지 못했다. 당대의 가장 지혜로운 인물이라는 왕윤에게 물어보아도 결과는 마찬가지였다.

'죽이는 것이다.'

그렇게 생각하면 모든 일이 간단하게 해결된다. 그밖에 다른 방법이 없다는 것을 확인한 지금 여포는 오히려 마음이 편해졌다.

"문제는 방법이오. 장군은 동탁의 최측근이기 때문에 행동에 옮길 기회는 얼마든지 있을 것이오. 그러나 명분을 갖추지 않으면 안되오. 그러려면…."

왕윤이 목소리를 낮췄다. 여포도 몸을 앞으로 숙였다.

六

그와 비슷한 시기에 채옹의 집에도 손님이 찾아왔다. 그러나 이 손님은 의외의 인물이 아니라 항상 가까이 지내는 사람인 토손서였다. 그는 수시로 채옹의 집을 찾았다. 주로 책을 빌리거나 돌려주기 위해서였다. 물론 채옹과 대화를 나누기도 했다.

"그럼 시간이 너무 늦었으니 얼른 서재에 들렀다 가야겠습니다."

밤이 이슥해지자 토손서가 자리에서 일어나며 말했다. 채옹이 딸을 불러 일렀다.

"토손 선생이 서재로 가신다고 하니 안내해드리도록 해라."

채옹의 집에 있는 서고는 딸 문희가 관리하고 있었다. 채옹은 장서가였다. 서둘러 천도할 때도 다른 어떤 물건보다 책을 먼저 챙겼다. 소장하고 있는 책 중에서는 다른 데서는 구할 수 없는 것이 많았다. 그런 까닭으로 채옹에게 책을 빌리러 오는 이들이 많았다. 그 손님들을 맞이하여 안내하는 일은 문희가 맡고 있었다. 나중에 난이 일어나면서 채옹이 소장하고 있던 서적도 모두 연기로 사라지고 만다. 그러나 놀랍게도 10년 이상 지난 뒤 문희는 조조의 명령을 받고 자신이 암기하고 있던 문장을 복원했는데 그 책이 4백여 권에 이르렀다고 한다. 이 일화는 한참 뒤의 이야기이지만 그 정도로 그녀는 서적을 가까이했다.

토손서가 채옹의 집을 방문한 것은 책을 빌리려는 일 말고도 또 다른 용건이 있어서였다. 채옹의 딸과 연락을 취하기 위해서였다. 토손서는 아무도 듣는 이가 없는 서재에서도 목소리를 낮추어 문희에게 물었다.

"여포 건은 차질 없이 진행이 되었습니까?"

"오늘 왕윤 어른 댁에 자문을 구하러 갔을 겁니다. 초선에게 미리 그렇게 하도록 일러놓았거든요. 그 포악스럽기만 한 자가 요즘 덩치에 어울리지 않게 고민이 많은 것 같더군요."

문희의 입가에 잔잔한 웃음이 번졌다.

"잘돼야 할 텐데…. 나도 오늘 기청대에서 왕윤 어른을 만나 내부에서 일어나는 자는 반드시 그 뜻을 이룰 것이라고 넌지시 한마디 던져놓았소."

"승상께서는 특히 그런 것을 철석같이 믿으시는 분이니까요."

"아무리 생각해봐도 초선이라는 아이가 보통이 아닌 것 같습니다. 우리가 일러주는 대로 그자를 다룰 수 있다는 것은 참으로 대단한 일이 아닐 수 없습니다."

"그녀는 지금 도탄에 빠져 있는 백성을 위해 몸을 바친다는 사명감을 갖고 있습니다. 현재 자신이 하고 있는 일이 많은 사람을 굶주림과 죽음에서 구하게 된다는 굳은 믿음을 갖고 있지 않다면 그처럼 엄청난 일을 할 수가 없겠죠."

문희의 눈이 잠시 빛났다.

"여자의 몸으로 어디서 그런 담력이 생겼는지 모르겠소."

토손서의 말에 문희가 잠시 생각에 잠겼다가 입을 열었다.

"바로 오두미도입니다."

"미적 말이오?"

토손서처럼 상당히 균형 잡힌 사고를 하는 이도 도교의 일파인 오두미도 신자를 부를 때는 적賊이라는 표현을 사용했다. 지금 오두미도의 교주인 장노는 한나라 조정이 사천으로 파견하는 사자를 한중에서 저지하고 있었다. 그리고 촉 땅의 유언은 이를 구실삼아 조정의 간섭을 받지 않고 자신만의 독립된 왕국을 만들어가는 중이었다. 촉이 그렇게 되고 있는 것은 모두가 길을 가로막고 있는 미적의 탓이라는 이야기였다.

"그렇습니다."

"우매한 백성을 현혹시키고 있는 오두미도에 그런 정신을 가진 여인을 길러낼 힘이 있단 말이오? 나는 믿어지지가 않소."

"오두미도에서 가장 뛰어난 여인이 초선을 가르쳤습니다."

"그런 대단한 여인이 누구인지 나도 한번 보고 싶소."

"보시면 아마 빠져드시고 말 겁니다."

문회가 말을 한 뒤 빙긋이 웃었다.

"그건 또 무슨 말이오?"

"대단한 미모이기 때문입니다."

"그럴 일이 있겠소? 하하하."

토손서는 호탕한 웃음으로 맞장구를 쳤다.

'나는 이제 다른 여인에게 빠질 일은 없을 것이오.'

말을 하지 않았지만 토손서는 마음속으로 그렇게 읊조렸다.

"아버님께서는 이번 일을 아직 모르고 계시지요?"

토손서가 목소리를 낮추어 화제를 돌렸다. 채문회가 그의 말을 받아 고개를 끄덕거렸다.

"아직 말씀드리지 않았습니다. 전혀 눈치 채지 못하고 계신 듯합니다."

"그렇게 하는 것이 우리가 일하는 데 더 도움이 될 것이오. 한 사람이라도 적극적으로 나서는 동지가 더 많으면 좋겠지만 적극적으로 나서지는 않는다 해도 결국 천하의 모든 사람이 우리 편이 되는 것 아니겠소?"

토손서는 이제부터 실행에 옮기고자 하는 일에 대해서 평소의 그답지 않게 도취되어 있는 감이 없지 않았다. 그는 누구보다도 냉철한 현실감각을 지닌 인물이었다. 그러나 지금처럼 지나치게 몰입한 상태가 되면 자기도취에 빠지는 경우도 있었다. 그렇지만 그런 막연한 환상을 떨쳐버리고 냉정해져야 되겠다는 생각이 들면 언제라도 다시 이성적인 상태로 돌아올 수 있는 정신력의 소유자였다.

함부로 내뱉지 못하고 가슴속에 응어리로 품고 있는 것을 모두 쏟아내게 한다면 천하는 누구라도 예외 없이 동탁을 증오할 것이었다. 물론 미오에 있는 동탁의 가족들에 대한 감정은 그렇지 않을 수도 있을 것이다. 동탁은 천하를 자기 소유로 만들었다. 수도의 변방은 중랑장의 자리에 앉아 있는 동탁의 사위 우보牛輔가 지키고 있었다. 동탁의 동생인 동민董旻은 좌장군, 형의 아들인 동황董璜은 중군교위中軍校尉라는 자리를 꿰차고 있었다. 동탁의 일족 대부분이 귀족 신분이었다. 심지어 동탁의 첩이 임신을 하게 되면 아직 태어나지도 않은 아이에게 벼슬을 내리는 일도 있었다. 관직이나 위계를 독식하는 것은 저 높은 곳의 일이기 때문에 일반 백성과는 큰 관련이 없을 수도 있었다. 하지만 동탁은 관직뿐만 아니라 세상의 모든 값진 것을 독점하고자 했다. 이 땅에 존재하는 모든 것을 미오에 쌓아두어야 직성이 풀리는 그였다. 그러니 백성에게는 아무것도 남아나지 않았다.

'천하를 위하여!'

동탁을 없애는 데는 특별한 명분이 필요 없었다.

"내가 동탁을 잡아 죽이라는 조문詔文을 만들도록 하겠소. 아니, 문안을 다듬을 필요도 없을 것 같구려. 몇 년 동안 눈만 뜨면 생각했던 일이니 머릿속에 있는 것을 그대로 문장으로 옮기기만 하면 될 것 같소."

토손서의 눈에 불심지 같은 것이 이글거렸다.

七

거사일이 정해졌다. 초평 3년 4월 신사일이었다. 잠시 병으로 누워 있던 어린 헌제가 완쾌되자 신하들이 미앙전未央殿으로 모이게 되었다. 태사 동탁도 예복을 입고 참내參內, 입궐하게 되었다. 동탁의 참내는 드문 일이었다. 조정의 주요 대신들은 허락을 받아야 할 일이 있으면 동탁이 있는 곳으로 찾아갔다. 그러므로 공식적인 행사가 있을 때를 제외하고는 동탁이 참내할 일은 없었다. 그는 미오성 외에도 장안에 자신의 집무실을 만들어놓았는데 그곳은 높은 벽으로 둘러싸여 있을 뿐만 아니라 중무장한 병사들이 엄중한 경비를 서고 있었다. 동탁을 공격하기 위해서는 그가 바깥으로 거동할 때를 노리는 수밖에 없었다. 그러나 그때조차도 대개는 호위병들이 겹겹이 그의 수레를 둘러싸고 있었다. 그러다 보니 결국 그가 참내할 때가 최적의 기회라고 할 수 있었다.

그는 황제가 궁궐 안에 머물고 있어도 중무장한 병사들을 동행했다. 보통 행차보다는 거느리는 병사 수가 적었지만 그들은 수많은 병사들 중에서 뽑힌 최정예였다. 그런데 궁궐 안에는 항상 황제를 호위하기 위한 근위병이 있었다. 아무리 천하에 뵈는 것이 없는 동탁이라 할지라도 근위병을 함부로 대하지는 못했다. 그러한 점을 어떻게 이용할 것인가에 대해서는 거사를 행하기 전에 충분히 논의된 사항이었다. 또한 궁궐 안에서 동탁을 없애게 되면 황제의 명을 받들어 역적을 베었다는 명분을 내세울 수가 있었다. 아무리 조서를 만들어 황제의 옥새를 찍었다 할지라도 궁궐 외의 다른 장소에서 동탁을 벤다면 그 효과가 반감될 것이었다.

왕윤을 중심으로 한 반동탁 쿠데타는 신중하게 추진되었다. 토손서가 쓴 조서는 역적을 주살하라는 일종의 동원령이기 때문에 황제 신새가 날인되었다. 옥새를 담당하는 상부새랑중은 다행스럽게도 왕윤의 제자였다. 주요 관직에는 모두 자신의 심복을 앉혔던 동탁이 옥새를 담당하는 자리만큼은 등한시했다. 그것은 중대한 실수였다. 동탁이 볼 때는 '그까짓 도장을 관리하는 일이 무어 그리 중요한가?' 하고 가볍게 생각했던 게 틀림없었다. 조서는 다른 사람의 눈을 피해 여포의 손으로 건너갔다. 여포는 휘하에 있는 기도위 이숙李肅, 진의秦誼, 진위陳衛와 같은 민첩한 무사 10여 명을 차출하여 근위병 제복을 입힌 다음 북액문北掖門의 위병衛兵으로 보냈다.

왕윤은 안절부절못하고 있었다.

'투쟁만이 내 운명을 밝은 곳으로 인도해줄 수 있는 유일한 방법이다.'

그는 항상 그렇게 믿고 있었지만 이번에는 그리 만만치 않은 싸움이었다. 만에 하나 실패하게 된다면 이번 일에 참가한 자들이 고문에 못 이겨 결국 주모자를 실토하게 될 것이다. 평소에 자신을 신뢰하고 있었던 만큼 동탁의 분노는 상상하기도 어려울 정도이리라. 일전의 연회석상에서 보았던 것처럼 혀를 자르고 팔다리를 자르고 눈알을 파내어 물이 펄펄 끓고 있는 가마솥에 던져 넣는 것쯤은 아마도 가장 낮은 형벌에 해당하리라.

'반드시 성공한다!'

왕윤은 스스로에게 채찍질을 하며 마음속으로 그렇게 외쳤다. 따지고 보면 실패할 이유도 없었다. 점성술에 일가견이 있는 토손서가 내부에서 일어나는 자는 반드시 그 뜻을 이룬다고 잘라 말하지 않았던가. 내부에서 가장 믿음직한 동조자를 얻은 지금, 무엇을 두려워한단 말인가. 왕윤은 조용히 때를 기다리고 있었다.

전한 말 적미군의 반란에 이어 계속되는 전란으로 장안은 폐허가 되었고 결국 조정은 수도를 낙양으로 옮겼다. 그리고 다시 동탁은 낙양에서 자신의 본거지와 멀지 않은 이곳 장안으로 수도를 옮겨왔다. 폐허 위에 급조된 건물들이 여기저기 들어서고 있어 아직 황량한 모습을 완전히 감추지 못한 장안이었다. 미앙전도 예전의 황궁과 같은 장중한 분위기는 아니었다. 전한의 미앙전 터는 동서로 135미터, 남북으로는 3백 미터였으며 그 안에는 궁전들이 줄지어 서 있었다. 궁전의 문이 여든한 개이고, 액문掖門이 열네 개였다. 그중 북액문을 통해 동탁의 행렬이 들어왔다. 병사들이 줄지어 행진하느라 거리가 꽉 메워졌다. 위풍당당한 참내였다. 왼쪽으로는 보병, 오른쪽으로는 기마병이 호위하고 있었다. 동탁은 수레에 탄 채 문 안으로 들어섰다. 보통 조정 중신들의 경우에도 액문을 통과한 뒤부터는 수레나 말을 이용하지 않았다. 그러나 그는 태연하게 수레를 탄 채로 입궐하고 있었던 것이다.

그때 갑자기 수레가 크게 흔들렸다. 그러더니 다시 그 자리에 멈춰 섰다.

"무슨 일인가?"

동탁은 수레 앞에 드리워져 있는 가리개를 들어 올리며 물었다. 채옹의 간언으로 동탁은 청개거青蓋車를 타는 것은 포기했던 터였다. 그러나 동탁이 탄 수레는 네 필의 백마가 끌고 곳곳에 금과 은으로 장식되어 있어 그 호화스러움이 황제가 타는 수레와 별 차이가 없었다. 황제의 수레를 끄는 말에는 갈기와 꼬리를 붉은색으로 물들이는 게 관례였는데 동탁은 그것만큼은 자중하고 있었다. 수레바퀴는 붉은색이었다. 그 바퀴는 돌이 깔린 바닥으로만 굴러갔기 때문에 흙 한 점 묻어 있지 않았다. 그런데 바퀴가 돌 틈에 끼었는지 도무지 움직일 생각을 하지 않고 있었다. 동탁은 고개를 내밀어 바깥을 살폈다. 동탁이 묻는 말에 아무도 대답을 하지 않았기 때문이었다. 근위병들이 눈에 들어왔다.

"왜 수레를 멈춘 것이냐?"

동탁이 다시 한 번 물었다. 동탁은 조복朝服을 입고 있었는데 현관 玄冠, 검은색 관과 강의絳衣, 붉은색의 옷 차림이었다. 가뜩이나 비만한 몸집에 수레 안에서 책상다리를 하고 있었기 때문에 아랫배가 더 불룩하게 보였다. 근위병 하나가 창을 들고 다가왔다.

"누구냐, 너는?"

동탁은 그의 얼굴을 내려다보았다. 어디선가 본 기억이 있는 얼굴이었다. 근위병 복장을 하고 있지만 궁궐이 아닌 다른 곳에서 본 적이 있는 것 같았다. 그는 바로 이숙이었다. 그가 창을 들어 공격할 자세를 취할 때까지 동탁은 설마 이자가 자기를 찌르기 위해 그 자리에 서 있으리라고는 꿈에도 생각하지 못하고 있었다. 다만 수레가 멈춰선 상황을 설명하기 위해 다가온 것이라고만 생각했다. 이숙은 창을 든 채 잠시 눈을 감았다. 그때 그의 손은 언뜻 보아서는 알 수 없을 정도로 가늘게 떨리고 있었다.

'상국의 자리에 오른 지 벌써 3년, 이자는 황제 이상의 권력을 지니고 있다. 이자가 할 수 없는 일은 이 세상에 아무 것도 없다. 천하의 재물을 모두 긁어모아 배를 채우고 있다. 그런 자가 지금 내 창 끝에 앉아 있다.'

이숙은 눈을 떴다. 전혀 의외의 모습이 그의 눈에 들어왔다. 동탁이 떨고 있었다. 어찌 된 일인지 앞으로 내밀고 있는 그의 한 손이 바르르 떨고 있었던 것이다. 그 모습을 보자 창을 들고 있는 이숙의 마음이 가라앉으면서 손의 떨림이 멈췄다. 그는 아무 말도 하지 않고 동탁을 조용히 찌를 생각이었다. 그러나 막상 창을 쥔 손에 힘이 들어가자 자기도 모르게 큰 소리가 튀어나왔다.

"목숨 아까운 줄 모르고 천하를 어지럽힌 동탁, 네 이놈! 재화가 아까운 줄은 알면서 네 목숨 아까운 줄은 몰랐더냐? 자, 이 이숙의 창을 받아라!"

말을 마치자마자 이숙은 동탁의 거대한 몸집을 향해 창을 내리꽂았다.

"카앙!"

분명히 날카로운 창끝이 동탁의 가슴 한가운데 꽂혔는데 갑자기 쇳소리가 났다. 동탁이 붉은 상의 안에 갑옷을 껴입고 있었기 때문이었다.

"이런 교활한 놈!."

이숙이 입술을 깨물었다.

"여포, 여포는 어디에 있느냐!"

동탁은 그제야 정신이 번쩍 들어 사방을 두리번거리며 외쳤다. 친위대장은 지금과 같은 순간에 필요한 존재였다. 재빨리 뛰어나와 이 위험을 막아야 할 자가 도대체 어디에서 꾸물거리고 있는 것인가. 동탁은 허겁지겁 마차 안에서 나오기 위해 앞으로 몸을 내밀다가 중심을 잃어 돌바닥으로 굴러 떨어졌다. 당시의 수레는 4척이나 되는 바퀴 위에 얹혀 있는 형태였기 때문에 그 높이가 상당했다. 그 순간에 동탁이 애타게 찾던 여포가 나타났다. 그러나 부리나케 달려오는 것이 아니라 저만치에서 아주 천천히 거만하게 걸어오고 있었다. 그것을 보자 동탁의 눈이 뒤집혔다.

"저, 저, 저…."

동탁은 목에 핏줄을 세운 채 말을 잇지 못했다. 드디어 여포가 동탁에게 다가갔다. 그리고는 돌바닥에 엉거주춤 쓰러져 있는 동탁 앞에 양 발을 떡 벌리고 버텨 섰다.

"여기 황제 폐하의 조서가 있다. 적신賊臣을 베라는 칙령이시다."

여포는 그 한마디를 크게 외친 뒤 손에 든 창을 꼬나 쥐었다. 그런 다음 눈에 보이지 않을 정도로 빠르게 동탁의 가슴에 내리꽂았다. 『후한서』 「동탁전」에는 그 순간 동탁이 남긴 마지막 말을 이렇게 기록하고 있다.

개만도 못한 것, 감히 나를.

동탁의 주부主簿, 비서 전의田儀가 여포에게 뛰어들었지만 제대로 칼한번 휘둘러보지 못한 채 고꾸라졌다. 여포는 품에서 조서를 끄집어내 보이며 크게 외쳤다.

"황제 폐하는 동탁만 베고 다른 자들의 죄는 묻지 말라고 하셨다!"

그러자 주변에 모여 있던 조정 중신들이 서로 부둥켜안으며 좋아했다. 한 시대를 풍미한 인간의 마지막치고는 너무 어이없는 죽음이었다. 전의를 포함하여 세 명은 그 자리에서 칼을 맞고 쓰러졌다. 양쪽의 병력이 서로 엉켜 피의 잔치를 벌이는 일은 일어나지 않았다.

八

모든 백성이 거리로 쏟아져 나와 춤을 추고 노래를 불렀다.

사서에는 이렇게 기록되어 있다. 동탁의 공포정치가 어느 정도였는지 알 수 있는 대목이다. 오랫동안 이웃과 말 한마디도 편하게 할 수 없는 처지였기 때문에 저절로 노래가 흘러나왔으리라. 가슴속에 묻혀 있던 응어리가 한꺼번에 분출되면서 그 힘이 저절로 몸을 흥겹게 움직이게 했으리라. 『후한서』에서는 당시의 모습을 이렇게 그리고 있다.

> 장안에 살고 있는 사대부 여인들은 숨겨놓았던 패물과 옷가지 따위를 팔아 술과 고기를 마련하여 축하 자리를 마련했으니 길거리에는 마시고 즐기는 사람들로 가득 찼다.

축제 그 자체였다. 사람들은 이곳저곳으로 몰려다니며 안면이 없는 사람과도 서로 기쁨의 인사를 주고받았다. 왕윤은 황보숭에게 명령을 내려 미오를 공격하라고 했다. 20미터나 되는 높이로 둘러쌓아 튼튼하기가 비할 데 없고 30년을 견딜 수 있는 식량을 준비해놓았다는 이 성도 주인을 잃자 그리 오래가지 못했다. 공격을 개시하자마자 성은 곧 함락되고 동탁의 동생인 동민을 비롯한 일가족이 모두 목 없는 귀신이 되고 말았다. 그 죽은 일가족 중에는 90세가 된 동탁의 노모도 포함되어 있었다.

동탁의 시체는 장안의 시장에 버려졌다. 신기하게도 동탁이 죽은 그날부터 하늘이 맑아지기 시작했다. 60일이 넘게 계속되던 비가 거짓말처럼 멈춘 것이다. 초여름의 따가운 태양이 내리쬐기 시작했다. 그러자 비만한 동탁의 시신에서 기름이 새어나왔다. 시체를 지키는 관리가 동탁의 배꼽에 불을 붙이니 그 불이 며칠 동안이나 계속해서 탔다고 하는 유명한 이야기가 전해진다.

'동탁에게 빌붙었던 자들은 모두 지옥으로 보내야 한다.'

예나 지금이나 쿠데타가 일어나면 어떤 식으로든 남아 있는 잔당들을 처리하는 것이 상식이다. 화근을 없애기 위해서는 기득권을 가졌던 세력의 싹을 베어내지 않으면 안 되는 것이다. 그 과정에서 왕윤은 동탁파의 대표적인 인물로 채옹을 지목했다. 무사 출신인 동탁은 정치에 대한 세부적인 사항들은 대개 문인들에게 맡겼다. 그가 가장 신뢰한 인물이 바로 왕윤과 채옹이었다. 그 두 인물이 동탁파의 양대 거두라고 할 수 있었다. 그중 한 명은 동탁을 죽여 동탁파가 아니라는 것을 증명했다. 따라서 동탁파를 대표하는 인물로 살아남아 있는 자는 결국 채옹 한 명뿐이었다.

"저는 그 생각에 반대합니다. 채옹을 처형해서는 안 됩니다."

왕윤의 말에 반대를 하고 나서는 자가 있었다. 토손서였다.

"채옹 대감이 동탁의 오른팔이었다는 것은 세상이 다 아는 사실인데 그대로 놔둘 수는 없는 일 아니겠소?"

왕윤은 채옹을 어떻게든 살려둘 수 없다고 주장했다. 한 명이라도 예외를 둔다면 이번 쿠데타의 명분이 바래진다는 주장이었다. 격론이 벌어졌다. 결국 왕윤은 한 발 뒤로 물러섰다.

"사형이라는 판결은 양보할 수 없소. 다만 형 집행을 정지하여 최소한 1년 이상 감옥에 가두는 것으로 하겠소."

왕윤이 양보했으나 이에 대해서도 토손서는 동의하지 않았다. 다른 중신들은 왕윤이 그 정도면 상당히 양보했기 때문에 토손서를 설득하려고 했다.

"1년이 지난 뒤 그냥 승상께서 출옥을 허가하면 될 일이 아니오. 사형판결은 어디까지나 형식적인 것이니 이 정도에서 물러서시는 것이 좋겠소."

"저는 이만 실례하겠습니다."

갑자기 토손서가 자리에서 일어섰다.

"그게 무슨 말이오?"

"자리에 앉으시오."

주위의 중신들이 나서서 다시 자리에 앉기를 권했다. 하지만 토손서는 그들의 만류를 뿌리치고 자리를 떠나고 말았다. 그는 회의장 출입문 앞에 이르자 고개를 돌려 말했다.

"지금 이 결정에 대해서 저는 일체 관여하지 않은 것으로 해주시오. 아무리 형식적이라 할지라도 채공에게 사형판결을 내리는 분들과 같이 있었다는 것이 심히 부끄럽소. 뿐만 아니라 지금 이 순간부터 귀공들이 만드는 조정에도 나는 일절 관여하지 않을 것이오."

그러자 왕윤이 자리에서 일어났다.

"채공을 최대한 빨리 감옥에서 나오게 할 것이오. 그러니 다시 한번 생각해보도록 하시오. 생각이 바뀌면 언제든지 다시 돌아오시오."

그러나 토손서는 아무 대답도 하지 않은 채 회의장을 떠났다. 밖으로 나온 토손서는 하늘을 올려다보았다. 맑은 기운이 감돌고 있었다. 그토록 보고 싶었던 푸른 하늘이 동탁이 죽은 이후 계속되고 있었다. 토손서는 나직이 중얼거렸다.

"하지만 언제까지 계속될 것인가…."

장안으로부터 멀지 않는 곳에 동탁의 사위인 우보의 병력이 온존해 있었다. 그리고 반동탁 연합군과 맞서기 위해 동쪽으로 파견 나가 있는 교위 이각李催, 곽사郭汜, 장제張濟 같은 장수들이 가만히 있을 리가 없었다. 그들은 동탁의 비호 아래 커온 장수들이었다.

거리는 아직도 축제 분위기였다. 그 거리를 토손서는 뭔가 뒷맛이 개운치 않은 기분으로 천천히 걷기 시작했다.

'이번 거사에서 채염의 역할에 대해 말하지 않은 것이…."

초선을 이용하여 여포를 아군 쪽으로 끌어들인 계략은 채옹의 딸, 채염채문희의 머리에서 나온 것이라는 사실만 밝혔더라도 채옹이 투옥되는 일은 없었을 것이다. 사실 이번에 동탁을 제거하는 일의 일등공신은 채옹의 딸이었다. 토손서가 그 사실에 대해서 한마디도 언급하지 않았던 것은 다른 이유가 있었기 때문이다. 채옹의 투옥에 동의하지 못하겠다는 것을 핑계 삼아 왕윤 일파와의 관계를 청산하려는 의도였던 것이다. 동탁이 죽고 난 지금은 모두 기뻐 날뛰고 있지만 반드시 반격이 있을 터였다. 따라서 왕윤 일파에 계속 몸을 담고 있는 것은 위험한 일이었다.

'반격이 끝난 다음 채옹의 출옥을 주장해도 늦지는 않을 거야.'

토손서는 그렇게 마음을 추스른 뒤 집으로 향했다.

그러나 채옹을 위해 그런 주장을 펼 기회는 다시 찾아오지 않았다. 얼마 지나지 않아 채옹이 옥중에서 병을 얻어 사망했기 때문이었다.

수나라 양제, 예언서를 불사르다

한나라 사람들이 미신을 믿는 정도는 현대인의 상식으로는 이해하기 힘들 정도였다. 서둘러 낙양에서 장안으로 천도할 때도 왕윤은 일부러 석실에 있는 책이나 비위 등을 죄다 꺼냈다. 그런 서적 중에서도 더욱 그럴듯한 내용을 가진 책을 찾기 위해서였다.

후에 수나라 양제가 크게 노하여 이 같은 요서妖書를 모아 불사른 적이 있다. 따라서 한나라 때 어떠한 예언서가 있었는지를 따로 알아볼 방법은 지금으로선 없다.

11
뒤에서 울리는 천둥소리

一

수십 년 만에 한 번 올까말까 하는 무더위였다.

"날씨가 너무 더워서 저 위에 있는 높으신 분들 머리가 어떻게 된 게 아닐까?"

장안의 백성들이 공공연하게 그런 말을 하고 다녔다. 초평 3년(192년)의 여름은 동탁이 죽은 4월부터 시작하여 연일 이상기후가 계속되고 있었다. 게다가 상식적으로 이해하기 힘든 일들이 일어나고 있었다. 특히 나라 살림을 맡고 있는 조정 중신들은 동탁의 죽음 이후 너무 흥분한 나머지 정신착란을 일으킨 게 아닌가 하는 의심을 받을 정도였다. 독재자 동탁의 죽음은 조정 중신들뿐만이 아니라 일반 백성들도 흥분의 도가니에 휩싸이게 했다. 그러한 상태에서 한여름의 혹서가 겹치니 장안은 그야말로 용광로처럼 달아올랐다.

"생물이란 생물은 죄다 큰솥에 집어넣어 삶는 것 같은 날씨입니다. 너무 무리하지 마십시오."

진잠이 소용에게 말했다. 소용은 개울가에 이르자 마차에서 내려 저잣거리를 향해 걸어갔다. 한낮이었다. 찌는 듯한 더위 때문에 거리를 왕래하는 사람도 별로 없었다. 그러나 그런 가운데에도 저잣거리에는 생계를 잇기 위해 부지런히 움직이는 백성들이 있었다. 소용은 그런 분위기에 젖어보려고 매일 이 거리를 걸어 다녔다. 진잠은 항시 소용과 동행하면서 그녀의 건강을 걱정했다.

"무리는 하지 않을 테니 걱정하지 말거라."

소용은 조용히 웃으면서 대답했다. 그녀의 표정에는 피로한 기색을 찾아볼 수가 없었다. 그녀가 갑자기 진잠에게 말을 놓은 것은 두 사람 사이에 약속이 있었기 때문이었다. 지금처럼 저잣거리를 함께 걸을 때에는 진잠이 소용을 누님으로 부르기로 한 것이다. 진잠은 이제 스물아홉이 되었다. 한중에 있는 장노와 같은 나이였다. 소용은 장노의 모친이기 때문에 아무리 나이가 적다 해도 사십대 중반은 넘었을 나이였다. 그런데도 둘의 관계를 누님과 동생 사이라고 밝히면 보는 사람마다 놀라며 말하곤 했다.

"예? 누님 쪽이 더 젊게 보입니다. 오빠와 여동생인 줄 알았습니다."

그것도 한두 번이 아니었다. 듣기 좋으라고 하는 말도 아니었다. 순박한 이들이 보고 느낀 대로 하는 말이었다. 그렇다고 해서 진잠이 나이보다 더 들어 보이는 것도 아니었다. 소용이 나이에 걸맞지 않게 너무 젊어 보였기 때문이었다.

그녀가 장안의 저잣거리를 둘러보는 데는 또 다른 이유가 있었다. 여러 가지 정보를 듣기 위해서였다. 장안에도 오두미도의 신자들이 적지 않았다. 그녀의 정보망은 그런 신자들에 의해 유지되고 있었다.

"신자들이 모두 아쉬워하고 있는 것 같구나. 태평도에 대해서 말이다."

미리 약조한 바가 있었으므로 소용이 진잠을 동생으로 여겨 하대하는 투로 말했다.

"예, 그런 것 같습니다. 같은 도교이니."

진잠이 공손하게 대답했다. 오두미도교 신자들은 같은 도교 계통인 태평도의 황건군이 관동지역에서 지방 호족들에게 공격을 받아 교세가 위축되었다는 점을 못내 아쉬워하고 있었다.

"저희라도 교세를 확장하기 위한 조치를 취해야 하는 것 아닙니까?"

심각한 표정으로 그렇게 묻는 신자들도 있었다.

후한 말의 천하가 난세로 접어들게 된 근본적인 원인을 살펴보면 결국 정치 문제였다. 그 정치 문제를 파고들면 '동취銅臭'에 이르게 된다. 동취란 동전의 냄새를 의미하는 말로, 현대 용어로 바꾸면 금권정치에 해당된다. 조정이 관직에 가격을 매겨놓고 매관매직을 했다는 사실은 이미 앞에서 설명한 바 있다. 그러나 재물은 관직을 사고팔 때만 쓰이는 것이 아니었다. 재물에 의해 모든 세상사가 움직이고 있었다. 얼마나 높은 자리에 앉느냐가 재물의 크기에 따라서 결정되고 있었다. 재물을 주고 관직에 오른 자는 그 자리를 얻기까지 들어간 재물을 하루라도 빨리 회수하고 더 높은 자리에 오를 재물을 만들기 위해 수단과 방법을 가리지 않고 재물을 모았다. 재물을 모으는 가장 손쉬운 방법은 힘없는 백성을 착취하는 것이었다. 이런 상황에서 일반 백성은 이리 차이고 저리 차이면서 권력을 가진 자들을 위해 새벽부터 밤늦게까지 소처럼 일하지 않으면 안 되었다.

'언제까지 이런 상황을 참고 견뎌야 하는가.'

이런 생각을 하며 분노하는 백성의 뜻을 모아서 도교의 일파인 태평도가 이른바 황건군이라는 무력집단을 만들었던 것이다. 그러나 한편으로는 똑같이 힘없는 백성으로서 뼈 빠지게 일해도 먹는 문제를 해결할 수가 없어 지방 호족들의 병사로 들어가는 자들이 있었다. 그들은 지방의 군벌 휘하에 소속되었다. 또한 그들은 황건적을 토벌한다는 명목으로 모집되었으나, 나중에는 그 규모가 커져 군벌들끼리의 세력다툼에 이용되었다. 똑같은 처지에 있는 백성들이 서로 편이 갈려 죽고 죽이는 일을 반복하고 있었던 것이다. 먹고 살수 없어서 반란군에 가담한 자, 굶어죽지 않기 위해 지방 호족의 병사로 들어간 자. 이들이 서로 싸우고 있다는 것은 대단한 모순이 아닐 수 없었다. 지금은 반란군의 세가 불리한 상황이었다. 반란군을 이루는 중요한 세력이 같은 도교의 일파인 태평도였기 때문에 오두미도의 신자들이 안타까워했던 것이다.

최근에 소용과 진잠은 태평도와의 비밀 모임에서 반갑지 않은 소식을 접했다. 청주의 황건군이 참패를 당했다는 소식이었다. 세가 불리한 반란군 세력 가운데 그나마 청주의 황건군이 가장 건재한 상태를 유지하고 있었고 사기도 높았다. 또한 태평도가 가장 성행하고 있던 곳이 바로 이 지역이었다. 청주 지역의 황건군이 그렇게 건재할 수 있는 것은 태평도라고 하는 정신적 배경과 함께, 사내들뿐 아니라 가족 전체가 황건군에 가담하고 있었기 때문이다. 남녀노소를 불문하고 모두 나서서 각자 자기의 역할에 최선을 다하고 있었다. 그 청주의 황건군이 연주를 공격했던 것이다. 연주는 청주의 서쪽에 위치한 지역으로 중원과의 경계에 위치했다. 연주 자사는 유대였는데, 그는 반동탁 연합군으로서 산조에 병력을 진출시키고 있는 여러 장수들 가운데 한 명이었다. 성질이 사납기가 상상을 초월했다. 산조에 병력을 같이 주둔시키고 있는 장수 가운데 한 명인 동군 태수 교모와 다투던 중 갑자기 칼을 빼어 상대방을 찔러 죽였을 정도였다.

"이런 건방진 비렁뱅이들! 단숨에 짓밟아주지."

고약한 성질의 유대가 병력을 이끌고 황건적을 때려잡겠다며 나섰다. 그러자 산조에 함께 주둔해 있던 제북의 상相 포신이 그에게 충고했다.

"청주의 황건적은 보통 사나운 게 아닙니다. 산이 무너지는 기세로 공격하면서 상대방을 압도하지요. 그러나 물자가 제대로 공급되지 않고 있기 때문에 오래 버티지는 못할 것입니다. 당분간은 물러섰다가 그들의 기세가 좀 꺾였을 때 공격하는 게 좋을 듯합니다."

포신의 말처럼 청주의 황건군은 평원을 달리는 들소떼처럼 달려들기 때문에 막아낼 방법이 없었다. 하지만 그런 황건군일지라도 언제까지고 공격만 할 수는 없었다. 시간이 흐르고 식량이 떨어지면 자연히 사기도 떨어지고 무리도 자연스럽게 흩어지게 될 것이었다. 포신의 충고만 받아들였어도 황건군을 진압할 수도 있었을 것이다. 그러나 남의 말을 잘 듣지 않는 유대는 그의 충고를 무시하고 초반부터 황건군과 맞붙어 싸우다가 결국 전사하고 말았다. 포신은 동군에 급히 사람을 보내 조조가 나서줄 것을 요청했다.

"유대가 죽었소. 연주는 지금 주인이 없는 상태요. 조조 장군께서 연주를 맡아주기 바라오."

장안 조정의 힘이 미치지 않는 곳이기 때문에 자사나 태수라는 지위는 실력자들이 마음대로 정하는 상태였다.

"이것은 패업覇業의 시작입니다. 연주를 수중에 넣는 것은 천하를 얻기 위한 발판을 마련하는 것입니다."

연락을 받은 조조의 부장 진궁陳宮은 출진을 권했다.

"좋다, 가자!"

조조는 청주 황건군의 사기가 한풀 꺾였다는 판단이 들 즈음, 병력을 이끌고 수장壽張의 동쪽으로 출격했다. 그러나 청주의 황건군은 예상외로 강했다. 어느 쪽도 쉽게 물러서지 않는 격렬한 접전이 벌어졌다. 결국 이 싸움에서 포신도 전사하고 말았다. 조조는 적의 공격을 막아내면서 병력을 지휘해 밤낮을 가리지 않고 싸웠다. 청주 전투 이후 계속되는 싸움으로 피로한 기색을 보이고 있는 황건군을 쉴 틈도 주지 않고 강하게 밀어붙였다.

'결국 황건군이 패했다.'

소용과 진잠이 지금 막 그 소식을 접한 것이다.

二

동탁 주살의 주모자는 왕윤이었다. 그리고 가장 큰 공로를 세운 자는 여포였다. 여포는 분위장군奮威將軍이라는 칭호를 하사받으면서 삼사三司와 동급의 지위에 올랐다. 삼사라 함은 사도, 사마, 사공의 삼공을 가리키는 말로서 국가를 경영하는 최고의 관직이었다. 여포에게는 식읍食邑으로 온현溫縣이 주어졌고 아울러 온후溫侯에 봉해지면서 조정의 일에 참여하게 되었다. 여포는 교양을 갖춘 인물이 아니었다. 금오군에 소속되어 있을 때 직속상관인 집금오 정원의 목을 동탁에게 바치고 동탁의 양자 겸 경호대장이 되어 호의호식하던 인물이다. 그리고 지금은 그의 양아버지였던 동탁을 죽이고 국가 최고의 자리에 올랐다.

동탁을 제거할 때 불가피하게 여포의 손을 빌리긴 했지만 왕윤은 속으로 여포를 경멸하고 있었다.

'제 아비를 죽인 놈!'

경멸이 아니라 증오라고 표현하는 것이 적절할 정도였다. 동탁이 제거되고 난 다음 가장 큰 문제는 동탁을 따르던 병력을 어떻게 할 것인가 하는 문제였다. 조정의 중신들이 이 문제로 격론을 벌이고 있을 때 여포는 그 병력을 모두 없애버려야 한다고 강력하게 주장했다. 장안에 주둔하고 있는 대부분의 병력은 동탁의 직계라고 할 수 있는 양주 출신이었다. 양주는 현재의 감숙성 무위武威인데 지명에서도 풍기는 것처럼 옛날부터 용맹한 무사가 많이 나오기로 유명한 지역이었다. 여포는 오원 출신으로 과거에 정원이 이끌던 병력을 기반으로 삼고 있었다. 양주 출신의 병력들과는 전혀 관련이 없었다. 오히려 양주 출신 병사들은 여포가 자신들의 든든한 보호막이었던 동탁을 죽였기 때문에 여포를 반드시 복수해야 할 대상으로 여기고 있었다. 그래서 여포가 그들을 모두 없애버리자고 말했던 것이다.

"수만 명의 양주 병사를 죽이기 위해서는 수십만의 병력이 필요하오. 어디서 그런 대군을 몰고 오겠소?"

왕윤이 비꼬는 투로 여포에게 물었다.

"그렇군요. 좀 무리한 일인 것 같습니다."

여포는 상대방이 비꼬든 말든 그런 따위는 안중에도 없었다.

"그러면 지휘관급에 있는 자들만 없애는 게 어떻겠습니까?"

"아니오. 그것도 안 되오. 그들은 동탁의 명령을 따랐을 뿐이오. 그들에게는 죄가 없소."

왕윤은 그 말도 가볍게 물리쳤다. 그때 거기장군車騎將軍 황보숭이 나섰다.

"어찌 되었건 동탁을 따르는 무리를 장안에서 조금이라도 멀리 내치지 않으면 안 됩니다. 그들을 모두 섬陝, 하남성 섬현陝縣으로 옮기는 게 어떻겠습니까?"

하지만 왕윤은 그 제안에도 반대를 표했다. 섬에 있는 군사기지는 원래 동탁이 반동탁 연합군을 방어하기 위해 만들었던 것이다. 그곳으로 동탁의 병력을 보내게 되면 원소를 비롯한 연합군의 장수들에게 '동탁이 죽은 지금도 우리를 적으로 생각한단 말인가?' 하는 오해를 살 소지가 있었다.

"관동에서 거병한 장수들은 동탁을 타도하자는 목적으로 일어섰소. 즉 우리와는 같은 편이라고 할 수 있소. 그들에게 원한을 사는 일은 적절한 일이 못 되오."

왕윤이 황보숭의 의견에 반대하고 나선 것은 사리에 어긋나는 일이 아니었다. 그러나 문제는 대안을 가지고 있지 않다는 점이었다.

"양주 병력에게 특사特赦를 베푸는 칙서를 내리는 것이 어떻겠습니까. 그들에게는 죄가 없습니다."

채옹의 투옥을 반대한 뒤 왕윤 일파와 연을 끊은 토손서는 이렇게 건의한 적이 있었다. 이에 대해서도 왕윤은 "죄가 없는데 특사를 내리는 것은 이치에 맞지 않는 일입니다" 하고 토손서의 제안을 한마디로 일축하고 말았다. 논리적으로는 그럴지도 모르지만 현실은 결코 그 같은 논리만으로 해결될 문제가 아니었다.

조정으로부터 아무런 조치가 내려오지 않으니 양주에 주둔하고 있는 병사들의 불안감은 날이 갈수록 더해갔다. 그들의 주인인 동탁은 이미 대역무도한 죄인으로 낙인찍힌 상태였다. 그러므로 동탁의 부하인 그들이 안절부절못하는 것은 당연한 일이었다. 세상 사람들은 그들 역시 역적의 무리로 여기고 있었다. 게다가 들리는 바에 의하면 조정에서 논의되고 있는 상황도 좋지 않았다. 자신들을 없애버리자는 주장이 나오고 있다는 사실을 그들은 암암리에 듣고 있었다.

'그렇다면 우리 스스로가 살아갈 방도를 구하지 않으면 안 된다.'

그들은 무기를 가지고 있었다. 힘으로 자신을 지키는 데는 문제가 없었다. 다만 자신들을 이끌어줄 마땅한 인물이 없다는 점이 문제였다. 결국 그들은 목숨을 부지해나가기 위해 일단 작은 단위의 병력으로 나뉘어 각자 살아나갈 방도를 취하기로 결정했다. 하급 병졸들이야 죄가 없다고 할 수도 있지만 동탁을 측근에서 보좌했던 장수들의 입장은 달랐다. 동탁의 가까운 수하였던 이각과 곽사를 비롯하여 동탁의 사위인 우보 같은 자들이 조정으로부터 특사를 받는다는 것은 상상하기 힘든 일이었다. 그들은 관동의 반동탁 연합군의 공격에 대비하여 장안성을 나와 성의 동쪽에 주둔하고 있었다. 아직 모양새도 제대로 갖추지 못하고 있는 허약한 조정이 싸움터에서 뼈가 굵은 그들을 적대시한다는 것은 위험을 자초하는 일일 수도 있었다. 그러던 차에 마침 이각이 조정에 사자를 보내 자신들에게 특사를 내려줄 것을 간청했다.

"좋은 기회요. 못 이기는 척하고 특사를 내려줍시다."

중신들은 속으로 잘된 일이라고 여겼다. 그리고 당연히 특사가 내려질 것으로 알고 있었다. 그러나 이번에도 왕윤이 거부하고 나섰다.

"일세부재사—歲不再赦 원칙이 있소. 그 원칙을 깨서는 아니 되오."

후한시대에는 특사를 1년에 2회 이상 시행해서는 안 된다는 원칙이 있었다. 특사의 남발을 막기 위한 조치였는데 이 비상시국에 왕윤이 갑자기 그 원칙을 주장하고 나선 것이다. 초평 3년에 들어 특사를 내린 적이 한 번 있긴 했었다. 왕윤은 그 점을 들어 특사를 거부했던 것이다. 결국 한 번 정해진 규칙을 어겨서는 안 된다는 융통성 없는 한 사람의 사고방식 때문에 장안의 허약한 새 정권은 죽음의 수렁으로 빠져들게 되었다.

특사 불가. 장안에서 온 회답은 간단명료했다.

"그렇다면 죽기를 각오하고 싸우는 길밖에 없지 않은가."

이각은 병력을 서쪽으로 돌려 장안을 공격하기로 결심했다. 정상적인 판단이 아니었다. 원칙에만 얽매어 있던 탓에 병사들의 마음을 조정 쪽으로 돌릴 수 있는 절호의 기회를 놓치고 말았다. 더구나 조정에서는 양주 병력의 동요를 부추겨놓기만 하고 아무런 조치도 취하지 않았다. 수십 년 만에 찾아온 살인적인 더위 탓으로만 돌리기에는 너무 큰 과오였다.

三

위험을 자초한 것이 반드시 왕윤의 탓이라고만 할 수는 없었다. 왕윤이 '일세부재사의 원칙'을 들고 나왔을 때 조정 중신 중에 어느 한 사람도 이번만은 이 원칙을 배제해야 한다고 강력하게 주장하는 자가 없었다.

'원칙과 형식은 존중되어야 한다.'

이는 후한시대 2백 년 동안 일관되어온 중요한 가치관이라 할 수 있었다. 채옹이 투옥된 것에 대해 그의 딸 문회는 그다지 비관하지 않았다. 토손서로부터 미리 형식적인 조치일 뿐이라는 귀띔을 받았기 때문이었다. 형식이 존중되지 않으면 세상은 제대로 돌아갈 수 없다. 그러나 채옹이 옥에서 죽었다는 전갈을 받았을 때 그녀는 마롯바닥에 쓰러진 채 대성통곡했다. 이 세상에 혈육이라고는 아비와 그녀 단 둘뿐이었다.

오장원을 나온 소용은 혼자 남은 그녀의 마음도 위로해줄 겸 문희의 집에 머물고 있었다. 또한 동탁이 죽은 뒤 그의 저택에서 나온 초선도 사태가 진정되기를 기다리며 문희의 집에 머물고 있었다. 물론 여포의 부탁에 의해서였다. 생각해보면 여포의 생각도 상당히 '형식'에 사로잡혀 있었다고 볼 수 있다. 그 많은 사람 중에서 문희의 집을 골라 초선을 맡긴 것은 그곳에서 초선을 처음 만났기 때문이었다. 여포도 초선을 찾아올 때면 문희를 위로하면서 정국이 돌아가는 상황을 들려주기도 했다. 그러나 오히려 문희의 마음에 상처를 주는 경우도 있었다.

"그대의 부친은 결국 왕윤이 죽인 것이오. 왕윤은 자기가 후세에 어떻게 기록될 것인가에 항상 신경을 써왔소. 그런데 부친은 글을 가까이하셨던 분이셨기에⋯. 어쨌든 나 같은 사람은 후세에 어떤 평가를 받든 아무런 관심도 없소."

여포 딴에는 위로의 말이랍시고 주절거렸겠지만 그런 말을 듣는 동안 문희는 고개를 떨어뜨린 채 입술을 깨물고 있을 뿐이었다. 동탁의 사위 우보의 최후도 여포를 통해서 들었다.

"오늘 대단한 수급 하나를 받았소이다. 물론 그 머리통이 저절로 굴러 들어온 것은 아니오. 어떤 호인胡人 하나가 우보의 머리를 들고 와서는 상을 달라는 게 아니겠소? 생각지도 못한 일이었소. 우보의 머리를 가져오지 못했다고 나는 이숙의 목을 잘랐는데 말이오. 하하하."

여포는 아무렇지도 않게 내뱉었다. 이숙은 여포의 부장으로 동탁을 주살할 때 근위병으로 변장하고 미앙전 북액문에서 동탁에게 공격을 가했던 인물이다. 일전에 여포는 바로 그 이숙에게 병력을 주어 우보를 공격하게 했는데 싸움에서 패해 도망쳤다. 화가 난 여포는 그 자리에서 이숙의 목을 베었다. 듣기만 해도 몸서리쳐지는 말들을 여포는 부친상을 당해 비통해하고 있는 문회 앞에서 아무렇지도 않게 주워섬겼다.

"그 호인이 하는 말이…."

여포는 그런 분위기를 파악하지 못한 채 자못 들뜬 목소리로 이야기를 이어갔다. 여포의 말에 따르면 우보는 서죽筮竹, 대나무로 보는 점이라면 사족을 못 쓰는 인물이었다. 언제나 점쟁이를 가까이 두고 무슨 일이 있으면 즉시 서죽으로 길흉을 점치게 했다. 일전에 우보는 중랑장 동월을 죽인 적이 있었다. 그때도 점쟁이에게 점을 치게 하니 '불은 쇠보다 강하다. 안을 무너뜨리기 위해 바깥이 안과 내통하고 있다' 라는 점괘가 나왔다. 그러자 우보는 동월이 바깥과 내통한 자라고 지목한 뒤 그 자리에서 목을 베었다. 그는 모든 것을 서죽으로 결정했다. 동탁이 죽었다는 소식을 접했을 때도 그는 앞날의 운명을 알아보기 위해 당연히 서죽으로 점을 쳤다. 점쟁이는 서죽을 소리 내어 흔들면서 말했다.

"점괘가 나왔습니다. 병력을 그대로 놔두고 몸을 피하는 게 좋겠습니다."

사람의 생명까지도 서죽의 점괘로 간단하게 결정하고 마는 우보였다. 그런 그가 수하의 병력을 그대로 방치해둔 채 몸을 피하는 일이란 그리 어려운 게 아니었다. 그는 즉시 야음을 틈타 병영을 빠져나갔다. 그는 금은보화를 자루에 넣은 다음 호적아胡赤兒라는 호인 노예에게 등짐을 지게 하여 몰래 진영을 빠져나왔다. 서죽 점괘가 나왔을 때는 금은보화에 대해 아무런 언급이 없었다. 결과적으로 이 금은보화가 그의 목숨을 재촉했다. 호적아는 우보와 함께 도망가던 중에 재물에 마음이 쏠렸다. 자루 안에 들어 있는 재물만 탐이 난 게 아니었다. 그의 머리를 가지고 장안으로 가면 거금을 손에 쥘 수 있다는 사실도 알고 있었다. 그리하여 호적아는 우보가 방심한 틈을 타 그의 목을 잘랐다. 그런 다음 자루에 들어 있는 금은보화를 꺼내 자기가 취하고 난 뒤 우보의 머리를 담아 장안으로 향했다.

"세상에…."

여포의 이야기를 다 듣고 문희가 몸을 떨었다. 그 자리에는 소용도 함께 있었다.

"남아 있는 병력은 어떻게 되었습니까? 수만 명이라고 들었는데…."

소용이 미간을 찌푸리며 여포에게 물었다. 장수가 야반도주하고 병사들만 남아 있는 상황이라면 그들은 마치 부모 잃은 고아와 같은 처지가 되고 만다. 그러나 그 병사들보다 더 불쌍한 존재는 통제되지 않는 병사들에게 시달리는 백성이었다. 소용은 마음속으로 생각했다.

'그 백성들에게 정신적인 위안이라도 줄 수 있으면 좋으련만….'

태평도는 유주와 청주를 비롯한 동부지역을 중심으로 세력을 형성하고 있었고, 오두미도는 파촉 등 서부지역을 중심으로 세력을 형성하고 있었다. 따라서 그 중간 지역인 중원은 지리적으로 도교의 공백지대라고 할 수 있었다. 현재 이곳에는 전란에 휩싸여 신음하고 있는 백성을 구원해줄 만한 정신적인 지주가 없었다.

"영천 부근에서 장안으로 향하고 있는 이각이나 곽사의 부대가 이 주인 잃은 병사를 거두어들일 것 같기도 하오만…."

여포는 그 점에 대해서는 그다지 심각하게 생각하는 것 같지 않았다.

"어차피 그자들은 양주 병력이오. 나하고는 아무 관계도 없소."

그는 그렇게 잘라 말했다. 그가 애착을 갖고 있는 것은 오원의 병사들이었다. 그가 태어난 곳이 오원이었고 지금 그가 자신의 목숨을 걸고 사랑하고 있는 여인 초선도 오원 출신이었다. 사람을 죽이는 일에는 눈썹 하나 까딱하지 않는 냉혈한이었지만 자신이 태어난 곳에 대한 애착은 누구보다도 강했다. 수많은 병력을 이끄는 장수로서 지연에 연연한다는 것은 큰 결점이 아닐 수 없었다.

四

특사 불가. 장안의 조정으로부터 아무 설명도 없는 회답을 받은 이각을 비롯한 동탁의 추종자들은 분노를 참지 못했다.

"장안 중신들의 생각이 그렇다면 우리 방식대로 할 수밖에 없지."

옳고 그름을 떠나서 동탁이라는 존재가 얼마나 대단한 존재였는지, 사람들은 그가 죽은 다음에야 비로소 깨닫기 시작했다. 이각과 곽사는 급히 간부회의를 소집했다. 간부들 중에는 이쯤에서 해산하고 각자 조용히 고향으로 돌아가자는 의견을 내놓는 자도 있었다. 이각도 처음에는 그 의견에 찬성하는 입장이었다. 그러나 토로교위討虜校尉로 있는 가후賈詡라는 자는 이렇게 주장했다.

"병사들이 병사의 신분을 버리고 제각각 흩어지게 되면 일개 숙사宿舍의 주인에게도 잡힐 수 있는 법이오. 이렇게 수만의 병사가 모여 있는데 두려울 것이 무엇이란 말이오? 힘을 합쳐 장안을 공격합시다. 지금 여기서 각자 살길을 찾아 흩어지나, 일단 장안을 공격했다가 실패할 경우 그때 가서 흩어지나 다를 바 없는 것 아니겠소?"

병력을 해산시키는 일만은 보류하자는 쪽으로 분위기가 기울었다. 낙양과 장안 사이에는 여러 호족의 병력이 있었다. 우보가 이끌던 병력만 있는 게 아니었다. 자기 나름대로 독자적인 세력을 형성하고 있는 병력이 있는가 하면 수십 명 정도의 병사로 어느 쪽이든 승산이 있는 쪽으로 붙으려고 눈치를 보고 있는 병력도 있었다. 이각은 그렇게 독자적인 세력을 형성하지 못하고 있는 소규모의 병력들을 끌어들였다.

장안에 다다를 즈음에는 그의 병력이 어느덧 10만 명 정도로 불어나 있었다. 왕윤은 이각이 이끄는 병력이 장안으로 공격해오고 있다는 보고를 접하자 호진과 서영 두 장수를 내보내 그들을 격퇴하도록 명했다. 이들은 동탁의 휘하에 있던 장수들이었다. 그러나 두 사람이 선택한 길은 정반대였다. 서영은 일찍이 변수 가까운 곳에서 조조를 격퇴한 적이 있는 맹장이었다. 그에게 주어진 임무는 있는 힘을 다해 적과 싸우는 일이었다. 누가 명령을 내리든 그는 무조건 그 명령에 따랐다. 머리가 좋은 자들이 충분히 심사숙고한 끝에 내린 결정일 것이기 때문에 그 명령대로 싸우기만 하면 된다는 것이 그의 단순한 생각이었다. 서영은 명령이 떨어지자마자 이각의 진영으로 공격해 들어갔다.

"서영, 우리는 친구가 아닌가? 일단 병력을 뒤로 물리게. 정면으로 부딪히면 목숨이 위태롭네."

이각이 계속해서 큰 소리로 똑같은 말을 반복했다. 그러나 서영은 그런 말에 아랑곳하지 않고 앞뒤 볼 것 없이 돌진해 들어갔다. 결국 그는 초전에 전사하고 말았다. 호진은 서영과는 반대 입장을 취했다. 이각의 병력을 보자마자 이렇게 말했다.

"병력을 가지고 왔네. 힘을 합해 동 태사의 원수를 갚도록 하세!"

그러면서 곧바로 이각의 병력과 합류했다. 그뿐이 아니었다. 장안성 안에 남아 있던 동탁의 막료인 번주樊稠와 이몽李蒙 같은 자들까지 꾀어서 이각의 무리에 합류하도록 했다. 동탁이 죽은 뒤 병력 관리가 얼마나 허술했는가를 알 수 있는 대목이다.

왕윤은 군사 문제에 대해서는 아무 관심도 없었다. 그 문제에 관한 한 여포에게 일임하다시피 한 상태였다. 그러나 여포는 같은 지역 출신인 오원이나 북부지방 출신 병사들만 편애하고 중용함으로써 양주 출신은 물론 촉 출신 병사들에게도 불만을 사고 있었다. 장안성에 있는 대부분의 병력은 원래 동쪽에서 공격해 오는 이각의 무리와는 같은 전우였다. 처음부터 맞붙어 싸울 뜻이 없었던 것이다.

이각이 이끄는 대군이 장안성을 포위했다. 『삼국지』는 10일간, 『후한서』는 8일간 대치했다고 기록하고 있다. 어느 쪽이 사실이든 그리 긴 시간은 아니었다. 결국 성 밖과 내통하고 있는 성안의 어떤 자가 성문을 열어 이각의 군사를 불러들였다. 내통자는 여포에게 찬밥 대우를 받고 있던 촉 출신의 병사였다.

"촉 출신의 병사가 성문을 열어 지금 적이 물밀듯이 밀려들어오고 있습니다!"

여포는 이 보고를 받고 나서 빙긋이 웃었다.

"그런 일도 있을 수 있지. 세상일이라는 게⋯."

"어찌하면 좋겠습니까?"

"좀 살펴보고 오겠다."

여포는 망루에 올라가 주변을 살펴보았다. 벌써 이각의 병사들이 성문을 지나 큰길로 밀려들어오고 있었다.

"현재 성문 쪽이 매우 혼잡하다. 조금 지나 이각의 무리가 전부 성안으로 들어오면 그쪽이 한산해질 것이다. 그때 문밖으로 나가도록 하자."

숱한 싸움터를 거치며 살아남은 맹장답게 여포는 주변 형세를 살펴본 뒤 이미 승산이 없다고 판단했다.

"한번 싸우지도 않고 그냥 성을 빠져나가시는 겁니까?"

한 장수가 여포를 똑바로 보며 물었다.

"이기지 못할 싸움을 벌이는 건 어리석은 자나 하는 것이다. 그리고 이렇게 안전하게 도망칠 구멍이 있는 경우도 찾아보기 힘들지."

장안성 안은 그야말로 혼전이었다. 이각의 무리에 호응하는 자가 한두 명이 아니었기 때문에 적과 아군을 구분할 수가 없었다. 이때가 탈출하기에는 가장 좋은 기회였다.

"오원의 장수들을 불러들여라. 그리고 전부 말에 올라타라!"

여포가 큰소리로 명령을 내렸다. 성을 탈출하면서는 오원 출신의 장수들만 동행했다. 몽골 초원을 질주하던 그들은 말을 다루는 데는 명수였다. 그들이 말을 타면 말과 사람이 한 몸이 될 뿐만 아니라 호흡도 말과 사람이 함께 했다. 말 타는 데 익숙지 않은 자들과 함께 탈출하게 되면 오히려 짐이 될 뿐이었다.

'그녀를⋯.'

여포는 초선을 떠올렸다. 함께 가고 싶었다. 그녀도 오원에서 자랐기 때문에 능숙하지는 않겠지만 말을 다룰 줄은 알 것이다.

'나중에 생각하자. 일단 채문희에게 맡기는 게 좋겠어.'

여포는 맺고 끊는 것이 분명했다.

"성을 탈출한 후에는 어느 쪽으로 향할까요?"

"남양으로 가자."

남양에는 원술이 있었다. 동탁은 남양에서 원씨 일족을 살해했다. 원술의 형인 원기와 숙부인 원외가 비명에 사라졌다. 그 원수가 동탁이고 그 동탁을 살해한 자가 바로 여포였다. 남양의 원술이 자기 대신 원수를 갚아준 여포를 그렇게 함부로 대하지는 않을 것이다. 더구나 원술은 지금 천하를 다투는 호걸 중에서도 한 축을 이루고 있는 세력이다. 그러므로 더욱 큰 우위를 점하기 위해서는 단 한 명의 인재가 아쉬운 입장이리라. 더구나 그는 손견이라는 걸출한 인물을 잃어버린 지 얼마 되지 않았다. 어쩌면 쌍수를 들고 환영할지도 모를 일이었다.

"적토마를 가져오라!"

여포가 명령을 내렸다. 천하제일의 명마였다. 성을 뛰어넘고 강위를 난다는 준마였다. 당시 사람들은 '장수는 여포, 말은 적토마'라는 표현을 즐겨 사용했다. 그 적토마를 병사들이 여포 앞으로 끌고 왔다.

"그것을 가져와라."

그렇게 말한 다음 여포는 아래 입술을 앞으로 삐죽 내밀었다. 그것이란 동탁의 잘린 머리를 넣은 통이었다. 동탁이 죽은 지 40일가량 지났지만 통 안에다 소금을 넣어 방부처리를 해놓았기 때문에 동탁의 머리는 아직 살아 있는 것처럼 생생했다. 여포는 통 안에 들어 있는 동탁의 머리를 다시 한 번 두 눈으로 확인하고 나서 그것을 말안장에 매달았다. 이것만 있으면 동탁을 죽인 일등공신이 자신이라는 사실을 누구나 인정할 것이었다.

五

풀숲에 엎드려 숨을 죽이고 태풍이 지나가기를 기다린다. 채가蔡家의 방안에 모여 있는 사람들의 심리 상태가 그랬다. 집터는 넓었지만 이런 때는 한 장소에 모여 있는 것이 서로 의지가 되었다. 여주인인 채문희와 소용, 진잠, 초선, 그리고 이날 아침부터 이들과 합류한 토손서가 한 방에 모여 있었다. 태풍은 6월 초하루 새벽부터 들이닥치기 시작했다. 동탁이 죽은 때가 4월 23일이었기 때문에 왕윤의 무리가 천하를 호령한 것도 겨우 40일밖에 되지 않았다. 정오가 지나자 여포가 보낸 병사로부터 전언이 있었다.

"온후溫侯, 여포께서는 무사히 성을 탈출하셨습니다. 안심하셔도 됩니다."

"온후께서 가신 곳은 어디요?"

초선이 물었다.

"어디로 가시는지는 머지않아 천하의 모든 이가 알게 될 것이라고 말씀하셨습니다."

병사가 대답했다. 천하 어디에도 몸을 숨길 곳이 없는 당대의 영웅호걸이었다. 어디에 가서 몸을 숨기든 주변사람들은 금방 그를 알아보고 만다. 그리고 삽시간에 입에서 입으로 전해져 천하가 그의 소재지를 금방 알게 되고 말 것이었다. 도망치는 장수의 입장임에도 불구하고 여포의 기세는 조금도 수그러들지 않았다. 여포의 병사들이 주위의 정세를 살피면서 수시로 정보를 가져왔다.

"이각과 곽사가 남궁南宮 액문에 병졸을 풀어놓고 있습니다."

"태복太僕 노규魯馗와 대홍로大鴻臚 주환周奐 대감께서 돌아가셨습니다."

"성문교위城門校尉 최열崔烈 장군이 전사하셨습니다."

"월기교위越騎校尉 왕기王頎 장군께서 전사하셨습니다."

"천자께서는 왕윤 대감과 함께 선평문宣平門을 통해 피신하셨다고 합니다."

"이각은 성문 앞에 엎드려 이번 군사행동은 동탁 태사의 원수를 갚기 위한 것으로 그 밖에 다른 역의逆意는 없다고 천자께 아뢰었다고 합니다."

"바깥은 아직 위험한 상태이옵니다."

성안은 혼란에 빠져 있는 상태였지만 보고해오는 내용은 비교적 정확했다.

"병사들이 백성들 사는 곳에 난입하는 일은 없습니까?"

집주인인 문희가 걱정스런 표정으로 물었다.

"이 집은 걱정하실 필요가 없소."

문희의 물음에 대답한 자는 현재 그녀의 집에 머물고 있는 토손서였다.

"지금 이 집 주위에는 양주의 군사들이 지키고 있소. 함부로 다른 병사들이 접근하지 못할 것입니다."

"그럼 토손서 대감께서…."

"나는 현재 아무런 관직도 가지고 있지 않은 사람이오. 병사들을 움직일 수 있는 힘을 가지고 있지 못하오. 그래서 이각과 가까운 사이인 내 친구에게 이 집을 특별히 경비해달라고 부탁했소."

그렇게 말하면서 토손서는 서글픈 표정을 지었다. 동탁을 없애기 위한 계략에 깊숙이 관여했으면서도 동탁 세력의 보복을 피하기 위해 약삭빠르게 처신한 자신을 생각하면 몹시 부끄러웠기 때문이다. 더구나 남들에게는 소신 있는 사람처럼 보이게 만들면서 실제로는 그 반대의 행동을 하고 있는 자신이 너무나도 부끄러웠다. 또한 그런 사실을 아무도 눈치 채지 못하고 있다는 것이 그에게는 견딜 수 없는 굴욕이었다.

"그렇게 조치해주시니 고맙습니다."

소용이 조용히 미소를 지으며 토손서를 향해 가볍게 고개를 숙였다. 소용과 눈길이 마주치는 순간 토손서는 움찔했다. 그녀의 눈은 '모든 것을 알고 있습니다'라고 말하는 것 같았다. 그뿐만이 아니었다. 목례를 한 다음 가볍게 머리를 끄덕이는 그녀의 모습이 '그러니 안심하셔도 됩니다' 하고 그를 위로하는 듯했다.

"아니, 그것은…."

토손서는 애매한 태도로 얼버무렸다.

"장안의 새 주인과 연결이 되는 분을 알고 계시다면 부탁을 하나 드려도 될지 모르겠습니다만…."

소용이 토손서의 눈을 바라보며 말했다.

"제가 힘이 될 수 있다면 무슨 일이든 도와드리겠습니다."

"저와 진잠이 하루라도 빨리 이 성을 벗어날 수 있도록 해주시면 좋겠습니다."

"오장원으로 빨리 돌아가셔야 하는 모양이군요?"

"어느 쪽으로 갈지는 아직 정하지 않았습니다만 속히 이 장안을 벗어났으면 좋겠습니다."

보통 정변이 발생하게 되면 성문을 굳게 닫아걸었다. 그리고 특별히 허가를 받은 자를 제외하고는 성문 출입을 할 수 없었다.

"급한 일이 있으신 모양이군요?"

"예, 아주 서둘러야 할 일입니다."

"노력은 해보겠습니다만 아무리 빨라도 이 태풍이 좀 잠잠해질 때까지는 기다리셔야 할 것 같습니다."

두 사람이 이야기를 나누고 있는 사이에도 여포의 병사가 계속해서 새로운 정보를 가지고 왔다.

"태상太常 중불神拂 대감께서 이각 무리의 칼을 맞고 돌아가셨습니다."

"잔적殘敵을 소탕한다는 구실로 이각의 병사들이 여기저기서 약탈을 자행하고 있습니다."

폭풍은 잠잠해지지 않고 오히려 더 거세지고 있었다.

다음 날인 6월 2일, 이각은 천자에게 동탁과 그의 무리에게 사면령을 내리게 했다. 지금과 같은 상황에서 일세부재사와 같은 관행을 들어 반대할 자가 있을 리 만무했다. 이로써 동탁의 무리는 모두 죄의 멍에를 벗게 되었다. 만일 채옹이 옥중에서 살아 있었다면 은사恩赦를 받고 풀려났을 것이다.

이각은 양무장군揚武將軍, 곽사는 양열장군揚烈將軍이라는 칭호를 받았고 번주 같은 장수들은 중랑장 자리에 앉게 되었다. 천하가 다시 뒤바뀐 것이다. 동탁의 천하를 왕윤이 뒤집었지만 이번에는 왕윤의 천하를 동탁의 졸개들이 다시 뒤집었다. 동탁은 성충무비誠忠無比한 명신名臣으로 받들어 모셔졌고 동탁을 죽인 왕윤의 무리는 대역무도한 간적奸賊으로 규정되었다. 동탁을 주살하는 계획에 가담했던 사례교위司隸校尉 황완黃琬은 체포되어 사형 당했다. 주모자인 왕윤의 처형은 6월 7일 시행되었다. 그의 일족이 몰살되고 왕윤의 시신은 시장 바닥에 내던져졌다.

六

6월 무진일. 소용과 진잠은 토손서의 도움을 받아 겨우 성문을 벗어나게 되었다. 이날은 특별히 사람들의 성문 출입이 허락되었다. 미오에서 동탁의 장례식이 있는 날이었기 때문이었다. 역사에 남을 충신으로 다시 입장이 바뀐 동탁의 장례식이 성대하게 치러졌다. 장례식에 참석하는 자가 많으면 많을수록 좋은 일이었다. 소용과 진잠의 출문出門 허가도 장례식에 참석한다는 핑계로 받아낸 것이었다. 때가 때인 만큼 두 사람은 채옹의 집 앞에서 작별인사를 나누었다. 출발하기 직전 소용이 토손서에게 물었다.

"이제부터 장안의 정국은 어떻게 돌아갈 것 같습니까?"

"예?"

토손서는 갑자기 허를 찔린 사람처럼 잠시 아무 대답도 하지 못했다. 정국을 전망해달라는 것은 소용답지 않은 질문이었다.

'동탁이 죽은 직후 당신은 이미 동탁의 부하들이 병력을 이끌고 장안을 다시 탈취하기 위해 공격해오리라 예상했었지요? 그래서 당신은 중신의 자리를 박차고 나옴으로써 그 화를 면할 수 있었지요? 그렇다면 이제부터의 정국이 어떻게 돌아가리라는 것도 알고 있을 것 아닙니까?'

소용은 눈을 깜빡거리면서 애써 그런 내심을 감추고 있었지만 토손서는 그녀의 마음을 읽을 수 있었다.

"이각이 수장으로 있긴 하지만 그는 그리 뛰어난 인물이 못 됩니다. 또한 곽사가 그렇게 만만한 인물이 아닙니다. 그렇기 때문에 집안 정리가 잘될 것 같지는 않습니다."

토손서는 분명한 어조로 대답했다. 표현이 완곡하긴 했지만 죽은 동탁을 따르는 무리는 결국 내분을 일으키게 되리라는 전망이었다.

"그럼, 다음에는 낙양에서나 만나 뵙게 되겠군요."

소용은 말을 마치고 난 뒤 잔잔히 미소를 지었다.

동탁은 서부지역인 감숙에 자신의 병력이 주둔하고 있었기 때문에 낙양에서 장안으로 천도한 바 있다. 동탁의 측근인 이각과 곽사도 이곳 출신이었다. 두 사람 사이에서 내분이 일어나게 되면 장안의 새로운 정권은 결국 공중분해되고 말 것이다. 그렇게 되면 이 지역에 아무런 애착도 가지고 있지 않은 실력자가 등장하게 될 것이고 그는 수도를 다시 낙양으로 옮기게 될 것이다. 소용은 토손서가 마음속으로만 생각하고 있는 부분까지 읽은 것이다.

"그럼 다음에 또 뵙겠습니다."

소용은 밝은 표정으로 작별인사를 했다.

'이번에는 뭔가 밝은 기대를 가지고 계신 것 같군.'

진잠은 그런 생각이 들어 소용에게 물었다. 그러자 소용이 대답 대신 가볍게 미소를 지어 보였다.

"천천히 이야기하도록 하지요. 갈 길이 머니까."

진잠은 그런 소용을 전적으로 신뢰하고 있었다. 그녀의 맑은 머릿속에는 정치나 권력 따위의 혼탁한 생각이 끼어들 여지가 없었다. 분명 오두미도의 앞날에 밝은 희망이 있으리라는 게 그녀의 확신이 아닐까 싶었다.

두 사람은 남쪽을 향해서 길을 서둘렀다. 장안성의 남문인 정로문鼎路門을 통해서만 성 밖으로 나갈 수가 있었기 때문이었다. 정로문 가까이에는 왕거王渠라고 불리는 굴이 하나 있었는데 두 사람이 그 근처에 이르자 사람들이 모여 웅성거리고 있었다.

"진짜 용기 있는 분이야. 평릉영平陵令 조전趙戩 대감 말이야."

소용이 걸어가던 중 그들이 하는 말을 듣고 진잠에게 말했다.

"잠깐 쉬었다 갑시다. 조전이라는 사람의 이름은 전부터 들은 적이 있는데, 대단히 기개가 높은 사람이라고 하더군요."

"저도 언젠가 그 이름을 들어본 적이 있는 것 같습니다."

조전은 평릉현의 현령이었다. 현은 군의 아래 단위로서 1만 호 이상 되는 현의 지방장관을 현령縣令이라 부르고, 1만 호 이하의 현의 지방장관을 현장縣長이라고 불렀다. 관리로서 그렇게 높은 자리라고 볼 수는 없으며 봉록은 8백 석 정도였다. 생전의 동탁이 조전의 명성을 듣고 중용하려고 하자 그는 현령 이상의 직위는 사양하겠다며 동탁의 호의를 거절했다. 동탁이 화를 내며 목을 베겠다고 겁을 주자 자기 뜻은 변함이 없으니 원하는 대로 하라며 태연자약한 태도로 나왔다. 나는 새도 떨어뜨린다는 동탁도 그에게는 두 손을 들고 말았다.

사람들이 웅성거리고 있는 곳으로 비집고 들어가 보니 거기에는 관을 실은 수레가 놓여 있었다. 당시의 장례식에서는 관을 실은 수레에 줄을 매달고 그 줄을 잡아끌어 운반했다. 줄은 여러 가닥을 사용했다. 천자의 장의에서는 천여 명이 그 줄을 하나씩 붙들고 끌었다. 운구 수레 앞에는 죽은 자의 신분을 알리는 깃발이 펄럭이고 있었다. 죽은 자의 관직이나 출신지, 이름 등이 씌어 있는 깃발이었다.

녹상서사태원 왕윤錄尙書事太原 王允

푸른색 바탕에 흰 글씨로 된 깃발이었다. 효수형을 당해 저잣거리에 던져진 죄인의 시신을 추스려 장례를 치른다는 것은 보통 용기가 아니었다. 조전이 왕윤의 장례를 치르고 있었던 것이다. 조전은 이미 평릉현령이라는 자리를 사임하겠다는 문서를 이각에게 보낸 뒤였다. 운구 수레에는 수십 개의 줄이 매달려 있었다. 그러나 그 많은 줄 가운데 조전만이 한 가닥을 잡고 끄는 중이었다. 그의 눈은 번득이고 있었다. 눈알을 움직일 때마다 관자놀이도 같이 움직였다.

"진 선생, 같이 끌도록 합시다."

소용이 말했다.

"예, 알겠습니다."

진잠은 운구 수레가 있는 곳으로 가서 줄 한 가닥을 잡았다. 조전의 굳은 표정이 조금 풀어지는 듯했다. 진잠과 소용이 줄 한 가닥씩을 잡자 주변에서 구경만 하던 자들이 하나둘 나섰다. 잠시 후에는 남아 있는 줄이 하나도 없게 되었다. 운구 수레가 천천히 움직이기 시작했다.

소용과 진잠은 왕윤의 명복을 빈 다음 정로문을 나와 동쪽을 향했다. 동탁의 장례식에 참석하려면 서쪽으로 가야 했지만 애초부터 동탁의 장례식에 갈 생각은 없었다. 한나라 때 장안은 당나라 때 장안보다 조금 서북쪽에 위치해 있었다. 남쪽 성문을 나와서 서쪽으로 향하면 용수원龍首原이라는 곳이 있었으며, 이곳을 지나게 되면 파수灞水 강가에 이르게 된다. 진잠과 소용은 이곳에서 배를 기다렸다. 배를 기다리는 동안 하늘에 먹구름이 낮게 깔리기 시작했다.

"조금 전까지도 맑은 날씨였는데 갑자기 검은 구름이 몰려오는 것을 보니 비가 좀 내리겠습니다."

진잠이 소용에게 말을 건네자마자 천둥과 번개가 치기 시작했다. 순식간에 주위가 깜깜한 밤처럼 변했다. 한순간에 먹구름이 하늘을 뒤덮었듯 다시 개는 것도 금방이었다. 구름 사이로 햇빛이 비치는가 싶더니 언제 그랬냐는 듯이 푸른 하늘이 활짝 펼쳐졌다. 눈부신 햇살이 파수의 수면을 은빛으로 물들이기 시작했다. 비가 몰아칠까 봐 사람들을 배에 오르지 못하게 했던 사공이 큰 소리로 외쳤다.

"자, 이제 곧 출발합니다!"

사람들이 배에 오르기 시작했다.

"금방이라도 폭우가 몰아칠 것 같더니 이제는 한 방울도 내리지 않는군요."

그렇게 말하고 소용이 맑게 웃었다.

"하지만 서쪽 하늘은 시커멓고 가끔 번개도 치는 것을 보니 거기는 비가 많이 내리고 있는 것 같습니다. 동탁의 장례식이 제대로 진행되는지 모르겠습니다."

진잠의 말대로 장안의 서쪽에서는 천둥 번개가 치면서 폭우가 쏟아지고 있었다. 그 폭우 속에서 동탁의 장례식이 진행되고 있었다. 장례를 관장하는 번주는 일단 시작된 의식을 멈출 수 없어서 그대로 강행하는 중이었다. 동탁은 자신만의 성 미오에 30년을 견딜 수 있는 식량을 쌓아놓았을 뿐만 아니라 자신의 묘까지도 준비해놓았다. 훌륭한 묘지였지만 그 안에 묻을 시신은 없었다. 동탁이 죽은 뒤 그의 시체는 저잣거리에 놓여 있다가 나중에 화장되었기 때문이었다. 화장된 뒤에는 동탁에게 일가족이 몰살당한 원씨 집안 사람들이 그 재를 길가에 뿌렸다.

"모든 사람이 너를 밟고 지나다닐 것이다! 말도 짓밟고 소도 짓밟고 개도 짓밟을 것이다!"

그런 까닭에 동탁의 관 안에는 동탁의 시신을 태운 재라고 생각하여 길거리에서 긁어모은 것들과 뼛조각처럼 보이는 부스러기가 조금 들어 있을 뿐이었다.

동탁의 장례식은 제후의 예에 따라 진행되었다. 관을 넣을 자리를 만들어 막 관을 내려놓으려고 할 때 갑자기 폭우가 쏟아지기 시작했다. 관을 묫자리에 내려놓을 때는 불縛이라고 하는 굵은 줄을 사용했다. 비가 내리기 시작하자 사람들은 서둘러 관을 내려놓으려고 했다. 그러자 갑자기 그 튼튼한 불이 끊어지면서 관이 뒤집힌 채 바닥으로 떨어졌다.

"텅 빈 관이어서 무겁지도 않은데 이상한 일이군."

모여 있던 사람들은 고개를 갸웃거렸다. 갑자기 쏟아지는 폭우로 관을 넣는 묘혈에는 금세 물이 가득 괴어 관이 물 위로 둥둥 떠올랐다. 묘의 뚜껑을 덮으려고 하자 이번에는 갑자기 폭풍이 불어와 묘혈 덮는 작업을 방해했다. 이쯤 되니 장례식은 엉망이 되고 말았다.

"생전에 천인공노할 짓만 골라 했으니 당연한 일이지."

장안 사람들은 누구라 할 것 없이 그렇게 수근거렸다.

七

그나마 동탁의 관 속에는 유해의 일부라고 여길 만한 것이라도 들어 있었지만 그런 것조차 없이 장례식이 거행되고 있는 곳이 있었다. 겨우 청주의 황건군을 격퇴시킨 조조는 추격할 힘도 없어 수장壽長의 동쪽에 진을 쳤다. 황건군의 입장에서도 싸움에서 패해 후퇴한 게 아니었다. 그들의 입장에서는 제북의 상相인 포신을 죽이는 전과를 올렸기 때문에 절대로 진 싸움은 아니었다. 일단 뒤로 물러나서 휴식을 취할 생각이었다. 조조는 맹우盟友인 포신의 죽음으로 상심에 빠져 있었다. 그는 적지 않은 현상금까지 걸어 놓고 포신의 유해를 찾았지만 도무지 행방을 알 길이 없었다. 결국 조조는 황건군이 그의 시체를 가져갔을 거라고 단정한 채 유해 찾는 일을 포기했다. 조조는 장렬한 죽음을 맞이한 포신의 장례를 위해 궁여지책으로 공인工人에게 포신의 나무인형을 만들도록 했다. 그리고는 그것으로 장례를 치르며 목 놓아 통곡했다.

"포신의 시신을 찾게 되면 다시 한 번 장례를 치를 것이다."

유해도 없는 장례식을 치르고 난 뒤 조조가 휘하의 장수들을 모아 놓고 말했다.

목상木像으로 장례를 치른 지 며칠 지나지 않아 조조는 부하로부터 백마사의 진잠이 찾아왔다는 전갈을 받았다.

"생각지도 않던 손님이 찾아왔군. 그래, 혼자서 왔더냐?"

조조가 병사에게 물었다.

"젊은 여인을 동반하고 왔습니다."

"경매인가? 아니야. 설마 이런 곳까지…."

조조가 예상한 대로 그 여인은 백마사의 경매가 아니었다.

"오두미도 장형의 처인 소용이라고 하옵니다."

조조가 찾아온 일행을 맞이하자 그와 처음으로 대면하게 된 소용이 우선 자신의 신분을 밝혔다.

"장형이라고 하면 장릉의 아들. 그리고 한중에 있는 장노의 부친이 되는…?"

"그렇사옵니다."

"장형 교주께서는 돌아가신 지가 한참 되었다고 들었소만…."

"예, 오랜 세월이 지났습니다."

조조는 얼핏 계산해본 그녀의 나이와 외모가 전혀 어울리지 않아 다소 혼란스러워하는 눈치였다.

"그런데 무슨 용건으로 나를?"

그저 인사차 자기를 찾아온 것은 아니리라는 생각이었다.

"청주의 황건군으로부터 포신 장군의 유해를 받아냈는데 장군께 전해드리려고 찾아왔습니다."

소용이 조금 느릿한 어조로 말했다. 왠지 말하고 있는 내용의 중요성과 말투가 좀 어울리지 않는 듯싶었다. 별일 아니라는 말투였다. 조조는 그의 유해를 찾지 못해 확실한 증거도 없이 그저 황건군이 가져갔으리라는 추측만 하고 있던 터였다.

"그렇게 말하는 것을 보니 청주의 황건적과는 서로 연락이 닿는다는 말이오?"

조조가 짐짓 눈을 가늘게 뜨고 물었다.

"그렇사옵니다."

소용의 목소리는 여전히 신중하게 말하는 투가 아니었다.

"왜 이런 일을 가지고 나를 찾아온 것이오?"

"돕고자 해서입니다."

"누구를 말이오?"

"장군을 도와드리고 싶습니다. 그리고 청주의 황건군도 도와주고 싶어서입니다. 저희 오두미도는 모든 사람에게 도움이 되기 위해 여러 가지 일을 하고 있습니다."

"나는 도와달라고 부탁한 적이 없소."

"부탁을 받을 때만 도와주는 것은 진정으로 선한 행위가 아니라고 생각합니다. 저희는 마음에서 우러나와 돕는 것을 이상으로 삼고 있습니다."

"그럼 나를 어떻게 돕겠다는 것이오?"

"병력으로 도울 생각입니다. 장군께서는 지금까지 병력을 모으기 위하여 사방팔방으로 노력해오셨습니다. 다른 장수에게 병력을 빌리기도 하셨고 모병을 하기도 하셨지만 이내 잃고 말았지요. 장군의 어려움을 옆에서 보면서 돕고 싶은 마음이 생겼습니다."

소용의 말에 조조는 씁쓰레한 표정으로 미소를 지었다. 양주에서의 기억이 떠올랐던 것이다. 양주 자사 진온과 단양 태수 주흔으로부터 4천의 병력을 빌렸는데 이동 중 거의 대부분이 도망가고 말았다. 한 명의 병력이라도 더 늘리기 위해 얼마나 많은 고생을 해왔던가. 물론 지금도 그 문제로 고민하고 있던 중이었다.

"나에게 병력을 준단 말이오? 도대체 어느 정도의 병력을 말하는 것이오?"

"30만 명이옵니다."

"30만?"

조조는 두 손가락으로 눈썹과 눈썹 사이를 집게처럼 집으면서 말했다.

"그 정도 숫자라면 천하를 얻을 수 있지 않겠습니까?"

소용이 넌지시 물었다.

"그렇지. 그 정도라면 천하를 얻지는 못할지라도 그 기반은 만들수 있겠지. 그런데 그 30만의 대군을 어디서 가져온단 말이오?"

"이 산을 넘어가면 청주의 황건군이 30만이나 있사옵니다."

"그들이 내게 몸을 맡긴단 말이오?"

"그렇사옵니다."

역시 소용은 대수로운 일이 아니라는 말투였다. 조조의 입장에서는 오히려 그렇게 대수롭지 않게 말하기 때문에 더 진실하게 들렸다. 상대방으로 하여금 일일이 확인을 하거나 다짐을 받을 필요가 없다는 생각을 하도록 만드는 말투였다.

"나는… 전혀 생각하지 못한 일인데…."

조조가 낮게 읊조렸다.

"상식적으로 볼 때는 생각하기 어려운 일입니다. 관군과 반란군이 함께 섞인다는 것은 상상도 할 수 없는 일이지요. 바로 그런 고정관념을 바꾸자는 것입니다. 일단 관군과 반란군이라는 실체를 무시하고 생각하자는 것입니다. 황건군의 본질이 무엇이라고 생각하십니까? 먼저 그 점을 생각하셔야 됩니다. 지금 백성들은 아무리 노력해도 먹고사는 문제를 해결할 수 없습니다. 그래서 그들은 이 세상을 뒤집어엎어야 한다고 생각하고 있습니다. 그래서 모인 사람들이 바로 황건군입니다. 마찬가지로 관군 중에서도 이 세상을 바꾸지 않으면 안 된다고 생각하는 사람이 많습니다. 제가 진잠으로부터 들은 바에 의하면 장군이야말로 이 세상을 바꿀 수 있는 분인 것 같습니다. 같은 생각을 하는 자들을 하나로 모으는 것입니다. 그건 누가 보더라도 합당한 이치가 아니겠습니까?"

八

조조는 솟아오르는 흥분을 간신히 가라앉히며 몇 번이나 마른침을 삼켰다.

'30만. 이 대군을 휘하에 두고 움직일 수 있다면….'

상상만 해도 흥분이 되는 일이 아닐 수 없었다.

"나를 도와준다."

조조가 나직이 중얼거렸다.

"실은 그뿐만이 아닙니다. 저하고 내기를 하시는 겁니다."

소용이 불쑥 엉뚱한 말을 꺼냈다.

"내기를 하다니?"

"장군과 제가 천하를 얻는 일에 내기를 걸자는 말씀입니다."

거침없는 말투로 천하를 얻는다는 이야기를 하자 조조도 선뜻 말을 잇지 못했다.

"제 말의 의미는 이렇습니다."

소용이 천천히 말을 이어나갔다.

"30만 명을 기반으로 해서 천하를 얻었다고 해보지요. 이 병력을 장군께서 훈련시킨다면 그들은 용감하게 싸우게 될 것입니다. 그때 저는 이 병력의 마음과 정신을 훈련시킬 것입니다. 그렇게 되면 장군이 얻은 천하는 제 것도 된다는 의미입니다."

"음, 알겠소."

조조가 짧게 대답했다. 머리회전이 빠른 조조였다. 그는 소용이 말하고 있는 바를 충분히 이해하고 있었다. 종교적으로 표현하자면 소용은 영적인 세계의 지도자가 되고 조조는 현세의 지도자가 되는 셈이었다. 즉 두 개의 세계를 힘을 합해 정복해보자는 의미였다.

"흥미로운 일이 아니겠습니까?"

"그렇겠군."

조조는 벽에 등을 기대고 가슴 깊이 숨을 들이마셨다.

"저는 30만이나 되는 병사의 정신적인 지주 역할을 하면서 그들이 장군을 위해 싸울 수 있도록 할 생각입니다. 그렇게 되면 장군의 병사들 또한 제 것이 되는 것입니다."

소용이 재차 말했다.

"재미있는 논리로군. 정신적인 지주를 갖고 있는 병사들이라면 그 어떤 병사들보다도 강하지. 그 병사들을 부리는 일은 내가 한다는 말이군."

이것은 내기라기보다는 서로 협력하여 더 큰 것을 얻게 되는 상생의 관계라 할 수 있었다. 두 사람의 협력체제는 매우 흥미진진한 일이 될 것임에 틀림없었다.

"어떻게 협력해나갈 것인가에 대해서는 구구절절이 말씀드릴 필요가 없다고 봅니다. 이제부터 청주의 황건군을 장군께 어떻게 넘길 것인가에 대해 상세히 말씀드리도록 하겠습니다."

소용은 뒤에 앉아 있는 진잠을 돌아보았다. 그러자 진잠이 속주머니에서 둘둘 말린 서찰 하나를 꺼냈다. 관동에 자리잡고 있는 군벌로서 지금까지 30만이나 되는 대군을 거느린 자는 없었다. 산조에 모여든 반동탁 연합군의 병력을 합해도 겨우 10만 정도였다.

'그렇지. 30만 병력을 내 휘하에 두게 된다면 당분간은 세상에 드러내지 않는 게 좋겠어. 그러다가 때가 왔을 때 단숨에 밀어붙인다면.'

조조는 가슴이 뛰었다. 많은 일을 할 수 있을 것 같았다. 잠시 동안이었지만 그의 뇌리에는 한꺼번에 너무 많은 일이 떠올라 제대로 정리가 안 될 정도였다.

"이것은 청주 황건군 장로長老의 친서입니다."

조조는 봉투에서 편지를 꺼내어 읽었다.

장군께서는 일찍이 제남에서 사교邪教의 신단神壇을 부숴버린 일이 있었는데 그때 장군께서 지니셨던 생각은 저희 중황태을中黃太乙, 도교의 정신과도 같은 것이었습니다. 장군께서는 도道가 무엇인지 잘 알고 계신다고 여겨집니다. 지금 우리 황건군을 공격하시는 것은 장군의 착각에서 비롯된 것으로 사료되옵니다.

친서는 서로간의 공통점을 언급하면서 시작하고 있었다. 착각이란 무엇인가? 그 착각을 이해시키기 위해 청주 황건군의 장로는 설명을 덧붙이고 있었다.

한나라는 그 천운이 다하고 황가黃家가 일어설 때입니다. 아무리 장군의 재주가 뛰어나다 할지라도 하늘의 뜻을 거스를 수는 없습니다.

즉 어떻게든 한 왕조를 유지하려는 것은 착각이라는 말이었다. 이것이 바로 조조와 황건군과의 차이점이라는 설명이었다. 즉 차이점은 그대로 인정한 채 공통점만 가지고 서로 합치고 싶다는 의도였다. 이것이 친서의 중요한 내용이었다.

'중황태을을 인정한다.'

결단해야 하는 건 이것뿐이었다.

"좋소."

조조는 서찰에서 눈을 떼며 머리를 크게 끄덕거렸다. 계속되는 전란으로 도교 진영도 태평도니 오두미도니 하면서 서로 자기 일파만을 고집할 수 있는 상황이 못 되었다. 도교 그 자체의 존망이 걸린 상태였다. 따라서 친서에도 태평도라는 표현을 쓰지 않고 중황태을이라고 했다. 그리고 오두미도의 실질적인 교주라고 할 수 있는 소용이 도교가 조조의 보호 밑에서 살 길을 마련하기 위해 기꺼이 양쪽의 중개 역할을 맡고 나선 것이다.

조조와의 협상을 성공리에 마치고 소용과 진잠은 조조의 배웅을 받으면서 황건군의 본진이 있는 제북으로 돌아갔다. 덮개가 있는 마차를 타고 가면서 진잠이 소용에게 물었다.

"장안에서 청주의 황건군이 싸움에서 패했다는 소식을 들었을 때 이미 조조와의 연대를 염두에 두고 계셨던 건가요?"

"아닙니다. 훨씬 이전부터 생각은 하고 있었는데 그 소식을 듣자 기회가 왔다고 판단한 것입니다. 조조가 황건군과 같은 대군에게 완승을 거뒀을 리는 만무하다고 생각했지요. 수장 전투가 끝난 후 한동안 대치상태가 계속될 것이라고 짐작했습니다. 그래서 서둘렀던 것입니다. 늦어지면 그만큼 아까운 목숨들이 없어질 테니까요. 시기가 잘 맞아떨어진 것 같습니다."

"아무쪼록 좋은 결과가 나왔으면 좋겠습니다."

"잘될 수밖에 없을 것입니다. 조조는 내가 생각했던 것보다 훨씬 현명한 인물이군요. 새로 얻게 되는 30만의 황건군은 그에게 독이 될 수도 있고 약이 될 수도 있어요. 그는 꼭 30만 대군이 자신에게 약이 되도록 최선을 다할 겁니다."

일단 싸움터가 되었던 곳은 길이 엉망이 되게 마련이었다. 마차 바퀴가 쉴 새 없이 삐걱거리면서 차체가 심하게 흔들렸다. 심한 요동에 소용은 미간을 찌푸리면서 두 눈을 감았다. 진잠은 그런 소용의 옆모습을 쳐다보았다. 처음으로 소용이 나이 든 여자로 느껴졌다.

"이제 조금만 더 고생하시면 되겠습니다."

진잠이 나직이 말했다.

황건군은 왜 조조에게 인수합병 되었을까?

초평 3년의 청주 황건군과 관군의 싸움은 사서의 기록을 읽어도 금방 수긍하기 어려운 부분이 많다. 장안에서 동탁이 살해되었을 즈음인 그해 4월에 청주의 황건군이 연주를 공격했는데 오히려 조조의 공격을 받아 수장의 동쪽 싸움에서 져서 패주한 것으로 기록이 남아 있다. 과연 기록 그대로였을까?

청주 황건군은 그 숫자가 백만을 헤아리고 있었다. 이 백만의 병력과 싸운 관군 쪽의 병력 수에 대해서는 기록이 남아 있지 않다. 하지만 유대, 포신 같은 장수들이 전사할 정도였다는 객관적인 내용들을 참작해볼 때 황건군이 싸움에서 졌다는 것은 상상하기 힘든 일이다.

『삼국지』「무제기武帝紀」에는 '겨울에 항복을 받아들이다'라고 기록되어 있다. 음력으로는 정월부터 봄으로 여긴다. 겨울은 10월부터이다. 『자치통감』에서는 항복을 받아들인 것을 12월에 해당하는 항項에 넣고 있다. 어쨌든 수장 전투와는 반년 이상 차이가 난다. 게다가 항복을 해온 숫자가 '병졸 30만여, 남녀를 합하면 백만여 명'이라고 기록되어 있다. 가족이 모두 참여하고 있었기 때문에 병졸 30만에 남녀 합해서 백만여 명이라고 한다면 대충 계산이 맞는다. 이 숫자는 청주에서 연주를 공격해 들어갈 때와 같은 숫자이다. 숫자상으로 볼 때도 황건군이 크게 패했다는 증거는 찾아보기 힘들다. 반년 사이에 쌍방간에 서로 타협이 이루어졌을 것으로 추측하는 것이 더 현실성 있는 이야기라고 할 수 있다.

청나라 강희康熙 연간의 대학자로 다선茶仙이라 불렸던 하작은 『삼국지』를 교정하면서 '위무魏武. 조조가 영웅 중에 강자로 등장하게 된 것은 이때부터이다'라고 의미심장한 평가를 남기고 있다.

나중에 천하를 얻어 역사의 기록을 남길 수 있는 권리를 가진 조씨 일가가 조조의 활약을 실제 이상으로 부풀렸을지도 모를 일이다. 지역에 기반을 둔 영웅 중의 한 명이라고는 하지만 이때까지의 조조는 다른 영웅들에게 병력을 빌리기도 하고 일부러 선전효과를 노린 전투를 하기도 하면서 어떻게든 세력을 모으려고 애써왔다. 한 사람의 영웅으로 우뚝 서게 된 것은 청주의 대군인 황건군을 자기 휘하에 넣게 되면서부터라고 할 수 있다.

조조 측에서는 '항복을 받았다'고 기록을 남기고 있지만 조금 뒤로 물러나 있는 상태에서 절대로 패한 싸움을 하지 않았던 황건군이 30만이나 되는 무장 병력을 고스란히 데리고 순순히 항복한다는 것은 현실적으로 벌어지기 힘든 일이다. 사서에는 나와 있지 않지만 그 이면에는 분명히 양자 사이에 모종의 타협이 있었고 서로 조건이 맞아 연합이 이루어지게 되었다고 보는 것이 타당할 것이다. 또한 시간적으로 보더라도 그런 타협이 이루어질 수 있는 충분한 여유가 있었다. 그렇다면 서로 연대를 이루게 된 조건은 무엇이었을까? 오랜 시간이 지난 지금도 그것은 추측해보는 방법밖에 없다.

12
거처할 곳 없는 장군

一

해가 바뀌면 난세를 살고 있는 백성들이라 할지라도 혹시 좀 더 나은 방향으로 삶이 바뀌지 않을까 하는 희망을 갖게 된다. 그러나 사람들은 신년 벽두부터 긴 한숨만 내쉬고 있었다. 초평 4년(193년). 연초에 일식이 있었다.

"정월 초부터 일식이 있다는 것은 올 한 해도 쉽게 지나가지 않는다는 것일 게야."

사람들은 그렇게 말했다. 굳이 입 밖으로 꺼내지 않더라도 서로 얼굴을 마주치면 상대방의 얼굴에 그렇게 쓰여 있다는 것을 알 수 있었다. 동탁의 시해 사실이 알려졌을 때 장안의 백성들은 한껏 기대에 부풀어 있었다. 그러나 동탁을 따르던 무리가 다시 장안을 차지하게 되자 그 기대는 여지없이 무너졌다. 희망은 고사하고 다시 불길한 예감에 휩싸여 초조해했다.

정월 초하루의 일식은 난세를 살아가는 백성들에게 그런 의미로 다가왔다. 과연 그해에는 이상한 일이 특히 많이 일어났다. 정월에 일식이 있은 뒤로 3월에는 장안의 동쪽에 있는 선평성문宣平城門 밖에 있던 건물이 갑자기 요란한 소리를 내면서 무너져 내렸다. 5월 22일에는 구름 한 점 없는 마른하늘에 갑자기 뇌성이 치기 시작했다. 6월에는 부풍扶風이라는 곳에서 갑자기 광풍이 불더니 하늘에서 때 아닌 주먹만한 우박이 쏟아졌다. 또한 중국에서 옛날부터 신성한 산이라고 해왔던 화산華山이 무너져 내리는 일이 발생했다. 그리고 이달 초순부터 밤낮을 가리지 않고 20여 일 내내 비가 내려 가뜩이나 가난에 찌든 백성들의 살림살이와 가옥이 물에 잠기고 말았다. 낙양에서는 10월, 12월에 두 번의 지진이 발생했다. 이 두 번의 지진은 모두 신축일辛丑日로 22일에 일어났다. 이 같은 우연의 일치에 사람들은 불안한 마음을 떨치지 못한 채 다음에 닥쳐올 재앙을 두려워했다.

자연현상은 사람이 사는 세상에 대한 하늘의 예언이라고 굳게 믿던 시대였다. 예를 들어 이해 10월에는 혜성이 천시天市로 들어왔다. 천시란 전갈자리 가까이에 위치한 '깃발旗'이라는 별무리 열두 개 가운데 네 개의 별을 가리킨다. 이름에서도 알 수 있듯이 이 별은 도시나 교역에 관한 것을 미리 나타내준다고 한다. 혜성이 천시로 들어온 현상을 보고 사람들은 2년쯤 뒤에 천도가 이루어지리라는 전조로 받아들였다. 즉 수도를 다시 장안에서 낙양으로 옮길 것이라고 믿었다. 그런 까닭에 모두 천재지변에 대해서조차 마음 놓고 큰소리로 이야기할 수 없는 상황이었다.

"그런 못된 자들이 서로 죽고 죽이는 싸움을 반복하다 보면 언젠가는 머릿수가 줄어들어 좀 더 나은 세상이 오지 않겠어?"

채문희의 집 구석진 방에서 초선은 혼잣말처럼 중얼거렸다. 방안에는 입이 무거운 여주인 채문희 외에는 아무도 없었다.

"그러나 문제는 그 싸움에서 죽어나가는 사람들이 반드시 그 못된 자들뿐만이 아니라는 사실이 아니겠소?"

채문희는 까칠한 얼굴로 천장을 쳐다보고 있었다. 아버지 채옹이 옥사한 후 그녀의 모습은 몰라볼 정도로 여위어 있었다.

두 영웅이 함께 있을 수는 없었다. 왕윤 일파를 무너뜨린 동탁의 부장 이각과 곽사는 거기장군과 후장군後將軍이라는 자리를 받아 사실상 장안의 주인이 되었다. 그러나 시간이 지나자 두 사람 사이에 불화가 일고 있다는 소문이 들리기 시작했다.

'머지않아 또 일이 벌어지겠군.'

백성들은 그렇게 생각하고 있었다. 일이 터졌다 하면 바로 유혈 사태가 빚어지기 때문에 백성들은 한시도 마음을 놓을 수가 없었다. 그러나 백성들을 괴롭히던 자가 두 명에서 한 명으로 줄어든다면 아무래도 숨통이 조금 트이지 않을까 하는 생각을 하는 이도 있었다. 이것도 희망이라면 희망이랄 수 있었다.

"그렇군요. 쫓겨나는 자가 반드시 못된 자라고 못 박을 수는 없겠군요."

초선이 말했다. 그녀는 머릿속으로 여포를 떠올리고 있었다. 여포는 그녀와의 사랑을 위해 양아버지인 동탁을 살해했다. 누가 보더라도 천인공노할 악행이었다. 그러나 이 세상에서 단 한 명, 초선만큼은 그를 자상한 사내로 여겨주었다. 그녀가 여포에게 접근한 것은 의도적이었다. 그러나 정을 통하게 되면 결국 사내와 여인으로 발전하게 되는 것이다.

'다른 변고는 없는지….'

초선의 뇌리에 그런 생각이 맴돌았다.

그때 여포는 수백의 기병만을 동행한 채 포위망을 뚫고 무관을 빠져나간 상태였다. 기병들은 모래바람이 몰아치는 초원에서 단련된 오원 출신의 정예병력이었다. 그 중에는 몽골 출신의 병사도 적지 않았다.

"이 정도의 군세라면 천하를 흔들 수 있다. 하하하."

여포는 말 위에서 큰 소리로 웃었다.

"더구나 이것이 있지 않은가?"

그는 말안장에 매달려 있는 통을 채찍으로 두드렸다. 통 안에는 소금에 절여진 동탁의 머리가 들어 있었다.

"그 머리를 높은 가격에 팔 수 있겠습니까?"

몽골 출신의 한 장수가 여포에게 물었다.

"물론이다. 동쪽으로 가면 갈수록 더 비싼 값을 받을 수가 있지. 하하하."

여포는 다시 한 번 크게 웃었다.

장안에 머물고 있는 초선도 여포가 큰 소리로 웃는 모습을 떠올렸다. 함께 있을 때 여포는 언제나 웃는 얼굴만 하고 있었던 건 아니다. 동탁의 눈을 피해 초선을 만날 수밖에 없었기 때문에 어떤 때는 심각한 표정을 짓기도 했었다. 하지만 서로 멀리 떨어져 있는 지금 여포의 모습을 떠올리노라면 항상 입을 크게 벌리고 웃던 모습만이 뇌리에 그려졌다.

'호탕하게 웃는 모습을 보고 싶어.'

초선은 머리를 갸웃했다. 여포라는 사내는 산 사람을 눈썹 하나 까딱하지 않고 죽이는 자였다. 그것은 그가 무지한 탓이라고 할 수 있었다. 달리 심각하게 생각할 것도 없이 그냥 일부터 저지르고 보는 성격이었다.

'내가 당하기 전에 상대방의 숨통을 끊어버린다.'

이것이 이 사내의 논리였다. 아니, 논리라기보다는 일종의 본능이었다.

'어찌 보면 천진난만한 면도 있어.'

초선은 그렇게 생각하고 싶었다. 여포에 대해 그런 식의 감정을
갖고 있었기 때문에 그녀의 뇌리에는 당연히 그의 웃는 모습만이 떠
오르곤 했다.

二

여포의 감각은 어느 누구보다도 예민했다. 그는 위험이 가까이
다가오기 전에 벌써 냄새를 맡았다. 흡사 야수와 같은 후각이었다.
동탁의 머리는 동쪽으로 멀리 가면 갈수록 비싼 가격에 팔 수 있었
다. 각지에서 일어난 여러 영웅들은 '동탁 타도'의 기치를 내걸고
일어났었다. 특히 원소와 원술은 낙양에 살고 있던 자신의 일족이
동탁에게 몰살당하는 아픔을 겪었던지라 동탁을 증오하는 마음이
그 누구보다도 더했다. 당시의 윤리기준으로 볼 때 원씨 일가 중에
서 만일 동탁을 미워하지 않는 자가 있다면 그는 인간이 아니었다.
또한 그들은 현실적인 필요에 의해 동탁에 대한 증오심을 더욱 증폭
시켜야 했다.

여포는 먼저 남양으로 향했다. 그곳에는 원술이 있었다. 원씨 집
안의 적자임을 긍지로 삼고 있는 원술이었다. 말할 것도 없이 원술
은 동탁의 머리를 샀다. 그것도 아주 높은 값을 매겨주었다. 거기다
가 여포는 남양에서 굉장한 환대를 받았다. 그러나 원술의 마음까
지 담긴 환대는 아니었다. 항상 뼈대 있는 가문임을 내세우면서 원
소가 원씨 집안의 적자가 아니라는 사실을 입에 달고 다니는 원술이

여포 같은 자를 높게 평가할 리가 만무했다. 하지만 여포 또한 눈치만큼은 빠른 자였다. 그는 곧 그 같은 분위기를 알아차렸다.

'이것들을 어떻게 손봐주지?'

일당백의 정예병력이라고는 하지만 겨우 수백 기만으로 원술의 대군과 맞붙는 것은 아무래도 중과부적이었다. 여포는 일단 맞붙는 것을 포기했다. 그리고 원술이 관할하고 있는 지역에서 약탈을 감행하기로 마음먹었다. 그 행동도 너무 눈에 드러나게 되면 원술이 대군을 몰고 공격해올 위험이 있었다.

'세상이 혼란하니 그런 자들이 있을 수도 있지. 그 정도를 가지고 문제 삼을 필요는 없어.'

원술이 이렇게 생각할 정도로만 약탈할 심산이었다. 그러나 그것도 자주 하다보면 원술이 정말 화가 나 공격해 올 우려도 있었다. 여포는 원술의 신경에 거슬리지 않을 정도에서 약탈을 멈추곤 했다. 물론 그 정도를 가늠하기란 매우 힘든 일이었다. 따라서 하루라도 빨리 근본적인 조치를 취해야만 했다.

"언제까지고 이곳에 머물 수는 없겠지?"

여포가 바로 밑에서 자신을 보좌하는 부하를 보며 말했다. 군웅이 여러 지역에서 할거하고 있었지만 이렇다 할 세력을 형성하고 있는 것은 중원의 원소, 하북의 공손찬, 남양의 원술 세 명 정도였다. 천하를 얻겠다는 웅지를 품은 자라면 먼저 이 세 세력 중 어딘가에 몸을 담고 자신의 실력을 쌓아야만 하는 세상이었다. 남쪽의 영웅인 손견마저도 원술의 휘하로 들어가는 형국이었다. 여포는 원술에게 몸을 의지했지만 어디까지나 손님의 입장이어서 원술 세력의 주류에는 낄 수 없었다. 천하를 움직이는 남양의 거대한 힘을 이용할 수 없는 입장이었다. 더욱이 그 힘의 중심에 있는 원술이 의식적으로 여포를 멀리하고 있었다. 약탈 행위가 반복되자 원술은 언제부턴가 여포를 입에 담을 때는 일부러 '동탁의 머리를 가지고 온 자'라고 불렀다.

이윽고 여포가 말했다.

"드디어 때가 왔구나."

"그렇사옵니다."

여포의 부하가 맞장구를 쳤다. 여포는 다른 사람의 의견보다도 자신의 동물적인 감각을 더 믿었다.

"몸을 맡길 곳을 다시 찾아나서야 한다."

이렇게 말하면서 여포가 팔짱을 끼었다.

"이 숫자로는 아무래도 독립하기가 힘들지요."

부하의 이 말은 여포의 말에 동의하는 듯하면서도 여포가 한 말을 다시 해설하는 듯한 묘한 여운을 남겼다. 여포는 가끔 자신이 왜 그런 말을 했는지 모를 때가 있었다.

"큰 세력이 좋을까 아니면 작은 세력이 좋을까?"

몸을 맡길 상대방을 말하는 것이었다.

"일장일단이 있습니다. 큰 세력을 찾아가게 되면 원술의 경우처럼 세력의 중심으로 들어가기가 쉽지 않을 것입니다. 반면 작은 세력을 찾아가게 되면 설사 그 세력을 우리가 취한다 해도 천하를 다투는 데는 결국 역부족일 것입니다."

"음. 어쨌든 북쪽으로 가보자."

결단도 빠르고 행동 또한 빨랐다. 여포는 적토마에 올라타자마자 떠났다. 그동안 신세를 진 원술에게는 작별인사 한마디 남기지 않은 채였다.

"천하의 움직임이 어떨 것 같은가?"

말 위에서 여포가 부하에게 물었다.

"유주의 공손찬이 남하하다가 원소에게 패해 다시 뒤로 물러섰습니다. 당분간 공손찬은 섣부른 행동을 하지 않을 것입니다."

"원소와 원술이라. 둘 다 원씨 집안 아닌가? 별로 마음에 안 드는 작자들이야."

여포를 따르는 병력은 조금 늘어나 있는 상태였다. 한동안 남양 땅에서 약탈을 일삼으며 식량을 확보한 터라 병력을 늘릴 수 있었던 것이다. 원술의 땅에서 떠날 무렵 여포의 병력은 8백여 기에 달했다. 그러나 천하를 다투는 데는 아무런 힘이 될 수 없는 숫자였다. 그런 까닭에 명문가의 후손들이 대군을 거느리고 천하를 다투고 있는 것을 보면 여간 부아가 치미는 게 아니었다.

"사람이 사는 세상은 항상 이렇게 싸울 수밖에 없는 것일까."

여포가 혼자 중얼거렸다. 평소의 여포답지 않은 태도였다. 나란히 말을 타고 가던 부하가 고개를 갸웃하며 물었다.

"그게 무슨 말씀이시옵니까?"

"하루빨리 어딘가 정착하고 싶다는 뜻이다. 그렇다는 이야기지."

여포는 문득 초선의 모습을 머리에 떠올렸다. 한곳에 머물게 되면 그녀를 불러들일 수가 있을 것이었다.

'그래, 그녀는 항상 낙양을 이야기했었지. 언젠가 한번은 낙양에서 살고 싶다고 말했지.'

"전방에 정체 모를 병력이 이쪽으로 이동하고 있습니다."

갑자기 척후병으로부터 긴급 보고가 들어왔다. 순식간에 여포의 머릿속에 아련히 떠올랐던 초선의 모습이 지워졌다.

"숫자는?"

"천 명이 넘는 것 같습니다."

"그 정도라면 그렇게 요란 떨 일도 아니지 않느냐?"

딱히 적이라고 단정지을 수도 없는 상황이었다. 여포는 지금 지나가고 있는 그 지역에 자신의 적이 있을 리 없다고 생각했다. 현재 여포의 목숨을 노리는 자는 이각과 곽사의 무리밖에 없었다. 그자들은 장안의 서쪽에 있기 때문에 이곳에 나타날 리가 만무했다. 이 지역은 반동탁 세력의 영향력 아래 놓여 있는 곳이기 때문에 동탁의 목을 벤 자신은 어디를 가더라도 환대를 받을 입장이라는 생각을 하고 있었다. 여포는 그 점을 믿어 의심치 않았다.

"어떻게 할까요?"

"해치워라."

여포는 망설이지 않고 말했다. 자신의 목을 노리는 적이 아니라 할지라도 병력을 빼앗아 취하는 것만으로도 자신에게는 득이 되는 싸움이었다.

"저 무리를 굴복시켜 내 편으로 만든다면 2천의 병력이 된다. 원술에게 그렇게 무시당한 것도 결국 병력 수가 적었기 때문이 아니냐?"

三

양쪽의 병력이 점점 가까워지고 있었다. 영수潁水의 둑 옆에 있는 외길이었다. 여포는 전혀 공격하지 않을 것처럼 가까이 다가갔다가 별안간 공격할 심산이었다.

"최대한 느긋한 자세를 취하라."

그는 목소리를 낮추어 명령을 내렸다. 깃발을 내린 채 행군하다가 깃발을 올리면 그것을 신호로 일제히 공격을 가할 생각이었다. 입에서 귀로, 또 입에서 귀로 맨 뒤에 따라오고 있는 병사들에게까지 명령이 전달되었다.

'백 보만 더 걸은 다음 깃발을 올리리라.'

여포가 그렇게 마음을 다지고 있을 때였다.

"여어, 이거 여포 장군이 아니신가?"

마주오던 병력 중에서 검은 갑옷을 입은 한 사내가 그렇게 외치며 말을 달려왔다. 아직 상대방의 얼굴을 확실하게 알아볼 수 있는 거리는 아니었다. 여포가 경계를 하면서 물었다.

"그렇게 말하는 너는 누구냐?"

"평난중랑장平難中郞將일세."

"아니? 장연張燕 아닌가. 그처럼 멀리 떨어진 곳에서 어떻게 나를 알아보았나?"

"자네의 얼굴을 알아 본 게 아니라 자네가 탄 말을 보고 알았네. 적토마는 아무리 멀리 떨어져 있어도 금방 알아볼 수 있거든."

"그런가."

예전에 낙양에서 서로 술잔을 주고받던 사이였다. 그런 사이인지라 서로 싸울 일은 없었다.

"깃발을 올리지 말라."

기수에게 명령을 내린 여포는 장연이 있는 곳으로 적토마를 몰아갔다.

장연의 성은 원래 저비褚飛였다. 황건군이 거병할 무렵 그는 불량 소년들을 모아 산적 두목이 되었다. 산적의 세계에서도 힘이 약한 무리는 살아남을 수가 없었다. 살아남기 위해서 서로 연합하여 세력을 이루곤 했다. 그는 당시 산적들 중에 비교적 덕이 있다고 알려진 장우각張牛角이란 자와 연합했다. 장우각은 덕망이 높아 따르는 무리가 점점 많아졌는데 어느 전투에 나섰다가 그만 화살을 맞고 전사하고 말았다.

'반드시 저비연을 총수로 받들도록 해라.'

이것이 장우각이 남긴 마지막 유언이었다. 저비연은 이때부터 장이라는 성을 사용하게 되었다. 장우각의 정통성을 잇는 후계자라는 것을 천하의 산적 세계에 알리기 위한 것이었다. 그 뒤 점점 병력이 불어나 하내河內의 산적들이나 손경孫輕, 왕당王當 같은 자들이 그의 휘하로 들어왔다. 그리하여 한때 그 숫자가 백만이 넘기도 했다. 사람들은 장연 일당을 '흑산적黑山賊'이라고 불렀다. 흑산黑山이란 조가현朝歌縣 서북쪽에 있는 지명으로 장연의 무리가 이곳을 근거지로 삼은 적이 있었다. 이 대규모 반란군에 대해 당시의 조정도 어찌할 도리가 없어 귀순을 하면 면죄해준다는 상투적인 방법을 썼다. 장연이 이에 응해 하루아침에 반란군에서 관군으로 신분이 바뀌게 되었고 2천 석의 녹을 받는 평난중랑장이라는 고관이 되었던 것이다.

동탁이 아직 낙양에 들어가기 전 여포는 수도를 경비하는 관리의 입장으로 가끔 장연과 만난 적이 있었다. 당시 지위로는 장연이 훨씬 높았지만 장연은 그런 따위는 내세우지 않고 여포와 흉금을 터놓고 가까이 지냈다. 그런 연유로 여포는 장연에 대해서 좋은 기억을 가지고 있었다.

"오랜만이군."

여포가 먼저 인사를 건넸다.

"상당히 많은 일을 했더군. 여포라는 이름 두 글자는 어디에 있더라도 항상 듣고 있었지. 원술에게 가 있다고 해서 거기서 만날 수 있겠구나 하고 기대했었는데…."

장연도 반갑게 인사를 건넸다. 두 장수가 탄 말은 2미터 정도의 거리를 두고 멈춰서 있었다.

"그럼 원술에게로 가는 중이었나?"

"그렇다네. 여러 모로 생각해보았는데 원술에게 가는 게 가장 나을 것 같다는 결론을 내렸네."

"나는 지금 거꾸로 원술 진영에서 빠져나오는 길이네."

"무슨 일이라도 있었나?"

"생각했던 것보다 너무 인색해서…."

"명문가 자제이기 때문에 대범하다고 생각하고 있었는데. 우리처럼 아무 이름 없는 집안 출신들이야 마음이 그리 너그럽지 못하지만 말일세."

장연이 잠시 무엇인가를 생각하는 눈치였다.

"병력 수가 많으면 환대를 받을 수도 있을 걸세. 대충 보아하니 자네 병력이 천이나 천이백 정도 되어 보이는데 그 정도로는 콧방귀도 뀌지 않을 걸세. 최소한 1만 정도는 되어야 행세를 할 수 있지. 그나저나 흑산의 백만 무리는 다 어디로 갔는가?"

"그 백만 가운데 병력은 10만 명 정도였는데 지금은 절반으로 줄어들었네. 싸움에서 전사하기도 하고 다른 군벌로 도망가기도 하고. 지금은 3만 정도 남았네. 다른 길을 통해 남양으로 가고 있는 무리도 있고 이미 영수 가까운 곳에 도착해서 우리를 기다리고 있는 무리도 있네."

"3만 정도라면 환대를 받을 수 있을 걸세. 원술이 자네에게 손을 내밀었다면 아마 새로운 작전을 시작할 모양이구먼?"

"그런 것 같네."

"그렇다면 전쟁터에서 만나게 될지도 모르겠구먼."

"그럼 자네는 원소를 찾아가는 길인가?"

장연이 여포를 쳐다보며 물었다. 원술이 새로운 싸움을 시작한다면 싸울 상대는 원소밖에 없었다.

"아직 마음을 정하지는 않았네만 그렇게 될지도 모르겠네."

"전장에서 만나면 서로 적당히 봐주기로 하세."

"알았네."

여포가 빙긋 웃었다.

"그러면 모든 병력이 서로 지나갈 때까지 우리 두 사람은 이 자리에 멈춰 있도록 하세."

둘이 서로 비스듬하게 마주하고 있는 상태에서 두 사람 뒤로 각자의 병력이 마주쳐 지나갔다. 두 사람의 사이는 누가 보아도 우호적이었다. 그러나 결코 방심할 수는 없었다. 어느 쪽이나 상대방을 완전히 신뢰할 수는 없었다.

'이 작자는 태생이 산적 아닌가. 무슨 일을 저지를지 모르지.'

여포는 마음속으로 그렇게 경계하고 있었다.

'여포 이 친구, 주인인 정원을 죽이고 양아버지인 동탁마저 죽인 작자 아닌가. 의리라고는 눈곱만큼도 없는 친구지. 자기 이익을 위해서라면 어떤 일도 저지를 수 있는 자야.'

장연 역시 그런 생각을 하며 경계를 풀지 않았다. 양쪽 병력이 서로 반대방향으로 모두 지나갔지만 두 사람은 서로 마주한 채 그대로 멈춰 있었다. 양쪽 병사들의 후미가 충분한 거리를 두고 떨어지기를 기다리기 위해서였다. 갑자기 말머리를 돌려 공격해올 위험도 있었기 때문이다.

"자, 그럼 다음에 또 보도록 하세."

장연이 먼저 작별을 고하고 말에 채찍을 가했다.

"그러세."

여포는 장연이 등을 보인 채 달려가는 뒷모습을 잠시 물끄러미 쳐다봤다. 몸집은 작은 편이었지만 그의 상체가 말 위에서 경쾌하게 흔들렸다. 부드러우면서도 힘이 실려 있는 모습이었다.

'장연은 표한飄悍과 첩속捷速에 뛰어나다.'

사람들은 장연을 가리켜 그런 말을 했다. 대단히 민첩하다는 뜻이었다.

'설사 지금 병력의 방향을 바꿔 공격을 가하더라도 장연은 금방 응전태세를 갖출 것이다.'

여포는 머리를 좌우로 흔들면서 적토마에 채찍을 가했다.

四

여포의 무리는 계속 북쪽을 향해 행군하다 마침내 하내군河內郡으로 들어섰다. 낙양으로부터는 남쪽으로 약 50킬로미터 떨어진 거리였다. 그곳의 태수는 장양張楊이라는 인물이었다. 장양은 관동의 여러 장수들과 장안을 연결하는 고리 역할을 하고 있었다. 관동에 모여 있는 여러 장수는 동탁을 응징하기 위해 거병했는데, 그 대상인 동탁은 이미 이 세상 사람이 아니었다. 그러나 장안은 동탁파인 이각과 곽사의 수중에 있었다. 따라서 동탁은 죽었지만 장안과 관동의 연합세력은 아직 서로 대치하고 있는 상태였다. 천자가 장안에 있기 때문에 관동의 장수들도 조정과 지속적인 연락을 취할 필요가 있었던 것이다. 그러나 자신들이 사자를 보내게 되면 이각의 무리에게 바로 억류당할 염려가 있었다. 따라서 이각과 좋은 관계를 유지하고 있는 장양이 중간에서 양쪽의 입장을 대변해주는 역할을 하고 있었다. 청주의 황건군을 수중에 넣은 조조가 장안의 조정에 사자를 보냈었는데 이때도 하내 태수 장양이 이각에게 추천장을 써주었다. 장안의 동탁파 입장에서는 관동과의 관계를 지나치게 단절시켜 버리면 관동의 연합세력이 별도로 천자를 옹립할 위험도 있었기 때문에 관동 세력과 조정이 연결될 수 있는 적당한 매개자가 필요했다.

8백 기의 병력을 거느리고 여포가 적토마에 올라앉아 하내군에 들어섰을 때 태수 장양은 눈살을 찌푸렸다.

'또 귀찮은 친구가 찾아왔군.'

"태수께서 천하에 웅지를 펴시려 한다는 이야기를 듣고 이 여포, 미력하나마 도움이 될까 해서 찾아왔습니다."

여포가 장양에게 정중히 인사를 했다. 큰 세력에 붙을 것인지, 작은 세력에 붙을 것인지를 놓고 고민하던 여포는 영수에 이르렀을 때 하내 태수 장양이 천하를 얻는 일에 관심을 가지고 있다는 소문을 들었다. 그리고 그는 '그래? 그럼 작은 쪽에 한번 붙어보자' 하며 간단하게 방향을 정했다. 하내 태수가 웅지를 품고 있다 하더라도 역시 군사력이 문제일 것이었다. 그것을 눈치 챈 여포는 일단 8백 기를 이끌고 그에게 들어간 다음, 차차 태수의 병력을 자기 쪽으로 돌릴 심산이었다.

장양은 분명히 큰 뜻을 품고 있기는 했다.

'이 난세에 나는 독자적인 세력을 만들어야 한다. 어느 쪽에도 의지하지 않고 홀로 서기 위해서는 힘을 가지고 있어야 한다.'

그는 원씨 형제처럼 대군을 먹일 입장도 못 되었다. 그래서 그는 전혀 다른 '힘'을 배경으로 독자적인 입지를 군히고자 했다. 그것은 바로 매개자로서의 역할이었다. 지금처럼 관동과 장안의 중개역을 하게 되면 그는 어느 쪽 진영에나 반드시 필요한 인물이 될 수 있었다.

'하내가 없어지면 곤란하다.'

양쪽에서 이런 생각을 하게 되면 그 누구도 공격을 가해 오지 않을 것이고, 따라서 독자적인 세력을 형성할 수가 있었다. 장양이 의지하는 힘이라는 것은 관동과 장안, 쌍방의 우호관계를 유지해주는 것이었다. 장안의 동탁파는 동탁을 죽인 여포를 원수로 생각하고 있을 것이다. 그러므로 여포가 하내에 몸을 의지하고 있다는 사실을 알게 되면 장안과의 관계는 깨지기 쉬웠다. 여포를 받아들임으로써 장양의 힘은 일시에 약해지고 말 터였다.

'무슨 일이 있더라도 이자를 막아야 한다.'

장양은 그렇게 마음을 정하고 여포를 만났다. 여포는 큰 은혜라도 베푸는 듯이 8백의 병력으로 도움을 주겠다고 큰소리를 치면서 한껏 들뜬 표정을 짓고 있었다.

'이런 자에게 어떻게 말해야 알아들을까? 일단 시치미를 떼고 말해보자. 그렇게 해서 제대로 알아듣지 못하면 솔직하게 그대로 말하는 수밖에 없지.'

장양은 배알이 뒤틀렸지만 이렇게 마음을 정하고 헛기침을 한 다음 여포의 말에 대꾸했다.

"그것은 참으로 고마운 일이오. 그러나 이 하내 땅은 인근의 하남에 비교하면 옛날부터 양식이 풍족하지 못합니다. 대군을 먹일 수 있는 형편이 못 되는 지역입니다."

"그런 것쯤은 중요한 일이 아니지요. 병사들을 먹이려고만 한다면 어떻게든 먹일 수 있는 것 아니겠습니까?"

여포가 다소 여유 있게 말했다.

"그렇지가 않습니다. 식량도 풍족하지 못할 뿐만 아니라 이곳은 관동과 장안, 양쪽 세력이 서로 교차되는 곳이기도 하지요."

"장안의 세력이 이곳까지요?"

여포로서는 가볍게 흘려들을 수 없는 말이었다.

"저희 입장에서는 충분한 군사력을 갖고 있지 못하기 때문에 상대방이 어떤 부탁을 해올 때 거절하기가 힘듭니다. 지난번에도 조조 장군께서 장안에 사자를 보내는 일로 저희에게 도움을 요청한 적이 있었습니다."

"조조 장군이 장안에 부탁 말씀을?"

"예. 제 수하 중에는 장안과 연결이 되는 자들이 있지요. 예를 들어 동소董昭라는 자는 이각과 친한 사이이니 그에게 추천서를 쓰게 하기도 합니다."

"그래서 일은 잘되었습니까?"

"그렇습니다. 조조 장군의 부탁은 금방 해결되었습니다. 저는 조조 장군께는 도움을 주었지만 장안에는 빚을 진 상태입니다. 만약 장안에서 무슨 부탁이 있게 되면 거절하기가 어렵습니다."

그렇게 말하고 난 뒤 장양은 여포의 표정을 살폈다. 여포는 그 용맹과는 어울리지 않게 흰 얼굴을 한 미남이었다. 실제 나이보다도 훨씬 젊어 보였다. 그 잘생긴 얼굴에 특별한 표정의 변화는 없었다. 장양은 다시 한 번 헛기침을 하고 난 뒤 말했다.

"여포 장군, 장군의 무명武名은 천하 어느 곳에 가더라도 감출 수가 없습니다. 8백의 병사가 많다고는 할 수 없지만 장군이 가는 곳에는 항상 천하의 이목이 집중되고 있습니다."

여포의 오른쪽 볼이 약간 움직였다. 웃음이 나오는 것을 참고 있는 듯한 표정이었다.

그날 오후, 여포는 8백 기를 거느리고 하내군을 떠났다. 그는 장양이 짐작했던 것처럼 머리회전이 늦은 사람이 아니었다. 하내가 장안에 빚을 지고 있다는 것과 여포의 행선지가 천하에 알려질 수밖에 없다는 말을 연결시켜보면 결국 자신의 목숨이 위태롭다는 것을 알 수 있었다. 여포의 무리는 동북쪽을 향해 이동했다.

"역시 큰 세력에 붙는 것이 좋겠어."

여포가 발길을 돌린 곳은 기주였다. 원소의 본진이 있는 곳이었다.

五

중국에서는 성省 이름을 한 글자로 부르는 관습이 있다. 예를 들어 광동을 월粵, 복건을 민閩, 호남을 상湘이라 부른다. 하북성은 기冀라고 부르는데 이는 옛날의 주명州名에서 비롯된 것이다. 원래 이 시대에는 현재의 하북성 북쪽은 유주였고 남쪽이 기주였다. 지금의 석가장시 동남쪽 부근에 주성州城이 있었으며 원소는 그곳에 머물고 있었다.

원소가 중원을 공격하고자 해도 바로 배후에 있는 유주의 공손찬이 신경 쓰였다. 마찬가지로 원술도 호시탐탐 중원을 노리고 있었지만 배후에 있는 양양의 유표가 신경에 거슬렸다. 그래서 원술은 손견으로 하여금 유표를 공격하게 했는데 손견이 현산 싸움에서 전사함에 따라 지금까지 그 상태가 그대로 유지되고 있었다.

여포는 하내에서 황하를 따라 동북쪽으로 향했다. 길을 가는 도중에 천하의 형세가 계속해서 움직이고 있는 것을 몸으로 느낄 수 있었다. 남흉노의 어부라 병력 5천과 만나기도 했다. 여포의 병력 중에도 몽골 출신이 많았다. 그들은 남흉노의 동족으로부터 많은 정보를 들을 수가 있었다.

원술은 현재 어려움에 처해 있었다. 등 뒤에 유표가 있었기 때문이다. 남양의 군량미와 말의 먹이는 남쪽에서 공급하고 있었는데 유표가 그 공급로를 차단하고 있었던 것이다.

"남양 병력이 굶주리고 있다. 유표가 공급로를 차단하고 있는 것도 원소의 명령에 의한 것이다. 절대로 가만두지 않겠다!"

원술은 대군이 먹을 양식을 구하기 위해 병력을 북쪽으로 이동하면서 궁극적으로는 원소의 진영을 위협해야 되겠다고 생각한 것 같았다.

"좋아, 서두르자!"

이런 정보를 얻은 여포는 길을 서둘렀다. 상당히 큰 싸움이 시작될 것이고 그렇다면 조금이라도 병력을 늘리기 위해 고심하고 있을 것이다. 거래하기에는 가장 좋은 시기였다. 그러나 기주에 도착해 보니 원소의 진영은 생각보다 소란스런 움직임이 없었다.

"여포, 웬일인가? 그렇게 부은 얼굴을 하고 있으니."

여포의 떨떠름한 표정을 대하자 원소가 물었다.

"원술이 공격해온다고 들었습니다만….'

"아, 그것 말인가? 배가 고파 이리로 올라오고 있다고 들었지."

"이쪽에서 그들을 맞으러 나가지 않습니까?"

"그 일은 연주에 맡겨놓았지."

연주에는 조조가 있었다. 지금 조조는 원소에게 협조하고 있었다. 지난해에도 원술이 공손찬을 꾀어 유비와 도겸陶謙으로 하여금 원소를 공격하도록 했으나 조조가 원소 대신 나가 그들을 격퇴했다.

"연주에서 원술을 상대합니까? 원술은 상당한 대군일 텐데⋯."

"아니야, 연주도 지금은 만만치가 않지."

여포는 아직 조조가 청주의 황건군을 얻었다는 사실을 모르고 있었다. 예전에 산조에 주둔하면서 가끔 얼마 되지도 않는 병력을 끌고 나와 무모하게 싸움을 걸던 조조에 대한 인상이 아직도 그대로 남아 있었던 것이다.

"그렇습니까."

여포는 불만이었다.

"원술은 조조에게 맡기고 이쪽에서는 당분간 여러 잡적雜賊을 소탕할 작정이지."

원소가 말했다.

"저의 8백 기 정예 병력은 언제라도 싸울 준비를 하고 있습니다."

"일이 시작되면 그때 도와주게. 오, 그러고 보니 자네가 여기 왔다는 걸 듣고 만나보고 싶어 하는 사람이 있다네."

"누굽니까?"

"연주의 조조 진영에서 이곳을 찾아온 손님인데 장안에서 자네와 잘 아는 사이였다고 하더군. 조만간 자네를 찾아올 걸세."

원소는 달래듯 여포에게 말했다.

여포가 숙소로 돌아왔을 때 두 명의 손님이 기다리고 있었다. 소용과 진잠이었다.

"이게 누구요! 초선은 건강하게 잘 있소?"

두 사람의 얼굴을 보자마자 여포는 초선의 안부부터 물었다.

"저희도 여행에 나선 지 한참 되었습니다. 장안을 출발할 때 초선 아가씨는 건강했습니다. 장군을 생각하면서 외로워하는 것처럼 보이기는 했지만⋯."

"그런가? 어떻게 해서든 초선을 이곳으로 불러들여야 되는데. 초선이 항상 낙양을 그리워했었지. 어떻게 해서든 낙양에서 함께 살수 있는 방법을 마련해야 할 텐데."

여포의 흰 얼굴이 조금씩 붉게 물들기 시작했다.

"낙양에서 산다는 말씀입니까? 장군께서 불을 지른 그 낙양에서?"

소용이 그렇게 말했으나 여포는 제대로 듣고 있는 것 같지도 않았다. 설사 들었다 할지라도 그런 비꼬는 말 따위에는 신경도 쓰이지 않는 그였다. 양 볼이 빨개진 여포는 마치 소년 같은 얼굴이 되어 있었다.

'그래!'

갑자기 여포가 무릎을 쳤다.

'하내의 장양에게 부탁을 하자. 그자는 장안과 닿는 선이 있으니 초선을 낙양까지 데리고 오게 하는 것이다. 그렇지, 그렇게 하기 위해서는 먼저 살 집을 마련해야 하는데. 음, 아예 이참에 오원에 있는 가족도 불러들여야지.'

오원에는 그의 본처와 이미 머리가 굵어진 아이들이 살고 있었다. 여포는 가정을 이루고 싶은 생각이 간절해졌다. 태어나서 처음으로 하게 된 생각이었다.

"그럼, 편지를 보내야겠군. 하내 태수 장양에게."

여포는 혼잣말처럼 중얼거린 다음 그 자리에서 진잠에게 편지를 쓰게 했다. 생각나면 곧바로 실행에 옮기는 그였다. 상대방에게 실례가 되는지 어떤지에 대해서는 아무 관심도 없었다.

정월 초하루에 일식이 있었던 초평 4년의 봄. 원술은 유표에게 군량미 보급로를 차단당한 채 병력을 이끌고 봉구封丘에 주둔하고 있었다. 남흉노의 어부라와 흑산족 일부도 함께 있었다. 봉구는 하남성 양무현陽武縣의 동쪽에 해당되는 지역이었다. 조조는 원술의 병력을 무너뜨리고 봉구를 에워쌌다. 원술은 양읍襄邑으로 도망간 뒤다시 영릉寧陵으로 도주했다. 조조는 원술의 뒤를 쫓아 계속 추격하여 철저하게 짓밟았다. 원술은 구강九江까지 도망가 양주 자사 진우陳瑀에게 도움을 청했으나 진우는 원술을 받아들이지 않았다. 지난해에 양주 자사 진온陳溫이 병사하자 원소는 후임으로 원유袁遺를 파견했다. 그러나 원술이 병력을 이끌고 나와 원유를 쫓아내고 그 대신 진우를 자사로 임명했다. 그런데 진우는 자신을 지금의 자리에 있게 해준 은인이 쫓기고 있다는 사실을 알면서도 아무런 도움의 손길을 내밀지 않은 것이다. 원술은 별 수 없이 음릉陰陵까지 도망가 남은 병력을 겨우 수습한 뒤 다시 수춘壽春이라는 곳으로 향했다. 수춘은 양주 자사가 있는 곳이었다. 은혜를 저버린 진우는 원술의 보복이 두려워 원술이 수춘에 도착하기도 전에 도망쳐 나왔다. 이렇게 되어 원술은 양주와 서주를 손에 넣게 되었다. 결과적으로 원술은 배후에 있는 유표가 언제 공격해올지 모르는 불안정한 하남성 남쪽의 남양을 버리고 강소성 북부로 거점을 옮기게 된 것이다.

六

원술과의 싸움에서는 조조가 종횡무진으로 활약을 보인 까닭에 여포가 끼어들 틈이 없었다. 그러나 그 뒤로 계속된 원소의 잡적 토벌에서는 여포의 활약이 눈부셨다. 흑산족의 우독于毒이 이끄는 수만의 병력을 원소는 조가현朝歌縣의 녹장산鹿腸山에서 포위한 지 5일만에 총공격을 감행하여 1만여 명의 수급을 얻었다. 그리고 계속해서 밀어붙여 북쪽으로 도망가는 잔당을 쫓아가 두목의 목을 베었다. 유석劉石, 청우각青于角, 황룡좌교黃龍左校, 곽대현郭大賢, 이대목李大目, 우저근于氏根 같은 자들도 원소의 표현 그대로 완전히 '청소'되었다. 베인 수급만도 수만을 헤아렸다고 한다. 그러나 이때 상산군常山郡에 만만치 않은 적이 나타났다. 물론 원소의 입장에서 볼 때는 그들이 적이었지만 상대방도 마찬가지로 원소를 적이라 불렀다. 상산군은 현재의 하북성 정정현正定縣의 남쪽으로 석가장시에 가까운 지역이다.

"누구든지 나와라. 이 평난중랑장이 상대해주겠다!"

갑옷이고 투구고 온통 검은색을 한 기마 위의 무사가 크게 소리지르며 앞으로 나서자 여포가 빙긋 웃으며 외쳤다.

"드디어 나타났구나, 연적燕賊! 이 몸은 온후 여포이시다. 이대로 도망간다면 쫓아가지는 않겠다!"

장연의 병력은 원래의 주력이었던 흑산의 무리에 도각屠各. 흉노족의 일파, 오환烏桓. 퉁구스족 등의 병력이 합해져 그 어느 병력보다도 강성했다. 전쟁터에서 만나게 되면 서로 좀 봐주자고 이야기한 적이 있는 두 사람이었지만 막상 이런 상황에 처하게 되자 당연히 서로 마음을 놓을 수가 없었다. 방심하는 쪽은 패배의 쓴맛을 볼 것이었다. 베고 베이는 살육전이 열흘이나 계속되었다. 처음에는 여포도 여유 있는 웃음을 머금고 싸움에 임했지만 시간이 흐르자 표정이 점점 굳어졌다.

"만만치 않은 자야. 생각보다 용맹한 병사를 많이 거느리고 있군."

장연은 기동력을 이용한 전술을 구사하기 시작했다. 오늘은 오른쪽에서 공격해오는가 싶더니 이튿날은 갑자기 왼쪽에서 나타나는 식이었다. 원소의 진중 한가운데를 가로지르는 게릴라 부대도 있었다.

"이런 건방진 것들!"

원소의 얼굴에 초조한 빛이 감돌기 시작했다. 상산에서 그렇게 많은 시간을 허비할 여유가 없었다. 언제 유주의 공손찬이 갑자기 공격해올지 모를 일이었다. 무려 열흘 동안 사투가 계속되었지만 승패가 나지 않았다. 열흘째 되던 날 원소가 여포를 불렀다.

"자네는 장안에서 장연과 가까운 사이였다고 들었는데 그에게 휴전을 제의해주지 않겠는가?"

"승산이 없다고 판단되십니까?"

"우리가 싸워야 할 적이 장연만 있는 것은 아니지. 이자는 원술의 휘하에 속해 있다고 하지만 분명히 공손찬과도 내통하고 있을 걸세. 유주의 그 능구렁이 같은 공손찬은 틀림없이 우리가 지쳐 떨어질 때만을 기다리고 있을 것이야. 하지만 그렇게는 안 되지."

"장연이 아무 대가 없이 그냥 물러나지는 않을 것입니다."

"양곡을 주도록 하지."

"어느 정도를 생각하고 계십니까?"

"2십만 곡斛."

1곡은 19.4리터였다. 당시는 단순히 군량미를 얻기 위한 싸움이 심심치 않게 일어나곤 했다. 장연은 공손찬으로부터 원소가 힘을 소모하도록 해달라는 부탁을 받았을지도 모를 일이었다. 만일 그것이 사실이라면 그 목적은 이미 충분히 이룬 상태였다.

'장연, 이 친구, 지금쯤은 후퇴할 기회를 엿보고 있을 텐데….'

여포는 무엇보다 자신의 느낌을 믿었다.

"그렇다면 그와의 협상에서 수량을 줄이게 되면 나머지는 제가 사용하도록 하겠습니다."

"뭐라고?"

원소가 웃을 듯하다가 양미간을 찌푸렸다. 잡적을 소탕하는 과정에서 여포는 눈부신 활약을 보였다. 그러나 여포는 자기의 공을 내세워 원소 휘하의 다른 장수들에게 안하무인격으로 행동했다. 그런이유로 예전부터 원소를 모셔온 장수들은 여포에게 따끔한 맛을 보여주겠다며 벼르고 있었다. 그 장수들 중에는 "원씨 3대를 모셔온 저를 택하시겠습니까? 아니면 저 여포라는 자를 택하시겠습니까?"하고 항명하는 자도 있었다. 여포는 분명히 큰 힘이 되었다. 그러나 그가 이 진중에 있음으로 해서 장수들 간에 불화가 발생하는 부정적인 측면도 있었다. 원소는 그 점을 신중하게 생각하지 않을 수 없었다.

'없애는 수밖에 없겠어.'

원소는 그런 생각을 하기 시작했다. 원래 여포는 원소의 진영이 아니었다. 여포처럼 '큰 힘'이 다른 곳으로 가게 되면 이쪽에서는 큰 손해였다. 놓쳐서는 안 되는 일이었다. 죽이는 것도 쉬운 일만은 아니었다. 만에 하나 여포가 먼저 눈치 채게 되면 오히려 이쪽이 화를 당할 수도 있었다.

"좋다. 나머지를 네가 사용해도 좋지만 일을 그르쳐서는 안 된다. 그쪽 병력을 물리치도록 하는 게 가장 중요한 일이다. 알겠는가?"

원소는 험상궂은 표정으로 말을 마친 뒤 이내 얼굴에 살포시 미소를 떠올렸다. 너무 지나치게 불쾌한 감정을 드러내면 여포가 경계심을 갖게 될지도 모르기 때문이었다.

여포는 휘하의 몽골 출신 병사를 이용하여 장연 쪽의 몽골 출신 병사와 선을 댄 뒤 교섭을 시작했다. 물론 마지막 단계는 장연과 만나 협상을 벌일 생각이었다. 교섭은 원활하게 진행되어 마침내 양쪽의 수장이 자리를 갖게 되었다. 양쪽은 부하를 대동하지 않은 채 상산성에서 3리 정도 떨어진, 사방이 잘 보이는 작은 언덕 위에서 만났다.

"지난번과 똑같은 모습으로 만나는군. 영수 둑길에서 이렇게 우리 둘이서 각자의 병력을 등에 지고 만났었지."

장연이 먼저 말했다. 그들이 만나는 목적에 대해서는 이미 수하들 간의 교섭에서 모두 타협이 되었고 막상 둘의 만남은 의례적인 절차에 불과했다. 특별히 서로 나눌 이야기는 없었다. 몇 가지 문제를 서로 확인하는 정도로 이야기가 마무리됐다. 의례적인 절차가 끝나자 장연이 말했다.

"그래도 우리는 친구사이니 한마디 충고해주지. 괜찮겠나?"

"누구의 충고든 귀담아듣는 것이 내 장점이지."

여포가 적토마 위에서 가슴을 펴면서 말했다.

"내가 만약 원소라면⋯."

장연이 거기까지만 말하고 잠시 숨을 고른 다음 말을 이었다.

"여포 자네를 죽일 것이네."

"이유는?"

"원소 휘하의 장수들로부터 묘한 제안이 들어왔어. 흑산과 휴전을 한 뒤 함께 자네를 치면 어떻겠냐고 말이야."

"뭐야!"

여포가 크게 놀라 소리쳤다.

"아마 그 일을 원소는 모르고 있을 거야. 그러나 자네에 대한 부하들의 불만이 원소의 귀에 들어가지 않았을 리가 없지."

"물론 내가 좀 거만하게 굴었던 건 사실이지."

"그래서는 안 되지. 어쨌든 그런 말은 자네에게 해도 아무 소용이 없겠지만. 어쨌든 몸조심하라고. 자, 그럼 다음에 다시 보세."

작별의 말을 던지고 장연이 말머리를 돌렸다. 여포가 멀어져가는 장연의 뒷모습을 바라보는 것도 지난 영수의 둑길에서와 똑같은 모습이었다. 장연이 병력을 물리는 조건은 15만 곡의 군량미를 주는 것이었다. 그 결과 5만 곡이 남게 되었다.

"그 5만 곡은 어디에 쓸 작정인가?"

원소가 묻자 여포가 대답했다.

"낙양에 집을 지을까 합니다. 가족도 옮겨 살게 하고."

"그런 가정적인 면이 있었는가?"

"줄곧 생각해오던 일이었습니다. 이제 낙양으로 가려고 하는데 괜찮겠습니까?"

여포가 원소에게 물었다.

"괜찮고말고. 아, 낙양으로 가는 데 몇 명을 동행시켜주도록 하겠네. 마침 그 두 손님도 보내야 하는데 이참에 잘됐군."

원소가 말한 두 손님이란 조조가 보낸 소용과 진잠이었다. 도중에 무슨 일이 발생할지 모르기 때문에 30여 명의 병사들과 함께 길을 떠나게 되었다. 진잠과 소용은 낙양성 가까이에 있는 백마사로 가는 길이었다.

七

여포는 30여 명의 호위병과 소용, 진잠과 함께 낙양을 향해 출발했다.

"백마사 공인들의 건축 실력은 보통이 아니지. 자네가 집을 지을 때 백마사와 친분이 있는 진잠의 소개를 받는다면 큰 도움이 될 거야."

원소가 해준 이 말에 여포도 공감하고 있었다. 길을 떠난 지 3일째 되는 날이었다. 여포 일행은 한단이라는 곳에서 묵어가게 되었다. 여포는 생각에 잠겨 있었다. 장연이 했던 말이 자꾸 신경에 거슬렸기 때문이었다. 비록 장연이 산적 출신이기는 하지만 지금까지 그와 친분을 나누어오면서 느낀 점은 항상 하는 말에 신중을 기한다는 점이었다. 쓸데없는 말은 하지 않는 자였다. 그런 친구의 충고를 그저 흘려버리기에는 뭔가 석연치 않은 구석이 있었다. 오늘 아침만 해도 호위병 가운데 몇 명의 태도가 아무래도 수상해보였다. 한 병사가 여포에게 물건을 건네주면서 가늘게 떨고 있었던 것이다.

"왜? 내가 무서운가?"

"예. 소문으로만 듣던 장군을 두 눈으로 직접 뵙게 되니 저도 모르게 몸이 떨립니다."

병사는 그렇게 말하고 허둥지둥 고개를 숙였다. 그리고는 이내 다른 호위병들이 있는 쪽으로 고개를 돌렸다. 그 병사의 눈이 호위병의 수장과 마주쳤다.

'지금 뭐 하는 거야? 몸을 떨다니? 멍청한 녀석.'

여포가 보기에 수장의 눈빛은 그렇게 말하고 있는 것 같았다. 일단 의심을 하기 시작하니 수상한 구석이 한두 가지가 아니었다.

"냄새가 나는데…."

방안에 앉아 여포는 혼자 중얼거렸다. 그의 날카로운 후각이 이상한 낌새를 포착했던 것이다. 확실히 장연이 한 말을 그냥 흘려들어서는 안 될 것 같았다. 낙양으로 길을 떠나고부터 모든 것이 장연이 충고했던 대로 진행되고 있다는 느낌이었다. 호위병들도 한결같이 젊고 다부졌다. 이 점도 장연의 말을 뒷받침하는 게 아닌가 하는 생각이 들었다. 여포 정도의 무술을 갖춘 사내를 당해내려면 상당한 실력을 갖춘 자들을 준비해야 하는 것이다.

저녁식사가 끝난 뒤 상당한 시간이 흘렀다.

"무료하시지 않습니까?"

소용과 진잠이 여포의 방문을 열고 들어서면서 말했다. 진잠은 쟁箏을 안고 있었다.

"괜찮으시다면 한 곡 들려드릴까 해서 왔습니다. 그리 잘 타지는 못하지만 여행의 적적함을 달랠 정도는 됩니다."

소용이 여포를 쳐다보며 말했다.

"무슨 말씀을, 어디 한번 들어보도록 합시다."

여포는 이것저것 골똘하게 생각하느라 머리가 무겁던 차였다. 그러잖아도 착잡한 기분을 돌릴 만한 일을 찾던 참이었다. 쟁은 13개의 줄로 만들어진 현악기이다. 전설에 의하면 원래 슬瑟이라는 악기는 50현으로 되어 있었는데 그 소리가 너무나 애처로워 슬을 만든 복희伏羲가 다시 현을 줄여 25현의 악기를 만들었다고 한다. 그리고 25현의 슬은 진나라 때 어느 부자父子가 다투다가 다시 두 개로 나누어졌다. 그래서 대나무 죽竹 자에 다툴 쟁爭 자를 써서 13현을 가진 쟁箏이 만들어졌다고 한다. 이후 다시 그 줄이 반으로 나뉘어 7현을 가진 거문고로 태어나게 되었다. 소용이 쟁을 타기 시작했다. 음악에 대해서는 별로 아는 것이 없는 여포였지만 맑은 음색을 알아들을 정도의 귀는 갖고 있었다. 한 곡이 끝나자 여포가 다른 곡을 주문했다.

"좀 더 흥겨운 곡은 없을까요? 그렇지, 그 서역풍의…."

문득 장안에 있는 채옹의 집에서 들었던 서역 음악이 머리에 떠올랐다.

"서역 음악은 여러 사람이 노래를 같이 불러야 합니다. 혼자 악기로만 다루면 흥이 덜합니다."

소용이 웃으며 말했다.

"오늘은 그냥 음악만 듣지요. 흥겨운 음이라면 무엇이든지 좋소. 물론 제대로 갖춰서 하는 서역 음악만은 못하겠지만 말이오."

여포의 요청에 소용은 손가락에 끼웠던 은갑銀甲을 다시 고쳐 끼우고 천천히 쟁의 현에 손을 가져갔다. 그러다가 어느 순간 급하게 줄에서 손을 떼었다.

"왜 그러시오?"

여포가 의아한 표정으로 물었다.

"아닙니다. 갑자기 바깥 공기가 빠르게 움직이고 있는 것 같은 느낌이 들어서 호흡이 잘 맞지 않았습니다. 다시 하도록 하겠습니다."

소용이 나직한 음성으로 대답하고 나서 자세를 고쳐 앉았다.

"공기가 빠르게 움직이고 있다니? 그게 무슨 말이오?"

"일종의 살기와 같은 움직임입니다. 지금 그런 기운이 밖을 싸고 있습니다."

"살기가?"

여포는 미간을 움직였다. 그러고 보니 점점 강하게 풍겨오는 냄새가 있었다. 위아래로 움직이던 미간이 잠시 멈췄다. 그 순간 여포는 마음속으로 결단을 내렸다. 일단 결단을 내리면 곧바로 실행에 옮긴다. 잠시의 여유도 두지 않는다.

"소용님."

여포가 앉은 자세를 고치며 낮게 말했다.

"오늘밤 계속해서 쟁을 타주실 수 있겠소?"

소용은 여포의 눈을 가만히 들여다보았다. 그의 눈에서 뭔가를 읽은 듯 소용이 말했다.

"그럼 장군께서는 길을 떠나실 참이신가요?"

여포가 천천히 고개를 끄덕였다.

"알겠습니다. 가능하면 요란한 곡으로 쟁을 타도록 하겠습니다."

소용은 연주를 다시 시작했다. 여포는 잠시 바깥을 살핀 다음 소리를 죽여 방을 빠져나갔다.

八

이해 6월은 다른 해에 비해 유달리 비가 많았다. 밤낮을 가리지 않고 20여 일이나 줄곧 비가 내렸다. 여포가 숙소를 탈출한 그날 밤도 장대 같은 비가 퍼부었다. 작은 개천까지도 미친 듯 요란한 물소리를 내며 맹렬한 기세로 흘렀다. 질퍽거리는 길바닥을 내리치듯 연신 퍼붓고 있었다. 나뭇잎이나 가지들이 굵은 빗방울에 부딪히며 끙끙 앓듯 신음을 토해내고 있었다. 여포는 마굿간에서 적토마를 끄집어내어 재빨리 올라타고 서쪽을 향해 달리기 시작했다. 말굽소리도 빗소리에 묻혀 원소가 딸려 보낸 호위병들은 여포가 빠져나가는 것을 눈치채지 못했다. 그들은 모두 자객이었다. 이 자객들은 한단에서 여포를 살해할 계획을 갖고 있었다. 한단을 지나게 되면 태항산맥을 따라 잡적 소탕작전에 나서고 있는 여포의 직속병력 수백 기가 호위대에 합류할 가능성이 있었다. 그래서 그들은 한단이 여포를 해치우기에 적격이라고 판단했다.

"한 곡 더 타도록 하겠습니다."

쟁을 타기 시작한 지 한참이 지났건만 여포는 묵묵히 앉아 음악을 듣고 있었다. 30여 명의 장사가 여포의 목을 노리고 있었지만 그의 무술이 워낙 뛰어난지라 그가 잠든 뒤에야 공격할 작정이었다. 쟁 소리가 들리는 것을 보면 아직 자고 있지 않은 게 분명하다고 무사들은 판단했다.

"쟁 소리가 그칠 때까지 기다리자. 여포는 아마 누워서 쟁을 감상하고 있는 모양인데 그가 잠이 들면 쟁 소리도 멎겠지. 바로 그때 들이닥치는 거다."

호위병의 수장은 부하들에게 그렇게 말했다. 그러나 밤이 꽤 깊었는데도 쟁 소리는 그치지 않았다. 방에 켜놓은 불도 꺼지지 않았다. 등유가 귀중품으로 취급되던 시대였기 때문에 이처럼 밤늦게까지 등불을 밝히고 있다는 것은 상당히 사치스런 일이었다.

'언제까지 쟁 소리를 들을 작정이지? 이렇게 마냥 기다릴 수도 없는 노릇이고….'

호위대장은 여러 상황을 설정해보았다. 그는 여포가 잠든 것을 확인한 다음 기습하라는 명령을 받았다. 그러나 전쟁 때와 마찬가지로 일선의 소부대를 지휘하는 지휘관은 상황에 따라 독자적인 판단을 내려 행동할 수도 있는 일이었다. 그가 받은 명령의 가장 중요한 부분은 '기습하라'는 것이었다. 잠든 것을 확인하라는 부분은 곁가지에 불과했다. 곁가지에 너무 집착하다 보면 정작 중요한 부분을 소홀히 다루게 된다. 거기다가 호위병의 수장은 자만심에 빠져 있기도 했다.

'아무리 천하의 여포라 하더라도 30명의 장정이 한꺼번에 달라붙으면 해치우지 못할 것도 없다. 잠이 든 다음 기습하라는 명령도 달리 생각해보면 우리의 힘을 너무 과소평가한 것이다. 좋아, 잠든 자보다 두 눈을 뜨고 있는 자의 목을 베어버리자.'

"더 이상 기다릴 필요 없다. 들어가자. 모두 제자리로!"

수장이 행동을 개시했다. 병사들이 일사불란하게 움직였다.

"자, 들어가자!"

호위병 수장이 방 문 밑을 사납게 발로 걷어찼다. 안에서 잠그지 않은 방문은 허망할 정도로 쉽게 떨어져나갔다. 그 바람에 방 한가운데서 타고 있던 등불이 흔들렸다.

"이게 무슨 일입니까?"

쟁을 타고 있던 소용이 손을 멈추고 엄한 소리로 말했다. 목소리에는 위엄이 서려 있었다. 소용의 옆에는 진잠이 무릎을 가지런히 한 채 방석에 앉아 있었다. 방 안에는 그 두 사람 말고는 아무도 없었다. 호위대장은 칼을 빼든 상태였다. 불빛을 받아 칼이 번득였다.

"장군은?"

수장이 다급해진 목소리로 물었다.

"빗소리를 들으니 마음이 심란하다시며 잠시 밖에 다녀오신다고 했습니다. 저희는 장군을 기다리던 중인데 언제 돌아오실지도 모르겠고 시간이 너무 늦어 이제 그만 가려던 참이었습니다."

소용이 차분한 어조로 대답했다. 방에는 아무 물건도 없었다. 사람이 숨을 만한 곳도 없었다. 그래도 병사들은 방안을 구석구석 뒤져보았지만 당연히 여포를 찾지는 못했다.

"마굿간에 있던 적토마가 없어졌습니다!"

밖에서 병사 하나가 달려 들어오며 외쳤다. 그 소리를 듣자마자 수장의 얼굴이 창백해졌다. 그는 눈초리를 추켜올리며 이를 악물었다.

"이미 눈치를 챘다. 서둘러 뒤를 쫓아라!"

하지만 뒤를 쫓아봤자 소용없다는 것을 누구보다도 잘 아는 그였다. 여포가 이곳을 빠져나간 지가 이미 오래되었고 천하의 명마인 적토마를 타고 갔으니 뒤를 쫓는다는 것은 무리였다.

여포는 밤을 꼬박 새우면서 적토마를 달렸다. 안양安陽 근처에 이르자 날이 밝았다. 비도 그치는 중이었다.

"오랜만에 해를 볼 수 있을 것 같군."

희뿌옇게 밝아오는 동쪽 하늘을 보면서 여포는 약간 들뜬 목소리로 중얼거렸다. 그는 기분이 좋아 보였다. 격렬하게 몸을 움직이고 난 뒤에는 상쾌한 기분을 느끼곤 했다. 승리하든 패하든 한바탕 전투를 치른 뒤, 혹은 지금처럼 정신없이 도주하느라 전신의 힘을 다 빼고 난 뒤에도 그는 적당히 기분 좋은 상태에 빠져들었다.

'원소, 이 작자를 그냥….'

여포는 하룻밤이 지나서야 원소의 계략을 눈치 채고 화를 내기 시작했다. 그는 예민한 후각에 비해 감정을 지배하는 뇌 부분은 상당히 둔한 편이었다. 하지만 여포는 자신에게 운이 따르지 않는 것을 한탄하지 않았다. 군웅이 할거하는 이 시대에는 여포와 같이 실력이 뛰어난 호걸은 어디에서라도 환영받을 수 있었다. 간밤의 일만 해도 뒤집어 생각해보면 여포가 얼마나 비중 있는 영웅이었는지를 반증하는 사건이라고 할 수 있었다. 다른 자에게 가더라도 별로 도움이 안 되는 자라면 굳이 죽일 필요까지는 없을 것이었다.

'그 친구들은 지금쯤 어떻게 됐을까?'

여포는 자기처럼 칼을 차고 이곳저곳으로 방황하며 다니는 자들을 머리에 떠올렸다. 남흉노의 어부라는 봉구에서 어디로 갔을까? 아마 패주한 원술을 따라가지는 않았을 것이다. 백파곡으로 돌아가 잠시 전열을 가다듬고 있을지도 몰랐다. 병력을 뒤로 물린 장연은 어떻게 하고 있을까? 틀림없이 흑산 최강의 병사들을 거느린 채 중원을 떠돌고 있을 것이다.

'가다가 적당한 곳이 있으면 잠시 몸을 맡기도록 할까?'

여포는 하내 태수 장양이 있는 곳으로 향했다. 그곳에서 장안과 연락을 취할 작정이었지만 곧바로 그리로 갈 생각은 없었다. 장양이 말했던 것처럼 여포와 같은 인물은 어느 곳에 있든지 순식간에 천하에 알려지게 되어 있었다. 그렇게 되면 예전의 부하들이 속속 모여들 것이었다. 자신의 존재를 알리면서 장양이 있는 곳으로 천천히 가다 보면 저절로 병력을 모을 수가 있었다. 그 점을 고려해볼 때 가다가 적당한 곳이 있으면 잠시 들르는 것도 그리 나쁜 일은 아니었다.

"진류 태수 장막을 한번 만나볼까."

여포가 중얼거렸다. 장막은 반동탁 연합군의 한 세력으로 산조에 진을 쳤던 인물이다. 병력이 부족했던 조조에게 병력을 빌려줄 정도로 의협심이 강한 사내다. 예전에는 서로 적이 되어 싸운 사이였지만 이제는 한번 찾아가 인사를 나누어도 괜찮으리라는 게 여포의 생각이었다. 여포의 감각은 득이 될지 손해가 될지를 금방 계산해냈다. 의협심이 강한 자라면 병력을 잃고 힘이 빠져 있는 자를 박대하지는 않을 것이다. 장막이 여포를 정중하게 맞아들였다는 소문이 전해지면 원소가 상당히 불쾌하게 여길 것이고, 그렇다면 자연히 여포의 주가도 뛸 것이었다. 여포는 크게 하품을 하고 나서 다시 작은 소리로 중얼거렸다.

"이제 여름도 얼마 남지 않았구나."

그의 후각은 벌써 가을 냄새를 맡고 있었다.

영리한 조조, 무모한 원소

이 시기만 해도 천하를 다투는 중요한 세력은 원소와 원술, 배다른 두 형제뿐이었다. 그러나 초평 3, 4년경부터 세력 균형에 미묘한 변화가 일어나기 시작했다. 그것은 바로 조조가 서서히 자기 세력을 형성하여 원소 진영에서 독립하기 시작한 것이다. 청주의 황건군 30만 명을 얻게 된 것이 가장 큰 계기가 된 것은 두말할 나위 없다.

조조는 적의 힘을 자기의 것으로 만들 생각이었지만 원소는 녹장산 싸움에서와 같이 오로지 상대방의 씨를 말리는 것만을 생각하고 있었다. 상대방을 궤멸시키기 위해서는 자기편의 희생도 감수할 수밖에 없는 일이다. 녹장산의 전투에 대해 사서에는 이렇게 기록되어 있다.

원소는 여포와 함께 장연을 공격했다. 싸움이 시작된 지 10여 일이 지나자 장연의 병력 중에 사상자가 속출하기 시작하고 원소의 병력들도 지치기 시작했다. 결국 양쪽 모두 병력을 뒤로 물렸다.

그저 '지치기 시작했다'라고 기록했지만 실제로는 상당한 희생이 있었음에 틀림없다.

13
태산이 움직이다

一

태산은 신성한 산이다. 산동성 제남시濟南市 남쪽에 솟은 산 가운데 가장 높은 산이 바로 태산이다. 평원의 상相인 유비는 다른 사람들의 눈을 피해 은밀히 태산에 올랐다. 일행은 의형제의 맹약을 맺은 관우와 장비, 그리고 관우 못지않게 늠름한 체격의 한 사내, 이렇게 넷뿐이었다. 유비 일행과 동행한 사내는 우람한 체격이었지만 낯빛은 몹시 좋지 않았다.

"흙을 쌓으시지요, 궐선闕宣 대감."

유비의 말에 궐선이라는 사내는 그 자리에서 웅크리고 앉아 흙을 어루만졌다.

"망설이실 필요 없습니다. 모양만 갖추면 됩니다."

유비가 말했다. 사내는 세 손가락으로 흙을 집어 올렸다가 아직 마음이 쉽사리 정리가 안 되는지 유비를 올려다보며 말했다.

"꼭 제게 힘이 되어주시는 겁니다?"

사내는 무언가를 다짐받으려는 말투였다.

"지당하신 말씀입니다. 도겸 대감의 중신들에게도 말씀드리지 않았습니까?"

유비는 사내의 원대로 힘을 돋아주었다. 그러자 사내는 눈앞에 쌓아놓은 흙을 조심스럽게 다독거렸다. 소금가게에서 흔히 볼 수 있는 모양새로 끝을 뾰족하게 만든 흙무덤이었다.

"이제 일어서시지요."

유비의 말투는 다소 명령조였다. 사내가 느릿하게 일어서자 이번에는 유비가 엄숙한 목소리로 말했다.

"하늘과 땅에 기원을 드리시지요."

사내는 머리를 숙이고 눈을 감은 다음 입술을 달싹거리며 주문을 외듯 중얼거렸다. 잠시 후 사내의 중얼거림이 그치자 유비가 말했다.

"다 끝나셨습니까?"

"예."

궐선은 한 번 더 깊숙이 머리를 숙이고 난 다음 크게 숨을 들이쉬었다.

"경하드리옵니다. 저희 세 사람은 이 의식을 똑똑히 두 눈으로 지켜보았습니다. 지금부터 폐하라고 부르겠습니다."

유비는 그렇게 말을 마치고 입술을 조금 깨물었다.

"형식보다도 마음의 문제입니다. 하늘과 땅도 형식보다는 정성으로 움직일 수 있습니다."

불그스레한 얼굴의 관우가 말했다. 관우의 얼굴색은 한숨을 쉬고 있는 사내와는 퍽 대조적이었다.

"축하하오."

장비가 퉁명스럽게 말했다.

"그럼 천천히 산을 내려가도록 하시지요."

유비는 말을 하고 나서 주위를 둘러보았다. 천명을 받아 천하를 지배하고자 하는 이는 이 신성한 산에 올라 하늘과 땅에 제사를 올려야 했다. 제를 올리기 위해서는 흙을 쌓아올리는 절차가 있었는데, 이를 '봉선封禪'이라고 한다. 그러나 모든 천자가 봉선을 할 수 있는 것은 아니다. 진정으로 천하를 통일하고 태평성대를 이룬 천자만이 봉선 의식을 올릴 수 있었다. 진시황제는 천하를 통일한 뒤 이 산에 올라 하늘과 땅에 제를 올렸다. 그러나 한 왕조를 일으킨 고조는 이 의식을 올리지 않았다. 한이 시작된 다음 백 년 정도 지난 무제 때 처음으로 봉선 의식을 올렸다. 그런데 궐선이라는 거구의 사내가 유비의 지시에 따라 그 성스런 의식을 올린 것이다. 당시 사람들은 태산의 정상에서 흙을 쌓는 행위가 얼마나 중요한 의미를 지니는지 잘 알고 있었다.

네 사내는 빠른 걸음으로 산을 내려왔다. 하늘 아래 가장 높은 산이라는 태산, 그 태산 중에서도 가장 높은 곳이 북두北斗였다. 흔히 어느 분야에서 최고의 권위자를 '태두泰斗'라고 부르는데, 바로 이 태산과 북두를 줄여서 이르는 말이다. 태산은 실제로 해발 1천 524미터이기 때문에 그리 높은 산은 아니다. 움푹 들어가 있는 모양을 하고 있는 화북평야에 우뚝 솟아 있으며 그 모습이 너무 빼어나 보는 이들로 하여금 외경심을 불러일으키게 하는 산이다. 여기저기 화강암이 널려 있고 숲은 그리 많지 않은 산이다. 왼쪽에는 독수봉獨秀峰, 오른쪽에는 홍엽령紅葉嶺이 버티고 있다.

네 사람은 묵묵히 길을 따라 내려왔다. 궐선이라는 사내는 몸집에 어울리지 않게 눈이 작았다. 눈의 초점은 안정되어 있지 않았다. 무언가에 골똘히 빠져 있는 모습이었다. 도화윤桃花潤이라는 계곡으로 접어들자 관우가 말했다.

"그럼 이곳에서 각자 헤어지도록 하지요. 한 명씩 산을 내려가는 것이 좋겠습니다."

수도 장안에 후한의 천자인 헌제가 버젓이 살아 있는데 봉선 의식을 올리고, 더구나 제멋대로 폐하라는 용어를 사용했다는 것은 불경죄에 해당됐다. 그러니 사람들의 눈을 의식하는 것은 당연한 일이었다.

봉산군奉山郡은 연주에 속해 있기 때문에 조조의 세력권이었다. 태산 태수인 응소應劭는 당연히 조조와 깊은 연관을 갖고 있었다. 현재 유비는 동문수학한 공손찬의 진영에 속해 있으면서 그로부터 여러 가지 도움을 받고 있었다. 공손찬은 한때 원술의 부탁으로 원소를 견제하다가 계교界橋라는 곳에서 크게 패한 적이 있었다. 그런데 조조는 원소파에 속해 있었기 때문에 유비와는 적대관계에 있다고 볼 수 있었다. 적대관계에 있는 조조의 세력권 내에 머물러 있다는 것은 위험한 일이었다. 그러나 난세에는 세력들 간의 이합집산이 더욱 심해진다. 유비와 조조의 관계도 1년 전과는 상당히 달라져 있었다. 공손찬과 원소는 초평 4년(193년) 정월에 서로 화해했다.

> 병졸들은 지칠 대로 지치고 식량은 바닥을 드러냈다. 굶주림에
> 견디지 못한 병졸들은 백성들을 약탈하니 들에는 푸른 것들이
> 남아나지 않았다.

사서에 이렇게 표현될 정도로 치열한 싸움이었다. 양쪽 모두 승산이 없는 싸움이었다.

그 무렵 장안에서 조기趙岐라는 천자의 사자가 동부지역을 아우르기 위해 가끔 찾아오곤 했다. 그러자 양쪽 세력은 사자가 찾아오는

것을 빌미 삼아 서둘러 화해했다. 양 세력을 대표하는 자들이 서로 화해를 한 상태이기 때문에 유비의 입장에서는 이제 특별히 조조를 두려워할 이유가 없었다. 게다가 청주의 황건군 30만 명을 수중에 넣은 조조는 이미 원소 진영을 벗어나 독자적인 세력을 형성하고 있는 때였다. 그러면 유비는 왜 자신이 태산에 찾아왔다는 사실을 다른 사람들에게 숨기려는 것일까? 그것은 유비가 동료인 도겸과 함께 준비한 모략이었기 때문이다. 아니, 실제로는 유비가 도겸과 함께 손을 잡은 것처럼 하면서 오히려 도겸을 함정에 빠뜨리려는 또 하나의 계책을 갖고 있었기 때문이다.

二

유비 일행은 태산의 남쪽 산자락에서 먼 길로 빙 돌아 평원으로 돌아왔다. 평원이라고 하면 전국시대 말기 조왕趙王의 숙부로서 조나라의 재상을 지낸 평원군平原君을 연상할 수도 있다. 전국사군戰國四君 중의 한 명으로서 수많은 식객을 대접한 것으로 유명한 인물이었다. 후한 2백 년, 평원은 군郡이 되기도 했고 국國이 되기도 했다. 군이나 국은 실제로 차이가 없었다. 군일 경우에는 태수를 황제가 임명했다. 국은 황족이 왕이 되었는데 이것은 명목일 뿐 왕이 그 국에 가는 것조차 금지되어 있었다. 실제로는 황제가 임명한 상相이 국을 통치했다. 따라서 군의 태수와 국의 상은 동격이었다. 후한의 4대 황제인 화제和帝의 아들이 평원왕에 봉해진 연평延平 원년(106년)에 평원은 군에서 국으로 바뀌었다. 그리고 건안建安 11년(206년) 다시 군이 되었다. 후한 말에 접어들어 난세가 되자 실력자들이 주의 자사나 군의 태수 국의 상을 자기 마음대로 임명했다. 앞서 이야기한 공손찬과 원소의 싸움도 두 사람 간의 청주 자사 임명을 둘러싼 싸움이었다. 공손찬이 임명한 청주 자사 전해田楷와 원소가 임명한 청주 자사 원담袁譚 사이에서 2년 이상 계속된 싸움이었다. 원담은 원소의 아들이다.

유비는 공손찬에 의해 평원국의 상으로 임명되었다. 원소나 원술도 각각 평원의 상을 임명했었지만, 실제로 평원 땅에 자리를 잡는 자가 진정한 상이 되는 시대였다. 따라서 유비가 평원국의 실질적인 상이라고 할 수 있었다.

'여기까지 어떻게 해왔는데….'

평원의 본가로 돌아온 유비는 팔짱을 끼고 생각에 잠겼다. 등 뒤로 손을 돌리면 등 한가운데까지 닿을 정도로 긴 팔이었다. 일어서면 양손이 무릎에 닿을 정도였다. 비정상이라고 할 수 있었다. 또한 옆 눈으로 보면 자신의 귀가 보일 정도로 큰 귀를 가지고 있었다. 유비의 이때 나이는 32세였다. 중산왕中山王 유승劉勝의 후손으로 알려진 인물이었다. 유승은 전한 경제景帝의 14남으로서 무제의 동생이다. 벌써 3백 년 전의 인물이었기 때문에 그 후손이라는 사실은 그리 신빙성이 높지 않았다. 설령 정말 한 황실의 후손이라 하더라도 이 정도의 세월이 흘렀다면 후손들만 최소한 수만 명은 될 터이기 때문이었다. 따라서 수백 년 전의 혈연을 가지고 자기 집안을 특별한 가문으로 생각하기에는 다소 무리가 있었다.

유비의 조부가 현령을 지내기는 했지만 부친이 일찍 세상을 떠나는 바람에 유비의 모친이 짚신과 돗자리를 짜서 생계를 이을 정도로 가난한 살림을 꾸렸다. 유비는 친척의 도움으로 고향 선배이자 구강의 태수를 지내고 있는 노식의 문하생이 되었다. '그다지 독서를 즐겨하지는 않았다. 개, 말, 음악, 아름다운 의복을 즐겨했다'라는 기록이 있는 것을 보면 그다지 학문에 정진하지는 않았던 것 같다. 노식의 문하에서 공손찬과 동문수학한 것이 유비의 운명을 결정했다고 할 수 있다. 그렇다고 해서 그가 출세하게 된 것이 요행이라고 말할 수만은 없다. 어떤 일이 있더라도 반드시 출세를 하겠다는 집념이 있었기 때문에 동문수학하던 때의 친분을 최대한 이용하면서 자신의 능력을 힘껏 발휘했다고 보는 편이 옳을 것이다. 공손찬도 동문수학했던 친분만으로 유비를 발탁한 것은 아니었다. 한치 앞을 내다볼 수 없는 난세에 서로의 교분만을 가지고 무능한 인물에게 큰 일을 맡긴다는 것은 자신의 몰락을 자초하는 일이기 때문이다. 공손찬도 일단 유비를 현령 자리에 앉혀 그 능력을 보고 난 다음에 평원의 상 자리에 앉힌 것이다.

돌이켜보면 유비도 23세의 나이에 관우와 장비를 만나 황건적의 난에 뛰어든 이후 결코 평탄한 길만을 걸어온 것은 아니었다. 목숨을 걸고 싸움에 참전한 대가로 그에게 돌아온 것은 작은 현의 중급 관리자에 불과했다. 유비는 그것에 불만을 품고 매일 술을 마시다가 사찰 나온 독우를 두들겨 패고 관직을 버렸다. 그 후 그는 수배자 생활을 시작하게 되었다.

'두고 보자. 언젠가는 반드시 입신양명하리라!'

이를 악물고 산적과 같은 생활을 하기도 했다. 반드시 출세를 하겠다는 각오에는 그 나름대로의 자신감이 뒷받침되었다. 한 예언자가 그의 인상을 보고 큰일을 할 인물이라고 말했던 것도 그의 자신감을 더 강하게 만들었다. 게다가 그런 말을 한 사람은 한 명이 아니었다. 낙양 백마사의 호승胡僧도 "부탁드립니다. 저희 월지족 여인을 부인으로 삼아 우리 월지족의 힘이 되어주십시오. 당신은 천하의 영웅이 될 분이기 때문에 이렇게 부탁드립니다"라고 말했던 것이다. 그런데 다른 예언자가 월지족 여인을 부인으로 삼게 되면 의형제의 맹약이 깨질 것이라는 불길한 점괘를 내놓았기 때문에 이른바 신부납치 사건은 중도에 포기하고 말았다. 유비가 그런 생각에 잠겨 있을 즈음 집안일을 거들고 있는 아이가 달려와 말했다.

"낙양의 백마사에서 지경이라는 분이 찾아오셨습니다."

"그러잖아도 기다리고 있었다. 어서 드시게 하라."

유비가 자리에서 일어섰다. 중요한 용건으로 찾아온 손님은 통상 회나무로 둘러싸인 별채로 안내되었다. 지경은 분명 유비에게는 귀빈이었다. 그는 지금 백마사의 장로인 지영의 후계자로 많은 사람의 기대를 모으고 있었다. 유비에게도 천하의 형세를 판단할 중요한 정보를 가져다주는 귀중한 사람이었다.

"별고 없으셨소?"

인사말로 유비가 물었다.

"큰 절이 완성되었습니다. 그리고 금빛으로 찬란하게 빛나는 불상도 다되었습니다. 아주 장엄한 모습입니다만…."

지경은 말끝을 흐렸다.

"그런데 무슨 다른 문제가 있소?"

유비가 의아한 표정으로 물었다.

"가장 열성적인 분이 실은 부처님의 가르침을 제대로 이해하지 못하고 있어서…."

"제대로 이해하지 못하면서 열성적이라. 말이 좀 이상하지 않소?"

"그렇사옵니다. 어쩌면 제대로 이해하지 못하고 있기 때문에 큰 사원을 건립할 생각을 하게 되었다고도 여겨집니다."

"그것도 이해하기 어려운 이야기구려. 그런데 가장 열성적인 분이란 누구를 말하는 것이오?"

"착융笮融님이십니다."

지영이 대답했다.

"아아, 그 어리석은 자!"

유비가 그렇게 말하고는 빙긋이 웃었다.

三

"모사謀士가 있어야 하는데…."

늘 마음속으로만 뇌던 것을 입 밖으로 내보았다. 지경이 돌아간 뒤 유비는 방에 혼자 남아 있었다. 관우와 장비가 믿음직스런 부하이긴 했지만 책략에 능하다고는 할 수는 없었다.

"이런 일까지도 내가 직접 나서지 않으면 안 되니 한시라도 빨리 훌륭한 책사를 찾아야 할 텐데…."

유비는 또 다시 혼자 중얼거렸다. 형식상 주군과 부하의 관계였지만 실제로는 의형제였다. 유비는 항상 대부분의 일을 관우와 장비에게 있는 그대로 일러주었다. 자기가 생각해낸 책략을 부하에게 말해주는 격이었다. 아무래도 거꾸로 된 느낌이었다. 책사를 곁에 두고 여러 가지 책략을 생각하게 하고 책사가 그것을 주인에게 설명한 뒤 의견을 묻는 것이 통상적인 관례인데 유비는 지금 그런 처지가 아니었던 것이다. 방금 전에도 유비는 지경에게 군사軍師 역할을 맡아주기를 요청했다.

"어떠한가, 절을 나와서 나와 함께 일해보지 않겠나? 그렇게 되면 부처님의 가르침도, 월지족에 대한 배려도 제대로 할 수 있지 않겠는가?"

푸른 눈을 가진 호승 지경은 누가 보아도 책사로서 뛰어난 재능을 가지고 있었다. 그러나 그는 끝까지 사양했다.

"아닙니다, 그런 역할에 적당치 않습니다."

"아니네, 불교의 가르침이나 동족을 생각하는 지혜를 보건대 아주 훌륭한 군사가 될 자질을 갖추고 있네."

지경은 완곡하게 거절했다.

"책략도 부처님의 가르침을 전하기 위해서만 사용될 뿐입니다. 현세의 명리를 위해서 사용하지 않습니다. 따라서 대감 곁에 있게 되면 저는 하찮고 무능한 인물이 되고 말 것입니다. 지금까지 해온 것처럼 가끔 찾아뵙고 세상 돌아가는 이야기를 나누는 말상대로 있는 것이 대감을 돕는 길이라고 생각합니다. 헤아려주십시오."

수십 년 된 큰 회나무로 둘러싸인 독립된 가옥 안에서 유비는 관우와 장비에게 어떻게 설명하면 좋을지 생각하고 있었다. 어떤 상황을 다른 사람에게 설명하는 일은 자신도 그 상황을 다시 한 번 정리하게 되는 효과를 갖고 있었다. 또한 상대방에게 그 상황을 설명하는 사이에 좋은 해결책이 갑자기 떠오르는 경우도 있는 법이다.

'그래, 당분간은 이런 방식으로 할 수밖에 없지. 언제까지 이렇게 계속될 수는 없겠지만….'

마음을 고쳐먹고 유비는 방을 나섰다. 관우와 장비는 다른 방에서 기다리고 있었다. 유비가 들어서는 것을 보고 장비가 물었다.

"지경 스님이 온 용건이 무엇이랍니까?"

"너무 서둘지 마라. 내 천천히 설명하겠다. 관우, 같은 내용을 몇 번 반복하더라도 잘 들어주게나."

"예."

관우는 머리를 숙였다. 관우와 장비는 이해력에 있어서 상당한 차이가 있었다. 자연히 유비의 설명은 이해력이 떨어지는 장비에게 맞춰질 수밖에 없었다. 반복해서 설명하지 않으면 장비가 충분히 이해를 못하기 때문에 같은 말을 반복하게 되는 것이다. 유비는 그 부분에 대해서 관우에게 항상 미안한 마음이었다.

"지금은 난세이고 우리는 이 난세에 입신양명을 해보겠다고 일어섰다. 뚜렷한 배경도 갖지 못했고 부모로부터 물려받은 지위나 재산도 없을 뿐더러 무리도 거느리지 못했다. 그렇다고 해서 유력한 친인척이 있는 것도 아니고 우리가 명성이 있는 것도 아니다. 겨우 어떻게 해서 일국의 성 하나를 지니게 되었지만 이것이 최종 목표는 아니다. 알겠는가, 장비?"

"알고 있습니다. 어쨌든 여기까지는 어찌어찌 꾸려온 것이라는 말 아닙니까?"

그런 대답을 한 장비도 어느덧 스물다섯이 되어 있었다.

"이제부터라는 이야기네."

관우가 나서서 장비에게 말했다. 그도 유비와 같이 장비를 가르치고 있는 입장이었다.

"그렇다. 이것으로 만족하는 순간 우리는 몰락하고 말 것이야. 앞으로 더욱 정진해 나가지 않으면 안 된다. 장비, 태수와 상과 자사 다음에 무엇이 있는지 알고 있는가?"

유비가 장비를 쳐다보며 물었다.

"음, 삼공인가요? 아니면 대장군이던가? 아마, 승상 같은 자리가 있지요?"

"관직명을 말하는 것이 아니네. 지금은 이름뿐인 자들이 대부분

이지. 형님은 천하를 호령할 자가 되어야 한다는 말씀을 하신 것이
네."

관우가 설명을 곁들였다.

"음, 알았소. 아니, 알 것 같은 느낌이오."

장비는 솔직한 성격이었다.

"천하를 호령할 자는 수도의 삼공 중에서는 나오지 않는다. 자신
이 지배하는 지역과 백성, 그리고 병력을 가진 양良 2천 석에서 나
온다. 알겠는가?"

유비가 말한 '양 2천 석'이라는 것은 지방장관의 별칭이었다. 전
한의 선제宣帝가 이 말을 처음으로 사용한 바가 있었다. 태수, 상,
자사가 연봉 2천 석에 해당하는 자리이다.

"장비, 지금 누가 승상인지 알고 있는가?"

관우가 물었다.

"모르오. 동탁을 죽인 왕윤이 승상이 되었다가 그 왕윤이 다시 동
탁의 부하들에게 죽은 다음에는 모르겠소."

"작년에 왕윤이 죽은 다음 조겸趙謙이라는 자가 그 자리를 이었지
만 그자도 그만두고 지금은 순우가淳于嘉라는 자가 승상의 자리에 앉
아 있지."

관우가 자상하게 설명해주었다.

"한 번도 들어본 적이 없는 이름인데."

장비는 천성적으로 그런 일에는 별로 관심이 없었다.

"장안에 있는 관리들은 별로 문제될 것이 없다."

유비는 그렇게 말한 뒤 말을 이어나갔다.

"그리고 2천 석에 해당되는 자는 그 수가 상당히 많다. 주의 자사
만 해도 열두 명, 나라 전체로는 군국郡國이 105개나 되니 그 수만큼

의 태수와 상이 있다. 적지 않은 숫자지."

"그러나 그 중에서 3분의 2 정도는 아무런 문제가 되지 않지요. 지역이 장안에서 너무 멀리 떨어져 있거나 힘을 갖추고 있지 못하기 때문에."

관우가 유비의 말을 받았다.

"나머지 3분의 1 정도라고 할 때 그 수는 어림잡아 삼사십 명 선이다. 여기에서 먼저 치고 나가는 것은 결코 쉬운 일이 아니다. 그러나 먼저 치고 나가지 않으면 결국 자신이 죽게 된다. 지금 나는 아직 충분한 힘을 갖고 있지 못하다. 그렇다면 어떻게 해야 할 것인가? 힘이 있는 자들이 점점 세력을 키워가는 것을 멍하니 보고만 있을 것인가?"

유비는 그렇게 말한 뒤 굳은 표정으로 장비의 얼굴을 쳐다보았다.

"그럴 수는 없지요. 부숴야 됩니다!"

장비는 주먹을 휘두르며 대답했다.

"우리는 아직 쳐부술 만한 힘을 가지고 있지 못한데?"

"빌어먹을! 그럼 어떻게 해야 한단 말이오?"

"병력으로 쳐부술 수가 없다면 책략을 써서 상대방의 힘을 약화시키는 수밖에 없다. 그것을 바로 지금 우리가 하고 있는 것이 아닌가? 이를테면 궐선을 앞세워 모반을 일으키게 하는 것도 다 그와 같은 까닭에서란 말이야. 서주의 도겸이 그를 토벌하는 과정에서 힘이 약해지는 것을 노린다는 말이다. 일전에 태산에 오른 것도 바로 그 때문이지 않은가? 도겸은 너무 강해. 아니, 서주 땅이 너무 기름진 탓이지. 힘의 잣대는 병력뿐만이 아니다. 재력도 병력 못지않은 힘을 발휘하지. 우리는 서주의 재력을 약화시키기 위한 책략으로 현재 백마사의 힘을 빌리고 있는 중이다."

유비는 이 부분에서 말을 잠시 멈추고 관우에게 눈짓을 보냈다. 그 다음을 설명해주라는 신호였다.

"절을 세우게 했다."

관우가 자기 나름대로의 느낌을 포함해서 말을 이었다.

"그 절 안에는 황금으로 만든 큰 부처님상이 놓여 있고. 그 불상을 만드는 데 적지 않은 돈이 들어갈 것이다. 알겠는가, 아우?"

四

백마사 지영의 양녀인 경매는 장사 태수 손견의 첩으로 들어가기로 약속되어 있었다. 하지만 경매에게 병이 생겨 시기를 미루던 중에 손견이 전사했기 때문에 당연히 그 약속은 백지로 돌아간 상태였다. 이제 경매는 완쾌되었다.

"기분전환도 할 겸 서주에 같이 가지 않으려느냐? 한족의 불교신자가 처음으로 세운 절이니만큼 나는 꼭 가보려고 한다. 괜찮다면 함께 가자꾸나."

지영이 경매에게 함께 갈 것을 권했다.

"예, 알겠습니다."

경매의 푸른 눈이 건강한 빛을 발하고 있었다. 열일곱의 나이에 자리에 누워 6년 동안이나 바깥바람 한번 제대로 쐬어본 적이 없는 그녀였다. 서주는 낙양에서 먼 곳이었지만 그녀는 그것을 힘들게 여기지 않았다.

"이번에는 연주의 조조 장군에게도 이야기를 해놓았다. 우리 일행에게 반드시 도움을 주겠다고 약속을 하셨다."

지영이 딸에게 자상하게 설명해주었다.

"돈을 좀 들이셨군요?"

경매가 웃으면서 말했다. 조조가 그런 약속을 했다면 그냥 빈손으로 이루어지지는 않았을 것이었다.

"유리 그릇이 상당히 마음에 드셨던 모양이야."

지영이 웃으면서 대답했다.

"비싼 물건에 관심이 많으시군요."

경매는 눈을 가늘게 떴다. 이런 대가를 치르는 것도 다 부처님의 가르침과 월지족의 안전을 위한 일이었다. 당시 유리 그릇은 서역에서 건너온 귀중품이었다. 유리 그릇 정도는 아무것도 아니었다. 그녀 자신이 헌상물로 바쳐질 뻔한 적도 있었다.

"서역에서 건너온 유리 제품은 아니다. 오장원에서 강국 사람들이 만든 것이지."

"호호호."

경매는 백옥같이 희고 고운 손으로 입술을 가리며 웃었다. 강국 사람들은 다른 사람들이 눈치채지 못하도록 오장원에 그들만의 거주지를 만들고, 그곳에서 유리 제품을 만들고 있었다. 물론 그곳에서 만든 유리 제품을 장안까지 가져와서는 서역에서 가져온 것이라고 속여 팔고 있었다. 사막을 넘어오는 막대한 운송비를 줄일 수 있었기 때문에 이 일은 큰 돈벌이가 되었다. 지영은 유리 접시나 컵을 조조에게 선물하면서 도겸이 지배하고 있는 서주의 사찰 낙성식에 참가해달라고 요청했던 것이다.

서주에는 동해, 낭야, 팽성, 광릉, 하비 등 다섯 개의 군국이 있었다. 인구는 약 3백만 명이었다고 한다. 그러나 이 무렵에는 중원에서 전쟁을 피해 서주 쪽으로 이주하는 사람이 많아 예전보다 주민들이 상당히 늘어난 상태였다. 원래부터 기름진 땅이어서 유입 인구를 충분히 먹이고도 남을 정도였다. 물론 이주자 중에는 부자도 많았다. 그 중에서도 미축이라는 자는 엄청난 재산을 가지고 있어 그 이름을 모르는 자가 없을 정도였다. 도겸은 이런 토착 부호들의 재력을 바탕으로 하여 군벌로서 착실히 힘을 축적해나갔다. 원술이나 공손찬은 원소를 견제하기 위한 하나의 포석으로서 도겸의 역할을 기대하고 있었기 때문에 유비와는 같은 세력으로 분류할 수 있었다. 그러나 유비처럼 공손찬의 휘하라고는 볼 수 없고 하나의 독립된 세력이었다.

서주는 토착 호족들의 풍요와 난을 피해온 사람들의 빈곤함, 그리고 거기서 비롯되는 좌절감 같은 것들이 한데 어우러져 불교를 받아들일 수 있는 토양이 형성되었다고 볼 수 있다. 또한 그 배경에는 유비의 부탁을 받아 백마사 사람들이 서주에서 집중적으로 포교활동을 한 까닭도 있었다. 부호 중에서는 착융이라는 자가 불교에 상당히 열성적이었다. 그런데 이 남자의 이름을 듣자 유비가 자기도 모르게 '아아, 그 어리석은 자!'라고 말했던 것처럼, 그는 그다지 고매한 성품이 아니었다. 그가 불교에 열중하는 것은 단순히 새로운 것에 대한 호기심 때문이었다. 황금으로 부처상을 만들어 숭배하며 비싼 향을 피우는 이국적인 분위기에 매력을 느껴 불교에 관심을 갖는 것이지 결코 불심에서 비롯된 것이 아니었다. 착융에 대해서는 서주 지역의 포교 책임자인 지경을 통해 지영도 이미 알고 있는 사실이었다.

서주에 한족이 만든 최초의 절이 어떤 모습이었는지에 대해서는 『후한서』「도겸전陶謙傳」에 실려 있는 한 구절이 유일한 자료일 것이다. 착융은 오늘날로 말하면 깡패 두목과 같은 인물로 건달들 수백 명을 데리고 운송업을 하고 있었다고 한다. 도겸은 그에게 주州의 식량 운송권을 주었다. 『후한서』에서는 착융을 이렇게 소개한 뒤 다음과 같은 내용을 싣고 있다.

> 큰 절이 세워졌다. 위로는 금반金盤을 얹고 밑으로는 육중한 기둥을 받쳤다. 또한 절의 크기는 3천 명을 수용할 수 있었다. 황금으로 된 부처상을 만들고 옷은 금채錦綵로 만들었다. 부처님을 목욕시킬 때마다 많은 음식을 만들고 길에는 멍석이 깔았다. 그 음식을 먹기 위해 오는 자, 부처님을 뵈러 오는 자가 만여 명을 헤아렸다.

지금 상상해보면 엄숙한 분위기가 아니라 모든 사람이 둘러앉아 시끌벅적한 가운데 먹고 마시는 잔칫집 같은 분위기였던 것 같다. 겉으로는 불교의 이름만 빌렸지만 실질적으로는 민간 풍습의 연장선상에 있었던 듯하다. 하지만 이국적인 분위기를 즐기는 사람들에게는 분명 호기심의 대상이 아닐 수 없었다. 절도 크고 요란스럽게 지어 지금과는 사뭇 다른 모습이었을 것이다.

낙성식이 있던 날, 경매는 오랜만에 외출하여 지영과 함께 그 자리에 참석했다. 이날의 낙성식도 예외 없이 축제 분위기에 싸인 채 치러지고 있었다. 또한 착융의 재력을 과시하는 자리이기도 했다.

"여기 온 사람들은 부처님의 가르침을 오해하고 있는 것 같군요. 지경 스님이 그렇게 노력했는데도 어쩔 수가 없네요."

요란한 낙성식을 보고 있던 경매가 지영에게 말했다.

"이 나라에서 부처님의 가르침을 전하는 일이 얼마나 어려운 일인지를 알게 된 것만 해도 큰 수확이 아니겠느냐?"

지영은 육중한 건물을 바라보며 말했다.

"그런데 이 서주라는 곳은 좀 묘한 곳이네요."

경매가 고개를 갸웃하며 말했다.

"무엇이 묘하단 말이냐?"

"뭐라고 할까. 아무튼 좀 이상한 느낌이 듭니다. 평화로워 보이면서도 살기가 감도는, 말로 설명하기는 어렵지만 그 비슷한 느낌이 듭니다."

경매는 서주의 분위기에서 자신에게는 익숙하지 않은 이상한 느낌을 받았다. 아니, 익숙하지 않은 정도가 아니라 적의 비슷한 느낌이었다.

"어쨌든 모양새라도 갖추게 되었지 않느냐? 지금 상태에서는 그 정도로 만족할 수밖에…."

지영은 경매가 아닌 자신에게 그렇게 말하고 있었다.

五

이 당시에는 절을 부도사浮屠祠라고 불렀다. 작은 사당 같은 부도사가 여기저기에 있었으나 제대로 된 가람은 이곳 서주에 세워진 절이 최초였다. 이날 낙성식에는 묘한 무리가 끼어들었다.

머리에 푸른 수건을 두른 무리가 3천 명을 수용할 수 있는 사원의 회랑에서 손발을 맞춰가며 춤을 추기 시작했던 것이다. 그다지 격렬한 춤동작은 아니었지만 많은 사람이 군무를 펼치고 있었기 때문에 다소 묘한 분위기를 자아냈다. 그들은 소리 맞춰 노래를 부르기까지 했다.

부도는 이국異國의 사교邪教
우리 한나라 사람들은
천자를 받들어야지
천자는 천하의 지배자
받들어야지, 이 세상 다할 때까지

리듬도 단순하고 가사도 간단명료했다. 노래를 다 들어보고서야 춤을 추고 있는 무리가 사찰의 설립에 반대하고 있다는 사실을 알 수 있었다.

받들어야지, 이 세상 다할 때까지
서주의 자사 도겸 대감께서도
천자를 받들어 모시지
서주는 천제天帝의 수도
천자의 궁전을 세우자

노랫소리가 높아지면서 분위기는 점점 고조되었다. 천자를 받드는 집단으로서, 서주 자사 도겸도 이 집단과 관련되어 있다는 의미를 풍기고 있었다. 군무를 펼치고 있는 이 무리는 부도를 이국에서 온 사교라며 배척하고 있었다. 그러나 사찰에 있던 불교신자들은 그 노랫말에 화를 내거나 하지는 않았다. 그도 그럴 것이 그들은 대개 취미 차원의 부도광浮屠狂으로서 영혼의 구제에는 관심도 없었기 때문이었다. 춤을 추고 있는 무리를 바라보면서 빙긋빙긋 웃기만 할 뿐이었다.

그때 갑자기 바깥에서 함성이 들리기 시작했다. 그러더니 병졸들이 회랑 안으로 들이닥쳐 춤을 추고 있는 무리를 하나씩 포박하기 시작했다. 그것도 조심스럽게 다루는 것이 아니라 두들겨 패면서 거칠게 한쪽으로 밀어붙였다. 주먹으로 치고 발로 차면서 짓밟기까지 했다. 칼을 빼들지는 않았지만 곤봉을 들고 인정사정없이 후려치는 것이었다. 푸른 두건을 두른 무리는 이들의 갑작스런 공격을 막아낼 만한 무기를 지니고 있지 않았기 때문에 저항 한 번 해보지 못한 채 당하고만 있었다.

'왜 우리를 체포하는 걸까?'

푸른 두건의 무리는 갑자기 벌어지고 있는 상황에 대해 이유를 알 수 없다는 표정이었다. 어떤 자는 곤봉으로 두들겨 맞아 살이 터져 피가 흘렀고, 또 어떤 자는 머리를 맞아 두 손으로 감싼 채 나뒹굴기도 했다. 포승줄을 준비해온 병졸들은 잽싸게 춤추던 무리를 묶기 시작했다. 그 손놀림이 아주 능숙했다. 목표로 정한 사내에게 달려드는가 싶으면 벌써 황색 포승줄로 그 사내의 몸을 감기 시작했다.

"무섭습니다."

경매는 지영의 무릎 쪽으로 몸을 바싹 붙였다.

"침착해라. 전란 중에 흉한 일을 많이 보지 않았느냐?"

지영이 딸의 어깨를 가볍게 다독거렸다. 사람들은 본당 안에 있었다. 회랑에서 벌어지고 있는 병졸들의 폭력이 마치 무대 위에서 펼쳐지는 공연처럼 보였다. 이 절을 세운 착용과 대부호인 미축도 본당의 황금불상 앞에 앉아 있었다. 그리고 서주 자사 도겸이 그들에게 둘러싸인 채 가부좌를 하고 있었다. 각자의 앞에는 술과 음식이 놓여 있었다. 그들은 틀림없이 지금 회랑에서 벌어지고 있는 일에 대해 사전에 알고 있었을 터였다. 특별히 놀라는 기색도 없이 태연하게 음식을 먹고 있는 것으로 보아 그렇게 짐작할 수밖에 없었다. 지영과 경매는 그들이 앉아 있는 자리에서 조금 떨어진 곳에 있었다. 그들은 지영이 독경을 하겠다고 하자 식사를 마친 다음 천천히 해도 되지 않겠느냐며 제지했다. 경매가 지영에게 물었다.

"지금까지 여러 가지 흉한 일을 보았습니다만, 그래도 이곳은 지금 가람이지 않습니까? 신성한 가람에서 피를 본다는 것은 있을 수 없는 일 아니겠습니까?"

"이게 어디 가람이라고 할 수 있겠느냐?"

지영이 노기 찬 목소리로 누구에게랄 것도 없이 내뱉듯 짧게 외쳤다. 포승줄에 묶인 자들이 거의 백여 명에 달했다. 병졸의 숫자는 그 세 배에 이르는 3백여 명이었다. 이 난데없는 체포극은 불과 5분 만에 모두 끝났다. 끌려가는 자들 가운데 한 사내가 울부짖듯 외쳤다. 그 소리가 경매의 귀를 찌르듯 들려왔다.

"왜들 이러는 거요! 우리는 자사 대감의 분부를 받고 이곳에 춤을 추러 온 것뿐이오. 그런데 왜 우리를 포박하는 거요? 이건 뭔가 잘못되었소. 자사 대감을 만나게 해주시오!"

수없이 반복하며 외치던 그 소리가 점점 멀어져갔다. 이 모습을 지켜본 이들은 본당 안에 있던 사람들뿐만이 아니었다. 이날은 대규모의 '보시'가 베풀어진 날이었다. 그래서 길가에 멍석이 깔리고 많은 음식이 준비되었다. 인근에서 수천 명의 사람이 몰려와 절 주변은 온통 북새통이었다. 그런데 그 수많은 사람이 사원의 회랑에서 벌어진 장면을 저 밑에서 모두 보고 말았던 것이다.

드디어 도겸이 자리에서 일어나 느릿느릿 회랑으로 걸어 나갔다. 그는 회랑 아래의 군중을 한번 둘러보고 나서 큰 소리로 말했다.

"간악한 하비군의 궐선이란 자가 천자를 사칭하며 난을 일으키려

한다는 첩보가 있었다. 그래서 곧바로 병사를 풀어 그를 잡아들이도록 했으나 병사 중에 그와 내통하는 자가 있어 일을 이루지 못했다. 하지만 우리는 그들의 움직임을 미리 알아내어 마침내 그들을 일망타진하고 화근을 뿌리 뽑을 수 있었다. 지금 체포해간 자들은 바로 그 궐선을 추종하는 무리들이다. 하비의 난은 머지않아 평정될 것이다. 그러니 그대들은 안심하고 각자의 생업에 종사하라!"

작년에 환갑을 지냈다고는 생각하기 힘들 정도로 쩌렁쩌렁한 목소리였다. 도겸은 말을 마치고 양 볼에 희미한 웃음을 지었다. 그는 회랑에서 다시 본당으로 들어서면서 아무도 듣지 못할 정도의 작은 목소리로 중얼거렸다.

"잘 보았겠지, 유비. 나를 만만하게 보면 안 되지."

도겸은 본당의 황금불상을 똑바로 쳐다보면서 걸었다.

'어쩌면 이것도 유비의 입김으로 만들었는지도 모르지. 아니야. 그건 지나친 상상일 수도 있겠지.'

그는 일부러 천천히 걸었다.

'여차하면 이 불상을 녹여서 군자금으로 쓸 수도 있다. 불상뿐만 아니지. 이 절도 비상시에는 훌륭한 망루 역할을 할 수 있을 거야.'

도겸이 자기 자리로 돌아왔을 때는 눈가에까지 웃음이 번져 있었다.

"무서운 사람이군요. 저 자사라는 사람."

경매가 지영에게 작은 목소리로 말했다.

"그래. 권력을 갖고 있으면서도 더 큰 권력을 손에 쥐려고 발버둥치는 인간은 분명 무서운 존재이지."

지영은 바로 옆자리에 앉아 있는 경매에게나 겨우 들릴 만한 목소리로 말했다. 자리에 앉은 도겸이 입으로 술잔을 가져가고 있었다.

六

"어리석은 자들. 뛰는 자 위에 나는 자가 있다는 사실을 모르고 있군."

술잔을 비운 도겸이 낮게 중얼거렸다. 도겸, 자는 공조恭祖. 단양 사람이라고 하니 강남 출신이었다. 부친은 절강浙江 여요餘姚의 현장까지 올랐었다. 당시 영웅호걸들 중에는 강남 출신이 드물었다. 강남 사람은 문학을 즐기고, 어딘가 유약한 측면이 있다는 게 당시의 일반적인 인식이었다. 그러나 도겸은 거기장군 장온張溫의 부장으로서 출정한 적도 있었으며 서주에서 황건군이 거병했을 때는 서주의 자사로 임명되어 숱한 전투를 치르기도 했다. 그는 내심 자신은 일개 장수로 세상을 끝낼 사람이 아니라는 생각을 품고 있었다. 무공은 물론 책모에 있어서도 그 누구에게도 뒤떨어지지 않을 자신이 있다고 생각했다. 대장부로 태어난 이상 천하를 한번 호령해보리라는 생각을 품고 있는 것은 당시의 다른 영웅호걸들과 다를 게 없었으나, 두 가지 점에서 그는 약점을 지니고 있었다. 우선 큰일을 하기에는 너무 나이가 들었다는 점이다. 당시 조조는 38세였고 유비는 32세였다. 그리고 손견의 아들 손책은 18세였다. 이들에 비해 61세라는 나이는 너무 고령이었다. 즉 천하를 제패할 만한 시간적 여유가 다른 이들에 비해 절대 부족했다. 그는 죽은 동탁보다도 일곱 살이나 연상이었다. 다음으로, 10년 전에 있었던 서주 황건군의 난 이후 이렇다 할 성과를 올린 적이 없다는 점이다. 그는 반동탁 연합군에도 참여하지 않았다. 그래서 그는 항상 뭔가 눈에 보일 만한 무훈을 올리지 않으면 안 된다고 생각하고 있었다. 그런데 그때 마침 유비로부터 제안이 들어왔다.

하비에 천제를 모시는 무리가 있는데 날이 갈수록 그 수가 늘어나고 있습니다. 그들로 하여금 반란을 일으키게 하여 이를 진압하게 되면 공조 대감의 무명武名이 천하에 알려지게 될 것입니다. 원래 반란이라는 것은 당하는 쪽에서 허를 찔릴 때 그 위력을 발휘할 수 있습니다. 그러나 지금처럼 처음부터 반란이 일어나리라는 사실을 알고 있을 때는 그렇게 위험한 일도 아닙니다. 이쪽에서 적당히 조종을 하게 되면 전혀 위험할 일이 없지요. 연주와 경계를 이루는 가까운 곳에서 난을 일으키게 하면 좋을 것 같습니다.

도겸은 유비의 편지를 읽고 잠시 생각한 뒤 그의 제안을 받아들이기로 했다. 그는 유비가 의도하는 것을 간파하고 있었다. 서주의 병력을 약화시키겠다는 의도였다. 동시에 이제는 적대관계를 청산한 도겸과 조조 사이를 다시 이간질시키려는 의도였다. 도겸은 그런 유비의 의도를 간파한 상태에서 소위 '계획된 반란'이라는 제안을 받아들이기로 한 것이었다. 그는 유비가 귀띔해주기 전에 이미 하비군에서 천제를 숭배하는 무리의 움직임을 알고 있었다. 천제를 숭배하는 교도의 숫자는 2만여 명을 헤아리고 있었으며, 그 가운데 장정은 8천 명 정도였다. 특별히 다른 의도를 가지고 모인 모임이 아니었기 때문에 반란을 일으킬 염려는 없었다. 다만 그 교주로 있는 궐선이라는 자를 신과 같은 인물로 추앙하면서 신도들이 절대적인 복종을 하고 있었기 때문에, 그가 명령을 내리기만 하면 어떤 일이고 벌일 가능성은 있었다. 유비의 작전도 바로 그 교주를 이 계략에 말려들게 하는 것이었다.

'천제의 아들입니다. 천자입니다. 당신이 바로 천자가 되는 것입

니다. 이 천하를 지배할….'

　기본적으로 암시라든가 예언에 쉽게 심취되기 때문에 궐선이 교주가 되었다고 볼 수 있다. 유비의 공작에 의해 몇 번이나 그런 말을 듣게 되자, 궐선도 점점 그런 기분에 빠져들기 시작했다. 이른바 '계획된 반란'을 준비하면서 마무리 단계로 유비가 생각해낸 것이 태산에서의 봉선 의식이었다.

　"우리 평원에도 교도가 상당히 많이 있으니 내부공작은 이쪽에서 진행하도록 하겠습니다. 그리고 난을 일으키기 전에 먼저 연락을 드리도록 하겠습니다."

　유비는 도겸에게 그렇게 말해놓았다. 그러나 유비의 의도가 서주 병력을 약화시키는 데 있기 때문에 필경은 아무 예고도 없이 반란을 일으킬 것이라는 게 도겸의 예상이었다. 도겸은 선수를 쳐서 그들의 집단 내부에 자기 휘하의 병력을 미리 침투시켜 놓았다. 피난민이 무리를 지어 이동하고 있는 시절이었기 때문에 낯선 자를 이상하게 여기는 분위기도 아니어서 특별히 의심받을 일도 없었다. 도겸은 약 3천 명의 병사를 풀어 그 무리와 함께 생활하도록 손을 써놓았던 것이다.

　소위 천제숭배교는 황건군과 같은 전투적인 집단이 아니었다. 말하자면 싸움에 있어서는 오합지졸이었다. 그러므로 명령계통이 확실하게 이루어져 있는 무리가 그 집단에 들어가게 되면 순식간에 주도권을 쥘 수가 있고, 따라서 천제교의 장정 8천 명을 통째로 흡수할 수 있었다. 도겸의 입장에서는 병력의 손실은 고사하고 오히려 힘들이지 않고 많은 병력을 얻을 수 있었던 것이다.

　"뛰는 자 위에 나는 자가 있다!"

　도겸은 유비의 책략에 대해 그렇게 코웃음을 쳤다. 연주와의 경계지점에서 전투가 벌어질 경우에 대비하여 미리 조조에게는 통보를 해놓은 상태였다.

> 연주 경계에서 사교 집단을 토벌하기 위한 싸움이 있을 것으로 사료되어 미리 양해를 구하고자 합니다. 최대한으로 귀주에 피해가 가지 않도록 노력하겠습니다.

회식이 끝나고 드디어 독경이 시작될 차례였다. 서주에는 아직 스님이 없었다. 경을 읽을 수 있는 자도 없었다. 다만 거대한 가람과 분위기를 압도하는 불상만이 이국의 정취를 즐기려는 사람들의 관심을 끌고 있을 뿐이었다. 지영도 출가한 신분은 아니었지만 경을 읽을 줄은 알았다. 그는 경을 두 손으로 공손히 받들고 불상 앞으로 나갔다.

"한문으로 되어 있는 경문을 읽도록 하겠습니다. 그러면 그 의미를 모두 알아들으실 수 있을 것입니다."

지영은 가볍게 머리를 숙이고 난 다음 그렇게 말했다. 백마사의 지참이 이미 여러 종류의 대승불교 경전을 한문으로 번역해놓은 터였다. 그 중에는 지금까지 전해지는 것도 있다. 지영은 도행반야경道行般若經을 골랐다.

"아니오, 어차피 할 바에야 본고장의 경으로 듣는 것이 좋지 않겠소? 천축 말로 된 경으로 하도록 하시오."

착융은 무릎을 소리가 날 정도로 긁으면서 말했다.

"예, 그렇게 하겠습니다."

지영은 속주머니에 손을 넣었다. 항상 범문梵文 경전을 몸에 지니고 다녔던 게 다행이었다.

'부처님의 가르침을 이해하려는 생각이 전혀 없어.'

지영은 안타까운 생각이 들었다. 이때 도겸이 자리에서 일어나 말했다.

"싸움이 어떻게 진행되고 있는지 보고를 들어야 되기 때문에 나는 먼저 실례하겠소. 지영의 천축 경문은 다음에 우리 집에서 천천히 듣도록 하겠소. 그럼 여러분, 먼저 실례하오. 여봐라, 말을 끌고 오너라!"

七

교주가 신의 뜻을 대신하고 있다는 사실만을 믿고 몰려든 무리였기 때문에 우두머리인 교주만 제거한다면 이 반란은 이미 진압한 것이나 다름없었다. 전쟁 같은 것은 꿈에도 생각하지 않았던 평범한 백성이었기 때문에 어떻게 싸울지에 대해서도 전혀 깜깜했다. 교주의 목을 베는 것쯤이야 식은 죽 먹기였다. 하지만 도겸의 그런 생각은 상대방을 너무 얕잡아본 것이었다. 유비가 부장인 조운趙雲을 교단으로 보내 전쟁준비를 도와주고 있었기 때문이었다. 조운, 자는 자룡子龍. 원래는 공손찬의 부장으로서 임시로 유비 진영에 파견되어 있었다. 그러나 이 사내는 원래 자기 주인인 공손찬보다도 유비와 더 성격이 맞는다고 생각하여 줄곧 유비 진영에서 머물렀다.

"이런! 도겸이라는 자가 교활하기 이를 데 없구나. 교단 내부에 자신의 병력을 투입시켰다고?"

조자룡은 첫 번째 싸움에서 바로 그것을 눈치 챘다. 그는 서둘러 교주인 궐선을 데리고 무리에서 빠져나왔다. 잠입해 있는 도겸의 병사들이 노리는 목표물을 감추어버린 것이었다. 대세를 뒤집기에는 무리가 있었지만 상대방에게 최소한의 타격이라도 주고자 하는 의도에서였다.

한편 궐선이 도망갔다는 사실을 알고 도겸은 크게 노했다.

"무엇이! 교주의 목을 가져오지 못했다고?"

싸움은 도겸의 대승으로 끝났다. 유비같이 젖비린내 나는 자에게 뛰는 사람 위에 나는 사람이 있다는 사실을 똑똑히 보여주어야겠다는 애초의 목적을 이룬 것이다.

'뭐, 이 정도 성과라면 나쁠 것도 없지.'

싸움에서는 승리를 거두었기 때문에 도겸의 분노는 금세 가라앉았다. 그러나 전쟁터에서 달려온 사자 앞에서 드러내놓고 만족감을 표시해서는 안 될 일이었다. 그래서 그는 양 눈썹을 치켜올리고 눈을 부릅뜬 채 호통을 쳤다.

"내가 교주의 수급을 반드시 보아야겠다고 전하라!"

그로부터 열흘이 지난 후 수급 하나가 도착했다.

"이것이 그자의 머리인가?"

도겸은 자기 아들의 머리통만 한 수급을 노려보았다. 그것은 코가 위로 치켜 올라가 있고 입은 반쯤 열려 있었다. 또한 묘하게도 한 쪽 눈은 감겨 있고 다른 눈은 뜨고 있었다. 한참 바라보고 있자니 수급의 모습이 자기 둘째 아들과 닮은 것 같다는 느낌이 들었다.

"됐다. 치워라."

그는 내뱉듯 한마디 던져놓고 방으로 들어갔다. 사실 그 수급은 궐선의 머리가 아니었다. 도겸이 격노하고 있다는 말을 들은 한 장수가, 어차피 도겸이 궐선의 얼굴을 알아볼 리 없다고 생각하여 죽어 널브러진 시체 중에서 머리 하나를 잘라 서주로 보냈던 것이다.

그런 다음 그 장수는 즉시 태산 일대를 수색하던 부하들에게 철수 명령을 내렸다. 이미 궐선의 수급을 서주로 보낸 것으로 되어 있었기 때문이었다. 교주의 목이 또 하나 생긴다면 그것도 곤란한 일이었다. 이런 연유로 궐선은 목숨을 부지할 수 있었다. 도겸이 궐선의 수급을 너무 재촉한 것이 오히려 궐선의 목숨을 살린 것이다. 인간 세상에서는 항시 묘한 일들이 일어나는 법이다.

태산으로 이어지는 산맥의 초군령招軍嶺과 계롱봉鷄籠峰 사이, 다 쓰러져가는 사당 안에서 궐선은 조자룡과 함께 몸을 숨기고 있었다.

"도대체 어찌 된 일인가? 일이 이렇게 될 리가 없지 않은가? 천제의 뜻을 받들어 시작한 일인데."

신내림을 받은 사내도 이런 상황에 처하고 보니 평소의 위엄 따위는 찾아볼 수가 없었다. 쉴 새 없이 불만만 털어놓았다.

"천제의 뜻은 그렇게 간단하게 이루어지는 것이 아니오. 천제의 뜻을 받은 자는 다른 사람들보다 훨씬 많은 고난을 겪게 되어 있소. 칠난팔고七難八苦를 견뎌낸 자의 머리 위에 영예의 관이 씌워지는 법이오. 이 정도의 일은 이제 시작에 불과하오."

조자룡이 나무라듯이 말했다.

"아, 그런가. 흠, 그렇지. 맞아, 그럴 거야."

궐선은 이해가 간다는 듯 고개를 끄덕거렸다. 그는 거미줄이 쳐진 천장의 한쪽 구석을 멍하니 바라보며 중얼거렸다. 그의 눈에는 초점이 없었다.

'이자가 아무래도 머리가 좀 이상해진 것 같아.'

조자룡은 갑자기 그런 생각이 들었다. 머리가 좀 이상해진 사내를 이렇게 신경 써서 호위하고 있는 것이 한심스럽게 여겨지기까지 했다. 조자룡은 일단 평원에 급히 사람을 보냈다. 이곳을 벗어나 평원으로 돌아가기 위해서는 변장만으로 안심할 수 없었다. 남의 눈에 띄지 않게 무기를 가진 병사들로 하여금 주위를 호위하게 하면서 탈출하는 것이 태산을 빠져나갈 수 있는 유일한 방법이었다.

"며칠 전부터 도겸의 병사들이 수색을 중단하고 있습니다."

매복하여 주변을 살피고 있는 부하들의 보고였다. 그러나 조자룡은 조심성 있는 사내였다. 미리 입을 맞춘 이번 반란에서 도겸이 유비보다 한 수 위라는 게 입증되었다. 수색을 중단한 것처럼 보이게 해서 몸을 숨기고 있던 목표물이 방심하여 밖으로 나오기를 기다리고 있는 것인지도 모를 일이었다.

'지금 나가서는 안 된다. 절대로 나가서는 안 돼. 저들의 속임수에 넘어가서는 안 되지.'

조자룡은 오랫동안 다 쓰러져가는 사당에서 몸을 숨기고 있었다. 평원에서 호위병력이 올 때까지는 그곳에 그대로 머물 생각이었다.

"서주는 병력을 전부 철수했습니다."

이런 보고를 듣고서도 조자룡은 머리를 옆으로 흔들었다.

'잘못하다가는 적의 계략에 말려든다. 병력을 철수한 것처럼 보이게 한 뒤 일부 병력을 어딘가에 숨겨놓았을지도 모른다. 상대방은 노회한 여우다.'

조자룡은 부하들에게 오히려 방심하지 말고 경계를 더욱 강화하라고 엄하게 명령했다.

그로부터 스무 날 정도가 지난 어느 날, 마침내 평원에서 무술 솜씨가 뛰어난 병사 30명이 조자룡이 숨어 있는 곳에 도착했다. 물론 사냥꾼이나 나무꾼 복장으로 변장한 다음 품안에 무기를 숨기고 있었다. 그들이 도착하기 며칠 전부터 비가 계속해서 내리고 있었다.

'하늘이 돕고 있다. 비가 내리는 틈을 타 이곳을 빠져나가자.'

조자룡이 그렇게 결심했을 때 정탐을 나갔던 부하가 돌아와서 고했다.

"조조의 부친 일행이 낭야에서 연주로 향하고 있다 합니다. 조금 뒤에는 이 부근을 지나갈 겁니다. 수레는 백 대 정도이고, 태산의 태수 응소가 몸소 50명의 부하를 거느린 채 일행을 호위하고 있답니다."

조자룡은 잠시 생각하고 난 뒤 말했다.

"이 역시 하늘이 우리를 돕고 있는 것이다."

"도대체 하늘이 돕고 있다는 말이 무슨 뜻인가?"

옆에 있던 궐선이 물었다.

"그대하고는 아무런 관계가 없네."

조자룡은 오랫동안 궐선을 데리고 숨어 지내는 동안 그에 대해 많은 것을 알게 되었다. 제정신이 아닌 상태이기 때문에 보통사람을 대하듯 할 수는 없는 일이었다. 궐선은 대화를 할 때도 천자가 쓰는 말투를 사용했다.

"왜 관계가 없다는 말인가? 짐이 이 천하를 지배하고 있는데."

그는 침을 튀기면서 입술을 앞으로 삐죽이 내밀었다.

"알겠소. 이제 평원으로 돌아가게 되었다는 뜻이오. 이제 알겠소?"

조자룡은 적당히 교주를 달래고 나서 변장을 한 병사들을 사당 안으로 불러들였다.

八

　조조의 부친 조숭은 삼공의 지위에까지 올랐었으나 지금은 벼슬자리에서 물러나 있었다. 중원이 전화에 휩싸이면서 자신의 아들인 조조가 천하의 패권다툼에 뛰어들자 조숭은 산동반도의 낭야로 몸을 피했다. 그러나 연주를 평정하고 안정된 세력을 형성하게 된 조조는 부친과 일족을 자신이 있는 곳으로 모셔왔다.

　실력자 조조의 명령을 받은 낭야의 상은 몸소 나와서 조숭 일행을 기하沂河 부근까지 배웅했다. 그리고 그곳에서부터는 태산의 태수인 응소가 호위하기로 되어 있었다. 태산부터는 이제 연주 땅이었다. 천제교의 반란이 얼마 전에 있긴 했지만, 단시간에 진압되었기 때문에 지금은 아무 위험도 없는 상태였다. 그래도 혹시 모를 불의의 습격에 대비하여 50명의 무장병력으로 호위하고 있었다.

　조숭 일행이 빗속을 걸어 태산군 비현費縣에 이르렀다. 비현의 숙사에 이르렀을 때는 벌써 저녁 무렵이었다.

　"이거 참, 도무지 그칠 줄을 모르는군."

　경호에 나선 병사는 모두 물에 빠진 생쥐 꼴이 되어 있었다. 숙사에 도착하자마자 너나 할 것 없이 젖은 옷을 벗고 마른 수건으로 몸을 닦았다. 물론 조숭의 가족은 가마를 타고 왔기 때문에 비에 젖지는 않았다. 조숭은 숙사로 들어가 느긋하게 쉬면서 저녁식사를 기다리고 있었다. 조숭은 총애하는 첩과 함께 방안에서 쉬고 있었다.

　"피곤하지 않느냐?"

　조숭이 첩에게 물었다.

　"저보다는 가마를 든 사람들이 힘들었겠지요. 가마를 타고 오면서도 별로 마음이 편치 않았습니다."

풍만한 몸집의 첩이 그렇게 대답했다.

"하하하. 가마를 든 자들이 힘든 것은 당연한 일이 아니겠느냐? 보통사람을 가마에 태울 때보다 두 배는 힘들었겠지."

"무슨, 그런 말씀을….”

"아니다. 내가 너처럼 통통한 여인을 좋아한다는 사실을 잊었느냐? 다 네가 귀여워서 하는 소리였다. 하하하."

조숭은 여인의 치맛자락을 손으로 당겨 위로 들어올렸다. 여름이었기 때문에 속에는 속곳 하나만 입고 있었다. 뽀얀 우윳빛 장딴지가 드러났다.

"사람들이 들어오면 어쩌시려고."

여인은 다리를 오므리면서 옆으로 몸을 틀었다. 조숭은 그녀의 장딴지를 더듬어 더 깊숙한 곳까지 손을 디밀었다.

"이 방으로는 아무도 들어오지 말라고 이미 일러두었다."

"정말 짓궂은 분이십니다."

"바깥은 온통 비로 젖고 있지 않느냐. 우리도 한번 젖어보자꾸나.”

이때 밖에서 누군가가 급히 뛰어오는 소리가 들렸다. 그러더니 잠시 후 조숭이 머물고 있는 방문이 심하게 흔들렸다.

"누구냐! 이 방에는 얼씬도 하지 말라고 일렀는데?"

조숭은 당황해서 얼른 첩의 깊숙한 곳으로부터 손을 빼내고 짜증스런 목소리로 나무랐다.

"도적입니다, 도적! 빨리 피하셔야 합니다. 빨리!"

그 목소리는 분명히 태산 태수 응소의 목소리였다. 다른 자라면 모르겠지만 태수가 장난을 칠 리는 없었다. 조숭은 첩의 손을 잡고 밖으로 뛰어나왔다. 도적들은 벌써 숙사 안으로 난입해 있었다. 땅

거미가 몰려드는 여름 저녁의 공기를 가르는 목소리가 들려왔다.

"우리 서주 자사의 병사들은 천제의 아들을 사칭하는 자들을 찾기 위해 왔다. 너희가 그 일당임에 틀림없다. 모두 밖으로 나와라!"

난데없는 외침이 빗소리에 섞여 조숭 일행의 귓전에 부서졌다. 세차게 내리고 있는 빗소리가 조자룡이 지휘하는 병사들의 기습을 도와주었다. 당초 계획했던 것보다 훨씬 쉽게 일을 이룰 수 있었던 것이다. 조숭의 경호에 나섰던 병사들은 사방으로 흩어지며 허둥대고 있었다. 그들은 대부분 벌거벗은 상태였다. 조자룡의 병사들은 무방비 상태에 있는 자들을 공격했다.

"몇 명은 살려놓아야 한다. 전부 죽여서는 안 된다. 내가 미리 명령한 대로 하라!"

조자룡은 부하들에게 다시 한 번 명령을 내렸다. 그들은 서주 자사 도겸의 부하들이라고 자신들의 신분을 밝혔다. 조조에게 그 사실을 보고할 수 있도록 몇 명은 살려놓아야 된다는 게 조자룡의 생각이었다. 조숭은 뚱뚱한 첩의 손을 붙들고 정원 쪽으로 뛰었다. 세차게 뿌리는 비를 맞으면서 그는 있는 힘을 다해 뛰려고 했지만 여인의 발걸음이 너무 늦었다. 겨우 정원 한쪽 구석에 몸을 숨겼다. 그런데 두 사람이 숨어 있는 바로 옆 벽에 사람 하나가 겨우 빠져나갈 만한 구멍이 뚫려 있었다.

"이쪽으로 빠져나가자."

조숭은 가쁜 숨을 몰아쉬며 여인을 그 구멍으로 밀어 넣으려 했다. 머리 부분은 구멍 속으로 들어갔지만 몸이 너무 뚱뚱한 탓에 어깨가 빠져나가지 못했다. 조숭은 필사적으로 그녀의 엉덩이를 밀었으나 아무래도 무리였다.

"도저히 안 되겠구나. 저쪽으로 가자."

조숭은 다시 여인의 손을 잡고 정원에서 조금 떨어져 있는 뒷간으로 뛰어 들어갔다. 그때 조조의 막내동생인 조덕曹德이 문을 통해 도망가려다 조자룡의 병사들이 휘두른 칼을 맞고 그 자리에 쓰러졌다. 조조의 다른 가족도 모두 그 자리에서 살해당하고 말았다. 뒷간으로 몸을 피했던 조숭과 그의 첩도 조자룡의 병사에게 발견되어 칼을 맞고 그 자리에서 숨이 끊어졌다.

"몇 명이나 도망갔는가?"

조자룡이 부하에게 물었다.

"열 명 정도입니다."

"좋아. 그러면 수레에 있는 짐을 모두 끄집어내라. 수레는 버린다. 모두 직접 운반한다."

조자룡은 시체들이 쌓여 있는 정원을 바라보았다. 날은 완전히 어두워지고 비는 더욱 세차게 뿌리고 있었다.

폭우, 밤낮을 가리지 않고 20일 이상 계속되었다.

사서에는 이렇게 기록되어 있다. 다른 곳에서 여포가 신변의 위험을 느껴 한단의 숙사에서 몸을 피했을 때 세차게 내리던 비도 바로 이 비였다.

'조조는 아마 미친 사람처럼 분노할 것이다. 도겸. 그 친구는 이제 뜨거운 맛을 보게 될 것이다. 항상 이쪽만 당하는 건 아니지. 이번에는 네놈이 당할 차례다. 교활한 여우같은 놈….'

조자룡의 입가에 희미한 미소가 번졌다. 조자룡은 비현에서 일부러 남쪽으로 말을 달리게 했다. 그러다가 북쪽으로 다시 방향을 돌린 것은 자정이 넘어서였다.

한편 도겸의 병사들에게 일족이 전부 몰살당했다는 이야기를 들은 조조는 얼굴이 백지장같이 하얘졌다.

"출정준비를 하라! 지금 당장 출발한다!"

서릿발 같은 명령을 내리는 그의 눈은 붉게 충혈되어 있었다. 꽉 다문 그의 입술 사이에서 피가 한 방울씩 떨어졌다.

태산 태수 응소도 겨우 목숨을 부지했다. 그는 다시 임지로 돌아가지 못하고 북쪽에 있는 원소를 찾아갔다. 조조의 성격으로 볼 때 그 어떠한 변명을 하더라도 목이 그대로 붙어 있기가 힘들 것이라고 생각했기 때문이다.

역사서마다 엇갈리는 호평과 혹평

도겸은 장안에 사자를 보내 조정으로부터 '목牧'과 '안동장군安東將軍'이라는 칭호를 얻었다. 사찰관에 불과한 자사에게 행정권과 병마권兵馬權을 준 것이 바로 목이라는 자리였다. 따라서 도겸은 서주의 목이라고 부르는 것이 정확한 호칭이었지만 사람들은 그에게 자사라는 호칭을 그대로 사용했다.

『삼국연의』에서는 도겸이 반동탁 연합군에 참여했다고 나와 있지만 정사에서는 반동탁 싸움에 출병한 여러 장수들 가운데 그의 이름이 포함되어 있지 않다. 이 책에서는 그가 악역을 맡고 있는 조조에게 공격을 당하는 선한 인물로 그려져 있지만 무인이나 정치가로서 그는 그리 성공한 인물이라고 보기는 어려울 듯싶다.

> 도겸은 참사讒邪를 믿고 충직忠直을 멀리하였으며, 형정刑政을 제대로 시행하지 못했다. 따라서 서주는 점차로 기강이 무너지기 시작했다.

사서에서 볼 수 있는 그에 대한 혹평이다. 또한 정사에서 궐선의 반란을 다룬 부분을 보면 이렇다.

> 하비의 궐선이 스스로 천자라 칭했다. 도겸이 계략을 써서 궐선을 죽인 후 그를 따르는 무리를 자신의 병력으로 만들었다.

후세의 주석註釋에서는 도겸을 상당히 동정하는 입장을 보이는 경우도 많다.

> 도겸은 이미 서주의 목을 지내고 있었기 때문에 수천 명의 병력을 얻기 위해 그런 이상한 인물과 결탁할 리가 없다.

그러나 청나라 때 왕부지王夫之의 『독통감론讀通鑑論』에서는 도겸이 조숭의 물건을 탐내어 다른 자의 손을 빌려 그것을 빼앗았을 것이라고 추측하고 있다. 날카로운 통찰이라고 할 수 있다.

14
태양 아래 어두운 곳

一

진류군의 태수 장막은 손님과 어울리기를 좋아하는 성격이었다. 그는 아침부터 손님을 맞아들여 이야기를 듣곤 했다. 좀 지나치다 싶을 정도였다. 이를 보다 못해 그의 아랫사람들이 이따금 그에게 불평을 늘어놓는 경우가 있었다. 그러면 그는 태연히 이렇게 말하면서 계속 손님과 이야기 나누곤 했다.

"전국의 태수와 자사 가운데 나만큼 천하의 정세를 속속들이 파악하고 있는 자는 없을 것이다. 내가 그렇게 된 것이 바로 집으로 찾아오는 손님들로부터 여러 가지 이야기를 들었기 때문이다."

후한 말의 난세에 지방 장관들에게 있어 가장 중요한 일이 있다면 그것은 아마도 천하의 정세를 제대로 파악하는 일이었을 것이다.

현재의 하남성 개봉시의 동남쪽 혜제하惠濟河 부근에 아직도 진류현이라는 지명이 남아 있다. 낙양과 서주의 가운데쯤 해당되는 지역인데, 이곳에 객이 많았던 이유가 반드시 중원의 교통 요충지였다는 사실 때문만은 아니었다. 흔히 여행을 하다가 어떤 지역을 지날 때 그곳을 다스리는 자의 얼굴을 떠올리며 한번 들러서 만나고 싶다는 생각이 들게 하는 곳이 있는가 하면, 경관은 수려하지만 그냥 지나가는 편이 낫겠다고 머리를 흔드는 지역도 있다. 진류는 바로 전자에 해당되는 지역이었다. 마을에서 낯선 자를 볼 수 없는 날이 드물 정도였다. 장막의 사람 됨됨이가 여러 부류의 객을 불러들이고 있었던 것이다.

진잠과 중원을 여행중이던 오두미도의 실질적 교주인 소용도 진류에 잠깐 머물면서 장막의 손님이 되어 있었다. 일식으로 시작했던 그해는 지진으로 한 해를 마쳤다. 초평 4년(193년)이 지난 이듬해 봄이었다.

재앙을 피하려는 의도였을까. 정월이 되자 흥평興平으로 연호를 바꾸었다. 흥평 원년 정월에 13세가 된 헌제는 원복식元服式. 성인 의관식을 올렸다. 장안에서는 내년쯤에는 황후를 보게 될 것이라는 이야기가 새어나오고 있었다. 이처럼 많은 정보가 곧바로 장막의 귀에 들어오는 것이었다. 그중에는 보다 새로운 정보도 있었다. 장안에서 진행되는 분쟁에 관한 자세한 내용이었다. 정서장군征西將軍 마등馬騰은 예전에 동탁의 거성居城이었던 미오에 주둔하고 있었다. 그는 장안의 조정을 이각의 무리가 좌지우지하고 있는 것에 불만을 품고 있었다.

'나는 지금 보기 좋게 장안에서 쫓겨나 있는 상태다.'

불만을 품은 마등이 이각에게 자신에게도 조정의 요직을 내려달라고 청했다. 이각은 그에 대한 답변을 차일피일 미루고 있었다. 그는 예전의 동료였던 곽사나 번주 무리와 궁정의 주도권을 둘러싼 싸움을 벌이는 중이었다. 이러한 때에 마등과 같이 오로지 싸움밖에 모르는 자가 궁 안을 휘젓고 다닌다면 상황은 더욱 복잡하게 돌아갈 것이었다. 이 무렵 양주로 밀려나 있는 진서장군鎭西將軍 한수韓遂란

자도 마등과 똑같은 불만을 품고 있었다.

'이런 시골구석보다는 장안에 가서 대장부의 기개를 펼쳐 보이겠다.'

그리하여 마등과 한수는 병력을 이끌고 장안을 향해 출발했다. 마등과 한수는 이번 군사행동에 자신감을 갖고 있었다. 실제로 그들을 선동한 인물은 사천에서 독립 왕국을 형성하고 있는 유언이었다. 유언은 천하를 다투는 싸움에 개입하지 않고 있다가 각 세력이 서로 다투다 지칠 대로 지치게 되면 그때 뛰어들어 실속을 챙길 심산이었다. 그러므로 나중에 보다 유리한 고지에 서기 위해서는 지금 힘센 적을 시달리게 할 필요가 있었다. 당시는 동탁이 죽은 뒤 그 후계자인 이각과 곽사가 점점 더 강성해지고 있는 상황이었다.

'지금 장안의 주도권을 쥐고 있는 세력을 공격하게 하자.'

이렇게 생각한 유언은 마등과 한수에게 5천의 병력을 빌려준 다음, 장안 내부에 미리 공작을 해놓겠다는 계략을 그들에게 전했다. 장안에서는 유언의 아들인 유범劉範이 좌중랑장 자리에, 그 동생인 유탄劉誕은 치서어사治書御史라는 요직에 있었다. 또한 그들과 뜻을 같이하는 인물 중에는 간의대부諫議大夫 충소种邵, 시중 마우馬宇 등이 요직을 차지하고 있었다. 이들은 두 장군이 장안을 공격하면 장안성 안에서 함께 일어나기로 되어 있었다. 그렇다 보니 마등과 한수가 거사에 대해서 낙관적으로 생각하는 것은 당연한 일이었다. 그런데 시종 마우의 졸개가 이 계략을 외부에 알리고 말았다. 라이벌 관계였지만 그들을 공격하려는 새로운 적이 나타나자 이각과 곽사 그리고 번주는 신속하게 공동전선을 펴기 시작했다. 기습이나 내통으로 상대방을 공격할 경우 그 계획이 사전에 발각되면 오히려 공격하는 측이 심각한 타격을 입게 된다. 장안의 조정 병력은 거꾸로 마등이 진을 치고 있는 장평관長平觀을 기습했다. 그리하여 마등과 한수의 병력은 패주하고 내통자도 모두 처형되고 말았다.

장막은 전날 장안에서 온 객에게서 그 이야기를 들었다. 그런데 며칠 전부터 태수의 관저에 객으로 와 있는 소용에게서는 더욱 새로운 정보를 듣게 되었다. 사천 독립 왕국의 주인인 유언도 이 사건으로 큰 충격을 받았다. 아들 유범과 유탄이 장평관 싸움에서 내통자로 발각되어 처형당한 것이다. 가끔 낙뢰가 떨어져 성 한쪽이 허물어졌기 때문에 거처를 성도로 옮긴 유언은 두 아들이 처형되었다는 소식을 접하자 그 길로 자리에 눕더니 이내 눈을 감고 말았다. 그토록 조심성 많던 유언이 결국은 비극을 피하지 못하고 최후를 맞이하고 만 것이었다.

"흐음, 유언이…."

장막이 눈을 감은 채 말했다.

"등창이 도졌다고 합니다."

소용이 옆에서 침통하게 말했다.

"범증范增과 같은 경우였군."

장막이 길게 숨을 내쉬었다. 범증은 항우의 명신으로 주군에게 의심을 받게 되자 자리에서 물러나 고향으로 돌아가던 중 분을 삭이지 못하고 화병으로 죽은 인물이다. 장막의 탄식은 난세에서는 드물게 볼 수 있는 인간적인 모습이다. 다른 사람이 당한 아픔을 자기 일처럼 생각하는 모습. 가히 의협심이라 할 수 있었다.

二

'어찌해야 좋을까….'

장막은 지금 고민에 빠져 있었다. 조조에 관한 일 때문이었다. 아니, 정확하게는 특정 인물에 관한 것이라기보다는 인간성에 관한 문제라고 할 수 있었다. 그는 왠지 조조와 마음이 맞았다. 조조의 인간적인 매력에 끌렸다고나 할까. 반동탁 연합군의 여러 장수가 산조에 진을 치고 있을 때, 병력 부족에 허덕이던 조조에게 병력을 빌려준 인물이 바로 장막이었다. 그런데 그런 조조의 인간성이 지금은 바뀌어 있었다. 상당한 인물이라고 생각했었는데 실제로는 그게 아니었던 것이다.

물론 도겸의 부하에게 부친을 잃었다는 사실을 장막이 모르는 게 아니었다. 그러나 조조의 복수는 너무 지나쳤다. 조조는 도겸의 세력 하에 놓여 있는 10여 개의 성을 유린하고 팽성에서 상대방의 주력부대를 공격했다. 그런데 이때 아무 죄도 없는 수십만의 백성을 학살하여 그 시체를 사수泗水에 던져 넣었던 것이다. 이로 인해 강물이 제대로 흐르지 못해 넘쳐흐를 정도였다고 한다. 팽성에서 도망 나온 도겸의 주력부대는 담성郯城으로 도망쳐 들어갔다. 조조는 이 성을 몇 번이나 공격했지만 좀처럼 함락시킬 수가 없었다. 그러자 조조는 여현慮縣, 수릉현睢陵縣, 하구현夏丘縣 등 담성 주변 지역을 짓밟기 시작했다. 이때 눈뜨고는 볼 수 없는 또 한 번의 대살육전이 벌어졌다. '살아 있는 것이라면 짐승의 씨까지도 말려버린 폐허의 땅이 되어버렸다'고 표현될 정도로 철저한 살육이었다. 여기서 조조는 일단 병력을 철수했는데 그것은 다음의 복수전을 준비하기 위한 것이었다. 머지않아 다시 출정할 계획이었다.

"이것은 좀 심하지 않은가."

장막은 눈살을 찌푸렸다. 이 같은 만행을 원소나 공손찬이 저질 렀다면 그저 잠시 눈살을 찌푸리면 그만이었다. 그러나 그런 일을 저지르고 있는 자가 다름 아닌 자기가 그토록 인간적인 매력을 느끼고 있는 조조였다. 그렇게 간단히 남의 일처럼 여길 수는 없는 일이었다. 게다가 그 잔인한 복수전에 나서기 전에 조조는 자신의 가족을 모아놓고 이런 말을 했다.

"만일 내게 무슨 일이 생기면 맹탁孟卓을 찾아가도록 하라."

맹탁은 장막의 자였다. 가족의 뒤를 맡길 정도의 사이, 조조와 장 막은 그만큼 서로를 신뢰하고 있었다. 한번은 이런 일도 있었다. 산 조에 진을 치고 있을 당시 반동탁 연합군의 맹주 노릇을 한 원소는 언제나 교만한 자세였다. 장막은 그때 정색을 하고 원소의 잘못을 지적하곤 했다. 나중에 그의 귀에 들어온 말이지만 원소는 그런 장 막의 태도에 앙심을 품고 조조에게 말했다고 한다.

"장막, 그 건방진 자를 없애버리는 게 어떻겠는가?"

그러나 조조는 딱 잘라서 원소의 청을 거절했다고 한다.

"장막은 내 친구요. 무엇을 잘못했는지는 모르겠지만 나는 그런 일을 할 수가 없소. 지금 천하가 크게 움직이고 있소. 그런 긴요하 지도 않은 일에 신경 쓸 때가 아니라고 생각하오."

그렇기 때문에 장막은 조조가 도겸을 공격하면서 저지르는 만행을 더욱 용납할 수가 없었다.

'그렇게도 냉정하고 이성적으로 행동하던 사람이….'

장막은 아무리 생각해보아도 조조의 행위를 이해할 수가 없었다. 당시 조조만큼 냉정하게 현실적인 것을 따지는 인물도 찾아보기 어 려웠다. 이성을 갖고 현실을 직시하면서 손해를 볼 것인지 이익을 볼 것인지를 충분히 계산한 다음 행동에 옮겼다. 그런 조조가 충동적으로 일을 저질렀다는 것은 쉽사리 납득할 수 없는 일이었다. 산조에 진을 치고 있을 때도 모든 장수가 서로 주위의 눈치만 살피고 있을 때 조조는 용감하게 나서서 동탁군을 공격했다. 조조를 잘 모르는 사람들에게는 그것이 상당히 무모한 행동으로 비쳤다. 그러나 장막은 그런 행동을 한 조조의 속마음을 잘 알고 있었다. 모든 것이 완벽한 계산 위에서 진행된 일이었다. 그 한 번의 공격을 통해 조조는 일약 맹장이라는 명성을 얻게 되었다. 이처럼 그는 자신에게 미칠 효과를 사전에 충분히 계산한 다음 행동에 옮겼다. 그러나 이번 행동에서는 도무지 이성적인 부분이라고는 눈곱만큼도 찾아볼 수가 없었다.

'어쩌면 이것이 조조의 본성인지도 몰라. 예전에 알고 있는 조조는 가면을 쓴 얼굴이었는지도 모르지. 만약 그것이 사실이라면 그대로 지나칠 문제가 아니지.'

장막은 머리가 몹시 어지러웠다. 그가 고민하는 것을 옆에서 지켜보던 동생 장초張超가 보다 못해 나서서 말했다.

"그자의 인간성에 대해 그렇게 놀라실 일이 아닙니다. 조조는 원래 그런 인물이었습니다. 형님이 사람을 너무 좋게만 보려고 하시는데 조조는 형님이 생각하는 것처럼 의협심이 두터운 자가 못 됩니다."

자신이 믿고 있는 사람에 대해 좋지 않은 평을 하면 장막은 그 말에 귀를 기울이는 성격이 아니었다. 하지만 이번만큼은 아우의 말에 절반은 수긍하는 표정이었다.

'사람 사이에 진정한 교류가 있으려면 반드시 의협에 바탕을 두어야 한다.'

이것이 장막이 생각하는 이상적인 인간관계였고 자신도 항상 그렇게 행동하려고 노력했다. 산조에서 그가 원소에게 대항했을 때 조조는 의협심을 발휘했고 그 후로 두 사람의 관계는 가까워지게 되었다. 불과 작년까지만 해도 장막은 조조의 인간성에 아무런 의심도 갖고 있지 않았다.

하지만 지금은 달랐다. 조조의 부친을 살해한 것은 도겸의 부하들이라고 했다. 하지만 도겸은 조조의 부친을 정중하게 연주 관내까지 경호하라고 부하들에게 명했다고 했다. 이런 상황이라면 도겸의 부하 중에 조숭의 재물을 탐낸 자들이 그런 사건을 저질렀다고 볼 수도 있는 일이다. 물론 자신의 부하가 저지른 잘못이니 도겸에게도 책임이 없지는 않다. 그러나 도겸이 관할하고 있는 서주의 백성은 도대체 무슨 잘못을 저질렀단 말인가. 백성이 자진해서 도겸을 관리로 뽑은 것도 아니었다. 서주의 백성은 조숭 살해사건에 아무 책임도 없었다.

"모두 죽여버리겠다! 한 명도 살려두지 마라!"

조조는 그렇게 악을 썼다고 한다. 이성을 잃고 행동하는 자에게 의협심 따위가 있을 리 만무했다.

"아무래도 내가 사람을 잘못 봤어."

장막은 그렇게 중얼거리며 길게 탄식했다.

三

"동쪽으로 갑시다."

소용이 진잠에게 말했다.

"전쟁터로 가실 생각이시군요?"

진잠은 아름다운 소용의 얼굴을 바라보며 말했다. 아주 어릴 때부터 곁에서 살아왔지만 진잠은 소용의 표정에서 희로애락을 본 적이 없었다. 오직 결의를 다지는 표정만이 뇌리에 박혀 있었다. 진잠은 소용의 눈썹 부근에 나타나는 미묘한 움직임을 통해 그녀의 마음 상태를 알 수 있었다. 방금 전에도 그는 소용이 결의를 다지는 모습을 그녀의 눈썹 부근에서 읽었다.

"지금 당장 연주 장군에게 갈 것이니 바로 떠날 채비를 합시다."

연주 장군이란 연주 자사인 조조를 가리키는 말이었다. 연주의 주도州都는 동군東郡이었는데 지금은 그곳에 가더라도 조조를 만날 수가 없었다. 조조의 병력은 이미 서주의 도겸을 공격하기 위해 동쪽으로 향하고 있었다. 주도인 동군은 조조의 부장 진궁이 일부 병력을 가지고 지키고 있었다.

소용은 일단 진잠과 함께 동군으로 찾아갔다. 동군의 수장인 진궁은 두 사람을 정중하게 맞이했다. 예전에 청주의 황건군과 조조군이 사투를 벌일 때 소용은 가운데 서서 양군이 결합하도록 주선했다. 그래서 조조군의 장수는 모두 소용의 얼굴을 알고 있었다.

"이번에는 어떤 용무로 오셨습니까?"

진궁이 소용에게 물었다.

"조조 장군께 드릴 말씀이 있어서 본진으로 찾아가고자 이렇게 왔습니다. 본진까지 안내해줄 병사 몇 명을 부탁드리겠습니다."

소용이 진지한 표정으로 부탁의 말을 건넸다.

"빈 성을 지키고 있는 터라 병력 수가 얼마 되지 않습니다만."

"그렇게 많은 병사가 필요하지는 않습니다. 길 안내를 해주고 본진이 있는 곳에 연락을 취해줄 수 있는 두세 명이면 충분합니다."

"그 정도라면 문제없습니다. 그런데 저희 장군께 드릴 말씀이란 무엇인지요?"

"이번 싸움은 좀 지나치십니다. 아무리 부친의 복수를 한다고 해도 지금처럼 하신다면 조조 장군의 장래에 도움이 되지 않습니다."

"장군께서 그 말씀을 귀담아들으시겠습니까?"

"반드시 듣게 되실 것입니다."

'이 여인은 이상한 힘을 지니고 있어. 마력과도 같은 힘을.'

청주의 황건군과 교섭을 할 때도 그렇게 쉽사리 남의 말을 믿지 않았던 조조가 그녀의 말을 그대로 받아들였다. 진궁과 같은 요직의 장수들도 그 자리에 있는 것이 허락되지 않았기 때문에 어떤 말을 듣고 조조의 마음이 돌아섰는지는 알 길이 없었다. 단지 둘이서 이야기를 나눈 시간이 생각했던 것보다 훨씬 짧았기 때문에 간단하게 협의가 끝났다는 사실만 알고 있을 뿐이었다.

"그런데 좀 여쭤봐도 될지 모르겠습니다만….."

진궁이 잠시 사이를 두었다가 말을 이었다.

"소용님께서는 이런 난세에 무력이 필요하다고 생각하지는 않으십니까? 오두미도만으로 이 세상을 구할 수 있으리라고 생각하십니까?"

소용이 고개를 저으며 대답했다.

"힘이라는 것을 인정하지 않는 것은 아닙니다. 지금처럼 분열되어 있는 국가를 통일하기 위해서는 먼저 강력한 힘이 필요한 법이겠지요. 그러나 그 힘이라는 것은 천하를 다스리는 데 필요한 것이지 원수를 갚기 위해 사용하는 것이 아닙니다. 내가 청주의 황건군을 조조 장군의 휘하로 들어가게 한 것도 바로 그런 목적을 이루기 위해 사용하라는 뜻이었습니다."

"소용님, 제가 평소에 생각하고 있던 것을 말씀드려도 되겠습니까?"

"예, 말씀해보십시오."

"저는 힘과 앎을 구분해서 생각해보았습니다. 힘은 어디까지나 강하지 않으면 그 의미가 없습니다. 그러나 그 힘이라는 것은 앎에 의해서 움직여야 됩니다. 앎이 바로 힘을 움직이고 제어하는 것입니다. 힘이 자기 마음대로 움직이게 되면 오히려 화를 불러옵니다."

"지용智勇을 함께 갖춘 인물도 있지요. 바로 조조 장군이 그렇습니다. 힘도 갖추고 있으면서 지략도 갖추고 있다고 볼 수 있지요."

"그 두 가지를 함께 갖추고 있다는 것도 좀 생각을 해보아야 할 문제라고 생각합니다. 저의 주공께서는 물론 뛰어난 영웅이긴 하지요. 그러나 지니고 있는 힘을 생각할 때 좀 더 강력하고 다른 무엇이 필요합니다. 동탁이 왜 무너졌다고 생각하십니까? 여포라고 하는 거대한 힘 때문입니다. 그 여포를 움직인 것은 바로 왕윤이라는 지략가입니다. 여포의 힘이 저절로 움직인 것이 아닙니다."

"진궁 장군께서 말씀하시는 것을 잘 알겠습니다."

소용은 가볍게 목례를 했다. 진궁과의 이야기는 거기서 끝났다. 소용과 진잠은 동군에서 3일간 머물렀다. 이 무렵 동군에는 기주에서 온 원소의 사절이 머물고 있었다. 그 사절을 따라온 병사들의 말에 의하면 그들은 동군의 조조와 진류의 장막 진영에도 파견되었다고 했다.

한편 동군성 내부에도 오두미도 신자들의 모임이 있었다. 마침 그들의 모임이 있던 날 소용과 진잠도 그 자리에 참석하게 되었다. 그들의 모임은 특별한 형식을 갖춘 것이 아니고 자유롭게 이런저런 이야기를 나누는 자리였다.

한참 이야기가 오가던 중 한 사람이 일어서서 말했다.

"죄송합니다만 먼저 실례하겠습니다. 시간 안에 해야 할 일이 남아서…."

그는 조각가였다. 소용이 조용히 웃으며 그에게 말했다.

"그렇게 어려워할 필요 없습니다. 급한 일이 있다면 당연히 가셔야지요. 다른 분들도 바쁜 일이 있으면 먼저 일어나도록 하세요."

그러나 아무도 자리에서 일어서는 사람이 없었다. 그러자 조각가는 무안했던지 머리를 긁적거리며 말했다.

"이거, 별 대단한 일을 하는 것도 아닌데. 아무튼 이번 일은 글자 하나, 획 하나만 잘못되어도 안 되는 상당히 까다로운 일이거든요. 그러다 보니 몹시 신경이 쓰이고 시간도 상당히 걸리는 일이라서 말이죠."

그는 속주머니에서 종이 한 장을 끄집어내어 소용에게 보여주었다. 조각가는 자리를 일찍 뜨게 된 것이 미안했는지 그렇게 해서라도 자신의 입장을 증명해 보이고 싶어 했다.

"됐습니다. 그렇게 하지 않아도 되는데…."

소용은 조각가가 내민 종이를 얼핏 들여다보았다. 그러나 종이에 적힌 내용이 다소 뜻밖이었는지 소용은 조각가를 쳐다보며 낮은 목소리로 물었다.

"이 정도의 일이라면 아무에게나 발설해서는 안 된다는 다짐을 받았을 텐데요?"

그 말을 듣자 조각가가 고개를 끄덕이며 말했다.

"역시 교모님이십니다. 그런 다짐을 받았습니다."

"그런데 왜 내게 보여주셨죠?"

"교모님은 저희에게 특별한 분 아니십니까? 교모님은 저희에게 다른 사람으로 취급될 수가 없는 존재이십니다."

"알겠습니다."

소용은 그 말을 듣고 모임에 참석한 사람들을 둘러보며 말했다.

"오늘 있었던 일은 절대로 바깥사람들에게 알려서는 안 됩니다."

소용이 본 종이에는 인장을 파기 위한 글자가 적혀 있었다.

기주 목 원소 인

글자는 한눈에 보아도 읽을 수 있을 만큼 매우 또렷하게 씌어 있었다.

四

이성을 잃은 조조의 공격을 받은 도겸은 유비에게 구원을 청했다. 평원의 상인 유비에게는 직속 상비군이 천여 명밖에 없었다. 상비군 외에는 오환烏桓, 퉁구스족이라는, 이른바 잡호기雜胡騎 병력이 있을 뿐이었다.

도와는 드리고 싶습니다만 병력 수가 얼마 되지 않습니다.

유비로부터 이러한 내용의 답장을 받자 도겸은 유비에게 이렇게 약속했다.

단양의 병력 4천을 주겠소.

단양은 도겸의 출신지였다. 도겸이나 유비 모두 공손찬의 진영이라고 볼 수 있었기 때문에 원병을 요청하는 것은 같은 진영끼리 당연히 있을 수 있는 일이었다.

"드디어 4천의 병력이 우리 손에 들어왔습니다."

관우가 숯처럼 짙은 눈썹을 위아래로 움직였다. 기쁜 감정을 드러낼 때 나타나는 특유의 버릇이었다. 난세의 관행상 일단 빌린 병력은 다시 돌려주지 않는 법이었다.

"병력만 있다면….."

평소 유비와 그의 충실한 아우 관우가 늘 한숨을 내쉬며 하던 말이었다. 조조처럼 30만 명의 황건군을 자기 병력으로 취할 수 있는 일이 생긴다면 더 바랄 것이 없겠지만 유비의 입장에서는 상상하기도 힘든 일이었다. 그의 입장에서 기껏 할 수 있는 일이라고는 강한 자들끼리 싸움을 하도록 만들어 양쪽의 힘을 약화시키는 일 정도였다. 조조와 도겸은 벌써 작년 가을부터 싸움을 해오고 있었다. 그러나 조조 쪽이 너무 강했다. 도겸이 전투에 능하지 못한 까닭도 있었지만 그보다 더 큰 이유는 조조의 분노 때문이었다. 유비는 도겸의 지원 요청을 받아들여 드디어 출병했다. 그가 택한 전법은 정공법보다는 조조의 예봉을 피해가면서 상대방의 병력을 지치도록 만드는 것이었다. 그러나 조조군의 공격은 예상했던 것보다 날카로웠다. 유비는 불안해졌다.

"4천의 병력을 얻은 것까지는 좋았으나 잘못하면 조조의 공격에 전멸당할 수도 있겠어."

유비는 오른팔로 왼팔을 감쌌다. 팔이 보통사람보다 훨씬 긴 탓에 오른손이 왼팔을 지나 등 가운데 가까이까지 닿았다.

"그렇게 되면 병사 4천을 얻었다고 좋아할 일도 아니군요."

관우의 목소리도 침울했다.

"내가 놓은 불에 내가 타죽게 생겼구나. 그냥 앉아서 죽을 수도 없는 노릇이고…."

유비의 얼굴에 자조의 빛이 떠올랐다. 그는 나름대로 계책을 세워 조조를 분노하게 만들고자 했다. 그런데 그 분노의 불씨가 거꾸로 이쪽을 향해서 맹렬하게 타오르고 있었다. 조조는 2월 들어 군량이 바닥을 드러내자 일단 팽성에서 병력을 철수했다. 본진을 치고 있는 견성鄄城에서 병력을 정비하며 재출진을 준비하고 있었던 것이다.

"조조가 다시 출병할 때까지는 아마 두 달이 채 걸리지 않을 것이다. 그 사이에 좋은 방법을 강구해내지 않으면 우리는 진짜 타죽고 말 것이다."

유비가 손을 들어 이마를 짚었다.

"무슨 좋은 방법이 없겠습니까?"

관우는 다소 초조해하며 물었다.

"이곳까지 불길이 옮지 못하도록 다른 곳에 불을 질러야 한다."

"다른 곳이라면 어디가 좋겠습니까?"

"상대방의 본거지가 가장 효과적이지 않겠느냐? 누구나 자기 집에 불이 붙게 되면 서둘러 돌아가게 되지."

"그렇다면 조조의…."

조조는 연주의 장관으로 있으면서 동군을 행정의 본거지로 삼고 있었다. 그러나 군사의 본거지는 동군에서 남쪽으로 조금 떨어져 있는 견성을 이용하고 있었다. 유비는 지금 그곳에 불을 놓겠다는 것이었다.

"첩자의 보고에 의하면 동군의 빈 성을 지키고 있는 장수는 진궁이라는 자이고, 견성을 지키는 장수는 순욱荀彧이라는 자라고 한다. 진궁이 바로….”

유비는 말을 맺지 않은 채 하늘을 보았다. 조조는 반드시 재출병할 것이다. 조조군이 2월에 철군하고 난 뒤에도 유비는 도겸의 청을 받고 줄곧 서주에 머물고 있었다. 평원은 그대로 비워둔 채였다. 사실 그것도 문제였다.

“우리가 집을 비우고 있는 사이에 누가 빼앗으러 올지도 모르오.”

“평원보다 여기 서주 땅이 훨씬 더 기름지지 않소. 예주 자사로 패沛에 머물러 있으시오. 패는 또 옛날부터 항상 운이 따르는 지역이오. 그렇게 하도록 하시오.”

유비가 평원으로 돌아가려는 눈치를 보이면 도겸은 이렇게 말하며 머물러 있기를 고집했다. 도겸은 요즘 들어 눈에 띄게 헬쑥해져 있었다. 목소리조차도 겨우 새어나올 정도로 기력이 쇠한 상태였다.

“알겠습니다. 패에 머물러 있도록 하겠습니다.”

유비는 마지못해 도겸의 뜻을 받아들였다. 이 무렵 예주의 주도는 조조의 고향인 초였다. 그곳에는 곽공郭貢이라는 자가 오랫동안 자사 자리에 버티고 앉아 있었다. 당시의 실력자들이 통상 그랬던 것처럼 도겸이 자기 임의대로 관직을 부여했던 것이다. 그러나 유비에게 예주 자사 자리를 준 것은 그의 실력을 과시하기 위해서가 아니라 원군으로 와 있는 유비를 좀 더 붙들어두려는 의도에서였다. 패는 한왕조를 일으킨 고조 유방의 출신지로서 서기가 서려 있는 땅이다. 물론 유비는 그런 점 때문에 패에 머물고자 한 것은 아니었다. 진궁에 대한 자신의 계책이 잘 이루어질 것 같은 느낌이 들었기 때문이었다. 중원의 서쪽에서 좋은 일이 일어나게 되면 유비의 입장에서도 평원 땅으로 돌아갈 필요가 없었다. 유비는 이전부터 조조의 빈 성을 지키고 있는 진궁에 대해 잘 알고 있었다.

패왕覇王을 보좌하는 일. 그것이 바로 진궁이 항상 바라는 바였다. 장량이 유방을 도와 천하를 얻게 한 것처럼, 자기도 영웅호걸을 도와 천하의 패권을 잡게 하고 싶다는 바람을 가지고 있었다. 조조의 휘하에 와 있는 것도 그런 큰 꿈을 가슴에 품고 있기 때문이었다. 유비는 언젠가 진궁이 지었다고 하는 시구에서 '자방子房, 아직 그 큰 뜻을 얻지 못하다'라는 문구를 읽고 나서 그의 마음속을 읽을 수가 있었다. 자방은 장량의 자였다. 진궁 자신은 장량처럼 패왕을 도와 큰일을 도모하려고 하지만 아직 그 뜻을 이룰 수가 없다고 한탄한 것이다. 진궁은 이 시에서 그의 큰 뜻을 내비침과 동시에 지금 주군으로 받들고 있는 조조는 패왕이 될 재목이 못 된다는 불만을 표현한 것이다.

실제로 조조는 진궁에게 도움을 요청할 만한 부류의 인물이 아니었다. 주변의 도움 없이 자기 스스로 모든 일을 해결해 나가는 성격이었다. 진궁의 불만은 거기에서 시작되었다. 자신의 의견을 존중해줄 수 있는 영웅. 진궁이 가장 바라는 것은 그런 인물이었다. 다시 말해 그런 인물을 만난다면 지금의 주군인 조조를 버릴 수 있다는 말이었다.

'당연히 그런 인물이 있지. 다른 이의 말을 귀담아 듣는 영웅호걸이 왜 없단 말인가.'

여포. 그 이름을 생각해내고 유비는 등 뒤로 돌려져 있던 오른손을 앞으로 가져왔다.

五

2월에 병력을 철수했던 조조는 4월이 되자 진궁에게 성을 지키게 하고 다시 도겸을 공격하기 위해 병력을 일으켰다. 다시 한 번 피비린내 나는 복수전이 시작된 셈이다. 조조는 서쪽으로 진격해 들어갔다. 사람들을 조조가 산동반도의 남쪽 끝인 낭야와 동해의 여러 지역을 공격한 뒤 도겸이 있는 서주로 대군을 몰고 가 살육작전을 감행하리라고 추측했다. 조조도 그런 만행을 저지르려는 자신의 계획을 굳이 숨기려 하지도 않았다. 서주의 도겸은 공포에 떨었다. 그는 병이 들어 예전의 당당한 모습이 아니었다.

고향인 단양으로 돌아가 강工. 양자강을 한번 보고 죽었으면 좋겠소. 서주가 조조의 병력으로 둘러싸이기 전에 이곳을 벗어나고자 하니 가능하면 양동작전을 펴서 도와주기 바라오.

도겸은 부하 장수들과 지원 나온 여러 장수들에게 부탁의 편지를 보냈다.

잠시만 기다려주십시오. 이제 곧 조조가 병력을 철수하는 일이 벌어질 것이며 앞으로 2년 정도는 다시 출병하는 일이 없게 될 것입니다.

유비는 도겸에게 답신을 보냈다. 더구나 도겸뿐만 아니라 도겸 휘하의 장수들이나 도겸을 재정적으로 돕고 있는 서주의 대부호들에게도 계략을 써서 조조의 군사를 곧 물리치도록 하겠으니 안심하라고 공언했다. 유비는 도겸의 부장인 조표曹豹와 함께 담지금의 산동성 담산현의 동쪽에 진을 쳤다. 조조는 1차 수비선을 무너뜨리고 양분襄賁을 공격하여 함락시켰다.

양분성에서 조조가 잠시 휴식을 취하고 있을 때 소용과 진잠이 나타났다.

"아니, 웬일이오? 기주에 있다는 말은 들었소만 이런 위험한 싸움터까지 찾아오다니."

조조가 두 사람을 맞이하면서 말했다.

"분명히 위험한 싸움입니다. 아무리 전쟁이라고 하지만 상식을 넘어서는 싸움입니다. 장군의 군사가 지나가고 난 길에는 살아 움직이는 생물이라고는 어느 것 하나 찾아볼 수가 없습니다."

소용의 말에 조조는 이내 굳은 표정을 지었다.

"복수일 뿐이오. 그런데 지금 어디를 가려고 하는 것이오?"

"장군을 쫓아 여기까지 급히 달려왔습니다. 달리 갈 곳은 없습니다."

"무슨 급한 일이라도 있소?"

"두 가지 급한 용건이 있어 찾아왔습니다."

"그렇소? 무슨 용건이오?"

"첫 번째는 장군께서 정말 천하를 얻으려고 하는 높은 뜻이 있는지를 묻고 싶습니다."

소용은 차분한 어조로 물었다. 차분하다기보다는 처음 이곳에 도착했을 때보다 다소 부드러운 말투로 바뀌었다. 조조는 잠시 아무 말도 하지 못했다. 뜻밖의 질문이었기 때문에 금방 대답이 나오지 않았다. 소용도 아무 말 없이 조조의 얼굴을 잠시 바라보다가 천천히 입을 열었다.

"청주의 황건군 30만 명은 천하를 얻을 수 있는 병력입니다. 그들은 마음을 제게 의지하고 있다고 말씀드렸습니다. 어지러운 천하를 하나로 만들어 백성이 안심하고 살 수 있는 세상을 만드는 데 쓰여야 할 병력입니다. 하지만 지금은 개인의 분노를 푸는 데 쓰이고 있습니다. 그뿐만이 아닙니다. 지나는 곳마다 살아 있는 것이라곤 찾아볼 수가 없습니다. 이런 점을 볼 때 저는 장군께서 천하를 하나로 만들겠다는 큰 뜻을 버리신 게 아닌가 하는 생각이 듭니다. 백성은 잔인한 지배자를 받아들일 리 없습니다. 민심을 붙잡지 않고서 어찌 천하를 꿈꿀 수 있겠습니까? 이는 저와 한 약속을 어기신 것입니다."

소용의 말을 들은 조조가 묘한 표정을 지었다. 그는 멍하니 입을 벌리고 있었다. 평소 조조에게서는 찾아보기 힘든 표정이었다. 고열에 들떠 있던 사람이 갑자기 열이 내리면서 제정신으로 돌아오고 있는 듯한 모습이었다. 잠시 뒤 조조는 불안한 눈초리로 주위를 둘러보았다. 그러다가 지금 자신이 있는 곳이 양분의 성안이라는 것을 확인하고 나서야 안심하는 표정이었다. 그는 얼굴을 천천히 하늘로 향하다 치켜올린 턱을 다시 끌어당겼다. 그리고는 고개를 크게 끄덕거렸다. 주변에 있던 조조군의 장수들은 마른침을 삼키며 그 광경을 지켜보고 있었다. 그들도 조조의 이 같은 모습은 처음이었다.

"아시겠습니까?"

소용이 다시 말을 잇자, 조조는 이내 평상시의 표정으로 돌아왔다. 그는 입의 양쪽 끝을 아래로 당기며 말했다.

"알겠소. 나머지 하나는 또 무엇이오?"

"지금 곧장 병력을 철수해서 연주로 돌아가십시오."

"왜 연주로 가라는 것이오?"

"지금 연주에서 모반이 일어나고 있습니다."

"뭐, 모반? 언제 모반이 일어났단 말이오?"

"제가 그곳을 출발할 때까지는 아니었습니다. 하지만 지금쯤은 행동을 개시했는지도 모르지요. 어쨌든 빨리 서둘러서 돌아가시는 게 좋을 겁니다."

"도대체 누가 모반을 꾀하고 있단 말이오?"

"진궁 장군입니다."

"아니, 그자에게 그런 배짱이?"

조조가 의외라는 표정을 지었다.

"물론 그런 배짱이 없는 자입니다. 그러나 문제는 혼자가 아니라는 점입니다."

"그럼 또 누가 있다는 말이오?"

"진궁은 장군을 버리고 다른 호걸을 선택했습니다. 자신의 일생을 맡길 수 있는 다른 인물을 말입니다. 더 강한 자에게."

"더 강한 자라니? 누구를 말하는 것이오?"

조조는 현재 자기보다 더 강한 인물은 천하에 없다고 생각하고 있었다.

"저도 그 부분에 대해서는 모르겠습니다. 제 추측으로는 여포 장군이 아닐까 하는 생각이 듭니다만."

"여포라…."

조조가 낮게 중얼거렸다.

"여포는 진류로 찾아간 다음 연주를 차지할 심산일 겁니다. 그렇잖으면 병력이 부족할 테니까요."

소용이 담담하게 말했다.

"진류라면, 장막? 그건 말도 안 되는 얘기야. 설마 장막이…."

조조가 몸을 앞으로 당겼다.

"바로 그 진류 태수 장막입니다. 장군께서 어려움에 빠져 있을 때 병력을 빌려줬던 분이죠. 장군께서 만일의 경우 가족을 맡기려고 했던 바로 그 장막 말입니다."

"장막이 이번 모반에 가담되어 있다고? 믿을 수가 없소, 믿을 수가 없어. 도대체 그가 왜 모반에 가담한단 말이오?"

"장막 장군께서도 똑같은 말씀을 했을 것입니다. 믿을 수 없다고. 서주를 그렇게 무참하게 짓밟은 인물이 바로 냉정한 이성을 가진 조조 장군이라는 것을 절대로 믿을 수 없다고 했을 겁니다."

조조는 신음 같은 소리를 내면서 자리에서 벌떡 일어났다. 진궁 정도는 아무런 문제가 아니었다. 여포도 싸움에만 강한 무사에 지나지 않았다. 그들 둘이 힘을 합친다 할지라도 조조는 전혀 두렵지 않았다. 그러나 진류의 장막은 달랐다. 장막이 병사를 모으려고만 한다면 금방 10만 명 이상은 가능할 것이었다. 게다가 조조의 본거지가 바로 그 옆이었다.

"병력을 철수한다! 철수준비를 서둘러라!"

조조는 큰 소리로 외쳤다. 그는 소용이 하는 말을 조금도 의심하지 않았다. 그녀는 평범한 여자가 아니었다. 그는 그녀가 하는 말, 아니 그녀 자체를 신뢰하고 있었다. 참인지 거짓인지를 확인할 필요가 없었다. 그녀가 그렇게 말했다면 틀림없이 그렇게 되어 있을 것이었다. 이튿날 아침, 조조의 대군은 양분에서 그 모습을 감췄다.

六

조조가 병력을 철수하게 된 결정적인 이유는 진류 태수 장막이라는 존재 때문이었다. 그가 친구인 조조에게 등을 돌리게 된 까닭은 두말할 것도 없이 이성을 잃은 복수극 탓이었다. 무엇보다도 인간성, 더 정확하게는 인간성에서 우러나오는 의협심을 가장 중시하는 장막에게 그것을 의심하도록 만드는 조조의 행위는 결국 그를 돌아서게 만들었다.

한편 자신의 조언을 받아들이는 영웅호걸을 찾던 진궁은 유비의 공작에 말려들어 여포라는 새로운 주인을 만나게 되었다. 여포가 한단에서 원소가 보낸 자객의 칼을 피해 세찬 비가 퍼붓던 밤중에 하내로 향하던 중 진류 태수 장막의 집에 들렀다는 것은 앞서 이야기했다. 의협심이 강한 장막은 어려움에 빠져 있는 사람에게는 특별한 호의를 베풀었다. 그래서 그는 여포를 따뜻하게 맞아주었다. 여포는 장막의 대접에 고마운 마음을 간직한 채 하내로 떠났다.

'여포를 끌어들이려면 장막에게 부탁하는 것이 가장 손쉬울 것이다.'

진궁의 이 같은 생각은 적중했다. 조조는 청주의 황건군 30만을 자기 휘하로 만든 뒤 원소 진영에서 거의 독립된 세력을 유지하고 있었다. 그러나 부친의 복수를 시작하기에 앞서 주위로부터의 공격을 사전에 차단하기 위해 다시 원소와 제휴관계를 맺었다. 그런 연유로 원소의 사절이 연주에도 와 있었던 것이다. 진궁은 원소의 사절단에게 온갖 향응을 베풀고 난 뒤 그들이 진류로 가지고 가는 편지를 몰래 훔쳐보았다.

여기서 도주한 여포를 환대하셨다는 이야기를 들었소. 세상 사람들은 장군이 일부러 나를 우습게 만들기 위해 그를 환대했다는 말을 하고 있소. 장군이 의협심이 많아 어려움에 빠져 있는 사람을 그냥 두지 못하는 성격이라는 것은 나도 잘 알고 있소. 하지만 지금부터는 좀 더 주의를 기울여주기 바라오.

편지는 점잖은 표현으로 되어 있어 특별히 문제될 대목은 없었다. 진궁은 이 편지를 이용할 생각이었다. 그는 장막이 여포를 접대한 사실을 심하게 힐난하는, 거의 협박에 가까운 내용으로 다시 만들고 원소의 인장까지 위조하여 진짜 서신과 바꿨다. 가짜 편지에는 장막이 여포를 싸고돈 것에 대해 원소가 격분하고 있는 것으로 바뀌어 있었다.

나와 멀리 떨어진 곳에 있다고 해서 그렇게 함부로 행동하면 곤란하오. 그대와 가까운 곳에 나에게 우호적인 부대가 주둔해 있소. 그 부대가 다시 그대를 도와줄 것이라고 생각하오? 미리 각오하고 있는 것이 좋을 것이오.

다분히 위협적인 내용이었다. 산조에 진을 치고 있을 때 원소는 조조에게 장막을 살해하라고 명령했지만 거절한 적이 있었다. 따라서 장막은 조조의 도움으로 살아난 셈이었다.

'조조가 다시 그대를 살려줄 것이라고 생각하오?'

위조된 편지에서는 자신에게 우호적인 부대, 즉 조조가 장막을 살려두지 않을 것이라는 협박을 하고 있었던 것이다. 최근 조조의 행동을 볼 때는 그럴 개연성은 충분했다. 아버지의 원수를 갚기 위해 그토록 끔찍한 살육전을 감행하는 자에게 의협심 따위를 기대할 수는 없었다. 진궁은 예전부터 조조를 달갑게 여기지 않고 있던 장막의 동생 장초에게도 손을 썼다. 조조의 비인간적인 측면을 장막에게 계속 강조하도록 한 것이다. 그렇게 하여 어느 정도 장막의 생각이 바뀌면 그때 진궁 자신이 직접 나서서 설득할 생각이었다.

여포는 하내 땅에서 온몸이 근질근질한 것을 애써 참고 있던 중이었다. 그러던 차에 진류에서 자신을 모셔가겠다는 연락을 받았으니 기뻐한 것은 말할 나위가 없다. 그는 곧장 진류로 향했다. 흑산군과 상산에서 전투를 벌인 것도 벌써 1년 전이었다. 1년여 동안 한 차례도 싸움터에 나간 적이 없었던 여포는 마음껏 칼을 휘둘러보고 싶어 미칠 지경이었다. 그런데 함께 연주를 취하자며 제안해온 자가 다른 사람도 아닌 자신에게 온갖 정성을 다해 환대해주었던 진류 태수 장막이었다. 동탁을 살해한 여포. 그가 저지른 일에 대해서는 천하의 모든 사람이 알고 있었다. 그 여포를 맹주로 하여 반조조 연합군을 결성하려는 것이었다. 진궁의 계획은 순조롭게 진행되어 나갔다.

본거지가 공격당할 위기에 처했다는 급보를 접한 조조가 서주의 서쪽 전장에서 돌아오기 전에 그의 군사거점인 견성을 빼앗지 않으면 안 되었다. 여포는 대군을 이끌고 견성에 나타나 소리쳤다.

"이 여포가 조조 장군을 도와 도겸을 공격하기 위해 이곳까지 왔노라! 내게 군량미를 협조하라!"

대군을 뒤에 거느리고 호령하는 여포를 성 위에서 지그시 내려다보는 한 사람이 있었다.

'여포에게 이런 대부대가 있을 리 없는데 저 정도의 병력을 동원할 수 있는 곳은 진류군 밖에 없어. 음, 그렇다면 장막이….'

견성을 지키고 있는 순욱은 조조의 참모 중에서도 가장 뛰어난 인물이었다.

순욱. 자는 문약文若으로 영천 출신이다. 일찍이 원소를 주군으로 받들었는데 생각한 바가 있어 그를 떠나 조조의 참모가 되었다. 초평 2년에 있었던 일이기 때문에 아직 조조가 미미한 세력을 갖고 원소의 휘하에 있을 때였다. 따라서 큰 문제를 일으키지 않고 손쉽게 주군을 바꿀 수 있었다.

조조의 휘하로 들어온 지 이제 3년, 31세가 된 순욱은 조조가 비우고 있는 견성을 지키고 있었다. 이때 순욱이 여포의 거짓말을 간파한 것은 영웅들의 천하쟁탈전에서 조조가 떨어져나갈 수도 있는 절체절명의 위기를 막아낸 중대한 일이었다. 순욱은 서둘러 동군 태수 하후돈에게 연락을 취해 복양 부근에서 양동작전을 펴도록 했다. 복양은 견성에서 서쪽으로 상당히 떨어진 지역이었다. 당시 조조는 동쪽에서 견성으로 향하던 중이었다. 따라서 가급적이면 여포군을 서쪽으로 유도하는 작전을 썼던 것이다.

과연 여포는 순욱의 의도대로 복양으로 병력을 이동하여 그곳을 점령했다. 연주의 군과 현이 하나둘씩 여포를 맹주로 하는 반조조 연합군의 수중으로 들어가기 시작했다. 그러다가 마지막으로 견성과 동아현東阿縣, 범현范縣 등 세 개의 성만이 남게 되었다.

그러나 여포군의 입장에서 볼 때 견성을 함락시키지 않은 것은 중대한 실수였다. 순욱이 기대 이상으로 견성을 철통같이 방어하고, 여포가 복양으로 병력을 돌렸으며, 조조의 병력이 생각했던 것보다 빨리 돌아왔다는 세 가지 상황이 어우러져 조조가 위기를 벗어날 수 있었던 것이다. 조조의 입장에서 볼 때는 천만다행한 일이었다. 견성 가까운 곳까지 돌아온 조조는 채찍으로 제수濟水의 건너편 둑을 가리키면서 전군을 향해 큰소리로 외쳤다.

"세상에 이렇게 멍청한 자가 있는가! 하하하. 반나절에 한 주를 휩쓸 수 있는 힘을 가졌다는 여포가 동평東平에 있는 항부亢父와 태산 사이의 길을 끊고 그 험로를 이용하여 우리 병력을 공격할 생각을 왜 못했단 말인가. 세상 사람이 모두 웃을 일이다. 복양 같은 곳에 쭈그리고 앉아 있다니. 여포라는 자는 이름만 그럴듯하지 재주라곤 하나도 없다는 사실을 이제 만천하가 알게 되었다!"

밤낮을 가리지 않고 먼 길을 달려온 병사들은 조조의 힘찬 목소리를 듣자 다시 온몸에서 힘이 솟는 것을 느꼈다.

七

여포는 전쟁의 전체적인 그림을 보는 능력은 떨어졌지만 국지전에 있어서는 그 어떤 호걸보다도 강했다. 과연 맹장이라는 표현에 부족함이 없을 정도였다. 그 수는 많지 않았지만 오원의 경기병과 몽골의 철기병은 여포 병력의 막강한 핵을 이루고 있었다. 조조의 청주 병력은 원래 농민군이었다. 따라서 기병의 공격은 대적하기가 힘들었다. 이를 아는 여포는 줄곧 기병부대로 청주병을 유린했다. 조조군의 대부분은 서주에서부터 서둘러 먼 길을 달려왔기 때문에 매우 지쳐 있는 상태였다.

'필부에게서 볼 수 있는 용맹.'

조조는 여포를 그렇게 깔보고 있었다. 그러나 여포의 뒤에는 지모를 갖춘 진궁이 버티고 있었으며 병참은 장막이 담당하고 있었다. 여러 계책을 써도 여포는 잘 말려들지 않았다. 조조의 입장에서는 불리한 싸움을 계속할 수밖에 없었다.

'여포 같은 자에게는 뭔가 파고들기 쉬운 허점이 있을 텐데.'

조조는 여러 가지 계책을 생각했다. 그러다가 마침내 여포에게 타격을 줄 만한 실마리를 찾아냈다. 여포는 백성을 안중에 두지 않는 성격이었다. 그에게 백성이란 군수품이나 식량을 징발하는 대상 외에는 큰 의미가 없었다.

'쥐어짤 수 있을 만큼 쥐어짠다.'

이것이 소위 여포의 백성관百姓觀이라고 할 수 있었다. 날로 백성을 착취하는 정도가 심해지자 진궁이 나서서 진언했다.

"백성의 입장을 고려하지 않으면 안 됩니다. 지금과 같은 일이 계속 벌어진다면 백성은 결국 굶주려 죽고 말 것입니다."

"그들이 죽더라도 백성은 또 얼마든지 있지 않은가? 싸움에서 승리하느냐 패하느냐의 중요한 문제를 앞두고 있는데 백성의 목숨까지 신경 쓸 여유가 어디 있는가?"

여포의 대답은 지극히 단순했다. 그러다 보니 복양성의 백성이 여포의 수탈에 불만을 품게 된 것은 당연한 일이었다. 조조는 바로 그 점을 노렸다.

조조는 은밀히 성 안의 유지들과 연락을 취했다. 여러 유지 중에서도 복양성의 호족인 전씨田氏가 조조군과 긴밀하게 내통하면서 여포군의 갖가지 기밀을 빼주었다. 이를 통해 조조는 여포의 약점을 알아낼 수 있었다. 조조는 이제 칼자루를 쥔 셈이었다. 복양성 동문 쪽의 경비가 허술하다는 첩보를 듣고 마침내 조조는 결심을 굳혔다. 그리고 바로 행동에 착수했다. 전씨를 앞세워 동문을 지키는 병사에게 뇌물을 주고 조조군의 공격이 시작되면 성문의 빗장을 열어놓겠다는 약속을 받아냈던 것이다. 조조군이 동문의 망루 좌우에 있는 숲 속에서 붉은 글씨로 '신信'이라고 쓰인 깃발을 올리면 성문을 열기로 되어 있었다.

저녁 무렵이 되자 조조군의 깃발이 올랐다. 숲속을 가득 메우고 있던 조조군이 일제히 함성을 지르며 쏟아져 나왔다. 조조군은 마치 둑이 터져 물이 밀려들듯 성안으로 밀고 들어갔다. 그때까지 여포군은 성문을 굳게 닫아걸고 이따금 기병대를 출격시키고 있을 뿐이었다. 일단 성안으로 들어가게 되면 인가나 다른 장애물이 많기 때문에 여포군은 특유의 기병전을 전개하기가 힘들었다.

"성안으로 무사히 들어가기만 한다면 승리는 우리의 것이다!"

사전에 조조는 그렇게 장담했다. 공격진이 모두 성안으로 돌격해 들어가자 그는 큰소리로 명령을 내렸다.

"문 위에 있는 망루에 불을 놓아라!"

입구를 불사른다는 것은 이 싸움에서 퇴각이란 없다는 결의였다. 어떤 일이 있더라도 성을 반드시 함락시키고야 말겠다는 비장한 각오를 드러내는 말이었다. 조조의 각오를 확인한 장수와 병사들은 한껏 사기를 드높이며 싸움에 나섰다.

그러나 이 공격은 조조의 실패로 끝났다. 이때 여포의 병력은 민가에 분산되어 있었다. 주민에게 군량미를 징발하고 그것을 다시 병사에게 나누어주는 것은 적어도 여포에게는 번거로운 일이었다. 그래서 여포는 군사를 아예 민가에 머물도록 하고 거기서 식사와 잠자리를 해결하라고 조치해놓은 상태였다. 이 여포다운 군량미 조달 방식은 그의 전술이라고 볼 수는 없었지만 결과적으로 지금과 같은 기습공격이 가해질 때는 여간 유용한 게 아니었다.

한편 망루를 불태운 조조군은 먼저 여포군의 주력부대를 공격하여 완전히 섬멸시킬 작정이었다. 그런데 성안에는 주력부대라고 할 만한 병력이 보이지 않았다.

"본진이 어느 곳인지 빨리 찾아내라!"

조조는 조바심을 내면서 큰소리로 외쳤다. 여포나 진궁이 있는 곳이 본진이라고 할 수 있었으나 도무지 어디에 있는지 알 수가 없었다. 물론 본진을 찾아낸다고 해서 그곳에 주력부대가 있는 것은 아니지만 일단 여포를 찾아 없애는 게 급했다. 여포군은 사태가 긴박해지자 서둘러 무장을 한 뒤 민가에서 뛰쳐나왔다. 그것도 여기저기서 산발적으로 튀어나왔다. 여기도 적이고 저기도 적이었다. 조조의 입장에서는 전혀 예상하지 못했던 상황이 전개되고 있었다. 복양성으로 들어오는 데까지는 성공했으나 정작 중요한 일인 주력부대를 찾아 섬멸하는 것은 이미 어렵게 되어버린 상태였다. 상황이 이렇게 되면 다시 퇴각하는 수밖에 없었다.

"퇴각하라!"

서둘러 퇴각하려고 했지만 성문이 불타고 있는 상황이었다. 퇴각 명령이 떨어질 때쯤에는 성문이 가장 맹렬한 기세로 불타고 있었다. 조조도 다시 퇴각하기 위하여 말머리를 돌려 동문으로 향했다. 그 순간 갑자기 어떤 자가 조조의 멱살을 잡았다. 수염으로 뒤덮여 불그스레한 얼굴을 한 거한이었다. 그자가 눈알을 부라리며 조조에게 물었다.

"이 쥐새끼 같은 자식, 조조는 어디로 도망갔지? 어서 말해!"

그의 입에서 역한 냄새가 훅 풍겼다. 방금 전까지도 술을 마시고 있었던 게 틀림없었다. 조조는 몸집이 작았다. 이럴 때는 몸집이 작은 게 천만다행이었다. 술에 취한 여포군의 장수는 이 작은 사내가 조조라는 생각은 전혀 하지 못하는 눈치였다.

"빨리 불지 못할까!"

술에 취한 거한은 조조를 꼬나 쥐고 앞뒤로 흔들었다.

"저쪽입니다. 저 황색 말을 타고 가는 자입니다."

조조가 손으로 왼쪽을 가리켰다.

"오냐, 알았다!"

거한은 조조를 내던지듯 밀치고 황색 말을 탄 자를 쫓아갔다.

'살았구나.'

조조는 속으로 이렇게 외치며 동문을 향해 쏜살같이 내달렸다. 동문은 시커먼 연기를 내뿜으며 하늘을 사르려는 듯 거대한 불꽃을 내뿜고 있었다. 그러나 꾸물거릴 틈이 없었다. 불기둥이 솟고 있는 동문 앞에 다다른 조조는 재차 말고삐를 세게 움켜쥐었다. 그리고는 말의 등에 상체를 바싹 붙인 다음 배를 힘껏 걷어찼다. 지금처럼 불길이 사나운 곳을 빠져나갈 때는 최대한 빠르게 통과하는 것이 상책이었다.

조조는 전속력으로 말을 달렸다. 그런데 막 문을 빠져나가려고 할 때였다. 불에 타고 있던 난간 하나가 조조의 머리 위로 떨어지면서 말의 안면을 강타했다. 조조의 말은 큰소리로 울부짖으며 앞발을 높이 치켜들었다. 그 바람에 조조는 그대로 불길 속에 고꾸라지고 말았다.

"앗! 장군께서!"

조조의 뒤에 바싹 붙어 따라오던 누이樓異라는 장교가 재빨리 말에서 뛰어내려 조조를 안아 자기 말에 태웠다. 그리고는 불에 타고 있는 나무 하나를 들어 말의 엉덩이를 세게 갈겼다. 그러자 놀란 말이 앞으로 내달렸다. 조조는 겨우 성을 빠져나올 수 있었다. 누이도 사력을 다해 성 밖으로 빠져나왔다. 한참 시간이 지난 뒤 누이는 참을 수 없는 고통에 신음을 토해냈다.

"아, 뜨거워! 아아…"

누이는 그제야 자신이 불구덩이 속에서 나무토막 하나를 집어 들었다는 사실을 기억해냈다. 그의 손바닥에는 온통 밤톨만한 물집이 솟아 있었다.

八

조조는 어렵게 들어간 복양성에서 눈물을 머금고 퇴각할 수밖에 없었다. 그러나 그는 굴하지 않았다.

"싸움은 이제부터다. 반드시 이긴다."

조조는 모든 병사가 모인 자리에서 그렇게 장담한 뒤 다시 전열을 가다듬어 훈련을 시작하도록 명했다. 때는 7월이었다. 이제 머지않아 가을이 시작될 시기였다. 복양성 안의 군량미도 서서히 바닥을 드러낼 때가 다가오고 있었다. 조조군도 마찬가지였다. 따라서 하남의 기름진 땅에서 자란 곡식을 누가 차지하게 될 것인가가 승부를 가르는 열쇠였다. 복양성 안에도 자그마한 경작지가 있긴 했지만 그 땅에서 수확한 식량으로 군량미를 대기에는 어림도 없었다. 그러므로 성안에 있는 여포군은 어떻게든 곡식을 마련하기 위해 그들이 자랑하는 기병대를 앞세우고 밖으로 나올 것이다. 조조군은 당연히 여포의 군사가 한 톨의 곡식도 가져가지 못하도록 막을 것이다. 바야흐로 그 싸움이 펼쳐지고 있는 중이었다. 이 싸움에서는 성 안에 있는 여포군의 입장이 더 불리했다. 조조가 이 싸움에서 반드시 이길 것이라고 장담한 것은 바로 이 점을 염두에 두고 한 말이었다.

"저들은 이제 머지않아 마른 나뭇가지처럼 말라비틀어져 굶어죽게 될 것이다."

조조가 내뱉듯 말했다. 이제 여포군이 굶주림을 참지 못해 곡식을 약탈하기 위해 성 밖으로 나올 때만 기다리면 되는 것이었다. 물론 여포군의 움직임에 대해서는 성안에 있는 전씨 일파가 미리 조조군에게 알려주기로 되어 있었다.

작년에는 많은 비가 내렸지만 올해는 가뭄이 계속되어 수확이 부족한 상태였다. 하지만 다행히 하남 지역은 평년작에는 못 미치지만 그래도 2할 정도가 줄어든 수확은 가능할 것으로 내다보고 있었다. 성안에 있는 여포는 성벽에 올라 누런색으로 변해가는 황금들판을 바라보며 중얼거렸다.

"조조, 이 쥐새끼 같은 놈. 저 곡식이 모두 자기 뱃속으로 들어갈 거라고 생각한다면 큰 착각이지. 한 톨도 남기지 않고 모조리 가져올 것이다. 기병대의 위력을 똑똑히 보여주마."

여포는 혼잣말을 마치고 침을 내뱉었다.

『주례周禮』라는 고서에서는 연주 지역에서 나는 곡식으로 찰수수, 수수, 보리, 쌀 등을 들고 있다. 보리를 빼놓고는 전부 가을에 수확하는 곡식이었다. 여포는 그 곡식을 농부의 추수 작업이 거의 끝나갈 무렵에 성문을 열고 나가 가로챌 생각이었다. 한편 조조는 자신의 병사를 풀어 농부의 작업을 도울 생각이었다. 이제 그날도 얼마 남지 않았다. 여포나 조조 모두 하루하루가 긴장의 연속이었다.

"이제 네댓새 정도만 기다리면 되겠지. 농부가 곡식을 추수하기 시작하면 곧바로 성문을 열고 나갈 것이다. 언제라도 출격할 수 있도록 만반의 준비를 갖추도록 하라."

여포가 칼을 쥔 손을 치켜들며 명령을 내렸다.

같은 시각, 조조도 본진의 망루에 올라가 똑같이 칼을 쥔 손에 힘을 주며 중얼거렸다.

"이르면 내일이 될지도 모르겠군."

여포가 성 밖 들녘을 한번 유심히 바라본 뒤 성벽에다 침을 내갈 기고 계단을 내려온 반면 조조는 타고난 시인이기도 했다. 그는 하늘을 쳐다보며 혼자 낮은 목소리로 중얼거렸다.

"가을 하늘. 이 아름다운 하늘 아래서 인간들이 다투고 있구나. 서로 죽이고 죽임을 당하고. 나도 그런 인간들 가운데 한 명인 것을…."

그렇게 잠시 상념에 잠겼던 조조가 갑자기 어느 순간 눈살을 찌푸렸다.

"저건!"

조조는 한참 동안 동쪽 하늘을 응시했다. 구름 한 점 없이 맑았던 하늘에 갑자기 이상한 기운이 감돌기 시작했던 것이다. 가만히 보니 동쪽 하늘 아래에서 뿌연 안개 같은 것이 일어나고 있었다.

"안개일까? 아니야, 이렇게 햇살이 맑은 날씨에 안개라니."

그때였다. 농민들이 살고 있는 마을 근처에서 갑자기 요란한 꽹과리 소리가 들리기 시작했다.

"적의 기습인가?"

조조는 급히 주위를 둘러보았다. 여포의 공격이 시작된 것은 아닌 듯싶었다. 만약 여포가 성 안에서 나왔다면 망을 보고 있던 병사가 종을 울려 알릴 것이었다. 지금 들려오는 꽹과리 소리는 농민들이 살고 있는 마을에서 들려오고 있었다. 갑자기 주위가 소란스러워지기 시작했다. 백성들이 여기저기서 뛰쳐나오기 시작했다. 모두 굳은 얼굴이었다. 조조의 본진 앞을 지나가면서도 아무도 망루에 서 있는 조조를 의식하지 않았다. 조조는 망루에서 내려와 그들이 뛰어가는 길옆에 멈춰 섰다. 앞에서 달려오다가 조조와 부딪힐 뻔한 젊은이는 조조의 얼굴을 알고 있을 텐데도 인사도 없이 그냥 지나치려 했다.

"잠깐 기다려라!"

조조가 젊은이를 향해 외쳤다. 젊은이는 놀라 뒤를 돌아보았다.

"무엇 때문에 그렇게 허둥대고 있느냐?"

"메, 메뚜기 떼가 오고 있습니다."

젊은이는 말을 더듬으며 대답했다. 너무 당황한 나머지 그는 손에 들고 있던 징을 땅바닥에 떨어뜨렸다.

"뭐라고! 메뚜기?"

조조의 얼굴색이 금세 변했다.

엄청난 무리를 지어 이동하는 메뚜기 떼가 나타나면 순식간에 모든 식물을 먹어치워 버렸다. 메뚜기 떼가 사라진 자리에는 검붉은 흙만 남게 될 터였다. 이 가공할 메뚜기들은 항상 무리를 지어 날아다녔다. 하늘 전체가 메뚜기 떼로 뒤덮이면 아무리 맑은 날이라도 하늘이 짙은 회색으로 바뀌었다. 조조가 동쪽 하늘에서 본 이상한 잿빛 덩어리는 안개가 아닌 메뚜기 떼였던 것이다. 그 잿빛 덩어리는 점점 조조의 시야를 가리며 다가오고 있었다. 우리는 통상 메뚜기라고 부르지만 중국에서는 이 공포의 메뚜기 떼를 '비황飛蝗'이라고 불렀다. 보통 메뚜기와는 다른 종류였다. 비황은 하루에 50킬로미터를 날아간다고 한다. 이들이 지나가면 사람들은 이미 어떻게 손쓸 방법이 없다. 농작물뿐만 아니라 잡초까지도 푸른색을 띠고 있는 것이라면 모조리 먹어치우기 때문이다. 가뜩이나 어려운 세상을 살아가는 고달픈 농민들은 비황이 나타나면 절망에 빠져 손을 놓을 수밖에 없었다. 물론 메뚜기들이 경작지에 앉지 못하도록 식구들을 죄다 불러 모아 징이며 꽹과리, 북 따위를 동원하여 요란하게 한바탕 법석을 피우지만 결국에는 포기하고 만다. 죽여도 죽지 않는 것이 바로 비황이었다. 한 마리를 죽이면 다시 열 마리가 달려들었다. 열 마리를 죽이면 또 백 마리가 달려드는 게 비황이었다. 요란한 소리는 고사하고 칼을 휘둘러도 비황의 진로를 바꾸는 것은 불가능한 일이었다. 농민들은 남녀노소 가릴 것 없이 잿빛으로 둘러싸인 하늘을 쳐다보며 그 자리에 서서 그저 눈물만 흘릴 뿐이었다. 그들은 피와 땀으로 가꾼 곡식을 지옥에서 온 작은 악마의 무리에게 그대로 내줄 수밖에 없었다. 비황이 휩쓸고 간 뒤 그들을 기다리고 있는 것은 기근뿐이다. 그 후로 과연 몇 명이나 살아남을 수 있을 것인가?

『후한서』 흥평 원년 7월에 해당되는 내용을 보면 다음과 같은 비참한 내용이 실려 있다.

> 이때 쌀 1곡斛, 19.4리터은 50만 전이고, 보리쌀 1곡은 20만 전이었다. 사람이 사는 곳에는 사람이 사람을 잡아먹으니 백골이 쌓이기 시작했다.

굶주린 사람이 다른 사람을 잡아먹고 거기서 나온 백골이 사람 사는 동네마다 쌓이기 시작했다는 이야기이다. 이 얼마나 비참한 이야기인가.

결국 이 싸움은 비황으로 인해 무승부로 끝나고 말았다. 그리하여 조조는 견성으로 돌아가고 여포는 먹을 것을 찾아 동쪽으로 떠났다. 조조는 견성으로 돌아갔지만 그곳에서도 식량을 구하기가 힘들었기 때문에 다시 병력을 이끌고 동현東縣으로 갔다. 여포는 승씨현

乘氏縣으로 갔지만 그 지역의 호족인 이진李進이 받아들이기를 거부하여 다시 더 동쪽에 있는 산양山陽까지 내려갔다. 천하의 호걸들도 굶주림만은 어찌할 수가 없었다.

『후한서』의 홍평 원년 9월경에는 이런 기록이 있다.

상桑이 다시 열매를 맺었다. 사람들이 그것을 따먹었다.

초여름에만 열리는 뽕나무 열매가 가을도 다 저물어가는 음력 9월에 다시 열린 것이었다. 사람들은 그것을 따먹어 허기진 배를 채웠다.

이해 12월에 서주 목 도겸이 병으로 사망했다.

"잘 되었군."

도겸은 마지막 숨을 거두기 직전에 쉰 목소리로 그렇게 말했다.

"이 난세에 싸움터에서 죽지 않았으니, 이것도 유비의 도움 덕분이다. 나는 내 아이들을 이 난세의 싸움에 말려들게 하고 싶지 않다. 그래서 이 서주 땅을 물려주려고 하는데…."

마지막 유언을 하는 도겸의 옆에는 지금까지 그에게 재정적인 후원을 해온 서주 땅의 대부호 미축이 앉아 있었다.

"마음에 담고 계신 후계자가 있으신지요? 제가 그를 불러오도록 하겠습니다."

"음…, 그대는 이미 알고 있었는가?"

"예. 그럼 제가 패에 다녀오도록 하겠습니다."

이심전심이었다. 미축은 도겸에게 고개를 숙인 뒤 자리에서 일어나 패로 향했다. 패에는 유비 현덕이 있었다. 일찍이 유비는 도겸을 공격하는 조조가 머지않아 스스로 병력을 철수할 것이라고 이야기했었다. 그런데 과연 유비의 말대로 조조는 자신의 병력을 스스로 철수시켰다. 그 일이 있은 뒤로 서주 지역의 도겸을 비롯한 주요 인사들은 유비라는 존재를 높이 평가했다. 도겸의 유언에 따라 미축이 유비를 찾아와 말했다.

"서주의 목이 되어주십시오."

처음에 유비는 예의를 갖추어 미축의 부탁을 몇 차례 고사했다. 물론 미축도 그런 예법을 잘 알고 있었기 때문에 유비의 거절을 받아들이지 않고 거듭 권유했다. 결국 유비는 미축의 청을 받아들여 서주의 목이 되었다. 이로써 서주의 목 유비가 등장하게 된다.

삼국지는 당시의 지도로 읽어야 한다!

산의 남쪽을 양陽, 북쪽을 음陰이라고 한다. 그러나 하천의 경우에는 이와 반대로 남쪽이 음이 되고 북쪽이 양이 된다. 진나라의 수도 함양은 구종산九嵕山의 남쪽, 그리고 위수渭水의 북쪽에 해당하는 지역이기 때문에 산도 강도 '모두咸 양陽' 이라는 이름이 붙게 되었다.

조조와 여포가 싸웠던 복양은 복수라는 강의 북쪽에 있다. 복수는 황하의 지류로서 장자가 낚시를 즐겼던 강이기도 한데 수로가 바뀌면서 일찍이 없어지고 말았다. 그러나 지명으로서의 복양은 지금도 그대로 남아 있다. 견성도 중화인민공화국 하남성의 현으로 남아 그대로 사용되고 있다.

그러나 현재의 지도를 보면서 이 싸움을 상상해서는 안 된다. 당시 황하의 수로는 지금과 상당히 달랐기 때문이다. 현재의 지도를 보면 견성과 복양이 황하를 사이에 두고 있다. 견성은 하남에, 복양은 하북에 있다. 그러나 후한 말의 황하는 지금의 수로보다 훨씬 북쪽으로 흐르고 있었기 때문에 하구河口도 지금보다 3백 킬로미터 정도 떨어진 천진天津 부근이었다. 따라서 당시에는 복양이나 견성 모두 황하의 남쪽에 있었다. 그러므로 조조의 복양성 공격은 황하를 건너 진격한 것이 아니었다.

후한 말 서주의 주도는 하비였다. 현재의 서주시보다 상당히 동쪽에 해당되는 지역이다. 따라서 유비와 조표가 지키던 담은 당시 서주와 매우 가까운 곳이었다. 병이 깊어진 도겸이 얼마나 두려움에 떨었을까. 당시의 지도를 생각해보면 그 마음을 충분히 이해할 수 있다.

3장
모든 것은 이제부터다

15
황하에서 사라진 여인들

一

    살구꽃이 자태를 뽐내더니 어느새 지기 시작했다. 담홍색 꽃잎이 떨어져 정원 전체를 아름답게 수놓았다. 생명의 끈이 떨어진 상태에서도 아름다움을 드러내기 위해 안간힘을 쓰는 것 같았으나 떨어진 꽃잎은 점점 색깔이 바래지면서 바람에 날리고 비에 시달렸다. 그러다가 정원 한쪽 구석이나 정원석 사이에 몸을 맡긴 채 마지막으로 자신의 형체를 유지하려고 몸부림치고 있었다. 이제 시간이 지나면 어느 사이엔가 형체도 없이 스러질 터였다. 결국은 흙으로 돌아갈 것이었다.

    "인간이라는 존재도 결국 흙으로 돌아가지."

    남흉노의 선우 어부라는 병석에 누워 그렇게 중얼거렸다. 그가 누워 있는 방의 창 너머에 정원이 보였다. 살구꽃이 한창일 때 그는 병상에 들었다. 음력 2월을 행월杏月이라고 한다. 지금은 벌써 6월이다. 그동안 어부라는 줄곧 정원을 바라보며 누워 있었다. 가끔 상반신을 일으키기도 했지만 대부분은 누운 자세였다. 여기저기 떠돌며 방랑하던 흉노족 병사들은 작년에 평양平陽 땅을 차지하고 그곳에 머물고 있었다.

평양성은 현재의 산서성 임분현臨汾縣 부근이다. 평양에서 분하汾河를 따라가다 보면 하진河津이라는 곳에서 황하를 만나게 된다. 이 황하를 따라 백 킬로미터 정도 내려가면 서쪽에서부터 흐르고 있는 위수渭水와 만나게 된다. 이 부근은 함곡관函谷關에서 가까운 곳이면서 장안과 낙양의 중간쯤에 해당하는 지역이다. 사람들은 흔히 평양을 변방으로 인식하고 있지만 실제로는 중원에서 그리 멀지 않은 지역이다.

작년에는 가뭄과 비황으로 기근이 심했다. 조조와 여포의 싸움도 끔찍한 메뚜기 떼의 출현으로 승부를 가리지 못한 채 끝나고 말았다. 금년에도 비가 많지 않아 가뭄이 계속될 것 같았다. 흉노족 군사들도 절반은 평양성을 떠나 생활하고 있었다. 평양 부근의 식량 사정이 전체 병력을 먹여 살릴 정도로 여유가 없었기 때문이었다. 먹을 것을 찾아서 분하 유역을 떠돌다가 2개월 단위로 성 내부에 남아 있던 병사들과 교대하곤 했다. 이 상태로 가다 보면 머지않아 흉노족 전체가 먹을 것을 찾아나서야 할 판이었다. 그러나 그들은 유목민이었다. 먹을 것을 찾아 떠도는 것이 그들에게는 그다지 고통스런 일이 아니었다. 오히려 성 안에 오랫동안 머물고 있는 것이 고통이었다.

어부라에게 처음 한 달 정도는 병상에 누워 있는 것이 크나큰 고통이었다. 그러나 점차 체념의 경지에 이르자 오히려 마음이 편해지기 시작했다. 지금은 사는 것에 대해서도 그렇게 집착하지 않게 되었다. 어부라는 살구꽃잎이 흙으로 돌아가는 것을 보면서 자신의 생명에 대해 생각하고 있었다. 이젠 마음의 동요조차 일지 않았다.

'이번에는 넘기기가 힘들겠어.'

어부라는 그렇게 생각하고 있었다. 그는 10년 전에도 심하게 앓은 적이 있었다. 그때 앞으로 10년만 더 살게 해달라고 용신龍神에게 빌었었다. 당시 그는 아직 선우의 자리에 오르지 않은 상태였고 아들 표도 아직 갓난아이였을 때였다. 용신에게 부탁했던 그 10년이 이제 다 되어가고 있었다. 지금 그는 선우의 자리에 올라 있고 표는 열세 살이 되었다. 흉노족은 13세에 원복식을 하게 되어 있었다.

"백마사의 지영이 아직 오지 않았느냐?"

어부라가 나직이 물었다. 병실에는 항상 몇 명의 신하가 자리를 지키고 있었다. 그 중에 한 신하가 대답했다.

"오두미도의 교모인 소용님과 함께 오신다고 합니다. 2~3일만 기다리시면 될 것입니다."

'서방 천축의 부도의 가르침을 들으면 죽을 때 두려움이 없어진다.'

세상 사람들은 그렇게 말하고 있었다. 그래서 어부라는 백마사의 장로인 지영을 불렀던 것이다. 예전에 백마사 가까운 곳에 어부라의 병력이 머문 적이 있었다. 그는 그때 백마사의 지도자들과 인사를 나누었다.

지영은 '부도의 가르침으로도 어떻게 할 수 없는 경우가 있기 때문에 오두미도의 교모인 소용과 함께 가겠' 는 전갈을 어부라에게 보내왔다. 소용은 하남 땅을 둘러본 뒤 곧바로 낙양으로 돌아올 예정이었기에 백마사에서는 그녀가 도착하기를 기다리고 있었다. 백마사는 그동안 한나라 땅에서 살고 있는 서역인들에 대한 포교 활동에 힘써왔을 뿐 한나라 사람들이나 흉노족에 대한 포교에는 그다지 힘을 기울이지 않았다. 그래서 지영은 더욱 어부라를 만나보고자 했고 그를 만나는 자리에 오두미도의 중요 인물이 함께 배석하는 것도 여러 모로 좋으리라 생각한 것이다.

"음. 그래 천천히 기다리도록 하지."

흉노족의 특징이라 하면 바로 성급함이었다. 그러나 이제 어부라의 성격은 예전과 많이 바뀌어 있었다. 그런 변화에 대해 본인조차 놀라고 있을 정도였다. 그는 내심 그것을 이렇게 생각하고 있었다.

'이제 살날도 얼마 남지 않았나보구나. 죽기 전에는 사람이 변한다고 하니.'

그때 어부라의 시중을 들고 있는 병사가 방으로 들어왔다.

"거비去卑 선생께서 장안에서 돌아오셨습니다."

거비는 흉노족의 왕족이었다. 어부라는 그를 은밀히 장안으로 보내 그곳 사정을 파악하도록 지시했었다.

"이리로 곧장 들어오라고 하라."

어부라는 베개 위에서 천천히 머리를 움직였다.

"저는 물러가 있도록 하겠습니다."

"그렇게 하고, 호주천과 표를 불러오라."

어부라는 쉰 목소리로 말했다. 호주천呼廚泉은 어부라의 동생이었다. 어부라가 병상에 누운 뒤로 그의 동생이 섭정을 하는 차원에서 매사를 챙기고 있었다. 어부라는 주변 사람들을 모두 물린 다음 동생과 아들을 불러 거비의 보고를 듣도록 했다.

'이제 천천히 뒷정리를 시작해야 할 때다.'

그렇게 하려면 무엇보다 천하의 움직임을 충분히 파악하여 앞으로 벌어질 여러 중요한 사항에 대해 미리 조치를 취해둘 필요가 있었다. 세 사람이 들어와 어부라의 침상 가까운 곳에 자리를 잡았다.

"거비, 어떤가? 장안은 지금 축제 분위기에 싸여 있던가?"

어부라가 물었다.

"전혀 그렇지가 않았습니다."

거비가 머리를 옆으로 흔들며 대답했다.

二

13세가 되던 지난해에 원복을 한 헌제는 이해 4월에 복완伏完의 딸을 황후로 맞아들였다. 복완은 낭야 사람으로서 8대 조상인 복담伏湛이 삼공의 자리에 오른 적이 있는 명문이었다. 또한 복완은 환제의 딸인 안양공주安陽公主를 부인으로 맞아들였다. 조정 중신들은 뼈대 있는 복씨 집안의 딸을 황후로 맞아들이는 것에 이의를 제기하지 않았다. 소년 천자가 황후를 맞이했으니 이처럼 경사스런 일도 드물었다. 수도 장안이 온통 축제 분위기로 들끓는 게 당연했다. 그러나 거비가 어부라에게 말한 것처럼 장안은 전혀 축제 분위기가 아니었다.

한나라의 제도는 부府를 만들 수 있는 직책이 삼공으로 한정되어 있었다. 부란 조정朝廷 이외의 정무를 보는 기관이었다. 흥평 2년(195년)의 삼공은 사도 조온趙溫, 사공 장희張喜, 태위 양표楊彪였다. 그러나 장안의 진정한 실력자는 일찍이 동탁의 부장이었던 이각, 곽사, 번주 삼총사였다. 이각은 거기장군, 곽사는 후장군, 번주는 우장군右將軍으로서 각자 부를 가지고 있었다. 따라서 삼공의 부와 합하면 장안에는 여섯 개의 부가 있는 셈이었다. 이는 분명 비정상적이었다. 세 명의 실력자 중에서 가장 사내답다고 알려진 자가 바로 번주였다. 씀씀이가 크고 활달했기 때문에 병사들 사이에서도 가장 신망이 두터워 그의 부로 많은 사람이 몰려들었다.

조정에서는 동쪽의 여러 세력을 공격하기 위해 출병을 계획하고 있었다. 출병군의 총대장으로 번주가 뽑혔다. 이각은 번주의 힘이 커지는 것을 막기 위해 그를 제거할 음모를 꾸몄다. 번주는 가끔 이각에게 이런 서신을 보냈다.

출병을 하려면 이 정도 병력으로는 부족하오. 이각 대감의 병력을 빌려주었으면 하오.

이각은 그때마다 어정쩡한 답장을 띄우곤 했다.

알겠소. 상세한 이야기는 내 집에서 만나 이야기합시다.

이각은 시간을 끌며 기회를 노리고 있었다. 그러다가 마침내 날을 잡아 거사를 실행에 옮기로 마음먹었다. 이각은 스스럼없이 자기 집으로 찾아온 번주와 대화를 나누다가 그 자리에서 일어나 그를 칼로 베었다. 이 사건은 2월, 살구꽃이 흐드러지게 피어 있던 계절에 일어났다. 삼총사 중에 한 명이 힘없이 무너지고 말았다. 그 후부터는 당연히 두 호걸의 싸움이 전개되었다.

이 무렵 곽사는 이각의 집에서 일하는 여인을 마음에 두고 있었는데, 그 여인을 보려고 이런저런 핑계를 대며 이각의 집을 드나들었다. 그때까지만 해도 이각과 곽사는 친밀한 관계를 유지하고 있었다. 그런데 두 사람 사이를 이간질하려는 사람이 있었다. 바로 곽사의 처였다. 그녀는 곽사가 이각의 집에서 일하고 있는 여인에게 푹 빠져 있다는 사실을 알고 있었다. 그래서 곽사와 이각의 사이를 벌려놓으면 다시는 남편이 이각의 집에 드나들지 않을 것이라고 생각했다. 그러던 어느 날이었다. 이각이 곽사에게 진귀한 음식을 선물로 보냈다. 곽사의 처는 아무도 모르게 그 음식에 독약을 발랐다. 그런 다음 곽사가 그 음식을 먹으려 하자 능청스럽게 말했다.

"일전에 번주 대감이 죽지 않았습니까? 대감께서도 조심하시는 게 좋겠습니다. 이 음식에도 혹시 독이 들어 있을지 모릅니다. 한번 살펴본 뒤에 드시도록 하십시오."

그러자 곽사가 웃으면서 말했다.

"하하하, 나와 이각은 죽마고우요. 번주와는 전혀 다르오. 그렇게 의심스러우면 독이 있는지 어디 한번 살펴보시오."

말이 떨어지기가 무섭게 곽사의 처는 고기 한 조각을 떼어내어 마당의 강아지에게 던져주었다. 고기조각을 날름 받아먹은 강아지는 이내 미친 듯이 날뛰더니 그 자리에 풀썩 쓰러졌다. 잠시 후 강아지는 온몸을 바들바들 떨더니 피를 토하며 죽고 말았다.

그 일로 두 사람 사이는 돌이킬 수 없을 만큼 멀어지게 되었다. 뿐만 아니라 시간이 흐를수록 두 사람의 세력 싸움이 치열하게 전개되었다. 이 싸움에서는 역시 번주를 살해했던 이각의 수가 빨랐다. 세력 싸움을 하는 데 있어서는 항상 천자를 확보하고 있는 쪽이 유리한 법이었다. 먼저 천자를 자기 집으로 모시려고 했던 자는 곽사였다. 그런데 평소에 곽사의 집에 심어놓았던 이각의 첩자가 재빨리 이 사실을 알리자 이각은 조카인 이섬李暹에게 수천 명의 병력을 내어주고 궁중을 둘러싸게 한 다음 강제로 천자를 자기 집으로 끌고 오도록 했다.

헌제는 두 명의 실력자 사이에서 고민하다가 양쪽 모두에게 신하를 보내 서로 화해하도록 권유했다. 그러나 선수를 빼앗긴 곽사는 화해를 권유하러 온 조정의 중신들을 자기 집에 억류해 버렸다. 양표와 장희 등 삼공까지도 곽사의 집에 인질로 잡히는 상황이 되었다. 한 사람은 천자를, 다른 한 사람은 중신들을 인질로 잡고 서로 세력 다툼을 벌였다. 이 사건은 3월에 벌어졌던 일이었다. 따라서 4월로 예정되어 있던 황제의 혼례는 부득이 이각의 집에서 치러지게 되었다. 천자를 강제로 끌고 가는 과정에서 이섬의 병력이 궁에 불을 놓았기 때문이다.

한편 이각은 티베트족이나 이란족으로 이루어진 부대를 만들어 곽사에 대한 공격을 시도하기도 했다. 그리고 곽사는 이각 진영에 있는 중랑장 장포張苞를 매수하여 이각을 공격할 때 안에서 같이 호응하기로 작전을 세웠다. 자칫하면 이각의 목숨이 날아갈 상황이었다. 싸움이 치열하게 벌어졌을 때는 곽사의 병사들이 쏜 화살이 천자가 머물고 있는 처소 앞에 드리워진 발에 꽂히기도 하고 이각의 귀를 뚫기도 했다. 곽사에게 매수당한 장포는 이각의 집에 불을 놓았는데 다행히 때마침 불어온 바람에 꺼져 큰 화는 면할 수 있었다. 또한 이 싸움에서 백파곡에서 빠져나와 이각의 집에 머물고 있던 양봉이 곽사의 병력을 물리치는 데 큰 역할을 하기도 했다. 그런데 양봉은 이각을 죽이고 그의 자리를 탈취하려는 생각을 가지고 있었다. 그러나 양봉의 계획은 사전에 발각되어 뜻을 이루지 못하고 종남산終南山으로 도주했다.

이때 조정의 중신들은 약한 쪽 편을 들었다. 그것은 동정이라든가 의리 때문이 아니었다. 한쪽이 너무 강해지면 새로운 독재자 즉, 제2의 동탁이 출현할 수도 있기 때문이었다. 양 진영의 세력이 균형을 이루고 있는 것이 그나마 낫다고 생각했던 것이다.

서로 죽고 죽이기를 수개월, 죽은 자가 1만을 헤아렸다.

사서에는 이런 기록이 남아 있다. 피비린내가 진동하는 세력 싸움이 장안 전체를 무대로 전개되고 있었던 것이다. 어제는 동쪽인가 싶었더니 어느새 오늘은 서쪽에서 싸움이 일었다. 하루도 거르지 않고 장안 어디에선가 전투가 벌어지고 방화가 일어났으며 약탈이 자행됐다. 이러한 상태에서는 아무리 천자의 혼례라고 해도 축제 분위기를 기대할 수는 없었다. 거비는 이런 아수라장 같은 장안의 분위기를 어부라에게 상세히 보고했다. 그가 장안을 떠난 때가 양봉이 종남산으로 도주한 직후였다.

　"그 양봉이란 자가, 계획대로 되었다면 천하를 다툴 수도 있었을 텐데."

　어부라는 한 쪽 볼에 희미한 웃음을 띠며 말했다. 흉노족의 철기병은 백파곡의 황건군과 동맹을 맺은 일이 있었다. 물론 아직도 그 동맹은 유효한 상태였다. 그런 연유로 어부라는 백파곡에서 만난 황건군의 부장인 양봉이라는 사내를 알고 있었다.

　'그런 자도 운이 따르면 천하를 잡을 수 있는데….'

　그런 생각이 들자 어부라는 자신이 지금 병을 얻어 누워 있다는 사실에 절망을 느꼈다. 다시 한 번 용신에게 빌어 몇 년이라도 더 살게 해달라고 매달리고 싶은 심정이었다. 부질없는 미련이었지만 그것은 진심이었다. 그래서 그는 부도의 구원을 기다리고 있는 중이었다.

　"그렇사옵니다. 저희도…."

　거비가 고개를 숙이며 말끝을 흐렸다.

　"그만, 그 다음은 말하지 말라. 마음속으로만 생각하고 절대 발설하지 말라."

　어부라가 천장을 쳐다보며 말했다.

"예, 알겠습니다."

그렇게 대답한 사람은 거비가 아닌 어부라의 동생 호주천이었다.

"두 사람의 세력은 어떠한가?"

어부라가 거비에게 다시 물었다.

"이각이 좀 우세했습니다만 양봉이 종남산으로 도주하고 조정 중신들의 활약으로 지금은 예전보다 전력이 약화된 상태입니다. 지금 상태로는 둘이 막상막하라고 볼 수 있습니다."

"조정 중신들의 활약이라니?"

"티베트 병사에게 재물을 쥐어주면서 조정으로 돌아오도록 만들었습니다. 그 숫자는 3천 명 정도지만 정예 병력입니다. 이각의 입장에서는 분명 큰 손실일 것입니다."

"음. 앞으로는 어떻게 될 것 같은가?"

"천자께서는 낙양으로 돌아가고 싶어 하십니다."

"당연한 일이겠지."

"낙양으로 가시겠다는 천자의 뜻을 끝까지 무시할 수는 없겠지. 천자께서 낙양으로 돌아오시게 되면 천하의 형세는 크게 바뀔 것이다. 알겠는가, 호주천? 각 지역에 흩어져 있는 우리 군사를 모두 평양으로 모이도록 지시하게. 최대한 빨리."

"예, 알겠습니다."

어부라의 머리맡에 있던 세 사람은 동시에 머리를 숙였다.

"천자의 행렬은 무사히 지나가지 못할 것이다. 화살이 비 오듯 쏟아지고 피가 강물이 되어 흐를 것이다. 분하에서 황하에 이르게 되면 그곳에서는 아수라장이 기다리고 있을 것이다."

어부라는 말을 너무 많이 한 탓인지 피곤한 기색을 드러내며 작은 소리로 말했다.

"그럼 분부를 받들어 출진하도록 하겠습니다."

13세의 표가 머리를 숙이며 말했다.

"거비가 병력을 이끌도록 하고 표는 그 뒤를 따르라. 호주천은 평양성을 지키도록 하라."

"그건 좀…."

호주천은 불만스런 표정으로 무슨 말인가를 하려다가 멈췄다.

"너는 우리 흉노군의 총수라는 사실을 잊지 말아라."

어부라의 목소리에 다시 힘이 들어갔다.

"예, 알겠습니다."

호주천이 이내 고개를 숙였다.

"백파의 황건군과도 좀더 긴밀하게 연락을 취하도록 하라."

어부라는 그렇게 말하고 난 뒤 눈을 감았다. 그의 양 어깨가 크게 흔들리고 있었다.

三

장안의 두 실력자는 오랜 싸움으로 심신이 지쳐 있었다. 이제 그만 싸움을 접고 쉬고 싶었지만 아직 상대방이 공격을 해오고 있으니 선뜻 물러설 수도 없는 노릇이었다. 잠시라도 마음을 놓게 되면 상대가 곧바로 공격해올 것이기 때문에 방심할 틈도 없었다. 양쪽 세력이 백중세이니 만큼 어느 쪽도 뒤로 물러설 수 없었다. 휴전을 하고자 해도 먼저 화해를 청한 쪽이 불리한 법이라 그것도 마음대로 할 수 없었다. 이럴 때는 제3자가 중간에 서서 양쪽의 화해를 도모해주는 것이 가장 바람직했다. 모름지기 중재자란 양쪽 어디에도 치우치지 말아야 하며 그가 하는 말이 양쪽에 어느 정도는 영향을 줄 만한 인물이어야 한다. 양쪽에 영향력을 행사할 수 있으려면 무력을 갖고 있어야 한다. 그러나 당시 장안에 그런 인물은 씨가 말라 있었다.

중재자는 장안의 동쪽에서 찾아왔다. 진동장군鎭東將軍 장제張濟였다. 장제는 원래 동탁의 부장이었다. 그는 이각, 곽사, 번주와 같은 직급으로 그들 4인방이 힘을 합쳐 장안을 공격하여 주군이었던 동탁의 원수를 갚았다. 그러나 장제는 다른 세 사람에 비해 생각이 깊은 인물이었다.

'장안에 있으면 궁중을 무대로 허구한 날 세력 다툼만 벌이게 된다. 나는 그런 어리석은 인간들과는 다르다. 일단 장안을 떠나 있는 게 현명한 일이다. 그러나 언젠가는 이 장안의 주인이 되어 다시 오고 말 테다.'

그는 그런 생각을 갖고 있었다. 그는 일등공신으로 대접받는 일 따위에는 아무런 관심도 없었다. 그런 건 중요한 게 아니었다. 오로지 그가 믿는 것은 힘이었다. 세 명의 동료가 장안에 남아 높은 자리를 차지하고 있을 때 장제는 장안을 떠났다. 당시에는 여전히 반동탁 연합세력이 호시탐탐 장안을 노리고 있는 상태였다. 그런 상황에서 장제는 그들을 견제하는 역할을 맡고자 스스로 장안을 떠났던 것이다. 동탁이 살아 있을 당시 그의 세력권에서 동쪽의 끝은 홍농군 섬현陝縣이었다. 장안과 낙양 사이에 있는 곳으로 황하의 남쪽 연안지역이었다. 장제는 일선 사령관으로서 그곳에 주둔하고 있었다. 물론 장안에서 벌어지고 있는 상황에 대해서는 수시로 소식을 접하고 있었다.

'어리석은 자들, 지금쯤은 완전히 지쳐 있겠군. 이제 슬슬 내가

나설 차례다. 결국 장안은 내 손 안에 들어오게 되어 있어.'

　때는 6월. 장제는 대군을 이끌고 장안으로 향했다.

　'천자를 위해 이각과 곽사의 화해를 도모한다.'

　그가 대군을 이끌고 장안으로 들어가는 명분은 그것이었다. 오랜 싸움에 지쳐 있긴 했지만 최대한 자신에게 유리한 조건으로 협상하려는 것은 당연했다. 밀고 당기는 협상 끝에 결국 양쪽이 합의점을 찾았다. 각자 자기 딸을 상대방의 인질로 보낸 뒤 이각은 천자를 풀어주고 곽사도 조정 중신들을 풀어주기로 했다.

　"차라리 홍농으로 천자를 모시도록 하는 게 어떻겠는가?"

　협상을 마무리할 생각으로 장제는 두 사람에게 이 같은 조건을 제시했다. 두 사람이 다투고 있는 근본적인 원인은 서로 천자를 차지하기 위해서였기 때문에 아예 그 싹을 없애자는 의도였다. 하지만 나중에 싸움에 끼어든 장제가 어부지리를 취하려 한다는 의도를 이각과 곽사가 모를 리 없었다.

　'그럴듯하게 말하는군. 천자를 자기 본거지로 옮긴 다음 세력을 키우겠다는 속셈이 아닌가.'

　물론 둘은 장제의 의견에 동의하지 않았다. 두 사람은 오히려 장제를 견제하기 시작했다.

　'나는 천자를 탐내는 것이 아니다. 내가 탐내고 있는 것은 바로 이 장안이다. 저 어리석은 자들이 내 깊은 뜻을 알 턱이 없지.'

　장제는 내심 두 사람의 생각이 깊지 못함을 그렇게 비웃었다. 장제는 두 사람에게 이렇게 말했다.

　"너희가 그렇게 나를 의심한다면 나는 천자를 수행하지 않고 장안에 그대로 머물러 있겠다. 그 대신 너희도 천자와 함께 떠나지 말고 이곳에 머물러라. 어떤가? 가장 공평한 조건이 아닌가? 이보다 더 좋은 해결책은 없을 것이야."

장제가 자신 있게 그렇게 주장한 까닭은 무엇보다 천자 자신이 동쪽으로 가고 싶어 한다는 데 기인한 것이었다. 어린 천자의 입장에서 볼 때 낙양은 언제나 마음속 깊이 자리한 고향이었다. 그렇다고 장안을 떠나고 싶은 이유가 꼭 고향에 대한 그리움 때문만은 아니었다. 이제 더 이상 동네북처럼 이리저리 끌려 다니는 생활을 감당할 수 없었기 때문이다. 지금까지 이각의 집에 머물고 있으면서도 사실은 인질이나 다름없는 생활을 해온 천자였다. 천자는 주변상황이 바뀌면 자신의 처지가 조금은 나아지지 않겠느냐는 막연한 기대를 갖고 있었다. 아무리 좋지 않은 상황으로 바뀌더라도 지금보다 더 나빠지지는 않으리라는 게 천자의 생각이었다. 어쨌든 일단 상황을 바꿔보자고 마음먹은 천자는 자신의 요구를 강력하게 표출했다.

"나는 동쪽으로 가겠다."

천자는 자기 의사를 분명하게 밝혔다. 천자의 의지는 생각보다 강했다. 천자를 동쪽으로 보내는 의견에 끝까지 반대한 인물은 곽사였다. 하지만 헌제는 자신의 의지를 보여주기 위해 하루 동안 단식을 단행했다. 세상의 이목을 피할 수 없는 상황이었다. 그러다 보니 곽사도 자신의 고집을 꺾을 수밖에 없었다.

장안의 사정을 살피고 온 흉노의 거비가 예상했던 것처럼 천자의 행렬이 동쪽을 향하게 될 것이라는 사실은 이미 대세의 흐름을 타고 있었다. 하지만 천자가 낙양에 도착하기까지의 과정은 그리 순탄치 않을 것이라는 게 병상에 누워 있는 어부라의 예상이었다.

"그렇게 하십시오. 동쪽으로 가시도록 하십시오."

곽사는 겉으로는 그렇게 말했지만 속으로는 아직 천자를 포기한 것이 아니었다. 이각은 휘하에 있던 티베트족 병사가 모두 빠져나간 뒤 병력이 그리 충분하지 않은 상태였기 때문에 일단은 시간을 두고 돌아가는 상황을 살피는 중이었다. 그러나 권력욕에 불타고 있는 그가 언제까지나 가만히 있을 리가 없었다. 장제는 나름대로 장안을 자기 손에 넣을 욕심이었으나 차츰 그 열의가 식어가고 있었다. 장안의 백성은 모두가 굶주리고 있어 먹을 것을 찾아 뿔뿔이 흩어졌다.

'이게 뭔가? 이각과 곽사가 이 장안을 온통 다 해먹고 난 뒤끝 아닌가.'

장제는 몸에서 힘이 쭉 빠져나가는 것을 느꼈다.

四

지영과 소용이 평양에 도착한 뒤로 어부라의 얼굴에 다시 핏기가 돌기 시작하는 것 같았다. 옆에서 부관들이 그런 덕담을 하면 어부라는 미소를 지으며 말하곤 했다.

"죽기 전에 사람의 생명이 마지막으로 한번 불타오른다고 하지 않던가? 오래 가지는 않을 거야."

지영과 소용은 매일 어부라의 방으로 찾아와 이야기를 나누었다. 그들의 대화는 설교조가 아니라 그저 살아가면서 겪게 되는 이런저런 이야기들이었다. 화제는 여러 가지였다. 날씨 이야기부터 농사나 목축, 또는 음식이나 자녀에 관한 것 등 다양했다. 어부라는 평소에 생각하고 있던 이야기들을 꺼내곤 했다. 지영과 소용은 어부라가 하는 말에 맞장구를 치기도 하고 이따금 다른 의견을 내거나 설명을 덧붙이기도 했다. 어부라는 그들과 이야기를 하는 자리에 가능하면 호주천과 표를 불러 같이 있게 했다. 병사들의 훈련에 여념이 없는 거비도 틈이 생기면 어부라의 방을 찾았다.

"왜 경매는 같이 오지 않았나?"

어부라가 두 사람에게 물었다. 그는 사전에 지영에게 가능하면 경매와 동행해 달라고 부탁했었다.

"경매는 지금 병중입니다."

지영이 대답했다.

"하지만 서주에도 가지 않았었는가?"

어부라는 경매가 서주의 부도사 건립 때 도겸에게 초청받았다는 사실을 알고 있었다.

"서주는 남쪽이기 때문에 갈 수가 있었던 겁니다."

"그 말은 북쪽으로 가면 신상에 좋지 않다는 이야기인가?"

"예. 의원들이 그렇게 말하고 있습니다."

"북쪽은 아니다. 그러면 우리 흉노족은 있을 곳이 없지 않는가?"

어부라는 동생 호주천이 있는 곳으로 시선을 돌렸다. 선우인 동생 호주천이 어부라의 의도를 알겠다는 듯 입술을 굳게 다물었다.

"하하하."

어부라는 희미하긴 하지만 밝게 웃었다.

"경매가 오지 않은 것이 섭섭하구먼. 이 자리에 왔다면 우리 표의 아내로 맞이하는 건데."

"예? 지금 뭐라고 하셨습니까?"

침착한 성품의 지영도 너무 의외의 말에 깜짝 놀라 되물었다.

"표의 처로 들이고 싶다고 했네. 표도 이제 원복이 지나지 않았는가? 한 해 위인 천자가 복완의 딸을 황후로 맞았다고 하더구먼."

"복황후께서는 아직 어리십니다. 거기에 비해 경매는 벌써 과년

한 아이입니다. 그냥 한번 해보신 말씀이시죠?"

지영이 표정을 약간 누그러뜨리며 말했다.

"그냥 해본 말이 아니야. 경매가 올해 몇이지?"

"스물다섯입니다. 표 왕자께서 올해 열셋이시니 거의 곱절 차이가 납니다."

"나이가 들었기 때문에 많이 가르쳐줄 수도 있지 않는가? 표는 흉노족의 지도자가 될 몸이야. 지금부터 많은 것을 배워야지. 그런 점에서 경매 정도의 여인이 가장 적합한데."

"하지만 아직은 몸이…."

"그래, 아픈 상황에서야 어떻게 할 수가 없겠지. 아파보면 그 마음을 이해할 수가 있어. 건강한 여인이어야지."

어부라가 그렇게 말한 뒤 지그시 눈을 감았다. 그때 거비가 방 안으로 들어왔다. 성 밖에서 훈련을 끝내고 막 돌아오는 길이었다.

"한나라 천자가 하마터면 신풍新豊에서 곽사의 무리에게 잡힐 뻔했답니다. 천자를 탈취하려던 계획이 사전에 탄로가 나 결국 행동에 옮기지는 못했다고 합니다. 곽사라는 자, 비밀이 새나가는 일이 한두 번이 아니군요."

거비는 어부라의 병상 옆에서 조금 전에 들었던 정보를 전했다. 7월 1일. 헌제 일행이 선평문宣平門을 나섰다. 선평문은 장안성 동쪽에서 가장 북쪽에 위치한 문이었다. 헌제가 동쪽으로 가겠다는 의지를 곽사가 반대하고 나서자 자신의 뜻을 관철하기 위해 단식을 했다는 사실은 평양성까지 전해졌다. 지금 거비가 보고하고 있는 내용은 그로부터 1개월이 지난 상황이었기 때문에 최신 정보라 할 수 있었다. 8월 6일. 천자 일행은 아직 신풍 부근까지밖에 가지 못했다. 신풍은 항우와 유방이 회담을 했던 장소로 유명한 홍문鴻門이 있는 현으로 장안에서 동쪽으로 불과 40킬로미터 정도 떨어져 있는 지역이었다. 흥평 2년은 윤년이어서 5월이 두 번 있었다. 8월 6일은 벌써 가을이 깊어가고 있던 때였다.

"세 명의 장난꾸러기가 들판으로 공을 차내면서 절대 주우러 가면 안 된다고 서로 약속을 했지요. 그런데 뜻밖에 그 들판에 숨어 있던 또 다른 아이들이 있었다고나 할까요? 아무튼 상황이 묘하게 돌아가고 있습니다."

거비가 그럴듯한 비유를 써가며 이야기했다. 세 명의 실력자는 일단 천자에게 손을 대지 않기로 약속했다. 그 뒤 천자 일행은 장식품 정도에 불과한 근위병의 호위를 받으며 길을 떠났다. 세 사람은 서로 약속이 깨질까봐 눈치를 보고 있었다. 만약 세 사람이 마음만 맞으면 당장이라도 천자를 다시 잡아올 수 있는 상황이었다. 그런데 패릉을 막 지나려던 참에 갑자기 수천 명의 병력이 황제의 행렬 앞에 나타났다. 이각의 자리를 넘보다가 사전에 비밀이 누설되어 종남산으로 도주했던 백파 황건군의 부장 출신인 양봉의 병력이었다.

"천자를 경호해드리기 위해 찾아왔습니다."

양봉이 무릎을 꿇고 아뢰자 천자는 가슴을 쓸어내렸다. 천자는 내심 세 사람의 실력자 중 누군가가 나타나 자신을 다시 장안으로 끌고 갈까봐 마음을 졸이고 있던 차였다. 사실 지금 천자를 호위하고 있는 근위병은 세 실력자 중에 하나만 공격해오더라도 금방 무너지고 말 정도로 약했다. 그런데 이렇게 수천 명의 늠름한 병사가 경호에 나서겠다고 하자 헌제는 안도의 숨을 내쉬며 크게 기뻐했다.

"그대를 홍의장군興義將軍에 봉하도록 하겠다."

천자는 그 자리에서 직책을 주었다. 그뿐만이 아니었다. 지난해에 완전히 소멸되어 버린 것으로 알고 있었던 우보의 병력 수천 명이 어디에 숨어 있다가 나타났는지 무리를 지어 황제의 호위에 참가했다. 우보는 동탁의 사위였는데 동탁이 살해되었을 당시에는 홍농에 주둔하고 있었다. 그는 특히 서죽에 단단히 미쳐 있어서 무슨 일이건 대나무로 점을 쳐 판단을 내렸다. 동탁이 살해되었다는 이야기를 들었을 때도 그는 점을 쳤다. 그때 병력을 버리고 빨리 피하는 것이 좋다는 점괘가 나오자 금은보화를 자루에 넣어 몰래 병영을 빠져나간 인물이다. 그러나 금은보화 자루를 짊어지고 따라나선 부하가 재화에 눈이 뒤집혀 우보를 찔러 죽이고 그 재물을 취했다. 이 내용은 앞에서 이야기된 바 있다. 그 후 우보가 이끌던 병력은 동승董承이라는 장수가 수습하여 위수 부근을 떠돌고 있었다. 동승의 병력은 주인을 잃은 떠돌이 병력이었다. 그런데 마침 천자가 자신들이 머물고 있는 근처로 지나간다는 소식을 접하고 부랴부랴 달려온 것이었다.

'관직을 얻을 수 있는 절호의 기회가 아닌가!'

동승은 병력을 정비하여 단숨에 천자에게로 달려왔다. 헌제는 양봉의 병력이 나타났을 때보다 더 기뻐하면서 동승에게 안집장군安集將軍이라는 직책을 내렸다. 동승은 영제의 모친인 동태후의 조카였다. 헌제로서는 할머니의 조카, 그러니까 친척 아저씨가 되는 셈이다. 거비의 비유대로 세 명의 짓궂은 아이가 가지고 놀던 공을 이제 평원을 지나가던 다른 두 아이가 주운 형국이 되었다.

'내 기필코 다시 끌고 오고 말리라.'

이 소식을 전해들은 곽사는 치를 떨며 기습공격을 준비하고 있었다. 그러나 그의 계획을 천자 측에 밀고하는 자가 있어 양봉과 동승 두 장수는 전 병력에 경계령을 내려 경비를 강화했다. 작전이 탄로나자 곽사는 허둥지둥 종남산으로 도주했다.

"이대로 보고 있을 수만은 없지요. 우리 흉노족이 행동할 수 있는 절호의 기회입니다. 어느 쪽이든 선택해서 편을 들어야 하지 않겠습니까?"

거비는 조급한 표정으로 어부라에게 물었다. 천자를 호위하는 쪽에 붙든지 아니면 천자를 다시 탈취하려는 쪽에 붙든지 양자택일을 해야 할 순간이라는 게 거비의 생각이었다. 흉노의 전통은 실리주의였다. 어느 쪽이 유리한가가 태도를 결정짓는 가장 중요한 요소였다. 하지만 어부라는 이 질문에는 아무 대답도 하지 않은 채 엉뚱한 말을 꺼냈다.

"천자는 지금 신하들 외에 궁녀들과도 동행하고 있을 것이다."

"그렇긴 합니다만."

거비가 의외라는 표정으로 대답했다.

"그 숫자가 얼마나 되는가?"

"한 이삼백 명쯤 되는 것으로 알고 있습니다."

천자의 경호를 맡고 있는 근위병의 절반 정도에 해당하는 숫자였다.

"그 궁녀들을 모두 잡아오너라."

어부라가 앞뒤 설명 없이 무 자르듯 끊어 말했다.

"예? 무슨 말씀입니까? 궁녀들을 잡아오라고요?"

거비는 어부라의 말을 잘못 들은 게 아닌가 싶어 재차 질문을 던졌다.

"그래. 궁녀를 빼앗아오라고 말했다."

어부라는 그 이상 설명하지 않았다. 생각하고 있는 것을 구구절절이 설명하기에는 너무 피곤한 상태이기도 했다. 그는 상반신을 일으켜 방안에 있는 모든 사람의 표정을 둘러보았다.

'지영과 소용뿐이구나. 내 마음을 읽고 있는 자는…'

중원으로부터 멀리 떨어지지 않은 평원에 근거지를 정한 흉노족은 이제부터 이곳에서 자손을 번창시키면서 삶의 기반을 만들려는 생각이었다. 그렇게 하기 위해서는 보다 높은 수준의 문명을 받아들이지 않으면 안 되었다. 한나라의 궁녀 정도라면 높은 수준의 문명을 몸에 지니고 있는 존재라고 할 수 있었다. 어부라는 그 궁녀들을 데려와 흉노의 젊은 사내들과 혼인시켜 흉노족 전체의 민족개조에 이용할 생각을 하고 있었던 것이다.

"그 중에서 가장 재주가 비상한 여인을 표 왕자님의 아내로 삼으셔야 되겠군요?"

어부라의 의도를 읽은 소용이 넌지시 말했다. 소용의 말에 어부라는 크게 고개를 끄덕였다. 그때 밖에 있던 신하가 어부라에게 고했다.

"백파의 황건군으로부터 사자가 왔습니다."

五

곽사가 다시 천자 일행의 기습에 나선 것은 10월 1일이었다. 곽사의 부장인 하육夏育과 고석高碩이 병력을 이끌고 와 황제의 일행이 잠자고 있는 숙영지에 불을 질렀다. 그러나 양봉과 동승의 병력이 잘 막아내 결국 그들은 천자를 탈취하는 데 실패하고 퇴각했다. 그 뒤 천자 일행에 내분이 일어났다. 보급과 회계를 담당하던 영집장군寧輯將軍 단외段煨라는 자가 양봉과 동승의 무리와 틀어진 것이다.

천하는 기근으로 신음하고 있었다. 천자를 수행하고 있는 조정의 중신들은 호사스런 생활에 익숙해 있는 자들이었다. 따라서 조정 중신들은 기근 속에서도 식사나 의복을 별 무리 없이 조달해주고 있는 단외를 치켜세웠다. 그러다 보니 단외 자신도 우쭐한 기분에 취해 있었다.

"이거, 밥만 축내는 병사가 이렇게 많으니 내가 힘들 수밖에 없지. 그 식충이들을 줄일 수 있는 방법이 없을까?"

언젠가 단외는 이렇게 말한 적이 있었는데 이 말이 양봉과 동승을 비롯한 장수들의 귀에 들어갔다. 식충이라는 말을 듣고 그들이 화를 내지 않는다면 오히려 이상한 일이었다. 양쪽의 설전이 시작되었다. 서로 치고받기를 10여 일이나 계속했다. 보다 못한 천자가 그들 사이에 끼어들었다. 결국 천자는 양쪽을 달래 간신히 화해시켰다. 천자 일행은 다시 동쪽으로 향하게 되었다. 행군이 빠른 속도를 내지 못하고 있는 것은 식량을 조달하는 데 시간이 걸려서이기도 하지만, 내분이 자주 일어난 탓도 있었다. 아직도 황하와 만나는 지점까지 가려면 상당한 거리였다. 천자 일행이 홍농군에 들어선 것은 11월이 다되어서였다.

천자 일행에 내분이 일어나고 있다는 소식은 서쪽에 남아 있는 세 명의 실력자에게 한 가닥 희망을 주었다. 생각하지도 않았던 경호 병력이 나타나 손을 쓰지 못하고 있는 상황에서 내분이 일어났다면 기회를 보아 기습을 감행할 수 있는 틈이 생겼다는 말이었다.

드디어 이각, 곽사, 장제의 이해가 일치했다. 천자를 다시 서쪽으로 데려오지 않으면 안 되는 것이다. 만일 천자가 낙양에 자리를 잡게 된다면 관동의 모든 장수들을 불러 모아 서쪽의 세 실력자들을 없앨 것이다. 그들은 지금까지 천자를 괴롭힌 장본인들이었기 때문이다. 이미 천자가 연주의 조조에게 비밀리에 칙서를 보내 낙양으로 오게 했다는 소문이 떠돌고 있었다. 서로 원수지간이 된 세 사람은 결국 어쩔 수 없이 동맹을 맺어 헌제 일행을 다시 잡아오기로 결정했다. 모을 수 있는 병력이란 병력은 모두 집결시켰다. 일단 무기를 갖출 수 없는 병력은 2진에 남겨놓고 먼저 1진으로 하여금 급히 헌제의 뒤를 쫓게 했다. 밤낮없이 달려간 추격대는 홍농군의 동한東澗이라는 곳에서 황제 일행을 따라잡았다.

　모름지기 내분이 일어난 병력은 강할 수가 없었다. 후미로부터 추격대의 공격을 받은 헌제의 호위대는 사분오열 흩어지기 시작했다.

　"몸에 지니고 있는 것을 전부 버려라! 몸을 가볍게 하라!"

　당황한 양봉이 있는 대로 소리를 지르며 헌제를 호위하던 자들에게 명령을 내렸다. 그때 조정의 신하들은 천자가 쓰고 있는 갖가지 물건을 수레에 싣고 운반하는 중이었다.

　"왜 그것들을 버리지 않는가?"

　양봉이 날이 번쩍이는 칼을 치켜들고 신하들에게 물었다.

　"이것은 천자께서 쓰시는 물건들입니다."

　한 신하가 대답했다. 천자가 사용하는 물건을 실은 수레는 무게가 상당하여 일행의 걸음을 더디게 만들고 있었다.

　"지금 그따위 물건이 무슨 소용인가! 저들에게 잡히면 아무 것도 쓸모없게 될 터인데. 그것들을 길바닥 여기저기에 뿌리도록 하라!"

　양봉은 수레 위의 나무상자들을 끄집어내어 뚜껑을 부숴버렸다. 상자 안은 천자의 의복과 장식품으로 가득했다. 양봉은 그것들을 길거리에 뿌리기 시작했다. 백파곡의 황건군에 몸담고 있을 때 얻은 경험이었다. 도주하면서 금붙이 따위를 길거리에 뿌려놓으면 적의 추격이 지체된다는 사실을 알고 있었다. 그리고 이번에도 양봉의 생각은 적중했다. 그 덕분에 헌제와 중신들은 어렵사리 추격대의 공격에서 벗어나 조양趙陽이라는 곳까지 피신했지만 많은 신하와 근위병을 잃었다. 헌제는 가슴이 아팠다.

"짐이 서쪽으로 다시 돌아가면 더 이상 피를 흘리지 않아도 되지 않은가. 저들에게 휴전을 제의하는 칙서를 보내도록 하라. 어서 시행하라. 누가 사자로 다녀올 것인가?"

"그렇게 하십시오. 사자는 폐하께서 신임하는 자를 임명하십시오."

양봉이 나서서 대답했다. 그러나 양봉은 내심 저들과 화해할 생각이 전혀 없었다. 헌제는 적당한 사자를 선택하여 세 명의 연합군에게 화해의 칙서를 보냈다. 이때 양봉 역시도 또 다른 사자를 보냈다. 사자의 행선지는 백파곡이었다. 그는 종남산에 몸을 숨기고 있을 당시 백파곡과 연락을 취하면서 어려울 때마다 도움을 청하곤 했었다. 백파의 황건군은 물론 남흉노군과도 긴밀하게 연락을 취해오고 있던 터였다. 지금 이 순간이야말로 그들의 도움이 가장 필요한 때였다. 더구나 헌제가 저들에게 화해를 시도한 것은 양봉의 입장에선 시간을 벌 수 있는 기회였다. 당시 백파곡 황건군의 간부는 호재胡才, 이락李樂, 한섬韓暹이었다. 그들은 언제라도 출동할 수 있는 태세를 갖추고 있었다.

양봉이 보낸 사자가 백파에 도착하자마자 그들은 즉시 평양성으로 사자를 보냈다. 평양성의 남흉노 철기병도 이미 출격할 준비를 끝내놓고 있는 상태였다. 그리하여 백파 황건군과 남흉노 연합군은 곧바로 남하하여 황하를 건넜다. 조양 가까운 곳까지 진격한 그들은 휴전 교섭을 벌이는 사이에 휴식을 취하고 있던 3자 연합군에게 기습 공격을 가했다. 추격을 하는 경우에는 대개 전방에만 주의를 집중하기 때문에 후방이나 측면에서 적이 나타나면 제대로 대처하기가 어려운 법이다. 갑자기 먼지가 일기 시작하면서 입안이 칼칼해지는 것을 느끼기 시작한 3자 연합군 병사들은 영문을 몰라 주변을 두리번거렸다.

"갑자기 웬 바람이 이렇게 거세지지?"

하지만 그 흙먼지는 공격의 신호였다. 남흉노의 철기대가 쏜 화살에 3자 연합군 병사들이 하나둘 쓰러지기 시작했다.

"기습이다!"

연합군 병사들은 너무 놀라 비명을 지르며 허겁지겁 도망갈 생각만 할 뿐 전투대형을 갖추려고도 하지 않았다. 3자 연합군이 완전히 무너진 것은 그야말로 순식간이었다.

"천자가 우리를 속였다! 속임수에 넘어가다니."

장제는 말을 타고 도망가면서 이를 갈았다. 이 조양 싸움에서 3자 연합군은 수천 명의 전사자를 내고 서쪽으로 물러날 수밖에 없었다.

六

헌제를 수행하던 궁녀들이 조양 전투를 보고 겁에 질린 것은 두말할 나위 없었다.

"모두 정신 차리시오. 우리는 이미 장안에서 감각이 없어질 정도로 싸우는 모습을 두 눈으로 보아오지 않았소. 이 난세에 태어난 것도 우리의 운명이오. 무엇을 두려워하겠소. 가슴 앞에 양손을 모으고 눈을 감으면, 정신을 가다듬을 수 있다고 서역의 부도인들에게 배운 적이 있소. 모든 것을 체념하는 것이오. 매정한 말이지만…."

궁녀들에게 그렇게 말하고 있는 여인은 채문희였다. 부친이 옥사한 후 집에서 혼자 마음을 정리하던 중 천자 혼례 때 황실의 부름을 받고 들어가 궁궐에서 살고 있었다. 그녀에게 맡겨진 일은 어린 황후를 교육시키는 일이었다. 그러나 그녀는 황후에게 시문詩文을 가르칠 여유가 없었다. 황후의 선생으로 궁중에 불려간 뒤 하루도 싸움이 끊일 날이 없었기 때문이었다. 채문희는 황제가 동쪽으로 거처를 옮길 때 동행했는데 그 과정에서 그녀는 궁녀를 관리하는 직책을 맡게 되었다. 아직 그리 많은 나이는 아니었지만 지아비와 사별하고 부친마저 옥중에서 잃는 고통을 겪은 그녀였다. 정신적으로는 그 누구보다 강한 여인이 되어 있었다.

"지금까지 우리는 수많은 어려움을 겪으면서 이곳까지 왔습니다. 앞으로도 우리 앞에는 더 많은 어려움이 기다리고 있습니다. 그러나 당황해서는 안 됩니다. 이제 더 이상 두려워할 것이 없습니다. 눈을 크게 뜨고 주어지는 상황을 담담하게 받아들입시다."

그녀는 입버릇처럼 그렇게 말했다.

천자 일행은 백파의 황건군과 남흉노군의 도움으로 겨우 위기를 벗어나 다시 안정을 찾기 시작했다. 묘한 일이었다. 일찍이 백파 황건군은 관군과 헤아릴 수 없을 정도로 여러 번 싸움을 해왔다. 지금 동승이 이끌고 있는 병력은 예전에 우보가 살아 있을 때 백파곡 토벌에 나선 적도 있었다. 그러나 지금은 양쪽이 손을 잡고 공동작전을 펼치고 있었던 것이다.

"자, 모두 정신을 똑바로 차립시다. 방심해서는 안 됩니다."

채문희는 두려움에 떨고 있는 궁녀들을 격려했다. 사실 그녀가 하는 말은 병사들이 들어야 할 말이었다. 병사들은 조양 싸움에서 대승을 거둔 뒤 마음이 풀어진 상태였다. 3자 연합군은 큰 타격을 받고 서쪽으로 퇴각했다. 그러나 장안에서 계속 지원되는 후속 부대와 결합해 다시 전열을 가다듬기 시작했다. 후속 부대란 무기와 장비가 갖추어지지 않아 출발이 늦어진 2진과 3진 병력들이었다.

'그렇게 대패했으니 당분간은 감히 다시 공격해올 엄두도 내지 못할 것이다.'

천자 일행은 그렇게 생각하고 있었다. 아직 전력 손실이 전혀 없는 후속 부대가 속속 도착하고 있다는 사실은 꿈에도 생각하지 못하고 있었다. 이제 낙양까지는 3분의 1 정도밖에 남아 있지 않았다. 헌제는 지금 섬현이라는 시골에 머물고 있었다. 한시라도 빨리 꿈속에서도 그리던 낙양이 보고 싶었다. 같은 낙양 출생인 어린 황후도 같은 생각이었다. 그러나 들리는 말에 의하면 동탁이 낙양을 불사른 뒤로는 사람이 살 수 있는 상태가 아니라고 했다. 여행 중일 때야 야영을 하는 것도 그다지 모양새가 사납지는 않지만 천자가 옛 수도로 귀환해서 이슬을 맞고 잔다는 것은 제실帝室의 권위가 서지 않는 일이었다. 최소한 임시 궁궐이라도 지은 다음 당당하게 낙양성으로 들어가는 게 적절한 조치라고 할 수 있었다. 신하들 간에 그런 논의가 벌어졌다.

그러면 누가 그 임시 궁궐을 만들 것인가. 관동지역에 있는 여러 실력자 중에서 낙양에 가장 가까이 있는 자는 연주의 조조였다. 그래서 조조에게 사자를 보내기로 했다. 하내 태수 장양은 지인을 통해 장안의 궁정과 관동의 실력자들을 이어주는 역할을 해온 인물이었다. 천자가 그에게 사자를 보냈다. 원래 조양이라는 곳은 계곡으로, 성벽에 둘러싸인 마을이 아니었다. 다른 이름으로는 칠리한七里澗이라고도 불렀다. 훗날 조조가 천하를 손에 쥐었을 때 자기의 성과 같은 글자를 사용하는 것이 기분 나빠 호양好陽으로 지명이 바뀌었다. 어쨌든 낙양으로 들어가기 전에 얼마간 대기할 수밖에 없는 상황이라면 최소한 성벽 정도는 갖춘 마을이어야 했다. 조양에서 여러 날을 보낸 후 천자 일행은 몸을 일으켜 동쪽을 향해서 다시 출발했다. 사람이 가만히 앉아 있다가 갑자기 움직이면 빈틈이 생기는 법이다. 무술에서도 상대방을 움직이게 만든 다음 막 움직이기 시작하는 순간의 빈틈을 노리는 것이 중요하다. 큰 병력이 움직일 때도 마찬가지다. 헌제가 타고 있는 승여乘輿의 좌우로 동승과 이락이 호위하고 호재, 양봉, 한섬, 거비와 같은 장수들이 그 뒤를 따르고 있었다.

"자, 출발하자."

동승은 하품 섞인 목소리로 명령을 내리면서 손을 들어올렸다. 이 무리를 뭉뚱그려 한 사람에 비유해보았을 때 그 상태는 허리를 절반쯤 일으키고 있는 극히 불안정한 자세라고 할 수 있었다. 매복해 있던 3자 연합군은 바로 그 순간을 노리고 있었다.

"공격하라!"

이각은 손을 높이 치켜들며 병사들에게 공격 명령을 내렸다. 방금 전 동승이 손을 들어 올린 자세와는 달리 힘이 넘쳐났다. 천지를 진동하는 큰 함성이 일어났다. 표범처럼 날랜 서량 병사들을 주력으로 삼아 예전의 동탁군 부장을 지낸 자들이 모여 만든 연합군이었다. 그들은 천자 호위군에 일제히 공격을 가하기 시작했다. 한번 패한 경험을 갖고 임한 싸움은 그 각오가 보통 전투와는 다를 수밖에 없었다. '죽어 쓰러지는 자가 동한 싸움과는 비교가 되지 않았다'는 기록이 남아 있을 정도였다.

"상황이 급하게 돌아가고 있사옵니다. 폐하, 어서 말에 오르십시오."

이락이 급히 헌제에게 간했다. 소년 천자는 양 볼 위로 뜨거운 눈물을 흘리며 말했다.

"백관을 버리고 짐이 어디로 간단 말이오!"

천자는 움직이려고 하지 않았다.

"폐하, 어서 오르십시오."

이번에는 채문희가 다시 간했다. 그러나 헌제는 이번에도 머리를 가로 저었다.

"저 연약한 궁녀들을 이 사지에 남겨두고 짐만 그 위험을 벗어난다는 것은 있을 수 없는 일이오."

그때 흉노군 장수인 거비가 채문희를 막사 뒤로 불러냈다.

"폐하를 움직이게 할 수 있는 방법이 있소."

"그것이 무엇입니까?"

"궁녀들이 먼저 여기를 피해 달아나면 폐하도 말에 오르실 것입니다."

채문희는 거비의 얼굴을 쳐다보았다. 그의 말을 충분히 이해할 수 있을 것 같았다. 백관은 각자 알아서 도망갈 길을 모색할 것이고, 무관들은 적을 맞아 싸울 것이다. 그러므로 헌제의 입장에서는 연약한 궁녀들이 가장 마음에 걸릴 것이었다. 그렇기 때문에 궁녀들이 먼저 이 사지에서 빠져나간다면 헌제도 움직이려고 할 것이었다.

"그러나 궁녀들을 태울 수레가…."

"그 점은 걱정하지 마시오. 곧 흉노군들이 준비해줄 것이오. 이백 명의 궁녀들을 충분히 태울 수 있을 것이오."

거비는 확신에 찬 목소리로 말했다. 어부라로부터 받은 그의 임무는 천자의 호위가 아니라 소위 '문명 수준이 높은 여인'들을 통째로 납치해오는 일이었다.

"그게 정말입니까?"

채문희가 놀란 표정을 지으며 물었다.

'그것 때문에 내가 이곳에 온 것이오.'

거비는 내심 그렇게 대답한 뒤 채문희에게 말했다.

"내가 그대를 속일 이유가 뭐 있겠소? 마차는 곧 준비될 테니 어서 빨리 궁녀들을 이 막사 뒤로 불러오기나 하시오."

거비와 채문희가 이야기를 나누고 있는 사이에 연합군의 함성은 훨씬 가까워져 있었다.

七

천자 일행은 계곡을 따라 도주하고 있었다. 도망가는 쪽에서 보면 좁고 긴 외길이라 걸음이 더딜 수밖에 없었다. 하지만 공격하는 쪽도 상황은 마찬가지였다. 좁고 긴 외길로 대군을 이동시키는 일도 쉽지만은 않았다. 더구나 천자 일행은 도망가면서 좁은 길의 군데군데에다 나무를 베어놓았다. 뒤를 쫓아오는 자들의 추격을 늦추는 일만이 현재 천자 일행이 할 수 있는 최선의 방어였던 것이다.

강을 따라 나 있는 길을 따라 동쪽으로 얼마나 달렸을까. 추격전은 끝이 없었다. 강을 건너 북쪽으로 가지 못하면 결국 잡힐 수밖에 없는 상황이었다. 이 부근에는 대군을 싣고 건널 만한 배가 없었다. 천자를 호위하고 있는 자들의 숫자는 이제 백 명이 넘지 않았다. 적들은 대군이니만큼 그 숫자를 옮길 수 있는 배를 조달하려면 최소한 며칠은 걸릴 터였다.

"배는 한 척밖에 없습니다. 30명 정도밖에 탈 수가 없습니다."

강가로 정찰을 나갔던 이락의 부하가 그렇게 보고했다.

"30명이라."

동승은 하늘을 올려다보았다. 벌써 해가 뉘엿뉘엿 넘어가기 시작했다. 음력으로 24일이었기 때문에 밤이 되면 달빛도 밝지 않을 것이었다. 그는 하늘을 보고 있던 시선을 거두어 뒤를 돌아보았다. 그의 바로 뒤에 부절령符節令 손휘孫徽가 서 있었다. 부절령이란 중요한 문서를 관리하는 직책으로서 구경九卿 중의 하나인 소부少府에 소속되어 있으며 봉록은 6백 석이었다.

"손휘, 네가 칼 다루는 솜씨가 보통이 아니라고 들었는데 사실인가?"

"예, 조금…."

손휘가 겸손하게 대답했다.

"30명이라."

동승은 목소리를 낮추어 다시 한 번 중얼거렸다.

"그렇다면 어찌하면 좋겠는가?"

손휘를 쳐다보며 말을 했기 때문에 그에게 질문한 것처럼 보였지만 사실은 대답이 필요 없는 혼잣말이나 다름없었다.

"이대로 있다가는 큰 혼란이 일어나고 말 것이야. 배를 타기 전에 숫자를 줄여야 한다. 무슨 말인지 알겠나?"

"예."

손휘는 그제야 동승의 의도를 파악했다.

"맨 앞에 폐하를 가시게 한 다음 뒤따르는 자들 가운데 가능하면 벼슬이 낮은 자부터 그 칼로 베어라."

"알겠습니다."

손휘는 옆구리에 차고 있던 칼의 손잡이 부분을 만지작거리며 비장한 표정으로 대답했다. 강가에 이르자 일행은 마차를 버리고 걷기 시작했다. 황제도 마차에서 내려 걷기 시작했다. 복황후만이 오빠인 복덕伏德의 등에 업혀 있었다. 모두 배를 타기 위해 걷고 있었던 것이다. 얼마쯤 걷다가 갑자기 손휘가 칼을 빼어들었다. 그의 칼날이 번득였다.

"폐하께 다가서는 자는 모두 이 칼로 베겠다!"

하지만 그것은 일종의 빌미였을 뿐 손휘는 마구잡이로 칼을 휘두르기 시작했다. 이따금 고개를 들어 재빨리 상대방의 얼굴을 살피기도 했다. 벼슬이 낮은 자부터 베라는 동승의 말을 따르기 위해서였다. 손휘가 칼을 휘두를 때마다 피가 솟구쳤다. 순식간에 수십 명이 그 자리에 고꾸라졌다. 황후의 옷에도 피가 튀었다.

살방시자 혈천후의殺旁侍者 血濺后衣

'시종들을 칼로 베자 그 피가 황후의 옷에 튀었다.' 사서에서는 그 처참하기 이를 데 없는 그 광경을 이렇게 표현했다. 그 살육의 현장을 피해 강가에까지 피해온 사람들은 얼굴이 하얗게 질려 있었다. 난데없는 칼부림에 사람들은 어떻게든 배를 타고 강을 건너야겠다는 생각뿐이었다. 그러나 배가 있는 곳에 이르러보니 아직도 오륙십 명 정도가 남아 있었다. 배를 탈 수 있는 인원의 두 배였다.

"더 베지 않으면 안 된다."

동승이 천자와 황후를 먼저 배에 오르게 한 뒤 손휘에게 말했다. 그러자 손휘가 뱃머리에 올라서서 다시 칼을 빼어들었다. 그런 다음 배를 매는 밧줄에 매달리려는 자를 먼저 칼로 베었다. 배가 천천히 움직이기 시작했다. 그러자 배에 오르지 못한 자들이 필사적으로 뱃전에 매달렸다. 손휘는 그자들마저 손목을 잘라버렸다. 때는 음력 12월이었다. 몸에 아무 상처를 입지 않은 상태라 할지라도 일단 물에 빠지기만 하면 동사하고 마는 혹한이었다. 배에 오르지 못한 자들은 다시 강가로 헤엄쳐갔다. 배를 타지 못한다면 죽은 목숨이나 다름없었지만 어차피 배에 오르려다가 손휘의 칼에 맞아 죽느니 조금이라도 더 목숨을 부지하기 위해서는 강가로 가는 수밖에 없었다. 강가에 남은 자, 물에 빠져 죽은 자의 아비규환 속에서 30명이 겨우 배에 올랐다. 복황후는 공포에 질린 나머지 얼굴을 두 손으로 감싸고 흐느꼈다. 황후의 옷은 온통 피와 진흙으로 범벅이 돼 원래의 옷 색깔이 무슨 색이었는지 알 수가 없을 정도였다. 헌제는 밤하늘을 쳐다보며 탄식했다.

"궁녀들은 모두 어떻게 되었는가?"

물론 대답을 듣기 위해 한 말이 아니었다.

"자, 이제 힘껏 노를 저어 앞으로 나아가라!"

이락이 큰소리로 외치며 배를 출발시켰다. 손휘는 배가 출발하는 것을 확인한 뒤 피범벅이 된 칼을 물속에 담가 씻어내려고 허리를 굽혔다. 그때였다. 손휘는 갑자기 등 뒤에서 이상한 느낌을 감지했다. 그러나 그도 지쳐 있었다. 칼을 곧바로 고쳐 잡고 방어에 나설 힘이 없었다. 뒤를 돌아보는 순간 그는 발길에 채여 앞으로 고꾸라지면서 물속으로 빠지고 말았다. 엄동의 황하에 일단 빠지게 되면 살아나올 방법이 없다.

"이게 무슨 짓인가!"

동승은 손휘를 걷어찬 남자를 향해서 버럭 소리를 질렀다.

"이 친구는 내 부하를 너무 많이 죽였소. 어차피 북쪽 강가에 닿으면 내 부하들에게 죽을 목숨이오. 차라리 지금 물에 빠져죽는 게 더 나을 것이오. 하하하."

소름끼치는 웃음소리를 내고 있는 자는 백파 황건군의 용장 호재였다.

아비규환 속에서 헌제 일행은 황하를 건넜다. 강 건너편은 대양大陽이라는 곳이었다. 그곳에서는 하내 태수 장양이 수천 명의 인부를 불러 쌀가마를 등에 지도록 하여 황제에게 헌상했다. 지옥에서 부처님을 만난 격이라고 할 수 있었다. 헌제 일행은 더 북쪽으로 가 안읍安邑이라는 곳에서 일단 머물게 되었다. 하동 태수 왕읍王邑은 목면과 비단을 헌상했다. 행재소行在所, 임금이 궁을 떠나 멀리 거동할 때 머무는 곳인 안읍에서 헌제는 공을 세운 여러 신하에게 상을 내렸다. 백파 황건군 장수들 중에서 황제를 경호하는 데 가장 눈부신 활약을 한 호재에게는 정동장군征東將軍이라는 칭호를 내렸다.

'궁녀들은 모두 어떻게 되었는가?'

헌제는 이따금 막사에서 모습을 감춘 궁녀들을 머리에 떠올렸다. 그러나 그것을 입 밖으로 내지는 않았다. 동승의 귀에 들어가게 되면 '이 싸움에서 궁녀들만 희생된 것이 아닙니다. 수많은 조정 중신과 병사가 뼈를 에는 엄동의 추위에 죽어갔습니다' 하고 황제를 원망하는 말을 할 것이 뻔했기 때문이었다.

八

150명의 궁녀들이 황하 부근에서 갑자기 자취를 감췄다. 한창 싸움이 벌어지고 있을 때였다. 모두 제 한목숨 부지하기에 급급한 상황이었다. 궁녀들이 어떻게 되었는가에 신경 쓸 겨를도 없었다. 그러나 단 한 사람만은 예외였다. 그자는 어떤 급박한 상황이 닥치더라도 자신의 생명보다 더 중요하게 궁녀들의 안위를 신경 썼다. 바로 위위衛尉인 토손서였다. 위위란 궁궐 안의 경비를 맡고 있는 직책으로 구경 중 한 명이었다. 궁문 밖의 수도 치안을 맡고 있는 직책인 집금오는 구경에 준하는 직책이긴 했으나 구경에 공식적으로 포함되지는 않았다. 봉건전제시대에 있어서 궁중 경찰의 총수는 수도를 관리하는 경찰 총수보다 더 높은 자리에 있었던 것이다.

　토손서는 동탁이 장안을 한 손에 쥐고 있었을 때 집금오를 지냈다. 그때 그는 왕윤과 계략을 꾸며 동탁을 주살하는 쿠데타를 일으키는 데 중요한 역할을 했다. 왕윤을 비롯해 쿠데타에 참여했던 주요 인물은 나중에 이각의 무리에게 모두 목숨을 잃었다. 그러나 쿠데타에 성공한 후 토손서는 왕윤과 의견이 맞지 않는다는 이유로 관직을 버리고 야인으로 돌아왔다. 이 때문에 그는 나중에 이각 무리에게 목숨을 잃는 위기만은 피할 수 있었다. 그는 쿠데타에 성공하고 난 뒤 동탁의 휘하 부장들이 반드시 복수의 칼날을 들이대리라 예상하고, 채옹의 투옥에 동의하지 못하겠다는 핑계를 대어 앞으로 닥쳐올 재앙을 교묘히 피했던 것이다. 과연 보신保身의 달인이라 할 만했다. 토손서는 일찍부터 채문희에게 연정을 품고 있었다. 문희에게 연정을 품고 있으면서도 그녀의 부친인 채옹을 죽음에서 구해내지 않은, 그 떳떳하지 못함이 항상 그의 마음 한구석에 남아 있었다. 채옹이 옥에서 죽은 후 토손서는 자신의 안일만을 위해 그의 죽음을 방치한 비겁함 때문에 점점 더 괴로워하고 있었다. 전란 중에도 그는 문희의 안부를 걱정하여 수시로 그녀를 찾아갔다. 그런 까닭에 그는 궁녀들이 흉노군의 마차에 타는 장면을 목격할 수 있었다. 그는 궁녀들이 마차를 타고 어디론가 이동하는 것을 보자 급히 그 뒤를 쫓았다.

"폐하는 이쪽이 아니라 저쪽에 계시오."

그때 거비는 궁녀를 실은 마차의 뒤를 쫓는 토손서에게 그렇게 말했다. 작전을 수행하면서 가능하면 사람들의 이목을 피하는 것이 좋았다. 특히 구경 가운데 한 사람인 토손서에게 이 계획이 발각된다면 좋을 것이 하나도 없었다.

"아니오. 폐하 곁에 너무 많은 사람이 몰려 있으면 오히려 더 거추장스러울 수가 있소. 폐하는 동승장군과 백파의 장군들에게 맡기고 나는 흉노군과 행동을 같이할 생각이오."

토손서가 대답했다. 흉노군은 헌제 일행이 배를 건너는 장소에서 그리 멀지 않은 곳에 열 척이나 되는 배를 숨겨놓고 있었다. 거비는 토손서에게 배를 타지 못하게 할 구실이 없었다. 궁녀를 150명이나 배에 태우면서 한 명의 공경을 빼놓는다는 것은 어떠한 이유를 대든 무리였다. 강을 건널 때는 벌써 주위가 어둑해진 상태였다. 거비와 토손서는 맨 앞의 배에 함께 탔다. 궁녀들을 관리하는 문희도 그 배에 타고 있었다. 배가 강가를 출발한 지 얼마 안 돼 갑자기 거비가 고함을 질렀다.

"엎드리시오! 적에게 발각되었소. 화살이 날아드니 낮게 엎드리시오!"

궁녀들이 놀라 일시에 움직이자 배가 심하게 흔들렸다.

"아니, 이게 어찌 된 일이오! 위위 장군, 정신 차리시오!"

거비는 자세를 낮춘 채 토손서의 몸을 안아 일으켰다. 주위가 어둡기는 했지만 사람의 윤곽 정도는 파악할 수가 있는 상태였다. 토손서의 바로 옆에 있던 문희는 그의 등에 꽂혀 있는 화살을 똑똑히 보았다. 등에 활을 맞고 죽은 토손서는 하현夏縣의 동남쪽에 묻혔다.

시간이 흘러 북쪽 강가에 도착한 뒤 흉노군 일행은 서쪽으로 우회하여 평양성에 도착했다. 그곳까지 가는 도중에 거비를 비롯한 모든 흉노군은 한마디도 하지 않았다.

"몸값을 받으려고 하는 건가?"

궁녀들이 불안에 떨며 소곤거렸다. 그러나 문희는 다른 궁녀들의 불안을 진정시키기 위해 애썼다.

"아마 그런 것은 아닌 것 같소. 우리를 데려가는 이유가 무엇인지는 모르겠지만 무슨 일이 있더라도 침착해야 하오."

궁녀들은 평양성에 도착하자마자 높은 석벽으로 둘러싸인 곳에 수용되었다. 그리고 다음 날 문희가 호출을 받았다.

"선우께서 찾고 계시오."

갑옷을 받쳐 입은 병사가 문희에게 정중히 말했다. 문희는 평양성에 도착한 이후 흉노족이 점거하고 있는 마을치고는 이상하리만치 활기가 없다고 생각했는데 곧 그 이유를 알게 되었다. 남흉노의 지도자인 어부라가 와병중이었고 이제 곧 그의 숨이 꺼지려는 상태였던 것이다. 문희는 그의 임종 자리에 불려간 것이었다.

"좀 더 앞으로 와서 앉도록 하라."

거비가 문희에게 말했다. 그 자리에 있는 사람은 10여 명 정도밖에 되지 않았다. 그들은 모두 남흉노의 주요 인물이었다. 물론 열세 살 된 표도 그 자리에 있었다. 문희는 선우의 머리맡 부분까지 가서 무릎을 꿇고 앉았다. 이상하게 마음이 가라앉았다. 그녀는 자신의 심장 고동을 거의 느끼지 못할 정도였다.

"백개伯喈, 채옹의 자의 딸인가."

희미하게 눈을 뜨면서 어부라가 낮은 목소리로 말했다. 문희가 고개를 끄덕이는 것을 보고 그는 말을 이었다.

"거문고를 잘 탄다고 들었다. 거문고 타는 재주를 가르쳐주기 바란다. 여기서 같이 사는 거다. 우리는 파오包. 이동식 천막를 버리고 성벽으로 둘러싼 마을에서 정착해 살기 시작했다. 다음 세대가 되면 우리 부족도 거문고를 탈 수 있게….”

문희는 고개를 끄덕였다. 그것 말고는 그녀가 할 수 있는 일이 없었다. 그녀는 어부라가 한 말의 의미가 무엇인가를 확실하게 알고 있었다. 그녀는 열세 살 난 소년의 처나 첩이 되는 것이었다. 그녀에게 주어진 일은 초원을 삶의 거처로 삼고 살아온 흉노족에게 문명의 씨앗을 심는 일이었다. 방을 나서면서 앞서 걷고 있던 거비가 뒤를 돌아보며 말했다.

“전혀 놀라는 기색이 아니던데.”

“놀랄 일이 없지요. 저는 이미 죽은 여인이니까요.”

문희가 초연한 표정을 지으며 대답했다.

“죽은 여인이라니, 무슨 뜻이오?”

“배를 타고 강을 건널 때 화살이 내 가슴을 뚫고 지나갔습니다.”

“배 안에서?”

“토손서, 그분의 등에 화살이 꽂힌 것을 저는 분명히 보았습니다. 저는 그분의 바로 등 뒤에 앉아 있었습니다. 제 몸을 뚫지 않고서는 화살이 그분의 등에 꽂힐 수가 없는 상황이었지요.”

거비는 더 이상 말을 하지 않는 게 좋겠다고 생각했다. 숨겨놓았던 독화살로 그들 일에 방해가 되는 토손서의 등을 찌른 자는 바로 거비였다. 문희는 이미 그 사실을 알고 있었던 것이다.

어부라는 이튿날 숨을 거뒀다. 어부라의 동생인 호주천이 새 선우가 되고, 거비는 우현왕, 아들 표는 좌현왕의 자리에 올랐다.

『삼국연의』는 왜 흉노족의 활약을 폄하했을까?

헌제가 동쪽으로 이동하는 과정에서 발생했던 사건들의 앞뒤를 맞추어보는 일은 그리 쉬운 일이 아니다. 『후한서』에 의하면 백파 황건군과 흉노군의 도움을 받아 대승을 거둔 조양 싸움은 11월 임신일壬申日에 시작되었다. 임신일은 동지 하루 전으로 음력 11월 5일에 해당된다. 그리고 조양을 출발하면서 싸움에서 패해 쫓기기 시작하는데 조양을 출발한 날짜가 바로 12월 경진일庚辰日이다. 그러나 아무리 생각해보아도 12월에는 경진일이 있을 수 없다. 경진일은 임신일으로부터 8일 후에 해당하는 날짜이기 때문에 당연히 11월 13일이다. 즉 11월을 12월로 옮겨 쓰는 과정에서 착각한 것으로 생각된다.

『자치통감』에서는 조양을 출발한 날을 12월 경신일庚申日이라고 적고 있다. 12월 24일에 해당되는 것이다. 그 좁은 계곡에서 48일간을 야영하며 지냈다는 것은 믿기 힘들다. 너무 12월이라는 것에 집착하다 보니 진辰을 신申으로 오기한 것이 아닌가 생각된다. 『후한서』에서는 역曆을 잘못 읽어 흥평 2년(195년) 12월 1일을 경진庚辰으로 표기한 곳도 몇 군데 있다.

조양 싸움에서 대승을 거둔 후 여유를 가지면서 쉰 날수는 8일 정도가 적절하다고 생각할 수 있다. 강을 건너서 안읍에 도착한 날을 『후한서』에서는 12월 을해乙亥라고 하고 있는데 이해 12월에는 을해일乙亥日이 없다. 그렇다면 결국 이듬해가 되고 마는데 이듬해 정월에는 안읍에서 헌제가 제사를 올린다. 필자의 생각으로는 을乙이라는 글자가 기己라는 글자와 혼동되기 쉽기 때문에, 실제로는 을해乙亥가 아니고 기해己亥였지 않았나 싶다. 기해라면 12월 3일이 된다. 그렇다면 곤경에 빠져 있는 황제에게 쌀 가마를 헌상한 장양이 안읍을 찾았던 을묘일乙卯日이 12월 19일이 되어 사건의 앞뒤가 시간적으로 정리가 된다.

조양 싸움의 대승: 11월 5일
조양 출발 및 패배: 11월 13일
안읍 도착: 12월 3일

『후한서』를 보면 다른 부분도 표현의 앞뒤가 맞지 않는 곳이 적지 않다. 「본기本紀」에서는 거비를 좌현왕으로 표기했는데 「열전列傳」에서는 우현왕으로 표기하고 있다. 우현왕이 바른 표기이다. 좌현왕은 표이다. 채문희는 좌현왕의 첩이 되었으며 12년

후 조조가 몸값을 지불하고 데려가게 된다. 문희는 표와의 사이에서 두 아이를 낳는다. 흉노족에서 표의 아들이라고 알려진 유원해劉元海와 같은 문인이 나온 것도 어찌보면 문희의 영향이 아닌가 싶다.

『삼국연의』에서는 헌제가 위험에 빠진 것을 알고 달려와 도운 무리로서 백파 황건군의 이름만 나오고 남흉노 거비의 이름은 나오지 않는다. 이것은 한족의 천자가 이민족에게 도움을 받았다는 사실이 중화사상에 비추어볼 때 적절치 않다고 판단해 일부러 뺀 것이 아닌가 생각된다.

『삼국연의』는 황건군의 활약을 설명하는 데도 그리 우호적이지 않다. 3자 연합군과의 싸움에서 백파 황건군의 용장 호재가 전사한 것으로 되어 있다. 그러나 호재가 안읍에서 정동장군에 봉해졌다는 것은 이 책의 본문에서 말한 내용 그대로이다.

호재는 정동장군에 봉해진 뒤 원한을 품은 자에게 살해당한다. 한번 반란을 일으킨 자가 정동장군에 봉해진다는 것은 그 옛날의 봉건사상에 비추어볼 때 용납되기 어려웠을 것으로 생각된다. 차라리 정동장군에 봉해지기 전에 죽은 것으로 처리하는 게 낫겠다는 것이 구전되던 『삼국연의』를 전달했던 이야기꾼의 생각이었을지도 모를 일이다. 어차피 얼마 안 되어 죽었기 때문이다.

16
혼전 그리고 또 혼전

一

어린 복황후는 양미간을 찌푸리면서 말했다.

"이 마을에서는 이상한 냄새가 나는군요. 무슨 냄새인가요?"

"쇠鐵 냄새 아니면 소금 냄새일 것이오."

헌제가 대답했다. 안읍은 철과 암염岩鹽으로 유명한 곳이었다. 아무리 임시로 정해진 수도라 할지라도 너무 스산한 풍경이었다. 천자는 안읍에서 새해를 맞이했다. 연호도 건안으로 바꾸었다. 그전까지 사용했던 흥평은 개원한 지 2년밖에 되지 않은 상태였다. 물론 그 이전에 사용했던 초평도 4년밖에 사용하지 않았었다.

"건안은 좋은 원호인 것 같습니다. 오랫동안 사용할 수 있으면 좋겠습니다."

복황후가 말끝을 흐리자 헌제가 힘을 주어 말했다.

"반드시 오랫동안 사용해야지요."

헌제는 가볍게 아랫입술을 깨물었다. 그러나 헌제 자신이 이 원호를 오랫동안 사용하고 싶다고 해서 그리 되는 문제는 아니었다. 매사를 권신들이 마음대로 정하고 있는 상황이었다. 동탁이 그러했고, 이각과 곽사 또한 그러했다.

'이제부터는 그렇게 되지 않을 것이다.'

헌제는 마음속으로 몇 번이고 다짐했다. 그가 지금 가장 바라고 있는 것은 낙양으로 돌아가는 일이었다. 무슨 일이 있어도 낙양 환도를 이루고야 말겠다는 결심이었다.

'낙양으로 돌아간다.'

헌제는 끝까지 그 신념을 굽히지 않았다. 그러나 낙양으로 수도를 옮기는 문제 하나를 가지고도 신하들의 의견이 한곳으로 모이지 않았다. 이락, 한섬, 호재, 양봉과 같은 황건군 출신의 신하들은 이 문제에 강하게 반발했다. 이유는 간단했다. 안읍이라는 곳이 그들 세력의 거점에서 그리 멀리 떨어진 곳이 아니었기 때문이었다. 환도에 찬성하고 있는 측은 하내 태수 장양이나 안집장군 동승과 같은 조정 출신의 신하들이었다.

끝내 이들 두 파벌 사이에서 싸움이 일어났다. 한섬이 동승을 공격하자 동승은 야왕野王에 있는 장양의 집으로 피신했다. 그런데 이번에는 황건군 출신 내부에서 호재와 한섬이 대립하다가 급기야는 무력충돌이 일어나기 일보 직전까지 갔다. 헌제가 양쪽에 사자를 보내 창을 거두게 함으로써 간신히 유혈사태는 막을 수 있었다.

'천자인 내가 생각하고 있는 것을 행동에 옮기기가 이렇게 어렵다니.'

헌제는 너무 지쳐 모든 것을 다 던져버리고 싶었다. 그러나 여기서 포기하면 모든 일이 엉망이 될 것이었다. 헌제는 이를 악물고 낙양 천도를 끝까지 밀고 나갔다. 백파 황건군 출신의 장수들도 마침내 황제의 의견을 따르게 되었다. 그러나 낙양은 너무나 황량한 모습을 하고 있었다. 최소한의 시설만이라도 복구한 뒤에라야 천도할 수 있는 상황이었다. 당장 황제가 거처할 곳도 없었다.

동승과 장양의 원조로 낙양에 궁궐을 다시 짓기 시작한 것은 3월에 접어들어서였다. 남쪽의 유표가 궁궐복원 사업에 인력과 자재를 제공했다. 천자는 낙양을 복구함에 있어 동쪽에 있는 조조의 협조를 가장 크게 기대했었다. 조조는 여포를 정도定陶에서 패주시킨 뒤 옹구雍丘에서 장초張超를 포위하여 항복을 받아냈다. 따라서 주변에서는 모두 조조가 천자의 낙양 천도를 위해 물자를 지원해줄 여유가 없을 거라고 생각했다. 그러나 실제로는 조조에게는 다른 계획이 있었다. 조조는 천자의 입장을 잘 알고 있으면서도 일부러 모른 척하고 있을 뿐이었다. 그 다른 계획이란 바로 자신의 근거지인 허許로 황제를 모셔가는 일이었다. 조조는 계속 주위의 움직임을 살피면서 그 기회를 노리는 중이었다. 황제가 안읍에서 하루빨리 낙양으로 돌아가고 싶어 애태우고 있을 때 조조는 남모르는 미소를 지으며 자신이 벌여놓은 사건이 어떻게 마무리되어 가는지 음미하고 있었다.

한편 쫓겨난 여포는 서주의 유비에게로 찾아갔다. 도겸은 눈을 감으면서 서주를 유비에게 넘겨주었다. 조조에게 도겸은 자기 부친을 죽인 원수였다. 도겸을 사로잡아 사지를 갈기갈기 찢어 아비의 원수를 갚으려 했지만 아쉽게도 병으로 죽고 말았다. 조조의 입장에서는 아쉽기 이를 데 없는 일이었다. 여포를 공격하기 전에 서주를 먼저 공격할까 하는 생각도 했었다. 그러나 조조는 일단 순욱의 말을 듣고 서주 공격을 미루었다.

"한의 고조는 관중關中을 차지했기 때문에, 그리고 광무제는 하내 땅을 차지했기 때문에 천하를 차지할 수가 있었습니다. 자기의 본 거지를 확실하게 지키고 있었기 때문에 적을 공격하여 승리를 거둘 수 있었던 것입니다. 따라서 먼저 여포를 쳐서 정도를 빼앗는 것이 무엇보다 중요합니다. 더구나 서주는 그렇게 간단하게 취할 수 있는 곳이 아닙니다."

이것이 순욱의 주장이었다. 서주를 간단하게 차지할 수 없다는 말은 유비가 강하기 때문에 그렇다는 뜻이 아니었다. 일전에 조조가 부친의 원수를 갚기 위해 서주를 공격했을 때 가는 곳마다 학살과 약탈을 서슴지 않고 자행했기 때문에 서주를 취하기가 어렵다는 말이었다. 만약 조조가 다시 한 번 서주를 치려고 한다면 그곳의 백성은 죽기를 각오하고 싸움에 임할 것이 틀림없었다. 순욱의 말대로 서주를 공격하는 것을 일단 보류했기 때문에 유비는 무사히 서주의 목이 될 수 있었다. 그리고 상황이 묘하게 돌아가는 바람에 서주대신 공격을 받았던 여포가 도주 행각을 벌이다가 바로 서주 땅으로 찾아왔던 것이다.

'내가 시작한 일이지만 상황이 재미있게 돌아가는군. 그다음에는 황제를 이곳으로 데려와 천하를 호령하는 거다. 후후.'

조조는 빙긋이 웃었다. 그리고는 곧바로 자신의 얼굴에 떠오른 웃음이 다른 사람에게는 어떤 모습으로 비쳤을까를 떠올려보았다.

'아마 소름이 끼치는 웃음이었을 것이야. 후후.'

조조는 그렇게 짐작하면서 이번에는 만족스런 표정을 지었다. 지금과 같은 난세에는 자신의 주변을 압도하여 어떤 자도 감히 자신을 넘볼 수 없도록 만드는 자가 진정한 강자였다.

二

"은거하다시피 물러나 있는 몸인데도 오히려 더 바쁘군요."

소용이 엷은 미소를 띠며 말했다. 소용은 오두미도의 교권을 아들인 장노에게 일임한 채 마음 편히 물러나 있는 몸이었지만 오히려 교권을 쥐고 있을 때보다 더 바쁜 나날을 보내고 있었다. 남흉노의 선우 어부라의 임종을 지켜본 그녀는 이제 백마사로 가서 진잠과 합류한 뒤 서둘러 서주로 가야 했다. 진잠은 장안에서 여포의 애첩인 초선을 데려다놓았다. 한편 여포는 서주의 유비에게 의지하여 소패小沛라는 지역의 성 하나를 받았다. 서주에는 패沛라는 지역이 있었는데 이 지역은 패국沛國과 패현沛縣으로 나뉘어 있었다. 소패란 이 둘 중에 패현을 말한다. 소용은 여포의 부탁을 받아 초선을 그가 머물고 있는 소패까지 데려다 주기로 약속했던 것이다.

"저도 너무 바쁩니다."

백마사의 지영이 웃으며 답했다. 그 역시 남흉노의 평양성에서 소용 일행과 함께 백마사로 돌아온 지 얼마 안 되었지만 다시 장강 부근까지 가야 할 일이 생긴 것이다. 부도사浮屠寺를 건립한 착융이 지영을 초청했기 때문이다. 착융은 자신이 받들던 주군인 도겸이 조조의 공격을 받아 서주 전체가 싸움터로 바뀌자 수만 명의 백성을 데리고 서주의 남쪽인 광릉으로 피난을 가 있었다. 피난 가 있는 그곳에 다시 규모가 큰 부도사를 지으려고 지영을 부른 것이다.

"별로 내키지는 않지만…."

지영이 씁쓸한 표정으로 말했다. 그는 착융이 결코 진실한 불교 신자가 아니라는 사실을 잘 알고 있었다. 단순히 외국 문물에 대한 호기심의 대상으로 신앙이 이용되어서는 곤란한 일이었다.

"그러시겠군요. 자칭 부도신자라고 하는 그자에 대해 별로 달갑지 않은 소문도 있고 하니."

소용은 지영을 위로하는 어조로 말했다. 정치적으로 뛰어난 감각을 가지고 있는 것도 아니고, 그렇다고 막강한 군사력을 갖지도 못한 도겸이 서주 땅을 지금까지 그렇게 자신의 본거지로 삼을 수 있었던 것은 바로 미축과 착융이라는 두 인물 덕이었다. 미축은 예전부터 서주 지역의 부호였다. 그리고 착융은 중원과 강남을 연결하는 운송망을 쥐고 있었다. 도겸은 이 두 경제 참모를 거느림으로써 오랫동안 서주 땅에서 세력을 유지할 수 있었다. 물론 미축이나 착융도 돈만 아는 졸부들과는 달랐다. 그러나 천하를 다투는 싸움에 끼어들 만한 인물은 못 되었다. 도겸의 휘하에도 조표를 비롯한 여러 장수가 있었지만 서주의 주인 자리를 이어받을 만한 기량을 갖추지는 못했다. 조표가 용맹하기는 했지만 지략이 부족할 뿐만 아니라 사람들의 마음을 사로잡을 만한 요소를 하나도 갖추지 못한 인물이었다. 그저 싸움터에서나 제 역할을 할 수 있는 장수에 불과했다. 그런 상황이었기 때문에 도겸은 불가피하게 유비를 불러들여 자신의 자리를 물려주었던 것이다.

미축은 새로 자사의 자리에 앉은 유비에게 충성을 맹세했다. 유비를 초빙하는 것도 그가 맡아 했다. 미축은 대대로 이 지역에서 살아온 토착 부호였기 때문에 삶의 기반을 다른 지역으로 옮긴다는 것은 상상할 수도 없었다. 그러나 자칭 불교신자라는 착융은 원래 여러 지역을 돌아다녀야 하는 운송업자였기 때문에 어느 곳에 가더라도 금방 적응하여 살 수 있다는 자신감을 갖고 있었다. 도겸은 착융에게 하비, 팽성, 광릉 세 곳의 양곡 운송권을 주었다. 그는 이 권리를 쥠으로써 막대한 이익을 챙겼다. 그리하여 거대한 규모의 부도사를 세우고 마을사람들을 모두 불러 잔치를 벌이기도 했던 것이다.

서주 지역이 싸움터로 변하자 그는 수만의 백성을 데리고 남쪽으로 내려갔다. 운송업의 속성상 항상 많은 인력이 필요했다. 착융은 경영자로서 뛰어난 수완을 가지고 있었다. 기업, 특히 운송업을 경영하는 경우에는 사람을 얼마나 잘 부리는가가 중요한 관건이었다. 밑에서 일하는 사람들을 똘똘 뭉치게 하지 않으면 안 되었다. 더 나아가서 착융을 중심으로 특수한 관계를 맺은 상태에서 단합이 된다면 가장 이상적인 상태라고 할 수 있었다. 착융은 바로 그 특수한 관계를 맺기 위한 매개체로 부도의 가르침을 이용하고자 했다. 자기 휘하의 사람을 모두 부도신자로 만들어 정신적인 일체감을 형성하려는 의도였던 것이다. 더구나 그 '특수한 관계'의 상징적 장소인 부도사를 자신이 건립하고, 그곳에서 행해지는 행사를 주관하는 사람도 바로 신자 대표인 자신이었기 때문에 모든 일이 그의 의도와 정확히 맞아떨어지고 있는 셈이었다. 따라서 이 상황을 계속 유지할 수만 있다면 사람들은 항상 그의 밑에서 그를 위해 일하게 될 것이었다.

착융이 불교에 취미를 갖게 된 것은 분명히 새로운 것에 대한 호기심에서부터 출발했다. 그러나 천성이 장사꾼인 그는 어떻게 하면 자신이 흥미를 느끼고 있는 부도를 이용하여 사업을 번창시킬 수 있을지를 곰곰이 생각했다. 많은 사람들을 거느리고 있었던 그는 불교를 통해 보다 효율적으로 그들을 관리할 수 있었다. 그러나 거느리는 사람이 많으면 많을수록 그들을 먹여 살릴 방법도 함께 강구하지 않으면 안 되었다.

착융은 곡물 운송을 위해 협의할 사항이 있다는 구실로 광릉 태수인 조욱趙昱을 만났다. 조욱은 주안을 베풀어 착융을 환대했다. 하지만 착용은 내심 비장한 음모 하나를 품고 있었다. 한창 분위기가 무르익을 즈음에 착용은 부하들을 시켜 조욱을 살해했던 것이다. 그의 최후는 너무나도 허무했다. 조욱은 착용과 술잔을 나누면서 부도의 가르침이 어떤 것인지 물었다.

"자비라는 가르침입니다. 한마디로 말하자면 사해四海는 모두 동포同胞라는 것입니다. 서로 다투어서는 안 된다는 것이지요. 모두를 위해 이 세상을 극락정토로 만드는 것이 우리 부도의 가르침 중에서도 가장 중요한 내용입니다."

착용은 그렇게 대답하면서 미리 대기시켜 두었던 부하에게 왼손을 치켜들었다. 조욱을 살해하라는 신호였다. 오른손에는 술잔을 들고 있었다. 착용은 광릉을 자기 것으로 만들어 거느리고 있는 자들의 먹거리를 해결할 생각이었다. 그 뒤 그는 말릉秣陵이라는 곳으로 가 며칠간 머물렀다. 과거에 팽성의 상이었던 설례薛禮를 찾아갔던 것이다. 그는 그곳에 머물면서 이번에는 설례를 살해했다. 불교의 가르침과는 전혀 맞지 않는 신자였다.

"그런 자부터 먼저 구제하지 않으면 안 됩니다."

지영이 눈을 지그시 감으며 말했다.

"그렇지요."

소용이 머리를 가만히 끄덕였다. 도교와 불교. 분명 다른 색깔의 종교였지만 인간의 영혼을 구제한다는 근본이념은 같았다. 그러므로 두 사람은 서로의 마음을 잘 이해할 수 있었다.

"수만 명이나 되는 사람이 신자로 들어왔다고 들었습니다. 그러나 아직까지 그 땅에는 부도의 가르침을 전해줄 만한 사람이 한 명도 없습니다. 잘못된 가르침을 주게 되면 큰일이지요. 사찰과 같은 외형적인 것이 중요한 게 아니고 제대로 된 가르침을 주는 것이 중요하지요. 솔직히 말해 착융을 만나고 싶은 생각은 전혀 없습니다."

지영은 여전히 눈을 감고 있었다.

三

죽고 죽이는 천하쟁패의 시대. 자기보다 조금이라도 약하다고 생각되면 곧바로 공격하여 재물과 땅을 모조리 빼앗아버리는 시대였다.

'서주가 만만하다.'

도겸이 유비에게 물려준 서주 땅에 실력자들이 눈독을 들이는 것은 당연한 일이었다. 주인이 바뀌는 과정이 아무리 매끄럽게 이루어졌다 하더라도 반드시 빈틈이 생기게 마련이다. 유비는 자신이 거느리고 있는 무리를 모두 데리고 서주 땅에 들어섰다. 그러나 서주에는 아직 도겸을 따르던 무리가 그대로 건재하고 있었다. 이 두 세력이 아무 갈등 없이 하나로 합쳐지기는 힘든 일이었다. 서주 자사로 가자마자 유비는 여포라는 귀찮은 존재를 끌어안게 되었다. 여포는 자기 주군을 두 번이나 죽였다. 더구나 동탁은 자신의 주군이자 양아버지였다. 아무리 난세라고는 하지만 도를 넘어선 그의 행동은 천하 모든 이들의 비난의 대상이 되었다. 그런데 유비는 왜 그런 자를 받아들인 것인가. 유비의 의형제인 관우와 장비는 여포의 영입을 극렬하게 반대했다. 그러나 유비는 온화한 미소를 띠며 말했다.

"천하가 두려워하는 자는 반드시 긴히 쓰게 될 날이 온다. 나는 여포라는 자를 부릴 자신이 있다."

그러나 그것은 지나친 자신감이었다. 이는 유비의 허세라고도 할 수 있었다. 명문가 출신이 아닌 유비는 다른 사람들의 평가에 지나칠 정도로 민감했다. 여포가 유비를 찾아가 몸을 의지하고 있다는 소문이 천하에 알려진다는 생각을 하면 절로 가슴이 벅차올랐다.

"무슨 일을 저지를지 모르는 자입니다."

장비가 말했다.

"하하하, 장비가 그런 말을 다 하다니."

유비는 재미있다는 듯 크게 웃었다. 한번 화가 나면 앞뒤 가리지 않고 행동하는 장비가 아니었던가.

'너 같은 망나니도 내가 지금 이렇게 잘 다루고 있지 않느냐?'

유비는 장비에게 그런 말을 해주고 싶은 심정이었다. 장비는 아직도 유비에게는 골치 아픈 존재였다. 서주 땅에 들어선 이후 도겸 휘하에 있었던 간부들과 툭하면 싸움질을 벌이는 그였다.

"내우외환이 한꺼번에 몰려드는 것은 피해야 합니다. 지금은 하루가 다르게 외환이 커지고 있습니다. 이러한 때에 내우의 씨앗이 될 여포를 받아들인다는 것은 무모한 일입니다."

관우가 조리 있게 설명했다.

"외환이라면 무엇을 말하는 것인가?"

"북쪽에는 조조가, 남쪽에는 원술이 있습니다. 그들을 비롯해 이 서주에 인접해 있는 모든 실력자가 우리를 호시탐탐 노리고 있습니다."

"그 점은 나도 알고 있지."

"따라서 여포와 같은 자를…."

"잠깐."

유비가 관우의 말을 끊었다.

"바로 그 점 때문에 여포를 받아들이려는 것이네."

"그 말씀은 무슨 의미입니까?"

"여포가 무력으로 이 서주 땅을 빼앗는다 하더라도 그의 성격상 이 땅을 제대로 지켜내기는 힘들겠지?"

"그건 그렇습니다만."

"난세에는 한치 앞의 일도 내다보기가 힘들지. 이 서주 땅도 언제 다시 잃게 될지 모른다는 말이야. 만일 조조나 원술에게 빼앗기게 되면 다시 찾기가 무척 힘들게 되지. 이제 알겠는가? 만에 하나 서 주를 빼앗긴다면 그것을 제대로 지켜내지 못하는 자가 우리에게는 더 유리하지 않겠나? 나는 이 서주를 빼앗을 자를 가까운 곳에 둘 생각이야. 가장 적당하다고 생각되는 자를 말이야."

"그, 그런 생각을."

관우는 혀를 내둘렀다. 원대한 포부를 가진 포석이었다.

"이제 내 뜻을 알겠는가?"

유비는 긴 팔을 구부리듯 하여 그 큰 귀의 귓불을 만졌다.

"듣고 보니 알 것 같습니다. 하지만 위험한 방법이라는 생각도 듭니다."

관우가 대답했다.

결국 유비는 주위의 반대를 물리치고 많은 이가 맹수처럼 위험스럽게 여기는 여포를 서주에서 그리 멀지 않은 소패에 머물게 했다.

그 후 원술이 출병준비를 하고 있다는 정보가 들어왔다. 원술, 자는 공로公路이다. 후한시대 최고의 명문인 원씨 집안의 적자임을 항상 자랑으로 여기고 있는 자였다. 그리고 틈만 나면 이복형인 원소를 첩의 아들이라고 떠벌리거나, 원씨 집안의 피가 전혀 섞여 있지 않다고 깎아내리는 데 혈안이 되어 있었다. 큰일을 할 수 있는 인물이라고는 볼 수 없었다. 천하를 원소와 원술 이복형제가 둘로 가르고 있다는 것도 이미 옛날이야기였다. 공자의 후손인 북해北海의 상공 융孔融은 언젠가 유비를 만났을 때 이렇게 말한 적이 있었다.

"원술은 벌써 무덤 속에 누워 있는 말라비틀어진 뼛조각에 불과합니다."

조조가 황건군 30만을 휘하로 끌어들임으로써 천하의 세력 판도에 새로운 한 축으로 등장하고, 강남에서는 손견의 아들들이 서서히 두각을 나타내고 있었다. 이런 큰 세력들 사이에서 유비도 자신의 웅지를 펴기 위해 발버둥을 치고 있었다. 이러한 때에 자기 집안을 욕되게 하고 있는 원술과 같은 자는 이미 기울기 시작하는 과거의 인물이라는 의미였다. 당시 저잣거리에서는 원술이 제위에 오르려 한다는 소문이 돌고 있었다. 이 소문은 아무런 근거도 없이 떠도는 게 아니었다. 실제로 원술 자신이 그런 의욕을 보이고 있었다.

"좋다. 정 그렇다면 쳐들어오라고 해!"

유비는 내뱉듯이 말하면서 자리에서 일어났다.

"그가 오기 전에 먼저 소패에 좀 다녀와야겠군."

유비는 중얼거리며 입술을 지그시 다물었다.

四

소패성에는 먼 곳에서 온 손님이 와 있었다. 소용과 진잠이 초선을 데리고 성안에 머물고 있었다. 여포는 만면에 웃음을 머금은 채 즐거워했다. 생각해보면 동탁의 수급을 들고 장안을 빠져나온 지 벌써 4년의 세월이 흘렀다. 그동안 그는 한곳에 정착하지 못하고 이곳저곳을 기웃거리면서 방랑생활을 해야 했다. 그때는 잠시라도 틈이 날 때마다 초선의 갸름한 얼굴을 떠올리곤 했다.

'사내 대장부가 헤어져 있는 여인이나 생각하고 있다니 한심한 일이 아닌가.'

처음에는 스스로를 꾸짖어보기도 했다. 그러나 초선의 자태는 그의 머릿속에서 쉽사리 떠나지 않았다. 초선의 모습이 점점 그의 가슴 한쪽에 깊숙이 자리잡기 시작하면서 어느 사이엔가 초선을 생각하는 일 자체가 삶의 기쁨이 되어버렸다. 초선의 모습을 떠올리는 것을 그 누구에게도 방해받고 싶지 않았다. 머물 곳을 찾지 못하고 방랑하는 여포에게 초선은 커다란 위안이었다. 이 난세에 보통사람들보다 빈번하게 여러 곳을 누비며 다니는 자들이 있었으니 그들은 바로 오두미도의 상인들이었다. 여포는 그 상인들을 통해서 초선을 불러들이려고 노력했다. 그런데 마침내 그 소원이 이루어진 것이다. 전쟁터에서는 사나운 맹수 같은 여포가 초선을 만나자 마치 어린 아이처럼 즐거워하며 떠들어댔다. 소용은 신기하다는 표정을 지은 채 두 사람을 바라보았다.

"소용님, 고맙소. 지금은 내 처지가 초라해 아무 사례도 못 하지만 이 여포가 천하를 잡게 되면 반드시 한중에 파와 촉 땅을 함께 묶어서 오두미도에 드리리다. 대장부 입으로 일구이언은 아니 할 것이오."

처지가 초라하다고는 했지만 움츠러드는 기색은 전혀 없었다. 천하를 잡겠다는 말을 할 때에도 전혀 망설이는 기색이 없었다.

'마치 소년 같아.'

소용은 여포를 바라보며 그런 생각을 했다. 겉모습으로만 본다면 용맹한 자만이 살아남을 수 있는 이 시대에 가장 적합한 인물이라고 할 수 있었다. 그러나 소년과 같은 순진한 마음을 가진 이 영웅호걸은 실제로 난세를 살아가는 데는 가장 적합하지 않은 인물이었다.

"이제 초선이 내 곁에 있으니 천하에 무서울 것이 없다."

누가 옆에서 이 말을 들었다면 영락없이 소중한 것을 갖게 되자 어쩔 줄 몰라 하며 즐거워하는 어린아이의 순진한 모습을 떠올렸을 것이다. 여포는 조금도 쑥스러워하는 기색 없이 그렇게 말했다.

4년 만에 보는 초선의 모습은 보기 좋을 정도로 약간 통통하게 살이 올라 있었다. 나이도 있기 때문에 4년 전에 비한다면 훨씬 농염한 기가 배어 있었지만 전체적으로는 오히려 청초한 느낌을 강하게 풍기고 있었다. 초선을 바라보는 여포는 거의 넋이 빠진 사람 같았다. 한동안 넋을 잃고 초선을 바라보던 여포가 무슨 생각이 들었는지 고개를 약간 갸웃거렸다. 예전과는 어딘가 다른 느낌을 주고 있었기 때문이었다. 그 느낌이 무엇에서 비롯된 것인지는 알 수가 없었다. 그러나 소용은 그것이 무엇인지 알고 있었다. 그녀는 예전에 비해 나이도 더 들었으나 분명히 청초한 느낌을 강하게 풍기고 있었다.

"먼 길을 단숨에 달려왔습니다."

4년 만에 여포를 처음 만난 초선은 그렇게 인사를 건네며 양손을 가슴 언저리에 모았다. 그녀는 강국인들이 모여 사는 오장원에 오랫동안 머물러 있었다. 그곳에 머무는 동안 부처님의 가르침을 공부했다. 그녀에게서 풍기는 청초한 느낌은 바로 그녀의 맑아진 영혼에서 발산되고 있었던 것이다.

"앞으로는 두 번 다시 너와 헤어지지 않겠다."

여포는 초선을 끌어안았다. 소용과 진잠이 그 자리에 있었지만 전혀 그들을 의식하지 않았다. 그때 낭하에서 고하는 소리가 들렸다.

"서주 자사 유비 대감께서 찾아오셨습니다."

"뭐! 현덕이?"

"예, 주변에 알리지 않고 잠시 들렀다고 하십니다."

"옆방으로 안내하도록 하라."

여포는 병사에게 지시를 하고 자리에서 일어났다. 그는 방을 나서면서 뒤에 있는 초선을 돌아보며 말했다.

"바로 돌아올 것이다."

"알겠사옵니다."

초선이 다소곳이 머리를 숙였다. 옆방이라고는 하지만 두 사람 모두 목소리가 커서 소용과 진잠은 귀를 쫑긋하지 않아도 그들이 나누는 이야기를 거의 들을 수가 있었다.

"아니, 현덕 장군께서 일부러 이곳까지 오시다니 무슨 일이시오?"

"공로가 지금 서주를 공격해오고 있소."

"그것 큰일이군요."

"공로가 병력을 이끌고 이곳까지 오는 것을 기다리기보다는 이쪽에서 먼저 병력을 이끌고 나가 서주 밖에서 그들과 싸우고자 하는데, 어떻게 생각하오?"

"그렇게 하시지요. 과연 듣던 대로 대감은 용장이십니다."

"이기고 지는 것은 하늘에 맡길 일이오. 공로의 병력은 우리에 비해서 훨씬 많소. 따라서 우리가 승리할 확률은 절반에도 미치지 못하오. 하지만 죽기를 각오하고 한번 싸워볼 참이오."

"무슨 그런 겸손의 말씀을."

"그래서 장군께 부탁이 있어서 찾아왔소."

"병력을 빌려달라는 말씀입니까?"

"아니오. 만약 이 현덕이 싸움에서 패하게 되면 사양하지 마시고 이 서주를 맡아주시오."

"예?"

전혀 생각하지 못한 제안에 여포는 눈을 동그랗게 뜨며 놀랐다.

"서주를 공로에게 빼앗기는 것보다는 봉선奉先. 여포의 자 장군께 드리는 것이 더 낫지 않겠소?"

"그렇게 생각하시다니…."

복잡한 이해관계를 따지지 않아도 될 만큼 단순한 논리였기 때문에 여포도 유비의 뜻을 쉽게 이해할 수 있었다.

"만약에 싸움에 패한다면…, 내 처자식을 잘 부탁하오."

"그런 불길한 말씀은 하지 마시오. 하지만 만에 하나 장군이 패한다면 그 문제는 염려하지 마시오. 아니오, 절대 죽어서는 아니 되오. 혹시 싸움에서 지더라도 반드시 몸을 빼내어 서주로 다시 돌아오셔야 하오."

이야기를 하면서도 여포는 걱정이 되었다. 유비가 싸움에서 패하게 되면 자신이 서주를 갖게 되는 것이다. 그런데 유비가 다시 살아 돌아온다면 어떻게 되는 것인가. 그때 가서 서주를 다시 돌려줄 수도 없는 일 아닌가.

"만약 싸움에서 지고 이곳 서주 땅을 다시 밟게 된다면 장군의 밑에서 부장으로 머물도록 해주시오."

유비가 그렇게 말하자 여포도 마음을 굳힌 듯 가슴을 펴며 말했다.

"알겠소. 약속을 지키도록 하겠소이다. 사내대장부의 약속이니."

"출병하기 전에 이 말을 전하려고 왔소. 지금 한 약속에 대해 증인이 있었으면 하는데, 누구 없겠소?"

유비가 여포의 눈을 쳐다보며 말했다.

"아, 증인 말이오? 그렇지, 지금 마침 초선이 이곳에 와 있소이다."

"초선이라뇨?"

"이 봉선의 처올시다."

순진한 여포는 자기와 같은 입장이라고 볼 수 있는 처자를 증인으로 내세울 수 있는지 없는지는 따져보려고도 하지 않았다.

"부인이라면 좀 곤란하지 않겠소."

웬만하면 그냥 넘어갈 성격의 유비도 상대방의 엉뚱한 제안에 다소 당황하는 기색이었다.

"다른 사람은 없소?"

"그렇다면 초선을 장안에서 데리고 온 사람들이 마침 옆방에 있소. 그들이라면 되지 않겠소?"

"그들이 누구요?"

"오두미도 사람들이오만."

"그거 잘됐소. 딱 좋겠소이다."

유비는 고개를 크게 끄덕였다. 신의라고는 손톱만치도 찾아볼 수 없는, 죽고 죽이는 시대였다. 그런 시대에 어느 쪽으로도 치우치지 않는 공정한 증인을 확보하는 것은 무엇보다도 중요한 일이었다. 오두미도 사람들. 이들은 당시 가장 신의가 높은 것으로 평가받던 이들이었다. 전쟁에서 서로 죽고 죽이다가도 상대방과 대화를 나눌 필요가 있을 때는 이들을 이용했다. 유비와 여포의 약속에 대한 증인으로 삼는 데 이 이상 적합한 인물은 없었다.

五

　유비는 병력을 이끌고 회음淮陰까지 나간 뒤 원술의 병력과 대치하고 있었다. 서주의 주도인 하비는 장비에게 맡겼다. 하비의 상은 죽은 도겸의 부하였던 조표였다. 여포는 벌써 서주를 자기 것이라고 생각하고 있었다. 유비가 싸움에서 패하면 서주의 주인이 되기로 약속했지만, 여포는 유비의 승패와 관계없이 서주를 차지할 마음을 먹고 있었다. 먼 곳을 마다 않고 이곳까지 달려온 초선을 위해서라도 서주를 자기 것으로 만들어야 한다는 생각이었다. 초선을 꼭 서주 목의 부인이라는 자리에 앉히고 싶었다. 문제는 명분이었다. 그런데 명분으로 삼을 수 있는 일이 발생했다. 그것도 매우 적절한 모양새를 갖춘 일이었다.

　하비를 지키고 있던 장비와 하비의 상인 조표 사이에 싸움이 벌어졌다. 본시 직선적인 성격의 장비와 다른 사람에 대한 배려가 부족한 조표를 함께 하비에 남겨둔 것은 일부러 싸움을 붙인 것이나 다름없었다. 그런 싸움에서는 선수를 치는 자가 이기게 되어 있었다. 말보다도 손이 먼저 나가는 장비는 하비성 안에서 조표를 때려죽이고 말았다. 도대체 둘이서 다투게 된 원인이 무엇이었는지 조표를 죽인 당사자인 장비에게 물어보아도 "어쨌든 그자가 먼저 건방지게 굴었어"라는 대답밖에 들을 수가 없었다. 한 집안 두 살림이다 보니 수습이 매끄럽게 되지 않았다. 조표를 죽인 장비는 너무 흥분한 나머지 제정신이 아니었다. 마치 자기가 서주의 주인이나 된 듯이 행세하며 사람들을 함부로 대했다. 그러다 보니 상대편인 도겸의 세력뿐만 아니라 자신의 병사들에게도 경원의 대상이 되었다.

　"바로 이때다!"

여포가 적토마를 가져오게 하여 하비성을 향해 달려갔음은 두말할 나위가 없다. 명마인 적토마는 나이가 들긴 했지만 여전히 바람을 가르며 나는 듯이 달렸다. 하비성의 성문을 지키고 있는 장수는 유비의 직계 병사인 허탐許耽이었다. 그는 장비가 병사들을 함부로 대하며 폭행을 일삼고 있었기 때문에 내심 고깝게 여기고 있었다.

'여포가 왔어? 그래, 어디 장비하고 한판 붙어봐라.'

참으로 무책임한 자라 하지 않을 수가 없었다. 수문을 지키고 있는 수문장이 스스로 문을 열어 여포군을 성안으로 불러들였다.

무서울 것 없이 날뛰던 장비였지만 의외로 소심한 구석이 있었다. 유비는 출전하기 전에 장비에게 이렇게 말했었다.

"아무래도 너를 믿고 성을 맡기기가 불안하구나. 한번 화가 나면 그 성질을 이기지 못하고 그렇게 함부로 행동하니 심히 걱정이 되는구나."

이 말을 들은 장비는 입술을 삐죽거리며 툴툴댔다.

"너무 그러지 마십시오. 일단 임무가 주어지면 그것을 반드시 완수해야 한다는 것을 잘 알고 있습니다. 성의 수비대장으로서 어떤 어려움이 있더라도 임무를 제대로 수행하겠습니다요."

장비는 답답하다는 듯 가슴을 주먹으로 치기까지 했다.

"믿어도 괜찮겠느냐? 그럼 어떤 일이 있더라도 화를 내서는 안 된다."

유비는 몇 번이나 다짐을 받고 난 뒤에 그에게 하비성의 수비대장직을 맡겼다. 군사와 관련된 책임자가 장비였다면 조표는 행정 책임자였다. 그런데 평소 하던 대로 잠깐 동안의 성질을 누르지 못해 그만 조표를 때려죽이고 만 것이었다. 조표는 장비에게 두들겨 맞아 두개골이 깨졌다. 깨진 머리에서 뿜어져 나오는 피를 보고서야 장비는 제정신이 들었다.

'아차!'

유비와 했던 약속이 생각났다. 의형인 관우는 분명히 얼굴이 벌게지면서 불같이 화를 낼 것이다. 이 상태에서는 어떠한 변명도 통할 리가 없었다.

'큰일이군. 이 일을 어떻게 하나.'

죽어 넘어진 조표의 시체를 보며 장비는 넋을 놓았다. 하지만 언제까지 그렇게 있을 수만은 없었다. 다음 순간 장비는 완전히 반대 입장을 취하기 시작했다. '지금 이 하비성 안에서는 내가 주군이다!'라는 생각을 하게 되었던 것이다. 그리고 자신이 진짜 주군인 것처럼 병사들을 대하기 시작했다. 그러한 태도는 자신이 강한 자인 것처럼 행세하는 이상의 의미가 없었다. 어떻게 해야 할지 갈피를 못 잡다가 판단이 제대로 안 된 상태에서 그냥 되는 대로 행동한 것에 불과했다. 극히 불안정한 심리의 표출이었다.

그런 상태에서 여포의 정예 병력인 오원 병사들이 성안으로 들이닥쳤다. 싸우기도 전에 이미 승부는 나 있었다. 여포군의 공격을 막고 있는 자들은 유비군의 병력뿐이었다. 유비군의 병력 중에서도 온힘을 다해 싸우고 있는 병사들은 장비의 직속 부하들이었다. 패잔병의 몸이긴 했지만 여포는 항상 오원 출신의 병사들을 거느리고 다녔다. 새로 모집한 병력은 이 소수의 정예 병력을 중심으로 군대를 편성하여 싸움에 임하곤 했다. 실전에 경험이 없는 신병들을 소수의 정예병들이 선도하며 싸웠다. 결국 강한 병력이란 대군의 근간이 되는 소수 병력이 강하냐 약하냐에 따라서 결정되는 법이었다. 지난해에 이어 건안 원년(196년)에도 기근이 계속되는 바람에 사람들은 먹을 것을 위해서라면 어떤 일이고 마다하지 않았다. 병력을 모집하면 순식간에 개미떼처럼 모여들었다. 장비의 군사들은 순식간에 성 밖으로 밀려났다. 전세가 밀리자 장비는 하는 수 없이 회음에 있는 유비에게로 발길을 돌렸다. 회음으로 향하던 중 장비는 문득 무언가 생각난 듯 짧게 소리를 질렀다.

"아차!"

중요한 것을 빠뜨리고 온 것이었다. 유비의 가족을 그대로 남겨두고 자신만 빠져나왔다는 사실을 그제야 깨달았다. 성의 수비대장으로서 만일 적군이 성을 공격해 들어오면 전투가 벌어지기 전에 주군의 가족부터 피난시키는 조치를 취해야 했다. 이번 경우에는 수문장인 허탐이 갑자기 성문을 열어주는 바람에 정신을 차렸을 때는 이미 전투에 접어들고 말았다는 이유는 있었다. 하지만 아무리 상황이 급박했다고 할지라도 한참 도주하던 도중에 주군 가족의 안부를 뇌리에 떠올린다는 것은 장비가 아니면 저지를 수 없는 일이었다.

"이런 전쟁통에 아녀자나 애들이 어떻게 되는지는 그렇게 중요한 일이 아니지. 이 기회에 현덕 형님도 아예 처자를 버리는 게 좋을 거야."

장비는 말에 채찍을 가했다.

六

홍평에서 건안 초기에 걸쳐 벌어졌던 전쟁의 참상은 차마 두 눈 뜨고는 볼 수 없을 정도였다. 또한 천하는 계속되는 기근으로 굶주림에 지쳐 쓰러져 죽는 자가 그 수를 헤아릴 수 없었다. 식량이 부족한 것은 천재에 의한 것이기도 했지만 인재도 톡톡히 한몫했다.

전쟁 중에 백성들은 안심하고 농사에 종사할 수가 없었다. 그들은 전쟁을 피해 모두 경작지를 버리고 산속으로 피신했다. 힘들여 농사를 지어봐야 수확기가 되면 어디에선가 병사들이 몰려와 농작물을 모조리 거둬갔다. 어차피 자기 몫으로 남지도 않는데 열심히 농사를 지을 바보는 없었다. 그러다 보니 몇 년째 일반 백성이 아닌 병사들이 농사를 짓고 있었다. 병사도 백성과 사정은 마찬가지여서 영양실조에 걸려 뼈만 앙상하게 드러내고 있는 자들이 대부분이었다. 그런 까닭에 어느 전쟁터에 가보아도 말라비틀어진 유령 같은 병사들이 흐느적거리며 싸우는 기괴한 장면들이 연출되었다.

먹느냐 먹히느냐 하는 표현은 통상 긴박한 싸움의 수식어로 사용되는 말이지만, 실제로 그런 상황이 벌어졌다. 적을 죽여 그 인육을 먹곤 했던 것이다. 유비는 원술을 맞아 싸우기 위해 회음으로 남하했지만 도중에 군량미가 떨어지고 말았다. 회음으로 진격해가면서 식량을 조달할 계획이었지만 어느 곳에서도 먹을 것을 발견할 수가 없었다.

이사吏士, 서로 잡아먹다.

당시 유비가 출병한 모습을 사서에서는 이렇게 표현하고 있다. 아군끼리 서로 잡아먹는 일까지 벌어졌다. 지옥이 따로 없었다.

"완전히 예상이 빗나갔군."

유비는 당황했다. 이런 병력을 가지고 원술의 원정군을 이길 수는 없었다. 광릉에서 원술군과 부딪쳤으나 제대로 한번 싸워보지도 못하고 후퇴했다. 유비군은 굶주린 배를 움켜쥐고 해서海四라는 곳까지 죽을힘을 다해 도주했다. 그런 상황에서 장비가 찾아왔다. 장비는 하비성을 여포에게 빼앗긴 사실을 보고했다.

"내 식솔들은 어디로 피신했나?"

유비가 침통하게 물었다.

"그게…, 미처 성에서 구하지 못하고…."

장비가 대답했다. 장비로서는 제일 먼저 가족의 안부를 묻는 유비가 뜻밖이었다.

"이런 멍청한 자! 무엇 때문에 너를 그곳에 남겨놓았겠느냐! 만일의 경우를 위해서가 아닌가? 그리고 이것이 바로 그런 경우 아닌가!"

침이 튈 정도로 악을 쓰며 장비를 꾸짖는 사람은 유비가 아닌 관우였다. 유비는 아무 말이 없었다. 그는 처자의 안부에 대해서는 그리 큰 걱정을 하지 않았다. 여포와 한 약속이 있었기 때문이다. 여포하고만 한 약속이라면 신뢰하기가 힘들었지만 오두미도의 교모인 소용이 증인으로 입회했기 때문에 크게 걱정할 바는 아니었다.

"관우, 그만해두게."

유비가 나서서 관우를 말렸다.

"장비의 그런 성격이 하루아침에 바뀌겠는가?"

그 말을 듣자 무릎을 꿇은 채 머리를 숙이고 있던 장비가 천둥 같은 소리를 내면서 꺼이꺼이 울기 시작했다.

"이제부터 어떻게 할까요?"

관우가 걱정스런 표정으로 물었다. 관우의 목소리도 작은 편이 아니었다. 그러나 장비의 울음소리 때문에 유비는 그의 목소리를 제대로 알아듣지 못했다. 관우가 재차 물었다.

"앞으로 어찌하면 좋겠습니까?"

"돌아가도록 하자."

유비가 조용한 목소리로 대답했다.

"어디로 말입니까?"

"하비 말고 갈 곳이 어디 있겠는가?"

"하비에는 여포가 버티고 있지 않습니까? 지난번에 형님께서 말씀하신 대로 여포는 그 성을 오랫동안 갖고 있지는 못할 것입니다. 그러나 당분간은 여포가 자멸할 때까지 좀 기다리면서 추이를 지켜보는 것이 좋지 않겠습니까?"

관우의 말을 들은 유비의 얼굴에 얼핏 짜증 섞인 표정이 떠올랐다가 사라졌다.

'내게는 왜 책사가 없는 것인가.'

관우의 충성스러움은 천하에 비할 자가 없었고 장비는 용맹스러움에 있어서 비할 자가 없었다. 그러나 두 사람 다 권모술수에는 능하지 못했다. 모든 책략을 주군인 자신이 직접 챙겨야 한다는 사실이 또 짜증을 내게 만든 것이다.

"이 길로 하비성으로 가서 여포의 휘하로 들어가는 거다."

"예? 여포에게요? 도대체 그게 무슨 말씀이십니까?"

관우가 미간을 찌푸리면서 물었다. 유비는 특별히 화가 난 말투는 아니었다. 보통 때 쓰는 억양 그대로였다.

"여, 여포 밑으로 들어간다고요?"

"그럼, 그것 말고 다른 방법이 있는가?"

"그, 그것은…."

마음만 급했지 관우 역시 아무런 대책이 없었다. 일단 방향이 정해지면 강력하게 추진하는 힘은 있었지만 스스로 방향을 정하는 데는 그리 능숙하지 못했다.

"중원에서 강남에 이르기까지 그 어느 곳을 가더라도 오곡이 열매를 맺는 곳이면 반드시 주인이 있다. 이 굶주린 병력을 끌고 어디로 간단 말인가? 그것은 불가능하다. 알겠는가? 지금은 여포 밑으로 들어가는 수밖에 없다. 여포가 내게 도움을 청했을 때 나는 여포를 도왔다. 이번에는 여포가 나를 도울 차례야.”

유비가 굳은 표정으로 말했다.

“여포가 그런 은혜를 아는 자일까요? 수양아버지이자 자신의 주군인 동탁을 살해한 자가 아닙니까?”

관우가 붉어진 얼굴로 말했다. 둘이 대화를 나누고 있는 중에도 장비는 계속해서 울음을 멈추지 않았다.

“그러나 달리 방법이 없지 않는가? 서둘러 병사들을 정비해서 돌아가도록 하자. 우물쭈물하다가는 원술에게 기습을 받을 수도 있어.”

유비는 분명하게 잘라 말했다. 물론 그는 여포가 자신을 받아줄 것이라고 확신하고 있었다. 당시 여러 지역에서 자신의 세를 과시하고 있던 많은 세력이 오두미도의 연락망을 이용하고 있었다. 따라서 바로 그 오두미도의 교모가 직접 증인을 선 문제였기 때문에 아무리 신의가 없는 여포라 할지라도 약속을 쉽게 저버릴 수는 없을 것이었다.

“그럼 곧바로 떠날 준비를 하겠습니다.”

관우가 자리에서 일어섰다. 그는 마음속으로 주군이 가족의 안부가 걱정되어 하비로 돌아가려 하는 것이 아닌가 하고 생각했다. 그러나 그 말을 입 밖으로 낼 수는 없는 일이었다. 관우는 아직도 바닥에 엎드려 울고 있는 장비의 목덜미를 잡고 일으켜 세우며 말했다.

“이제 그만 울어라! 출발한다.”

하비로 돌아온 유비는 약속대로 여포의 휘하로 들어갔다.

"나는 내가 입은 은혜는 잊지 않는다. 현덕 대감께서는 패주해온 내게 소패성을 주었다. 나도 지금 어려움에 빠진 현덕 대감께 그 소패성을 주도록 하겠다."

여포가 말했다. 유비의 가족은 물론 무사했다. 여포가 하비성을 공격할 때 그 모습을 지켜본 사람들의 말에 따르면 성안으로 들어온 여포는 먼저 유비의 관저 앞에 보초병을 세워두고 "집 안으로 들어가려 하는 자는 그 자리에서 목을 베도록 하라"는 명을 내렸다고 한다. 맹수 같은 여포에게 그런 면이 있었나 하고 사람들은 의아해했다고 한다. 소패로 병력을 이동하면서 불만을 표하는 병사들에게 유비가 말했다.

"여포는 소패에서 적토마를 달려 서주를 자기 것으로 만들었다. 우리도 소패에서 말을 달려 서주를 다시 탈환할 것이다. 이런 난세에는 얼마든지 있을 수 있는 일이다."

七

서주에서 증인으로서의 역할을 끝낸 뒤 소용이 진잠에게 말했다.

"지영님을 따라서 나도 남쪽으로 가겠습니다."

백마사의 지영은 소용 일행과 서주까지 동행한 뒤 파양호鄱陽湖 부근에 잠시 머물다가 도겸의 참모로서 자칭 불교신자라고 말하는 착융을 만나기 위해 더 남쪽으로 내려가 있었다. 소용은 서주에 머물며 남쪽의 상황을 알아보려고 했지만 서로 엇갈린 정보가 많아 확실한 상황을 알 수 없었다.

장강 하류에서는 작년에 현산에서 전사한 손견의 아들 손책이 착실하게 기반을 다져가고 있는 중이었다. 원래 이 지역은 유요劉繇의 세력권이었다. 유요는 한왕조의 먼 후손으로서 일찍이 반동탁 연합 군에 참여하여 산조에 진을 쳤던 유대의 동생이었다. 유대는 반동 탁 연합군에 가담하여 청주의 황건군과 싸우던 중 전사했다. 당시 유대는 연주 자사였고, 유요는 양주 자사였다.

남양에 본거지를 둔 원술이 점차 양주 쪽으로 그 세력권을 넓히고 있었다. 유요는 할 수 없이 장강의 동쪽으로 본거지를 옮겼다. 그러 나 세상일이란 것이 그렇게 뜻대로만 되는 게 아니었다. 원술을 피 해 새로 옮겨간 지역은 손책이 한창 세력을 확장하고 있는 곳이었 다. 그리하여 유요는 장강을 거슬러 올라가 훨씬 더 서쪽에 있는 지 역으로 본거지를 옮길 수밖에 없었다. 그곳이 바로 현재의 강서성 부근인 파양호 언저리였다. 그곳 예장군豫章郡의 군도郡都가 지금의 남창시南昌市 부근이다.

예장 태수인 주술周術이 병으로 죽자 이 부근의 정세가 갑자기 변 하기 시작했다. 당시에는 주의 자사나 군의 태수 자리를 실력자들 이 자기 마음대로 임명하던 때였다. 이에 따라 원술은 제갈현諸葛玄 을 예장 태수에 임명했다. 그리고 이제 겨우 실력자의 반열에 오른 조조 역시 주호朱皓를 예장 태수로 임명했다. 이때 유요는 자기를 쫓 아낸 원술에게 앙심을 품고 주호 편을 들어 제갈현을 밀어내고자 했 다. 이 두 태수의 싸움에 자칭 불교신자인 착융이 끼어들어 유요와 주호의 진영에 가담했다. 이러한 정보를 듣고 지영은 장강을 건너 파양호로 향하고 있었던 것이다.

소용은 지영의 뒤를 밟아 부지런히 걸었다. 그녀는 지금까지 남 양 땅을 밟아본 적이 없었다. 지금이야 강남 지역은 풍광이 뛰어나 고 날씨가 온난하여 살기 좋은 지역이 되었지만, 당시에는 통념상 남쪽으로 내려가면 갈수록 문명이 낙후된 지역으로 여겼다. 당시 사람들은 일단 남쪽이라고 하면 곧바로 '만지蠻地'라는 단어를 떠올릴 정도였다. 황하문명은 글자 그대로 황하유역을 중심으로 생성되고 발전되어 왔지만, 강남지역은 황하와는 상당히 떨어진 지역이었다. 장려瘴癘, 말라리아 같은 풍토병의 땅. 당시 사람들이 남쪽지역에 대해 갖고 있던 이미지였다.

"몸은 괜찮으시겠습니까?"

남쪽으로 가겠다는 소용의 말을 듣고 진잠이 걱정스런 표정으로 묻는 것은 당연한 일이었다.

"나이는 먹었지만 그렇게 허약한 체질은 아닙니다."

소용이 웃으며 대답했다. 그녀가 자기 입으로 나이를 먹었다고 말하는 것은 왠지 어울리지 않았다. 당시의 통념상 마흔이 넘으면 '노老'라는 말을 입에 담아도 그리 어울리지 않는 일이 아니었다. 소용도 이제 나이가 마흔을 훨씬 넘었다. 그러나 아무리 훑어봐도 아직 그녀는 30세 전으로밖에 보이지 않았다. 누가 보아도 늙었다는 표현은 전혀 어울리지 않았다.

"제가 동행하겠습니다."

진잠이 말했다.

"부도 사람들은 남쪽지역에서 열심히 활동하고 있습니다. 우리 오두미도 남쪽지역으로 서서히 확산되어 가고 있긴 하지만, 그쪽 사람들을 구제하기 위해 좀 더 적극적으로 나서야 할 때입니다. 사람이 사람을 잡아먹는 금수와 같은 행위를 하지 못하도록 사람들의 영혼을 구제해야만 해요."

소용이 이런 말을 할 때면 항상 표정이 진지해졌다. 진잠의 눈에는 그럴 때의 그녀가 더욱 아름다워 보였다.

"어려운 일입니다."

진잠은 여러 곳을 여행하면서 이 난세에 살아남기 위해 얼마나 많은 사람들이 인간이기를 포기하고 살아가는지 직접 눈으로 보아왔다. 수심獸心을 갖게 된 사람들을 진정한 인간의 마음을 갖도록 인도하는 것이 얼마나 어려운 일인지를 그는 잘 알고 있었다.

"부도인들과 경쟁을 하는 것입니다. 그리고 우리가 반드시 이겨야 합니다."

이 말은 그녀의 지론이기도 했다. 부도의 가르침은 영혼의 구제에만 관심이 있었다. 물론 그 깊이와 넓이에는 끝이 없었으나 부도에서는 세속적인 것들과의 단절을 지나치게 강조하는 측면이 있었다. 그에 비하면 오두미도는 보다 현실적이었다. 소용은 사람이 사람을 잡아먹는 일이 일어나지 않도록 하기 위해서는 더 많은 식량을 생산해야 한다고 강조했다. 천하가 여러 세력으로 갈린 상태에서 백성은 그 틈바구니에 끼어 고생하고 있었다. 백성을 구제하기 위해 천하는 하나로 통일되어야 했다. 더욱 구체적으로는 천하를 통일할 만한 인물을 찾아내고 그 인물에게 모든 것을 다 동원하여 지원하는 것이다. 그러므로 오두미도는 세속과의 관련이 깊다고 할 수 있었다. 그래서 부도를 믿는 사람들은 이 같은 오두미도의 현실 참여에 대해 정작 종교가 해야 할 중요한 역할인 영혼의 구제를 소홀히 한다며 비난하기도 했다.

'그렇다 하더라도 할 수 없는 일이다. 천하를 이대로 방치해둔다면 분열과 기아는 끝나지 않을 것이고, 백성은 영혼을 구제받기도 전에 비참한 죽음을 맞이하고 말 것이다.'

소용은 그것을 굳게 믿고 있었다.

중국에서 운하가 만들어진 것은 수나라 때로 후한 말까지는 아직 대규모 인공 수로가 없었다. 그러나 서주에서 강남에 이르는 길에는 회하淮河의 지류가 그물처럼 펼쳐져 있었고, 또한 엄청나게 큰 호수가 곳곳에 있었다. 따라서 이곳에서 이동할 때는 주로 수로를 이용했다. 대운하가 완공된 뒤에는 서주에서 장강까지 배를 한 번만 타면 갈 수 있게 되었지만, 후한 말에는 배를 타고 가다 내려서 육로를 걷고 다시 배를 타는 일을 반복해야만 했다. 일단 배를 타게 되면 몸을 움직이지 않아 편하기는 했지만 그 긴 시간 동안을 좁은 배 안에서 보내는 일 또한 상당한 곤욕이었다. 그래서 그 무료함을 달래기 위해 소용은 진잠과 지금까지의 어떤 여행에서보다도 더 많은 이야기를 나누고 있었다.

"요즘 마음의 갈피를 잡지 못하고 있는 것 같은데, 무슨 고민이 있나요? 오두미도 일에 대해서도 그렇고…."

소용의 눈은 날카로웠다.

"아닙니다. 마음의 갈피를 잡지 못할 정도는 아닙니다. 그저 이 난세를 어떻게 해볼 도리가 없지 않은가 하는 생각이 들어서…."

진잠은 소용의 말을 부분적으로 부정했다. 그러나 그의 말에는 자신감이 없었다.

"중심을 잡고 있기가 어려운 세상이지요. 나도 그럴 때가 있으니까. 부도의 가르침이 계속 퍼져나가고 있는 상황에서 오두미도를 잇는 다음 세대들에게는 좀 혼란스런 일이 있을 것입니다. 하지만 지금 그대가 혼란을 겪고 있는 일들은 다음 세대들에게는 큰 가르침이 될 것입니다."

소용은 그렇게 말하고 난 뒤 입가에 가볍게 미소를 띠었다. 다정다감한 정이 듬뿍 담긴, 어머니 같은 미소였다. 사실 진잠은 초선을 여포에게 데려다주면서 심적으로 상당한 혼란을 겪었다.

'가혹한 운명의 장난에 걸려든 미인.'

진잠의 눈에는 초선이 그렇게 보였다. 그러나 그녀는 이미 자신의 운명 따위에는 초연한 모습을 보이곤 했다. 그녀는 어려운 일이 닥칠 때마다 곧바로 두 손을 합장한 채 "모두 부처님의 자비입니다. 이 세상에 태어난 모든 것은 언젠가는 왔던 곳으로 다시 돌아가게 됩니다"라고 말하면서 두 눈을 감곤 했다. 그것은 고뇌를 넘어선 모습이었다. 이런 난세에서는 그녀와 같은 마음가짐으로 사는 것이 훨씬 마음 편한 일일지도 몰랐다. 진잠의 눈에는 아무리 난세라 하더라도 모든 고뇌를 훌훌 털어버리고 마음의 안락을 추구하는 부도의 가르침이 편하게 비쳐졌다. 이와 달리 오두미도는 사람들을 고뇌의 늪에서 건져내기 위한 방법으로 오히려 세상에 더욱 적극적으로 뛰어들어 천하를 하나로 통일하기 위해 노력하고 있었다. 과연 어느 쪽이 맞는 것일까? 진잠이 소용에게 나직이 물었다.

"교모님께서도 때로는 마음이 혼란스러울 때가 있으십니까?"

"부도에 대해 깊이 알지 못했을 때는 나도 그대처럼 혼란스러울 때가 있었습니다. 혹시 오두미도가 지향하고 있는 방향이 틀린 것은 아닌가 하고. 그러나 부도를 제대로 알고 난 뒤로는 더 이상 혼란을 느끼지 않게 되었지요. 바로 오두미도의 약한 부분을 부도가 보완해줄 수 있기 때문입니다. 요즘 내가 혼란을 느끼고 있는 부분은 좀 다른 일들이지만."

"그게 무엇입니까?"

"조조 장군이 천하를 통일할 수 있는 인물이라고 생각하여 미흡하지만 있는 힘을 다해 도와주려고 애써왔는데 요즘에 와서는 다소 흔들리고 있습니다. 유비 장군도 보통 인물이 아니라는 생각이 듭니다. 그를 돕는 것이 더 현명한 일이 아닐까 하는 생각에 혼란을 느끼고 있지요."

"그러나 유비 장군은 이미 싸움에서 패해 지금 서주의 목 자리도 빼앗긴 상태가 아닙니까?"

"아닙니다."

소용이 머리를 옆으로 흔들었다.

"이번 싸움에서 패한 것처럼 시의적절한 일은 없습니다. 유비 장군이 원술 장군과 싸워 패하기는 했지만 원술 장군이 서주 땅을 차지한 것은 아니지요. 비록 싸움에서는 졌지만 자기 땅을 빼앗기지 않았다면 전략적인 차원에서는 유리한 입장을 고수하고 있다는 뜻입니다."

"그러나 지금 그 땅은 여포 장군이 차지하고 있지 않습니까?"

"지금 유비 장군은 우리를 증인으로 내세워 여포 장군에게 서주 땅을 맡아달라고 부탁했을 뿐입니다. 만약 사전에 그런 일이 없었다면 원술 장군은 승전의 기세를 몰아 단숨에 서주까지 공격했을 것입니다. 그런데 서주를 공격하지 않은 것은 그곳에 사나운 여포 장군이 있었기 때문이지요. 유비 장군은 바로 그 점을 이용하여 원술로부터 서주를 지켜낸 것입니다."

"지켜냈다는 표현은…."

"여포 장군을 상대하는 것은 그리 어려운 일이 아닙니다. 때가 되면 지략을 세워 다시 되찾을 수가 있다는 말이지요. 유비 장군은 그런 자신감을 가지고 있습니다. 또한 유비 장군의 입장에서 볼 때 설령 여포 장군이 계속 서주에 머문다 하더라도 원술 장군에게 넘어간 것보다는 훨씬 유리한 입장이 아닐까요?"

"그것은 왜 그렇습니까?"

"천하를 다투는 영웅들의 싸움에 이제 겨우 한 발을 들이민 유비

장군은 무엇보다 절대 세력이 등장하는 것을 경계하고 있는 입장입니다. 만약 원술 장군이 서주 땅을 차지하게 되면 그 세력은 아마 다른 어떤 세력보다 우위에 서게 될 것입니다. 세상에는 너무 많은 영웅호걸과 책사들이 분주하게 움직이고 있어요. 백성들을 위해서는 하루라도 빨리 천하가 통일되어야 하는데….”

<h1 style="text-align:center">八</h1>

서주에서 남쪽으로 더 내려가면 원술의 세력권이었다. 소용과 진잠은 와부호瓦埠湖와 소호巢湖를 지나 장강에 이르렀다.

“이 강이 바로 민강岷江으로 이어지는 장강이군요.”

유유히 흐르고 있는 강물을 바라보며 소용은 탄성을 뱉었다. 그녀의 고향인 익주의 민강이 이곳까지 흘러들고 있다는 생각을 하니 감회가 새로웠다. 두 사람은 장강을 거슬러 천천히 올라갔다.

“저 강을 바라보고 있자니 난세라는 생각이 전혀 들지 않는군요. 참으로 평화스런 모습입니다.”

진잠이 주변 풍경에 취해 그렇게 말했다.

이즈음 손책은 장강의 훨씬 하류 쪽으로 본거지를 옮긴 뒤 회계 땅을 노리고 있었다. 그리고 예장 태수 자리를 놓고 벌이는 싸움은 상류인 파양호 부근에서 진행되고 있었다. 그러므로 소용이 지금 장강을 따라 거슬러 올라가고 있는 지역은 세력의 공백지대라고 볼 수 있었다.

두 사람은 장강에서 배를 타고 파양호 쪽으로 가서 시상현柴桑縣이라는 곳에서 하선했다. 예장군에 속하는 지역이었다. 호반 마을에 이르러 사람들에게 물었다.

"지금 예장 태수는 누구입니까?"

그러자 마을 사람들이 대답했다.

"화흠華歆 대감이시오."

의외였다. 원술의 제갈현도 아니고 조조의 주호도 아니었다. 화흠, 자는 자어子魚였다. 그는 장안에서 태부太傅 마일제馬日磾의 참모로 있다가 몇 년 전에 관동지역에 칙사로 파견되었던 적이 있었다. 그렇다면 여러 영웅이 다투었던 예장 태수 자리는 결국 조정 중신 출신에게 돌아갔다는 이야기였다.

"그럼 그전에 태수를 지냈던 제갈현 대감께서는 어찌 되셨습니까?"

진잠이 마을사람들에게 물었다.

"유요 장군 연합군의 공격을 받았습죠. 결국 싸움에서 패하고 지금은 어디로 갔는지 아무도 모르고 있습니다요."

마을의 연장자인 듯한 노인은 이가 다 빠져 말을 할 때마다 바람이 새어나와 무슨 이야기인지 얼른 알아듣기가 힘들 정도였다.

"그럼 유요 장군이 싸움에서 승리했다는 말씀이군요?"

"예, 그렇습죠."

"유요 장군은 주호 대감을 태수 자리에 앉히려고 했다고 들었습니다. 그리고 서주의 착융님께서도 두 분을 도왔다고 들었습니다만 어떻게 해서 주호 대감이 태수 자리에 오르지 못했습니까?"

"살해되었습죠."

"누가 죽였습니까?"

"바로 착융이라는 자입니다요."

"예? 그분은 주호 대감을 지원하지 않았습니까?"

"어제의 동지가 오늘의 적이 되는 세상 아니겠습니까?"

발음이 분명하지 않던 노인이 이 말만은 확실하게 알아들을 수 있도록 힘주어 말했다.

"그럼, 착융님께서는 어떻게 되었습니까?"

"유요 장군이 착융을 공격했습죠."

"유요 장군께서요?"

진잠은 지금까지 들은 이야기를 머릿속으로 정리해보았다. 유요 장군은 착융과 한편이었다. 두 사람은 서로 협력해서 제갈현을 제거하고 주호를 태수 자리에 앉히고자 노력했다. 마침내 뜻이 이루어져 제갈현은 패주하고 주호가 그렇게도 바라던 예장의 주인이 되려는 순간, 착융이 본심을 드러냈다. 착융은 진작부터 예장을 자신의 것으로 만들려는 생각을 하고 있었다. 그러기 위해서는 먼저 제갈현을 제거해야 하기 때문에 유요와 협력하여 주호를 지원했었다. 그러나 1단계 작전이 성공하자 그 다음 단계로 이번에는 주호를 죽이고 자신이 직접 그 자리에 앉으려고 했다. 그러나 주호의 후원자인 유요가 그것을 허용하지 않았다. 유요는 곧바로 병력을 일으켜 착융을 공격했다. 진잠은 이렇게 시나리오를 정리해보았다.

"지금 착융님께서는 어디에 있습니까?"

"산으로 도망갔는데 결국 산적들에게 살해당하고 말았습죠."

"죽었다고요?"

그때까지 옆에서 조용히 듣고만 있던 소용이 끼어들며 말했다.

"예, 그렇습니다요."

노인은 몇 번이나 고개를 흔들며 대답했다.

"착융님께서는 부도신자였는데 낙양의 백마사에서 월지족 사람들이 그를 찾아오지 않았던가요?"

"아, 오셨습죠. 지금 현성縣城에 계십니다. 착융의 목을 사려고 협상중이라는 말을 들었습니다요."

"목을 산다고요?"

"예."

난세에는 얼마든지 있을 수 있는 일이었다. 당시 장수의 수급은 상당히 비싼 값에 거래되곤 했다. 진잠이 덧붙여 물었다.

"착융을 죽인 자가 그 목을 부도인들에게 팔려고 한다는 말입니까?"

"아닙니다. 산적들이 착융의 목을 제갈현 일족에게 팔았습죠. 그런데 백마사에서 오신 분들이 그 목을 사겠다고 하는데 제갈가 사람들이 그 요청을 좀처럼 받아들이지 않고 있습니다요."

"그럼 백마사에서 오신 분들은 지금 어디에 계십니까?"

이번에는 소용이 물었다.

"시상성柴桑城 안에 있습죠. 에, 에취!"

노인이 대답을 마친 뒤 연거푸 재채기를 했다.

"말씀 잘 들었습니다. 고맙습니다."

소용과 진잠은 노인에게 감사를 표하고 서둘러 성 안으로 들어갔다. 지영 일행이 있는 곳은 금방 찾을 수 있었다. 두 사람은 곧장 지영이 있는 곳으로 들어갔다. 지영은 한창 장례식을 치르는 중이었다. 착융의 목을 사들이는 데 성공한 모양이었다. 당시의 불교 절차에 따른 장례식은 간단했다. 색즉시공을 설파하는 부도의 가르침을 생각한다면 당연한 일이었다. 지영은 송경誦經을 끝내고 착융의 목을 화장火葬하기 시작했다. 잔 나뭇가지 다발 속에 목을 넣은 통을 올려놓고 부싯돌로 불을 지폈다. 바짝 마른 나뭇가지는 금세 무서운 기세로 타오르기 시작했다. 불길이 거세지면서 나무 튀는 소리가 들렸다. 일을 마친 지영이 두 사람을 보고 다가왔다.

"사람을 그렇게 죽이고 본인도 결국 이렇게 죽임을 당했습니다."

지영은 특별한 인사말도 없이 소용에게 그렇게 말했다.

"그러나 결국 한나라 사람으로서는 처음으로 부도의 사찰을 건립하는 업적을 남겼지요."

소용이 말했다.

"고인은 부도에 대해서는 잘 알지 못했습니다. 부도의 참뜻이 잘못 전달되어서는 안 되겠기에 많은 신자를 이곳으로 오게 하여 장례식을 지켜보도록 했습니다."

성안이긴 했지만 장례식이 치러지는 곳은 들판이나 다름없었다. 부도신자들은 주위에 빙 둘러서서 화장식을 지켜보고 있었다. 기침 소리 하나 들리지 않았다. 조용한 가운데 맹렬하게 불타오르며 내는 소리가 이상한 느낌을 주었다.

"그래서 착융의 목을 어렵게 다시 찾은 것이군요. 제갈가로서도 큰 결단이었겠습니다. 원수의 목을 내놓았으니 말입니다."

소용은 모여 있는 사람들이 너무 조용한 상태로 화장식을 지켜보고 있었기 때문에 목소리를 낮추어 조심스럽게 말했다.

"예. 처음에는 전혀 대화가 진전되지 않았습니다. 제갈가 사람들이 아예 상대도 하지 않으려고 했으니까요. 그런데 제갈가에 아주 똑똑해 보이는 소년이 하나 있었습니다. 그 소년은 썩어가고 있는 착융의 목 따위는 아무런 가치도 없으니 돈으로 이것을 사겠다는 사람이 있을 때 빨리 팔아치우는 것이 현명한 일이라고 당찬 목소리로 말했습니다. 그 모습이 너무도 당차고 이치에도 맞는 말이다 보니 주위에 있던 어른들도 소년의 말에 반박을 못하더군요."

"대단한 소년이군요. 혹시 그 소년이 누군지 알아보셨습니까?"

"나이는 한 열예닐곱쯤 돼보였습니다. 제갈현의 조카라고 하는데 나중에 큰 그릇이 될 만한 소년이었습니다. 이름은 량亮이라고 하더군요. 자는 공명孔明이라고 하고요. 이 소년의 이름을 기억해둘 필요가 있겠습니다."

"제갈공명, 제갈공명이라…"

소용은 그 이름을 가만히 뇌었다. 순간 착용의 목이 담긴 통에 불이 닿기 시작하더니 타닥거리면서 불꽃이 튀어 올랐다. 공중으로 튀어 오른 불꽃은 이내 하얀 재로 변해 너울거리며 허공으로 흩어지기 시작했다.

몸도 마음도 조숙했던 소년 제갈량

춘추전국시대라고는 하지만 모든 곳에서 항시 싸움이 있었던 것은 아니다. 후한 말 여포가 하비성을 공격하여 서주를 빼앗았을 때 원술이 밀서를 보내 여포를 자기편으로 끌어들였다는 것이 정설로 되어 있다. 그러나 성안의 조표가 여포와 손을 잡고 여포로 하여금 성을 공격하도록 했다는 설도 있다. 어느 쪽도 있을 수 있는 이야기이다. 그런데 이를 유비의 입장에서 본다면 그렇게 될 가능성에 대비하여 아무런 대책도 강구하지 않았다고 보기는 어렵다.

제갈현은 유요를 맹주로 하는 주호와 착융의 병력에 의해 예장의 주도에서 쫓겨나 서성西城까지 도주했다. 제갈현도 착융과 마찬가지로 산속으로 도주했지만 결국 산적에게 살해되었다. 하지만 그 일이 있었던 것은 그 이듬해이다.

제갈공명은 조실부모했기 때문에 작은아버지인 제갈현의 집에서 자랐다. 따라서 그는 소년시절을 예장에서 보냈다. 그는 헌제와 동년배로서 건안 원년에는 만 15세였다. 그의 전기를 보면 180센티미터가 넘는 장신이라는 기록이 남아 있는데 이로 미루어 보아 그는 15세 때에도 나이에 비해 훨씬 컸을 것으로 짐작된다.

17
멸멸해가는 영웅들

一

착융의 머리를 화장한 뒤 백마사의 지영과 소용 일행은 파양호에서 배를 타고 양자강을 따라 내려갔다. 도중에 소용이 진잠에게 말했다.

"이곳까지 온 김에 소패왕小覇王과 벽안아碧眼兒를 만나고 갈 터이니 진잠은 하비나 소패에서 기다리도록 하십시오."

5년 전 현산에서 전사한 손견의 아들들은 지금 강동에서 세력을 형성하고 있었다. 손견이 사망할 당시 장남 책은 열여섯 살, 차남 권은 아홉 살밖에 되지 않았기 때문에 병력에 대한 일체의 지휘권은 사촌형인 손분孫賁이 임시로 맡았었다. 그로부터 5년이 지난 지금, 손책은 이제 스물한 살의 훤칠한 장부가 되어 있었다. 기질이 사납고 용맹했기 때문에 사람들은 그를 소패왕이라 부르고 있었다. 그러나 소패왕은 주위에서 자신을 칭찬하는 소리를 들으면 "아니오, 동생 권이 나보다 훨씬 뛰어나오" 하고 대답하곤 했다. 차남인 권은 아직 열네 살이지만 항상 형을 따랐다. 눈이 파란색이어서 강동 사람들은 그를 벽안아라고 불렀다.

"내 눈과 어느 쪽이 더 파란지 가서 한번 비교해보아야겠소."

지영은 그렇게 말하면서 소용과 함께 가기로 했던 것이다. 평소의 지영에게서는 찾아보기 힘든 뜻밖의 행동이었다.

죽은 착융은 신앙심에 문제가 많았지만 신자를 끌어들이는 데는 그 누구보다 뛰어났다. 물론 그가 신자를 끌어들인 것은 자신의 운송업을 영위하기 위한 하나의 수단이었다. 하지만 난세를 살아가는 백성들로서는 뭔가 의지할 것을 간절하게 바라는 상황이었으므로 어찌 되었든 그는 결국 불교 전파에 크게 공헌한 인물이었다고 볼 수 있다. 남쪽지방의 부도신자는 지영이 생각하고 있는 이상으로 많았다.

'신자들을 위해 확실하게 후원자 역할을 할 사람을 만들어놓아야 해.'

지영은 남쪽지역의 실력자와 끈을 맺어놓을 필요성을 느끼고 있었다. 그러던 차에 오두미도의 소용이 강동의 소패왕을 만나러 간다고 하니 생각지도 않았던 좋은 기회가 생긴 셈이었다. 진잠은 광릉 가까운 곳에서 하선하여 서주를 향해 북쪽으로 가는 배에 옮겨 탔다.

"잠시 영웅들의 얼굴을 보러 가는 것이기 때문에 그리 오래 머물지는 않을 것입니다."

광릉에서 진잠과 헤어지며 소용은 가볍게 웃어보였다. 그녀는 '영웅'이라는 말을 특별히 강조했다. 생각해보면 천하의 백성들은 영웅들 때문에 얼마나 많은 고통을 겪고 있는가. 진잠은 북쪽으로 향하는 배로 바꿔 타고 소용이 말한 영웅이라는 단어의 묘한 여운을 음미하고 있었다. 영웅이 너무 많았다. 이는 서로 힘을 겨루고 있는 영웅들도 똑같이 느끼고 있을 터였다. 그래서 그들은 더 이상 새로운 강자가 부상하지 않도록 항상 주위를 살피고 있었다. 하지만 그런 경계에도 새로운 영웅은 계속 탄생하고 있었다.

손견은 일찍이 원술 진영에 속해 있었다. 손견이 죽은 이후 원술은 손가의 집안에서 다시 영웅이 탄생하지 않도록 조치를 강구했다. 그리하여 원술은 손책에게 태수 자리를 줄 생각이 애초부터 없었다.

'아직은 어리니까.'

원술은 손책을 생각하며 머리를 옆으로 흔들었다. 원술은 서주를 공격하려 할 때 여강 태수 육강陸康에게 쌀 3만 석을 공출하라는 명을 내렸다. 육강은 단호하게 원술의 명령을 거부했다. 그러자 원술은 손책에게 육강을 공격하여 승리하면 여강 태수에 임명할 것이라고 약속했다. 손책은 원술의 뜻에 따라 여강성을 공격하여 함락시켰다. 그러나 원술은 약속을 지키지 않고 자신의 직속 부하인 유훈劉勳이라는 자를 여강 태수 자리에 앉혔다. 원술의 식언은 한두 번이 아니었다. 그전에는 구강九江 태수 자리를 줄 것처럼 말한 적이 있었으나 그 자리 역시 자신의 직속 부하인 진기陳紀에게 주고 말았다. 또한 양주 자사 유요를 수춘에서 쫓아내고 난 뒤에도 원술은 자신의 측근인 혜구惠衢를 그 자리에 앉혔다. 쫓겨난 유요가 조조 진영의 주호나 불교신자인 착융과 연합하여 원술 진영의 예장 태수 제갈현을 공격한 것은 앞서 설명한 바 있다.

'아니, 이번에도!'

거듭되는 원술의 식언에 손책은 이를 갈았다. 부친인 손견 때부터 원술 진영에 속해 있기는 했으나 직계는 아니었다. 게다가 손가는 명문이라고 할 수 없었다. 원술은 당대 제일의 명문인 원씨 가문의 적자라는 사실을 항상 자랑스럽게 여기고 있었다. 북쪽의 이복형인 원소를 첩의 아들이라고 깔보는 원술의 우월감은 가히 병적일 정도였다. 물론 손책도 그 같은 그의 성격을 잘 알고 있었다. 그래서 손책은 가능하면 빠른 시기에 독립하기로 마음먹었다.

'이제 누구의 힘에도 의지하지 않는다.'

그렇게 다부지게 결심은 했지만 아직은 좀 더 힘을 키우지 않으면 안 되었다. 부친이 작고한 후 사촌형 손분이 사력을 다해 병력을 유지하려고 노력하긴 했다. 그러나 약한 쪽을 버리고 강한 쪽으로 붙는 것이 난세를 살아가는 지혜로 통하는 시대였다. 손책의 진영은 이탈자가 계속 늘어나고 있었다. 낙양을 공격할 당시의 모습은 이미 찾아볼 수 없었다. 손책이 성인이 되면서 조금씩 그 세를 불리고는 있었지만 힘이 부족하기는 여전했다.

'약해지면 병력이 이탈하고 강해지면 병력이 늘어난다.'

손책은 부친을 잃은 비운을 견디고 지금까지 버텨오면서 이 말을 가슴속에 늘 새기고 있었다. 파벌에 속해 있으면 파벌의 우두머리가 병력이나 군량미를 대주어 위기에서 빠져나올 수 있도록 도와준다는 사실을 그는 알고 있었다. 손책은 독립할 수 있는 힘이 붙을 때까지 원술의 휘하에 있으면서 앞으로 벌어지는 상황을 적절히 이용하겠다는 생각을 하고 있었다.

반면 원술 측에서도 용맹하기로 소문난 손책을 이용하여 자신의 세력권을 넓히려는 생각을 하고 있었다. 양쪽 모두 서로를 이용할 가치가 있는 상황이었다.

"소패왕은 내 사냥개야."

원술은 측근들에게 그렇게 말하곤 했다. 그 사냥개가 지금 회계를 공격하고 있었다. 회계는 현재의 절강성 항주만杭州灣에 접한 지역으로, 손책이 이 지역을 공격할 무렵에는 아직 어느 영웅의 세력권에도 속해 있지 않은 지역이었다. 엄백호嚴白虎라는 협객이 사람을 모아 작은 세력을 형성하고 있는 정도였고, 태수 왕랑王朗은 아무 실권도 없었다. 회계 지역은 기름진 땅이었다. 춘추시대 말기 월왕越王 구천勾踐과 명신名臣 범려가 이곳에서 천하를 다툰 적도 있었다. 원술이 이 땅을 손에 넣게 되면 숙적인 원소나 조조보다 훨씬 더 강력한 힘을 가질 수 있었다. 원술은 사냥개에게 너무 큰 것을 기대하고 있었다. 손책은 손책대로 회계만 수중에 넣는다면 천하에 자신의 독립을 선언하리라 생각하고 있었다. 소용이 손책을 방문하고자 길을 떠난 때가 바로 이 무렵이었다.

二

"운장 형님의 얼굴이 요즘 어째 바뀐 것 같소?"

소패의 마을 입구에 있는 주막집에서 탁주를 들이키며 장비가 말했다.

"내 얼굴이 어떻게 바뀌었다는 것인가?"

관우의 물음에 장비는 얼른 대답을 못 하고 우물거렸다.

"확실히는 모르겠지만, 어딘지 모르게 그런 느낌이…"

장비가 그 퉁방울눈을 굴리며 잠시 생각하더니 이내 감을 잡았다는 표정으로 말했다.

"맞아, 운장 형님의 눈썹이 요즘에는 움직이지가 않아요. 그래, 눈썹이 그대로 있소."

관우는 기분이 좋을 때는 숯검정 눈썹을 위아래로 움직이는 버릇이 있었다. 그런데 요즘에는 한번도 그런 표정을 지은 적이 없다는 말이었다. 장비는 그 사정을 알지 못했다. 그러나 사람의 심중을 잘 읽는 유비는 관우의 그런 작은 변화까지도 읽고 있었다.

'시간이 해결해줄 것이다. 그냥 놔두는 게 최선의 방법이지.'

유비는 관우에 대해 그런 생각을 갖고 있었다. 장비가 관우의 근황을 걱정할 때도 유비는 그저 괜한 신경 쓰지 않아도 된다, 곧 괜찮아질 거야 하고 대답할 뿐이었다. 그런 일을 주위에서 거들면 본인은 오히려 더 곤란해지는 법이다. 그대로 놔두면 제풀에 꺼질 불을 공연히 손을 대었다가는 불길이 사나워질 수도 있었다. 어느 날 참다못한 장비가 유비를 찾아갔다.

"관우 형님이 왜 저런 표정을 짓고 있을까요?"

장비가 고개를 갸웃거리며 유비에게 물었다.

"그건, 대수롭지 않은 병이라고 할 수 있지."

유비는 그렇게 간단히 대답하고 빙긋 웃었다.

"도대체 무슨 병이에요?"

"그리 중한 병은 아니다. 설명해주어도 너는 잘 모를 거야."

"하기야 나는 병이라면 감기 말고는 잘 아는 것이 없긴 하지만…."

장비도 더 이상은 묻지 않을 기색이었다.

"특히 지금 관우가 걸린 병은 설명해줘도 너로선 알 수가 없는 병이지. 하하하."

'현덕 형님이 이렇게 큰소리로 웃는 걸 보니 운장 형님의 병이 그렇게 심각한 것은 아닌 모양이군.'

장비는 유비의 웃음소리를 듣고 안심했다.

'하지만 내가 이해할 수 없는 병이라는 게 도대체 뭐지?'

그 궁금증만은 장비로서도 끝내 떨쳐버릴 수가 없었다. 사실 관우는 상사병에 걸려 있었다.

'그러나 아무리 생각해봐도 곤란한 상대가 아닌가.'

유비는 장비가 물러난 뒤 웃음을 거두고 심각한 얼굴이 되었다. 관우가 일반 여염집 여자를 마음에 두고 있다면 의형인 유비 입장에서도 팔 걷고 나서서 도와줄 일이었다. 그러나 유비의 직감으로 볼 때 관우가 마음에 두고 있는 여자는 분명 보통 여자가 아니었다.

초선. 유비로부터 서주를 빼앗은 여포의 여자였다. 그녀는 분명 곤란한 상대였다. 소용과 진잠이 초선을 데리고 서주로 찾아온 것은 몇 개월 전이었다. 그때 여포는 쫓기는 몸으로 서주의 유비를 찾아왔다. 유비는 여포에게 소패성을 주었다. 소용 일행은 일단 서주의 주도인 하비성으로 찾아와 유비에게 인사를 한 뒤 초선을 소패성에 있는 여포에게로 데리고 갔다. 그것이 최근 몇 달 동안에 있었던 일이었다. 관우는 그때 초선을 보았고 첫눈에 반했던 것이다.

'대장부로 태어났으면 반드시 큰 뜻을 사해에 펼쳐야 한다고 생각해왔다. 그러나 그것만이 꼭 남자가 갈 길인가? 이렇게 아름다운 여인과 함께 살 수만 있다면 봉후封侯니 장군이니 하는 지위 따위는 훌훌 벗어버릴 수도 있지 않는가.'

초선의 자태는 관우에게 또 다른 세계가 있다는 사실을 일깨워주었다. 사람이란 이런 과정을 통해서 또 다른 세계를 알게 되는 모양이다. 지금까지 관우 자신은 남녀간의 사랑에 무관심했었다. 그렇기에 사랑이라는 전혀 다른 세계를 접한 지금 쉽게 동요하고 고민에 빠졌다고 할 수 있다.

유비가 관우의 이러한 변화를 눈치 챈 것은 그가 다른 사람의 심리를 잘 읽는 능력을 가지고 있었기 때문만은 아니다. 유비도 관우와 똑같은 경험을 한 적이 있었다. 그 역시 여성을 알게 됨으로써 새로운 세계를 경험해볼 수 있었다. 그러나 그 상대가 지금의 관우와는 달랐다. 유비의 마음을 사로잡은 여인은 다름 아닌 소용이었다. 유비는 소용에게 은근히 마음이 끌리면서도 사람 사는 세상에 또 다른 부분이 있다는 것을 알고 있었기 때문에 자신의 감정을 억제할 수 있었다. 그러나 그렇게 품었던 감정이 아무 성과도 없이 끝난 것만은 아니었다. 몇 달 전과는 주객이 전도되어 지금은 여포가 서주의 주인이 되고, 유비는 여포로부터 소패성을 받아 그곳에 머물고 있었다. 유비가 여포로부터 이런 호의를 받게 된 데는 여포가 곤경에 처해 있을 때 도움을 준 덕도 있겠으나 여포와 유비 사이에 이루어진 약속의 증인이 되어준 소용의 역할도 컸다고 할 수 있다.

소용과 헤어진 진잠은 소패성으로 찾아갔다. 물론 예의상 주도인 하비로 찾아가 먼저 여포에게 예를 올렸다. 그리고 진잠이 소패성 바로 앞에 있는 작은 연못에 이르렀을 때 연못가 근처에서 몸집이 큰 사내 하나가 땅바닥에 주저앉아 있는 것을 발견했다. 그의 뒷모습을 보니 낯설지 않았다.

"아니, 운장 장군님이 아니십니까?"

진잠이 곧 관우를 알아보고 인사했다. 자기를 부르는 소리에 사내가 뒤를 돌아다보았다.

"어서 오게나."

관우는 나른한 표정으로 인사를 받았다.

"오랜만에 뵙습니다."

진잠은 인사를 건넨 뒤 그동안 무고한지를 물으려다가 멈칫했다. 별일이 없는 정도가 아니 관우의 얼굴이 너무나도 변해 있었기 때문이었다. 서주의 주인만 바뀐 것이 아니라 관우의 얼굴 또한 전혀 다른 모습으로 바뀌어 있었다.

"하비에서 오는 길인가?"

관우가 물었다.

"그렇사옵니다."

"하비성은 여전하고?"

"예. 현덕 장군께서 계실 때와 달라진 게 없습니다."

"여포는 어디서 기거하고 있던가?"

"아, 그것만 바뀐 것 같습니다. 여포 장군께서는 예전에 착융님이 살던 집에서 머물고 계십니다."

진잠이 생각난 듯 대답했다. 도겸이 살아 있을 때부터 착융은 이 일대의 물자 수송권을 독점함으로써 막대한 부를 형성했었다. 착융은 그렇게 번 재물로 하비성 안에 화려한 저택을 지었다. 규모 면에서는 의식적으로 자사의 관저보다 작게 지었지만 저택 내부에 쓰인 재료들은 최고급으로 장식했다. 여포는 서주의 주인이 된 뒤 착융의 저택을 자신의 거처로 사용하고 있었다.

"착융이라는 자가 싸움에서 패해 산적들에게 목숨을 잃었다고 하는데 그런 집에 들어가서 살고 있으니 여포도 언젠가는 똑같은 운명을 당하게 될 것이야. 머지않아 그리 될 것이야."

관우는 말을 마치고 앉은 자세 그대로 주위에 있는 돌 하나를 집어 연못 위로 힘껏 던졌다. 풍덩 하는 소리를 내며 돌멩이 하나가 고요한 물 위에 떨어지자 여러 개의 동심원이 그려지면서 점점 퍼져 나갔다. 서주를 가로챈 여포에 대한 유비군의 증오를 진잠이 모를 리 없었다. 그러나 약육강식의 논리만이 작용하는 이 난세에서는 충분히 벌어질 수 있는 일이었다.

"그럼 저는 성 안으로 들어가 보겠습니다."

진잠은 가볍게 목례를 하고 관우의 옆을 지나 성 안으로 걸음을 옮겼다.

'관우 장군이 왜 여포가 살고 있는 곳을 물었을까? 설마 혼자 기습공격을 하려는 건 아니겠지? 퉁방울눈을 가진 장비 장군이라면 모르겠지만…'

성문으로 들어서면서 진잠은 머리를 갸웃거렸다.

三

여포라는 이름은 거침없이 들판을 달리는 사나운 맹수를 연상하게 했다. 하지만 그는 그 같은 용맹스런 이미지와 더불어 교활함도 함께 지니고 있었다. 아니, 그것은 교활함이라기보다는 위기에 처했을 때 즉각 반응할 수 있는 일종의 동물적 감각이라고 할 수 있었다. 소용을 증인으로 세움으로써 원술과의 싸움에서 패한 유비가 소패성만이라도 확보한 것은 작전상으로 볼 때 그의 승리인 것처럼 보였다. 그러나 이 경우에도 여포가 일방적으로 유비의 생각대로 휘둘렸다고만 보는 시각은 잘못된 것이었다.

'유비는 나에게 도움이 되는 인물이다.'

여포는 그렇게 판단했다. 싸움에서 진 유비에게 작은 성을 하나 내줌으로써 세상 사람들은 유비가 여포의 휘하로 들어갔다고 생각할 것이다. 어느 파벌에도 속해 있지 않은 여포의 입장에서 세상 사람들이 그렇게 생각하는 것은 자신에게 도움이 되는 일이었다.

하비의 북쪽에 있는 태산 부근에는 지방의 작은 세력들이 서로 다투고 있었다. 이들은 원소, 원술, 조조라는 큰 세력들의 본거지로부터 멀리 떨어져 있었기 때문에 아직은 '무소속'이라고 할 수 있었다. 그러나 언젠가는 어느 진영에든 속하게 될 것이었다.

'어느 진영으로 들어가든 일단 내 몸값을 높이게 되면 들어간 뒤의 대우가 달라질 것이다.'

그들은 그런 생각을 하면서 천하의 정세를 살피고 있는 중이었다. 태산의 작은 세력들 중에는 장패藏覇, 손관孫觀, 오돈吳敦, 윤례尹禮라는 두령들이 있었다. 작은 세력이 큰 세력에 흡수되어 들어갈 때 그들은 자신의 입장을 보다 유리하게 하기 위해 진상품을 준비하곤 했다. 그런데 그 진상품 가운데 가장 좋은 것이 바로 이름이 알려진 장수의 수급이었다.

'내 목이 아마 가장 비쌀걸.'

여포는 그런 생각을 하고 있었다. 그 자신이 동탁의 수급을 어떻게 하면 비싸게 팔아먹을지 고민했던 장본인이었기 때문에 누구보다 그들의 속내를 잘 알고 있었다. 자신의 목을 노리고 있는 자들이 주위에 많다는 것을 알고 있는 만큼 그는 늘 경계를 늦출 수가 없었다. 따라서 유비에게 작은 성 하나를 내주어 그가 자신의 휘하로 들어온 것처럼 보이게 하는 것도 여포 자신의 안전을 위해 중요한 일이었다.

한편 여포에게는 열세 살 된 딸이 있었다. 여포는 유비처럼 귀가 크다거나 관우처럼 수염을 길게 늘어뜨렸다거나, 아니면 장비처럼 퉁방울눈에 호랑이 수염을 했다거나 하는 신체적 특징은 없었다. 그는 당대의 미남이라는 손책에게도 전혀 뒤지지 않을 정도로 흰 피부를 가진 호남이었다. 그런 그의 딸이었기에 당연히 미인이었다. 원술 진영에서는 여포의 딸을 며느리로 달라는 제안까지 해오는 상황이었다. 열세 살이라면 당시 기준으로는 결혼 적령기였다. 여포는 원술의 혼인 제안을 받아들이는 척하면서 일단 그들의 의도가 무엇인지 알아보도록 지시했다. 원술이 무슨 생각으로 사돈을 맺자고 제의해왔는지 그 의도를 알아본 다음 추진해도 늦지 않을 일이었다. 부모의 입장에서는 천하의 명문 집안으로 딸을 시집보낸다는 것은 더없이 좋은 일이었다. 그러나 상대방은 여포의 딸이 미인이라는 이유 하나만으로 혼담을 제의해온 것은 아닐 터였다. 여포가 장안을 빠져나와 제일 먼저 찾아갔던 사람이 바로 원술이었다. 여포는 그의 됨됨이를 잘 알고 있었다. 그는 항상 '어디에서 굴러 들어왔는지도 모르는 말 뼈다귀 같은 자' 라는 말이 입에 붙어 있을 만큼 집안 내력에 집착하는 인물이었다. 원술의 입장에서는 여포 역시 '어디서 굴러 들어왔는지 모를 말 뼈다귀' 에 불과했다. 그런 자의 딸을 며느리로 받아들이겠다고 한다면 분명히 다른 속셈이 있을 것이었다.

원술에게 요耀라는 이름의 외아들이 있었다.

"뭐라고? 아들이 하나뿐이라고? 이거 뭔가 이상해도 한참 이상하군. 좀 더 알아보라."

여포가 부하들에게 지시했다. 그로부터 얼마 뒤 원술은 부장인 기영紀靈에게 군사 3만을 주어 소패에 머물고 있는 유비를 공격하게 했다.

"바로 이것이었구나."

원술이 출병한다는 보고를 듣고 여포는 고개를 크게 끄덕였다. 혼담 뒤에 숨겨져 있는 속셈을 알 것 같았다. 원술은 항상 눈에 거슬리는 유비를 없애버리고자 했다. 그래서 이 기회에 유비를 공격하여 완전히 눌러버릴 참이었고 공격할 때 가능하면 여포의 도움을 받고자 했던 것이다. 즉 유비 측에서 원군을 요청해오더라도 응하지 말아달라는 게 원술의 속셈이었다. 아니나 다를까, 원술이 여포에게 밀서를 보내왔다.

여포 장군이 유비에게 신세를 진 빚은 유비가 싸움에서 패하고 돌아갔을 때 소패성을 내준 것으로 다 갚았다고 생각하오. 지금 장군과 나 사이에는 우리 아이들의 혼담이 진행 중이니 서로 힘을 합쳐 함께 이익을 도모합시다.

여포는 참모를 모두 불러 모아 긴급회의를 열었다.

"자, 어찌하면 좋겠소?"

여포가 참모들에게 의견을 물었을 때였다. 전령 하나가 급히 뛰어 들어와 소패성의 유비가 원군을 요청해왔다고 알렸다. 그 소식을 듣고 여포는 크게 동요하는 기색이 없었으나 참모들이 반기를 들고 나왔다.

"드디어 유비를 제거할 수 있는 기회가 왔습니다."

"장군께서도 언젠가는 유비를 없애버리겠다고 하시지 않았습니까?"

여포의 참모들은 한결같이 유비를 제거해야 한다고 입을 모았지만 여포는 옆으로 고개를 흔들기만 했다.

"왜 안 된다는 겁니까? 이런 좋은 기회는 두 번 다시 오지 않을 것입니다. 토끼같이 귀만 큰 그 얼간이를 없애버리는 데는 지금이 적기입니다."

어려움에 빠진 자를 돕는다고 해서 반드시 그 사람과 좋은 관계를 맺게 된다고 장담할 수는 없었다. 일단 도움을 주게 되면 대등한 관계가 유지되기 어렵기 때문이었다. 인간관계란 일방적으로 도움을 받게 되면 도움을 받은 자는 당당하지 못하게 되고 도움을 준 자는 교만해지기 쉬운 법이었다. 예전에 조조에게 패한 여포가 유비에게 도움을 청했을 때도 유비의 부하들 중에는 자기 주군을 둘씩이나 죽인 자를 왜 도와주려고 하느냐며 불만을 터뜨린 이가 많았다. 그리고 그들은 여포와 그의 부하들에게 눈에 드러날 정도로 차갑게 굴었다. 이따금 마주치더라도 콧방귀를 뀌면서 외면해버리곤 했다. 바로 그런 일로 여포의 부하들은 유비에게 악감정을 갖고 있었다. 여포도 그 기억만 떠올리면 속이 끓었다. 또한 예전에 진 빚은 이미 다 갚았기 때문에 망설일 이유도 없었다. 그럼에도 여포는 유비를 죽일 수 있는 절호의 기회를 그냥 넘기려 했다. 참모들이 불만 섞인 표정으로 그 이유를 거듭 묻자 여포가 입을 열었다.

"그 토끼같이 귀만 큰 얼간이가 나도 마음에 들지는 않는다. 그러나 그자가 무너지면 우리도 보호막이 없어지고 만다. 태산 부근에서 도토리 키 재기를 하고 있는 세력들이 언제 내 목을 베어갈지도 모를 일이고. 이제 알겠나? 유비가 무너지면 태산 주변의 세력들이 원술에게 붙게 될 것이야. 그렇게 되면 결국 우리는 원술의 세력에게 포위되거나 그에게 항복하고 휘하로 들어갈 수밖에 없게 되지. 그러나 지금은 어떠한가? 최소한 원술과 대등한 관계를 유지하고 있지 않은가? 이 상태를 유지하는 것이 상책이야."

여포의 설명을 듣고 참모 하나가 일어나 말했다.

"그러나 우리가 원군을 보낸다 해도 유비는 결국 무너질 것입니다. 소패에서 수시로 병력을 모집하기는 했지만 많아봤자 만 명 정도 될 것입니다. 그에 비해 기영의 병력은 3만이나 됩니다."

그러자 여포가 자리에서 벌떡 일어나 명령을 내렸다.

"바로 출정 준비를 하라. 그러나 싸우러 가는 게 아니다. 우리는 중재를 하기 위해 간다."

四

여포의 입장에서 보면 고공에서 외줄을 타고 있는 형국이었다. 천하는 원소, 원술, 조조의 세 파벌이 힘을 겨루고 있었다. 그러나 어느 한 세력이 천하를 완전히 뒤덮을 정도의 힘을 갖고 있지는 못했다. 여포는 그런 세력들의 틈새를 차지하고 있었다. 비록 이들에 미치지는 못했으나 언젠가는 그들과 대등한 세력을 이룰 거라는 생각을 갖고 있었다. 그들과 동등한 세력으로 커나가기 위해서는 현재 호각을 이루고 있는 세 세력 중에 어느 한 세력이 압도적으로 강해지는 상황만은 막아야 했다. 그래서 여포는 유비가 썩 마음에 들지는 않았지만 태산의 작은 세력들이 원술 쪽으로 기우는 것을 막기 위해 그를 도와야 했다. 아무리 작은 세력들이라 해도 그들이 원술 쪽으로 붙게 되면 그만큼 원술이 강해질 것은 뻔한 일이었다.

'출병 요청을 받아들이지 않는 자는 모두 적으로 간주한다.'

이것이 난세의 법칙이었다. 여포도 유비의 요청을 받았기 때문에 일단은 형식적으로라도 출병하지 않을 수 없다. 일단 출병을 함으로써 유비라는 방어벽을 그대로 남겨놓아야 한다는 게 여포의 계산이었지만 그리 쉬운 일은 아니었다. 여포는 원술과 혼담이 오가는 특수한 상황에 놓여 있었기 때문에 그것을 역이용하여 중재에 나설 작정이었다. 그러나 그것 역시 쉽지 않았다. 여포는 양 진영의 허를 찌름으로써 당면한 어려움을 타개하고자 했다. 그는 보병과 기병 천 명 정도를 데리고 소패성 서남쪽에 이르렀다. 그런 다음 소패성에 자신이 도착했음을 알렸다.

한편 소패성의 유비 진영에서는 여포에게 군사 지원을 요청하긴 했지만 과연 병력을 보내줄 것인지를 의심하고 있던 차였다. 더구나 원술과의 사이에서 혼담이 진행 중이라는 사실도 알고 있었기 때문에 입장 바꾸기를 손바닥 뒤집듯 하는 여포가 딸의 지참금 대신 유비를 공격할지도 모르는 일이었다. 소패성 내에는 분명히 그렇게 될 거라고 믿는 이들이 많았다.

"함정일지도 모릅니다."

소패성의 중신들은 입을 모아 여포를 경계했다. 만약 여포가 진심으로 도와주러 왔다면 지금 당장 유비가 성 밖으로 나가 감사의 예를 갖추어야 할 것이었다. 그러나 그것이 만약 술책이라면 유비가 직접 나가는 것은 결국 함정에 빠지는 결과가 된다. 중신들의 의견이 둘로 갈렸다. 유비는 잠시 생각을 한 뒤 분명한 어조로 말했다.

"내가 직접 여포에게 다녀오겠다."

"안 됩니다. 위험합니다. 상대방은 다름 아닌 여포입니다. 무슨 짓을 저지를지 모릅니다."

도겸 밑에 있던 미축마저도 유비에게 자중할 것을 권했다.

"아니다. 만약 내가 저들의 함정에 빠지게 되면 전 병력을 동원하여 여포의 진영을 공격하면 된다. 저들의 병력은 1천 명에 불과하다."

유비가 자신 있게 말했다. 여포의 생각이 맞아떨어졌다. 1천 정도의 병력이면 유비도 안심하고 성 밖으로 나올 것이라는 게 여포의 계산이었다. 여포는 유비에게 회동을 제의한 다음 동시에 원술군의 총대장인 기영의 본진에도 사자를 보내놓았다. 유비가 찾아오자 여포는 자기 진영의 맨 앞까지 마중을 나왔다.

"자, 안으로 들어갑시다. 나는 지금 양 진영에 끼어서 고민하고 있는 중이오. 원술과는 내 딸의 혼담이 진행 중이고 현덕 장군과는 지금까지 친분을 쌓아오지 않았소? 그래서 말씀인데 내가 양쪽을 중재해볼 생각이오. 그래서 기영 측에도 사자를 보냈소. 기영 장군을 이쪽으로 좀 오도록 말이오. 이곳에서 셋이서 만나 이야기를 나누어보면 무슨 해결방안이 나오지 않겠소?"

"아시는 것처럼 지금 이 작은 성을 지키고 있는 병사는 몇 안 되오. 여포 장군의 중재로 싸움을 치르지 않고 지나갈 수만 있다면 얼마나 좋겠소. 기영 쪽에서 그렇게 해줄 것인가가 문제 아니겠소?"

유비와 여포 두 사람이 이야기를 나누고 있던 중에 기영이 보낸 사자가 찾아왔다.

"급한 일이 생겨 기영 장군께서는 본진을 비우기 어렵다고 하십니다. 번거로우시겠지만 여포 장군께서 찾아주셨으면 하는 전갈이옵니다."

"그래? 알았다. 그러면 우리가 가도록 하지."

여포는 사자가 물러간 다음 유비를 돌아보며 말했다.

"상대방이 올 수 없다면 당연히 이쪽에서 가야 되지 않겠소? 자, 같이 갑시다."

"그럼 그렇게 하지요."

유비는 망설이지 않고 대답했다. 그는 여포가 외줄타기를 하고 있다는 점을 이미 알고 있었다. 유비의 입장에서는 여포의 외줄타기에 몸을 맡기는 수밖에 없었다.

기영은 자신의 진영으로 들어오는 여포의 뒤에 기형적으로 긴 팔을 한 유비가 함께 오고 있는 것을 보고 깜짝 놀랐다. 이제 곧 총공격을 감행할 참인데 상대방의 우두머리가 제 발로 찾아오고 있는 것이 아닌가. 사실 기영은 여포가 자신의 본진으로 찾아오기 전까지 이런저런 고민을 하고 있던 중이었다. 여포를 자기 진영으로 불러들인 것은 원술을 대신하는 입장에 있는 기영으로서는 당연한 처사였다. 그러나 상대방은 천하의 맹수로 알려진 여포였다. 처신을 잘못하여 화를 돋우게 되면 무슨 일을 저지를지 몰랐다. 게다가 지금 원씨 집안과는 혼담이 오가고 있는 중이다. 그런 여포에게 오라 가라 한 것이 과연 잘한 일인지 선뜻 판단이 서지 않았다. 그런 생각 때문에 그러잖아도 마음을 졸이고 있던 중이었는데 한술 더 떠서 유비까지 데리고 나타났던 것이다. 기영은 갑자기 닥친 일에 어떻게 대처해야 할지를 몰라 난감했다. 그러나 여포는 바로 그 점을 노리고 있었다. 여포는 순진한 소년처럼 빙긋이 웃으며 별일 아니라는 투로 기영에게 한마디 던졌다.

"원술 장군께서는 나와 함께 현덕 장군을 치자고 하셨으나 이 여포로서는 매우 난처한 일이오. 현덕 장군은 내 부하요. 내 부하를 내가 공격한다는 것은 도리에 맞지도 않거니와 나는 태생이 전쟁을 싫어하는 사람이오. 오히려 다른 사람들의 싸움을 가운데서 말리는 게 내가 소싯적부터 즐겨 하던 일이오. 그래서 이번에도 내가 중재를 하고자 이렇게 찾아왔소."

기영은 한동안 입을 다물지 못하고 멍한 표정을 지었다. 여포의 입에서 자신이 싸움을 싫어한다는 말이 나오니 도무지 판단이 서지 않았다.

"나는 원술 장군의 명령을 받들어 움직이고 있을 뿐이오. 그런데 중재를 하러 왔다는 것은…. 아무튼 난 그럴 입장이 못 되오."

기영은 머리를 좌우로 흔들며 손을 내저었다. 여포는 기영의 행동과는 상관없이 계속 말을 이었다.

"곤란한 것은 이쪽도 마찬가지요. 장군이 곤란하다면 이 여포는 더 더욱 곤란한 입장이오. 현덕 장군이 지금 곤경에 빠져 있는 것은 더 말할 필요도 없소. 결국 우리 세 사람 모두가 어려움에 빠져 있는 상태이기 때문에 이를 해결할 방법은 딱 한 가지밖에 없소. 하늘의 뜻을 묻는 것이오."

"하늘의 뜻이라니?"

기영이 눈을 크게 뜨며 되물었다.

"그렇소. 저 영문營門에 극戟을 세워주시오."

여포는 2백 미터 이상이나 떨어져 있는 영문을 손으로 가리키며 말했다. 극이란 창의 일종으로, 날이 두 갈래로 갈라진 것이다.

"극을 세워놓고 무엇을 하실 생각이오?"

기영이 눈을 깜빡이면서 물었다.

"내가 이곳에서 활을 쏘아 저 극의 호靭를 맞히겠소. 만일 빗나가게 되면 그것은 하늘의 뜻이기 때문에 아무리 전쟁을 싫어하는 나로서도 어쩔 수가 없는 일이라 받아들이겠소. 원술 장군의 뜻을 따르겠다는 말이오. 자, 어떻소?"

호란 극의 칼날과 손잡이의 연결부를 가리키는 것이다. 여포의 말에 모두 숨을 죽이고 긴장했다. 2백 미터나 떨어져 있는 위치라면 창을 맞히는 것도 쉬운 일이 아니었다. 그런데 가는 실처럼 보일락 말락 하는 호 부분을 활로 쏘아 맞힌다는 것은 거의 불가능한 일이었다.

어쨌든 여포의 요청대로 영문에 극이 세워졌다. 여포는 기영의 호위병이 들고 있던 활을 건네받아 손에 쥐었다. 그리고는 이내 화살을 장전하여 곧바로 줄을 잡아당겼다. 주위에 있던 모든 사람이 숨을 죽이고 여포의 일거수일투족을 지켜보았다. 사람들의 눈에는 목표물이 너무 희미해서 그냥 보는 것만으로도 어슴푸레할 정도였다. 귀신도 맞히기 힘든 거리인데도 여포는 그것을 활로 쏘아 맞히겠다고 나섰던 것이다.

드디어 화살이 여포의 손을 떠났다. 그런데 여포의 동작은 너무나도 간단했다. 그는 시위를 당기면서 단 한순간도 망설이지 않았다. 그리고 손가락에서 활줄을 놓는 것도 주위의 긴장된 분위기와는 전혀 어울리지 않는 손놀림이었다. 누가 보아도 신중한 동작이 아니었다. 하지만 다음 순간 '우와!' 하는 함성이 일어났다. 영문에 세워져 있던 극이 보이지 않았다. 여포의 화살을 맞고 쓰러진 것이었다. 여러 병사가 영문으로 뛰어갔다.

"화살이 극호戟胡에 정확히 명중했습니다!"

병사 하나가 큰소리로 외쳤다.

"와! 와! 와!"

좀 전보다 훨씬 큰 함성이 주위에 울려 퍼졌다. 기영이 뒤를 돌아보았다. 원술이 같이 딸려 보낸 군사軍師가 뒤에 서 있었다. 군사는 천천히 고개를 좌우로 흔들었다. 소패성에 대한 공격을 멈출 수밖에 없게 되었다는 의미였다. 신기에 가까운 이 장면은 곧바로 사람들의 입을 타고 천하로 퍼져나갈 것이다. 그리되면 자연스럽게 여포가 그런 행동을 하게 된 경위도 함께 알려질 터였다. 그렇게 될 줄 알면서도 유비를 공격한다면 원술은 천하의 인심을 잃게 될 것이 뻔했다. 천하를 얻고자 하는 원술의 입장에서 그처럼 신뢰를 잃는 일을 자처할 필요는 없었다. 기영은 할 수 없이 병력을 철수하여 남쪽으로 향했다. 유비도 무사히 소패성으로 돌아왔다. 여포는 소패성 가까운 곳에 남아 부하들과 밤새워 술을 마셨다.

"장군의 명성은 우역禹域, 중국 구석구석까지 퍼질 것입니다."

여포는 부하들로부터 온갖 찬사를 들으며 술잔을 기울였다.

五

이 무렵 진잠은 소패에서 다시 하비성으로 향하고 있었다. 소용일행을 기다리기 위해서였다. 소패성처럼 작은 성은 하루 이틀이라면 몰라도 며칠씩 머물러 있기에는 너무 답답했다. 그래서 진잠은기분전환도 할 겸 하비성에 있는 옛 착융의 집으로 찾아가 초선을만났다.

"그러잖아도 저 역시 무료하던 차였습니다. 밖에 나가 바람이라도 쐬고 싶었거든요."

"여포 장군께서 허락하실까요?"

진잠은 맨 먼저 여포의 얼굴을 떠올렸다.

"괜찮습니다. 장군께서는 지금 유비 장군과 소패성에 계십니다.그리고 진잠 선생과 함께 있었다고 하면 개의치 않으실 겁니다."

초선이 미소를 지으며 말했다. 진잠은 여포를 위해 초선을 장안에서 이 먼 곳까지 데리고 온 사람이었다. 그런 터라 아무리 초선을아끼는 여포라 해도 의심하지는 않을 것이었다.

"그렇다면 나갈까요?"

진잠은 여러 시녀들을 거느리고 나서는 초선과 함께 하비성 안에있는 작은 부도사로 향했다. 착융이 큰 절을 짓기 전에 얼마 되지않는 신자들이 부처님을 모시던 사찰이었다. 그 사찰에 도착하자초선은 법당 안으로 들어가 합장을 했다. 초선이 합장을 마치고 막법당을 나설 때였다. 방금 전에 나섰던 착융의 집 근처에서 왁자한함성이 들려왔다.

"무슨 일일까요?"

초선은 진잠을 쳐다보며 미간을 찌푸렸다.

"글쎄요. 사람을 보내 알아보도록 하지요. 병사들끼리 다투는 것일지도 모르니."

진잠은 근처 사람들에게 부탁하여 사정을 알아보도록 했다. 여포 휘하의 병사들 중에는 주인을 닮아 성질이 사나운 자들이 많았다. 그래서 자기들끼리 다투다가 칼에 다치거나 심하게 몸싸움을 벌이는 일이 심심찮게 일어났다. 진잠도 그 사실을 알고 있었기 때문에 방금 전에 들려온 함성도 여포의 병사들끼리 다투다가 싸움이 커졌으려니 생각했던 것이다. 그러나 사정을 알아보러 갔던 자가 돌아와서 전한 말은 전혀 뜻밖이었다.

"소패성에서 기습공격을 해왔습니다."

"설마…."

진잠은 믿을 수가 없었다.

"맞습니다. 이 두 눈으로 분명히 봤습니다. 소패성의 장수는 관우라고 합니다."

"관우 장군이?"

진잠은 더욱 믿을 수가 없다는 표정을 지었다. 혹시 장비라면 앞뒤 재지 않고 그런 일을 벌일 수 있을는지도 몰랐다. 그러나 신중한 인물로 알려진 관우가 서로 호의적인 관계를 유지하고 있는 하비를 공격한다는 것은 생각하기 힘들었다. 더구나 여포는 지금 유비와 함께 기영의 진영에 가 있는 상태였다. 자신의 주군을 위해 중재에 나서고 있는 장수의 성을 공격한다는 것은 도의적으로도 있을 수 없는 일이었다.

"혹시 잘못 본 것 아니오?"

진잠이 여전히 의아한 표정을 한 채 되물었다.

"많은 사람이 보았는데 잘못 볼 리가 있겠습니까?"

그 대답을 듣고서야 진잠은 잠시 생각해보았다. 언젠가 소패성 밖의 호숫가에서 만났던 관우의 모습이 떠올랐다. 그때 그는 어딘가 모르게 평소의 모습이 아니었다. 그랬다. 관우는 밤이고 낮이고 머리에서 떠나지 않는 초선을 하비성에서 탈취할 생각을 했던 것이었다. 주군인 유비에게 알리지도 않고 저지른 행동이었다. 바람처럼 기습해서 여자만 빼앗아 바람처럼 사라질 생각이었다. 나중에 누가 왔다 갔는지 아무도 모르게 할 생각이었다. 따라서 데려간 부하도 최정예 병사 20명뿐이었다. 하지만 정작 초선이 보이지 않았다. 바람과 같이 사라지리라는 애초의 생각은 이미 그른 일이었다. 초선을 찾는 데만도 짧지 않은 시간을 허비했다. 검은 복면을 하고 있었지만 그것만으로는 그의 큰 체구를 덮을 수 없었다. 진잠이 소패성 밖의 호숫가에서 그 뒷모습만 보고도 한눈에 관우임을 알아볼 정도로 큰 체구였다. 더욱이 하비성은 소패로 가기 전에 유비가 머물렀던 곳이기에 백성들은 관우를 잘 알고 있었다. 멀리서 말을 타고 나타난 모습만 보고도 단박에 관우를 알아보았던 것이다.

"아쉽지만 안 되겠군!"

관우는 어금니를 물었다. 초선은 외출 중이었다. 어디로 갔는지 찾을 수 없었다. 더 이상 하비성에서 지체하다가는 여포와 부딪힐 수가 있었다. 여포 정도를 두려워할 관우가 아니었지만 자신의 주군에게 뜻밖의 폐를 끼칠 수는 없었다. 하는 수 없이 관우는 소패성으로 돌아왔다. 그런데 소패성에는 벌써 유비가 돌아와 있었다. 유비는 성문 앞에서 관우를 기다리고 있었다. 의외로 유비는 웃고 있었다.

"운장, 초선은 어찌하고 혼자 오는가?"

"예? 무슨 말씀을?"

관우는 마치 뒤통수를 얻어맞은 듯 얼떨떨한 표정을 지었다. 자신이 초선을 마음에 품고 있다는 사실을 유비가 알고 있으리라고는 생각지 못한 일이었다. 그저 마음 한구석에 조용히 품고 있던 사모의 정이었기에 관우로서는 더욱 놀라지 않을 수 없었다.

"초선을 데려오지 못했는가?"

유비가 여전히 웃음을 머금은 채 물었다.

"예, 뵐 낯이 없습니다."

관우는 말에서 내려 그 자리에 엎드렸다.

"이제 소패성에는 더 이상 머물 수가 없게 되었구나."

유비가 웃음을 거두며 말했다.

"아닙니다."

관우가 머리를 들어 옆으로 흔들었다.

"저희는 모두 복면을 하고 있었기 때문에 아무도 알아보지 못했을 겁니다. 그리고 여포의 병사들과 싸움을 벌이지도 않았습니다. 단지 스무 명의 무사가 집에 난입했다가 금방 물러간 것으로만 알고 있을 것입니다. 여포는 제가 한 일인지 전혀 모를 겁니다."

"하하하, 무슨 말을 하는가?"

유비가 다시 웃으며 말했다.

"그 큰 체구를 다른 사람이 알아보지 못할 거라니 말이 안 되지."

"그, 그렇군요."

"소패성을 떠나야겠다는 생각은 진작부터 하고 있었네. 아우가 하비성에 난입했다고 해서 그러는 게 아니네. 물론 아우로 인해 그 시기가 앞당겨지기는 했지만 말이야."

"그게 무슨 말씀이십니까?"

"원술이 한 번 더 병력을 움직이게 되면 이 유비의 운명은 글자 그대로 풍전등화가 되네. 여포의 신기神技로 일단 위기를 피하긴 했지만 언제까지 안전하다고 볼 수는 없네. 이렇게 밤이 되어도 두 발 뻗고 잘 수 없는 곳에서 오랫동안 머문다는 것은 현명한 일이 못 되지. 전 병사들에게 성을 떠날 채비를 갖추도록 하게나."

유비는 그렇게 말하고 관우를 뒤에 남겨놓은 채 자신의 처소로 천천히 걸음을 옮겼다.

관우는 한참동안 제자리에 그대로 서 있었다. 두 눈에서 눈물이 흘러 볼을 적시고 칠흑같은 수염을 적셨다. 왜 계속해서 눈물이 나오는지 관우 자신도 알 수가 없었다. 가슴 저 밑바닥에서부터 계속 한없이 복받쳐 오르는 무엇이 있었다. 그런데 그런 중에도 초선의 갸름한 얼굴이 뇌리에서 떠나지 않았다. 관우 자신으로서도 이해할 수 없는 일이었다. 일순간 관우는 입가의 근육이 경미하게 움직이고 있음을 느꼈다. 너무 슬퍼서도 아니고 그렇다고 회한 때문에 그런 것도 아니었다. 시간이 조금 더 지나자 마침내 입가를 쏘삭거리던 근육이 미소를 짓도록 만들었다. 초선의 아름다운 자태가 자기 뇌리에서 사라지지 않고 여전히 남아 있었던 것이었다. 관우는 여전히 제자리에 선 채 한참 동안 넋을 잃고 있었다. 관우가 제정신으로 돌아온 것은 갑자기 귀에 익은 목소리가 들려왔을 때였다.

"운장 형님! 뭘 그리 흐느적거리고 있는 거요? 여포, 그 친구가 머리끝까지 화가 나서 펄쩍펄쩍 뛰고 있는 모양이오. 형님이 하비 성을 휘저어놓고 갔다는 사실을 듣고 말이오. 그런데 왜 혼자만 가셨소? 나도 데려가지 않고."

그렇게 말하는 사람은 장비였다.

"여포가 어떻게 하고 있다고?"

제정신을 차린 관우가 장비에게 다시 물었다.

"형님이 하비성을 휘저어놓고 간 사실을 알고 여포가 소패성을 공격하라는 명령을 내렸다는구려. 그자들이 몰려오기 전에 얼른 피해야 하지 않겠소?"

"어디로? 어디로 피한단 말이냐?"

"허許로 간다고 하오. 거기 말고는 달리 갈 곳도 없는 듯하오."

"그래? 허로 간다…."

六

허는 조조의 본거지였다. 현재의 하남성 허창시許昌市 부근을 말한다. 낙양에서 동남쪽으로 106킬로미터 떨어진 거리이다. 당시에는 이곳이 그저 조조의 본거지 정도가 아니었다. 중국의 수도라고 할 만했다. 왜냐하면 일단 낙양으로 천도했던 헌제가 조조의 청에 의해 다시 허로 천도했기 때문이었다. 그러므로 이곳을 부를 때는 그냥 허라고만 부를 것이 아니라 허경許京 혹은 허도許都라고 불러야 옳았다.

헌제가 옛 수도인 낙양으로 돌아간 것은 홍평 2년(195년) 7월이었다. 그러나 동탁에 의해 초토화된 낙양은 도저히 천자가 살 수 있을 만한 곳이 못 되었다. 게다가 낙양으로 천도할 때 백파곡 출신의 한섬이나 양봉 같은 자들의 발언권이 커지자 조정 중신들이 이들에게 불만을 품게 되었다. 중신들은 조조에게 은밀히 사람을 보내 이들이 천자를 둘러싸고 못된 짓만 하고 있으니 모두 없애달라는 밀서를 보냈다. 조조는 곧바로 병력을 이끌고 낙양으로 들어갔다. 조조가 나타나자 한섬은 개봉 부근에 주둔하고 있던 양봉에게로 도망갔다.

이해 9월이 되자 헌제는 동소董昭의 건의에 따라 낙양에서 허로 도읍을 옮겼다. 이는 조조의 계획에 의한 것이었는데 천자를 자신의 본거지로 오도록 하는 데 성공한 셈이었다. 이제 천자를 호위하면서 천하를 다스릴 만반의 준비가 끝난 것이다. 유비가 소패성을 버리고 망명지로 택한 허는 이처럼 새롭게 부상하고 있는 수도였다.

헌제는 조조를 대장군에 임명했다. 조조는 큰 뜻을 품고 있었다. 큰 뜻을 이루기 위해서 무엇보다 인재가 필요했다. 동시대에 천하를 다투는 영웅 중에서 조조처럼 인재를 모으는 데 열심인 자는 없었다. 그는 인물을 평가함에 있어 재능을 최고로 쳤다. 인간적으로 다소 결함이 있더라도 재능만 뛰어나면 누구건 받아들였다.

"형의 아내를 자기 사람으로 취한 인물이나 뇌물만 탐하는 인물이라 할지라도 재능만 있으면 받아들일 것이다."

조조는 이 말을 입버릇처럼 달고 다녔다.

『세설신어世說新語』를 보면 다음과 같은 일화가 있다.

조조에게는 아름다운 목소리를 가진 가기歌妓가 있었다. 노래는 천하에 따를 자가 없었으나 성격에는 문제가 있었다. 조조는 그녀의 성격이 너무 악질적이라는 사실을 알고 그녀를 죽이려 했다. 그러나 막상 죽이자니 그 재능이 아까웠다. 그래서 조조는 백 명의 다른 가기를 선발한 다음 그녀 밑에서 열심히 배우도록 조치했다. 시간이 지나자 훈련을 받은 가기 중에서 그녀와 필적할 만한 미성의 가기가 나왔다. 그러자 조조는 기다렸다는 듯이 그녀를 없애버렸다.

이는 조조의 잔인함을 알리기 위해 그의 정적들이 만들어낸 이야기에 불과하다. 그러나 조조의 성격을 잘 드러내고 있는 그럴듯한 이야기이다. 즉 그가 사람들의 재능을 아끼고 높이 평가한다는 사실을 바탕으로 했다는 점에서 그러하다.

북해北海 태수 공융은 공자의 자손으로 기인 기질을 갖고 있어 다루기 힘든 인물이었다. 그러나 공융이 이해 9월, 원소의 아들인 원담의 공격을 받고 조조에게 도움을 요청하며 허도로 도망쳐왔다. 조조는 공융의 기재를 아껴 그에게 장작대장將作大匠이라는 관직을 주었다. 이 직위는 구경九卿은 아니었지만 거의 구경에 준하는 2천 석을 받는 자리로 오늘날 건설부장관에 해당되었다.

조조가 인재를 아낀다는 사실은 세상사람 모두가 알고 있는 일이었다. 특히 천자를 허도에서 모시게 된 후부터는 그전보다 더욱 정성을 들여 인재를 모으기 위해 애썼다. 상황이 이랬기 때문에 소패에 머물 수 없게 된 유비가 조조 휘하로 들어가려고 생각한 것은 어쩌면 당연한 선택이라고 볼 수 있었다.

이 무렵 조조는 황제로부터 하사받은 대장군의 자리에서 물러났다. 허도에 머물게 된 헌제는 천하의 모든 영웅들에게 협조를 구하기 위해 계속해서 인사를 단행하고 있었다. 그러나 당대 최고의 실력을 갖춘 원소에게 태위라는 관직을 내렸을 때 원소는 이를 거절했다. 태위는 삼공 중의 하나였다. 승상인 사도, 부승상인 사공과 함께 국방의 최고책임자였다.

"조조가 대장군이고 내가 태위라니? 이 무슨 말도 안 되는 이야기인가! 나는 그자를 몇 번이나 도와준 적이 있다. 그런데 지금 천자를 모시고 있다고 감히 나에게 명령을 내리려 하다니!"

원소는 이렇게 화를 내며 태위 자리를 거절했다. 반동탁 연합군 시절에 원소는 맹주였다. 조조를 동군 태수로 임명한 것도 원소였고 여포에게 당하고 있을 때 조조를 도와준 것도 원소였다. 당대 최고의 명문인 원씨 집안의 우두머리로서 그가 조조의 밑으로 들어간다는 것은 자존심이 허락하지 않았다.

한나라의 제도상으로는 대장군이 삼공의 밑에 있었다. 따라서 삼공 가운데 하나인 태위는 대장군보다 더 높은 자리였다. 그런데 황제의 외척으로 권세를 휘둘렀던 양기梁冀가 대장군에 임명된 뒤부터 이 서열이 뒤집히고 말았다. 대장군 밑에 속해 있는 관리들의 숫자가 삼공의 두 배에 이르렀던 것이다. 어떤 자리에 거물이 앉게 되면 그 자리의 격이 올라가는 예를 가끔 볼 수 있는데 후한시대의 대장군 자리가 바로 그런 예였다.

"그러면 대장군 자리를 원소에게 주면 될 것이 아닌가?"

조조는 미련 없이 원소에게 대장군 자리를 양보했다. 그리고 본인은 사공의 자리에 앉았다. 사공은 부승상으로 전한시대에는 어사대부御史大夫라 칭했다. 승상에 오르는 자는 반드시 이 자리를 거치도록 되어 있는 것이 관례였다. 어쨌든 조조는 형식보다는 실리를 중요시했다. 지위의 높고 낮음에는 큰 관심이 없었다.

조조는 그즈음에 유비가 자신을 찾아온다는 소식을 접했다. 그러자 조조의 참모인 정욱이 진언했다.

"유비 현덕, 천하의 영웅이 될 자질을 갖추고 있는 자이옵니다. 충분한 재능을 가지고 있사옵니다. 지금 장군의 휘하로 들어온다고는 하지만 언제까지나 그것에 만족하고 있을 자가 아니옵니다. 일찌감치 손을 쓰시는 것이 좋을 것이옵니다."

그 말을 듣고 조조가 웃으며 말했다.

"지금은 단 한 명의 영웅이라도 더 모아들일 때이다. 그리고 유비는 많은 사람들에게 인심을 얻고 있는 인물이 아닌가. 그를 죽여서 천하의 사람들로 하여금 우리에게 등을 돌리게 해서는 안 되지. 그래, 예주의 목이 지금 비어 있지. 그 자리에 유비를 앉혀야겠군."

조조는 자신의 생각대로 소패를 탈출하여 온 유비에게 자리를 마련해주었다. 서주의 목을 여포에게 빼앗긴 유비는 이제 예주의 목이 되었다. 유비에게는 큰 행운이었다.

七

한편 소용이 찾아간 강동에서는 소패왕 손책이 별로 힘도 들이지 않고 간단하게 회계를 취한 뒤 스스로 태수 자리에 앉았다.

"돌아가신 아버님과 같은 자리에 올랐으니 모든 것은 이제부터다."

손책은 좌우를 둘러보며 그렇게 말했다. 그의 말 한마디 한마디에는 패기가 넘쳤다. 그의 부친 손견은 장사의 태수 자리에 있으면서 반동탁 연합군에 출정했었다. 장사와 회계는 거의 동급으로 볼 수 있는 군이었다. 손책으로서는 그렇게 바라던 독립 세력으로 우뚝 설 기회가 온 것이다. 손책은 항시 그 계기를 찾고 있었는데 파벌의 맹주인 원술이 그 절호의 기회를 만들어주었다.

원술은 황제의 자리를 넘보고 있었다. 지금까지 그가 취한 말이나 행동을 보면 그런 의도가 다분했다. 그러나 때가 때인 만큼 쉽사리 황제라는 칭호를 사용할 기회를 잡지 못하고 있었다. 따라서 원술 역시 그럴 만한 계기를 만들 필요가 있었다. 마침내 그 기회가 왔다는 느낌이 들었다. 원술이 황제가 되어야겠다고 생각하기 시작한 것은 예로부터 전해 내려온다고 알려진 예언서의 내용 가운데

'대한자당도고代漢者當塗高'라는 문구가 있다는 사실을 안 다음부터 였다. 예언서란 나중에 이렇게도 해석이 가능하고 저렇게도 해석이 가능한 터라 난해한 표현을 사용하는 게 보통이었다. 그래서 이 문구는 '한나라를 대신하는 자는 길塗에 해당되는 사람일 가능성이 높다'고 해석할 수도 있었다. 도塗는 길道路을 의미했다. 그런데 원술의 자가 공로公路였다. 또 그의 이름인 술術에서 가운데를 없애면 행行이 되는데 이 글자가 도로와 깊은 연관이 있었다.

'한나라에 이어 다음 왕조를 세울 자는 틀림없이 내가 될 것이다.'

원술은 참서의 내용을 보고 그런 생각을 갖게 되었다. 항상 명문가 출신이라는 것에 자부심을 느끼며 혈통을 따지는 원술이고 보면 이 그럴듯한 예언서의 내용이 보통사람들보다는 훨씬 가슴 깊이 와 닿았을 것이었다. 그는 또한 집안에 전해져 내려오는 고문서를 뒤져 원가의 시조가 진陳의 대부大夫였던 원도도轅濤塗라는 사실도 밝혀냈다. 원래의 '원轅'자에서 '차車'변이 떨어져 나가 '원袁'으로 바뀐 것이다.

'보라, 이 시조의 이름에도 도塗라는 문자가 들어가 있지 않은가?'

게다가 원도도라는 사람은 성인聖人으로 불리는 순舜임금의 후손으로 알려져 있었다. 그런데 순임금은 토덕土德에 의해 천하를 얻었으니 그 색이 황색이라고 할 수 있다. 음양오행설이나 예언서에 대한 이 시대 사람들의 믿음은 오늘날의 감각으로는 도저히 이해할 수 없을 정도였다. 원술 역시 예언서나 오행설의 그러한 내용 때문에 일찍부터 홀로 꿈에 부풀어 있었다. 거기다가 결정적인 '물건'이 손에 들어왔기 때문에 원술은 거의 황홀경에 빠질 지경이었다.

"이것으로 모든 일은 확실해졌다! 틀림없어, 틀림없어!"

그는 자기 혼자 몇 번이나 같은 말을 뇌었다. 반복하여 말함으로써 스스로 자신감을 갖도록 만들고 있었던 것이다. 사람이 일단 자신감을 갖게 되면 입으로 그 자신감이 표출되는 법이기도 했다.

원술이 정식으로 천자를 칭하게 된 때는 건안 2년(197년)의 봄이다. 그러나 원술에게 그런 의도가 있었다는 것은 훨씬 전부터 알려진 사실이었다. 그러한 원술의 의중은 자연스럽게 알려진 게 아니었다. 원술 쪽에서 의도적으로 그 같은 소문을 퍼뜨린 뒤 주위의 반응을 살펴보고, 다시 적당한 소문을 만들어 퍼뜨리는 일을 반복함으로써 그가 정작 천자를 칭하며 세상에 나올 때 사람들이 받게 될 충격을 미리 완화시키는 작업을 해두었던 것이다. 이에 대해 즉시 반응을 보인 사람은 남쪽의 손책이었다. 그는 원술에게 서신을 띄웠다.

풍문에 그치길 바라는 마음 간절하지만 지금까지 이쪽에서 접한 정보에 의하면 단순히 풍문으로만 끝날 일은 아닌 듯하오. 다섯 대에 걸쳐 한실漢室의 삼공을 지낸 원씨 집안은 분명 국가의 기둥이라 할 수 있으나 그런 집안에서 불충한 신하가 나왔다는 사실에 대해서는 실로 놀라지 않을 수가 없소.
은殷이 하夏의 걸왕桀王을 공격한 것은 하왕조가 너무 큰 죄를 지었기 때문이오. 주周의 무왕武王이 은의 주왕紂王을 친 것도 은왕조가 중벌을 받을 만한 악업을 저질렀기 때문이오. 지금의 천자께서는 아직 소년의 몸이시긴 하지만, 누구나 명지총민明智聰敏한 분이라고 생각하고 있소. 벌을 받을 만한 아무런 악업이 없는데 이를 폐위시키고 스스로 그 자리에 오른다는 것은 너무

나 고약한 일이오. 천하에 악명을 떨친 동탁도 선제先帝를 폐위
시키기는 했지만 자기 스스로 그 자리를 넘보지는 않았소. 그
대가 그런 인간인 줄은 미처 몰랐소. 지금까지 그대 같은 사람
과 교우를 해왔던 것은 내가 영민하지 못한 탓이었소. 이제 그
대의 추악한 속마음을 안 이상 지금까지 그대와 맺어왔던 관계
를 단절하지 않는다면 나는 조상님과 신령님을 뵈올 낯이 없게
될 것이오. 우리 손씨 집안은 원씨 집안만 한 명문은 아니지만
난신적자亂臣賊子를 가까이하는 것은 조상 대대로 금하고 있소.

확실하게 자신의 입장을 밝히는 절교장이었다.

편지를 읽고 나서 원술은 눈썹을 위아래로 꿈틀거렸다. 물론 그
런 편지 하나에 생각을 고쳐먹을 그가 아니었다.

'멍청한 자 같으니라고. 아직도 내가 천명을 받았다는 사실을 모
르고 있다니. 원씨 왕조가 시작되고 난 다음, 그때 가서 아무리 후
회해봤자 이미 때는 늦은 것이야. 아니, 천명을 모르는 자는 그전에
없애버려야 해.'

원술의 신념은 전혀 흔들리지 않았다.

그러나 절교장을 보낸 손책도 의기양양했다. 자신이 보낸 서신을
읽은 원술이 콧방귀를 뀌고 있을 때 그는 동년배인 주유를 상대로
천하를 논하고 병술을 논하면서 술잔을 기울이고 있었다.

"회계가 천하의 요새라고 했지만 우리는 단 한 번의 공격으로 간
단히 무너뜨렸어. 우리 강동의 용사들 앞을 가로막을 자는 없어. 역
적 원술을 쳐부수고 그 여세를 몰아 중원으로 나가 조조와 패권을
다툴 날도 멀지 않은 것이야."

젊은 만큼 패기도 만만치 않았다. 목소리 또한 커서 옆방까지 온

전하게 들릴 정도였다. 옆방에는 여인들이 있었다. 손책의 모친 오씨吳氏는 아들이 하는 말을 듣고 깊은 한숨을 쉬었다. 그녀의 맞은편에는 소용이 정좌를 하고 있었다.

"소용님, 내 아들이 저렇게 호언장담하고 있는데 그 속 내용을 말해주는 게 좋지 않겠습니까? 회계에서 승리를 거둔 것은 병사의 숫자와 훌륭한 무기 때문이라는 것을 잘 모르고 있는 것 같군요."

손책의 모친이 소용을 바라보며 걱정스레 말했다.

"그 정도는 아드님께서도 충분히 알고 계실 것입니다."

소용이 다소곳이 대답했다.

"어느 정도야 알고 있겠지만 그 병력과 무기를 그렇게 간단히 수중에 넣을 수 없다는 사실은 잘 모르고 있는 것 같군요. 앞날을 생각한다면 지금 말해주어야…."

손책의 모친은 어쩔 줄 모르고 있었다. 사람들이 방향을 정하지 못하고 있을 때 결단을 내리게 도와주는 것이 바로 오두미도가 할 일이 아닌가. 옆방에서 또 한 번 호기로운 손책의 목소리가 들려왔다.

"기주의 원소라는 자도 별로 두려울 것이 없어. 그자는 우유부단의 표본이 아닌가?"

도를 넘어선 패기였다. 옆방의 모친은 다시 한 번 긴 한숨을 쉬었다. 그것을 본 소용이 잠시 입가에 가벼운 웃음을 짓는가 싶더니 이내 웃음을 거둬내고 분명한 어조로 말했다.

"지금 옆방으로 가서서 아드님에게 모든 것을 말씀하십시오. 앞날을 위해 역시 그렇게 하시는 게 좋을 듯싶습니다."

손책의 모친은 소용의 말을 듣고 결심한 듯 입술을 지그시 깨물었다. 그리고 자신에게 격려라도 하는 듯 고개를 크게 끄덕인 뒤 천천히 일어서서 옆방으로 갔다. 방문이 열리는 소리를 듣고 손책이 돌아보았다. 모친이 들어오는 것을 보자 손책은 적이 놀라는 표정이었다.

"아니, 어머님께서 어떻게?"

남정네들이 모여 있는 장소에는 좀처럼 모습을 드러내지 않던 어머니였다. 손책의 모친은 천천히 아들 앞으로 다가가 선 채로 말했다.

"이번에 회계를 공격할 때 어떤 전술을 펼쳤었소?"

모친이 손책에게 이런 질문을 하는 것도 처음이었다. 손책은 별로 내키지 않는 표정으로 말했다.

"어머님. 이번 싸움은 숙부의 도움이 컸습니다. 회계 부근의 지리에 밝았을 뿐만 아니라 사독성査瀆城을 공격하여 적의 전의를 꺾어놓았기 때문에…."

손책의 모친은 전당錢塘 출신으로 회계의 지리에 밝았다. 숙부인 손정孫靜도 회계의 보급창고가 사독에 있음을 알아채고 먼저 그곳을 공격하도록 했던 것이다.

"어떻게 그곳에 무기고와 식량창고가 있다는 사실을 아셨소? 그건 극비에 속하는 사항이었는데."

당시 손책에게 항복한 회계 태수 왕랑王朗은 그렇게 말하면서 놀라는 표정을 짓기도 했었다. 멀리 떨어진 사독의 하늘에서 불꽃이 높이 치솟는 것을 본 회계의 병사는 미처 싸워보기도 전에 전의를 상실하고 말았다.

"사독에 극비의 보급창고가 있다는 사실은 나도 몰랐고 장군의 숙부께서도 모르고 있었소. 그것은 풍희의 신자가 가져온 정보였소."

모친 오씨가 손책에게 말했다.

"옛! 풍희의 신자가요?"

손책은 무녀 풍희를 그리 대단하게 여기지는 않고 있었다. 그저 장병들의 심리를 움직이는 수단 정도로만 여겨오던 터였다. 하지만 그녀의 신자가 많다는 것은 그만큼 정보망이 넓다는 의미였다.

"여러 사람의 도움을 얻었기 때문에 첫 싸움에서 승리를 거둘 수가 있었던 것이오. 혼자 싸워서 이겼다고 생각해서는 아니 되오."

"예, 잘 알겠습니다."

손책이 머리를 숙였다. 마치 장난꾸러기 아이가 어머니에게 꾸중을 듣고 있을 때처럼 그의 모습이 한껏 초라해 보였다.

"이번 회계 공격에서는 우리 병사의 숫자나 무기가 많았던 것이 승리의 원인이었소. 그런데 이것은 원술 장군에게서 빌린 것이오."

"예, 알고 있습니다."

"파벌의 영수가 그 아래 장수들에게 병력이나 장비를 빌려주는 것이 당연한 일이라고 생각하시오?"

"그, 그것은…."

"그건 아니오."

모친 오씨가 고개를 옆으로 흔들며 말을 이었다.

"도와주는 것도 정도가 있는 법이오. 이번에 원술 장군이 그 정도 원조를 해준 것은 이 어미가 원술 장군에게 그 대가를 지불했기 때문이오."

"예? 대가라니요?"

"돌아가신 장군께서 지니고 있던 전국새傳國璽를 내주었소."

"예!"

손책이 너무 놀라 눈을 크게 떴다.

백마사의 지만이라는 수도자가 낙양의 견관에서 우물을 파는 작업을 하던 중에 '수명우천 기수영창受命于天 旣壽永昌'이라고 새겨진 천자의 옥새를 주웠는데, 그것이 진잠의 손을 경유하여 손견에게 넘어갔었다. 부친의 죽음에 감정이 복받쳤던 당시 열여섯 살 난 손책이 전국새를 한강에 던져버리려고 하자 주유가 나서서 제지했었다. 그 뒤 손책은 이 백옥으로 된 인장을 모친에게 건넸다. 그런데 손책의 모친은 그것을 담보로 하여 자식을 위해 원술에게서 병력과 장비를 빌린 것이었다. 전후사정을 다 듣고 난 손책이 고개를 더욱 숙이며 말했다.

"알겠습니다."

난세를 헤쳐 나가는 일은 그리 만만한 게 아니었다. 손책은 싸움에서 승리를 거둔 이면에 이토록 많은 사람의 힘이 숨어 있었다는 사실에 새삼 놀랐다. 승리한 자는 늘 겸허해야 하며 신중하게 처신해야 한다는 사실 앞에 그는 저절로 고개가 숙여졌다. 하지만 원술은 그러한 진리를 아는지 모르는지 전국새를 얻은 것을 계기로 스스로 황제의 자리에 올랐다. 전국새를 수중에 넣자 자신은 분명히 천명을 받았다고 확신했다.

조비를 위한 예언에 원술이 흥분하다

1972년 섬서성 건현乾縣에서 당나라 장회章懷태자 이현李賢의 묘가 발굴되었다. 장회태자는 측천무후의 둘째 아들로 태어났는데 어머니로부터 미움을 사 30세에 유배지인 파주巴州에서 사약을 받게 된 비극의 인물이다. 동생인 이현李顯, 중종中宗이 즉위한 뒤에 파주에 있던 죽은 형의 관을 부모가 묻혀 있는 건릉乾陵으로 옮겼다. 이 능 안에서 발견된 벽화가 유명하다. 이 벽화에는 『외국사절도外國使節圖』『수렵출행도狩獵出行圖』『악무도樂舞圖』『궁녀도宮女圖』『타구희도打球戲圖』 등이 있다. 그러나 장회태자는 『박람강기博覽强記』를 쓸 만큼 학문을 즐겨한 청년으로 『후한서』에 그가 단 주석이 남아 있다.

저자도 이 책을 쓰면서 장회태자가 달아놓은 주석의 덕을 톡톡히 보고 있다. 원술을 흥분하게 했던 예언서의 『대한자당도고代漢者當塗高』에 관해서 장회태자는 '실제로 그것은 위魏를 말한다'라는 주석을 달아놓았다. 나중에 조조의 아들인 조비曹丕는 한나라 대신 위왕조를 세우게 된다. 이때 위魏라는 문자는 외巍와 마찬가지로 '크다'는 의미를 갖고 있는데 「설문說文」에서는 '고야高也'라고 해석해놓고 있다. 이것을 근거로 태자는 예언을 해석했다.

당나라 때도 이처럼 예언의 신비성에 대한 진지한 검토가 이루어졌던 것 같다. 하물며 그로부터 5백 년 전의 인물이었던 원술은 그 같은 예언에 대해 추호의 의심도 갖지 않았으리라는 것은 당연한 일이라 할 수 있다.

이 '대한자당도고'라는 예언은 한나라 초기부터 있었다. 광무제가 공손술公孫述에게 보낸 편지에서는 사람의 성을 당도當塗, 이름을 고高라고 해석하고 있다.

18
남의 여자를 탐하지 마라

一

조조는 쟁반에 담긴 양매楊梅, 소귀나무 열매를 손으로 집어 입안에 넣었다. 며칠 전에 강남의 손책이 보내온 선물이었다.

"너도 맛을 좀 보거라."

조조는 옆에 있는 전위典韋에게 말을 건넸다. 전위는 조조의 친위대장으로 언제나 조조를 그림자처럼 수행했다.

"예."

전위는 뼈마디가 굵은 손가락으로 양매 열매를 집어 들고 그 모양을 한번 본 뒤 천천히 입안에 넣었다.

"어떤가? 맛있는가?"

"예, 맛이 좋습니다."

전위가 흡족한 표정으로 대답했다.

"그렇게 아름다운가?"

"절세미인이라고 하옵니다."

양매의 맛을 이야기하다가 갑자기 미인 이야기가 나오고 어딘가 앞뒤가 안 맞는 분위기였다. 조조는 부하가 보고를 하는 도중에라도 비논리적인 대목에서는 조리 있게 보고하라고 내지르는 성격이었다. 근거가 희박하거나 앞뒤가 뒤죽박죽이 되어버린 이야기는 누구든지 일단 혼을 내놓고 보는 그였다. 그런 조조였건만 지금 전위와 이야기를 나누면서는 양매의 맛에 대해 이야기하다가 갑자기 아무렇지도 않게 여인의 이야기로 넘어가고 있었던 것이다.

"이번 싸움이 기대되는군."

조조가 느긋한 표정으로 말했다. 전위는 입을 우물우물하면서 양매 열매를 급히 삼킨 다음 입을 열었다.

"그렇사옵니다. 그러나 너무 기대가 크시면…."

"내 취향에 맞았으면 좋겠는데 말이야."

조조는 다시 양매 열매 하나를 집어들었다.

조조와 전위가 화제로 삼고 있는 사람은 다름 아닌 장제의 미망인이었다. 동탁이 죽은 뒤 그의 부장이었던 이각과 곽사는 장안에서 세력 다툼을 하고 있었다. 두 사람의 싸움이 교착상태에 빠져 있을 때 이들 사이를 중재하기 위해 주둔지에서 장안으로 병력을 끌고 들어온 자가 바로 장제였다. 그 역시 동탁의 부장 출신으로서 번주가 죽은 뒤 이각, 곽사와 함께 동탁의 뒤를 잇는 소위 '삼총사'라 할 수 있는 인물이었다. 헌제가 장안을 떠나 낙양으로 향했을 때 이들 세 사람은 헌제를 다시 장안으로 데려오기 위해 뒤를 쫓았었다. 그러나 헌제 일행은 백파 황건군과 남흉노 철기대의 도움으로 이들의 추격을 따돌릴 수 있었다. 그러나 장제는 재빨리 병력을 수습하여 다시 동쪽으로 향했다. 장제는 형주에서 양성을 공격했다. 이곳은 유표의 세력권이었는데 이 공격에서 장제는 누군가가 쏜 화살을 맞고 전사했다. 장제가 죽고 난 뒤 남은 병력은 조카인 건충장군建忠將軍 장수張繡가 맡게 되었다. 그런데 장수가 이끄는 병력이 육수淯水와 가까운 곳에 모습을 드러냈다는 것이었다.

조조는 그들을 공격할 생각이었다. 군벌의 영수가 항상 가족을 동반하고 다니는 것이 당시의 관습이었다. 그러므로 장제의 아내도 당연히 그 무리에 끼어 있을 터였다. 장제의 아내는 관중에서 소문난 절세미인이었다.

"장군의 취향이 아무리 까다로우시더라도 장제의 처 정도 되면 아마 틀림없이 마음에 드실 겁니다."

덩치 큰 전위가 그렇게 말하는 모습은 어딘가 모르게 어울리지 않았다. 그의 이마에는 덩치답지 않게 송골송골 땀이 맺혀 있었다. 그는 전쟁과 관련되지 않은 다른 말을 할 때면 항상 땀을 흘리곤 했다.

"보고 드리겠습니다!"

갑자기 장막 밖에서 큰 목소리가 들려왔다. 귀에 익은 목소리였다. 젊고 힘이 있었다. 그 목소리는 긴급한 사항을 알리는 것이었다. 통상적인 보고를 할 때는 이보다는 낮은 음성이었다.

"무슨 일이냐?"

조조도 뭔가 심상치 않다고 여기고 다급하게 물었다.

"지금 장수의 사절이 와 있는데 항복을 받아주길 청하고 있습니다."

"무엇이? 장수가 항복을?"

조조는 순간적으로 전위와 얼굴을 마주보았다.

'그렇다면 항복한 장제의 진영에서 미망인을 빼앗아올 수 있는가?'

조조는 눈으로 그것을 묻고 있는 중이었다. 전위는 고개를 끄덕였다.

"좋다, 내가 그를 직접 만나볼 테니 너는 물러가거라."

"예, 알겠습니다."

장막 밖의 전령이 물러가면서 내는 발소리가 점점 멀어지자 조조가 입을 열었다.

"그렇다고 너무 드러내놓고 내 속을 보여줄 수는 없지 않은가?"

"장제의 처는 오두미도 신자라고 들었습니다."

"흐음, 그래."

"저희 진중에 오두미도 교모가 와 있지 않습니까? 그쪽에서도 그 사실을 알고 있을 터이니 교모를 만나러 오지 않겠느냐고 권해보는 것이 어떨까 싶습니다만…"

"음, 그거 좋은 생각이야."

조조는 혀끝으로 입술을 훔쳤다. 조조의 병력도 지금은 육수 가까운 곳까지 와 있는 상태였다. 장제의 처를 데려오려고 마음만 먹으면 당장이라도 데려올 수 있는 상황이었다. 전위의 묘책을 들은 조조는 벌써부터 가슴이 뛰기 시작했다. 건안 2년(197년) 정월, 이제 조조는 42세의 나이였다. 남자로서는 아직 왕성한 나이였다.

"그럼 준비를 하겠습니다."

"그렇게 서두를 필요는 없어."

조조는 그렇게 말한 뒤 아무 말 없이 양매 열매를 두 개나 집어 입 안에 넣었다.

"보고 드리겠습니다."

장막 밖에서 방금 전의 목소리가 다시 들려왔다.

"이번에는 또 무슨 일이냐?"

"수춘에서 원술이 황제라 칭하고 즉위식을 올렸다 하옵니다."

"알았다. 물러가 있어라."

조조가 자리에서 일어났다. 이제부터 장수의 사절을 만나러 간다.

"황제를 칭하다니 그자가 제정신이 아니군요."

전위가 눈을 동그랗게 뜨고 말했다.

"후후."

조조는 입술을 약간 벌리며 웃었다.

'이제 곧 원술과 공조를 이루던 장수들이 하나둘 등을 돌렸다는 소식이 들려오리라. 그들 중에 강동의 손책이 가장 먼저 그 소식을 전해올 것이다. 원술, 어리석은 자 같으니.'

조조는 그런 생각을 하며 자리를 뜨기 전에 다시 양매 두 알을 집어 손바닥 위에 올려놓고 가만히 내려다보았다. 그 열매는 손책이 보낸 선물이었다. 그건 그저 계절이 바뀌어 문안인사를 하고자 보내온 선물이 아니었다. 머지않아 도움을 요청할지도 모르니 도움을 달라는 의미가 담긴 선물이었다. 손책은 자신의 부친 때부터 지금까지 원술 휘하에서 벗어나지 못하고 있었다. 그런 그가 허도에 있는 조조에게 선물을 보냈다는 것은 더 이상 원술의 휘하에 있지 않겠다는 속마음을 드러낸 것이라고 할 수 있었다. 원술이 황제에 즉위한다면 손책에게는 그와의 인연을 끊을 수 있는 적절한 구실이 될 수 있었다.

"어리석은 자 같으니."

조조는 다시 한 번 같은 말을 중얼거린 뒤 자리를 떴다. 그러자 호위대장인 전위가 주변을 두리번거리며 그의 뒤를 바싹 따라붙었다.

二

장제가 병력을 동쪽으로 이동한 까닭은 단지 한 가지 이유 때문이 있다. 관중에는 병력을 먹일 수 있는 식량이 없었다. 전략적인 이유에서가 아니라 먹고살기 위한 이동이었다. 물론 먹을 것을 구하려면 결국 싸울 수밖에 없는 상황으로 몰리기도 한다. 그러나 싸우지 않고도 그 많은 병력을 먹일 수만 있다면 그보다 더 좋은 일은 없다. 더구나 상대가 조조라면 싸움이 될 수가 없었다.

둔전병屯田兵 제도. 나중에 다른 나라에서도 받아들이게 되는 이 제도는 조조가 196년에 처음으로 시행했다. 일반 백성이 농사를 지을 경우 수확기가 되면 도적이나 군벌들의 약탈로 피땀 흘려 지은 농작물을 모두 빼앗기고 마는 경우가 허다했다. 그러나 만일 농사를 짓는 자들이 모두 무장을 하고 조직을 갖춘 병사라면 다른 무리가 쉽게 약탈할 수가 없을 것이다. 조조는 둔전병을 관할하는 둔전도위屯田都尉나 전농중랑장典農中郎將이라는 새로운 관직을 만들어 지방에서도 이 제도를 시행하도록 했다. 둔전제의 성공으로 허도 주변에서만 백만여 석의 곡식을 거둘 수가 있었다. 곡식창고에는 곡식이 가득 넘쳐흘렀다. 그런 조조라면 항복해온 병력의 식량 문제 정도는 충분히 해결해줄 수 있었다. 상황이 이렇다 보니 장제를 잃고 그의 조카인 장수를 새로운 지도자로 내세운 병력은 더 이상 망설일 필요도 없었다. 오히려 서둘러 항복하는 것이 굶어죽지 않고 생명을 부지하는 길이었다. 그래서인지 조조에게 항복해오는 장수의 병사들에게서는 싸움에 패해 할 수 없이 굴복한 비장감 같은 것을 전혀 찾아볼 수 없었다.

오두미도의 교모 소용이 조조의 군중에 머물고 있다는 말을 들은 장제의 미망인 역시 조조 측에서 권하는 대로 몸을 움직였다. 그러나 이때 소용은 조조의 병력을 따라오지 않고 허도에 머물고 있었다.

"함께 오신 분들은 여기서 기다리며 쉬고 계십시오."

조조의 시종들이 장제의 미망인인 추씨鄒氏의 종자從者들은 방 한 곳에 머물게 한 뒤 추씨만 안쪽으로 안내했다. 구석에 있는 방으로 안내된 추씨가 잠시 기다리고 있자니 이내 방문 열리는 소리가 들렸다. 추씨는 방문 쪽을 돌아다보았다. 한 남자가 천천히 방안으로 들어서고 있었다. 처음 보는 얼굴이지만 추씨는 직감적으로 그가 조조일 것이라고 생각했다. 그녀는 조조에 대해서 풍채가 그다지 좋지 않은 중년남성이라는 정도밖에는 들은 적이 없었다. 방에 들어선 사내는 키는 작았지만 몸 전체에서 상대방을 위압하는 이상한 힘을 내뿜고 있었다. 이처럼 섬뜩한 느낌을 주는 자라면 조조 말고는 없을 것이었다.

　　그녀의 직감은 맞아떨어졌다. 상대가 누구인지를 알아맞혔을 뿐만 아니라 상대가 무엇 때문에 이곳에 찾아왔는가도 알아차릴 수가 있었다. 상대방의 눈을 보면 그것을 알 수가 있었다. 번득거리는 상대방의 눈을 보고 그녀는 사내의 눈이 정욕에 불타고 있음을 느낄 수가 있었다. 그녀는 아직 20대 중반밖에 되지 않은 나이였고 그 미모는 뭇 남성의 마음을 설레게 하기에 충분했다. 사내의 정욕이 어떠하다는 것을 그녀는 경험을 통해 잘 알고 있었다. 추씨는 두 눈을 감았다. 자신의 운명을 읽은 것이었다. 거스를 수 없는 운명이었다.

　　"표기장군의 건에 대해서는 가슴 아프게 생각하오. 부인께서도 지나간 일에 대해 너무 상심하는 것은 건강에 좋지 않을 것이오."

　　사내는 그렇게 말하면서 가까이 다가왔다. 표기장군은 장제가 죽기 전에 갖고 있던 관직이었다. 추씨는 눈을 감은 채 머리를 숙였다. 조조는 눈이 부신 듯 눈을 가늘게 떴다.

　　'그래, 바로 이 여인이야. 이 백옥같이 눈부신 흰 살결.'

　　그는 추씨의 흰 목덜미를 똑바로 쳐다보지 않았다. 그녀에게 시선을 집중하다 보면 너무 일찍 정욕에 불이 지펴질 것 같았기 때문이었다. 자신의 정욕이 일찍 달아오른다고 해서 문제 될 것은 없었지만 그녀에게도 준비할 시간을 주는 것이 필요했다.

"젊었을 때 나는 곧바로 불속으로 뛰어들곤 했지. 활활 불꽃이 타오르면서 미친 듯이 내 온몸을 휘감았지."

조조의 목소리는 이미 추씨의 머리 위에까지 다가와 있었다. 이윽고 조조가 눈을 감고 있는 그녀의 바로 옆으로 다가와 천천히 앉는 소리가 들렸다. 이내 조조의 팔이 그녀의 어깨를 감쌌다. 추씨는 숨을 죽였다. 그리고 상대방의 숨소리를 느꼈다. 이제 그녀는 상대방이 조조건 누구건 아무런 두려움이 없었다. 자신의 운명 속으로 빠져들 뿐이었다. 어차피 빠져들 바에야 자기 스스로 빠져드는 것이다. 양성에서 장제가 죽은 지 5일이 지났을 때도 지금처럼 한 사내가 다가왔었다. 죽은 부군의 조카인 장수였다.

"이제부터 숙부가 가졌던 것은 무엇이든지 내가 관리할 것이오. 물론 당신도 포함해서. 썩은 유림의 무리가 손가락질을 하며 비난할지도 모르니 일단 우리의 일은 외부에 알리지 않을 것이오. 알겠소?"

그렇게 말한 뒤 장수는 그녀의 어깨에 손을 댔다. 곧바로 억센 두 팔로 거칠게 그녀를 껴안았다. 이미 저항할 수 없는 상황이었다. 그러나 조조와 함께 있는 지금, 그녀가 불쾌하게 여기고 있는 것은 그가 자신을 껴안고 있는 행위가 아니라 자신의 몸이 상대방을 배려하고 있다는 사실이었다. 지금 추씨는 조조의 숨소리를 들으며 자신의 호흡을 거기에 맞추려 하는 중이었다. 두 사람의 호흡 사이에는 아직 상당한 거리가 있었다.

"젊었을 때는 그러하셨지만 지금은 어떠십니까?"

고개를 숙인 채로 추씨가 물었다. 조조의 눈썹이 꿈틀 움직였다. 이런 상황에서 사내가 하는 말에 여자가 대답을 한다는 것은 상상하기 힘든 일이었다. 조조가 경험한 바로는 지금까지 이런 경우는 없었다.

"지금은 불속으로 뛰어들기 전에 마음의 여유를 갖고 그 불을 바라보고 있소. 그건 참으로 아름다운 모습이오. 그런 아름다움을 아는 자는 많지 않소. 특히 젊었을 때는 그것을 알지 못했지."

조조는 그녀의 어깨에 올려놓았던 손을 턱 쪽으로 가져왔다.

"그것이 그토록 아름답습니까?"

그녀가 작은 목소리로 물었다.

"아름답고말고. 정신이 아찔해질 정도요. 그런 느낌 또한 나를 즐겁게 만들지. 나는 이제 마흔이 넘었소. 공자는 마흔이 넘으면 당황하거나 흔들리지 않는다고 했지. 그러나 나는 좀처럼 불혹의 경지에는 이르지 못할 것 같소. 마흔이 넘었는데도 어쩔 줄을 모르고 혼미해지는 마음을 오히려 재미로 여기고 있으니 말이오."

조조는 지금까지 자기가 품에 안으려고 했던 여자에게 이런 요설을 한 기억이 없었다. 이것이 뭇 남성이 여자를 꾀어내려 할 때 쓰는 수법인가.

"이해하기 어려운 말씀을 하시는군요."

추씨는 크게 한번 숨을 쉬며 어깨를 들썩거렸다. 그러자 조조도 그녀를 따라 크게 숨을 쉬었다. 마침내 추씨가 고개를 들었다.

"이렇게 아름다운…"

조조는 목이 잠겨 다음 말을 이을 수 없음을 깨닫고는 깜짝 놀랐다.

三

호거아胡車兒의 머리카락은 붉은색이었다. 그래서 사람들의 눈에 띄지 않도록 하기 위해 항시 흰 두건을 머리에 두르고 있었다. 하지만 두건으로 붉은 머리카락을 감출 수는 있었지만 파란 눈은 감출 수가 없었다. 그처럼 특이한 용모를 가진 그는 물론 한인이 아닌 페르시아인이었다. 그에게도 페르시아 이름이 있을 터이지만 장수의 진영에서는 그를 항상 호거아라고 불렀다. 호胡란 이국인을 말하는 것이고 거아車兒는 그의 페르시아 이름을 한자말로 옮긴 것이었다. 이 이름은 그가 본시 수레를 관리하는 일을 한 데서 비롯되었다는 설도 있다. 장제의 미망인이 조조의 진영을 방문했을 때 호거아는 마차를 모는 마부 행세를 하면서 추씨를 수행했다. 다른 종자가 모두 한쪽 방으로 들어가 쉬고 있었지만 호거아는 마차를 손봐야 한다는 핑계를 대고 조조의 진영 이곳저곳을 둘러보았다. 호거아는 장수의 측근이라고 할 만한 위치에 있었다. 그는 몸집은 컸으나 행동이 날랬다. 그래서 장수는 그의 재주를 좋게 보아 은밀하게 수행해야 할 일이 생기면 곧잘 그를 부르곤 했다.

호거아는 조조와 추씨의 질펀한 정사 장면을 모두 엿보았다.

"부인께서는 며칠 더 이곳에 머무시면서 교모님의 말씀을 들으시겠다고 하셨소. 그러니 여러분은 그리 알고 먼저 돌아가라고 말씀하셨소. 부인이 돌아가실 때쯤 되어 이쪽에서 연락을 드리리다."

조조의 시종은 그렇게 말하며 기다리고 있던 추씨의 종자를 모두 돌려보냈다. 일행이 돌아오자 장수는 호거아를 불러 물어보았다.

"교모와의 이야기가 길어지는 모양이지?"

그러자 호거아가 고개를 흔들며 대답했다.

"저는 조조의 진영을 구석구석 둘러보았고 여러 사람과 이야기도 나누었습니다. 그래서 알게 된 사실입니다만 교모는 지금 육수에 없습니다. 허도에 있습니다."

"뭐라고? 그럼 숙모께서는?"

숙모라고는 하지만 장수보다도 어린 나이였다.

"부인께서는 따로 마련된 방으로 안내되었는데 그 방으로 조조가 들어갔습니다."

"그럼 조조는 이내 그 방에서 나왔는가?"

장수의 표정이 굳어지면서 목소리도 약간 떨리고 있었다.

"아닙니다. 다음 날 아침까지 그 방에서 나오지 않았습니다."

"뭐야!"

장수의 낯빛이 점점 파랗게 변해갔다.

"그럼 너는…."

'그럼 밤새도록 조조와 한 방에 있는 것을 멀거니 보고만 있었다는 말인가? 그녀와 나의 관계를 뻔히 알고 있으면서?'

장수는 그렇게 묻고 싶었지만 너무 흥분한 나머지 그 말이 밖으로 나오지 않았다.

"문 밖에서 전위라는 자가 밤새워 극戟을 들고 지키고 있었기 때문에…."

호거아가 작은 소리로 대답했다.

"전위라면…."

장수는 입술을 깨물었다.

상대방이 전위라면 어쩔 수 없다. 게다가 극을 들고 있다면 더 말할 나위가 없었다. 극이라면 여포가 영문에 세워놓고 멀리서 화살을 쏘아 맞혔던 바로 그 무기였다. 전위는 그 무기를 풍차처럼 빙빙 돌리며 마치 장난감 다루듯 사용하는 자였다. 전쟁터에서 그가 이 무기를 빙빙 돌리며 지나간 자리에서는 적의 흔적을 찾아볼 수가 없을 정도였다. 극을 다루는 데 있어서는 당대에 그를 따를 자가 없었다. 호거아도 극을 잘 다루기는 했지만 전위에는 미치지 못했다. 게다가 조조의 진영이었기 때문에 그는 더 더욱 불리한 입장이었다.

"그렇사옵니다. 조조의 진중에 있는 만여 병사 가운데 그 누구도 두렵지 않지만 전위만은 그리 만만한 존재가 아니옵니다."

호거아가 고개를 조금 숙이며 말했다.

"조조의 병사는 지금 어떻게 하고 있던가?"

"관중군이 항복을 해온 터라 그런지 전열이 많이 흐트러진 상태입니다."

"그래…."

장수는 호거아의 눈을 보면서 팔짱을 끼었다.

'그렇게 분하시면 조조군을 한번 공격하는 것이 어떻겠습니까?'

호거아의 눈은 장수에게 그렇게 묻고 있었다.

"문제는 전위인데 그자는 제가 어떻게 해보겠습니다."

호거아는 자신의 심중이 장수에게 전해졌다 생각하여 그렇게 말했다.

"가능하겠는가?"

장수 역시 호거아의 의중을 읽고 이렇게 물었다. 호거아는 무술에 능했을 뿐만 아니라 머리 회전도 빨랐다. 호거아가 뭔가를 하겠다고 나섰다면 그건 나름대로 자신이 있다는 말이었다. 그러나 상대가 다름 아닌 조조였기 때문에 장수는 평소와 달리 다시 한 번 확인할 필요가 있었다.

"이번에 조조의 진중에서 전위를 만나 어느 정도는 관계를 만들어놓고 왔습니다."

호거아는 벌써 자기 나름대로 손을 써놓았던 것이다.

"무슨 계책이 서 있는가?"

"예, 나름대로 생각해둔 게 있습니다."

"좋다. 나는 병사들의 뒷일을 생각해보도록 할 테니 일단 물러가 있도록 하라."

장수는 단지 병사들의 식량을 해결하기 위해 조조를 찾아갔던 것 인데 이자가 남의 여자를 가로채버렸다. 그런 자에게 항복한다는 것은 도저히 자존심이 허락하지 않았다. 호거아의 말대로 피 한 방 울 흘리지 않고 병사를 얻게 되었으니 조조군은 분명 마음이 풀어져 있을 것이다. 이때를 노려 공격한다면 승산이 없는 것도 아니다. 문 제는 실패할 경우에 누구에게 도움을 받아 식량을 해결하느냐였다. 장수의 고민은 바로 그 점이었다. 혼자 남은 장수는 깊은 생각에 잠 겨 있다가 무릎을 탁 쳤다.

"그렇지, 유표를 찾아가자."

그는 혼잣말을 하면서 크게 고개를 끄덕였다.

형주의 목 유표는 한나라 황실의 후손으로 키도 크고 인물도 훤칠 하여 사교술에는 일가견을 갖고 있었다. 유표는 북쪽의 원소와 손 을 잡고 원소와 견원지간인 원술을 견제하고 있었다. 이에 대해 원 술은 부장인 손견을 파견하여 유표와 싸우게 했는데 이 싸움에서 손 견이 전사했다. 그로부터 6년이 지난 지금은 조조가 강자로 부상했 다. 유표와 원소의 동맹관계는 아직도 살아 있었다. 이제 이들의 적 은 원술이라기보다는 오히려 조조라고 할 수 있었다. 조조에게 배 신감을 느낀 장수가 유표에게 달려가는 것은 이들의 동맹관계를 생 각해볼 때 당연한 일이었다. 그러나 장수의 숙부인 장제가 굶주린 병력을 이끌고 기습을 감행한 곳은 다름 아닌 유표의 세력권에 있던 양성이었다. 장제는 이 싸움에서 전사했고 장수가 살아남은 병력을 이끌고 육수까지 퇴각해 머물고 있었다. 얼마 전까지만 해도 공격을 가했던 상대방에게 이번에는 머리를 숙이고 찾아간다는 것은 아무래도 모양새가 사나울 수밖에 없었다. 문전박대를 당할지도 모를 일이었다.

그러나 장수는 자신이 있었다. 조조는 유표의 적이었다. 육수 땅에서 조조를 몰아낸다면 유표는 분명 기뻐할 것이고 양성을 공격했던 과거는 흐지부지될 것이다. 또한 유표 같은 귀공자 스타일은 으스대기를 좋아하는 성격이라 할 수 있었다. 과거의 적을 용서함으로써 자신의 그릇이 크다는 사실을 만천하에 알리고 싶어 할 것이다. 장수는 며칠 전에 유표의 그러한 면이 잘 드러난 소문 하나를 들었다. 양성을 공격한 장제가 어디선가 날아온 화살을 맞고 죽었다는 사실이 유표의 본진에 전해지자 부장들과 가신들이 몰려왔다.

"도둑고양이 장제가 화살을 맞고 죽었습니다. 경하 드리옵니다."

분명 축하를 전하는 말이었지만 유표는 오히려 불쾌한 표정으로 이렇게 말했다고 한다.

"장제는 굶주리는 병사를 이끌고 내 땅으로 찾아왔다. 그런데 내가 한 일은 그들에게 먹을 것을 주기는커녕 창과 화살을 들고 나가 찔러 죽인 것이다. 이는 내가 원하던 바가 아니다."

이때의 일에 대해 사서에는 이렇게 기록하고 있다.

목牧. 유표은 조의는 받아들였으나 축하는 받아들이지 아니하였다.

과연 유표다운 모습이었다. 그래서 장수는 이런 생각을 했다.

'숙부의 죽음에 대해 축하는 받아들이지 않고 조의만을 받아들이셨다는 이야기를 듣고 감격의 눈물을 흘렸습니다. 부디 저희 병력을 거두어주시기 바랍니다.'

유표에게 이렇게 청한다면 반드시 받아줄 것이라고 생각했다. 이것으로 병사들의 뒷일에 대한 방향은 잡혔다. 이제 조조를 기습하는 일만 남았다.

四

"파란 눈을 가진 자는 아무리 연습해도 극을 잘 다룰 수가 없다."

호거아가 전위에게 극 다루는 법을 가르쳐달라고 하자 그가 웃으며 한 말이었다. 물론 반은 농담이었다.

"무슨 근거로 그런 말씀을 하십니까?"

호거아가 입을 삐죽거리며 물었다.

"파란 눈은 검은 눈보다 잘 보이지 않거든."

전위가 빙긋이 웃으며 대답했다.

"아닙니다. 눈의 색깔과는 상관이 없습니다."

"무슨 말을 하는가? 같을 수가 없지. 눈동자 색깔이 다를진대 뭐가 달라도 다르지."

전위는 호거아와 말장난을 즐기는 중이었다. 무맹교위武猛校尉로서 주군인 조조를 지근에서 호위하는 것이 그의 임무였다. 그의 역할은 무엇보다도 중요한 일이었지만 매우 무료한 일이기도 했다. 일전에 장제의 미망인 추씨를 태우고 이곳에 왔던 호거아가 항복의 증표로 선물을 마차에 하나 가득 싣고 다시 찾아왔다. 호거아는 선물을 전해주고 난 뒤 전위에게 찾아가 무술에 관한 이야기를 듣고 싶다며 이렇게 말했다.

"장군은 중국에서 제일가는 극의 명인이라고 들었습니다. 꼭 한 수 배우고 싶습니다."

전위는 마침 무료하던 차에 호거아를 데리고 말장난이나 해야겠다고 생각했다. 그래서 이런저런 이야기를 나누었는데 의외로 호거아가 진지한 표정으로 전위를 부추겼던 것이다.

"실은 저도 오랫동안 극을 배우기는 했습니다. 초심자는 아니라는 말씀이지요. 그러니 제게 비법 한 가지 정도만 가르쳐주십시오. 꼭 배우고 싶습니다."

호거아의 표정이 너무 진지했기에 전위도 장난스럽게 받아들일 수만은 없어서 이렇게 말했다.

"흐음, 비법이라…. 그럼 우선 네 솜씨부터 한번 보자. 자, 이걸 들고 기본자세를 잡아보아라. 싹수가 보인다면 한 수 가르쳐주겠지만 그렇지 않다면 그것으로 끝이다."

전위는 말을 마친 뒤 손에 들고 있던 극을 벽에 기대어 세웠다.

"상당히 무거울 것 같습니다."

호거아는 얼른 극을 집어 들지 않고 일부러 호기심 있게 쳐다보는 시늉을 했다. 그러나 실상 그의 눈은 서쪽의 산봉우리를 쳐다보고 있었다. 산 위에서 연기가 피어오르면 장수군의 공격이 시작되는 것이었다.

"한 여든 근쯤은 될 것이다."

당시의 근斤은 지금보다 훨씬 가벼운 무게였다. 그렇다 할지라도 80여 근이라고 하면 20킬로그램에 가까웠다. 창으로 사용하기에는 상당한 무게였다.

"어이쿠!"

호거아는 어깨를 들어 올리며 놀라는 표정을 지었다. 그러면서 그는 재빨리 서쪽 산 위에서 가느다란 연기가 피어오르고 있는 것을 보았다.

"자, 그것을 한 손으로 들어 올려 머리 위에서 빙빙 돌려보아라."

전위가 빙긋이 웃으며 말했다.

"좀 더 가벼운 거라면 할 수 있겠지만…."

"가벼운 극이라면 누구나 다룰 수가 있지. 그러나 싸움터에서 효력을 발휘하려면 이처럼 무거운 극을 써야 해."

"그렇습니까? 그럼 어디 한번 해보죠."

호거아는 뭔가 두려운 물건에 손을 대기라도 하는 것처럼 엉거주춤한 자세로 극이 놓여 있는 곳으로 다가갔다.

"뭐야, 그 꼴이? 저 극이 호랑이처럼 입을 벌리고 너를 물기라도 한다는 겐가? 하하하."

전위가 웃음을 터뜨리며 호거아를 놀려댔다.

"그, 그렇군요. 극이 살아 있을 리도 없으니…."

호거아가 얼른 극을 잡지 않고 우물쭈물한 것은 시간을 벌기 위한 계획된 행동이었다.

'이제 조금만 더 지나면….'

그는 속으로 그렇게 생각하면서 어수룩한 행동을 계속했다.

친위대장 전위가 있는 곳은 조조의 방과 가까운 곳이었다. 지금 전위가 극을 세워둔 벽을 사이에 두고 조조와 추씨가 함께 있었다. 추씨는 조조의 취향에 맞는 여자였다. 미모뿐만이 아니라 자신과 교감을 이루면서 능동적으로 나오는 것이 조조로서는 더할 수 없이 흐뭇했다. 그의 여성편력은 누구 못지않게 일찍부터 시작되었고 또 화려했다. 그러나 추씨와 같은 여인은 일찍이 경험해본 적이 없었다. 조조의 본부인은 정씨丁氏였는데 감정의 굴곡이 심한 여자였다. 얼굴은 반듯하게 생겼지만 인상이 차가웠다. 측실은 여럿 있었다. 그러나 그 중에서 추씨와 비교할 만한 여자는 변씨卞氏 정도라고 할 수 있었다. 조조는 추씨를 품에 안으면서 변씨를 떠올려보았다. 추씨와 같은 미인을 가슴에 품고 있으면서 머릿속으로 다른 여인을 떠올릴 정도라면, 분명 그 여인도 보통은 아닐 것이었다. 변씨는 가기 歌妓였다. 본처인 정씨가 명문 집안 출신인 데 반해 변씨는 서민 출신이었다. 그녀는 가난하거나 처지가 어려운 이들에게 항상 동정심을 갖고 있었다. 얼굴도 예쁘고 노래도 뛰어났지만 조조는 무엇보다도 그녀의 고운 마음씨를 사랑하고 있었다.

'이 여자의 마음은 어떠할까?'

품안으로 파고드는 여자를 감싸 안으며 조조는 그런 생각을 했다. 벽 하나를 사이에 두고 바깥에서는 호거아가 조심스럽게 극의 손잡이를 쥐며 기합을 넣었다.

"얍!"

그는 극을 잡아 머리 위로 들어올렸다. 그리고는 전위의 말대로 빙빙 돌리기 시작했다. 처음에는 천천히 돌리더니 점차 속도를 붙였다.

"호오, 보통이 아니구나."

전위는 극의 명인이랄 수 있었기 때문에 호거아가 극을 돌리고 있는 자세만 보아도 어느 정도의 실력인지를 금세 알아볼 수 있었다. 전위가 보기에도 초보자의 솜씨는 아니었다. 상당한 연습을 거치지 않으면 발휘하기 힘든 기술이었다. 호거아는 전위보다는 못하지만 극을 다루는 데는 장수의 병력 중에서 가장 뛰어났다. 그러면서도 일부러 서툴게 보이려고 애를 쓰고 있었지만 기본자세만은 어쩔 수가 없었다. 그것까지 속이기는 힘든 일이었다.

"잘 안 되는군요. 팔이 중심을 못 잡고 극에 막 끌려가네요. 흔들리면서 말이에요. 발도 그렇고. 이거 막 저절로 움직이네요. 발, 발이…."

호거아는 극을 빙빙 돌리면서 비틀거리는 시늉을 했다. 전위가 있는 곳에서 점점 멀어지고 있었다.

"어이, 어디로 가는 겐가?"

전위가 이상하다 싶어 호거아를 불렀다.

"발이 제 마음대로 이리로 옮겨가고 있어요. 멈추려고 해도 멈출 수가 없군요. 도대체 이게 어떻게 된 거지?"

호거아는 걷는 게 아니라 아예 뛰고 있었다.

"장난치지 마!"

전위가 다급히 뒤를 쫓아갔다. 그는 호거아가 일부러 극을 서툴게 다루고 있다는 사실을 눈치 채고 있었다. 그러나 그것이 계략이라는 생각은 못 하고 있었다. 순진하게도 호거아가 장난을 치고 있다고만 생각했다.

"마치 풍차가 돌아가는 것 같군요!"

호거아는 정말 풍차를 돌리듯 오른손에서 왼손으로 번갈아 쥐며 계속 극을 돌렸다. 그러면서 발은 쉼 없이 달리고 있었다. 가능하면 전위를 조조가 있는 곳에서 멀리 끌어낼 작정이었던 것이다. 꽤 먼 거리를 달려왔다. 마침내 전위가 화를 내기 시작했다.

"야, 이 친구야. 장난도 어느 정도지! 그만두지 못해!"

전위의 양 눈썹 끝이 위로 치켜 올라갔다. 호거아는 그 말을 듣자 더욱 빠르게 뛰었다. 호거아는 이제 극을 돌리고 있지 않았다. 아예 옆구리에 낀 채 내달리기 시작했다.

"아이고 무서워라, 아이고 무서워!"

호거아가 짐짓 큰소리를 지르며 줄행랑을 놓았다.

"이봐! 거기 서지 못해. 뭐가 무섭다는 거야?"

전위도 허겁지겁 호거아의 뒤를 쫓아가며 소리쳤다.

"전위님 얼굴이 무서워요."

"내 얼굴? 내 얼굴이 뭐가 무섭다는 거야? 이것 봐, 웃고 있잖아. 화 안 낼 테니 어서 멈춰. 극을 이리 내놓으라고!"

두 명의 덩치 큰 사내가 소리를 지르며 뛰는 것을 본 조조 진영의 병사들은 재미있는 구경거리를 놓칠 수 없다는 듯 무리를 지어 그들의 뒤를 쫓아갔다. 어느덧 육수 강가에까지 이르렀다. 호거아는 거기서 발을 멈추고 뒤를 돌아보았다. 방금 전에 떠나온 조조의 진영 근처에서 모래먼지가 일어나고 있었다.

'선봉대가 도착했나 보군.'

호거아가 빙긋 웃었다.

"전위님, 이런 괴물같이 무거운 극은 돌려드릴 터이니 알아서 주워가십시오."

호거아는 그 말을 마치자마자 극을 꼬나 쥔 채 마치 창던지기라도 하듯 쏜살같이 내닫다가 강물을 향해 냅다 던져버렸다. 그러자 그 무거운 극이 대나무처럼 가볍게 허공을 가르며 날아가다가 강물 속으로 풍덩 빠져버렸다.

"아니, 저 녀석이!"

전위는 이제 제정신이 아니었다. 이건 장난치고는 너무 심했다. 목숨 다음으로 중요하게 여기는 무기를 물속으로 던져버리다니. 전위가 눈이 뒤집혀 호거아의 목을 비틀어버려야겠다고 생각하며 그에게 막 덤벼들려 할 때였다. 등 뒤에서 북소리가 요란하게 울리기 시작했다.

"적의 기습이다!"

북소리가 점점 거세지고 있었다.

五

"계략에 빠졌구나!"

조조가 뿌드득 이를 갈았다. 그는 안고 있던 추씨를 밀어내며 일어서려고 하다가 멈칫했다. 그녀는 장수가 자청해서 조조에게 보낸 여자가 아니었다. 조조가 오두미도의 설법을 들으러 오라고 꾀어 자신의 진중으로 오게 만든 것이었다. 따라서 이 여인이 계략에 관련되어 있다고는 생각할 수 없었다.

"누가 이 여인을 데리고 먼저 피하도록 하라."

그렇게 명령을 내린 후 조조는 옆에 세워놓았던 칼을 허리에 찼다. 병사들이 재빨리 조조를 둘러쌌다. 완전히 허를 찔린 셈이었다. 조조의 군사는 불의의 공격에 아무런 대비도 하지 않고 있었다. 굶주림을 견디지 못해 스스로 항복해온 무리를 받아들인다는 생각만 하고 있었다. 허기에 지친 무리가 기습을 하리라고는 꿈에도 생각하지 못한 일이었다.

"전위, 전위는 어디에 있느냐?"

조조가 주위를 둘러보며 물었다. 잠시도 그의 곁을 떠나지 않던 전위가 정작 중요한 순간에 보이지 않았던 것이다.

'도대체 어디로 간 것인가?'

조조의 얼굴에 불안한 빛이 스쳤다. 그의 호위를 맡고 있는 병사 중에서 그가 가장 든든하게 생각하고 있는 인물이 전위였다. 그는 혼자 천여 명을 감당해낼 수 있는 실력을 지니고 있었다. 그런 그가 왜 지금 자리를 비우고 있단 말인가. 혹시 전위가 모반을 일으킨 것이 아닌가. 갑자기 머릿속이 복잡해졌다. 그러나 최소한 모반은 아닐 것이다. 그는 단 한순간도 조조의 곁을 떠난 적이 없었다. 모반을 꾀하려 해도 최소한 준비할 시간이 필요한 법이었다. 그렇다면 전위도 지금 적의 계략에 빠져 있는지도 모를 일이었다. 불화살이 날아와 기둥에 꽂혔다. 조조의 본영이 벌써 불길에 휩싸이기 시작했다.

"조조가 저쪽에 있다! 조조를 죽여라! 조무래기들은 놔두고 조조를 잡아라!"

장수가 큰소리로 외쳤다. 그 명령에 따라 여기저기 난무하던 화살이 조조와 그를 호위하는 병사들에게로 집중되었다. 호위병들은 날아드는 화살을 방패로 막으며 조조를 둘러싼 채 탈출을 시도했다. 하지만 장수군의 화살은 조조 일행이 움직이는 길을 따라가며 쏟아졌다. 한 명, 또 한 명 조조군이 연달아 쓰러지기 시작했다.

"흩어져라! 흩어져! 모여 있으면 적의 목표물이 된다! 빨리 흩어져라!"

그때 어디선가 우렁찬 목소리가 들려왔다.

"전위인가?"

조조는 그제야 조금 안심했다. 전위는 한 손에는 창을, 다른 손에는 극을 들고 있었다. 그러나 그 극은 80근짜리 명기가 아니었다. 다른 병졸로부터 건네받은 평범한 극이었다. 그에게는 장난감 같은 물건에 지나지 않았다. 그러나 들고 있지 않는 것보다는 나았다. 그는 자신의 몸으로 조조를 감싸며 숲을 향해 뛰기 시작했다. 일단 숲속으로 들어가게 되면 화살만은 피할 수 있기 때문이었다.

이제 조조를 따르는 사람도 몇 명 남아 있지 않았다. 장남인 조앙曹昻과 조카인 조안민曹安民 그리고 전위뿐이었다. 숲속을 빠져나가자 말 세 필이 서 있었다. 말을 관리하던 병사가 때맞춰 그곳으로 말을 끌고 온 것이었다.

"절영絶影을 끌고 왔구나!"

조조의 얼굴에 기쁨의 빛이 깃들기 시작했다. 절영은 조조의 애마로, 대완산大宛産 말이었다. 대완은 중앙아시아의 휄가나 지역으로 명마가 많이 나는 곳이었다.

"작은 주인께서도 말에 오르십시오! 제가 뒤에 오는 적을 막겠습니다!"

사천왕상 같은 모습을 한 전위가 있는 대로 소리를 질러댔다. 조조 부자와 조카, 이 세 사람은 서둘러 말에 올라 육수 강가를 향해 똑바로 달리기 시작했다. 전위는 살아남은 10여 명의 호위병과 함께 그 자리에 버티고 서서 장수군의 추격을 막았다. 장수군도 죽기 살기였다. 서둘러 조조 일행을 뒤쫓아야 했다. 사투는 계속 이어졌다. 전위는 이미 그 자리에서 죽을 각오를 하고 있었다. 다만 어떻게 하든 적의 추격을 막아 주군이 한 걸음이라도 멀리 도망가도록 해야 한다는 일념뿐이었다. 방패를 버리고 극을 휘두르며 적병을 쓰러뜨렸다. 그러나 그의 극은 세 번째 적의 목을 찔렀을 때 소리를 내며 부러지고 말았다.

'이럴 때 내 극만 있었다면, 아⋯.'

전위는 신음을 토해냈다. 그는 극을 팽개치고 이번에는 허리의 칼을 뽑아 적병들 속으로 뛰어들었다. 그 기세에 놀란 적병이 한꺼번에 뒤로 물러났다. 좌우를 살피니 이미 조조의 병사는 보이지 않았다. 모두 땅바닥에 피투성이가 되어 쓰러져 있었다. 어떤 자는 무릎을 꿇은 자세로 일어나려고 버티다가 결국 힘이 다하여 그 자리에 풀썩 쓰러지고 말았다.

"휙!"

전위는 화살이 날아와 자신의 몸에 꽂히는 소리를 들었다. 왼쪽 어깨였다. 지극히 순간적이었다. 그러나 그 첫 발을 시작으로 삽시간에 거구의 몸 구석구석에 화살이 날아와 꽂혔다. 화살을 피하기 위해서는 적에게 접근하는 수밖에 없었다. 그러나 돌진하면 적은 일제히 뒤로 물러섰다. 그때 한 사내가 전위 앞으로 느릿느릿 걸어오고 있었다. 전위의 칼을 피하기 위해 장수의 병사들이 주춤주춤 뒤로 물러난 상태였는데 한 사내만이 전위의 정면으로 다가오고 있었던 것이다. 전위의 이마에서는 피가 흘러내려 눈을 가리고 있었기 때문에 사내를 알아볼 수가 없었다. 전위는 몇 번이나 눈을 깜빡거리고 난 다음 겨우 사내의 얼굴을 알아보았다.

"바로 너였구나."

전위가 중얼거렸다. 크게 외치려 했으나 소리가 나오지 않았다. 파란 눈의 사내. 전위의 극을 강물 속으로 던져버린 그 사내였다. 그자가 지금 기분 나쁜 웃음을 흘리며 다가오고 있었다. 한 손에는 번쩍번쩍 빛나는 극을 쥐고 있었다.

"사람들은 나를 호거아라고 부르지. 건충장군建忠將軍 장수 각하의 효장驍將이다."

그가 자기 이름을 대며 전위 앞에 버티고 섰다. 호거아는 그렇게 말하면서 들고 있던 극을 앞으로 내밀었다. 극의 칼날은 자기 쪽으로 둔 상태였다.

"무슨 뜻인가?"

전위가 물었다.

"팔십 근은 안 되지만 육십 근은 나가는 극이다. 나는 칼을 사용하겠다."

"알았다."

전위는 비틀거리며 일어나 극을 받아들고 공격 자세를 취했다. 하지만 그는 이미 온몸에 상처를 입은 뒤였다. 서 있기조차 힘든 상태였다. 그러나 마지막 사력을 다했다. 이 합, 삼 합, 극과 칼이 번쩍였다. 사 합째가 되자 전위는 큰소리로 말했다.

"호거아, 지금 나를 불쌍히 여겨 봐주는 건가! 아까처럼 일부러 연극을 하고 있느냔 말이다. 비열한 놈….."

"말이 많구나!"

호거아의 칼이 전위의 미간을 갈랐다. 전위의 얼굴에서 붉은 피가 솟구쳤다. 하지만 전위는 온힘을 다해 그대로 버티고 서 있었다. 호거아가 한 발, 두 발, 천천히 뒤로 물러서자 전위는 그를 쫓아가기라도 하려는 듯 힘겹게 다가갔다. 마침내 전위의 큰 몸이 호거아가 있는 쪽으로 기울더니 이내 쿵 하는 소리와 함께 쓰러졌다.

六

장수의 병사들은 온몸으로 추격을 막던 전위를 쓰러뜨린 뒤 조조 일행을 뒤쫓았다. 조조와 조앙 부자는 말머리를 나란히 하고 달렸다. 그러나 조안민은 뒤에 처져 있었다. 발이 늦은 말이었다. 그렇다

보니 어느새 뒤쫓아 온 장수군의 사정거리 내에 들어가고 말았다.

"히히힝!"

갑자기 말이 울부짖는 소리가 사위에 퍼졌다. 조조가 급히 뒤를 돌아보았다. 조안민이 타고 오던 말이 화살을 맞은 채 앞발을 높이 치켜드는가 싶더니 금세 땅바닥으로 고꾸라지면서 마른 먼지를 일으켰다.

"앙! 더 빨리 달려라!"

조조가 아들에게 소리쳤다.

조앙은 이제 나이 스물이 된 장부였다. 자는 자수子修였다. 일찍이 모친인 유씨劉氏가 세상을 떠났기 때문에 본부인인 정씨의 손에서 자랐다. 정씨는 아이가 없었기 때문에 조앙을 친자식처럼 귀여워했다. 아니, 친자식 이상으로 끔찍이 아꼈다.

"좀 더 서둘러라. 적들 중에 강궁强弓을 사용하는 자가 있는 것 같다. 육수만 건너면 우리 부장들이 기다리고 있을 것이다. 적들도 강 건너까지 쫓아올 생각은 못 할 것이다. 이제 조금만 더 가면 된다."

조조는 말 엉덩이에 채찍을 힘껏 가하며 외쳤다. 붉은 피 같은 땀을 흘린다는 명마 한혈마汗血馬였다. 조앙의 말은 숨이 가빠 헐떡거렸지만 조조의 절영은 전혀 피로한 기색이 없었다. 순식간에 말 두 필 정도의 거리로 조앙이 뒤처지기 시작했다. 장수군에게도 명마가 있었다. 그 명마를 타고 있는 자는 바로 명마의 산지인 페르시아 출신의 무사 호거아였다. 그가 등에 메고 있는 활은 중국에선 볼 수 없는 만궁彎弓이었다. 만궁은 중국의 활보다 두 배 정도의 거리를 낼 수 있었다. 만곡彎曲 부분이 깊어 크기는 작았지만 그 위력은 강력했다. 호거아는 만궁을 손에 들고 말을 달리는 상태에서 화살을 당기곤 했다. 호인들 중에는 기마의 명수가 많았는데 그들은 말 위에서 양손을 모두 사용했다. 호거아가 당긴 화살을 살짝 놓자 말 그대로 쏜살같이 날아간 화살은 조앙보다 앞서 달리고 있는 조조의 말을 맞췄다. 절영은 다리에 화살을 맞고도 멈추지 않고 달렸다. 그러나 두 번째 화살이 엉덩이 부위에 꽂히자 크게 울부짖으며 앞발을 높이 치켜들더니 고꾸라지고 말았다. 그 바람에 조조는 땅바닥으로 내동댕이쳐졌다.

"아버님!"

조앙이 말에서 뛰어내려 쓰러져 있는 조조를 안아 일으켰다.

"괜찮다. 다친 곳은 없다. 절영이 화살을 깊숙이 맞은 모양이야!"

조조는 볼에 묻어 있는 모래를 털면서 일어섰다.

"아버님, 제 말을 타십시오."

조앙이 다급히 말했다. 장수군은 멀찍이 떨어져 있긴 했지만 있는 힘을 다해 달려오고 있었다. 우물쭈물할 시간이 없었다.

"알겠다. 내가 타마!"

조조는 조앙이 탔던 말에 매달리듯이 기어 올라갔다. 그리고는 말의 배를 힘껏 찼다.

"아버님, 부디 무사하시길."

조앙은 말이 달리면서 일으킨 흙먼지 속에서 칼을 뽑아 들었다. 추격해오는 장수군의 선두 그룹은 2백 기 내지 3백 기 정도로 보였다. 조앙은 혼자 그들을 상대하려고 마음먹었다. 그러나 그들을 당해낼 수는 없었다. 조앙은 눈을 감았다. 말굽소리가 가까워지고 있었다. 그는 칼을 든 손을 높이 치켜들었다. 말굽소리가 점점 더 가까워졌다. 흙먼지가 그의 얼굴을 덮었다.

"에잇!"

눈을 감은 채 그는 칼을 내리쳤다. 칼을 든 손끝에 전해오는 감촉이 없었다. 은빛 칼날이 허공을 가르며 쉭 하는 소리만 냈을 뿐 와 닿는 감촉이 없었다. 조앙은 자신의 옆으로 요란한 말굽소리가 그냥 지나쳐가고 있음을 깨닫고 눈을 떴다.

"장하다. 젊은 친구!"

그 목소리를 듣고 조앙은 비로소 고개를 들었다. 머리에 흰 두건을 두른 파란 눈의 사내가 서 있었다. 그의 손에는 칼이 쥐어져 있었다.

"누구냐, 너는?"

조앙이 날카로운 목소리로 물었다.

"효장 호거아다!"

"효장? 가소롭군."

조앙은 비틀거리면서 상대방을 칼로 내리쳤다.

"캉!"

그 소리와 함께 조앙은 손이 저려오면서 칼을 놓치고 말았다.

"우욱!"

신음과 함께 몸이 앞으로 기울어지더니 모래 속에 얼굴을 파묻으며 쓰러졌다. 어깨에서는 붉은 피가 샘솟듯 뿜어져 나오고 있었다.

"훌륭했다."

조앙은 희미해져 가는 의식 속에서 그 말을 들었다.

"훌륭한 친구야. 어린 친구가 마지막까지 늠름한 자세를 보였어."

호거아가 조앙의 마지막을 지켜보며 한 말이었다.

"조조는 어떻게 되었느냐?"

"육수를 건넜습니다."

"강을 넘어서면 이미 추격하기는 틀렸다. 강 건너는 청주병靑州兵

의 영역이기 때문에 함부로 들어갈 수가 없다."

"바로 코앞에 두고 놓쳤습니다. 절호의 기회였는데⋯."

조앙은 곧 꺼질 듯한 의식 속에서 그들이 하는 말을 희미하게나마 들을 수 있었다. 그러나 이 말이 그가 살아생전에 지상에서 들은 마지막 말이었다. 부친이 무사히 추격을 벗어났다는 사실을 알게 되자 갑자기 온몸에서 기운이 빠지기 시작하더니 마지막 가물거리던 의식마저 먹빛 어둠 속으로 사라졌다. 숨이 끊긴 청년의 흐트러진 머리카락을 봄바람이 무심히 훑고 지나갔다.

七

치욕스런 대패였다. 허도로 돌아가는 조조의 마음이 더없이 무거웠다. 그는 길을 걸으며 참모들과 이번 싸움의 패인에 대해 이야기했다. 합리주의자인 조조는 승패와 상관없이 그 이유를 명확히 알아야 직성이 풀렸다. 이겼다 해도 왜 이겼는지 그 이유를 제대로 알지 못할 때에는 연신 고개를 갸웃거리며 끝까지 이유를 캤다.

'장수가 항복을 해왔을 때 곧바로 인질을 잡아놓았어야 했어.'

조조는 육수에서 패한 근본적인 원인을 그렇게 단정 지었다. 그리고는 두 번 다시 똑같은 실수를 저지르지 않겠다고 마음에 새겼다. 일단 원인을 제대로 알게 되면 패전 자체에는 별로 집착하지 않았다. 그러나 이번만은 여전히 마음이 무거웠다. 장남 조앙을 잃은 사실을 본부인인 정씨가 알게 되면 그녀가 어떤 반응을 보일지 짐작되었기 때문이었다. 평상시에도 그녀의 성질은 보통이 아니었다. 조앙이 친아들은 아니었지만 남다른 애정으로 그를 감싸온 터였다.

자기 핏줄이 아닌 사람에 대한 애정은 그야말로 순수함 그 자체라 할 수 있었다. 정씨는 주변사람들이 의식을 하든 말든 전혀 개의치 않고 조앙을 끔찍이 아꼈다.

조조가 예상했던 대로 정씨의 분노와 슬픔은 그 어떤 위안으로도 통하지 않았다. 정씨가 아들의 죽음을 안 지도 며칠이 지났건만 조조의 말은 아예 들으려고도 하지 않았다. 하루 종일 그저 흐느끼고만 있을 뿐이었다.

"부인, 적당히 하시오."

조조는 이 말을 몇 번이나 한 뒤에야 겨우 그녀의 말을 들을 수 있었다.

"그래, 장군께서는 당신의 아들을 죽이고 돌아와서 눈물 한 방울 보이지 않습니까? 그런 장군을 누가 인간이라고 생각하겠습니까? 그런 분하고는 아무 이야기도 하고 싶지 않습니다!"

말 한마디 한마디에 칼바람이 스쳤다. 꽤 여러 날이 지났건만 상태가 전혀 달라지지 않자 천하의 영웅이라는 조조도 어찌해볼 도리가 없었다. 조조는 허도에 머물고 있던 소용에게 상담을 했다.

"이를 어찌하면 좋겠소? 지금부터 해야 할 일이 태산 같은데. 이런 중요한 때 집안의 소소한 일로 마음을 흩뜨리고 싶지가 않소. 무슨 좋은 방법이 없겠소?"

소용은 온화한 미소를 지으며 대답했다.

"당분간은 참도록 하십시오."

"아니오, 부인이 저러고 있으면 내가 아무 일도 할 수가 없소. 당분간 친정으로 보낼까 하오만…"

"그것은 좀 생각해보셔야 합니다."

"어쨌든 부인이 이곳에 있으면 내가 천하의 일에 전념할 수가 없소. 좀 진정될 때까지 헤어져 있는 것이 좋을 것 같소. 아녀자들의 감정은 시간이 지나면 다 해결되는 법이니까 말이오."

"부인의 슬픔은 그리 쉽게 없어질 것 같지 않습니다. 어려우시더라도 장군께서 매일 부인을 위로해드리도록 하십시오. 그러다 보면 조금씩 누그러지실 것입니다."

"뭐요? 부인을 매일 위로하라고? 그럴 수는 없소. 천하를 도모하는 일만 해도 몸이 배겨나지 못할 판이오. 그런데 거기다가 매일 아녀자의 기분을 맞추어주라니? 내 몸이 열 개라도 당해낼 수가 없을 것이오. 내 나이 벌써 마흔둘이오."

결국 조조는 소용의 조언에 귀를 기울이지 않고 정씨를 친정으로 보내버렸다.

천하가 돌아가는 움직임은 조조의 말대로 이제부터였다. 원소는 헌제로부터 정식으로 대장군의 칭호를 받은 바 있다. 그는 기주, 청주, 유주, 병주 등 네 개 주를 겸독兼督하는 당대 최고 실력자로서의 면모를 갖추게 되었다. 현재의 행정구역으로 말하자면 산동반도를 포함한 산동성의 대부분과 하북성의 대부분, 그리고 산서성에 이르는 광활한 세력권이었다. 이에 비해 조조는 천자를 자신의 영내인 허도로 모시기는 했지만 그 세력권은 예주와 연주 두 개 주에 지나지 않았다. 이는 하북성 일부와 하남성의 대부분 지역에 해당되었다. 조조의 입장에서 볼 때 천하를 다투는 싸움에 있어서 원소는 언젠가는 한번 부딪혀야 할 숙적이었다. 그런데 원소는 줄곧 동맹관계를 유지해오던 공손찬과의 관계가 최근 들어 그리 원만하지 못했다. 공손찬이 유우劉虞로부터 유주 자사 자리를 빼앗았는데 이 유주에 원소가 손을 뻗어 자기 세력을 조금씩 확장하고 있는 중이었다.

원소는 죽은 유우의 아들과 그 부하들을 조종하여 공손찬을 계속 흔들어댔다. 머지않아 두 사람 간에는 큰 충돌이 있을 것이었다.

"장군께서 가장 두려워하시는 것이 무엇입니까?"

조조의 참모 순욱이 물었다.

"무엇보다 원소가 관중과 손을 잡고 서쪽의 강羌. 티벳이나 호胡. 서역, 남쪽의 촉을 끌어들이는 일이 가장 두렵지. 그렇게 되면 천하 6분의 5가 원소의 손으로 넘어가는 셈이야. 연주와 예주, 단 두 주만을 갖고 있는 내가 원소와 맞붙는다는 것은 쉬운 일이 아닐세. 뭔가 다른 대책이 있어야 해."

조조가 심각한 표정을 지으며 말했다.

"관중은 지금 분열되어 있습니다. 동탁의 옛 부하를 포함해서 모두 도토리 키 재기를 하고 있는 형국이죠. 그 중에 그나마 아쉬운 대로 독자적인 세력을 가지고 있는 자는 한수와 마등 두 사람뿐입니다. 이들에게 사자를 보내시어 그자들의 아들을 중신에 기용하겠다고 제안하십시오. 그리 되면 그들이 장군의 등에 비수를 꽂는 일은 없을 것입니다."

순욱의 계책을 듣자 조조가 무릎을 쳤다.

"그거 좋은 생각이로군."

그 계책은 곧바로 실행에 옮겨졌다. 지방의 두 실력자는 자식들의 출세를 위해 조조에게 감사의 뜻을 전하기까지 했다. 허도로 올라온 두 사람의 자식들은 천자를 측근에서 모시는 일을 맡았다. 조조의 입장에서 보면 이들은 인질이나 마찬가지였다. 서쪽지방에 있는 실력자의 자제를 인질로 잡아두었다면 이제 관중에 대해서는 크게 걱정할 필요가 없었다.

그렇다면 남쪽지방은 어떻게 손을 써야 할 것인가. 원술이 스스로 황제의 자리에 오르자 강동의 손책은 독자적인 노선을 표방하고 나섰다. 원술은 황제라는 칭호를 얻었을지는 모르나, 결과적으로는 자신의 세력이 약화되는 결과를 초래하고 만 것이다. 조조의 입장에서는 남쪽에서 큰 세력을 형성하고 있는 원술과 여포가 동맹을 맺는 일만은 어떤 일이 있어도 저지해야 했다. 조조는 천하를 다투면서 원술이나 여포와 한번은 부딪힐 수밖에 없을 거라고 생각하고 있었다. 그러나 조조에게는 각개격파가 바람직했다. 두 사람이 힘을 합쳐 조조에게 대항하는 것은 그가 가장 원치 않는 일이었다. 그런데 원술은 지금 여포의 딸을 자신의 며느리로 맞아들이겠다고 공표해놓고 있는 상태였다. 만약 이 혼담이 성사된다면 원술과 여포의 관계는 급속도로 가까워질 것이 뻔했다.

"이 일에 대해서는 무슨 좋은 방법이 없겠는가?"

조조가 다시 순욱을 채근했다.

"그렇게 서두르실 필요는 없다고 생각되옵니다. 진규陳珪 부자父子가 모종의 역할을 하게 될 것입니다."

순욱이 다소 느긋하게 대답했다. 여포가 서주로 불러들인 진규, 진등陳登 부자는 조조에게 마음을 두고 있는 자들이었다. 그런데 지금 여포를 보좌하고 있는 것은 때가 되면 조조를 위해 모종의 역할을 하기 위해 위장하고 있는 것에 불과했다. 진규 부자는 여포에게 상당한 신임을 받고 있었다. 그들은 그러한 신뢰를 최대한 이용하여 조조 진영에서 바라는 대로 양주 원술 측와 서주 여포 측의 동맹을 방해하기 위해 온힘을 기울이고 있었다. 원술과의 혼담 건에 대해서도 진규는 강하게 반대했다.

"한나라 천자는 허도에 계십니다. 천하의 모든 이가 그 사실을 알고 있습니다. 모두가 그렇게 생각하고 있는데 원술이 스스로 황제임을 칭하는 것은 대역무도라고 아니할 수 없습니다. 장군께서 그런 역적과 혼인을 맺음으로써 천하에 그 불충함을 알리는 것은 신하의 도리가 아니라고 생각되옵니다."

"그러한가? 대역적의 집안에 딸을 보내게 되면…."

여포는 심각한 표정을 지었다.

"장군께서 수양아버지인 동탁을 친 것은 그가 역적이었기 때문이었습니다."

"그렇지. 그것도 황제에 대한 충성에서 비롯된 것이지. 그런 대의가 있었기 때문에 불가피하게 아버지를 죽일 수밖에 없었지."

여포가 동탁을 죽인 것을 정당화시킬 수 있는 명분은 그것밖에 없었다.

"그 천하의 역적이었던 동탁도 비록 천자를 안하무인으로 대하긴 했지만 자기 스스로 황제라는 칭호를 사용하지는 않았습니다. 그렇지 않사옵니까?"

"그렇지, 그렇지. 상국이라 칭하면서 삼공보다 더 윗자리에 있긴 했지만 황제를 칭하지는 않았지."

"그럼 결국 원술은 동탁보다도 더한 대역죄인이 아니겠습니까? 그런 자에게 따님을 보내시겠습니까?"

"음, 알겠다."

여포는 결국 자기 딸을 양주로 보내는 일을 거절했다. 그리고 원술이 혼담을 진행시키기 위해 보낸 사자의 목을 베어 저잣거리에 걸어놓았다. 이로써 두 사람의 동맹이 무산되었을 뿐만 아니라 서로 원수지간이 되었다. 원술은 서주로 군사를 출동시켰다. 그러나 여포는 출동군의 총대장을 설득하여 오히려 원술의 직계부대를 공격하도록 만들었다. 여포와 같은 사내가 적의 총대장을 설득했다는 것은 대단한 일이었다. 여포는 적의 총대장을 설득할 때도 원술이 '대역무도한 죄인'임을 여러 번 강조했다. 이보다 더 훌륭한 명분은 없었다.

이처럼 북쪽에서는 원소와 공손찬이, 남쪽에서는 원술과 여포가 서로 으르렁거리고 있었는데 이런 상태야말로 조조가 원하고 있는 최상의 판도였다. 바야흐로 이제부터 천하의 진정한 주인이 누가 될 것인가를 가늠할 수 있는 가장 중요한 시기가 차츰 다가오고 있었다.

八

여포가 원술의 군대를 패주시킨 것은 5월에서 6월에 걸쳐 벌어졌던 일이다. 조조는 9월에 병력을 이끌고 동쪽의 원술을 공격했다. 원술군은 조조가 공격해오고 있다는 사실을 듣는 것만으로 전의를 상실하여 이리저리 흩어졌다. 원술의 병력은 회수를 건너 도주했는데, 하필이면 이 무렵 회수의 남쪽지역은 심각한 기근에 시달리고 있는 중이었다. 때문에 원술의 병력은 순식간에 절반으로 줄어들고 말았다. 황제를 칭한 지 반년도 지나지 않은 시점이었다. 원술의 입장에서 보면 모든 문제는 황제를 칭하면서부터 시작되었다. 그때부터 모든 상황이 꼬이기 시작한 것이다.

조조의 입장에서는 출병하여 싸움에서 승리한 것보다 더 큰 성과를 거둔 셈이었다. 하남에서 회수에 이르는 일대에는 한 협객의 무리가 세를 이루고 있었다. 그 무리의 영수는 허저許褚였는데, 그는 휘하에 수천 명의 협객을 거느리고 있었다. '용력절인勇力絶人. 청년과 그 가족이 똘똘 뭉쳐 외부의 침입을 막았는데, 그 세대수가 수천에 이르렀다' 라고 기록되어 있는 것을 보면 이 협객단은 일종의 자경조직自警組織이었던 것 같다. 지금까지 어느 세력과도 손을 잡지 않고 독립성을 유지했던 이들이 조조를 주군으로 선택한 것이다. 허저는 협객단을 이끌고 조조의 진영으로 찾아와 충성을 맹세했다. 조조는 기뻐서 어쩔 줄 몰라 했다. 특히 그해 초에 그렇게도 아끼던 전위를 잃어버린 조조에게 허저의 등장은 심리적으로도 더없이 큰 힘이 되었다.

"그대는 나에게 번쾌樊噲다!"

조조는 그렇게 말하면서 기쁨을 감추지 않았다. 번쾌는 한나라 고조의 친위대장으로, 홍문 회합에서 항우측의 유방 암살 시도를 막아냄으로써 고조를 지켜낸 사실은 『사기』에 명장면의 하나로 기록되어 있다.

이날 이후 허저는 조조를 그림자처럼 수행했다. 조조는 허저를 볼 때마다 육수 부근에서 잃은 전위를 떠올리곤 했다. 그는 동쪽의 원술을 공격한 후 숨 쉴 틈도 없이 병력을 다시 서쪽으로 향하도록 했다. 연초에 불의의 공격을 가해왔던 장수를 해가 저물기 전에 혼내주지 않으면 도저히 분이 안 풀릴 것 같아서였다.

이 무렵 장수는 벌써 유표의 진영으로 들어가 있었다. 따라서 장수를 공격한다는 것은 유표를 공격하는 것과 같은 의미였다. 치열한 싸움 끝에 조조는 남양군의 호양성湖陽城을 함락시켰다. 그뿐만이 아니었다. 유표의 부장을 포로로 잡고 무음舞陰 지방을 평정하는 등 대단한 전과를 올렸다. 그러나 정작 가슴에 맺힌 원수, 장수에게는 결정적인 타격을 입히지 못했다.

이 원정에서 조조는 육수 강가를 지나게 되었다.

"이곳에서 전위가 죽었어. 그리고 그 많은 병사와 애마도 죽었다. 한혈마 절영이 저 근처에서 쓰러졌다. 벌써 1년이 지났는데 아직도 엊그제 있었던 일 같구나. 누구 게 없느냐? 이곳에 제단을 만들도록 해라."

조조의 양 볼에는 눈물이 흐르고 있었다. 제단이 만들어지자 조조는 그곳에서 비참하게 죽어간 병사들의 넋을 위로했다. 조조는 제문을 읽어가던 중에 흐느끼기 시작했다. 그러더니 결국 제문을 끝까지 다 읽지 못하고 그 자리에 엎드려 통곡했다. 그의 곡소리는 주변에 있던 병사들의 가슴을 아프게 했고 나중에는 여기저기서 오열하는 소리가 들리기 시작했다. 제사가 끝나자 병사들은 다시 행군을 계속했다.

"장군께서는 아직도 전위의 죽음을 가슴 아파하고 계셔."

"그런가보이. 계속해서 전위의 이름만 불러대시니. 장남인 조앙님과 조카 조안민님도 이곳에서 돌아가셨는데. 두 분 이름은 한 번도 입 밖에 안 내셨어."

"병사들을 자기 몸처럼 아끼는 분이시지."

"우리도 장군을 위해 열심히 싸우도록 하세."

병사들은 행군을 하며 그런 말을 주고받았다.

시나브로 날씨가 추워지더니 또 한 해가 저물어가고 있었다. 조조는 병사를 모두 거두어 일단 허도로 돌아왔다. 그리고 병사들에게 한동안 휴식을 취하도록 명했다. 그 사이에 조조도 그동안 미루어놓았던 집안일을 돌아보았다. 친정에 머물고 있는 본부인 정씨를 데려오는 일이 가장 먼저였다. 조조가 정씨를 찾아갔을 때 그녀는 베를 짜고 있는 중이었다. 조조가 들어서는 것을 보고 하녀가 정씨에게 고했다.

"장군께서 오셨습니다."

그러나 그녀는 꿈쩍도 하지 않고 하던 일을 계속하고 있을 뿐이었다. 아무런 반응이 없었다. 베틀을 잡고 있는 손을 멈출 생각이 전혀 없는 듯했다. 그러자 조조가 성큼성큼 다가가 그녀의 등에다 손을 대고 말했다.

"나를 좀 보시오. 함께 돌아가도록 합시다."

하지만 정씨는 뒤도 돌아보지 않고 묵묵히 일에만 열중했다. 방안에서는 삐거덕거리는 베틀 소리만 들렸다. 조조는 천천히 방을 나왔다. 밖으로 나온 조조가 다시 한 번 방안에다 대고 외쳤다.

"진정 나와 같이 돌아갈 생각이 없는 것이오?"

방안에서는 여전히 베틀 돌아가는 소리만이 들릴 뿐 정씨의 목소리는 들리지 않았다.

"그렇다면 이것으로 우리는 갈라서는 것이오."

조조는 그렇게 말한 뒤 큰 걸음으로 정씨 집 대문을 나왔다. 허도로 돌아온 조조는 맨 먼저 소용의 방을 찾았다. 소용은 글을 쓰고 있는 중이었다. 사람이 방안에 들어오는 기척이 나자 그녀는 쓰던 붓을 멈추고 뒤돌아보며 미소를 지었다.

"어떻게 되셨습니까?"

조조가 머리를 옆으로 흔들며 말했다.

"말씀하신 그대로요. 서로 떨어져 있는 게 아니었소. 결국 깨끗하게 헤어지기로 했소."

"그렇사옵니까."

"고집이 있어서 그렇지 좋은 여자였소. 비록 나와는 인연이 멀어진 사람이 되었지만 앞으로 소용님께서 많이 도와주기 바라오."

"알겠습니다."

"그리고 또 한 가지 부탁이 있소."

조조가 잠시 머뭇거리다가 말을 이었다.

"변씨를 정실로 앉히고자 하오. 이 사실을 그녀에게 좀 전해주시겠소?"

"변씨는 장군의 측실이 아닙니까? 왜 직접 전하지 않으시고요?"

"여인들은 무슨 생각을 하는지 통 알 수가 없어서…."

조조는 희미하게 웃고 난 뒤 자리에서 일어났다. 때는 건안 3년 정월이었다.

영웅들의 여성 편력

천하에 수많은 미인이 있을진대 왜 남의 여인을 그렇게 탐하는 것일까? 당시를 살았던 영웅호걸들의 마음은 알다가도 모르겠다. 20세기의 사가史家 노필盧弼은 저서『삼국지집해三國志集解』에서 이렇게 쓰고 있다.

'남의 여자를 탐내는' 조조의 습관은 장제의 미망인에만 국한된 이야기가 아니었다. 그는 하진何進의 며느리인 윤씨尹氏를 자신의 측실로 삼았다. 윤씨는 하안何晏의 모친이었다. 하안은 조조의 딸인 금향공주金鄕公主를 처로 맞아들였기 때문에 관계가 좀 복잡해진다. 어떤 책을 보면 금향공주는 윤씨가 낳은 딸로 나와 있기도 하다. 이것은 이야기를 좀 더 재미있게 하려고 만든 것에 불과하다. 실제로 금향공주의 생모는 두씨杜氏로, 하안과 금향공주 사이에는 아무런 혈연관계가 없다.

또한 조조는 진의록秦宜祿의 처도 측실로 삼았다. 이 같은 여성 편력은 조조뿐만이 아니었다. 아들인 조비 역시 원소의 아들인 원희袁熙의 처 견씨甄氏를 자신의 아내로 삼았다.

당시에는 조조만 그런 것이 아니었다. 삼국지의 주역들은 대개가 남의 여자를 탐냈다. 촉한의 주인이 된 유비는 유모劉瑁의 처인 오씨吳氏를 황후로 맞아들였다. 오나라의 주인인 손권도 육상陸尙의 처인 서씨徐氏를 비로 맞아들였다.

그러면 조조와 이혼한 정씨는 그 뒤 어떻게 되었을까? 조조는 정씨와 이혼한 다음 변씨를 정실로 맞아들였다. 변씨는 계절이 바뀔 때마다 정씨에게 찾아가 인사를 올렸다고 한다. 그리고 이따금 정씨를 집으로 부를 때는 언제나 상석에 앉도록 권했다고 한다. 정씨가 죽고 난 뒤 변씨는 조조의 허락을 받아 조씨 일족의 묘소 가까운 곳에 그녀를 묻었다고 한다.

조조는 말년에 열병에 걸렸는데 그때 갑자기 자리에서 벌떡 일어나더니 '정씨의 무덤이 어디에 있느냐?'하고 물었다고 한다. 고열에 헛소리를 한 것이다. 나중에 주변에서 사실을 이야기해주었더니 조조는 웃으면서 이렇게 말했다 한다.

'나는 이제 곧 세상을 떠서 앙을 만나게 될 텐데 그 아이가 우리 어머님 묘소는 어디에 있느냐고 묻게 되면 제대로 대답해주려고 물어본 것이다."

조조가 육수 가까운 곳에서 죽은 병사들의 제를 지내며 통곡한 것을 두고 병사들의 마음을 사기 위한 일종의 연극이었다고 보는 시각이 많다. 이는 조조를 악인으로 보는 관점에서 나온 시각으로 지나친 억측에 불과하다. 그는 진정 마음속으로부터 우러나오는 애도를 표했다. 조조는 개인적인 감정과 수많은 사람을 이끄는 리더로서의 감정을 엄격하게 구분했다. 전위의 죽음에 대해서도 그는 실로 가슴 아파했다.

전위에게는 육수에서의 패전에 대한 책임이 있었다. 전위는 후侯에도 봉해지지 못했을 뿐더러 죽은 뒤에도 시호를 받지 못했다. 그러나 그의 뒤를 이은 허저는 모향후牟鄕侯에 봉해졌을 뿐만 아니라 사후에는 '장壯'이라는 시호가 내려졌다.

사가들 중에는 이것이 사전史傳의 누락이라고 하면서 실제로는 봉후封侯와 추시追諡가 있었으나 『사기』에서 기록이 누락되었을 뿐이라고 주장하는 사람도 있다. 그러나 필자는 이것을 조조가 신상필벌이라는 원칙에 의해 일부러 그렇게 한 것으로 보고 있다. 전위를 애도하는 것은 좋지만 전위에게 상을 줄 수는 없는 노릇이다. 그 대신 조조는 그의 아들인 전만典滿을 등용하여 도위都尉라는 자리에 앉히고 관내후關內侯라는 작위를 내리게 된다.

19
실패로 끝난 짝사랑

一

노인의 큰 웃음소리에는 어딘가 모르게 음습한 데가 있었다. 큰 소리에 비해 건조한 느낌을 주었고 음산한 여운을 남겼다.

"자네와 나는 어딘지 모르게 닮은 데가 있어."

진규 노인은 그렇게 말하고 난 뒤 다시 메마른 느낌을 주는 소리로 웃었다.

"무엇이 닮았다는 말씀입니까?"

진궁은 내키지 않는 표정을 지으며 물었다. 지금 두 사람이 이야기를 나누고 있는 곳은 서주 하비성에 자리한 여포의 본진이었다.

'닮기는 뭐가 닮았단 말인가? 오히려 정반대라고 할 수 있지. 이 노인과 내가 같다니.'

진궁은 속으로 그렇게 생각했다.

상대를 하고 있는 진규 노인과 그의 아들인 진등은 여포의 진영에 몸담고 있었지만 실은 조조를 위해 일하고 있었다. 언젠가는 조조를 위해 큰일을 할 기회가 오리라는 마음으로 숨을 죽인 채 여포 진영에 머물고 있었던 것이다.

"닮았고말고. 우리 두 사람은 짝사랑을 하거나 혹은 받고 있지 않는가? 하하하!"

진규 노인은 음습한 느낌을 주는 큰 웃음소리를 남기고 자리를 떴다.

짝사랑. 한쪽에서만 일방적으로 상대에게 관심을 갖는 경우를 일컫는 말이다. 여포는 이른바 지혜보따리라고 할 수 있는 진규 부자에 의지하여 천하를 얻고자 했다. 그러나 진규 부자는 오로지 조조를 위해서만 생각하고 행동했다. 따라서 여포 입장에서 보면 진규 부자를 짝사랑하는 것이나 마찬가지였다. 여포 자신은 스스로 짝사랑에 빠져 있다는 사실을 모르고 있었다. 남자들 사이에서의 짝사랑이었다. 모름지기 짝사랑이란 한쪽은 뜨겁게 달구어져 있는 상태이지만 다른 쪽은 차갑게 식어 있는 상태를 말한다. 그러나 어떤 경우에는 서로가 상대에게 뜨겁게 관심을 갖지만 결과적으로는 양쪽 모두 짝사랑이 되고 마는 경우도 있다.

'나와 조조의 관계가 그런 것 아니겠는가?'

이렇게 생각하며 진궁은 씁쓰레한 웃음을 지었다.

진궁은 동군 무양武陽 출신으로, 자는 공태公台였다. 사서에서는 그를 '강직장렬剛直壯烈'이라고 표현했다. 그는 젊어서부터 큰 뜻을 품고 수년 동안 천하를 얻을 수 있을 만한 영웅을 찾아 여러 곳을 헤맸다. 그러다가 조조를 만나자 '바로 이 사람이다! 천하를 얻을 수 있는 영웅. 내가 지금까지 찾아 헤맸던 바로 그 인물이야!' 하고 내심 탄성을 질렀다. 그때부터 그는 조조를 주군으로 받들기 시작했다.

'이자는 실로 내가 천하를 도모하는 일에 큰 도움을 줄 사람이다.'

조조도 진궁을 보는 순간 그런 느낌을 가졌다. 그래서 그를 남다르게 중용했다.

진궁은 천하를 도모하는 데 있어서 책사로서의 임무를 빈틈없이 수행할 수 있으리라는 자신감을 갖고 있었다. 거기다가 매사에 적극적이고 정열적이었다. 하지만 지혜와 정열만으로 어지러운 천하를 평정할 수는 없는 일이었다. 반드시 '힘'이 필요했다. 그래서 그는 오랜 세월 동안 힘을 가진 자를 찾아 헤맸다. 그리하여 자신은 힘 있는 자의 뒤에서 지혜와 정열을 바쳐 도움으로써 천하를 얻는 데 한몫하고자 했던 것이다.

진궁은 역사적 인물 가운데 장량을 자신의 이상으로 삼고 있었다. 한왕조를 연 고조 유방을 뒷받침해줌으로써 천하를 쥐게 한 장량. 장량의 지혜가 유방이라는 힘을 바탕으로 하여 천하통일이라는 위업을 일구어냈다. 진궁은 장량이 지니고 있던 지知를 자신도 빠짐없이 갖추고 있다고 자부했다. 그러나 아주 거대한 '힘'은 그렇게 간단히 조종할 수 있는 게 아니다. 그 힘 속으로 자신의 몸을 던져 넣지 않으면 안 된다. 장량도 유방에게 자신을 완전히 던져 넣었기 때문에 자신의 지혜를 마음껏 발휘할 수 있었다. 그래서 진궁도 장량처럼 자신이 뒤에서 조종해야 할 힘, 즉 조조에게 완전히 몸을 던지고자 노력했다. 그러나 그는 아무리 노력해도 조조라는 영웅의 마음속으로 자신을 던져 넣을 수가 없었다. 그것은 조조가 힘뿐만 아니라 지혜까지 겸비하고 있었기 때문이다. 상대방의 힘을 지혜로써 움직이려고 해도 그전에 벌써 자신의 지혜를 가지고 알아서 움직이는 것이었다.

조조가 진궁을 아끼고 중용했던 것은 이따금 진궁의 생각이 자신과 다른 경우가 있었기 때문이다. 하지만 부분적으로 진궁의 지혜를 빌리는 경우는 있어도 온전하게 취하는 일은 없었다. 진궁은 그것이 불만이었다. 그러나 조조는 진궁의 부분적인 지혜를 귀하게 여겼다. 그것은 짝사랑과 비슷한 것이었다. 진궁으로서는 조조가 힘만 가지고 있는 영웅이기를 바랐다. 하지만 조조는 그런 인물이 아니었다. 진궁은 자신의 의견이 제대로 반영되지 않자 소외감을 갖기 시작했다. 어찌 보면 이것도 또 다른 형태의 짝사랑이라고 할 수 있었다.

마침내 진궁은 조조에 대한 미련을 버리고 그의 곁을 떠날 기회만 엿보았다. 부친의 복수를 위해 조조가 서주 땅을 잔인하게 초토화하고 있을 무렵 진궁은 조조 진영을 떠나기로 결심했다. 그가 조조 대신에 선택한 인물이 바로 여포였다. 지혜는 없고 힘만 가지고 있는 여포야말로 지금까지 진궁이 애타게 찾아다녔던 인물이었다. 진궁은 흥평 원년(194년)에 진류 태수 장막과 손을 잡고 여포를 부추겨 조조를 공격하게 했다. 그러나 황해蝗害에 이은 기근으로 결국 승부를 가리지 못했었다.

그 뒤로 4년의 세월이 지났다. 진궁은 여포 진영으로 들어가 한때 주군으로 받들던 조조를 치기 위해 전력을 다하고 있었다. 조조를 타도하는 것만이 자신의 사명이라 여길 정도였다. 허도에 있는 조조가 자신에 대해 한 말이 들려오기도 했다.

'진궁만큼 지혜가 뛰어난 사람은 일찍이 본 적이 없다. 아까운 인물이다. 불러들여 다시 한 번 내 밑에서 일하게 하고 싶다.'

조조는 이 말이 진궁의 귀에까지 흘러들어갈 것을 염두에 두고 일부러 자신의 측근들에게 흘렸을 터였다. 또한 이 소문이 자연스럽게 진규 노인의 귀에까지 들어가게 되었다. 그래서 그가 짝사랑이니 뭐니 하는 말을 입에 담았던 것이다.

'조조가 자네를 짝사랑하고 있구먼. 여포는 내가 조조에게 마음

을 두고 있다는 것도 모르고 나를 짝사랑하고 있어.'

노인이 한 말 속에는 이런 이중의 의미가 포함되어 있었다. 여포의 진영에서 가장 취약한 부분은 참모들이 분열되어 있다는 점이었다. 여포에게 부족한 지혜를 채워주는 역할을 해야 할 참모들이 사분오열되어 있다는 사실은 공공연한 비밀이었다. 그 사실을 모르는 사람은 여포뿐이었다.

진규 노인이 돌아간 것을 확인한 후 진궁은 여포를 찾아가서 이렇게 말했다.

"지금이야말로 패성을 공격할 때입니다."

패성에는 조조의 진영으로 머리를 숙이고 들어간 유비가 있었다.

"패성을 공격하면 조조가 원병을 보낼 것이 아닌가?"

여포는 별로 생각이 없다는 투로 말했다.

"조조는 서쪽으로는 유표와 장수, 그리고 북쪽으로는 원소와 대치하고 있는 상태로 앞뒤가 모두 적입니다. 지금 그에게는 동쪽으로 이동시킬 만한 병력의 여유가 없을 것입니다."

진궁이 거듭 말했다.

"그럴까? 진규가 하는 말로는 유비를 치게 되면 조조가 반드시 병력을 보낼 것이라고 하던데?"

"그렇게 되면 저희도 원병을 청하면 되지 않겠습니까? 남쪽의 원술에게 말입니다."

"원술과는 혼담을 거절한 이후부터 사이가 좋지 않은데…."

"이제부터 혼담을 다시 시작하면 되지 않겠습니까? 그 혼담을 물리치도록 진언한 자가 진규입니다. 아무리 봐도 그 노인은 조조 편을 들고 있는 것 같습니다."

"어쨌든 바로 작년에 원술을 공격했는데 혼담 문제를 다시 꺼내 동맹을 맺자는 것이 과연 가능할까?"

"지금 상황에서는 가능합니다. 작년 9월, 원술이 조조의 공격을 받고 후퇴했습니다. 한창 위세가 좋을 때라면 모르겠지만 지금은 그 위세가 많이 수그러진 상태이기 때문에 오히려 원술이 동맹을 더 원하고 있을지 모릅니다."

"그러나 원술은 스스로 황제를 칭한 역적인데?"

"무슨 말씀이십니까? 한나라를 연 유방도 일개 서민 출신입니다. 조조와 유표, 그리고 원소도 내심 황제가 되려는 야심을 가지고 있습니다."

"그러한가."

여포는 고개를 끄덕거리며 속으로 말했다.

'물론 나도⋯.'

二

"조조군이 지쳐 있는 지금이야말로 세력을 넓힐 수 있는 절호의 기회입니다."

진궁이 여포에게 말했다.

"그렇기는 하지만⋯."

여포는 뭔가 개운치 않은 듯 망설였다. 이제 의미 없는 싸움은 하고 싶지 않았다. 앞으로는 싸우더라도 황제가 되기 위한 전쟁처럼 이유와 목적이 분명한 싸움만 하고 싶었다. 평소의 그답지 않게 신중한 자세였다.

"지금 장안에 묘한 소문이 퍼지고 있는데 주군께서는 혹시 들으셨는지 모르겠습니다."

진궁이 말했다.

"무슨 소문 말이냐?"

"유비의 아우인 관우에 관한 소문입니다."

"관우? 아아, 그 수염만 멋지게 기른 자! 그자가 어쨌다는 거냐?"

"말씀드려도 화를 내시면 안 됩니다."

"왜, 내가 들으면 기분 나쁠 이야기인가?"

"그렇습니다."

"그럼 어서 말하도록 하라. 말을 꺼내놓고 다음 말을 하지 않으면 더욱 화가 나지."

"그 관우란 자가 말도 안 되게 초선 마님을 사모하고 있다고 합니다."

"뭐라고!"

여포가 놀라며 소리를 질렀다. 그는 현재 몇 명의 처첩을 거느리고 있긴 했지만 그 중에서도 특히 초선을 총애했다. 지금 이 서주의 하비성에서는 초선을 모두 정실로 대하고 있었다. 그 초선을 다른 사내가 흠모하고 있다. 그것도 다름 아닌 관우가.

"모두가 알고 있는 소문입니다. 만일 의심스러우시면 아무나 잡고 물어보십시오. 사안이 사안이니만큼 장군에게만은 아무도 이야기를 하지 못했을 뿐입니다."

진궁은 차분한 어조로 말했다. 그러나 상대방이 분을 참지 못하고 있을 때 차분한 어조로 이야기를 하면 오히려 더 상대방을 자극하게 된다.

"그, 그 털북숭이가 초선을 만났단 말이냐?"

여포의 흰 얼굴이 점점 붉게 물들기 시작했다.

"아닙니다. 이 일에 초선 마님은 아무런 책임도 없습니다. 관우는 어디선가 초선 마님의 모습을 잠깐 보았을 뿐입니다. 그 후로 저 혼자서 짝사랑하고 있는 것입니다."

"이 더러운 털북숭이!"

여포는 퉤 하고 침을 내뱉었다. 침을 뱉고 나서 그것으로 끝났다면 그것은 진궁이 계산했던 결과가 아니었다. 어떻게 해서든지 여포가 유비를 공격하게 하여 조조를 싸움터로 끌어내야 한다. 그런 다음 조조에게 타격을 가해야 한다.

"2년 전 관우가 소수의 병력을 이끌고 이 성을 공격했던 것도 초선 마님을 납치해가려고 했던 것입니다. 다행히 초선 마님이 외출을 하셨기 때문에 화를 면할 수가 있었습니다."

진궁은 조심스럽게 말을 이어가면서 여포의 감정을 살폈다. 여포의 얼굴이 벌겋게 달아오르기 시작했다. 이내 여포의 감정이 폭발하고 말았다. 진궁이 기다리던 순간이었다.

"그게 사실인가!"

벌겋게 달아오른 여포의 얼굴이 다시 파랗게 바뀌기 시작했다.

"장군만 빼고는 모든 사람이 알고 있는 사실이옵니다. 아무나 불러서 물어보십시오."

진궁의 목소리는 끝까지 냉정했다.

"이 털북숭이 호색꾼 같으니!"

여포는 자리에서 일어나 발소리를 요란하게 내면서 우왕좌왕 거닐었다. 관우와 같은 천한 것들의 눈에 자신이 그토록 아끼는 초선의 고운 자태가 들어갔다는 것만 해도 분을 삭이지 못할 판인데 초선을 빼앗기 위해 자신의 성까지 침입했다고 하니 도저히 자리에 앉아 있을 수가 없었다.

"저희 참모들은 관우와 같은 비천한 작자 때문에 장군께서 노하시는 것이 온당하지 않다고 생각하여 지금까지 그 사실을 말씀드리지 않았습니다. 또한 그 작자가 또다시 미친 짓을 할 것에 대비해서 나름대로 은밀하게 준비해두고 있었습니다. 장군께서도 지금 관우를 호색꾼이라고 말씀하셨는데 그런 색정광들은 정신상태가 정상이 아닙니다. 언제 다시 초선 마님을 차지하려고 올지 알 수 없습니다. 지금까지는 별일이 없었습니다만 한번 그런 짓을 저지른 자는 다시 엉뚱한 짓을 저지를지도 모릅니다. 불안한 일이 아닐 수 없습니다."

진궁은 말을 마친 다음 고개를 숙였다.

"뭐라고, 불안하다고? 바보 같은 소리!"

여포에게는 생명과도 같은 초선을 지키지 못한다는 것은 말도 안되는 이야기였다. 절대 가만있을 수는 없는 일이었다.

"초선 마님을 안전하게 지키는 방법은 오직 한 가지밖에 없습니다."

진궁이 얼굴을 들고 말했다.

"그 방법이 무엇이냐?"

여포가 조바심을 내며 물었다.

"유비의 패성을 공격하여 색정광인 관우를 잡아 죽이는 것입니다. 그 외에는 달리 방법이 없습니다."

"잡아 죽이는 것만으로는 안 된다! 사지를 갈기갈기 찢어서 개에게 먹이리라. 좋아, 출정 준비를 하라!"

여포는 유비를 공격하기로 했다.

"공격하시기 전에 원술과의 관계를 회복해놓아야 합니다. 사자를 보내시어 혼담을 다시 시작하도록 하십시오."

"알았다. 그 문제는 내가 처리하겠다."

"나중에 진규가 찾아와서 어떻게 해서든 출전을 막으려고 할 것입니다. 그가 어떠한 이유를 대더라도 절대 받아들이시면 안 됩니다."

진궁이 힘주어 말했다.

"더 긴말할 필요 없다. 나는 일단 마음을 정하면 어떤 일이 있어도 그대로 밀고 나간다."

여포는 그렇게 말하고 난 뒤 크게 숨을 내쉬었다. 아직도 분노가 가시지 않은 듯했다.

"그럼 저는 물러가서 출정 준비를 하겠습니다."

진궁이 가볍게 고개를 숙여 인사하고 돌아섰다.

"조조가 끼어들지는 않겠지?"

진궁의 등 뒤에다 대고 여포가 물었다. 진궁은 고개를 돌려 뒤를 돌아다보며 옅은 미소를 지었다. 그 웃음 뒤에는 진궁 나름대로의 속셈이 숨어 있었다. 유비를 공격하는 것은 조조를 싸움판으로 끌어내기 위한 작전에 불과했다. 조조가 싸움판으로 나오지 않으면 예상은 빗나가는 것이다. 그러나 조조는 분명히 출병할 것이다. 진궁은 이 사실을 굳게 믿고 있었다.

"조조가 끼어들더라도 상관없지 않겠습니까? 조조 병력은 최근에 실리 없는 싸움을 벌여 완전히 전열이 흩어져 있는 상태입니다. 이 기회에 아예 목을 비틀어 숨통을 끊어버리십시오."

말을 마친 진궁은 천천히 방을 나섰다.

三

실리 없는 싸움. 진궁의 말처럼 조조군은 건안 3년(198년) 초반에는 이해하기 힘들 정도로 어리석은 싸움을 이어왔다. 그래서 주변으로부터 '싸움은 오기로 하는 것이 아닌데' 하는 우려의 말까지 들었다. 조조는 지난해 말에 장수를 공격한 뒤 일단 허도로 돌아왔다. 그는 본처 정씨와의 결별 등 여러 가지 신변 문제를 정리하면서 겨울을 지낸 뒤 새해 3월이 되자 다시 장수를 공격하기 위해 출정했다. 그때 조조는 이를 갈았다.

"아직도 육수에서의 굴욕적인 패배가 마음속에서 지워지지 않고 있다. 전사한 전위의 맺힌 한도 아직 다 풀리지가 않았다. 어떻게 해서든지 그 풋내기를 없애버리고야 말겠다."

이에 대해 참모들 사이에서는 반대의견이 많았다.

"장수는 풋내기일지 모르지만 그 뒤에는 유표가 버티고 있습니다."

참모들은 조조에게 자중할 것을 간했다.

"서쪽으로 병력을 움직이게 되면 북동쪽에서 원소가 공격해올 염려가 있습니다."

이 같은 우려를 표하는 참모도 있었다. 이러한 참모들의 반응에 조조는 냉담했다.

"원소는 북쪽의 공손찬을 신경 쓰느라 병력을 그렇게 간단히 서쪽으로 이동시키지는 못할 것이다. 걱정하지 마라."

그러자 참모들이 설득력 있는 반대의견을 내놓았다.

"장수는 부하들이 굶어죽기 때문에 유표의 산하로 들어간 것에 불과합니다. 그런데 유표는 장수의 병력이 배불리 먹을 만한 식량을 주지 않고 있다고 합니다. 이런 상황에서 장수의 병력이 불만을 터뜨리게 되면 결국 장수는 유표와 결별하고 말 것입니다. 공격을 하더라도 그때 가서 하시는 게 좋을 듯합니다."

하지만 조조는 단호하게 고개를 흔들었다.

"복수전을 치르지 않으면 병사들의 사기가 오르지 않아!"

결국 조조는 자신의 출정 의지를 그대로 밀어붙였다.

회의가 끝나자 참모들이 돌아가고 조조는 수석참모인 순욱과 단둘만 남게 되었다.

"이제부터 진짜 작전회의를 시작하시지요."

순욱이 빙긋이 웃으면서 말했다.

'내 마음을 잘 읽고 있군.'

조조는 자신의 마음을 가장 잘 읽고 있는 순욱의 눈을 보며 잠시 생각에 잠겼다.

"이번 싸움에서 가장 중요한 것이 무엇이라고 생각하느냐?"

잠깐 동안 침묵이 이어진 뒤 조조가 먼저 입을 떼었다.

"큰 전력 손실을 가져온 것처럼 보이면서도 실제로는 별다른 전력 손실이 없어야 합니다. 가능하면 이겼으면서도 진 것처럼 보일 수만 있으면 그것이 가장 바람직하지 않겠습니까?"

순욱이 조금 전과 마찬가지로 빙긋 웃으면서 말했다.

"거기까지 생각하고 있다면 내가 더 이상 설명할 필요는 없겠다. 곧바로 작전계획을 세우도록 하라."

"알겠습니다."

순욱이 대답했다.

천하를 손아귀에 넣기 위해서는 주요 세력을 하나씩 없애야 한다. 장수를 공격하는 것은 그 배후에 있는 실력자 유표를 없애기 위한 것이라고 세상 사람들은 생각하고 있을 것이다. 그러나 조조는 이번 기회에 여포와 원술을 없앨 작정이었다. 원술은 지난해 입은 타격으로 군사력이 크게 약화되었다. 스스로 제위에 오르긴 했으나 남은 것은 전력 손실뿐이었다. 조조의 입장에서는 오히려 원술보다도 여포가 더 조심스러웠다. 난세에는 각지의 작은 세력들이 살아남기 위해서 강한 자에게 몰려들게 마련이었다. 여포의 용맹함은 동탁을 살해한 사건에서부터 극戟의 호㦿를 활로 쏘아 맞힌 화려한 일화에 이르기까지 천하에 널리 알려져 있었다. 여포의 용맹함을 듣고 수백에서 수천에 이르는 작은 세력이 하나둘씩 몰려들다 보면 뜻밖의 큰 세력으로 성장할 가능성이 있었다.

'여포도 하루빨리 숨통을 끊어놓지 않으면 안 되지.'

조조는 그렇게 생각하고 있었다. 그는 세상이 만들어내는 허상과 또 그것이 갖는 가공할 만한 위력을 잘 알고 있었다. 그 허상은 실제를 실제 이상으로 크게 보이게 했다. 여포가 일단 강력한 세력으로 성장하게 되면 그때 가서 그 위력을 꺾기란 쉬운 일이 아니다. 지금 손을 보지 않으면 안 된다.

"그런데 좀 늦은 감이 있습니다. 태산 주변의 작은 세력들이 이미 여포의 주변으로 몰려들고 있습니다."

순욱이 다소 걱정스런 표정으로 말했다. 태산 주변에는 어느 군벌에도 속하지 않은, 말하자면 큰 세력들의 눈치를 살피고 있는 작은 세력들이 여기저기 산재해 있었다. 그들은 3천에서 5천 명 정도의 무리를 이루고 있었다. 그 작은 무리의 수령은 장패臧覇, 손관孫觀, 오돈吳敦, 윤례尹礼와 같은 자들이었다. 그들은 일찍부터 여포의 용맹함을 듣고 하나둘 여포의 휘하로 들어오기 시작했다.

'용장 여포의 휘하에 있으면 언젠가 반드시 좋은 일이 있을 것이

다.'

그들은 나름대로 그런 계산을 하고 있었다.

"아니, 늦은 건 아니다. 태산의 산적들이 몰려들면 여포는 득의양양해할 것이다. 그자가 자신감을 갖는다고 나쁠 건 없다."

조조가 말했다. 조조의 계략은 여포가 먼저 공격해오도록 만든다음 그를 없애자는 것이었다. 그러자면 여포에게 자신감을 심어줄필요가 있었다. 여포에게 자신감을 갖도록 하기 위해 조조는 유표나 장수 같은 자들과 싸워 전력에 큰 손실을 입은 것처럼 꾸밀 생각이었다. 이번 원정은 바로 그런 연극을 하기 위한, 일종의 분위기조성용 출정에 다름 아니었다. 태산의 무리들이 여포에게 몰려드는것도 그에게 자신감을 심어주는 일이었기 때문에 조조는 나름대로자신에게 유리한 상황이라고 판단했다.

'조조군이 타격을 받았다는 보고를 받게 되면 여포는 필시 조조군의 세력 가운데 하나인 인근의 패성을 공격할 것이다. 그렇게 되면 패성의 유비는 조조에게 지원을 요청해올 것이다. 조조군은 즉시 유비의 요청을 받아들여 달려오겠지만, 이미 몇 차례의 싸움을거치는 동안 전력에 손실을 입은 터라 병사들의 사기는 떨어져 있을것이고 전력 또한 상당히 약화되어 있을 것이다. 바로 이때가 천자를 앞세우고 설쳐대는 조조를 혼내줄 수 있는 절호의 기회이다.'

이것이 조조가 예상하는 여포의 반응이었다.

"과연 여포가 패성을 공격할까요?"

이 점에 관해 순욱은 아직 확신이 들지 않는 모양이었다.

"반드시 공격할 것이다. 여포의 진영에는 진궁이 있지 않느냐?후후."

조조가 의미 있는 웃음을 짧게 흘렸다. 조조의 진영을 떠나 여포에게로 간 진궁은 항상 조조를 타도하기 위해 기회를 엿보고 있었다. 그런 진궁이 이처럼 좋은 기회가 왔는데 팔짱만 끼고 있을 리가 없었다. 그렇기 때문에 조조가 자신의 전략이 성공하리라는 확신을 갖고 있었던 것이었다.

"여포를 없애면 원술 세력도 저절로 소멸되고 말 것입니다."

순욱이 그렇게 말한 데는 이유가 있었다. 원술은 지난해까지만 해도 큰 세력을 형성하고 있었으나 스스로 황제의 자리에 오르고 난 뒤부터 급속하게 힘이 약화되고 있었다. 강동의 손책이 독립을 선언한 일도 전력 약화에 지대한 영향을 미쳤다.

그에 비하면 여포는 오랫동안 떠돌이 생활을 했을 뿐만 아니라 근자에 이르기까지도 미미한 세력에 불과했다. 그러나 유비를 밀어내고 서주의 목이 되면서부터 눈에 띄게 세력이 불어나기 시작했다. 몰락해가는 선두그룹과 떠오르는 신흥세력, 어느 쪽도 자기 혼자서는 천하의 패권을 다툴 수가 없었다. 여포와 원술은 서로 손을 잡음으로써 비로소 천하를 다투는 싸움에서 한 축을 형성할 수가 있을 터였다. 둘의 사이는 혼담이 오가다가 깨지는 바람에 악화되어 있었다. 그러나 양자 모두 상대방과 동맹이 필요하다는 것을 인식하고 있었기 때문에 언젠가는 손을 잡게 될 것이었다. 조조와 순욱은 거기까지 내다보고 이 둘을 하나로 묶어 한꺼번에 없앨 생각을 하고 있었다.

"그럼 이제부터 어떻게 하면 패한 싸움처럼 보일 수 있을까에 대해서 연구를 해봐야지."

조조는 탁자 위에 지도를 펼쳐놓았다.

四

조조가 장수를 양성에서 포위한 것은 건안 3년(198년) 3월의 일이
었다. 그는 병사들을 쉬게 하면서 느긋하게 상대방의 전력이 약해
지기를 기다렸다. 그렇게 한 지도 벌써 한 달이 지나고 있었다. 그
러던 어느 날 성을 포위하고 있던 조조군의 사령부에 허도로부터 급
전이 날아들었다. 그때 조조는 수십 명의 장수와 함께 작전회의를
하던 중이었다. 넘어질 듯 회의실로 다급히 들어온 전령이 조조 앞
에 엎드려 큰소리로 고했다.

"원소가 허도를 기습할 계획을 세우고 있다는 전갈이옵니다!"

"무엇이!"

조조가 자리를 박차고 일어나 하늘을 올려다보았다.

"이제 어찌하면 좋겠습니까?"

한 참모가 조조에게 물었다.

"즉시 퇴각할 수밖에 없지 않겠느냐? 천자를 빼앗기면 큰일이다.
신속하게 퇴각준비를 하라!"

조조는 외치듯 명령을 내렸다.

"예, 알겠습니다."

"퇴각명령은 극비리에 전달하도록 하라."

조조가 참모들에게 주의를 주었다. 회의에 참석한 수십 명의 장
수들 중에는 적에게 매수된 자가 두세 명쯤은 반드시 있을 터였다.
공개하지는 않고 있지만 확실한 증거가 포착된 자가 한 명 있었다.
짐짓 극비라고 말했지만 이 사실이 곧바로 적에게 알려지리라는 것
을 조조는 잘 알고 있었다. 즉 적에게 알리기 위해 일부러 꾸며낸
말이었던 것이다.

"알겠느냐?"

조조는 거듭 주의를 주었다.

"절대 허둥대서는 안 된다. 원소가 허도를 치려면 틀림없이 앞으로 수일은 걸릴 것이다. 서둘러서 돌아가야 하지만 만일 우리가 퇴각한다는 것을 적이 알게 되면 곧바로 추격해올 것이다. 추격을 받게 되면 우리 쪽에 큰 타격이 아닐 수 없다. 그러니 다소 시간이 걸리더라도 적이 눈치채지 못하도록 철저하게 퇴각준비를 하라."

그즈음 장수는 유표와 연락을 취하여 퇴각하는 조조군을 공격할 준비를 하고 있었다. 이윽고 밤이 되자 조조군의 퇴각이 시작되었다. 야음을 틈타 도망가는 것이 옛날부터 퇴각의 정석이었다. 장수와 유표 연합군은 미리 조조군의 퇴각을 알고 있었기 때문에 도중에 기습을 하기 위해 잠복해 있었다. 이런 공격에는 양쪽이 산으로 둘러싸여 있는 좁은 길을 택하는 것이 기습의 정석이었다. 길 양 옆의 산 속에 병사들을 미리 매복시켜 조조군이 지나가기를 기다리고 있다가 일시에 공격을 감행하는 것이다. 병사들이 매복해 있는 곳은 자산紫山이라는 곳이었다.

때가 되자 함성과 비명이 자산에 메아리쳤다. 칠흑 같은 어둠 속이었기 때문에 전황이 어찌 된 것인지는 잘 알 수가 없었다. 다만 장수와 유표 연합군 측의 느낌으로는 기습당한 부대치고는 조조군이 그다지 당황하는 모습이 아니었고 예상했던 것보다 병사의 숫자가 훨씬 많았다. 한바탕 싸움이 벌어지고 난 뒤 조조군의 한 장수가 외쳤다.

"서둘러라, 서둘러! 적을 상대하지 마라! 허도로 빨리 돌아가야 한다! 퇴각하라, 퇴각!"

그는 계속하여 사방에 대고 외쳐댔다.

"패배다, 패배! 빨리 도주하라!"

이렇게 외치는 장수도 있었다. 싸움은 이렇게 끝이 났다.

이튿날 아침, 장수는 수석 참모인 가후와 함께 지난밤에 전투를 치렀던 곳을 시찰하면서 깜짝 놀랐다. 그곳에 널브러져 있는 시체는 거의가 아군이었다. 조조군의 시체는 열 구 중에 한 구 정도밖에 없었다.

'이렇게 되면 완전히 진 싸움이 아닌가.'

그런데도 상대방은 패배했다고 소리치며 서둘러 도망갔다. 척후병의 보고에 따르면 자산을 빠져나가 동쪽으로 가는 길로 접어든 조조군은 그 부근 마을 사람들에게 "장수와 유표 연합군에게 호되게 당했다. 많은 병사가 죽었다"는 말을 했다는 것이다.

'도대체 어찌 된 영문인가?'

영문을 몰라 의아해하던 가후는 간밤에 싸움을 벌였던 자산으로 다시 찾아가 이곳저곳을 살펴보았다. 그러다가 산의 양쪽으로 큰 굴 두 개가 뚫려 있는 것을 발견하고는 크게 놀랐다.

"으음!"

가후는 신음을 뱉었다. 그 두 개의 굴은 조조군이 퇴각 사실을 속이려고 파놓은 것임을 알았기 때문이다. 조조는 자신의 군대가 퇴각하는 데 시간이 걸리는 것처럼 보이게 해놓고는 자산의 양쪽에다 굴을 파놓고 그곳에 숨어 있었던 것이었다. 장수와 유표 연합군은 퇴각하는 조조군의 숫자를 계산해서 기습을 감행했다. 그런데 조조군은 그 부근에서 적의 기습이 있으리라는 사실을 알고 있었다. 미리 일부 병력을 굴 안에 숨겨놓았다가 적이 기습을 감행하자 일시에 튀어나와 장수와 유표 연합군을 제압했다. 그러면서도 '졌다! 졌다!' 하고 소리를 지르며 도주한 것이었다.

"알았다! 이런…."

그제야 가후는 앞뒤 사정을 눈치 채고는 이를 갈았다. 가후는 양주 사람으로 일찍이 동탁의 참모를 지내다가 동탁의 사위 우보의 참모를 지내기도 했던 인물이었다. 장안에서 동탁이 여포의 손에 살해되었을 때 동쪽에 주둔하고 있던 이각과 곽사가 병력을 해산하고 다들 고향으로 돌아가자는 의견을 내놓았을 때였다.

"여기서 이대로 후퇴하나 장안을 공격해본 다음 후퇴하나 마찬가지가 아니겠소? 이렇게 수만의 병력이 모여 있는데 일부러 해산시킬 이유가 무엇이란 말이오? 지금 곧바로 장안을 향해 진격합시다."

이렇게 두 사람을 설득하여 장안을 점령하게 했던 자가 바로 가후였다. 그는 우보가 죽은 뒤에 동탁의 계파인 장수의 휘하에서 일하게 되었다. 그는 장안에 머물면서 선의장군宣義將軍이라는 직책을 갖고 있었는데 그 때문에 장수군에 소속되어 있기는 했지만 그와는 거의 같은 격이었다.

"전 병력을 이끌고 조조를 추격합시다."

가후가 장수에게 말했다.

"이길 수 있을 것 같소?"

장수가 고개를 갸웃하며 반문했다.

"당연히 승리할 것이오. 어둠속에서야 자기들이 싸움에서 승리했으면서도 졌다고 외치며 달아났지만 백주 대낮에 마을 사람들이 지켜보는 데서는 그렇게 할 수 없을 것이오. 조조는 우리와의 싸움에서 승리하는 것이 목적이 아니오."

가후는 자신 있게 말했다. 장수는 도무지 무슨 이야기인지 이해할 수 없었지만 가후의 작전을 믿었기 때문에 전군에 추격명령을 내렸다. 과연 조조군은 계속 도망만 가고 있었다. 추격전을 벌인 장수군은 뒤처진 조조군에게 약간의 타격을 입히긴 했지만 이렇다 할 전과는 올리지 못했다.

허도에 도착한 조조가 입맛을 다시면서 말했다.

"장수는 아무것도 모르는 풋내기인데 가후는 역시 보통이 아니야."

"차라리 잘되지 않았습니까? 우리 군사들이 정신없이 후퇴하는 것을 많은 사람이 두 눈으로 똑바로 보았으니까 말입니다."

옆에 있던 순욱이 조조에게 위로의 말을 건넸다.

五

조조가 허도로 돌아온 때는 7월이었다. 8월이 되자 과연 여포는 패성을 급습했다. 여포군의 장수는 고순高順과 장료張遼로 모두 기병전에 능한 무사였다. 여포가 중원에 기반을 만들 수 있었던 것은 강력한 기병대를 가지고 있었기 때문이다. 강한 기병대를 유지하기 위해서는 무엇보다 우수한 말이 조달되어야 했다. 그러나 서주 부근에서 나는 말은 일할 때만 사용되는 말이었다. 그래서 여포는 전쟁에 사용할 수 있는 말을 사기 위해 흉노족이 말을 팔러 오는 하내까지 사람을 보냈다. 이 과정에서 문제가 발생했다. 어렵사리 구한 말을 끌고 돌아오는 길에 패 부근을 지나게 되었는데 그곳에서 일단의 무리에게 공격을 받고 말을 모두 강탈당하는 사건이 벌어진 것이다. 여포는 이 소식을 듣고 빠르게 뇌리를 스쳐가는 생각을 놓치지 않았다.

'유비, 그 토끼 같은 얼간이의 짓이 틀림없어.'

여포는 그렇게 확신하고 유비에게 사람을 보내 강탈한 말을 돌려 달라고 요구했다. 하지만 유비는 딱 잡아뗐다.

"이쪽에서는 전혀 그런 일을 알지 못하오. 태산의 도적들이 저지른 일이 아닌가 싶소만."

이 사건은 여포가 패성을 공격하는 데 좋은 구실이 되었다. 여포군의 공격을 받은 유비는 의당 맹주인 조조에게 구원을 청했다. 조조는 원군을 보내주었으나 도저히 여포군을 몰아낼 수가 없었다. 여포의 부장 장료는 안문雁門, 산서성 마읍馬邑 출신이었다. 그의 출신지에 마馬 자가 들어 있듯 장료는 기병전의 천재라 할 만했다. 당시 그의 나이는 28세였다. 결국 유비군과 조조의 원군은 장료의 공격을 받고 뒤로 물러설 수밖에 없었다. 하지만 조조는 이미 쌍방의 전투력을 계산하고는 이 같은 결과가 나오리라 예상하고 있었다.

'모든 일이 예상대로 들어맞고 있구나.'

조조는 냉정한 자세를 견지하고 있었다. 잠시 여포의 기분을 맞춰주는 것도 그리 나쁜 일은 아니었다. 그러나 여포의 입장에서는 이 전투의 성과에 불만이 많았다. 그가 바라는 것은 색정광 관우였는데 그를 놓치고 만 것이었다.

"유비는 놓쳐도 상관없지만 관우는 반드시 잡아야 했는데!"

여포는 중얼거리며 입술을 깨물었다.

유비와 여포는 서로 도움을 주고받은 관계였다. 여포가 어려움에 빠져 유비에게 도움을 청했을 때 유비는 그를 선선히 받아주었다. 그리고 그 보답으로 여포는 극호를 활로 맞혀 유비의 목숨을 구해주기도 했다. 그것으로 피차간에 갚을 빚은 없었지만 처음부터 여포는 유비에 대해서만큼은 그다지 악감정을 품고 있지 않았다. 자신의 말을 강탈당한 사건에 대해서도 9할 이상은 유비가 한 일이라는 심증을 갖고 있긴 했지만 '그 토끼 같은 얼간이 친구는 자기 부하가 도둑질해간 것을 모르고 있을 수도 있어'라며 다소 여운을 남기기도 했다. 여포는 유비를 '귀 큰 친구' 또는 '토끼 귀'라고 불렀는데 그 명칭에는 어느 정도 친근감도 내포되어 있었다.

"유비 대신 그의 처자들을 잡아왔습니다."

한바탕 싸움을 끝내고 하비성으로 돌아온 장료가 여포에게 보고했다.

"안됐군. 토끼 그 친구, 또 잡혀왔어. 이것으로 두 번째야."

여포가 말했다. 이전에도 유비가 비운 서주성을 여포가 공격했을 때 그의 가족을 인질로 삼은 적이 있었다.

9월이 되자 유비군은 패성을 버린 채 도주했다. 허주에서 이 소식을 접한 조조는 그 자리에서 명령을 내렸다.

"내가 직접 전 병력을 이끌고 나가 여포를 혼내주겠다. 곧바로 출정 준비를 하라."

출정 준비는 진작 완료된 상태였다. 준비라 해야 간단한 점검만 하면 끝날 터였다. 이제부터가 진짜 싸움이었다. 조조는 반동탁 연합군에 가담한 이후 수많은 전장을 누비고 다녔다. 앞으로도 많은 싸움이 그를 기다리고 있었다. 그러나 운명을 결정하는 싸움은 일생에 몇 번에 불과할 터였다. 바로 이번 싸움이 그의 운명에 하나의 전기가 되리라는 사실을 그는 잘 알고 있었다. 그래서 그는 뭇사람이 '어리석고 실리 없는 싸움'으로밖에 생각할 수 없는 전쟁을 마치 음악을 연주하듯 감행했던 것이다.

조조는 대군을 이끌고 동쪽으로 향했다. 그리고 패주해온 유비군을 양梁에서 만났다. 유비군을 만난 조조는 병력을 계속 동쪽으로 전진시켜 패성을 지나 하비의 서북부인 팽성을 향해 나아갔다. 이 사실을 알게 된 진궁은 여포에게 공격할 것을 권했다.

"지금이야말로 공격의 적기입니다."

조조군은 장거리 행군으로 매우 지쳐 있는 상태였다. 그러니 이때를 놓치지 말고 공격을 가하라는 것이었다.

"아니야. 좀 더 지치도록 만든 다음에…."

그러면서 여포는 공격을 미뤘다. 팽성은 여포의 영지에 해당되었지만 그는 성에 그다지 집착하는 성격이 아니었다. 그는 조조나 유비와 같은 중원 지역 출신의 장수들과 달리 저 멀고 먼 오원군에서 자랐기 때문에 영토에 대한 애착이 그리 강하지 않았다. 여포는 영지 내에 여기저기 흩어져 있는 성들을 그저 장기판의 말 정도로 생각하고 있었다.

'팽성이라는 말을 조조가 빼앗도록 하는 거야. 그러면 조조는 더 지치게 될 테지. 이곳 하비성에 이를 때쯤이면 아마 기진맥진해 있을 걸.'

여포는 그렇게 생각하고 있었다.

마침내 팽성이 12월에 함락되었다. 여포는 조조군이 지치기를 기대하고 있었지만 상황은 그가 원하는 대로 돌아가지 않았다. 지금까지 여포 진영에 몸담고 있던 진규와 광릉 태수 진등陳登이 신병을 이끌고 조조군에 투항해 버렸다. 진규 부자는 자신들이 학수고대하던 때가 왔다고 판단하여 그동안 쓰고 있던 가면을 벗어던진 것이다.

"절대 말은 이용하지 말도록 하라."

서주의 주성인 하비성을 공격하기에 앞서 조조가 부하들에게 지시한 것은 이 한마디뿐이었다. 여포는 기병전에 강하기 때문에 그에게 유리한 전법을 구사할 필요는 없었다. 이는 병법의 기본이었다. 진지를 구축하는 일부터 시작하여 모든 작전에 이르기까지 절대 말을 사용하면 안 된다는 것을 전제로 삼았다. 조조군의 선두에 나선 병력은 근자에 벌어졌던 전투에 한 번도 가담하지 않았던 진등의 부대였다. 그들은 힘과 사기가 넘쳐 있었다.

六

"관우가 찾아왔다고? 무슨 일인고? 어서 들라 해라."

조조는 유비의 부장인 관우가 찾아왔다는 보고를 받자마자 그를 자신의 방으로 들였다. 하비에 도착한 뒤 지금까지 조조는 여러 차례 크고 작은 싸움을 벌였다. 그 과정에서 여포는 수시로 말을 타고 나와 들판으로 조조군을 유인하곤 했지만 조조는 마음에 드는 장소가 아니면 절대 싸움에 응하지 않았다. 조조가 싸움을 벌였던 곳은 말을 타고 싸우기에 매우 불편한 장소뿐이었다. 결국 여포는 조조가 선택한 장소에서 싸울 수밖에 없었기 때문에 매번 패배를 맛보았다. 여포는 전황이 답답하게 전개되자 하비성으로 들어가 성문을 굳게 닫아걸고는 밖으로 나올 생각을 하지 않았다. 그러다 보니 싸움은 자연히 대치상태로 들어갔다. 여포의 기병대가 솜씨를 보일 수 있는 기회가 주어지지 않았기 때문에 여포로서도 불가피한 선택이었다.

그렇게 시간만 흐르고 있는 상황이었다. 바로 그즈음에 관우가 조조의 본영에 나타난 것이었다.

"중요한 정보가 있어서 찾아왔습니다."

조조와 마주한 관우가 말했다.

"뭔가? 말해보게."

"여포가 외부에 지원을 요청하기 위해 진의록이라는 자를 성 밖으로 내보냈습니다. 그자가 달려간 곳은 원술 쪽이 아닌가 생각됩니다만."

"그런가?"

포위를 당하고 있는 자가 외부에 지원을 요청하는 것은 당연한 일이다. 그리고 지금까지 진행되어온 상황을 볼 때 그들이 지원을 요청할 수 있는 세력이라고는 원술밖에 없었다. 지리적으로 보아도 그렇고 여포의 대인관계를 고려해보더라도 그랬다. 조조는 이 상황이 자신에게 유리하다고 판단했다. 원술을 자신이 있는 곳으로 유인하여 공격할 생각을 하고 있었기 때문이었다. 관우는 조조에게 몇 가지 정보를 더 말해주었는데 그건 그다지 중요한 것이 아니었다. 이제 할 말은 모두 마친 터라 물러가야 할 상황인데도 관우는 다소 의도적으로 머뭇거렸다. 관우의 어정쩡한 행동을 눈치 채고 조조가 물었다.

"내게 또 무슨 할 말이 남아 있는가?"

"예, 그게…."

평소 관우답지 않게 말을 더듬고 있었다. 멋들어지게 기른 수염도 약간 떨리고 있었다.

"운장, 무슨 일인데 그러나? 자네답지 않군."

조조가 말을 마친 뒤 미소를 지었다. 관우의 표정으로 보아서는 선뜻 말하기가 어려운 내용인 듯했다. 조조는 그로 하여금 부담 없이 말을 하게 하려고 일부러 흰 이를 드러내며 웃었다.

"부탁드릴 일이 좀 있습니다."

관우가 마음을 정한 듯 입을 열었다.

"말해보게. 걱정하지 말고."

"예. 그게, 여자에 관한 일인데…."

관우가 말하고 난 뒤에 슬며시 고개를 숙였다.

"하하하, 여자에 관한 일이었군. 여자 이야기라면 나도 꽤 좋아하지. 그래, 어떤 여자인가?"

조조가 앞으로 당겨 앉으며 호기심 가득한 표정으로 물었다.

"그게, 하비성에 있는…, 그러니까 저…, 그자의 처입니다."

관우는 여전히 고개를 숙인 채로 말했다. 수염으로 뒤덮여 있는 귀 끝이 빨갛게 물들어 있었다.

"하하하, 남자가 있는 여인이란 말이지? 그런 여자라면 더욱 재미있지."

조조는 순간적으로 장제의 미망인을 머리에 떠올리며 말했다.

"하비성이 함락되고 난 다음 그 여자를 제가 데려갈 수 있도록 해주셨으면…."

관우는 온몸을 떨고 있었다.

"아아, 그렇게 하게. 알았어. 성을 빼앗으면 운장 마음대로 하게나. 내가 허락하지. 그런데 그렇게 괜찮은 여자인가?"

조조가 반은 농담 섞인 투로 물었다.

"예, 그게 저…."

관우의 대답은 진지했다.

"제가 이 세상에 태어나 서른여섯 해를 사는 동안 그토록 아름다운 여자는 만나본 적이 없습니다."

"흐음, 태어나서 처음이라. 그 정도인가?"

어느새 조조도 관우를 따라서 진지한 표정이 되어 있었다.

"그렇습니다. 장군께서도 그 여인을 보시면 저와 같은 생각이 드실 겁니다. 그자가 그런 미인을 아내로 데리고 있다는 것을 생각만 해도 저는, 피가 거꾸로 치솟아 오릅니다."

"알겠어. 그래, 내가 자네보다는 좀 더 많은 여자를 보아왔다고 할 수 있지. 음, 좋아, 허락하지. 안심하게."

조조가 고개를 끄덕이며 말했다.

"고맙습니다."

관우는 깊숙이 머리 숙여 인사를 하고 난 뒤 자리를 떠났다.

"저 친구, 도대체 얼마나 미인이기에 저렇게 안달을 내고 있는 거지? 나도 구경 한번 하고 싶군."

관우가 돌아간 뒤 조조는 혼자서 중얼거렸다. 문득 허도에 남겨두고 온 처첩과 헤어진 정씨가 머리에 떠올랐다. 조조는 눈을 감고 그 여인들과의 옛일을 떠올렸지만 아주 잠깐 동안이었다. 지금은 한가하게 여자들이나 생각할 때가 아니었다.

'벌써 몇 달 동안 적을 에워싸기만 한 채 공격을 하지 못하고 있으니.'

조조는 무료하기 이를 데 없었으나 지금의 이 무료함을 견디는 것이 이번 싸움에서 가장 중요한 관건이었다. 참지 않으면 안 되는 싸움이었다.

관우가 물러간 뒤 긴급 보고가 들어왔다. 잠시 조조의 뇌리에 머물고 있던 여인들은 순식간에 사라져버렸다. 하내 태수 장양이 여포를 돕기 위해 출병했다는 보고였다. 여포가 떠돌이 생활을 하던 시절에 원소에게 쫓겨난 뒤 찾아갔던 사람이 바로 장양이었다. 당시 장양은 장안의 조정과 관동의 여러 장수 사이에서 연결고리 역할을 하고 있었다. 조조도 천자에게 사자를 보낼 때 장양의 도움을 받은 적이 있었다. 장양은 여포에게 지원군을 보내면서 그와의 정리를 생각할 때 현재 그가 처한 어려움을 보고 그냥 지나칠 수 없다는 명분을 내세웠다. 그러나 장양의 역량에 비추어볼 때 산서성 남부의 하내에서 서주까지 대군을 보낸다는 것은 무리였다. 그래서 장양은 병력을 낙양에서 가까운 야왕野王까지 진군하게 한 뒤 하비성의 포위를 풀지 않으면 조조의 본거지인 허도를 공격하겠다고 엄포를 놓을 심산이었다. 장양은 의협심은 강했으나 천하를 다툴 만한 인물은 아니었다. 그러므로 현재 천하의 주요 세력들 간에 힘의 균형이 깨지는 것을 막고자 출병했다고 보는 것이 적당한 해석이었다.

"도대체 양추楊醜는 지금 뭘 하고 있는 건가? 지금 같은 때에 대비하여 보냈던 것인데."

조조는 그렇게 말하고 난 뒤 혀끝으로 입술을 훔쳤다. 여포 진영에 있는 진규 부자처럼 하내의 장양 휘하에도 조조의 사람들이 들어가 있었다. 이들은 조조 진영과 중대한 마찰이 생길 경우 결정적인 순간에 조조를 돕기 위해 정체를 숨긴 채 상대편 진영에서 활동하는 인물들이었다. 양추는 바로 그들 가운데 한 사람이었다.

마침내 양추로부터 서신이 왔다.

양추, 장양을 살해했습니다!

짧지만 확실한 내용이었다. 이 소식을 접하고 조조는 여러 번 머리를 끄덕였다.

"잘했다, 잘했어."

그렇게 만족해하고 있는데 이내 또 한 통의 서신이 날아들었다. 이번에는 야왕 가까운 곳에서 활동하고 있는 첩자로부터 온 서신이었다.

사망한 장양의 부장인 휴고眭固라는 자가 양추를 살해한 뒤 전 군을 이끌고 원소에게로 가고 있습니다.

일단 여포를 공격하는 데 있어서 견제세력은 제거되었지만 이번에는 원소라고 하는 거대 세력의 세를 불려주는 결과가 초래된 것이다.

"되는 일도 없고. 그렇다고 안 되는 일도 없구나."

조조가 낮게 중얼거렸다.

七

'원군은 오지 않는다.'

하비성 안의 여포는 눈살을 찌푸렸다. 실제로 원술은 원군을 보낼 여유가 없었다. 지난해 조조에게 밀려 기근이 심한 회수 지역으로 이동함으로써 막대한 병력손실을 입은 그였다. 그런 처지인지라 원군을 보내기는커녕 오히려 누구에게라도 손을 벌려야 할 형편이었다. 그러나 그에게도 자존심은 있었다.

일전의 혼담도 깨진 마당에 우리가 장군에게 원군을 보내야 할 이유가 있소?

원술은 여포와의 혼담이 깨진 것을 내세우며 출병을 거절했다. 그 후 여포가 사과의 뜻을 담은 서신을 원술에게 보냈지만 그는 여전히 출병할 수 없다는 답장을 띄웠다.

장군의 딸을 내게 보내기 전까지는 단 한 명의 병사도 보낼 수가 없소.

원술은 쇠락해가는 세력이면서도 허세를 부렸다. 아니, 오히려 몰락해가는 상태였기 때문에 더욱 허세를 부릴 필요가 있었다.

"좋아, 내 딸을 보내면 원군을 보내주겠다. 내가 직접 가겠다."

여포가 입술을 꽉 다물었다. 그러자 진궁이 나서며 말렸다.

"무릇 성주는 포위되어 있는 성을 벗어나는 것이 아닙니다."

"나도 알고 있다. 하지만 내 딸을 보내지 않으면 원군을 보낼 수 없다고 하지 않느냐? 내가 지금 하려는 행동도 다 성을 지키기 위한 것이다. 안전한 곳까지만 내 딸을 데려다준 다음에 다시 돌아오마."

여포는 이미 마음을 정했다는 표정을 지으며 말했다.

"정 그러하시다면 생각대로 하십시오."

진궁은 짐짓 아쉽다는 표정을 지으며 자신의 의견을 접었다. 여포의 딸은 원술과의 사이에서 혼담이 오가기는 했지만 이제 겨우 열 살이 조금 넘은 나이였다. 여포는 딸을 등에 묶고 그 위에 금의錦衣를 걸쳤다. 그렇게 하고 보니 조금 큰 어린애를 업고 있는 정도의 모습이었다. 여포가 워낙 거한이었기 때문에 그다지 이상하게 보이지는 않았다.

"이렇게 해놓으면 나도 움직이기가 좋지."

마침내 여포는 자신의 딸을 등에 업고 하비성을 빠져나갔다. 단기로 혈로血路를 뚫어 원술 진영 부근까지 달릴 작정이었다. 그러나 성을 나간 지 얼마 지나지 않아 그 일이 불가능하다는 것을 깨닫게 되었다. 조조군이 하비성을 이중 삼중으로 둘러싸고 있었던 것이다. 어느 방향으로도 뚫고 나갈 수가 없었다. 할 수 없이 여포는 다시 성 안으로 들어올 수밖에 없었다.

"하비성이 위기를 벗어나기 위해서는 단 한 가지 방법밖에 없습니다. 이제 더 이상 외부의 도움을 기대할 수는 없습니다."

진궁이 여포에게 진지한 표정으로 고했다.

"지금 하비성에 있는 병력의 절반을 장군께서 직접 이끌고 적의 포위망을 뚫는 것입니다. 그 정도 병력이면 충분히 포위망을 뚫을 수 있을 것입니다."

"그래, 네 말대로 그렇게 해서 포위망을 뚫었다고 하자. 그런 다음에는 어떻게 한단 말이냐?"

"조조가 포위망을 뚫은 장군을 추격하게 되면 제가 나머지 보병을 이끌고 조조의 뒤를 공격하는 것입니다. 조조가 다시 이쪽 보병을 공격하려고 하면 그때 장군이 이끄시는 기병대가 조조의 뒤를 공격하는 것입니다. 그리 되면 조조군은 정신없이 방어만 하다가 전열이 흐트러질 것입니다."

"음, 그럴듯하기는 한데."

결국 여포는 진궁의 말을 따르기로 했다. 이미 조조군은 물러설 기미가 없었다. 성안에 앉아 마냥 기다려보았자 무슨 수가 날 상황이 아니었다. 뭔가 수를 내지 않으면 자멸할 우려마저 있었다. 그런데 모든 준비를 마치고 막 출병하려는 단계에서 여포가 갑자기 고개를 흔들며 말했다.

"아니다. 이 작전은 취소하는 게 좋겠다."

초선이 극구 반대했기 때문이었다.

"장군께서는 앞만 보고 뒤를 보지 않고 계십니다. 이 성은 장군께서 계시기 때문에 그나마 유지되고 있습니다. 만일 장군께서 성 밖으로 나가신다면 그때부터 성안에서는 치열한 파벌 싸움이 벌어질 것입니다. 어떤 자들이 싸움을 벌일 것인지는 말씀드리지 않겠습니다. 그러나 반드시 싸움이 일어날 것이라는 점은 제 목숨을 걸고 장담할 수 있습니다. 그렇게 되면 저도 살아남지 못할 것입니다."

초선은 애원하듯 여포에게 매달렸다.

"그런가? 그토록 심각하단 말이냐?"

여포도 성안의 파벌 다툼에 대해서는 어느 정도 알고 있었다. 그러나 그는 파벌의 힘을 적절히 이용하는 정치적인 감각이 둔했다. 아니, 그런 것에는 관심조차 없었다. 그저 쓸데없는 일로 다투고 있다며 그냥 흘려 넘겼다. 수석참모인 진궁과 싸움터에서 많은 공훈을 세운 고순 사이에도 상당한 알력이 있었다. 이런 갈등이 여포의 말 한마디에 모두 수면 아래로 가라앉아 있는 상태였다. 여포가 성 밖으로 나가게 되면 이런 갈등들이 다시 수면 위로 올라올 것은 명약관화한 일이었다. 진궁과 고순은 서로 으르렁대는 사이이긴 했지만 둘 다 강경파라는 점에서 통하는 바가 없지 않았다. 그러나 여포도 아직 눈치를 채지 못하고 있었지만 성안에는 이들과 달리 투항파도 있었다. 송헌宋憲, 위속魏續 같은 인물이 그들이었다.

"골치 아프군."

여포는 모든 것이 귀찮아졌다. 그는 초선을 데리고 매일 술만 마셨다. 그 사이에 조조는 기수沂水와 사수泗水의 물을 끌어들였다. 수공을 생각하고 있었던 것이다. 서쪽 하늘에 노을이 붉게 물들고 있었다. 하비성의 최후가 가까워지고 있었다.

八

술에 취해 하루하루를 보내고 있는 여포라면 성안에 있으나 성 밖에 있으나 마찬가지였다. 성안에 있더라도 통솔력을 잃게 되면 내홍이 일어났을 때 이를 제압할 수가 없다. 그런 우려를 확인이라도 시켜주려는 듯 송헌과 위속 등 투항파가 마침내 쿠데타를 일으켰다. 그들은 항전파인 진궁과 고순을 붙잡은 뒤 성문을 열고 나가 조조의 진영으로 투항해버렸다. 투항하는 과정에서 그들은 여포의 사나움을 의식하여 초선과 술을 마시고 있는 틈에 재빨리 일을 해치웠다.

"뭐라고? 성문이 열렸다고?"

여포에게 먼저 도착한 소식은 적이 성문을 밀고 들어왔다는 것뿐이었다. 성 안에 있는 아군이 성문을 열어주었다는 사실은 전달되지 않았다.

"예, 그렇사옵니다."

여포에게 보고하는 병사는 성문이 열리게 된 것이 내분에 의해 벌어진 일이라는 사실을 알고 있었지만 이를 숨겼다. 그 사실을 여포가 알게 되면 불같이 화를 낼 것이고, 그렇게 되면 눈앞에 보이는 자신을 두들겨 팰지도 모른다는 생각을 했기 때문이다.

"남문은?"

여포가 인상을 쓰며 물었다.

"남문은 아직 뚫리지 않은 것 같습니다."

"알겠다. 남문을 지켜야 한다. 오원 병사는 전부 남문으로 모이도록 하라!"

여포는 초선을 물리치고 밖으로 뛰어나갔다. 초선은 그대로 여포의 처소에 남아 있었다. 초선을 남겨두고 뛰어나가는 여포의 표정은 몹시 흥분되어 있었다. 그의 표정에서는 초선의 안위를 걱정하는 빛을 찾아볼 수 없었다.

"싸움 냄새를 맡은 사내는 모두 저러한가."

초선이 나직이 중얼거리며 두 손을 모은 채 조용히 눈을 감았다. 그녀는 기도를 했다. 부도의 석가모니 이름을 낮게 읊조리기 시작했다. 수백 번을 반복하여 석가의 이름을 뇌었다. 그러기를 얼마나 거듭했을까. 갑자기 거칠게 문이 열리는 소리가 들렸다.

"익덕, 알겠는가? 자네는 수嫂 부인을 모시도록 하게! 나는 다른 볼일이 좀 있으니."

수 부인은 유비의 부인이었다. 갑자기 들린 고함소리에 초선이 눈을 떴다. 길게 수염을 기른 건장한 사내가 눈앞에 서 있었다.

"초선님. 조조 장군의 허락을 얻어 모시러 왔소이다. 이 몸은 운장 관우라 하오!"

수염을 길게 기른 사내는 이글거리는 눈빛으로 한 발 한 발 다가왔다. 초선은 다시 눈을 감았다.

멀리서 칼과 창이 부딪히는 소리가 났다. 싸움은 거의 막바지에 접어들고 있었다. 얼마 남지 않은 여포의 군사가 마지막 저항을 하고 있었다. 하비성의 남문은 백문白門이라고도 불렀다. 그 남문의 망루로 몰린 여포가 조조군을 막아내기 위해 안간힘을 다하고 있었다. 그러나 어찌 된 영문인지 집결하라고 명령을 내린 오원의 병사는 그때까지 한 명도 나타나지 않았다. 여포는 번쩍이는 칼날을 우로 치고 좌로 치면서 적병을 베어나갔다. 그러나 중과부적이었다. 여포는 그제야 전황이 어떻게 돌아가고 있는지 파악했다. 그의 취기도 가시는 중이었다. 지금 전투가 치러지고 있는 곳은 여포가 칼을 휘두르고 있는 백문뿐이었다.

"봉선! 진궁과 고순은 이미 포로가 되었다. 다른 장수도 모두 투항했다. 너도 이제 순순히 말에서 내려와 꿇어라!"

망루 아래에서 목소리가 들려왔다.

"그렇군, 이미 끝난 싸움이었군."

여포의 칼에서 붉은 피가 뚝뚝 떨어지고 있었다. 그는 칼을 땅바닥에 던져버렸다. 그러자 조조의 병사들이 사방에서 달려들었다. 여포는 결박당한 채 조조 앞에 무릎을 꿇었다. 튼튼한 밧줄로 수십 차례나 빙빙 돌려 감아 아무리 천하의 여포라 할지라도 꼼짝할 수 없는 상태였다.

"줄을 조금만 늦추어라. 숨을 쉴 수가 없구나."

여포가 결박당한 몸을 좌우로 틀며 말했다.

"토끼나 여우라면 상관이 없겠지만 호랑이는 단단하게 묶지 않으면 안 되지."

조조가 날카로운 눈매를 번뜩이며 대답했다.

"어지러워질 대로 어지러워진 천하도 이제부터는 진정이 되어가겠군."

여포가 조조를 쳐다보며 말했다.

"그게 무슨 의미인가?"

조조가 냉랭하게 물었다.

"장군이 보병을 이끌고 내가 기병을 이끈다면 천하에 대적할 자가 어디 있겠는가? 천하를 평정하는 것은 이제 시간문제라고 할 수 있지."

여포는 아랫입술을 앞으로 내밀면서 말했다. 결박당한 몸이면서도 그는 조조에게 자신과 함께 천하를 평정하자고 말하고 있었던 것이다.

"현덕, 지금 저자의 말을 어떻게 생각하는가?"

조조가 유비를 쳐다보며 물었다.

"이 사내는 일찍이 정원을 주군으로 받들었고 나중에는 동탁을 주군으로 삼았습니다. 그런데 이제는 장군을 다시 주군으로 모시겠다고 하고 있습니다. 그 부분은 장군께서 판단을 내리셔야겠지요."

유비가 차분한 어조로 대답했다. 여포는 정원의 휘하에 있었으나 후에 정원의 수급을 가지고 동탁을 찾아가 그때부터 권력의 중심에 서게 되었다. 그리고 나중에는 자신을 양아들로 삼은 동탁마저 살해한 인물이었다. 결국 그는 자신이 섬긴 주인을 둘씩이나 죽인 셈이었다. 그런 자를 받아들이겠느냐는 유비의 대답은 신랄하면서도 명쾌한 것이었다.

"이, 이 귀만 큰 작자야! 너야말로 믿을 수 없는 놈이다!"

여포는 몸을 비틀면서 고함을 질렀다.

"저자를 데리고 가서 목을 베라."

조조가 담담하게 명령을 내렸다. 그의 얼굴에는 아무런 감정도 드러나 있지 않았다. 여포가 사라진 뒤 진궁이 끌려나왔다. 그를 본 조조는 혀를 끌끌 찼다.

"쯧쯧, 불쌍한 자. 아깝긴 하지만 너도 살려둘 수는 없겠구나."

"당연한 이야기가 아닌가?"

진궁은 가슴을 펴고 당당하게 말했다.

"그대에게는 노모와 처자가 있었지? 어찌하면 좋겠는가?"

"그것을 왜 나에게 묻는가? 나는 이미 아무런 힘도 없다. 내 모친과 처자의 운명은 이제 당신 손에 달려 있는 게 아닌가?"

"좋다. 그대의 노모와 처자는 내가 보살펴주겠다. 안심하고 가라."

"고맙다."

진궁은 여포와 달랐다. 진궁의 최후는 당당했다. 진궁에 이어 고순도 처형되었다. 그러나 젊은 기병대장인 장료는 조조의 명에 따라 목숨을 부지하게 되었다. 그는 뒤에 조조군의 충실한 장수가 되어 여러 전투에서 전과를 세우게 된다. 뿐만 아니라 태산 출신의 장수들도 대부분 처형을 면하게 되었다.

한바탕 숨이 막힐 정도로 긴장된 시간이 지나간 뒤 조조 앞에 한 여인이 나타났다. 여포의 휘하에 있던 자들에 대한 생사를 결정하는 긴박한 시간이었다. 그런 뒤끝이라 조조는 마음이 몹시 착잡한 상태였다.

"장군께서 명령하신 진의록의 처를 데려왔습니다."

자신의 말 한마디에 사람 목숨이 왔다 갔다 하는 긴장된 시간의 연속이었다. 때문에 조조도 심신이 몹시 지쳐 있었다. 그런 상황에서 그의 앞에 봄꽃처럼 화사한 여인 하나가 모습을 드러냈던 것이다.

"듣던 대로 미인이로군."

조조는 그 여인을 보자 눈을 가늘게 뜨며 중얼거렸다. 여자치고는 큰 키였다. 조조와 거의 흡사한 몸집이었다. 게다가 흰 피부에 야무진 얼굴이 확실한 것을 좋아하는 조조의 취향과 맞아떨어졌다.

'저 얼굴을 수염밖에 없는 관우에게 주기는 좀 아깝군.'

조조는 여인을 보자 맨 먼저 그런 생각을 했다.

"저 여인은 내가 데려간다."

오래 생각할 것도 없이 조조는 대뜸 그렇게 뱉어버렸다. 속마음을 있는 그대로 드러낸 말이었다. 하지만 조조는 그 뒤에도 한동안 관우를 기다렸다. 일전에 그와 했던 약속이 있었기 때문이다. 분명히 그가 찾아올 것이라고 생각했다. 그러나 시간이 꽤 흘렀지만 관우는 나타나지 않았다. 만일 그가 온다면 높은 관직 하나를 줄 요량이었다.

'그 친구가 포기한 모양이군.'

조조는 빙긋 웃었다.

관우가 초선을 차지하기 위해 조조에게 갔을 때 그는 초선을 가리켜 '그자의 처'라고만 했다. 여포라는 이름은 한 번도 입 밖에 내지 않았다. 구태여 말을 하지 않아도 그렇게 알아들으리라 생각했던 것이다. 사랑에 빠진 남자의 머릿속에는 오직 그 여자에 대한 생각으로만 꽉 차 있을 뿐이었다. 이름을 말할 필요도 없었다. 그런데 관우는 조조에게 초선을 자기 여자로 취하고 싶다고 말하기 전에 진의록이 성을 빠져나갔다는 이야기를 먼저 했다. 그 이야기는 나중에 관우가 꺼낸 본론과는 아무런 관련이 없었지만 조조는 '그자'라는 말을 들으면서 진의록을 떠올렸던 것이다. 무리는 아니었다. 하비성 함락과 여포의 죽음은 건안 3년이 저물어가는 12월에 있었다.

관우는 색정광이었다?

아무리 전란중이라고는 하지만 패성이 공격을 받았을 때 유비가 처자를 성안에 남겨두고 도망갔다는 것은 선뜻 받아들이기 힘들다. 아무리 생각해봐도 그건 너무 몰인정한 행동이다.

필자가 나름대로 추측해보면 이렇다. 당시 유비는 표면적으로는 조조 진영에 속해 있으면서 내부적으로는 여포와 내통하는, 이른바 양다리 걸치기 작전을 구사하고 있었다. 유비가 머물던 패성은 여포의 본거지인 하비성으로부터 그리 멀리 떨어진 곳이 아니다. 그곳에 머물면서 안전을 확보하기 위해서는 여포와 적절한 관계를 유지해야만 했다. 그래서 복종의 증표로 유비는 여포가 있는 하비성에 처자를 인질로 보냈다. 그렇다면 유비는 패성에 처자를 팽개치고 도망간 것이 아니라 처음부터 하비성에 머물고 있었던 셈이 된다. 조조에게 붙잡힌 여포가 '이 귀만 큰 작자야! 너야말로 믿을 수 없는 놈이다!' 하며 유비를 비난하는 부분도 앞의 추리가 틀리지 않다고 가정한다면 보다 구체적으로 와 닿는다.

『헌제춘추獻帝春秋』라는 문헌에 의하면 조조는 여포의 목숨을 살려주려고 했는데 여기에 반대한 자는 유비가 아니라 주부主簿 왕필王必이었다고 한다. 유비는 그때 한마디도 안 하고 있었기 때문에 여포가 "뭐라고 한마디 하시오"라고 불만스럽게 말했다고 한다.

어씨魚氏의 『곡략曲略』이라는 책에 의하면 조조는 진궁의 처형 문제를 망설이고 있었다고 한다. 그런데 진궁 자신이 빨리 처형하라고 채근하여 조조가 하는 수 없이 눈물을 머금고 그를 처형장으로 보냈다는 것이다. 그때 진궁은 단 한 번도 조조가 있는 곳으로 눈길을 주지 않았다고 한다. 진궁이 처형된 뒤 조조는 그의 노모를 죽을 때까지 돌보아주었고 그의 딸은 부모를 대신하여 결혼까지 시켜주었다.

후세에 구전되던 『삼국연의』에서는 결국 역사를 쓰는 사람이나 그 시대의 의도에 따라 유비, 관우 등 촉한의 인물이 좋게 그려진다. 그러나 때로는 너무 이상적으로 그려지기도 한다. 예를 들어 관우가 남의 여자를 탐내 조조에게 허락을 받으러 간 사실도 정사의 원주原註에서 찾아볼 수 있고 송대宋代의 『자치통감』에도 이 대목이 나온다. 반면 『삼국연의』에서는 성장聖將 관우—그는 신으로까지 추앙되어 중국의 각 현에 관제묘關帝廟가 세워져 있다—의 인격을 훼손시키지 않으려고 여자와 관련된 일화는 일절 언급하지 않고 있다.

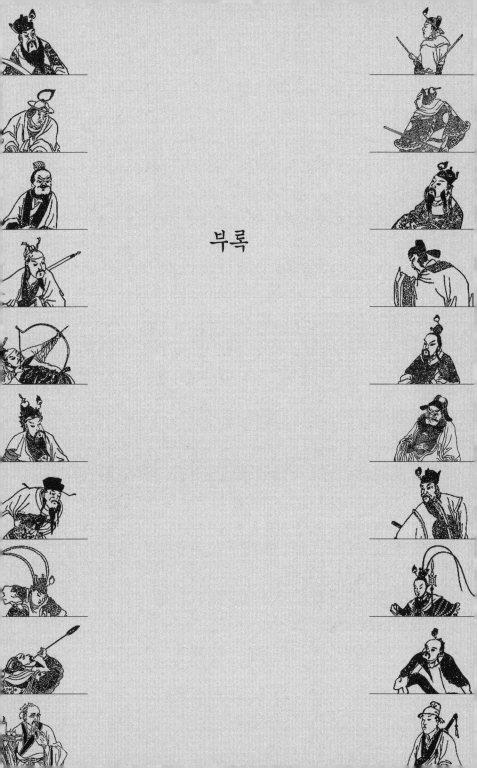

부록

청평淸平의 간적姦賊, 난세亂世의 영웅

1

어느 시대에도 서민의 생활은 편하지 않지만 궁핍의 정도가 극단
에 이르면 아무리 인내심이 강한 사람들도 반란을 일으킨다. 2세기
후반에서 3세기 초반의 후한 말, 외척과 환관이 실권을 쥐었기 때문
에 조정은 크게 흔들렸다. 이는 후한의 왕실이 요절한 혈통인데다
미망인이 된 황태후가 어린 황제를 옹립하여 섭정을 하는 경우가 많
았기 때문이다. 그녀들은 자연히 외척이나 자신 가까이 있는 환관
과 정치 등 여러 가지 사안을 의논하고 조언을 구했다. 황제의 외척
은 가문에서 우연히 황후가 나와 권력을 쥐게 된 경륜 없는 행운아
로 치국평천하의 야망을 가슴에 품은 사람들이 아니다. 또한 환관
은 전과가 있는 폐인 또는 그 비슷한 사람들로 극히 예외를 제외하
고는 성격적으로 결함이 있는 무리들이었다. 그들은 조정에서 음
험한 권력 투쟁에 몰두하고 장원莊園, 귀족의 사유지에서는 백성을 혹사
하고 끝없이 재물을 탐하였다. '자사刺史, 지방장관는 난폭한 승냥이
같이 탐욕스럽고 백성들을 못살게 굴었다'라고 사서에 기록되어
있다.

결국 곡물가격은 1두에 수백 전까지 올라갔다. 후한시대의 1두는 현재의 한 되1.8리터와 거의 같다. 이는 조악한 화폐의 주조도 원인이 었지만 근본적으로는 정치 부패 때문이었다.

누군가 반란을 생각했다. 동조하는 세력이 민간에서 삽시간에 일어났다. 그 세력은 처음에는 백성의 고통을 구제한다라는 기도치병祈禱治病같은 즉물적 종교결사의 형태를 취했다. 장릉의 오두미도(또는 천사교)와 장각의 태평도가 그러했다. 백성의 고통을 근본적으로 해결하는 길을 찾으려면 종교결사는 정치적이 될 수밖에 없다. 태평도의 신도는 자신들만의 표식으로 황건을 머리에 두르고 반역했다. 역사에서는 황건적의 난이라고 하지만 그것은 농민항쟁이었다.

한나라 조정에서는 황건적을 토벌하려 장군들을 파견했다. 황건적을 진압한 뒤 빛나는 전공을 세운 군벌이 각지에 남게 되고, 그런 군벌 사이의 다툼이 바로 삼국지 시대의 시작이다. 그 시대는 정보의 시대이기도 했다. 모든 사람은 한 왕실의 몰락을 지켜보며 역성혁명易姓革命이 가까이 왔다는 것을 느꼈다. 다음 패권자는 누구일까? 모든 사람의 관심은 오로지 차기 패권자였다. 누구에게 의탁해야 할까? 이것은 절실한 문제였다. 주군과 부하는 운명을 같이 해야 한다. 만약 잘못된 선택을 하면 영달의 길은 사라지고 목숨의 보전도 어려워진다. 자신과 가문의 미래가 달려있는 문제이다 보니 신중하게 선택해야만 한다. 주요 인물에 관한 정보를 가능한 많이 수집하고 검토하여 정확한 판단을 내려야했다. 그 시대에 사상가, 특히 인물을 분별할 줄 아는 사상가가 많이 배출된 배경에는 그만큼 사람을 분별하려는 수요가 많았기 때문이다.

2

후한 시대의 사상가인 곽태郭泰, 자는 임종林宗는 사람을 평가하고 그 사람이 나아가야 할 인생길에 대해서 가르침을 주었다. 곽태의 예언은 틀린 적이 없었다. 나중에는 그의 명성을 이용한 황당무계한 예언적중담이 많이 만들어졌다. 『후한서』「곽태전」에는 후세 사람들의 과장에 의한 엉터리 이야기가 많이 유포되어 있다는 것을 확인할 수 있다. 하지만 사실도 제법 많았다.

곽태의 인물평은 가시가 없었다. 사마광司馬光은 『자치통감』에서 '다른 사상가가 독사 대가리를 마주보고 호랑이의 꼬리를 밟은 결과 중형의 화를 입은 것에 비해 곽태만이 명철보신明哲保身, 총명하고 사리에 밝아 일을 잘 처리하여 자기 몸을 보존함했는데 보통사람은 흉내낼 수 없다'라고 칭송했다.

그러나 독사와 호랑이를 무서워하는 평론은 평론으로서 자격이 없다. 더욱이 곽태의 평론은 불분명함이 많았다. 그는 여기저기에 빠져나갈 구멍을 만들고 표현을 완곡하게 하며 차분한 말투로 이야기했다. 그는 독설을 삼가 자신의 생명을 보전할 수 있었다.

한편 허소라는 사상가이자 인물평론가가 있었다. 그의 자는 자장子將이다. 그는 사촌형인 허정과 매월 초하루에 만나 천하의 저명한 인물을 평하였다. 사람들은 그것을 '월단평'이라 했다.

어느 날 허소에게 한 청년이 찾아왔다. 행색은 나쁘지 않았지만 눈매가 심상치 않았다. 태도는 협객 같았다.

"나의 인물됨을 평가받고 싶소이다."

청년은 낮은 목소리로 청하였다. 허소는 그 청년의 기세에 눌려 할 수 없이 대답했다.

"당신은 '청평淸平의 간적奸賊, 난세亂世의 영웅'이오."

청평은 태평을 의미한다. 청년은 희색이 만면하며 돌아갔다. 간적이라 했지만 그는 만족스러웠다. 이 청년이 바로 조조이다. 얼마나 조조다운 이야기인가. 허소는 곽태와 같이 완곡하게 말하기 보다는 단도직입적으로 표현하는 독설가였다. 하지만 허소는 관록 있는 베테랑이었다. 협객 흉내를 내는 불량청년의 인상을 보고 어떻게 말하면 기뻐할까 정도는 잘 알고 있었다. 그의 직언과 독설에도 불구하고 허소는 난세에 무사히 살아남아 자신의 침대위에서 평화롭게 세상을 떴다. 확실히 허소는 요리조리 설화를 피해온 곽태보다 고수라고 할 수 있다. 『이동잡어異同雜語』에는 허소가 조조를 평했던 말이 "치세의 능신 난세의 간웅"이라고 되어있다.

허소도 그렇지만 조조 역시 보통 인물은 아니었다. 후한의 정치는 끝을 향해 가고 있었다. 청평의 시대가 이미 가고 난세에 돌입했다. 그렇다면 청평의 간웅보다 난세의 영웅에 무게가 실린다. 그것을 간파한 청년 조조는 당연히 기뻐했던 것이다.

또 한 사람, 관상에 능한 교현이라는 사람이 있었다. 그는 두 딸로 인해 더 유명했는데 절세가인으로 유명한 두 자매를 사람들은 '이교二橋'라고 불렀다. 언니는 오나라 손책의 아내가, 동생은 오나라 명장 주유의 아내가 된다. 『삼국지』「위서」를 보면 교현이 청년 조조의 관상에 감탄했다고 한다.

"천하에 당신 이상의 인물을 만난 적이 없다. 나는 이미 늙었지만 처자를 잘 부탁한다."

이 이야기에 따른다면 두 딸을 조조에게 의탁하는 것이 순리이지만 안타깝게도 그는 아직 백면서생이었다. 조조는 그저 이교가 오나라로 시집가는 것을 보고 있을 수밖에 없었다. 후일 조조는 적벽에서 오·촉의 연합군과 대적한다. 그렇다면 적벽대전은 조조가 '이교'를 탈취하려고 싸운 것은 아닐까 하는 가정도 가능하다. 통속 『삼국연의』에 등장하는 조조는 얼음같이 냉정하다. 계산은 빠르고 정확하다. 따라서 인정사정없는 악인이라는 측면에서 보면 이러한 개전 동기는 어불성설이다. 하지만 시인 조조라는 인간적인 측면에서 보면 이교를 빼앗으려고 출진했을 가능성도 있다.

『세어世語』에는 교현이 조조에게 "허소에게 가라"고 권했다고 한다. 정사 『삼국지』에는 품행이 좋지 않은 조조를 아무도 인정하지 않았지만 교현만이 그에게 "지금은 천하가 혼란하지만 그것을 평정하고 손에 넣을 사람이 있다면 그 사람은 당신이다"라고 말했다. 조조를 평한 허소의 말을 『후한서』 「허소전」과 『이동잡어』를 비교하여 보면 '청평(치세)→간적-능신, 난세→영웅-간웅'으로 바뀌어 상당한 차이를 보인다.

당시에는 조금이라도 두각을 나타내면 즉시 월단평의 대상이 되었다. 중국 각지에는 곽태나 허소를 흉내 내는 사람들이 무수히 많았고 인물평은 유행처럼 번졌다. 이들은 중국대륙 각지에서 소월단 小月旦을 했다고 한다. '우리 시대에 어떤 인물이 있는가' 라는 정보에 당시의 사람들이 얼마나 관심이 많았는지 짐작할 수 있다. 조조는 6백 석의 의랑議郞, 시종고문 혹은 참모이었고 황건적 토벌 때는 기도위 騎都尉, 근위기병대장로 출정하였다. 조조는 유망한 젊은 장수로 주목 받았고 당연히 월단평 리스트에 오를 만했다.

3

조조는 자기 감정에 충실한 시인이기도 했다. 그의 남다른 감성

이 다른 사람들 눈에는 변덕스러워 보였을지도 모른다. 조조는 제
위를 찬탈하려 하지 않았다. 필자는 거기에서 미묘한 망설임을 느
꼈다. 조조의 망설임은 시인의 수줍음이자 조조의 정신세계의 중심
을 이루는 것이 아닐까. 사마광은 『자치통감』에서 조조가 한왕조를
폐위하고 천자가 되려고 하지 않았던 것은 명분을 두려워해 자제했
기 때문이라고 했다. 그는 교화敎化의 중요성을 역설하고 찬미했다.
조조가 죽기 한 해 전, 신하 진군이 제위에 오를 것을 권했다. 그러
자 조조는 "만약 내게 천명이 있다면 주나라의 문왕같이 되리라"고
대답했다. 이 말은 조조의 본심이었을 것이라고 생각된다. 주나라
의 문왕은 즉위하지 않았고 아들인 무왕이 황제에 올랐다. 조조의
아들인 조비가 위왕조를 연다.

조조의 시에는 천하에 임하는 포부와 높은 기상이 드러난다. 그
의 포부는 그의 생명이고 그의 모든 것이었다. 따라서 조조에게 있
어 제위에 오른다는 것은 종말이었고 또 포부가 소멸한다는 의미였
다. 조조는 적어도 그것을 두려워했을 것이다. 그렇기에 스스로 제
위에 오르지 않았다. 조조는 시인으로서 관조를 위해 가장 이상적
인 위치를 찾은 것이다. 영웅과 시인이 공존하고 두 자아의 목소리
가 적절하게 상응한다는 것은 극히 어려운 일이다. 자칫 잘못하면
한쪽의 목소리가 사라지고 서로 조응하지 않으면 다른 한쪽의 목소
리는 허무하게 심연 속으로 가라앉는다. 절호의 위치를 찾은 조조
는 그곳에서 나가고 싶지 않았을 것이다. "어차피 내 뒤를 이을 아
들들이 새로운 왕조를 세울 것이다. 내가 직접 천자가 되는 것은 사
양하겠다"라고 스스로에게 말했을 것이다.

조조는 명분에 치우치는 인물이 아니었다. 냉정한 그는 한 왕실
의 안위 따위는 안중에 없었다. 다만 자신이 천자가 되면 시인을 포

기해야 한다는 것을 시인의 마음으로 직감하고 제위에 오르는 것을 단념했다. 물론 조조 역시 그의 아들 조비처럼 천자와 시인을 겸하는 것이 가능할 수도 있었다.

조비는 태어났을 때부터 최고 권력자의 아들이었다. 하지만 아버지인 조조는 다르다. 환관의 손자로 밑바닥에서 청운의 꿈을 품고 약진했다. 명분에 집착하지 않는 조조도 제위는 성역이고 어느 정도의 희생, 예를 들어 시에 대한 재능을 포기하지 않으면 권좌는 허락되지 않음을 감지했다. 반면 조비에게는 성역이 손닿는 곳에 있었다. 더욱이 그는 아버지 이상으로 대의명분을 무시하는 인간이었다. 조조가 죽던 날, 조비는 아버지의 후궁을 모두 자신의 처소로 데려왔다. 그것을 안 조비의 어머니는 대노했고 아들 조비가 죽었을 때에 눈물 한방울도 흘리지 않았다는 주장도 있을 정도였다.

조조가 동작대를 세운 것은 건안 15년(210년)이었다. 중국의 권력자들은 동으로 거대한 건조물을 자주 만들었다. 중앙에서 막대한 동을 모으면 지방에서는 그만큼 무기를 만들 원료가 부족해진다. 권력자는 언제든 그것을 녹여 무기를 만들 수 있다는 이점이 있다.

동작은 동으로 만든 참새라는 의미다. 조조는 자신을 참새에 비유한 것이 아닐까. 동작대의 좌우에는 옥룡대玉龍臺와 금봉대金鳳臺가 있다. 조조 자신은 하찮은 참새라고 생각했는지도 모른다.

"참새가 어찌 대붕의 뜻을 알겠느냐"고 말한 진섭陳涉과 같이 참새는 별 볼일 없는 새의 대표이다. 하지만 환관의 자손으로 하찮은 참새 같은 자신이지만 지금은 용봉을 거느리고 있다. 용은 하왕조의 상징이고 봉은 은왕조의 상징이다. 용봉은 일천만승一天萬乘 황제를 상징한다. 지금 당장이라도 용봉으로 변신이 가능하지만 관조의 거리를 두기 위해 참새로 머물렀다. 그런 여유를 표시한 것이라고 상상해본다.

왕망王莽의 제위 찬탈이 평정되고 수립된 후한시대는 대의명분과 질서, 예의에 민감한 시기였다. 조조가 천자 이상의 힘을 가졌어도 공공연히 자랑할 수는 없었다. 불문곡직하고 황제를 업신여기는 등의 눈에 보이는 권력 표시는 생각할 수 없었다. 조조가 생각해낸 권력 표시는 왕실도 만들 수 없는 거대하고 호화로운 건물을 만드는 것이었다. 이러한 건물을 만들면 누구라도 그 의미를 알 수 있었다. 특히 그의 시인다운 영감은 참새가 옥룡과 금봉을 거느리는 배치에 기묘하게 나타나 있다.

동작대를 건조하게 된 동기는 동작이 출토되었기 때문이다. 동작의 발견은 일종의 계시이자 서조瑞兆였다. 성천자聖天子가 나타날 때 하늘은 서조를 내린다고 한다. 동작의 출현은 기묘한 의미를 가진다. 조조는 웅장한 건물을 세우고 지붕에 출토한 동작을 올렸다. 동작대의 높이는 67장丈이고 오른쪽의 금봉대와 왼쪽의 옥룡대도 높이는 모두 같았다. 법륭사法隆寺 5층탑 정도의 높이였다. 세 건물은 활 모양의 다리로 연결되어 있었고 천문만호千門萬戶라고 표현된 것을 보면 대단한 규모였을 것이다. 황금색이 번쩍였다는 기록이 있지만 분명히 동을 사용하였다. 동작대 건조는 조조가 천하를 향해 제위에 욕심이 없다는 선언이었다. 동시에 그가 황제를 떠받들고 있다는 사실을 백성에게 확실히 인식시키려 했다.

4

조조의 시 중에 「단가행」이 있다. 조조가 적벽대전 직전에 창을 옆에 잡고 불렀다고 하는데 정사『삼국지』에는 실려 있지 않다. 그래서 『삼국연의』의 창작이라고 생각하지만 반드시 그렇지만은 않다.
송나라 시대 소동파蘇東坡의 「적벽부赤壁賦」에서 이미 이 일에 대해 노
래하였다.

술을 걸러 강물을 굽어보며
창을 잡고 시를 읊으니
진실로 일세의 영웅이러니
지금은 도대체 어디에 있는가

소동파도 정사 『삼국지』에 등장하지 않는 장면을 읊었는데 친한
이야기꾼들의 영향을 받았을지도 모른다. 또는 소동파의 시적 수사
법을 나관중이 자신의 소설에 발췌해서 넣었을 가능성도 생각해 볼
수 있다.

삼국시대의 영웅이야기는 나관중이 『삼국연의』를 쓰기 전부터 강
담이야기으로 많이 회자될 정도로 유행이었다. 장구한 중국의 역사
중에 삼국시대만큼 사람들에게 잘 알려진 시대는 없을 것이다. 중
국에는 수-당-송-원-명-청의 흥망성쇠 등 숱한 전란이 있었지만 그
시대에 등장한 영웅의 이름은 『삼국지』의 등장인물만큼 친숙하지
않다.

삼국의 흥망은 그 시대에 등장하는 영웅들의 이름과 함께 잘 알려
져 있다. 그것은 삼국시대의 이야기가 매우 많았다는 것을 의미한
다. 이야기가 풍부하다는 것은 그 시대의 정보가 상당히 많고 널리
유포되어 있었다는 뜻이다. 여러 가지 흥미 있는 이야기를 많은 사
람들이 관심을 가지고 듣고 기록하였다. 많은 정보 중에는 믿을 수
없는 것도 뒤섞여 있었다. 하지만 의심스런 이야기가 반드시 도태

된다고 할 수는 없다. 허구일지라도 사람들이 좋아하면 끝까지 남는다. 고의로 나쁜 정보가 유포되는 경우도 있다. 라이벌의 스캔들을 폭로하거나 사실이 아닌 이야기를 날조하여 평판을 떨어뜨리는 것도 하나의 전술이기 때문이다.

적이 많은 인물은 나쁜 이야기들이 많다. 역사의 기록이라는 면에서 보면 단명한 왕조의 중심인물은 특히 그렇다. 이는 중국의 문호 노신魯迅도 지적한 바가 있다. 역사를 기록하는 사관이 다음 왕조의 사관이기 때문이다. 다음 왕조는 바로 앞의 왕조를 전복시키고 수립되었기 때문에 자기변명을 위해서도 전 왕조를 어느 정도 악역으로 만들어야 했다. 20여 년 밖에 유지하지 못했던 진秦왕조의 시황제에 대한 이야기는 진을 무너뜨린 한나라 시대에 와서 기록되었고 30여 년 집권한 단명왕조인 수나라의 양제煬帝는 다음 왕조인 당나라의 사가들이 그 공과를 기록하였다.

조가曹家의 위왕조는 45년밖에 유지하지 못했다. 『삼국지』의 저자 진수는 조조의 라이벌인 촉한의 신하였고 위의 왕위를 선양받은 사마가司馬家의 진晉왕조에서 일한 인물이다. 진수는 조조를 동정하지 않았지만 사가로서 공정한 태도를 잃지 않으려고 노력한 것 같다. 정사 『삼국지』의 조조는 세간에서 이야기하는 것과 달리 극악하게 묘사되어 있지는 않다. 하지만 『삼국연의』에서의 조조는 무조건 악당이다. 약자, 약한 영웅에게 동정하는 마음이 점점 커져 유비, 관우, 장비, 제갈공명이 선하고 착하게 미화되면 될수록 조조는 점점 더 악당이 되어버린다. 심지어는 조조가 악의 화신 같은 존재로 그려진다. 연극에서는 더욱 심하다. 조조역의 배우가 무대에 나오면 야유가 터져 나온다. 출연한 배우도 야유에 맞추어 어떻게 하면 더 극악하게 보일까를 연구한다.

'의외의 역사'라는 관점에서 보면 지금까지의 조조 이미지를 뒤엎는 것도 가능하다. 조조에게 유리한 자료만을 모아 해석을 약간 왜곡하면 조조는 마음이 약하고 작은 일에도 겁을 내는 사람으로 그려질 수 있다. 조조는 후한의 제위를 탈취하여 위왕조를 세웠지만 직접 제위에 오르지 않았다. 그가 죽은 후 아들인 조비가 황제에 올랐다. 조조를 위의 무제武帝로 칭한 것은 아들인 조비의 선물이었다. 조조는 한실漢室에서 위왕에 봉해진 승상에 불과했다. 조조에게 신왕조 창건은 매우 손쉬웠다. 밥상은 이미 차려져 있었다. 스스로 황제에 오를 능력이 충분했지만 조조는 그렇게 하지 않았다. 이것으로 조조를 우유부단하다고 낙인찍을 수도 있다.

「위서」에는 조조가 육수淯水에서 전사한 부하들의 영령을 제사지내고 그 자리에서 목놓아 울었다고 기록되어 있다. 조조 악인설은 조조가 장병 앞에서 전사한 부하들을 위해 거짓으로 울었다고 말한다. 그의 눈물은 일종의 '악어의 눈물'로, 병사들의 사기진작을 위한 연극에 지나지 않았다는 주장이다. 자신의 패업 완성을 위해 눈물까지 이용하는 마키아벨리즘이라고 해석하는 것이다.

같은 사실을 조조 애송이설로 해석해보자. 조조는 마음이 여린 울보지만 보통 때는 억지로 태연한 체하는 인물이다. 조조는 슬픈 일이 생기면 주체하지 못하고 갑자기 울어버린다. 애송이설도 괴롭지만 조조 악인설은 많은 허점이 있다. 조조가 포악무도하고 인륜에 반하는 극악한 행동을 하는 권모술수의 베테랑이라면 심한 악평이 난무하는 것을 그대로 보고 있지는 않았을 것이다. 모든 수단을 동원해 자신의 평가를 높이려 노력했을 그다. 이것이야말로 계략의 달인이 해야 할 일이 아닐까.

조조의 악평이 많이 남아 있는 것은 거꾸로 그가 진정한 책략가가 아니었다는 증거다. 조조는 경세의 포부가 있었다. 자신이 만들고 자 했던 유토피아를 읊은 시도 있다. 생활은 풍족하고, 백성은 요순 堯舜시대에 있는 것 같고, 노인은 무거운 물건을 짊어질 필요가 없다 며 매우 상세하게 표현했다. 그 포부를 실현하려면 무엇보다 민심 을 얻지 않으면 안 된다. 그는 누구보다 그것을 잘 알고 있었다. '천 하귀심天下歸心'. 그의 걸작 「단가행」의 마지막 문구만 보아도 그가 얼마나 천하 백성들의 마음을 얻으려 하였는지 알 수 있다.

하지만 실제로는 그의 악평만이 후세에 전해지고 있다. 근거 없 는 악평도 적지 않다. 낙양으로 입성한 동탁이 제멋대로 황제를 폐 위하였을 때 조조는 '그와 행동을 같이하면 파멸만이 있을 것'이 라 생각하고 낙양에서 도망쳤다. 도주하던 조조는 그때 아주 잔혹 한 사건을 벌인다. 일명 여백사 일가 살해사건이다. 이 사건은 신 빙성이 떨어져서인지 진수의 『삼국지』에는 없다. 본문에서는 조조 가 이름을 바꾸고 샛길을 통해 동쪽으로 도망갔다고 기록되어 있 을 뿐이다.

여백사 사건과 관련해 「위서」에는 '조조는 지인 여백사의 집에 갔지만 주인이 외출하여 그의 아들과 일당이 조조의 말과 짐을 빼앗 으려 해서 조조는 그들을 죽였다'라고 되어 있다. 이것이 『세어』에 는 '여백서는 외출 중이었고 다섯 명의 아들이 융숭하게 대접했다. 하지만 조조는 그들이 밀고를 할까 두려워 한밤중에 여백사의 가족 과 하인 여덟 명을 죽이고 떠났다'라고 나온다. 「위서」는 어느 정도 조조의 정당방위를 이야기하고 있지만 『세어』에서는 배은망덕한 악 인으로 묘사되고 있다. 『잡음』에는 '조조가 그 집의 식기 소리를 들고 자신을 살해하려 한다고 착각하여 밤중에 그 집안사람들을 죽이고 달아난다'고 나온다. 내용이 점점 업그레이드되어『잡음』만 보면 조조는 작은 소리에도 민감해서 공포로 제 정신을 잃은 잔인하고 얼빠진 멍청이가 된다.『삼국연의』에는 '요리하려 부엌칼을 가는 소리를 듣고 지레 짐작하였다'고 하는데 여러 방향으로 각색되어 변형되었다. 이 이야기는 저자가 조조에게 악의를 가지고 마구잡이로 잔인한 옷을 입힌 결과라고 생각한다. 밀고의 위험을 느끼는 인물의 집에 몸을 의탁하는 행위는 근본적으로 모순이 아닐까?

조조는 시인답게 분노를 걷잡을 수 없이 표출하는 장면을 보여주었다. 도겸을 공격하여 그 지역의 백성까지 몰살시킨 것은 아버지 조숭이 살해당한 복수심에 일시적으로 흥분했기 때문이다. 무고한 살육을 일삼으면 제일 먼저 부하들이 등을 돌린다. 군량미가 부족했을 때 조조가 군량미 담당자와 상의하여 되를 작게 만들어 어려움을 극복했다는 일화는 유명하다. 어느 날 군졸들 사이에서 군량미를 속인다는 소문이 돌았다. 군졸들의 불만이 극에 달하자 조조는 군량미 담당자에게 "네 목을 빌리자"라고 말하고 모든 병사 앞에서 횡령죄로 그의 목을 베었다. "이자는 되를 작게 만들어 군량미를 훔쳤다. 참수에 처한다"라고 말하고 병사들의 불만을 잠재웠다. 이 이야기는『조만전曹瞞傳』에 실려 있다.『조만전』의 작가는 오나라 사람이다. 조만이란 조조의 어렸을 때 이름인데, 이처럼 어릴적 이름으로 전기의 제목을 지은 것은 조조에 대한 작가의 심사가 곱지 않다는 의미다.

어린 시절 조조는 품행이 불량하였다. 숙부는 그의 아버지에게 조조의 나쁜 점을 자주 이야기했다. 그는 숙부와 만나면 일부러 아픈 것처럼 행동했는데 그것을 본 숙부가 그의 아버지에게 말하였다. 놀란 조조의 아버지는 조조를 불러 물어보았고 조조는 "병이라니요? 숙부는 나를 미워하여 없는 사실을 고자질합니다"라고 대답했다. 그 후 아버지는 숙부를 믿지 않았다.

조조의 복수 이야기는 『조만전』에 자주 등장한다.

조조는 항상 "누군가 내게 위해를 가하려 하면 어김없이 가슴이 두근거린다"라고 말했다. 이 소문이 모두에게 전해졌을 무렵 그는 하인에게 "칼을 숨기고 나에게 가까이 오라. 나는 가슴이 두근거린다며 너를 조사하겠다. 너는 그냥 있으면 된다. 겁낼 것은 없다. 상은 얼마든지 내리겠다"라고 명령을 내렸다. 하인은 별일 아니라고 생각하고 지시대로 따랐는데 가까이 다가선 순간 조조가 갑자기 칼을 내려쳤다. 좌중의 사람들은 조조의 두근거림이 진짜라고 믿었고 이후 조조에 대한 두려움에 벌벌 떨었다.

조조는 항상 "나는 자고 있을 때 다가오는 사람이 있으면 무의식적으로 베어버린다. 조심하는 것이 좋아"라고 말하였다. 어느 날 잠자는 척하고 있는데 총애하는 신하가 가까이 와서 담요를 덮어주었다. 조조는 즉시 그 신하를 베었다.

사람들은 조조가 잠결에도 무의식적으로 칼을 빼어 벨 수 있다는 사실을 진짜라고 믿게 되었고 그날 이후로 그의 침소에 가까이 가려는 사람은 없었다. 이 두 가지 이야기는 『세설신어世說新語』「가휼편

「仮誦篇」에 실려 있다. 모반과 암살 예방을 위한 속임수이지만 두 이야기 모두 측근을 죽이는 내용으로 조조의 잔인무도함을 부각시키고 있다.

6

조조가 그 정도로 잔인한 인물이었다면 그의 주변에 사람이 모여들지 않았을 것이다. 사실 삼국 중에 위에 가장 많은 인재가 모여들었다. 유비의 촉한이 지지부진했던 것은 인재부족이 원인이었다. 공명의 고집이 세거나 다른 사람에게 일을 맡기는 도량이 없어서가 아니고 맡길 만한 적임자가 없었다. 유비가 죽은 후 승상인 공명은 혼자서 모든 일을 처리해야만 했다. 과로할 수밖에 없었고 그 때문에 심신이 매우 지쳤을 것이다.

사실 삼국지 영웅 중에 조조만큼 인재 발굴을 위해 노력한 사람은 없었다. 그의 「단가행」 중에 다음과 같은 문장이 있다.

푸르디 푸른 그대의 옷깃
그리워하는 내 마음 끝없고
나 오직 그대 때문에
아직도 근심하고 있다네

푸른 옷깃은 『시경詩經』에도 보이는데 '서생'을 의미한다. '침음沉吟'은 '이것저것 근심스러운 생각에 깊이 잠기는 것'이고 '그리워하는 내 마음 끝없고'와 함께 연애 분위기를 풍긴다. 이 대목은 젊은 인재를 찾으려고 항상 애쓰고 있다는 적극적 표현이다. 사실 조조의 인재관은 "형수를 훔친 자라도 뇌물을 받은 자라도 재능만 있으면 등용한다"고 말할 정도였다.

조조에게는 아름다운 목소리를 가진 가기歌妓가 있었다. 그녀의 노래 실력은 출중했지만 성격이 좋지 않았다. 죽이기에는 아까운 재능이었지만 조조는 그녀의 성격을 참을 수가 없었다. 조조는 백 명의 기생을 뽑아 노래 연습을 시켰다. 얼마간의 시간이 흐른 뒤 그녀에 필적하는 아름다운 목소리의 기생이 나왔다. 조조는 성격이 나쁜 기생을 그 즉시 죽여 버렸다. 이 이야기는 조조의 잔인한 성격을 퍼트리려고 만든 이야기이지만 반대로 조조가 얼마나 인재를 아꼈는지를 암시하고 있다.

달이 밝으니 별빛은 희미한데
까마귀와 까치들은 남쪽으로 날아가네
나무를 세 번 돌아도
의지할 가지 하나 없네
산은 높아짐을 저어하지 않고
바다는 깊어짐을 마다치 않으며
주공周公은 입안의 것도 뱉었기에
천하 민심이 돌아왔다네

「단가행」은 이렇게 연결되어 있다. 별이 어두운 달빛 속의 새들은 남으로 날아가고, 나무를 몇 번 도는 것은 둥지가 될 만한 나뭇가지를 발견하지 못했기 때문인가? 여기까지는 인재를 품고 있으면서도 임용하지 않는 사람이 있을지도 모른다는 애석한 마음. 인재갈망의 마음을 나타내었다. 높은 산, 깊은 바다는 큰 포용력을 의미한다. 자신은 포용력이 있는 사람이 되어 인재를 자신의 수하에 두고 싶다는 표현이다. 옛날 주공은 누가 찾아오면 먹던 음식을 뱉고 즉시 만났다고 한다. 방문자가 인재일지도 모르기 때문이다. 인재를 구했기 때문에 천하의 인심이 주공에게 돌아갔다. 조조도 그렇게 되고 싶다는 소망이다.

「단가행」은 적벽대전 직전에 창을 한 손에 잡고 만들었다고 전해진다. '까치가 머무를 가지가 없다' 는 것은 불길하다고 진언한 유복이라는 부하를 그 자리에서 죽였다고 하는데 이 이야기 또한 신빙성이 전혀 없어 보인다. 천하의 인재를 모으고자 그렇게 열성적으로 노래한 인물이 인재일지도 모르는 부하를 한순간의 발작으로 죽인다는 것은 있을 수 없는 일이기 때문이다. 기껏해야 일갈했을 것이다. 그것이 죽인 것으로 와전되었다고 생각된다. 필자가 이렇게 생각하는 근거는 조조가 미신을 매우 싫어했기 때문이다. 조조는 부하의 진언보다 '머무를 가지가 없는 새' 가 불길하다는 징크스를 혐오하고 멸시했을 것이다. 서른 살의 조조가 제남 상相으로 부임했을 때 그가 제일 먼저 시행한 것은 다름 아닌 그 지역의 사교음사邪教淫祠의 금지였다.

미신을 싫어했다는 것은 조조가 철저한 합리주의자라는 이야기다. 시인과 합리주의자는 결코 접점이 없다. 지금은 미신이나 사교음사의 금지는 당연하지만 3세기 초엽에는 매우 과감한 조치였다. 그 과감함이 잔혹한 이야기로 둔갑하였을 수도 있다. 조조는 병서 『손자』의 주석을 처음으로 단 것으로 유명하다. 당시의 전쟁은 주술적 요소가 농후했지만 조조는 전술과 주술을 확실히 구분한 최초의 무장이라 평가받았다. 사실 전쟁사에서 주술은 아주 오랫동안 살아남는다. 19세기 중엽 아편전쟁 때의 일이다. 영국 군함의 포격이 매우 정확해서 청나라 측은 영국군에 뛰어난 주술사가 있다고 생각했다. 영국 군함의 주술을 파괴하기 위해 나무통에 옻칠을 한 요강을 산더미같이 모아 그것을 배에 싣고 영국 군함으로 향했다. 이 이야기는 산업혁명 이후의 일이어서 더욱 어처구니가 없다. 그러나 이보다도 훨씬 앞선 3세기 초엽의 조조는 주술의 효용을 일절 인정하지 않았다. 주술을 믿지 않으면 믿을 것은 인간의 능력뿐이다. 그것이 극단적인 인간주의가 되고 인재 등용에 연결되었다.

합리주의자에게는 당연히 '신분'에 대한 종래의 관념에 의문을 던질 수밖에 없다. 사실 조조에게는 신분제를 부정하고자 하는 강력한 동기가 있었다. 그 자신이 후한의 황후를 모신 환관 조등의 손자였기 때문이다. 조등은 '대장추大長秋'에 오른 적이 있고 '비정후費亭侯'에도 봉해졌다. 하지만 아무리 높은 관직에 올라도 환관은 환관일 뿐이었다. 당시 환관은 일반 백성들에게는 경멸의 대상이었다. 사마천이 친구 임안에게 보내는 편지「報任安書」에도 아픔이 엿보인다.

궁형을 받는 것보다 더 큰 치욕은 없다네. 궁형을 받고 살아남은 사람을 비교하고 헤아린 바는 없으나 한 세대에만 있었던 게 아니라 오래전부터 있어 왔다는군.

중국에서는 '3대에 걸쳐 청淸하다'라는 말이 전해 내려온다. '3대에 걸쳐'라는 말은 '확실한 조사가 가능한 충분한 시간'이라는 뜻이다. '청'의 구체적 내용은 궁형에 처해진 사람이 없다는 것이다. 궁정에 있는 학자들은 자신들을 '청류淸流'라고 하였다. 같은 궁정에 있어도 환관과 구별하고 싶었다. 위衛나라 영공靈公이 환관 옹거雍渠와 함께 마차에 올랐는데, 이를 본 공자가 불쾌함을 느끼고 위나라를 떠나 진나라로 가버렸다고 한다.

조조는 그러한 환관의 손자다. 남성으로 생식기능을 상실한 환관에게 아이가 있거나 손자가 있는 것은 이상한 이야기지만 환관들은 양자를 들여 가문을 이어갈 수 있었다. 조조의 아버지인 조숭은 환관 조등의 양자였다. 조조는 환관 집안의 아들로 어린 시절부터 타인의 멸시와 모멸을 받았을 것이다.

환관들은 축재에 열중하였는데 조등 같은 고위직 환관이 되면 막대한 재산을 모을 수 있었다. 그 재산이 패권경쟁에 뛰어든 조조의 든든한 경제적 배경이 되었다. 환관을 경멸하면서도 그 재력 앞에 평신저두平身低頭, 엎드려 땅에 머리를 댐하고 견마지로를 마다하지 않는 '청류의 무리'를 조조는 유소년시절부터 보아왔다. 그렇다보니 조조의 마음속에는 그들에 대한 반발심이 뿌리 깊게 자리잡았을 것이었다.

적벽의 결전을 앞둔 오나라는 평화를 택할 것인가, 전쟁을 택할 것인가를 두고 의견이 양분되었다. 평화라고 하지만 사실은 조조에게 항복하는 것이다. 오의 명장 주유와 노숙은 전쟁을 주장하고 장소는 평화를 외쳤다. 전쟁파인 노숙이 주군인 손권에게 "위에 투항하면 나는 고향 임회에 보내집니다. 좋은 가문 출신인 나에게 조조는 우마를 타고 시종을 거느릴 정도의 지위는 줄 것입니다. 하지만 당신은 무공을 세워 성공한 신흥세력입니다. 실례지만 가문이 그리 좋지는 않습니다. 투항한다 해도 나 정도의 대접은 받을 수가 없습니다"라고 반은 협박을 섞어가며 말했다. 이처럼 가문이라는 간판만이 곧 권력과 부귀로 직결되던 시절이었다.

왕망의 찬탈을 겪은 후한시대는 그 반작용으로 가문을 중시하였다. 환관의 집안에서 태어난 조조는 출신에 대한 열등감이 있었다.

그렇기에 더욱 재능지상주의를 신봉할 수밖에 없었을 것이다. 하지만 조조는 신분제 타파를 꾀하기보다 손쉽게 자신의 집안을 귀족화하는 쪽을 택했다. 일세의 영걸 조조의 한계라고 할 수 있다.

조조에게 불리한 이야기 중 태반이 의도적인 것으로 추측할 수 있다. 손성孫盛의 『위씨춘추魏氏春秋』에는 조조의 약한 모습을 보여주는 대목이 나온다. 조조가 "유비는 호걸, 과인에게 근심을 생기게 한다"라고 했다는 것이다. 이것은 『춘추좌씨전春秋左氏傳』에 있는 오왕 부차夫差의 '구천勾踐이 나를 살려 근심이다' 라는 표현을 그대로 빌려 사용한 것으로 조조의 오리지널 육성은 아니다.

일사一事가 만사萬事다. 전란의 시대는 피비린내 나는 사건, 냉혹하고 잔인한 이야기, 교묘한 모략 등이 넘쳐난다. '이 이야기는 조조와 어울리기 때문에 그가 한 일은 아니어도 그가 한 것으로 하면 재미있겠다' 라고 생각되면 그 이야기의 진짜 주인공은 필요없어지고 언제부턴가 조조의 이야기로 탈바꿈된다.

조조도 다정다한多情多恨, 풍부한 감수성, 날카로운 판단력, 거침 없는 실행력을 선천적으로 타고났기에 여러 가지 꼬리가 붙기 쉬웠다. 그는 생전에 자신에 대해 무고한 풍문이 돌아도 크게 개의치 않았다. 그의 시인적인 성격 때문에 그럴 가능성이 충분히 있다.

『위무고사魏武故事』에 조조가 술회한 흥미 있는 내용이 실려 있다. 조조가 젊었을 때 '군의 태수가 되어 훌륭한 정치를 행하고 천하에 명성을 떨치고 싶다' 고 자신의 포부를 말했다. 조조는 황건적 토벌에서 전공을 세워 제후에 봉해졌기에 자신이 죽으면 무덤에 '한고정서장군조후지묘漢故征西將軍曹侯之墓' 라고 새긴 묘비를 세워달라고 했다. 다른 요구사항은 없었다. 조조는 야심의 계단을 하나하나 밟아 올라갔다. 처음부터 승상이 되고 신왕조를 수립하겠다는 생각은 하지 않았다.

7

조조는 본질적으로 기회주의자였다. 주어진 기회를 신속하고 유리하게 이용하는 기회주의자가 되려면 시인의 직감과 주관적 감정보다는 냉철한 이성에 근거한 합리주의, 유능한 인재라는 세 가지 요소가 필요하다. 상황에 따른 전광석화 같은 대응은 시인의 영감으로 해결된다. 이것이 기지機智이다. 나쁜 의미로는 '간지奸智'가 된다.

불량청년 시절 그는 친구인 원소후에 라이벌이 된다와 함께 갓 결혼한 신부를 납치하자고 모의한다. 조조는 신부의 집에 들어가 큰 목소리로 "도둑놈이다!"라고 큰 소리로 외쳤다. 집안사람들의 주의를 그쪽으로 쏠리게 한 뒤 신부를 위협한 끝에 납치에 성공한다. 추격자들에게 쫓겨 도망치던 중 원소가 가시나무 덤불에 떨어져 다리를 다친다. 옴짝달싹 못하는 원소를 보던 조조는 그때 "신부도둑놈이 여기 있다!"고 큰 소리를 질렀다. 원소는 허겁지겁 아픈 다리를 끌며 필사적으로 도망쳐 두 사람 모두 무사했다. 이 이야기는 '간지'에 속한다.

'기지'의 예를 들면 이런 일이 있다. 조조가 승상이 된 후 저택을 세우고 상국문을 만들었을 때의 이야기다. 서까래를 올리고 나서 조조가 점검하러 왔다. 그는 문에 액자를 걸어 '활活'이라는 글자를 써넣었다. 주부主簿 양덕조楊德祖는 그것을 보고 즉시 문을 해체하였다. 문門안에 활活이라면 '넓다闊'라는 의미이다. 즉 문이 '너무 크다'라는 지시였다. 문이 너무 크면 제위 찬탈의 야심이 있다고 의심받는다. 그러한 의심을 피하기 위함일지도 모르겠다.

합리주의자 조조의 면모를 보여주는 일화도 있다. 유표에게는 천
근이나 나가는 큰 소가 있었다. 그는 그 소를 자랑스럽게 생각했다.
그 소는 보통 소의 열 배가 넘는 풀과 콩을 먹었지만 짐을 옮길 때는
한 마리의 암소에 불과했다. 형주를 점령한 조조가 이 소를 손에 넣
었다. 그는 즉시 소를 잡아 병사에게 모두 나눠주었다. "덩치만 커
서는 쓸모없다!"는 것이다. 합리주의자다운 조조의 모습이다.

20세기 들어 중국 사학계에서는 조조를 재평가하려는 움직임이
크게 불고 있다. 노신이 가장 앞장 섰던 인물이었다. 진시황제와 함
께 조조는 중국역사를 진보시킨 영웅이라는 견해다. 필자 역시도
조조를 악인이라고 생각하지 않는다. 그렇다고 희대의 영걸이라고
평가하지도 않는다. 조조를 한마디로 표현할 수는 없지만 호의적인
눈으로 보면 조조는 봉건시대를 종식시키고 새로운 시대를 열 가능
성이 있는 인물이었다. 비예산比叡山을 불태우고 석산본원사石山本願
寺를 공격한 오다 노부나가織田信長가 조조와 매우 흡사하다. 두 사람
모두 새 시대를 열기 한 발짝 전에 무너졌다.

조조는 철학이 없었기 때문에 한계가 있었다. 신분제도의 불합리
를 조소하고 합리주의의 기치를 높이 들고서 인재를 적극적으로 등
용했지만 그것은 눈앞에 당면한 목적을 달성하려는 수단에 불과하
였다. 합리주의자라면 합리주의를 향해 사람들의 의식을 변화시키
는 철학을 선포했어야 했다. 그렇지 않았던 것은 무척 안타깝다. 하
지만 기회주의자인 그에게 그것을 바라는 것은 처음부터 무리였는
지도 모른다.

『삼국지』가 시대와 세대를 막론하고 대중적인 인기를 얻고 있는
것은 영웅호걸의 활약이 끊임없기 때문이다. 중국인은 하늘에 두

개의 태양이 없고 땅에 두 명의 황제가 없다는 신념을 가지고 있다. 그렇기에 삼국시대의 대립이 오랫동안 계속된 이유 중 하나는 영웅들이 너무 많았기 때문이다. 그러나 필자가 볼 때 이는 또한 천하쟁패를 이룰만큼 걸출한 영웅다운 영웅이 없었기 때문이 아니었을까.

고만고만한 이류 영웅들이 천하의 패권을 노린다. 이류지만 어느 정도 매력이 있다. 조조는 그 중에서 가장 튀는 인물이었다. 문학을 좋아하고 적당히 빈틈이 있으면서도 냉철한 판단력의 소유자다. 말하자면 조조는 가장 흥미로운 캐릭터라고 할 수 있다. 조조는 일본의 오다 노부나가와 닮았다. 그러나 조조가 오다 노부나가보다 매력 있는 이유는 그가 시인이었다는 점이다. 중국의 오래된 시론인 『시품詩品』에는 시인을 상중하 세 계급으로 분류하였다. 조조는 하급이었다. '조조의 시는 꿋꿋한 기상이 있지만 매우 구슬프다.' 구슬픈 시구는 출정 병사의 괴로움과 전란의 아픔을 노래한 「고한행苦寒行」에 잘 나타나 있다.

슬프다 동산에 부치는 시
온갖 걱정이 나를 슬프게 하네

병사의 비애를 이 정도로 절절하게 읊은 조조가 잔인 일변도의 인간일 수는 없다.

오두미도란 무엇인가?

오두미도는 도교의 일종으로 창시자는 장릉이다. 장릉은 후한의
인물로 생존 시기가 정확하지 않지만 출신지는 패국의 풍현강소성이
다. 패현과 풍현은 서로 가까운 동격의 현縣이었다. 그러나 한고조
유방이 패현 출신이었기에 패가 승격하여 군郡과 동격인 국國이 되
었고 풍현은 패국의 관할 밑으로 들어갔다.

유방은 황제가 된 후 고향 패국의 세금과 부역을 면제해주었다.
유방은 패현에서 태어나 풍현에서 성장했지만 처음에는 풍현에 패
국와 같은 특전을 주지 않았다. 왜냐하면 그가 거병했을 때 풍현이
가세하지 않았기 때문이다. 과거 패현과 풍현은 깊은 연고가 있어
친척이 많았다. 패국의 주민들이 풍현의 면제를 조정에 탄원하여
겨우 특전을 얻었다. 그 후 이 지역은 천자의 직할 영지가 되었다.
각종 특전 때문에 다른 지역보다 여유가 있었고 교육열도 높았다.

장릉은 처음에 유생이었지만 장생長生의 도를 배워 촉의 곡명산鵠
鳴山에 들어갔다. 이 산은 신선이 살 것 같은 천애절경의 명산으로
나중에 학명산鶴鳴山이라 불렸다. 장릉이 촉으로 간 것은 순제順帝, 재
위 125년~144년 때였다고 기록되어 있다. 그는 곡명산의 천인天人에게
'신출정일맹위지도新出正一盟威之道'를 배워 병을 잘 고쳤다. 그는 병

을 고쳐준 대가로 쌀 다섯 되五斗를 받았다. 그의 도술을 오두미도라고 하는 이유이다.

　장릉의 행적이 확실하지 않은 것은 그가 살아있는 동안 오두미도가 번성하지 못했기 때문이다. 오두미도가 가장 융성했던 때는 장릉의 손자인 장노의 시대이다. 『삼국지』에 '장릉은 책을 써서 그 책으로 백성을 현혹했다'고 적혀 있다. 만약 책이 있었다면 내용은 아마 도교, 즉 노장老莊사상이었을 것이다. 장릉은 본시 유생이어서 글을 잘 썼을 것이다. 그는 24권의 책을 썼다고 전해지는데 지금은 남아있지 않다. 장릉의 별명은 보한輔漢이고 스스로 천사天師라고 칭했다. 이에 따라 오두미도를 일명 '천사도'라고도 한다. 천사는 『장자』에 나오는 말이다.

　24라는 숫자는 도교에서 특별한 의미를 가진다. 입춘에서 시작하여 우수, 경칩, 춘분, 청명……동지, 소한, 대한으로 끝나는 24절기는 지금도 사용한다. 한나라 고조가 24절기를 중시하여 24개의 제단을 만들어 하늘에 제사지냄으로써 천하를 얻었다는 전설이 있다. 장릉은 고조가 했던 그대로 24개의 제단을 만들고 소를 제물로 바쳐 제사를 지냈다. 각 제단에는 초당을 짓고 그것을 24치治라고 했다. 이 이야기는 당나라의 불교서인 『법원주림法苑珠林』에 적혀 있다. 그 책에 따르면 장릉은 천하를 손에 넣으려는 야심을 품은 인물이다. 장릉이 죽은 뒤 아들 장형張衡이 아버지를 이었다. 장형은 매우 영민한 인물로 황문시랑黃門侍郎을 제의 받았지만 고사하고 양평산陽平山에 은거했다.

　오두미도는 장릉의 손자인 장노에 의해 비약적으로 발전했다. 장노는 수완도 뛰어났지만 시대의 도움도 있었다. 후한 말은 난세였다. 정치는 부패하고 기근과 역병이 계속되어 각지에 도적이 들끓었고 백성들의 생활은 날로 궁핍해졌다. 백성들은 희망이 없는 시대가 계속되자 마음과 정신이 편안해지는 곳을 찾았다. 그 당시 불교는 아직 민간에 널리 퍼지지 못했다. 낙양에 백마사가 있었지만 백마사는 낙양에 사는 서역인들의 참배장소였다. 후한의 궁정에는 호신胡神, 불상이 있었다. 하지만 그것은 신앙이라기보다 이국정서를 즐기기 위한 왕실인사들의 허영이었을 것이다. 일반 서민은 부도불교를 들은 적도 없었을 것이다.

사람들이 정신적인 평안을 추구한다면 딱딱한 유교보다 주술이나 기도로 현실의 괴로움을 떨치는 도교를 택한다. 많은 사람들이 도교의 교단에 모여들었다. 사는 것이 괴로워서 구제를 바라는 사람들이었다.

서쪽에는 사천을 중심으로 오두미도가 있었고 동쪽에는 하북을 중심으로 태평도라는 도교의 큰 교단이 있었다. 태평도 역시 죄과를 반성하면 병을 치료해주는 극히 현실적인 종교결사였다. 태평도의 기원은 후한 중기이지만 교단을 세운 사람은 후한 말의 장각이다. 그는 스스로 대현량사라고 칭했다. 기근과 역병이 빈발했던 하북에는 고통 받는 백성들이 많았다. 그렇기에 태평도의 교세는 빠르게 백성들 속으로 전파되었다. 장각은 수십만 명의 신도를 거느리게 되었고 이에 후한의 조정은 태평도를 위험시하게 되었다.

탄압이 있으면 반발이 생긴다. 태평도는 184년에 무장봉기했다. '창천蒼天은 이미 기울었으니 이제 황천黃天이 일어서리라'가 그들의 구호였다. 오행설五行說의 순서에 의하면 한나라는 목덕木德으로 천하를 얻었지만 다음에 등장하는 왕조는 토덕土德으로 일어선다고 했다. 목은 청靑을 나타내고 토는 황黃을 나타낸다고도 했다. 한나라는 이제 끝났다. 다음은 우리 태평도다. 대담하고 과감한 선언이었다. 그들은 오행설에 기초해 다음 왕조의 표식으로 황건을 둘렀다. 이것이 황건적의 난이다. 토벌에 나선 후한의 장군들이 각지의 군벌이 되고 후한 말에 이르러 삼국 각지에 할거한다. 역사적인 삼국지 영웅들의 탄생이다.

황건적의 난은 진압되었고 태평도는 탄압받아 뿔뿔이 흩어졌다. 이제 도교를 계승한 곳은 사천의 오두미도뿐이었다. 오두미도는 태평도를 보면서 많은 것을 깨우쳤다. 권력에 대항하는 것은 어리석은 짓이라는 것을 배운 오두미도의 3대 교주 장노는 권력과의 타협이라는 노선을 택했다. 타협이란 너무 양보하면 주체성을 잃고 존립의 위험에 처해진다. 반면 너무 강하게 나가면 위기를 느낀 권력자의 눈 밖에 나서 탄압을 받을 수밖에 없다. 상당히 어려운 부분이지만 균형을 잡고 타협하는 수밖에 없다.

사천의 실력자는 삼국지의 영웅들 중 한 사람인 유언이었다. 유언은 오두미도의 교주인 장노를 높이 평가했는지 두려워했는지 모르지만, 그때까지 없었던 독의사마라는 새로운 관직을 만들어 그를 임명했다. 장노의 아버지인 장형은 황문시랑이라는 고위직을 고사했었다. 아버지 시대에는 오두미도의 교세가 그다지 강하지 않았기 때문에 고사할 수 있었지만 이번에는 경우가 달랐다. 오두미도의 교세는 커질 대로 커져있어 거절할 수 없었다. 이미 광대해진 세력을 가진 오두미도 교주의 관직 고사는 반항으로 간주되어 탄압을 받을 위험이 있어 장노는 선택의 여지가 없었다.

관리는 일단 임관하면 무조건 명령에 따라야만 한다. 유언은 장노에게 별부사마 장수와 함께 한중 태수 소고를 공격하라고 명령했다. 오두미도의 근거지인 촉에서 장노를 멀리 떼어놓았던 것이다. 『삼국지』에는 '장노가 장수와 더불어 소고를 격파한 뒤 다시 장수를 습격하고 그의 부하를 빼앗았다'라고 되어 있다. 장수가 장노의 부하였다고 기록된 책도 있을 정도로 여러 가지 설이 있지만, 필자는 유언이 장수에게 장노를 감시하라고 명령했을 것이라고 생각한다. 장노는 유언 치하의 촉에서는 오두미도의 장래성은 없다고 판단하여 한중에서의 자립을 꾀했다. 그래서 장노는 감시자인 장수를 죽이지 않을 수 없었다.

유언은 얼마 뒤에 죽지만 그의 아들 유장은 촉에 있는 장노의 어머니를 비롯하여 장노의 가족을 몰살한다. 참고로 『후한서』에는 장노의 어머니가 매우 미인이었다고 한다. 오두미도가 살아남으려면 익주 목인 유언 부자에게서 멀리 떨어져야 한다는 것이 장노의 판단이었다. 교단의 존립을 위해 어머니도 가족도 희생할 수밖에 없었다.

한중은 섬서성 남부이고 사천성의 입구이기도 하다. 군웅할거의 시대에 한중은 역학관계의 골짜기같이 안전한 곳이었다. 장노는 이렇게 작은 지방을 통치하려고 새로운 행정기관을 만들 필요가 없었다. 오두미도 조직을 그대로 사용하면 아무런 문제가 없었다. 오두미도는 신앙 조직인 동시에 상호부조 조직이었다. 의사義舍라는 복지시설이 있어 거기에서 무료숙박, 무료급식을 했다. 이것은 아마 불교의 영향이었으리라는 생각이 든다.

촉의 유장은 한중을 토벌할 힘이 없었고 장안의 군벌들은 혼전 중이어서 한중에 신경 쓸 여력이 없었다. 오두미도는 안전지대에서 교세를 키웠다. 신자의 수만 늘어난 것이 아니라 신앙의 교리도 발전시켰다. 신도들을 교육하기 위한 교서도 만들었다. 아마 상급 신도들을 위한 교서도 따로 만들었을 것이다. 장노가 도입한 노자의 주석서이자 오두미도의 고급문헌인 『상이想爾』는 제목만 전해지고 있었다. 그러나 1900년대 초 둔황의 석굴사石窟寺에서 『상이』몇 권이 발견되었다. 이 책은 영국의 탐험가인 마크 아우렐 스타인이 반출했는데 지금은 대영박물관에 보관되어 있다. 한중의 오두미도는 서민 구제에서 출발한 교단이었고 아카데믹한 기풍도 지녔던 것이다.

한중은 언제까지나 안전지대가 아니었다. 유장이 죽은 후 유비의 군대가 들어와 촉은 유비의 것이 되었다. 제갈량을 비롯한 유능한 인물이 촉을 통치하게 되었고 북쪽에서는 조조가 군웅을 거느리고 세력을 키우며 위협했다.

건안 24년(215년) 조조가 산관에서 양평관으로 향하자 장노가 한중을 바치고 항복하려 했지만 이를 비겁하다고 생각한 장형은 수만 명의 민중을 이끌고 항거했다. 장형은 얼마가지 않아 조조에게 패하고 만다. 조조가 공격했을 때 오두미도의 의견이 분분하자 장노는 일단 퇴각했다. 측근이 보물을 보관한 창고를 불태울 것을 권유했지만 그는 이를 거부하고 창고를 그대로 봉인하여 조조에게 바쳤다. 조조는 항복한 장노를 진남장군에 임명하고 낭중후에 봉했다. 또한 그의 자식들도 후侯에 봉했다. 조조는 장노의 딸을 며느리로 맞이했다. 조조는 관연 오두미도의 힘을 인정하고 그러한 회유책을 사용했을까? 필자는 조조가 오두미도는 과거의 태평도 같은 힘이 없다는 것을 간파했다고 생각한다.

위진시대에 죽림칠현이 즐긴 청담淸談, 고상한 이야기이 유행한 적이 있다. 노장사상을 숭상한 청담은 오두미도의 영향을 받지 않을 수 없었다. 동진시대에 오두미도 관련자의 반란사건이 있었지만 과거 태평도처럼 천하를 흔드는 대란은 아니었다. 오두미도의 역사를 보면 그들은 가능하면 권력과의 충돌을 피하려 했다.

장노는 교단의 존속을 지상명제로 했다. 그것은 신앙결사로서는 퇴보인지도 모른다. 장노의 후손은 강서로 옮겨가 교단의 수장으로 번영했다고 한다. 원나라의 쿠빌라이 시대에 오두미도의 신도들은 36대 교주이며 장릉의 자손인 장종연張種演을 정일천사正一天師라고 부르며 숭상했다. 장종연은 쿠빌라이에게 불려가 강남지역의 도교 관리를 허락받고 옥부용玉芙蓉과 은인銀印을 하사받았다. 쿠빌라이는 대대로 전해 내려온 장릉의 옥인과 보검을 보고 "왕조는 몇 대가 변했지만 천사天師 장릉의 보검과 옥인은 자손에게 전해져 지금에 이르렀다. 그것은 과연 신명神明과 같다"라며 감탄했다. 생존을 지상 명제로 삼았던 오두미도는 확실히 성공했던 것이다.

지은이 **진순신**(陳舜臣)

고전에 대한 해박한 이해와 호방한 문장으로 정평이 난 진순신은 중국의 역사와 문화를 소재로 한 150여 편의 작품으로 대가의 반열에 올랐다. 이미 작고한 시바 료타로와 더불어 일본을 대표하는 역사작가로 잘 알려져 있다. 중국 역사와 사료에 대한 풍부한 지식을 바탕으로 『아편전쟁』, 『청일전쟁』, 『제갈공명』, 『소설 십팔사략』, 『중국의 역사』 등을 썼고 대중적으로도 큰 사랑을 받았다. 나오키 상, NHK 방송문화상, 요미우리 문학상, 요시카와 에이지 문학상, 일본예술원상, 이노우에 야스시 문화상 등을 수상했다.

진순신은 『삼국지 이야기』 집필을 위해 네 차례에 걸쳐 중국을 방문하고 역사의 현장을 답사했다. 또한 『후한서』, 『자치통감』, 『사기』, 『삼국지』, 『세어』, 『이동잡어』 등 관련된 역사적 사료들을 두루 섭렵했다. 진순신의 『삼국지 이야기』는 철저한 고증을 바탕으로 당대의 역사적 사실에 충실하면서도 그 이면의 정황까지 통찰하고 있다. 그리하여 삼국시대 영웅들의 이야기뿐만 아니라 당시의 종교와 사회, 문화까지 포섭하는 진순신만의 탄탄하고 독창적인 '삼국지 세계'를 구축했다.

옮긴이 신동기

연세대학교 경영학과 및 경영대학원을 졸업하고 한국산업은행 일본 현지법인 등에서 일했다. 일본에 체재하고 있을 때 '인문학의 중요성'을 절감하고 체계적인 공부를 시작한 이후 인문학의 지평을 넓히는 작업을 해오고 있다. 저서로는 『희망, 인문학에게 묻다』, 『독서의 이유』, 『해피노믹스』 등이 있으며, 역서로는 『중국인 이야기』, 『무기와 방어구』 등이 있다.

진순신의 삼국지 이야기 1

초판 1쇄 발행 2011년 8월 25일

지 은 이 진순신
옮 긴 이 신동기

펴 낸 이 최용범
펴 낸 곳 페이퍼로드
출판등록 제10-2427호(2002년 8월 7일)
　　　　 서울시 마포구 연남동 563-10번지 2층

기　　획 고경문
편　　집 이송원, 김남희
마 케 팅 윤성환
경영지원 임필교
디 자 인 장원석(표지), 이춘희(본문)

이 메 일 book@paperroad.net
홈페이지 www.paperroad.net
커뮤니티 blog.naver.com/paperoad
Tel (02)326-0328, 6387-2341 | Fax (02)335-0334

I S B N　978-89-92920-59-9　04910
　　　　　978-89-92920-58-2 (전2권)